中華古籍保護計劃

ZHONG HUA GU JI BAO HU JI HUA CHENG GUO

·成果·

永青文庫四種　◎　國家圖書館（國家古籍保護中心）編

點注十八史略校本

（元）曾先之　編
（明）陳殷　音釋
（明）王逢　點校
（日）石川鴻齋　補訂

國家圖書館出版社

圖書在版編目（CIP）數據

點注十八史略校本/（元）曾先之編；（明）陳殷音釋；（明）王逢點校；（日）石川鴻齋補訂. — 北京：國家圖書館出版社，2019.6

（永青文庫四種）

ISBN 978-7-5013-6719-1

Ⅰ. ①點… Ⅱ. ①曾… ②陳… ③王… ④石… Ⅲ. ①中國歷史—通俗讀物 Ⅳ. ①K209

中國版本圖書館CIP數據核字（2019）第050116號

書　　名　點注十八史略校本

著　　者　（元）曾先之　編　（明）陳殷　音釋

　　　　　（明）王逢　點校　（日）石川鴻齋　補訂

叢 書 名　永青文庫四種

叢書著者　國家圖書館（國家古籍保護中心）　編

責任編輯　史百艷　宋志英

封面設計　徐新狀

出版發行　國家圖書館出版社（北京市西城區文津街7號　100034）

　　　　　（原書目文獻出版社　北京圖書館出版社）

　　　　　010-66114536　63802249　nlcpress@nlc.cn（郵購）

網　　址　http://www.nlcpress.com

印　　裝　北京金康利印刷有限公司

版次印次　2019年6月第1版　2019年6月第1次印刷

開　　本　889×1194（毫米）　1/16

印　　張　45

書　　號　ISBN 978-7-5013-6719-1

定　　價　280.00圓

「永青文庫四種」出版說明

2018年是《中日和平友好條約》締結40周年。6月26日，日本前首相、日本公益財團法人永青文庫理事長細川護熙先生將36部4175册漢籍無償捐贈中國國家圖書館，延續了兩國歷史上「以書會友」的友好交流傳統，爲中日兩國文化交流做出了重要貢獻。

該批捐贈多爲中國古代文化典籍，從儒家到諸子，從歷史到文學，類型多樣，保存完整，中日刻本俱在，是中日文化交往的重要例證。爲紀念這次捐贈，我館特舉辦「書卷爲媒　友誼長青——日本永青文庫捐贈漢籍入藏中國國家圖書館展」，以中日兩國縱貫千年、源遠流長的書籍之路爲主綫，展示此批漢籍捐贈的文化内涵和歷史意義。我館還在善本書庫内設立永青文庫捐贈漢籍專藏，向讀者提供原件閲覽服務；啓動了捐贈漢籍數字化工作，秉承「邊建設，邊服務」的原則，陸續面向公衆提供數字影像查閲服務。

作爲紀念活動的組成部分，我館從捐贈漢籍中，遴選出四部代表性文獻，委托國家圖書館出版社影印出版，以期滿足廣大讀者閲讀和研究之用。

經部選用日本弘化四年（1847）影宋刻本《尚書正義》。該書宋刻在中國失傳，幸由日本熊本藩時習館影刻得以流傳於世，是日本刊本中的名品。

史部選用日本明治十六年（1883）東京山中市兵衛刻本《點注十八史略校本》。德川幕府時期，日本講習《十八史略》興盛，諸藩官學多據爲童蒙之書，對日本社會文化影響廣泛。

子部選用日本天明七年（1787）刻本《群書治要》。此書爲唐魏徵主持編纂，用史事資政。該書經由日本遣唐使帶到日本，被日本歷代天皇及大臣奉爲圭臬。由於該書在我國唐末時即已亡佚，直至九百年後的日本寬政八年（1796）纔重爲清代士人所知。

中國改革開放後，習仲勛同志曾爲《群書治要考譯》一書題詞「古鏡今鑒」，明確此書的警世育人價值。《群書治要》的刊印，是中日文化交流千年的歷史見證。

集部選用清刻朱墨套印本《御製圓明園詩》。這部漢籍原爲清代宫廷畫師爲乾隆皇帝《圓明園詩》所作，每景一圖一詩，反映圓明園全盛時期景象，印製精美，在我國存世稀少，借此次影印得以推廣。

細川護熙先生爲這次漢籍捐贈，曾經墨書題寫「文章經國大業不朽盛事」，以宣明文化典籍的重要功用。中日兩國自古以來就是舟楫往還、文化互鑒的鄰邦。這次精心甄選影印的四種漢籍，將繼續譜寫中日兩國文化交流佳話，希望能得到中日兩國人民的喜愛。

中國國家圖書館（中國國家古籍保護中心）

二〇一九年三月

影印「永青文庫四種」縁起

2018年は『中日平和友好条約』締結40周年にあたります。6月26日、公益財団法人永青文庫理事長・細川護熙元総理がこの節目に同文庫所蔵の漢籍36部4175冊を中国国家図書館に寄贈いたしました。この事業は両国歴史上「文を以て友を会し」（『論語』顔淵篇のことば）という友好交流の伝統を受け継ぎ、中日両国文化交流に多大な貢献を果たしてくださいました。

寄贈された漢籍は主に中国古代文化に関する典籍です。儒家から諸子百家、歴史から文学まで、あらゆる分野に及び、保存状態も非常に良く、中日両国の出版物を含んでいることから、中日文化交流の重要な実例と言えます。今回の寄贈を記念するため、「書巻為媒　友誼長青——日本永青文庫捐贈漢籍入蔵中国国家図書館展」（書物を介して友情永遠〈とわ〉に）と題する展示会も開催されました。この展示会は中日両国千年来の長い歴史を持つ書物ロードをプロットとし、漢籍寄贈の文化的且つ歴史的な意味を表したものです。さらに当館内に「永青文庫寄贈図書コレクション」を設置し、利用者に原本閲覧サービスを提供します。一方、寄贈された漢籍のデジタル化を実施し、スローガン「辺建設、辺服務」（創建と公開）の下、デジタル化を完了した資料の映像検索サービスを利用者に提供する予定です。

ここに、記念イベントの一環として、寄贈された漢籍の「経、史、子、集」四部からそれぞれ一種を選択し、国家図書館出版社より影印本を出版し、利用者の読書と研究に供することとなりました。

経部からは、弘化四年（1847）に出版された宋刊本『尚書正義』の影刻本です。この宋刊本は中国では散逸してしまい、熊本藩の時習館が覆刻した影刻本が現代まで伝えられ、日本刊本の名品と言われます。

史部は明治十六年（1883）東京山中市兵衛刊本『點注十八史略校本』を選びました。徳川幕府時代、日本では『十八史略』

の講習が隆盛となり、多くの藩校はそれを子供向けの歴史教科書として使用し、日本の社会文化に広く影響を及ぼしました。

子部は天明七年（1787）刊本『群書治要』を選びました。同書は唐の魏徵らが編集したもので、中国古代政治文献選集です。遣唐使が日本へ持ち帰り、日本の歴代天皇や大臣に尊重されましたが、中国では唐代末期にすでに散逸し、九百年後の寛政八年（1796）になって再び清朝の学者が本書によってその存在を知りました。中国の改革開放後、革命家・習仲勛同志は『群書治要考訳』（団結出版社，2016）に「古鏡今鑒」と題字を揮毫して、本書の治世訓育に於ける価値を明らかにしました。この『群書治要』の出版は、中日千年文化交流の歴史的記念にもなるでしょう。

集部から選んだのは『御製円明園詩』です。本書は清朝の宮廷絵師らが乾隆皇帝御撰『円明園詩』をもとに、景色ごとに詩一首絵一幅を添え、円明園全盛期の様子を再現したものです。印刷技法も緻密で美しく、現存する部数は僅少であり、影印を機により多くの方々に知っていただくことを願っています。

細川護熙先生は今回の漢籍寄贈に「文章経国大業不朽盛事」（三国時代曹丕のことば）と揮毫くださり、文化典籍の果たした大きな役割を明らかにしました。中日両国は古くから海を隔てた交流を続け、互いに学び合う重要な隣国です。今般、厳選の上、四種の漢籍が影印されることは、将来に亘って中日両国文化交流の佳話となり、両国人民に語り継がれるものと期待しております。

中国国家図書館（中国国家古籍保護センター）

二〇一九年三月

目録

點註十八史略校本

石川鴻齋點註

一

點註十八史略校本

版權免許　山中書館藏

得其

精表

其麤

清國方濬益序

光緒九年歲在癸未

季春之月上浣

定遠方濬益署首

十八史畧序

左氏之傳經也，傳會災祥，浮誇色勢，雖羽翼聖文，動
輒開世之詭譔。迨司馬氏書出，詞宗富贍，燦然擅巧，
雖子實詳明，間多隱怪奇幻，使人駭且惑者。而史修
史者，卷不勝襲，論說干涉詭異。至上古昧之世，洪荒
悠渺，邈乎不可稽也。至於後世，衰亂相繼，簿書湮滅，
殘編朽簡之餘，無復可證，爲矯詐僞時起，傳之於均。
彼劉季龍、璋傳以爲集，陳壽孤陋，果以爲僞，而其
事。繼業遂著文，直聲。操觚者遂戴諸正史，於戲

由人情毋奇然乎。夫子不語怪亂，以其無不語之理也。然則語怪者非夫子之徒乎。近時西學日開，遇物必求其理，遇理必窮其極，上自天地日月之大，下至草木禽獸跂行喙息蠕動之微，智力之所及，未嘗不極其理。苟入校就學者，雖十歲之童，使先為之理之大體，而後及經術文章、天文曆算、醫藥貿易之類乎。未始使讀妄誕不經之書以惑其良心，繫設其法，不謂至矣。余頃校曾先之十八史略，見其書勢擒奇乎，濫載怪說，甚至於語乎奚

彙次序。晷里巷俗書。非可爲士君子者。然以嘗
而爲讀之。有於民間。且具識治亂之大勢。爲國
家之興亡。復可以爲無益也。因加標注。或以諸家議論
可備考證者。揭之。間述自論。以便童蒙。恨紙數有
限。其說不能暢也。於群書之學。亦之學異於
後學。宋廷拙之論哉。然惡爲淺解。孰與未盡而不
解者。王仲任著論衡。釋物類同異。正時俗嫌疑。
蔡邕王朗等皆秘玩以爲談助。今復閱之。其失可
屢不爲少。夫仲任之賢。或而後解。然未能極其理。苟

不能極其理。即惑者矣。今孩提之童。皆識於耳。告之以衍篇。高談俚語作偽況。告以誕妄不經之說乎。安得不斁且惑也。雖然若新編不特爲先之之罪。初作史者之罪也。不特作史者罪。抑亦傳經而務博奇者之罪也。

明治十六年昭陽協洽中呂上澣日

後學　鴻齋石川英撰

史略叙

史紀事者也。三代以前，攷諸經可見矣。繇秦漢而下，四方萬國，一敗一成，壹離一合，紛紜乎數千百年之間，簡籍灝瀚，千緒萬端。夫豈初學之士，口耳之傳之所及乎。先進士曾氏慮後之斆者汨其所傳，盲於當世，是以采取司馬遷史記，班固西漢書。范曄東漢書。陳壽三國志。唐太宗晉書。沈約宋書。蕭子顯南齊書。姚思廉梁書陳書。魏收後魏書。李百藥北齊書。崔仁師後周書。魏徵隋書。李延壽南史北史。歐陽脩宋祁唐書。歐陽脩五代史。李燾劉時舉宋鑑諸篇。關乎風教之語。定爲一編。故名其篇曰十八史略。開卷一覽古今之蹟粲然。上自一人。下及黎庶。凡所以立身行已之閒。皆足以爲鑒戒云。其所以垂裕後來之心。可謂仁且遠矣。惜乎近之學者。莫究其源。不無魚豕之惑也。愚因音而釋之。鼇爲七卷。以質其疑。皆援引諸家。非敢臆說。自知僭踰無所逃罪。士君子與我同志。

脩而飾之。庶斯文之出已也。時

洪武壬子秋七月戊申臨川陳殷序

史略音釋凡例

一音文反切

一依玉篇廣韻。及取聖經賢傳。參考定經。

一釋文援引

萬氏史略箋蹄

郭氏帝王世紀

朱子四書　倪氏輯釋

蔡氏書傳　鄒氏音釋

陳氏禮記集説

朱氏詩傳

司馬温公資治通鑑　呂氏集註

劉氏翰墨全書

左氏春秋傳　林朱音訓

李氏劉氏宋鑑

一累朝州郡。沿革不一。難於盡述。今姑以翰墨全書爲宗。縣屬於府。府屬於各道管轄軍民等司。但除前元直隷大興等府。編屬北平。江東饒信編屬江西。前稱曰路者。今悉欽依

本朝改稱曰府。餘並不敢强爲之說。

一音文釋文。隨便附注。不以章句爲拘。讀者詳之

凡例終

點註十八史略校本目録

目録終

石川鴻齋校訂標記

太極生兩儀、兩儀生四象、四象變化、而庶類繁矣、相傳首出御世者、曰盤古氏、又曰渾敦氏、天皇氏繼盤古氏、以治、一姓十三人、澹泊無爲而俗自化、始制干支之名、以定歲之所在、○雙湖胡氏曰、三皇之號昉於周禮外史掌三皇五帝之書、而不指其名、其次則見於秦博士有天皇地皇人皇之議、秦去古未遠、意者三皇之稱、此或庶幾焉、又曰、三皇本無所繫、混

無爲而化　分長九州　構木爲巢

點註十八史略校本卷之一

前進士盧陵　曾先之　編次

後學臨川　陳殷　音釋

番易松塢　王逢　點校

日本三河　石川鴻齋　補訂

太古

天皇氏、以木德王、歲起攝提、無爲而化、兄弟十二人、各一萬八千歲。（木德凡色尚青、王去聲、朱云、有天下者、人稱之曰王、則平聲、據其身臨天下而言曰王、則去聲、後皆倣此。攝提寅也、太歲在寅曰攝提格、無爲上古民淳、不令而化。）地皇氏、以火德王、兄弟十二人、各一萬八千歲。（火德凡色尚赤。）人皇氏、兄弟九人、分長九州、凡一百五十世、合四萬五千六百年。（長張上聲、君長之也、易曰、君子體仁、足以長人、九州冀兗青徐揚荆豫梁雍、世代也。）人皇以後、有曰有巢氏、構木爲巢、食木實。（○案世紀、人皇

始畫八卦造書契以龍紀官

始作笙簧

沌初開先有天而後有地既有天地則氣化而人生焉皇極經世書以元統會所謂天開於子地開於丑人生於寅始為開物之初意三皇之号由此而称也木德王王旺同言膺木氣旺之運王於天下也古之王者易代改号取法五行更旺格生先起於木太昊首以木德王天下蓋木為始時之首也三皇本紀曰太皞庖犧氏母曰華胥履大人迹於雷澤而生庖犧於成紀

以後有曰五龍紀、攝提紀、合雒紀、連通紀、叙命紀、相継以治而及于有巢。今未之及、故録之以備參考。為巢禮記集説云聚薪柴以居也。木實如桃李之類也。至燧人氏始鑽燧。教人火食。在書契以前。年代國都不可攷。燧音遂、鑽木取火。火食用火烹炊。攷古文考。

三皇

太昊伏羲氏

太昊伏羲氏風姓。代燧人氏而王。蛇身人首。始畫八卦。造書契。以代結縄之政。制嫁娶。以儷皮為禮。結網罟。教佃漁。養犧牲。以庖廚。故曰庖犧。有龍瑞。以龍紀官。號龍師。木德王。都於陳。風姓姓者、統其祖考之所自出。氏者、別其子孫之所自分。陳後皆倣此。八卦乾、坤、艮、巽、震、離、坎、兌。孔安國曰、伏羲氏王天下、龍馬負圖出河。遂則其文以畫八卦。書契陸氏曰、刻木而書其側。以約事也。結縄上古未有文字。大事則結大縄。小事則結小縄以記之。儷音麗。儷、對也。古者衣鳥獸皮。故以雙皮為禮。罟音古。佃漁佃、畋同。取禽獸也。漁、捕魚。犧牲牛羊豕曰牲。犧、色純者也。庖犧太昊又号曰庖犧。龍師官名、皆有龍字。都邑有宗廟先君之主曰都。陳州属河南。庖犧崩

女媧補天

論女媧補天在不周山崩之前

女媧氏亦風姓蛇身人首有神聖之德代宓犧立号曰女希氏無華造惟作笙簧故易不載不承五運

便蒙曰共工之作乱振滔洪水以禍天下臣圖篡弑此是墮天綱絕地紀也故曰天柱折地維缺言大乱之甚也於是正上下之分理君臣父子夫婦兄弟交友之倫

○張南軒曰十五氏是皆佐伏羲之臣也或者又疑為當時各君一方如後世諸侯之國者未知孰是且聞多無情不經之語

女媧氏立。亦風姓。木德王。始作笙簧。【媧】音瓜。伊川先生曰、婦居尊位。或云、女媧氏伏羲妹也。【笙簧】笙中金葉曰簧。嚴氏曰、笙以匏為之、十三管列匏中、而施簧於管端、吹笙則鼓動其簧以發聲。諸侯有共工氏。與祝融戰。不勝而怒。乃頭觸不周山。崩。天柱折。地維缺。女媧乃鍊五色石以補天。斷鼇足以立四極。聚蘆灰以止滔水。於是地平天成。不改舊物。【共】音恭。下同。【祝融】顓頊子。【觸】充入聲。突也。【折】音舌。【五色】青、赤、黃、白、黑。【斷】端上聲。據物已斷而言、則音團去聲。以我斷之而言、則音端上聲。後倣此。【鼇】當作鼈。傳曰、背負蓬萊者。【滔水】大水也。○或問、列子湯問篇云、昔者女媧氏鍊五色石以補天、斷鼇足以立四極。其後共工氏與顓頊爭為帝、怒觸不周之山、天柱折、地維絕。故天傾西北、地不滿東南。列子之說、與史不同、如何。曰、三代以前、文籍未備、事跡固所難考。然據顓頊為黃帝之孫、祝融乃顓頊之子、女媧繼伏羲而立、則列子近是、史之不同、蓋傳習之誤與。女媧氏沒。有共工氏。太庭氏。柏皇氏。中央氏。歷陸氏。驪連氏。赫胥氏。尊盧氏。混沌氏。昊英氏。朱襄氏。葛天氏。陰康氏。無懷氏。風姓相承者十五世。【混】音魂、上聲。【沌】音豚、上聲。【承】繼也。【五】當作六。年歲莫知幾何、不敢強說。

斲木為耜 揉木為耒

日中為市 交易而退

習用干戈

蜡也者索也、歲十二月合聚萬物而索饗之也、

史記索隱曰、按皇甫謐云、黄帝生於壽丘、長於姬水、因以為姓、居軒轅之丘、因以為名、又以為号、本姓公孫、長居姬水、因改姓姬、

炎帝神農氏

炎帝神農氏姜姓。人身牛首。繼風姓而立。火德王。斲木為耜。揉木為耒。始教耕作。蜡祭。以赭鞭鞭草木。嘗百草。始有醫藥。教人日中為市。交易而退。都於陳。徙曲阜。傳帝承、帝臨、帝則、帝百、帝來、帝襄、帝榆。姜姓凡八世。五百二十年。

牛首 頭有角、斲 音琢、斫也、耜 音似、所以起土、今之耜、加鐵於其首、揉 音柔、上聲、屈木也、耒 音雷、去聲、耜柄也、蜡祭 蜡音乍、蜡、祭名、十二月報田之祭、夏曰清祀、殷曰嘉平、周曰大蜡、秦曰臘、始皇復更曰嘉平、一也、赭 音者、赤色、赭鞭草木 鞭記其毒、曲阜 縣屬兗州、帝則 帝百 世紀作帝明帝真、襄 世紀作哀、

黄帝軒轅氏 索隱曰、有土德之瑞、土色黄、故曰黄帝、

黄帝公孫姓。又曰姬姓。名軒轅。有熊國君少典子也。母見大電繞北斗樞星。感而生。帝炎帝世衰。諸侯相侵伐。軒轅乃習用干戈。以征不享。諸侯咸歸之。與炎帝戰于阪泉之野。克之。

○南湖丁氏曰論字学者皆謂始於倉頡而不謂始於伏羲按倉頡為黃帝之史官或伏羲制字至倉頡而大備或倉頡即伏羲之臣而共成書契皆無從稽考

○安積艮齋曰歐陽永叔始辨図書之妄以為漢儒異說其後林少頴亦謂洪範与洛書不相干宋景濂王子充歸熙甫亦皆辨駁之

西陸氏之女嫘祖為帝元妃始教民

禽蚩尤　以雲紀官　作甲子　制十二律

三皇

〔少〕去聲〔電〕音殿陰陽激曜曰電〔樞〕星北斗第一星也〔干〕盾也〔衛〕主〔戈〕戟屬主刺〔不享〕不求朝享之國〔阪泉〕地在上谷〔克〕勝也

蚩尤作亂其人銅鐵額能作大霧軒轅作指南車與蚩尤戰於涿鹿之野禽之遂代炎帝為天子土德王以雲紀官為雲師

〔蚩尤〕常時諸侯蚩音蚩平聲〔銅鐵額〕蚩尤之類堅如銅鐵〔大霧〕陰陽蒙冒之氣蚩尤餘為之以昏迷軍士〔指南〕〔車〕古制不傳至唐始定其制車上有樓四角刻木為龍又刻仙人於上車雖回轉手常指南軒轅用之以定四方示軍士一說用子午盤針置之於車亦通涿鹿郡屬北平今涿州涿音卓〔禽〕擒同〔代炎帝〕前云姜姓相傳八世者據帝王世紀及古史考之言也此云遂代炎帝為天子者史記本紀之言也二說不同未詳孰是或云炎帝以火德王故其後亦通稱曰炎帝畧通〔土德〕凡色尚黃〔雲師〕春官為青雲夏官為縉雲秋官為白雲冬官為黑雲中官為黃雲張晏曰因景雲之瑞故以名師与官

作舟車以濟不通得風后為相力牧為將

〔相〕去聲〔將〕去聲後無音者並同帥也

受河圖

案全書黃帝夢見兩龍授圖乃齋往河洛求之有大魚泝流而上魚泛白圖帝跪受之圖見蔡氏書傳

見日月星辰之象始有星官之書師大撓占斗建作甲子容成造曆隸首作算數伶倫取嶰谷之竹制十二律篇

采銅鑄鼎

育蠶治繭以供衣服而天下無皴瘃之患後世祀爲先蠶

畫野分州經土設井使八家爲井井開四道而分八宅井一爲鄰鄰三爲朋朋三爲里里五爲邑邑十爲都都十爲師師十爲州

○胡宏曰帝王之御世躰賢並舉治具畢張文明漸開嘉祥長發是謂德配天地道之至也制度之經也德澤流天下至于今人蒙其惠雖死猶生也後生乃傳帝得仙術騎龍上天者眞妖妄哉

以聽鳳鳴雄鳴六雌鳴六以黃鐘之宮生六律六呂以候氣應鑄十二鐘以和五音〔撓〕奴巧切〔占斗建〕驗斗柄所指也占音瞻〔嶰谷〕在崑崙北嶰音解十二律〔筩〕筩音同長短制度詳見禮記集說〔宮〕聲之長而濁者曰宮〔六律〕黃鐘太蔟姑洗蕤賓夷則無射〔六呂〕太呂夾鐘仲呂林鐘南呂應鐘〔候氣應〕說見禮記集說〔十二鐘〕應十二律〔五音〕角徵宮商羽嘗晝寢夢遊華胥之國怡然自得其後天下大治幾若華胥〔嘗〕曾也〔治〕去聲朱子云爲理物之義者平聲爲已理之義者去聲後皆倣此〔幾〕音機世傳黃帝采銅鑄鼎鼎成有龍垂胡髯下迎帝騎龍上天羣臣後宮從者七十餘人小臣不得上悉持龍髯髯拔墮弓抱其弓而號後世名其處曰鼎湖其弓曰烏號黃帝二十五子其得姓者十四〔上〕上聲爲行上之義者上聲爲在上之義者去聲後皆倣此〔從〕去聲〔號〕音豪下同〔鼎湖〕案全書處州府縉雲縣仙都山有鼎湖註云黃帝上天處〔十四〕舊註未詳不敢強說○仙世紀黃帝在位百年

五帝

以鳥紀官

民神雜糅

金天氏以金德王。母嫘祖感大星如虹下臨華渚之祥、而生帝。黃帝之世、降居江水、邑于窮桑、故号窮桑氏。國于青陽、因号青陽氏。

昌意娶蜀山氏女、感瑤光貫月之祥、生帝于若水。年十歲佐少昊。年二十即帝位、以水德紹金天氏政。初國高陽、故号高陽氏。

少昊金天氏 少去聲、下並同

少昊金天氏名玄囂。黃帝之子也。亦曰青陽。其立也鳳鳥適至。以鳥紀官。［囂］音曉、平聲。一曰名摯、音至。［鳥官］如鳳鳥氏玄鳥氏之類。詳見左昭公十七年。○世紀、少昊以金德王。在位八十四年。

顓頊高陽氏 顓音專、頊音勗。

［顓頊高陽氏］昌意之子。黃帝孫也。代少昊而立。少昊之衰、九黎亂德、民神雜糅、不可方物。顓頊受之、乃命南正重司天以屬神、火正黎司地以屬民、使無相侵瀆。始作曆、以孟春爲元。［九黎］黎氏九人、當時諸侯。［糅］音柔、上聲、混殽也。［不可方物］不可以類而求。漢郊祀志注、方、音倣、依也。物、事也。［南正重］南當作木。木正、春官。重、名、少昊氏子句芒也。重平聲。［屬］音燭、下同。［火正黎］火正、夏官。黎、名、顓頊氏子祝融也。［爲元］歲首曰元。○世紀、顓頊以水德王。在位七十八年。

帝嚳高辛氏 嚳音酷。

生而神靈

仁如天知如神

蓂莢不剪

高辛氏年十五受封于辛年三十以木德代高陽氏為天子以其肇基于辛故号高辛氏

帝堯帝嚳高辛氏之子帝摯之弟黃帝軒轅氏曾孫也帝母陳鋒氏女曰慶都為高辛氏妃感赤龍之祥孕十有四月而生堯于丹陵育于母家伊侯之國後徙耆故曰伊耆氏

以火德王以建寅之月為歲首命羲和作曆象以授民時

便嘗曰堯名也堯初受封于陶丘後改封于唐尋受禪以其自陶唐肇王

帝嚳高辛氏。玄囂之子。黃帝曾孫也。生而神靈。自言其名。代顓頊而立。居於亳。〔子〕當作孫。案世紀。黃帝生玄囂。玄囂生蟜極。蟜極生帝嚳。〔嚳〕音酷。疏云。重也。後皆倣此。〔亳〕音薄。在今河南府偃師縣。○世紀。帝嚳以木德王。在位七十五年。

帝堯陶唐氏　諡法曰。翼善傳聖曰堯。

帝堯陶唐氏。伊祁姓。或曰。名放勛。帝嚳子也。其仁如天。其知如神。就之如日。望之如雲。都平陽。〔陶唐〕云云。書傳。堯初為唐侯。後為天子。都陶。故號陶唐氏。〔祁〕通作耆。放勛。放音倣。勛勳同。朱子曰。放至。勛功也。本史臣贊堯之辭。孟子因以為堯號。〔如天〕言如天之涵養也。〔知〕智同。〔如神〕言如神之微妙也。〔如日〕言如日之照臨。人咸依就之。若葵心之傾日也。〔如雲〕言如雲之覆渥。人咸仰望之。若百穀之仰膏雨也。〔平陽〕府屬山西。蓂莢不剪。土階三等。有草生庭。十五日以前。日生一葉。以後日落一葉。月小盡則一葉厭而不落。名曰蓂莢。觀之以知旬朔。〔等〕級也。〔厭〕音淹。乾也。〔蓂〕音冥。〔莢〕音劫。〔旬朔〕十日曰旬。月一日曰朔。治天下五十年。不知天下治歟不治歟。億兆願戴己歟。不願戴己歟。

基故号陶唐。
○楊愼曰、當作帝於我有何力哉、是傳寫之倒。力与上文息食為韻。
○周靜軒曰、帝堯之心廓然大公、知子之不肖、不足以主神器而傳大宝、所以求乎賢人。為此公天下之大端大本也。

問左右不知。問外朝不知。問在野不知。乃微服游於康衢。聞童謠曰、立我烝民、莫匪爾極。不識不知、順帝之則。（治平聲、下同。鯀治同。億兆民也。十萬曰億、十億曰兆。已音紀。在野、郊外曰野。微服、更為微賤之服。康衢、路四達曰衢、五達曰康。童謠、爾雅、徒歌曰謠。立我云云、此贊美之辭。言立此衆民、無非帝德、我則無所識無所知、惟順帝堯之法而已矣。）有老人含哺鼓腹、擊壤而歌曰、日出而作、日入而息。鑿井而飲、畊田而食。帝力何有於我哉。（哺、食在口曰哺。擊壤、以木為之、狀如履、側一壤於地、去三四十歩、以一壤擊之、中者為上。日出云云、此樂道之辭。帝堯之世、君君臣臣父父子子。聖神功化之極、無一物不得其所。此可見矣。）觀于華。華封人曰、嘻。請祝聖人、使聖人壽富多男子。堯曰辭。多男子則多懼、富則多事、壽則多辱。封人曰、天生萬民、必授之職。多男子而授之職、何懼之有。富而使人分之、何事之有。天下有道、與物皆昌。天下無道、脩德就閒。千歲厭世、去而上僊。乘彼白雲、至于帝鄕。何辱之有。堯立七十年、有九年之水。使鯀治之。九癸未帝崩於陽城、舜避堯之子於南河之南、天下不歸堯之子而歸舜、舜於是踐天子位、孟子萬章篇、昔者堯薦舜於天、而天受之、暴之於民、而民受之、故曰、天不言、以行与事示之而已、

○金仁山曰、黄帝生昌意、昌意生顓頊、歷窮蟬敬康句芒蟜牛、以至瞽瞍而生舜、則舜黄帝八世孫也、

便嘗曰、人之所聚落、小曰邑、大曰都、此蓋舉其槩耳、

堯將遜位于舜、先試之以事、以觀其才德、乃使之慎徽五典、五典克從、納

載弗績。堯老倦于勤。四嶽舉舜、攝行天下事。堯子丹朱不肖。乃薦舜於天。堯崩、舜即位。

【華】去聲、下同。西嶽、在華州華陰縣南。【封人】掌封疆之官。【嘻】音熹、歎辭。【授】付之。【昌】盛美貌。【閒】閑同。【僊】仙同。釋名、老而不死曰仙。【水】洪水也。【鯀】音袞、崇伯名、禹父也。【載】音宰、年也。弗績、無績功也。【四嶽】官名、一人而總四嶽諸侯之事。【肖】音笑、賢不若父曰不肖。舜即位、詳見孟子。○世紀、帝堯以火德王、在位九十一年、案紀年、堯起甲辰、又甲辰終癸未、在位實一百年。

帝舜有虞氏

帝舜有虞氏姚姓、或曰名重華。瞽瞍之子。顓頊六世孫也。父惑於後妻、愛少子象、常欲殺舜。舜盡孝悌之道。烝烝乂不格姦。

【姚】音遥。【重】平聲、重、重也。言堯既有光華、而舜又有光華、可合於堯、故因以重華為舜名也。【六世孫】顓頊生窮蟬、窮蟬生康敬、康敬生句芒、句芒生蟜牛、蟜牛生瞽瞍、瞽瞍生舜。【象】舜異母弟名。【孝悌】善父母曰孝、善兄弟曰悌。【烝烝乂不格姦】烝、進、乂、治、格、至、姦、悪也。言舜雖處人倫之變、而能盡以孝悌之道事父母、待其弟、使之進進以善自治、不致大為姦悪也。

畊歷山、民皆讓畔。漁雷澤、人皆讓居。陶河濱、器不苦窳。所居

于百揆百揆時叙賓四門四門穆穆納大麓烈風雷雨弗迷
徽美也五典五常也從順也百揆揆度庶政之官時叙以時而叙四門四方之門古者以賓禮親邦國諸侯各以方至而使王爲故曰賓穆穆和之至也麓山足也或作大録別有考證
帝嘗視聽求賢才以自輔欲納諫以聞其失立誹謗之木使天下得攻其過置敢諫之鼓使天下得盡其言
帝以夔爲樂正爲二十三絃之瑟夔

成聚二年成邑三年成都〔歷山〕鄭玄曰在河東〔畔〕田界〔雷澤〕鄭玄曰在濟陰〔陶〕燒瓦器也〔河濱〕皇甫謐曰濟陰定陶西南陶丘亭是也〔苦窳〕窳音愈史註苦麁也窳病也通鑑注云不事苦飾病蓋言器足用也〔所居云云〕史記注聚村落也邑小於都即周禮所謂四井為邑四邑為丘四丘為甸四甸為縣四縣為都是也成聚成邑成都言民歸舜之漸如此孟子曰天下之士多就之者堯聞之聰明舉於畎畝妻以二女曰娥黄女英釐降于嬀汭遂相堯攝政放驩兜流共工殛鯀竄三苗〔畎〕音鵑上聲〔妻〕音砌以女事人曰妻〔黄〕書傳作皇〔釐降〕釐音里平聲理也降下也〔嬀汭〕音龜芮嬀水名在今河中府河東縣出歷山入河爾雅水北曰汭亦小水入大水之名蓋兩水合流之内也舜居於此堯治裝以二女下嫁之也〔放驩兜云云〕放置之此不得他適也驩音歡兜音斗平聲驩兜臣名流遣而遠去如水之流也共工官名蓋古之世官族也殛則拘囚困苦之竄則驅逐禁錮之三苗國名在江南荊陽之間愚案驩兜共工比周相黨鯀方命圮族治水無功三苗侵欲崇侈負固不服所謂四凶罪所當加舜何與爲舉才子八元八愷〔八元〕元善也謂伯奮仲堪叔獻季仲伯虎仲熊叔豹季貍也皆高辛氏子春秋傳曰舜舉之使布五教注云此八人即稷契朱虎熊羆之倫〔八愷〕愷和也謂蒼舒隤敳檮戭大臨尨降庭堅仲容叔達也皆高陽氏子春秋傳曰舜舉之使主后土註云此八人即垂益禹皐陶之

歌南風之詩

薦禹於天

修九招、六列、六英、以明帝德、正六律、和五音、以通八風。

事物紀原云、桓譚新論曰、神農氏始削桐為琴、繩絲為絃。又曰、周文王武王各加一絃。廣雅又云、神農琴止有五絃、文王增二絃。

帝命禹叙洪範九疇、復九州。

綱鑑補、在位六十一年、壽一百有十歲。

倫、命九官咨十二牧。〔九官〕謂禹、稷、契、皐陶、垂、益、伯夷、夔、龍之職。事見舜典。〔牧〕養民之官。曰守、曰太守、曰尹、曰刺史、同。猶今之知府也。十二牧、謂冀、兗、青、徐、揚、荆、豫、梁、雍、幽、幷、營十二州之牧也。舜咨之、使厚有德、信仁人、拒姦惡也。四海之内咸戴舜功。四門穆穆、五典克從、百揆時序、皆其功也。彈五絃之琴、歌南風之詩、而天下治。詩曰、南風之薰兮、可以解吾民之慍兮。南風之時兮、可以阜吾民之財兮。時景星出、卿雲興。百工相和而歌曰、卿雲爛兮、禮縵縵兮。日月光華、旦復旦兮。〔琴〕絲屬。長三尺六寸六分、五絃。後加文武二絃、乃七絃。〔阜〕厚也。〔景星〕亦曰德星。王者不私人、以官使賢者在位、則見。卿與慶同。亦曰景雲、王者德至山陵、則慶雲出。〔百工〕百執事之人也。〔和〕去聲。〔復〕扶又切。兩也。後不音者、皆倣此。舜子商均不肖。乃薦禹於天。舜南巡狩、崩於蒼梧之野。禹即位。〔巡狩〕孟子曰、天子適諸侯曰巡狩。巡狩者、巡所守也。詳見舜典。〔蒼梧〕郷氏曰、蒼梧山名、亦曰九疑。在今道州寧遠縣南。舜陵在焉。或云、舜崩於南越蒼梧縣之野、未詳。○世紀、帝舜以土德王、在位五十載、

夏后氏

開九州通九道

邑為身為律度左準縄右規矩

下車泣罪

禹由夏地而起。故号夏后氏。後遂称夏。都于安邑。
○鴻齋曰。舜為顓頊六世孫。而百有餘歳而崩。禹為顓頊孫。代舜即位。世系之傳。史記失考也。
禹避舜之子。居於陽城。天下不歸舜之子。而歸禹。禹於是踐天子位。以金德王。
世紀。作楽曰大夏。夏大也。言能大堯舜之德也。
左傳宣公三年。王孫満曰。昔夏之方

夏后氏禹。姒姓。或曰名文命。鯀之子。顓頊孫也。鯀湮洪水。舜舉禹代鯀。勞身焦思。居外十三年。過家門不入。陸行乘車。水行乘船。泥行乘橇。山行乘檋。開九州。通九道。陂九澤。度九山。姒音似。命教也。言禹布其文教於四海矣。故因以文命為禹号也。湮音因。一作陻。塞也。思去聲。陸平地。橇起驕切。以板為之。其状如箕。擿行泥上。檋音菊。以鐵為之。其形似錐。長半寸。施之履下。以上山不蹉跌也。陂障也。度音堂入聲。言九州之道路山澤無不平治也。告厥成功。舜嘉之。使率百官行天下事。舜崩乃踐位。告音谷。釋文云。上布於下則音誥。下告於上則音谷。後皆倣此。率百官水土既平。禹以玄圭告成功于舜。舜善其功。遂使攝位。踐位詳見孟子。通鑒禹既即位。國号夏。以建寅月為歳首。色尚黒。牲用玄。以黒為徽号。聲為律。身為度。左準縄。右規矩。一饋十起。以勞天下之民。聲為律索隠曰。言禹聲音應鐘律。身為度王肅曰。以身為法度。左準縄云云。準所以為平。縄所以為直。規所以為圓。矩所以為方。索隠曰。左所運用堪為人之準縄。右所舉動必應規矩也。勞慰也。出見罪人。下車問而泣曰。堯舜之人。以堯舜之心為心。寡人為君。百姓各自以其心為心。寡人

跡古 酒 鑄九 鼎

天下 歸啓 征有 扈

有德也遠方圖物貢金九牧鑄鼎象物百物而為之備使民知神姦故民入川澤山林不逢不若螭魅罔兩莫能逢之用能協于上下以承天休五峰胡氏曰禹始除洪水之害別九州之分野差土田之高下定貢賦之式度立井田封建之細界盡一時生養斯民之道矣又鑄于鼎以為萬世準耳春秋之時晋鄭鑄刑書則知古人創制立度欲傳久遠者必於鼎矣禹到大起上茅山大會計爵有德封有功更名茅山曰會稽

痛之。寡人國君自稱曰寡人猶言寡德之人也古有醴酪。至禹時儀狄作酒。禹飲而甘之曰。後世必有以酒亡國者。遂疏儀狄。醴酪醴音禮。薄酒。酪音洛。醋也。儀狄儀牲。狄名。疏音疎。收九牧之金。鑄九鼎。三足象三德。以享上帝鬼神。九牧九州之牧。九鼎以象九州。三德正直。剛。柔。以享上帝鬼神。鼎主調和供祭祀。故曰享。會諸侯於塗山。執玉帛者萬國。塗山國在壽春東北。玉帛諸侯執玉。五玉。附庸執帛。三帛。為其會者萬國。禹濟江。黃龍負舟。舟中人懼。禹仰天歎曰。吾受命於天。竭力而勞萬民。生寄也。死歸也。視龍猶蝘蜓。顏色不變。龍俛首低尾而逝。江水出茂州岷山東流與漢水合入海。蝘蜓蜥蜴也。一名守宮。謂龍而無角。謂蛇而有足。蝘音偃。蜓音田。上聲。俛俯也。南巡至會稽山而崩。子啓賢能繼禹道。禹嘗薦益於天。謳歌朝覲者。不之益而之啓曰。吾君之子也。啓遂立。會稽音擔雞。地在紹興。通鑑。禹既渡江再致群臣於此。之適也。啓立說見孟子。有扈氏無道。啓與戰于甘。有扈氏扈音戶。夏同姓國。甘地在扶風鄠縣。說見甘誓傳文。

寒浞殺羿

有田一成　有衆一旅

孔甲好鬼神

劉累擾龍

少康恐禹墓之絶祀、乃封其庶子無餘於越、春秋祀於會稽、

王杼可謂能帥禹者、戡定寒氏之亂、佐其父少康成中興之功、故夏后氏報焉、

周禮、馬八尺以上為龍、月令、天子駕蒼龍、按劉累御者、故賜姓御龍氏、

王孔甲三歲、求鐵鑄劍、

啓崩。太康立。盤遊弗返。有窮后羿。窮國、后君、羿音倪、去聲、名也、非堯時射日者、立其弟仲康而專其政。羲和守義不服。羿假王命。命胤侯征之。羲和羲氏和氏、夏合為一官、主曆象授時、胤音寅、去聲、國名、○通鑑、后羿專權、羲和守義不服、故羿假仲康之命以征之、愚案、書胤征篇文義、與之不同、讀者不可不察、仲康崩。子相立。羿逐相自立。嬖臣寒浞又殺羿自立。相之后。有仍國君女也。方娠。奔有仍而生少康。其後少康有田一成。有衆一旅。因夏舊臣靡。舉兵滅浞而復禹之績。相去聲、下並同、寒浞浞音錯、后羿嬖幸之臣、寒姓、浞名、○鄒氏曰、帝相立二十八年、為浞子所滅、夏遂中絶者四十年、娠音申、孕也、少去聲、成十里、旅五百人、靡臣名、復音伏、自少康以來。歷王杼王槐王芒王泄王不降王扃王廑至王孔甲。好鬼神事。淫亂。夏德衰。天降二龍。有雌雄。陶唐氏之後。有劉累者。學擾龍。以事孔甲。賜之姓曰御龍氏。龍一雌死。潛醢以食孔甲。復求之。累懼而逃。杼音佇、少康子、槐音回、杼子、芒音亡、槐子、泄芒子、不降泄子、扃音坰、不降弟、廑音覲、扃子、孔甲廑子、二當

肉山酒池

三十有三歲伐蒙山有施氏献妹喜王嬖之

商湯進伊尹于夏伊尹告以堯舜之道桀不聽關龍逄進諫曰人君謙恭敬信節用愛人故天下安而社稷宗廟固今王後靡嗜殺民惟恐君之後亡矣人心已去天命不祐盍少悛乎不聽龍逄立而不去桀怒遂殺之

○明楊愼曰此因詩有天命玄鳥降而生商之句求其說而不得從而為

作乘見左傳累上聲下同擾音饒上聲應劭音柔注云馴也能養得其嗜慾醢以食醢音海肉醬也藏以為醢以与孔甲復求孔甲既饗而再求致龍逃不能致龍故懼而逃也

孔甲之後歷王皐王發王履癸號爲桀貪虐力能伸鐵鉤索伐有施氏有施以末喜女焉有寵所言皆從爲傾宮瑤臺殫民財肉山脯林酒池可以運船糟堤可以望十里一鼓而牛飲者三千人末喜以爲樂國人大崩皐孔甲子發皐子履癸發子桀謚法賊人多殺曰桀有施氏當時諸侯末通鑑作妹女去聲以女与人曰女施畏桀虐故女妹喜以悅之寵得嬖幸曰寵傾當作瓊殫音丹盡也脯音甫乾肉曰脯山林皆喻其多堤防也言累糟如堤防之高鼓動也牛飲如牛飲水樂音洛崩山壞曰崩言民心之離猶山崩而莫之救也湯伐夏桀走鳴條而死走音奏趨向也鳴條地名在安邑西湯与桀戰于此夏爲天子一十有七世凡四百三十二年有与又通後如云七十有二之類者皆倣此○史記注四百七十八年未詳

殷又号商外紀云盤庚以後方始号殷

殷王成湯子姓名履其先曰契帝嚳子也母簡狄有娀氏女

之誣、蓋馬氏好奇之過、而朱子詩傳亦因之不改耳、

契是殷家始祖、自契至湯十四世、八遷居

湯歸于亳、踐天子位、定都焉、以建丑冬十二月為歳首、色尚白、牲用白牡、以白為徽号

桀暴戾不悛、王乃誓師伐桀、伊尹相湯、費昌為御、与桀戰於鳴條、桀師敗績、湯遂放桀於南巢、桀曰、吾悔不遂

見玄鳥墮卵、呑之生契。為唐虞司徒。封於商。賜姓。成湯王号也、或曰諡、蔡氏曰、武功成、故曰成湯、契音薛、娀音嵩、玄鳥燕也、卵蘖上聲、司徒官掌邦教、敷五典、擾兆民、商州屬陝西、賜姓賜子姓也、傳昭明。相土。昌若。曹圉。曰冥。曰振。曰微。曰報丁。報乙。報丙。主壬。主癸。主癸子天乙。是為湯。始居亳。從先王居。昭明契子、相土昭明子、相去聲、昌若相土子、曹圉昌若子、圉音語、冥曹圉子、振冥子、微振子、報丁微子、報乙報丁子、報丙報乙子、主壬報丙子、主癸主壬子、亳音薄、蔡氏曰、亳在宋州穀熟縣、今歸德府是也、案全書、相土嘗都於此、故曰從先王居、使人以幣聘伊尹于莘。進之夏桀。不用。伊尹伊姓、尹字、名摯、莘音瑟、平聲、國名、史記注、在汴州陳留縣東、趙氏曰、在同州郃陽縣、未詳孰是、尹復歸湯。桀殺諫者關龍逄。湯使人哭之。桀怒召湯。囚夏臺。已而得釋。復歸說見孟子、逄音龐、夏臺獄名、疏云、周曰圜土、殷曰羑里、夏曰鈞臺、秦曰囹圄、一也、釋解也、湯出見有張網四面而祝之曰。從天降。從地出。從四方來者。皆罹吾網。湯曰。嘻。盡之矣。乃解其三面。改祝曰。欲左左。欲右右。不用命者。入吾網。諸侯聞之曰。湯德至矣。

放桀于南巢

大旱七年

六事自責

太甲悔過自責

殺湯于夏臺

二十有一祀發莊山之金鑄幣贖民

時天雨歲則大熟天下謳洽遂作桑林之樂名曰大濩作諸器用之銘以為一戒

伊尹營宮于桐俾王居憂于桐宮乃自攝政當國以朝諸侯太甲自怨自艾處仁遷義伊尹乃以冕服奉太甲

及禽獸。[罹]音離。遭。[至]極也。伊尹相湯伐桀。放之南巢。諸侯尊湯為天子。[南巢]蔡氏曰、廬江六縣有居巢城。今無為州巢縣也。桀奔於此。因以放之。[尊湯為天子]通鑑、湯既革夏命。乃以建丑月為正月。色尚白。牲用白。以白為徽號。服尋冠而縞衣。大旱七年。太史占之曰。當以人禱。湯曰。吾所為請者民也。若必以人禱。吾請自當。遂齋戒翦爪斷髮。素車白馬。身嬰白茅。以身為犧牲。禱于桑林之野。以六事自責曰。政不節歟。民失職歟。宮室崇歟。女謁盛歟。苞苴行歟。讒夫昌歟。言未已。大雨方數千里。[太史]官掌羲和之職。即今之欽天監官也。[占]音瞻。[以人禱]殺人以祭。[為請]之為去聲。言湯為民請雨。[齋戒]洗心曰齋。防患曰戒。[爪]側巧切。[斷]音端。上聲。[嬰]纏也。[女謁]婦女請謁。[苞苴]饋也。苞如今合子。苴子魚切。其藉也。湯崩。太子[太丁]早卒。次子[外丙]立。二年崩。弟[仲壬]立。四年崩。太丁之子[太甲]立。不明。伊尹放之桐宮。居憂三年。悔過自責。尹乃奉歸亳。修德。諸侯歸之。[卒]音遵入聲。曲禮、太夫死曰卒。太丁未立而死。故亦稱卒。[不明]不明厥德。孟子曰、太甲顛覆湯之典刑。[桐宮]桐湯墓所在。伊尹營宮

太戊修德祥桑枯死	河亶甲迁于相	祖乙居耿	盤庚復迁于亳 高宗夢得良弼 雉鳴于鼎

歸于亳、杜預左傳後序引紀年載太甲殺伊尹之說、不足証也、伊尹卒年百有餘歲、葬之以天子之禮、祀之以太牢、

有賢臣巫咸臣扈、共輔佐太戊、來朝者七十六國

時商道寖衰、乃謀遷都于殷、臣民皆安土重遷、盤庚作書以告諭臣民、遂歸于亳、改商曰殷、盤庚行湯之政、商道復興、世說注、胥靡、刑名、

放置太甲於此、三年、太甲、為仲壬後、故為居憂三年、自太甲歷沃丁太庚小甲雍己至
太戊。亳有祥桑穀共生于朝。一日暮大拱。伊陟曰。妖不勝德。君
其修德。太戊修先王之政。二日而祥桑枯死。殷道復興。號稱
中宗。沃丁、太甲子、太庚、沃丁弟、小甲、太甲子、雍己、小甲弟、己音紀、太戊、雍己弟、戊音茂、後皆倣此、朝音潮、祥、孔安國曰、祥、妖怪也、二木合生、不恭之罰、拱、兩手所圍曰拱、通鑑作七日太拱、伊陟、伊尹子、中宗、号太戊為中宗、自太戊
歷仲丁外壬至河亶甲。避水患遷于相。仲丁、太戊子、通鑑是時亳都有河決之患、
乃迁都于囂、外壬、仲丁弟、河亶甲、外壬之弟、水患、河決之患、相、去聲、州屬河東、今彰德府、亶、音丹、上聲、外壬、至祖乙。
居耿。又圮于耿。祖乙、河亶甲子、耿、鄒氏曰、在河中府龍門縣、有故耿城、通鑑云、相都又有河決之害、復迁
于耿、圮、音皮、上聲、河水所毀曰圮、歷祖辛沃甲祖丁南庚陽甲至盤庚。自耿
復遷于亳。殷道復興。祖辛、祖乙子、沃甲、祖辛弟、祖丁、祖辛子、南庚、沃甲子、陽甲、南庚子、盤庚、陽甲弟、
自盤庚。歷小辛小乙至武丁。夢得良弼。曰說。說為胥靡。築于
傅巖。求得之立為相。武丁祭湯。有飛雉。升鼎耳而雊。武丁懼而

武乙無道

拒諫飾非　象箸玉杯

胥相也。靡從也。謂相從坐輕刑也。〇鴻齋曰、雉、野鳥也。飛來祭祀之場外。鼎耳而雊。以爲災異之應。武丁懼而反己。自是章服多用翟羽。所以示警戒也。翟、山雉。尾長五色皆備。

獵于河渭之間。爲暴雷震死。

一作玉杯象箸。必將食熊蟠豹胎。

反已。殷道復興。號稱高宗。〔小辛〕盤庚弟。〔小乙〕小辛弟。〔武丁〕小乙子。〔説〕輔也。説音悦。下同。臣名。姓傅。〔爲胥〕之爲去聲。〔傅巖〕案、傅巖在陝州虞虢之界。嘗有澗水壞道。使胥靡刑人築之。説賢而隱。代築以供食。高宗使人求説。至此而得之。孟子曰、傅説舉於版築之間。是也。〔相〕去聲。〔雉〕野雞。〔雊〕音構。鳴也。〔反已〕思道。猶孟子所謂反其仁之類。己音紀。

自武丁。歷〔祖庚〕〔祖甲〕〔廩辛〕〔庚丁〕。至〔武乙〕。無道。爲偶人。謂之天神。與之博。令人爲行。天神不勝。乃僇辱之。爲革囊盛血。仰射之。命曰射天。出獵。爲暴雷震死。〔祖庚〕高宗子。〔祖甲〕祖庚弟。〔廩辛〕祖甲子。〔庚丁〕祖甲次子。〔武乙〕康丁子。〔偶人〕以土木爲人。曰偶人。〔博〕局戲。曰博。〔爲行〕之爲、爲暴之爲、並去聲。〔行〕代行博采。〔革囊〕革皮。囊袋也。〔盛〕音成。下同。〔射〕音石。下同。釋音云、凡泛而言射、則音麝。指物而射則音石。〔震死〕以其非命。故不称崩。

歷〔太丁〕〔帝乙〕。至〔帝辛〕。名受。號爲紂。〔太丁〕武乙子。〔帝乙〕太丁子。〔帝辛〕帝乙子。〔受〕通鑑作受德。〔紂〕謚法、殘義損善曰紂。

資辯捷疾。手格猛獸。智足以拒諫。言足以飾非。始爲象箸。箕子歎曰。彼爲象箸。必不盛以土簋。將爲玉杯。玉杯象箸。必不羹藜藿。衣短褐。而舍茅茨之下。則錦衣九重。高臺廣室。稱此

酒池肉林

炮烙之刑

妲妃有寵、其言是從。所好者貴之、所惡者誅之。於是使師涓作朝歌北鄙之音、北里之舞、靡々之樂。造鹿臺、為瓊室玉門。臺廣二里、高千尺。七年乃成。厚賦斂、以實鹿臺之財、盈鉅橋之粟。益收狗馬奇物、充牣宮室。益廣沙丘苑臺、大聚戲樂於沙丘、以酒為池、縣肉為林、男女裸相逐其間。竹書紀年云、自盤庚徙殷、至紂之滅、二百七十九年、更不徙都。紂時稍大其邑、南距朝歌、北據邯鄲、沙丘、皆離宮別館。

以求天下不足矣。（挌）音格、擊也。（象箸）象牙箸也。象、獸名、長鼻長牙、生南越。其牙可作器。箸音除、去聲。（箕子）箕、國、子、爵、紂諸父也。（土簋）簋、內圓外方、以盛黍稷、土簋瓦器。（將）音漿。（藜藿）藜、野菜。藿、豆葉。（衣）去聲、著也。（褐）毛布曰褐。（九重）謂宮闕深也。重、平聲。（臺）築土為臺。（稱）去聲。紂伐有蘇氏。有蘇以妲己女焉。有寵。其言皆從。厚賦稅以實鹿臺之財、盈鉅橋之粟。廣沙丘苑臺。以酒為池、縣肉為林、為長夜之飲。百姓怨望、諸侯有畔者。紂乃重刑辟、為銅柱、以膏塗之、加於炭火之上、使有罪者緣之。足滑跌墜火中。與妲己觀之大樂。名曰炮烙之刑。淫虐甚。庶兄微子數諫不從、去之。比干諫、三日不去。紂怒曰、吾聞聖人之心有七竅。剖而觀其心。箕子佯狂為奴。紂囚之。殷太師持其樂器祭器奔周。（妲）丹、入聲。（己）音紀。（女）去聲。（縣）懸同。（畔）叛同、背也。（辟）音平、入聲、法也。（膏）油也。（跌）音迭。（樂）音洛。（炮烙）音庖洛。炮、炙。烙、燒也。（庶兄）妾母所生曰庶。（微子）微國、子爵、名啓。（數）音朔。（比干）紂諸父、王子也。（竅）苦吊切、孔也。（剖）普口切、剖也。（箕子佯狂為奴）古人奴婢皆以罪人為之。箕子因諫得罪而遭囚、故為奴。○愚案、微子去之、欲存宗祀。比干、

囚昌羑里

殷亡

麥秀之歌

呂氏春秋、紂之同母三人、其長曰微子啓、其次曰中衍、其次曰受德、乃紂也、甚少矣、紂母之生微子啓与中衍也、尚為妾、已而為妻、而後生紂、

紂剖孕婦視其胎、斮朝渉之脛、視其髓、西伯聞之竊歎、崇侯虎知之以告紂、紂乃囚西伯于羑里、

西伯之臣、散宜生閎夭之徒、乃求有莘氏美女、驪戎之文馬、有熊之有駟、及奇怪之物、因殷嬖臣費仲而献之、

死争、欲悟君心、箕子佯狂、意猶規諫、跡雖不同、為仁一也、〔大師〕微子、〔周〕文王所封之國、○鄭氏曰、案論語言微子去之、是不仕於王朝而遯耳、初不言其歸周也、夫以商主同父之兄、而自歸於周、是為君辱身、而先亡其宗國矣、微子其肯為之乎、

周侯昌及九侯鄂侯為紂三公。紂殺九侯、鄂侯争之并脯之。昌聞而歎息。紂囚昌羑里。昌之臣散宜生求美女珍寶進紂。紂大悦。乃釋昌。昌退而修德。諸侯多叛紂歸之。昌卒。子發立。率諸侯伐紂。紂敗于牧野。衣寶玉自焚死。殷亡。〔昌〕文王、〔三公〕太師、太傅、太保曰三公、漢襲秦以丞相御史大尉為三公、後以大司馬大司徒大司空為三公、復置師傅保在三公上、光武二十七年詔司徒司空並去大字、改大司馬為太尉、一也、〔争〕諍同、諫止也、〔脯〕熇乾其肉、〔羑〕音酉、〔散宜生〕散氏、宜生名、〔牧野〕在紂都朝歌之南、〔衣〕去聲、

箕子後朝周。過故殷墟。傷宮室毀壊生禾黍。欲哭不可。欲泣則為近婦人。乃作麥秀之歌。曰。麥秀漸漸兮。禾黍油油兮。彼狡童兮。不與我好兮。殷民聞之皆流涕。〔朝周〕案史記、武王既克殷、乃封箕子於朝鮮、而不臣、今曰朝周、猶左氏所謂於周為客者也、〔墟〕去聲、〔禾黍〕禾、五穀總名、黍、苗似蘆穗、黒色、實圓重、俗謂曰糯粟、

姜源履巨人跡生后稷

后稷爲農

紂大喜許之西伯因獻洛西之地請除炮烙之刑紂許之賜之弓矢鈇鉞使專征伐○朱子曰雜說云崇侯虎譖西伯曰西伯欲叛紂怒囚之羑里西伯歎曰父有不慈子不可以不孝君有不明臣不可以不忠豈有君而可叛乎此言爲得其平云○鴻齋曰發爲后稷十六世孫后稷帝嚳子其間虞唐之後夏有四百五十二年商有六百四十五年千餘年而止十六世哉史記失考也

【欲泣云云】泣者淚下而不敢發聲近婦人所爲【漸漸】漸漸當殷作漸麥秀兒【油油】油盛兒【狡童】史記云紂也【好】如字善也

爲天子三十一世六百二十九年。九通鑑作八案紀年殷有天下實六百四十五年

周

【周武王】姬姓名發后稷之十六世孫也后稷名棄棄母曰姜嫄爲帝嚳元妃出野見巨人跡心欣然踐之生棄以爲不祥棄之隘巷馬牛避不踐徙置山林適會林中多人遷之氷上鳥覆翼之以爲神遂收之兒時屹如巨人之志其游戲好種樹及成人能相地之宜教民稼穡興於陶唐虞夏之際爲農師封于邰別其姓號后稷卒【棄】初欲棄之故名曰棄【姜嫄】嫄音原姜姓嫄名有部氏女也【踐】蹋也【隘】烏拜切狹也【覆】音否去聲爲神朱子曰無人道而生子故棄之而有此異也故復收之【屹】音垠入聲卓立兒【好】去聲【樹】猶植也【稼穡】種曰稼斂曰穡【邰】音台朱子曰在京兆府武功縣【別】音編入聲【號】史記號曰后稷別姓姬氏子不窋立【窋】之出切夏后氏政衰不窋失其官奔戎狄之間不窋卒子

公劉修后稷之業

古公去豳

太任生昌有聖瑞

鞠立。鞠卒子公劉立。復修后稷之業。務耕種。百姓懷之。公劉卒子慶節立。國於豳。歷皇僕。差弗。毀隃。公非。高圉。亞圉。公叔祖類至古公亶父。獯鬻攻之。去豳渡漆沮。踰梁山邑於岐山下居焉。豳人曰。仁人也。不可失。扶老携幼以從。他旁國皆歸之。

正義因太王之所居周源因号曰周

奔戎狄云云　西夷曰戎北夷曰狄按全書今慶陽府安化縣有不窋城　豳　音彬州屬陝西今作邠公劉居之慶節因爲　皇僕　慶節子　差弗　通鑑作差弗皇僕子　毀隃　差弗子　公非　毀瑜子　高圉　公非子　亞圉　高圉子　公叔祖類　祖紺通鑑作祖亞圉子　古公　号亶父名公叔祖類子也父音甫後凡係人名地名者皆傚此　獯鬻　音熏育　漆沮　沮音取平聲水經漆水出扶風杜陽縣程氏曰杜陽今岐山普聞縣之地亦漢漆縣之境其水入渭在涇水之上非禹貢之漆水也　梁山　在岐山縣　岐山　徐廣曰山在扶風美陽西北其南有周原皇甫謐曰邑於周地故始改國曰周　豳人云云　說見孟子所謂狄人即獯鬻也

晋書四夷列傳昔夏少康之子封於會稽断髪文身以避蛟龍之害或曰倭人自謂太伯之後云々蓋以太伯如荊蠻後人作傳會之說其妄甚矣

太任生子昌有聖瑞古公曰我後世當有興者其在昌乎

古公長子太伯。次虞仲。其妃太姜生少子季歷。季歷娶太任生昌有聖瑞。太伯虞仲知古公欲立季歷以傳昌。乃如荊蠻。斷髮文身以讓季歷。

虞仲　又曰仲雍　太姜　姜姓女　季歷　又曰公季　娶太任　摯任氏女　聖瑞　史記註季秋甲

西伯篤仁敬老慈少禮下賢者日中

呂尚太公

昌立為西伯

不暇食以待士。士以此歸之。太顛、閎夭、散宜生、鬻子、辛甲皆往歸焉。西伯行於野，見枯骨，命瘞之。吏曰，此無主矣。西伯曰，有天下者天下之主，有一國者一國之主。吾即其主。遂葬之。天下聞之曰，西伯澤及枯骨，況於人乎。

受命，言受天命也。

呂尚者，其先祖嘗為四岳，佐禹平水土，虞夏之際封於呂，姓姜氏。尚其苗裔也。

呂尚時年七十餘。

子，赤爵銜丹書，止昌舍是也。如荊蠻，如匕去也。荊者楚之旧号，蠻者南夷之名。正義曰，太伯奔吳，所居城在蘇州北常州無錫縣界梅里村，其城及冢見存。而云如荊蠻者，楚滅越，其地屬楚，秦滅楚，其地屬秦，秦諱楚，故通号吳越之地為荊。及北人書史，又加云蠻。斷，端上聲。文身，刺其身而涅之。讓季歷，語録曰，太伯逃之荊蠻，斷髮文身者，蓋不示以不可立，則王季之心不安，其位未定，終無以仁天下，遂父志而成其遠者大者。為太伯之讓，上以繼大王之志，下以成王季之業，無非為天下之公，而不為一身之私，宜夫孔子之称其至德也已矣。

古公卒，公季立。公季卒，昌立。為西伯。西伯修德，諸侯歸之。虞芮爭田，不能決，乃如周。入界，見畊者皆遜畔，民俗皆讓長。二人慙，相謂曰，吾所爭，周人所恥。乃不見西伯而還，俱讓其田不取。漢南歸西伯者四十國。皆以為受命之君。三分天下有其二。

西伯，紂命文王為西方諸侯之長，得專征伐，故称西伯。虞芮，二國名。虞在今陝州平陸縣，芮在今同州馮翊縣。傳曰，虞芮之君相与爭田，久而不平，乃相謂曰，西伯仁人也，盍往質焉。乃相与朝周。長，音張，上聲。漢，水出興元府番冢山，至漢陽軍大別山入江。有其二，天下九州，歸文王者六州，惟青兗冀尚屬紂耳。

有呂尚者。東海上人。窮困年老，漁釣至周。西伯將

尊呂尚為太公

白魚入舟王

金石録云、太公壽百有十歲

乙丑十有九祀、西伯伐崇、因作豐邑、徙都之、立靈臺

是時諸侯皆叛殷歸周、不期而會盟津者八百、皆曰、紂可伐矣、王曰、汝未知天命、未可也、乃引師還

○方正学曰、牧野之兵、非武王之志也、聖人之不幸也、武成載其時事、但

獵卜之曰、非龍非彲、非熊非羆、非虎非貔、所獲霸王之輔、果遇呂尚於渭水之陽、與語大悦曰、自吾先君太公曰、當有聖人適周、周因以興、子眞是邪、吾太公望子久矣、故號之曰太公望、載與俱歸、立爲師、謂之師尚父、

[呂尚]呂氏、尚名、姜姓、[東海]全書作東河、在冀州、[至周]皇甫士安曰、太公欲隱東海、聞文王善養老、遂入釣于周、以干文王、[將]音漿、下並同、[彲]音螭、神獸、[熊]獸似豕、[羆]音碑、獸似熊而長頭高脚、[虎]猛獸、説文云、山獸之君也、[貔]音毘、猛獸、[渭水]出渭州渭源縣鳥鼠山、至同州馮翊縣、入河、[陽]水北也、[邪]語助辭、後不音讀者、可以意詳、[尚父]尚可父、天子師也、父音甫、通鑑註、謂可尚可父、

西伯卒、子發立、是爲武王、東觀兵至於盟津、白魚入王舟中、王俯取以祭、既渡、有火自上復于下、至于王屋、流爲烏、其色赤、其聲魄、是時諸侯不期而會者八百、皆曰、紂可伐矣、王不可、引歸、

[觀兵]示兵威也、觀音貫、[盟]孟同、在孟州河陽縣、[白魚]馬融曰、魚者介鱗之物、兵象也、白者殷家之正色、入于王舟、是殷命歸周之兆也、[復]音伏、[王屋]云云、馬曰、王屋、王所居屋、流、行也、魄然、安定意也、鄭玄云、烏有孝德、武王卒父大業、故烏瑞臻、赤者周之正色也、或曰

日一戎衣天下大定不書紂之死者為武王諱故不忍書也他書謂紂自焚死意為近之蓋武王之於紂非有深讐宿怨特為民去乱耳使紂悔過遷善武王必不與兵已北使紂不死師而適孟津及紂而降武王必將封之以百里之邑俾奉其宗廟必不忍加兵於其身也況紂已死乎遷史乃謂武王至紂死所三射之躬斬其首懸於太白之旗此戰國薄夫之妄言遷取而信之謬也封比干之墓表商容之閭發鉅橋之

王屋山名在河南北五里〔引歸〕還師有未知天命之語○案書傳蔡云孔氏以為武王十一年觀兵十三年伐紂武王觀兵是以臣脅君也程子曰此事間不容髮一日天命未絶則是君臣當日而絶則為獨夫豈有觀兵而後伐之哉司馬遷作周本紀因亦謂觀兵而後伐紂訛謬相承展轉左驗後世儒者遂謂實然而使武王蒙千百年脅君之悪嗚呼惜哉

紂不悛。王乃伐紂。載西伯木主以行。伯夷叔齊叩馬諫曰。父死不葬。爰及干戈。可謂孝乎。以臣弑君。可謂仁乎。左右欲兵之。太公曰。義士也。扶而去之。〔不悛〕不改過也悛音筌〔木主〕神主〔伯夷叔齊〕姓墨伯者居長之称名允字公信謚曰夷叔其弟也名智字公達謚曰齊孤竹君之二子也〔弑〕大逆曰弑〔兵〕猶殺也○武王太公之心恐一時無君伯夷叔齊之心恐萬世無君此義蓋並行而不相悖也

王既滅殷。為天子。追尊古公為太王。公季為王季。西伯為文王。天下宗周。通鑑武王既勝殷乃改正朔以建子月為正月色尚赤牲用騂以赤為徽号朝燕服冕而玄衣伯夷叔齊恥之。不食周粟。隱於首陽山。作歌曰。登彼西山兮。采其薇矣。以暴易暴兮。不知其非矣。神農虞夏忽焉没兮。我安適歸矣。于嗟徂兮。命之

周公攝政　二叔流言

周公東征　周公歸政

營洛邑

重譯來朝

粟、散鹿臺之財、歸傾宮之女、殷人咸喜。

元子伯禽就封於魯。周公謂伯禽曰、我一沐三握髮、一飯三吐哺、起以待士、猶恐失天下之賢人。子之魯、慎無以國驕人。

周公避位居東、取易之三百八十四爻、各繫以辭。

秋大雷風、禾盡偃、木斯拔。王大恐、與太夫盡弁、以啓金縢之匱、見周公請代武王之事、執書以泣。乃出郊迎周公。天乃雨反風。禾盡起、歲則大熟。

周公在豐病將歿、曰、必葬我成周、以

衰矣。遂餓而死。首陽山在河中府河東縣南。薇似蕨而差大、有芒而味苦、可食。適音的。于吁同。徂同。語作殂。死也。餓而死、謂不食祿而終其身。非饑餓而死也。武王崩。太子誦立。是爲成王。成王幼。周公位冢宰、攝政。管叔・蔡叔流言曰、公將不利於孺子。與武庚作亂。武庚者、武王所立紂子祿父、爲殷後者也。周公東征、誅武庚・管叔、放蔡叔。王長、周公歸政。幼年十三而即位。周公、武王弟、名旦。冢宰、官、掌邦治、統百官、均四海。管叔・蔡叔、管叔鮮・蔡叔度、皆武王弟。既克殷、使之監於殷。孺子、孺、稚也、謂成王。誅武庚云云事見書金縢諸篇。長、音張、上聲。歸政、史記、成王長、能聽政。周公歸政於成王、成王臨朝。周公北面就臣位。初武王作鎬京。謂之宗周。是爲西都。將營洛邑、未果。王欲如武王之志。召公遂相宅。周公至洛、築王城。是爲東都。以洛爲天下中。四方入貢、道里均也。王居西都而朝會諸侯於東都。周公・召公、相成王、爲左右。自陝以西、召公主之。自陝以東、周公主之。交趾南有越裳氏。重三譯而來、獻白雉。曰、吾受命國之黄

刑錯不用

明吾不敢王周公既卒成王亦讓葬周公于畢從文王以明其不敢臣周公也

成王以周公有勲勞於天下賜魯公世世祀周公以天子之禮楽

指南車古制不可考至唐憲宗時始定其制

黄帝内傳曰玄女為帝製指南車當其前志林曰黄帝与蚩尤戰於涿鹿之野蚩尤作大霧彌三日人皆惑帝令風后法斗機作指南車以別四方

按指南車製造指南鍼者所謂磁針盤也顧此製自古

者天無烈風淫雨。海不揚波、三年矣。意者中國有聖人乎。盍公歸之。王薦于宗廟。使者迷歸路。周公錫以軿車五乘。皆爲指南之制。使者載之、由扶南林邑海際、朞年而至國。故指南車常爲先導。示服遠人而正四方。〔初〕凡言初者、因此年之事、而推其所由始也。後凡云先是者、亦倣此。〔鎬京〕在豊邑東二十五里。鎬音皓。王都曰京。〔召公〕名奭。召音邵。〔相〕去聲。〔東都〕案書傳、洛水出商州洛南縣冢嶺山、至鞏縣入河。王城在其北、曰洛陽。其地前直伊闕、後據邙山、左瀍右澗、洛水貫其中、以象天漢。武王欲營都邑、而未成。成王遂卒其志而營之。後云郟鄏、即此地也。餘見召誥、傳文。〔貢〕下供於王曰貢。〔左〕佐同。〔陝〕音閃。州屬河南。〔越裳〕氏、漢地理、交阯郡本南粵之地。武帝元鼎六年、置越裳之國、又在其南。〔重三譯〕重平聲。譯音亦。通兩蕃之語者曰譯。重三譯者、過三國也。〔獻〕者下獻上之名也。〔曰使者言〕〔黄耇〕耇音茍、老人髮白復黄、面色常垢、故曰黄耇。烈風淫雨、暴風曰烈、大雨曰淫。有聖人乎、以上乃黄耇之言。錫賜也。軿音駢、車有四面屏蔽曰軿車。乘去聲。扶南國、在南蠻。林邑亦南蠻國。〔朞年〕歳一周曰朞。〔常爲之〕爲去聲。導引也。成王崩、子康王釗立。成康之際、天下安寧、刑錯四十餘年不用。〔釗〕音昭。〔刑錯〕錯、措同。道隆德盛、民不犯刑。康王崩、子〔昭王〕瑕立。

昭王南征不返

徐偃作乱

荒服不至

夷王下堂見諸侯

有之

八駿文曰、一驊騮、二騄駬、三赤驥、四白兎、五驍渠、六黃騟、七黑驪、八山子、

祭公曰、令犬戎氏以其職來王、而必以不享征之、且觀之兵、其無乃廢先王之訓、而王幾頓乎、王不聽、

○金仁山曰、孝王崩、諸侯復立懿王太子燮、是為夷王、然則夷王本未必立、而立於諸侯之手、故為是加禮於諸侯、下堂而見之、

昭王南巡狩至楚。以膠舟載之溺不返。〔膠舟〕正義曰、昭王德衰、南征、濟漢、船人惡之、以膠船進王、王御船至中流、膠液船解、膠音交、〔溺〕音匿、子〔穆〕王〔滿〕立。有造父者。以善御幸於王。得八駿馬。遊行天下。將皆有車轍馬跡。王西巡。世傳王以此時觴西王母〔瑤〕池上。樂而忘歸。〔徐〕〔偃〕王作亂。造父御王長驅歸救亂。告楚伐徐。徐敗。王將征犬戎。祭公謀父諫曰。先王耀德不觀兵。王不聽征之。得四白狼四白鹿以歸。自是荒服不至。諸侯不睦。〔造〕音操、〔幸〕得寵曰幸、八駿馬曰絕地、曰翻羽、曰奔霄、曰超景、曰踰輝、曰超光、曰騰霧、曰挾翼、〔轍〕車跡曰轍、〔西王母〕仙傳拾遺又号金母元君、瑤池在崑崙、樂音洛、〔偃〕王東方諸侯徐子也、嬴姓、僭称曰王、〔告〕通鑑作命、〔犬戎〕西夷名、〔祭〕音債、〔謀父〕韋昭曰、祭、畿內之國、周公之後、王卿士、謀父字也、〔觀〕音貫、〔狼〕似犬、銳頭白頰、高前廣後、〔荒服〕要服之外、曰荒服、見禹貢、崩。子共王繄扈立。崩。子懿王囏立。崩。弟孝王辟方立。崩。子夷王燮立。下堂而見諸侯。楚始僭稱王。〔共〕音恭、繄於兮切、〔囏〕古文艱、〔辟〕音璧、〔燮〕音纖、入聲、夷王崩。子厲王胡立。無道。暴虐侈傲。得

衛巫監謗　周召共理國事　宣王任賢使能　龍漦之妖

厲王好利近榮夷公大夫芮良夫諫曰榮公好利而不知大難夫利百物之所生也天地之所載也而或專之其害多矣匹夫專利猶謂之盜王而行之其歸鮮矣榮公若用周必敗王不聽

召公周公二相以太子靖幼相与和協共理國事號曰共和史記正義曰共伯名和非是

至厲王之末發而觀之漦流於庭不可除厲王使婦人裸而譟之漦化為玄黿以入王後宮後宮之童妾既亂

衛巫使監國人之謗者以告則殺之道路以目王喜曰吾能弭謗矣或曰是障也防民之口甚於防川水壅而潰傷人必多王弗聽於是國人相與畔王出奔彘二相周召共理國事曰共和者十四年而王崩于彘（監平聲察也以目史記王行後傲國人謗王王怒使衛巫監之巫以謗者告王即殺之故國人莫復敢言道路間惟以目相盼而已弭音美止也潰音囬去聲旁決也彘音滯縣屬河東今霍邑縣相去聲周召召音邵下同非周公旦召公奭也自二公之後凡輔相周室者皆通称曰周召共如字）子宣王靜立任賢使能有召穆公方叔尹吉甫仲山甫等為政於内外（召穆公名虎出平淮夷方叔南征荊蠻尹吉甫北征玁狁仲山甫以補袞職）王化復行周室中興焉崩子幽王宮涅立初夏后氏之世有二龍降于庭曰予褒之二君卜藏其漦歷夏殷莫敢發周人發之漦化為黿童妾遇之而孕生女棄之宣王時有童謠曰檿弧箕服實亡周國適有鬻是器者宣王使執之其人逃於道見棄女哀其

褒姒　舉烽火戲諸侯　犬戎殺幽王　平王徙居東都　孔子修春秋始此

而遺之、既笄而孕、無夫而生子、懼而棄之云云、是里巷小說　○故常也　○錢鶴灘曰、吁、自古婦人一笑雖微、而貽無窮之禍、人豈可以笑為輕忽而不致其謹哉、　箕、草名、似荻而細、可結而為服　王東徙洛邑、秦襄公以兵送王、王封襄公為諸侯、賜之岐豐之地、

夜號而取之、逸於褒。至幽王之時、褒人有罪、入是女於王。是為褒姒。王嬖之。褒姒不好笑。王欲其笑萬方、不笑。故王與諸侯約、有寇至則舉烽火召其兵來援。乃無故舉火。諸侯悉至而無寇。褒姒大笑。王廢申后及太子宜臼、以褒姒為后、其子伯服為太子。宜臼奔申。王求殺之弗得。伐申。申侯召犬戎攻王。王舉烽火徵兵。不至。犬戎殺王驪山下。遲音年、入聲、褒國在褒城、漦音俟、平聲、韋昭曰、龍所吐沫、漦、龍之精氣也、黿音元、史記註作蚖、謂蜥蜴也、孕音盈、去聲、棄之、不夫而育、故棄之、檿弧箕服、檿音掩、弧音胡、韋昭云、山桑曰檿、弧弓也、箕竹名、服矢房也、鬻音育、賣也、號音豪、逸匿也、嬖愛也、萬方多方、以誘其笑、烽辺火曰烽、有急則於高處舉之、以為號、援音院、救也、奔申、姜姓國、宜臼母家、地在鄧州信陽軍之境、徵召也、驪山在華州渭南縣、古驪戎所居、故曰驪諸侯立宜臼、是為平王。以西都逼於戎、徙居東都王城。時周室衰微、諸侯強并弱、齊楚秦晉始大。平王之四十九年、即魯隱公之元年。其後孔子修春秋、始此。并、併同、後不音者皆

顕一作靈

○呂東萊曰、平王東迁之初、大讐未報、王略未復、正君臣臥薪嘗膽之時、奔亡之餘、僅得苟安、乃君臣釋然自以為足、嗚呼、周其終於東乎、

正義云、平王以前号東都、至敬王以後為西周、

按左傳宣三年、楚子伐陸渾之戎、遂至于雒、觀兵于周疆、定王使王孫滿勞楚子、楚子問鼎之

倣此、周室衰微、通鑑曰、四國更征伐、天子不能制、○蘇氏曰、周之失計、未有如東迁之謬也、自平王而至于亡、非有大無道者也、顕王之神聖、諸侯服享、然終以不振、則東迁之過也、昔武王克商、迁九鼎于洛邑、成王周公猶營之、周公既沒、君陳畢公更居焉、以重王室而已、非有意於迁也、今夫富民之家、遺子孫者、田宅而已、不幸而有敗、雖乞假而生可也、然終不敢議田宅、今平王舉文武成康之業而棄之、此一敗而鬻田宅者也、夏商之王、皆五六百年而後王之敗、皆不減幽厲、然至於桀紂而後亡、其未亡也、天下宗之、不如東周之名存而實亡者、則不鬻田宅之效也、商雖有迁、避水患也、非避寇也、其避寇而迁者、未有不亡、雖不即亡、未有能復振者也、春秋始此、春秋、魯史記之名也、孔子以平王東迁、命令政教不行於天下、故不得不因而修之、以示褒貶之法也、

平王崩、太子之子桓王林立、崩、子莊王佗立、崩、子釐王胡齊立、齊桓公始霸、太子洩父、佗音駝、釐音禧、霸持諸侯之權曰霸、釐王崩、子惠王閬立、崩、子襄王鄭立、晉文公始霸、閬音浪、襄王崩、子頃王壬臣立、崩、子匡王班立、崩、弟定王瑜立、楚莊王使人問鼎輕重、王孫滿卻之、頃音傾、卻却同、退也、後不音者皆倣此、有在德不在鼎、及鼎之輕重、不可問也之語、詳見左宣三年、定王崩、子簡王夷立、呉始僭稱王、簡王

孔子生　趙魏韓始侯　戰國　論監始編之意　諸侯皆僭称王

大小輕重焉對曰在德不在鼎昔夏之方有德也遠方圖物貢金九牧鑄鼎象物百物而爲之備使民知神姦故入川澤山林不逢不若螭魅罔兩莫能逢之用能協于上下以承天休桀有昏德鼎遷于商載祀六百商紂暴虐鼎遷于周德之休明雖小重也其姦回昏亂雖大輕也天祚明德有所底止成王定鼎于郟鄏卜世三十卜年七百天所命也周德雖衰天命未改鼎之輕重未可問也齊欲求九鼎顔率曰夫鼎非效壺醯

崩子靈王泄心立。孔子生於其時。靈王崩子景王貴立。崩子悼王猛立。庶弟子朝弑之。晉人攻子朝而立敬王丐。孔子歿於其時。敬王崩子元王仁立。崩子貞定王介立。崩子哀王去疾立。弟思王叔襲弑之而自立。少弟考王嵬又攻殺思王而自立。崩子威烈王午立。晉趙氏魏氏韓氏始侯。周自東遷以來。及是二十世而愈微。諸侯用兵爭强。號爲戰國。朝音潮、丐音緬、王猛母弟。殁音沒、卒也。去上聲。襲掩其不備曰襲。嵬音外、平聲。○司馬温公資治通鑑始此。愚案、公曰、天子之職、莫大於禮、禮莫大於分、分莫大於名。夫晉大夫暴蔑其君、剖分晉國、天子既不能討、又寵秩之、使列於諸侯。是區區之名分、復不能守、而併棄之也。先王之禮、於斯盡矣。温公編鑑、而始於此者、其亦春秋之意歟。威烈王崩子安王驕立。齊田氏始侯。安王崩子烈王喜立。崩弟顯王扁立。諸侯皆僭稱王。顯王崩子愼靚王定立。崩子赧王延立。五十九年。與諸侯約從攻秦。秦昭王攻周。赧王奔秦。頓首受罪。盡獻其

論周本源深固所以長久

醬瓿耳。可懐挾提挈以至齊者。非效鳥集烏飛兎興馬逝。漉然止於齊者。昔周之代殷。得九鼎。凡一鼎九萬人輓之。九九八十一萬人。士卒士徒。械被具所以備者称此。云云。蓋顏卒拯齊王之志也。

元凱序曰。春秋者魯史記之名也。註。春秋之名。經無所見。唯傳記有之。禮記内則。稱五帝有史官。但未必名爲春秋耳。孟子曰。楚謂之檮

邑。秦受獻而歸赧王於周。以卒。周爲天子三十七世。初夏亡九鼎遷殷。殷亡遷周。成王定鼎於郟鄏。卜曰。傳世三十。歷年七百。至是乃過其歷。凡八百六十七年。〇扁音匾。靚音浄。赧奴板切。従音蹤。合兵曰從。頓首頭叩地曰頓首。頰音夾。鄏音辱。歷數也。〇司馬温公曰。周自平王東遷。日以衰微。至於戰國。又分而爲二。其土地人民。不足以比強國之大夫。然天下猶尊之以爲主。守文武之宗祧。綿綿然久而不絶。其故何哉。植本固而源深且遠故也。昔周之興也。禮以爲本。仁以爲源。自后稷以來。至於文武成康。其講禮也備矣。其施仁也深矣。民習於耳目。浹於骨髓。雖後世微弱。其民將有陵慢之心。則畏先王之禮而不敢爲。將有離散之心。則思先王之仁而不忍去。此其所以享國長久之道。不然。以區區數邑。處於七暴國之間。一日不可存。況於數十年矣。

春秋戰國

周平王以後爲春秋之世。其列國與周同姓者。曰魯。曰衛。曰晉。曰鄭。曰曹。曰蔡。曰燕。曰吳。其與周異姓者。曰齊。曰宋。曰陳。曰楚。曰秦。此其大者。餘小國若春秋所書。杞許滕薛

杌、晉謂之乘、而魯謂之春秋、其實一也、春秋絶於獲麟、當周敬王三十九年、左氏終於哀公二十七年、當周貞定王元年、後四十餘年、經考王爲威烈王、自是爲戰國、戰國策自周安王終秦始皇、春秋戰國以書名唱爲、而貞定王以後至安王、其間凡六十餘年、猶謂春秋、以不當威烈王二十三年、韓魏趙爲諸侯、未止七大國、威烈王後經百餘年、至惠王爲七大國

史記呉太伯世家云、季札之初使北

郳莒江黄之屬、不可盡述。於十二列國之中、有齊桓公・宋襄公・晉文公・秦穆公・楚莊王五霸事跡。若論春秋諸國之終始、有未及戰國而先亡者、有既及戰國而後亡者。各舉其槩。周威烈王以後爲戰國之世、則秦楚燕齊趙魏韓七大國而已。秦楚燕猶爲春秋之舊國、田齊趙魏韓則爲戰國之新國。凡春秋戰國之國、雖繫周之諸侯、而國異政、實不繫於周。難於盡載、附見周之下方。其時各有先後、則觀者詳之。〔莒〕音舉。〔小國〕杞也、許也、滕也、薛也、郳也、莒也、江也、黄也、並國名。〔槩〕音溉、大畧也。〔田齊〕田氏齊。〔見〕音現。〔下方〕以下方冊。

〔呉〕姫姓。太伯仲雍之所封也。十九世至壽夢、始稱王。壽夢四子、幼曰季札。札賢、欲使三子相繼立、以及札。札義不可。封延陵、號曰延陵季子。聘上國、過徐。徐君愛其寶劍。季子心知之。

伐楚入郢

夫差敗越于夫椒

句踐嘗膽

過徐君徐君好季札劍口弗敢言季札心知之爲使上國未獻還至徐徐君已死於是乃解其宝劍繫之徐君冢樹而去從者曰徐君已死尚誰予乎季子曰不然始吾心已許之豈以死倍吾心哉

周敬王三十六年吳將伐齊子胥諫曰越在我心腹之疾也不如早從事焉得志於齊猶獲石田也無所用之越不爲沼吳其泯矣弗聽嚭因譖之

使還。徐君已歿。遂解劍懸其墓而去。吳子爵都平江稱王太伯太王長子讓國而逃其後歷仲雍周章熊遂柯相彊鳩夷餘橋疑吾柯盧周繇屈羽夷吾禽處轉頗高句卑去齊至壽夢爲十九世始稱王末詳三子長曰諸樊次餘祭次餘昧延陵郡屬江浙今常州聘曲禮諸侯使大夫問於諸侯曰聘過音戈徐國名使還之使去聲

壽夢後四君而至闔廬。舉伍員謀國事。員字子胥。楚人伍奢之子。奢誅而奔吳。以吳兵入郢。吳伐越。闔廬傷而死。子夫差立。子胥復事之。夫差志復讐。朝夕臥薪中。出入使人呼曰。夫差而忘越人之殺而父邪。周敬王二十六年。夫差敗越于夫椒。越王勾踐以餘兵棲會稽山。請爲臣。妻爲妾。子胥言不可。太宰伯嚭受越賂。說夫差赦越。勾踐反國。懸膽於坐臥。即仰膽嘗之曰。女忘會稽之耻邪。舉國政屬大夫種。而與范蠡治兵事。謀吳。太宰嚭譖子胥耻謀不用怨望。夫差乃賜子胥屬鏤之劍。子胥告其家人曰。必樹吾墓檟。檟可材也。抉吾目懸

史記、鴟夷之下有革字。注、取馬革為鴟夷榼形。鴟處脂反

越滅吳　范蠡去之

十年生聚十年教訓

史記世家、范蠡曰、會稽之事、天以越賜吳、吳不取。今天以吳賜越。豈可逆天乎。且天与不取、反受其咎。○蘇轍曰、范蠡知勾踐可与共患難、則為之滅吳、以致其功、知其不可与

東門、以觀越兵之滅吳。乃自剄。夫差取其尸、盛以鴟夷、投之江。吳人憐之、立祠江上、命曰胥山。四君諸樊・餘祭・夷昧・僚也。闔廬、諸樊子。殺僚自立。闔音合。員音云。郢楚都、今江陵府。越蠻夷之國、姒姓、子爵。夫音扶。差音釵。復音伏。讐音酬。呼去聲。而忘之而、而父之而、並汝也。敗音拜、破他曰敗、則音拜、自破曰敗、則音唄、後皆倣此。夫椒之夫、音扶。夫椒、吳地名。勾音鉤。會稽音檜雞。子胥言有樹德莫如滋、去疾莫如盡之語、詳見左哀公元年。嚭音丕、上聲。賂音路、賄也。說音稅、誘也。自此至五卷終、不音者皆倣此。坐座同。嘗之飲食、輒嘗膽以示苦也。女音汝。屬音燭、下同。種上聲。蠡音禮。治平聲、下同。鏤音閭。賜劍、使以自殺。櫝音賈、木名。抉音攜、入聲、抉出也。剄音景、刎也。盛音成。鴟夷、鴟音絺、馬革囊也。

越十年生聚、十年教訓。周元王四年、越伐吳。吳三戰三北。夫差上姑蘇、亦請成於越。范蠡不可。夫差曰、吾無以見子胥。為幎冒乃死。北敗走也。上上聲。姑蘇臺在吳都。成和也。無以見子胥、果如所料、故羞見之。幎冒面衣也。以帛為之、方尺二寸、四角有繫、於後結之。幎音明、入聲。冒音帽。

○世紀、吳自太伯至夫差、凡二十五世。

越既滅吳、范蠡去之。遺大夫種書曰、越王為人長頸烏喙。可與共患難、不可與共安樂。子何不去。種

同安樂則棄之浮於江湖如去仇讎是以君臣免於惡名可不謂賢哉

東坡志林蘇子曰范蠡知相其君而已以我相蠡亦烏喙也夫好貨天下賤士也以蠡之賢豈聚斂積實者何至耕于海濱父子力作以営千金屢散而復積如何為者哉豈非才有餘而道不足故功成名遂身退而心終不能自放乎使勾踐有大度始終用蠡蠡亦非清淨無為以老越者也故曰蠡亦烏喙也

武王克殷封弟叔

稱疾不朝或讒種且作亂賜劍死范蠡裝其輕寶珠玉與私從乘舟江湖浮海出齊變姓名自謂鴟夷子皮父子治產至數千萬齊人聞其賢以為相蠡喟然曰居家致千金居官致卿相此布衣之極也久受尊名不祥乃歸相印盡散其財懷重寶間行止於陶自謂陶朱公貲累鉅萬魯人猗頓往問術焉蠡曰畜五牸乃大畜牛羊於猗氏十年間貲擬王公故天下言富者稱陶朱猗頓遺去聲頸音景烏喙烏孝鳥尒雅純黒而反哺者曰烏小而不反哺者曰鵶喙許穢切口也難去聲樂音洛朝音潮從去聲私從八家衆也浮舟行水曰浮鴟夷子皮史註云蓋以呉王殺子胥而盛以鴟夷今蠡自以有罪為号也相去聲下並同喟然歎聲間行間音澗潜行也陶今定陶縣属曹州貲音咨財也累上聲鉅萬猶言萬萬猗頓猗當作倚姓也問術問生財之術畜音凶入聲下同牸音字牝也多畜之則生育必蕃擬王公有王公之富也

蔡姬姓蔡仲之所封也周公蔡蔡叔於郭鄰其子胡率德改

度於蔡。叔度挾殷武庚祿父以作亂。其子胡乃改行率德。復封胡於蔡。是爲蔡仲。

曹一曰伯爵。曹亡。左傳哀八年。

公孫彊言覇說於曹伯。曹伯從之。乃背晉奸宋。宋景公伐之。晉人不救。宋滅曹。

癸辛雜識。世以二十八宿配十二州分野。最爲踈誕。中國僅以畢昴二星管異域諸國。殊不知十二州之內。東西南北不過綿亘一二萬里。外國

熒惑守心

行復封于蔡。後世至春秋之末。爲楚惠王所滅。〔蔡〕侯爵、都汝寧、〔蔡蔡〕之蔡、上音殺、入聲、猶放也、下如字、〔郭鄭〕孔氏曰、中國之外地名、〔胡〕仲名、〔率〕德改〔行〕、率循也、仲能循祖文王之德、改父蔡叔之行、〔爲〕去聲○世紀、蔡自叔度至元侯、凡二十四世、

曹姬姓。武王弟曹叔振鐸之所封也。其後世至春秋中。爲宋所滅。〔曹〕侯爵、都定陶、〔鐸〕音唐、入聲、〔爲〕去聲○世紀、曹自叔振鐸至伯陽、凡二十六世、

宋子姓。商紂庶兄微子啓之所封也。後世至春秋有襄公茲父者。欲覇諸侯。與楚戰。公子目夷請及其未陳擊之。公曰。君子不困人於阨。遂爲楚所敗。世笑以爲宋襄之仁。〔宋〕公爵、都宋、〔目夷〕襄公庶兄子魚也、〔未陳〕未成行陣、〔阨〕音厄、〔爲〕去聲、〔敗〕音拜、下同、其後有景公者。熒惑嘗以其時守心。心宋之分野。公憂之。司星子韋曰。可移於相。公曰。相吾之股肱。曰可移於民。公曰。君者待民。曰可移於歲。公曰。歲饑民困。吾誰爲君。子韋曰。天高聽卑。君有君人之言三。宜有

動、是數萬里之外、不知幾中國之大、若以理言之、中國僅可配斗女二星而已、

鸇音詹、爾雅晨風、

食邑於扶風雍縣東北周城、号周公、

成王有過則撻伯禽、所以示成王世子之道也、

撻音獺、笞擊也、

綱鑑注、變其俗、變其旧習、革其禮、除其旧禮

動。候之果從一度。熒惑火星、熒音螢、守心、心、心宿、經星也、分音墳、去聲、宋、豫州之域、心宿直、為司星、星官也、於相使相受災、於民使民受災、於歲使歲凶荒、饑穀不熟曰饑、為去聲、動感也、歷數世至康王偃。

有雀生鸇、占之曰。必霸天下。偃喜敗齊楚魏、與為敵國。偃淫虐天下、號之曰桀宋。周慎靚王時。齊湣王與楚魏共伐宋、滅之、而分其地。鸇音氈、劉向說苑作鸇、字林云、鷂屬、占音瞻、與為之、與音豫、桀宋、謂其虐如桀、慎靚王、案通鑑當作赧王、湣一作閔。○世紀、宋自微子啓至康王偃、凡三十二世、

魯姬姓。周公子伯禽之所封也。周公誨成王。王有過則撻伯禽。伯禽就封。公戒之曰。我文王之子。武王之弟。今王之叔父。然我一沐三握髪、一飯三吐哺、起以待士。猶恐失天下賢人。子之魯、慎無以國驕人。魯公爵、都曲阜、撻伯禽、撻己子以厲王、沐洗頭、飯上聲、無毋同、禁止之辭也、

太公封於齊。五月而報政。周公曰。何疾也。曰。吾簡其君臣禮、從其俗。伯禽至魯。三年而報政。周公曰。何遲也。曰。變其俗。革

齊魯問政

孔子為中都宰

定公會齊侯于夾谷

○程明道曰、周公之功固大矣。皆臣子之分所當為。魯安得獨用天子禮樂哉。成王之賜、伯禽之受、皆非也。其因襲之弊、皆用之群公之廟、遂使季氏僭八佾、三家僭雍徹。故仲尼譏之。

便蒙、季友、莊公同母弟。

左傳、昭公二十五年九月戊戌、伐季氏。

孔子為中都宰時、年四十有七。

左傳、定公十年、犂彌言於齊公曰、孔丘知禮而無勇。若

其禮、喪三年而後除之。周公曰、後世其北面事齊乎。夫政不簡不易、民不能近。平易近民、民必歸之。〔報政〕猶述職也。〔北面〕臣禮。〔夫〕音扶。〔易〕音異。下。周公問太公何以治齊。曰、尊賢而尚功。周公曰、後世必有篡弑之臣。太公問周公何以治魯。曰、尊賢而親親。太公曰、後寢弱矣。〔治〕平聲、下同。〔篡〕音剗。〔寢〕音浸、漸也。伯禽十三世而至隱公。為春秋之始。伯禽而下、歷考公、煬公、幽公、魏公、厲公、獻公、真公、武公、懿公、伯御、孝公、惠公、至隱公、為十三世。隱公之弟曰桓公。桓公之子莊公。莊公有庶弟三人。曰慶父。其後為孟孫氏。曰叔牙。其後為叔孫氏。曰季友。其後為季孫氏。是為三桓。世執國命。歷子班・閔公・僖公・文公・宣公・成公・襄公、至昭公。伐季氏。三家共伐之。公奔乾侯、以卒。〔班〕春秋作般。〔共伐〕三家叉共伐公。〔乾侯〕晉邑。乾音干。弟定公立。以孔子為中都宰。一年、四方皆則之。由中都為司空、進為大司寇。相定公會齊侯于夾谷。孔子曰、有文事

七一

齊人歸魯侵地

使萊人以兵劫魯侯，必得志焉。齊侯從之。孔丘以公退曰，士兵之。兩君合好，而裔夷之俘以兵亂之，非齊君所以命諸侯也。裔不謀夏，夷不亂華，俘不干盟，兵不偪好。於神為不祥，於德為愆義，於人為失禮。君必不然。齊侯聞之，遽辟之。齊人來歸鄆、讙、龜陰之田。正義，八年，陽虎入于讙、陽關以叛。九年，伐陽關，陽虎奔齊。其時以讙、去鄆与龜陰亦從之，皆為齊所取，至今始歸之。孔子言於定公曰，臣不藏甲，大夫無

者必有武備。請具左右司馬以從。【中都宰】中都，邑屬東平。宰，邑長也。曰大夫，曰令，曰長，曰尹，同，即今之知縣也。【司空】官掌邦土，居四民，時地利。【大司寇】官掌邦禁，詰姦慝，刑暴亂。【相】去聲，下同。【夾谷】今名夾山，在東海郡。【具】俱也。【左右司馬】官掌邦政，統六師，平邦國。既會。齊有司請奏四方之樂。於是旗旄劍戟鼓譟而至。孔子趨而進曰。吾兩君為好。夷狄之樂。何為於此。齊景公心怍麾之。齊有司請奏宮中之樂。優倡侏儒戲而前。孔子趨而進。曰。匹夫熒惑諸侯者。罪當誅。請命有司加法焉。首足異處。景公懼。歸語其臣曰。魯以君子之道輔其君。而子獨以夷狄之道教寡人。於是齊人。乃歸所侵魯鄆汶陽龜陰之地。以謝魯。【譟】音掃，去聲。【好】去聲，和也。【怍】音昨，愧也。【麾】指麾，使其退。【優倡】倡音昌，俳優倡妓。【侏儒】短人。【熒惑】迷亂也。【異處】謂分其屍。【語】去聲。【鄆】音韻。【汶】音問。【侵地】左傳註，鄆也，讙也，龜陰也，三邑皆汶陽之田，為齊所侵者，至是歸魯。案，三体詩註，汶陽乃今泰安州奉符縣也。孔子言於定公。將墮三都。以強公室。叔孫氏先墮郈。季氏墮費。孟氏之臣不肯墮成。圍之

百雉之城、使仲由為季氏宰、將墮三都。

外記、門人進問曰、夫少正卯、魯聞人也。夫子為政而始誅之、得無失乎。孔子曰、人有惡者五、而盜竊不與焉。一曰心達而險、二曰行辟而堅、三曰言偽而辯、四曰記醜而博、五曰順非而澤。此五者有一於人、則不得免於君子之誅。而少正卯兼有之。其居處足以聚徒成群、言談足以飾邪熒衆、彊足以反是獨立、此小人之桀雄也、不可以不誅也。是以湯誅尹諧、文王

孔子誅少正卯

弗克。（將）音漿、下並同。（墮）許規切、毀也。（三都）三桓私邑、費・郈・成也。（郈）音后。（費）音秘。（孟氏之臣）處父。○語錄、問成既不墮、孔氏如何便休。曰、不久孔子亦去魯矣、若使久居之、自須有箇處置。孔子由太司寇攝行相事。七日而誅亂政太夫少正卯。居三月、魯大治。齊人聞之懼、乃歸女樂於魯。季桓子受之、不聽政。郊又不致膰俎於太夫。孔子遂去魯。（攝）兼也。（少正卯）少去聲、少正姓、卯名、一說少正官名也。（歸）音饋。（郊）祀天。（膰）音煩、祭餘肉也。（去魯）史記世家、定公以孔子為大司寇、攝行相事、與聞國政、大治。齊人聞而懼曰、孔子為政必霸、霸則吾地近焉、我為之先并矣、盍致地焉。犂鉏曰、請先嘗沮之、沮之不可則致地、庸遲乎。於是選齊國中美女八十人、皆衣文衣而舞康樂、文馬三十匹、遺魯君。陳女樂文馬於魯城南高門外、季桓子微服往觀再三、將受、乃語魯君為周道遊觀、終日怠於政事。子路曰、夫子可以行矣。孔子曰、魯且郊、如致膰於大夫、則吾猶可以止。桓子卒受齊女樂、三日不聽政、郊又不致膰俎於大夫、孔子遂行。孟子曰、孔子乃欲以微罪行、是也。定公卒、子哀公立。欲以越伐三桓、不克。歷悼公・元公至繆公。知尊子思、而不能用。歷共公・康公至平公。嘗欲見孟子而不果。歷文公至頃公、為楚考烈王所滅。魯自周

孔子名丘字仲尼

三命滋益恭

陳俎豆設禮容

誅潘正、周公誅管叔、太公誅華仕、管仲誅付里乙、子産誅鄧析史何、此七子者、皆異世同心、不可不誅也、

○伊藤長胤蓋簪録云、聖母禱于尼丘而生孔子之説、不可信也、蓋後世假托而神之也、梁昭明太子説、丘聚也、尼和也、物聚則和、以此名爲尼丘山、孔子歿後所名、猶顔望山、左傳桓二年、春、宋督攻孔氏、殺孔父、而取其妻

公至頃公、凡三十四世、〔繆〕音目、〔共〕音恭、〔不果〕説見梁惠王篇、〔頃〕音傾、〔爲〕去聲、〔三十四世〕愚案、本周公而言、當作三十五世、○孔子名丘、字仲尼、其先宋人也、孔氏出自子姓、宋太子弗父何、後何玄孫孔父嘉、爲宋督所殺、故其子奔魯、遂以孔爲氏、有正考父者、佐宋三命、滋益恭、其鼎銘云、一命而僂、再命而傴、三命而俯、循墻而走、亦莫余敢侮、饘於是、粥於是、以餬予口、〔正考父〕正、謚、考、父、字、孔父嘉父也、〔鼎銘〕考父廟鼎銘文、〔僂傴俯〕僂音呂、傴音禹、初命爲士、其容僂、再命爲大夫、其容傴、三命爲卿、其容俯、蓋三者皆是低頭、而傴甚於僂、俯甚於傴也、所謂滋益恭、〔循墻而走〕遜避之甚、不敢安行、〔莫余敢侮〕雖過恭而人不慢之、〔饘於是云云〕饘音旃、粥音育、稠曰饘、希曰粥、謂爲饘粥於是鼎中、以餬我口、儉之至也、孔氏滅於宋、其後適魯、有叔梁紇者、與顔氏女禱於尼山而生孔子、〔叔梁紇〕叔梁字、紇名、紇下沒切、〔尼山〕即尼丘山、在兗州、爲兒嬉戲、常陳俎豆、設禮容、長爲季氏吏、料量平、嘗爲司職吏、畜蕃息、〔俎豆〕祭祀、載牲體曰俎、爲葅醢曰豆、〔長〕音張、上聲、〔季氏吏〕史記作委吏、主委積倉廩、〔量〕音亮、〔司職吏〕職、史記作樴、蓋繫養犧牲之所、此官、即孟子所謂乘田、〔畜〕音嗅、獸産、適周問禮於老子、及而

○清趙恒夫寄園寄所寄、載孔子師老聃旧説之誤。○齋藤拙堂謂孔子師老子之説、出於莊周附會、馬遷不察書之傳。又曰、老子与老聃別人、後於孟子之時。且其説又不盡同云云。

便蒙、竇鳴犢舜華、晉賢大夫也。趙簡子未得志之時、須此二人而後從政。及其已得志也、而殺之。

纍々、羸憊失意貌。

尔雅曰、兕似牛、犀似豕。郭璞注云、兕

弟子稍益進。適齊。齊景公將待以季孟之間。孔子反魯。定公用之不終。適衛。將適陳。過匡。匡人嘗爲陽虎所暴。孔子貌類陽虎。止之。稍音消、去聲。季孟魯二卿。季氏最貴、孟氏爲下卿。景公將以奉待季氏孟氏之禮之間待孔子。適衛主顏讐由家。過音戈。匡史註宋邑。爲去聲。陽虎陽姓、虎名、字貨、季氏家臣也。類似也。止之有顏淵後、文王既沒之語、既

免。反于衛。醜靈公所爲去之。過曹。適宋。與弟子習禮大樹下。桓魋伐拔其樹。適鄭。鄭人曰、東門有人。其顙似堯。其項類皐陶。其肩類子產。自要以下、不及禹三寸。纍纍然若喪家之狗。適陳。又適衛。將西見趙簡子。至河。聞竇鳴犢舜華殺死。臨河歎曰、美哉水洋洋乎。丘之不濟此命也。反于衛。適陳。適蔡。如葉。反于蔡。免脫也。反于衛主蘧伯玉家。見南子。靈公所爲、史記、衛靈公与夫人南子同車、使孔子爲次乘、招搖市過之。故孔子醜之、有未見好德之語。桓魋宋司馬向魋也。出於桓公、故又称桓氏。伐樹有天生德之語。有人孔子。顙音桑、上聲、額也。項胡講切、頸也。陶音遙。要腰同。纍纍然若喪家之狗。史記注、主人哀荒、不見飲食、故纍纍然而低垂也。喪

一角、色青、重千斤、

陸佃曰、兕善觝觸、故先王以角為罰爵、示戒也、詩周南、我姑酌彼兕觥、

○朱子曰、史記云、書社地七百里、恐無此理、

令尹子西曰、令孔丘得據土壤、賢弟子為佐、非楚之福也、昭王乃止、

孔子曰、加我數年、五十以学易、可以

平聲、適陳、主司城貞子家、適衛、有三年有成之語、河水出崑崙、北合湟水、至長城南、至華陰、合渭水、東入洛汭、又北合于漳水、入海、竇鳴犢、舜華、二賢大夫、反于衛、又主蘧伯玉家、靈公問陳、不對而行、適陳、案論語、則絶糧當在此時、葉音攝、楚之邑、反于蔡、有沮溺耦畊、丈人荷篠等事、

楚使人聘之、陳蔡大夫謀曰、孔子用於楚、則陳蔡危矣、相與發徒圍之於野、孔子曰、詩云、匪兕匪虎、率彼曠野、吾道非邪、吾何為於是、子貢曰、夫子道至大、天下莫能容、顏回曰、不容何病、然後見君子、楚昭王興師迎之、乃得至楚、將封以書社地七百里、令尹子西不可、孔子反于衛、季康子迎歸魯、哀公問政、終不能用、乃序書上自唐虞、下至秦繆、刪古詩三千篇、為三百五篇、皆絃歌之、禮樂自此可述、徒黨

也、詩云、小雅何草不黃篇、兕音辭、上聲、野牛、一角、青色、曠野之野、叶上與切、何為之為、去聲、子貢姓端木、名賜、顏回字子淵、師、二千五百人為師、書社地、索隱曰、古者二十五家為里、里各立社、則書社者、書其社之人名於籍、蓋以七百里之人、封孔子也、令去聲、令尹子西、楚相、号為令尹、子西其字也、反于衛、時靈公已卒、有答子路正名之語、問政、有舉直民服之

無大過矣、皇侃疏云、易窮理盡性以至於命、年五十而知天命、以知命之年、讀至命之書、故可以無大過也、或云五十卒字、別有解、
絕筆於獲麟、杜註、麟者仁獸也、聖王之嘉瑞也、時無明王出而遇獲、仲尼傷周道之不興、感嘉瑞之無應、故因魯春秋而修中興之教、絕筆於獲麟之一句、所感而作、固所以為終也、○歐陽公曰、孔子書於春秋曰、西狩獲麟、譏之也、西狩非其遠也、獲麟惡其盡取也、狩必書地、而哀公馳騁所

語〔唐虞〕堯典、舜典、〔秦繆〕繆与穆通、秦誓、〔刪〕音山、〔三百五篇〕詩三百十一篇、云三百五篇者、蓋以笙詩六篇無辭、有辭者實三百五篇、〔絃歌〕彈曰絃、誦曰歌、**晚而喜易、序彖象繫辭說卦文言、**〔易〕音亦、周去聲、〔彖〕音湍、彖、文王所繫之辭、斷一卦之吉凶、如乾之元亨利貞是也、孔子從而釋之、故通謂之彖、今各卦彖曰以下之辭是也、〔象〕者、周公所繫之辭、卦下象、解一卦之義、謂之大象、如乾以天為象是也、爻下象、解一爻之義、謂之小象、如乾之潛龍勿用是也、孔子從而釋之、故通謂之象、今各卦象曰以下之辭是也、〔繫辭〕所以統言天地之闡奧、人事之終始、〔說卦〕所以陳說八卦之德業、說如字、〔文言〕所以釋論乾坤之妙理、皆孔子之所序述也、**讀易韋編三絕、因魯史記作春秋、自隱至哀十二公、絕筆於獲麟、筆則筆、削則削、子夏之徒不能贊一辭、**〔韋編〕韋皮也、古者以皮編簡、披閱之勤、故至三絕、〔十二公〕隱公桓公閔公僖公文公宣公成公襄公昭公定公哀公、〔獲麟〕春秋經、止於西狩獲麟一句、麟麕身牛尾馬蹄、毛蟲之長也、〔則筆〕可者筆於書、〔則削〕不可則削而去、〔子夏〕姓卜名商、**弟子三千人、身通六藝者七十有二人、**〔六藝〕禮樂射御書數、〔七十有二人〕顏回閔損冉耕冉雍宰予端木賜冉求仲由言偃卜商顓孫師曾參澹臺滅明高柴宓不齊樊須有若公晳哀曾點顏由商瞿漆雕開公良孺公西赤原憲公冶長南宮縚秦商顏刻司馬黎巫馬期梁鱣琴牢冉儒、

孟母三遷之教

涉地多、不可偏以名、舉故書西以包衆地。謂其舉國之西皆至也。按是時周德寢衰、諸侯專攻伐、孔子傷周道不興、歎雖有聖人不容於世、猶麟之見害、仁義道德不可復行也。

孟軻之母其舍近墓。孟子之少也、嬉戲為墓閒之事、踊躍築埋。孟母曰、此非所以居子也。乃去舍市。其嬉戲為賈衒。孟母曰、此非所以居子也。乃徙舍学宮之旁。其嬉戲乃設俎豆、揖讓進退。孟母曰、此真可以居子矣。遂居之。

顏幸、伯虔、公孫龍、曹卹、陳亢、叔仲會、秦祖、奚蒧、公祖茲、廉絜、公西輿、宰父黑、公西蒧、穰駟赤、冉季、公肩、秦非、漆彫從、燕伋、公夏守、句井疆、步叔乘、石作蜀、邽巽、施之常、申續、樂欬、顏之僕、孔忠、薛邦、石処、縣亶、左郢、狄黑、商澤、任不齊、榮祈、顏噲、原抗、漆雕侈、縣成、顏相、已上實七十六人。出家語。年七十三而卒。子鯉字伯魚、早死。孫伋字子思、作中庸。伋音急。中庸凡三十三章。孟子其門人也。名軻。魯孟孫之後。生於鄒。幼被慈母三遷之教。長受業子思之門。道既通、游齊梁、不用。退與萬章之徒、難疑答問、作七篇。軻字子車、一字子輿。鄒縣屬滕州。三遷初舍近墓、次徙近市、三徙近学。説見小学稽古篇。長音掌、上聲。游齊梁説見朱子序説。難去聲。七篇趙氏曰、凡二百六十一章、三萬四千六百八十五字。○老子者楚苦縣人也。李姓、名耳、字伯陽。又曰字聃。為周守藏吏。孔子問焉。老子告之曰、良賈深藏若虛、君子盛德容貌若愚。孔子去謂弟子曰、鳥吾知其能飛、魚吾知其能游、獸吾知其能走。走者可以為網、游者可以為綸、飛者可以為矰。至於龍吾不能知。其乘風雲而上天也。

今見老子、其猶龍乎。〔苦〕音戸、案全書當作苦、屬亳州。〔李〕姓、葛洪傳云、李氏女所生、從母姓。〔聃〕音貪。守藏吏、官主出納帑藏。藏音壯。〔問〕爲家語、孔子與南宮敬叔問禮於老聃。〔賈〕音古、商賈。〔游〕水行曰游。〔綸〕釣繩曰綸。〔矰〕音增、以絲繫矢而射曰矰。〔上〕上聲。老子見周衰、去至關。關令尹喜曰、子將隱矣。爲我著書。乃著道德五千餘言而去。莫知其所終。〔至關〕萬氏云、函谷關。愚案當是玉門關。列仙傳、關令尹與老子俱之流沙。流沙在玉門關外。〔尹喜〕守關令尹、姓喜名、見氏族大全。〔爲〕去聲。〔著〕音豬、去聲。其後有鄭人列禦寇・蒙人莊周。亦爲老子之學。莊周著書、侮孔子而誚諸子焉。〔鄭〕州屬河南。〔列禦寇〕即列子、著書二十篇。〔蒙〕邑屬睢州。〔莊周〕即莊子。〔爲〕治也。二子並治老子之學。〔誚〕音樵、去聲、譏議也。〔諸子〕七十子之徒。

○齋藤拙堂辨孔子師老子之誣曰、老子之教、主於清淨無爲、其著書厭薄禮樂、掊斗折衡、破璽焚符等論。聃又何禮之可問耶。孔子於人之有善、若管仲之仁、子産之惠、皆亟稱不暇。豈有聃聖師而故沒之。若莊子外篇著聃爲周守藏吏、或者聃所取多書、孔子因往問聃焉、容有此理。不然魯論何無一語及聃云云。禦寇或名圄寇、著列子。後儒以爲僞撰。莊子真僞相半。

衛姬姓、武王母弟康叔封之所封也。〔衛〕侯爵、都朝歌、後徙帝丘。〔康叔封〕武王同母之弟名封。後世至春秋、有靈公夫人南子之亂。子蒯聵欲殺南子、不果出奔。〔南子〕宋女子姓。〔亂〕淫乱。〔蒯〕音快。〔聵〕五怪切。出奔說見左定公十四年。公卒、立蒯聵之

子輒。蒯聵入、輒拒之。子路與其難。太子之臣、以戈擊子路、斷

黶乙棫切、音黷

衛公卒、在哀公二年。四月、莊公入、在六月。父子爭國、子路死難、在哀公十六年。孔子聞衛亂曰、柴其來、由也其死。

詩周南、赳赳武夫、公侯干城。

詩小雅召彼故老、訊之占夢、具曰予聖、誰知烏之雌雄。便嘗言皆自以爲聖、則誰能別其言之是非、亦如烏之雌雄相似而難辨。

纓。子路曰、君子死、冠不免。結纓而死。衛人醢子路。孔子聞之命覆醢。【蒯聵】出公【蒯聵】入國、自立、是爲莊公。【子路】孔子弟子、姓仲、名由。【與】音豫。【難】去聲。【太子】蒯聵。【太子】之臣石乞、盂黶。【纓】冠繫也。【覆醢】覆音福。子路既死、衛人醢之。醢、孔子聞之、而覆棄家醢。蓋痛子路之禍、而不忍食其似也。○朱子曰、子路仕衛之失、前輩論之多矣。然子路即是見不到、非知其非義而苟爲之也。

戰國時、子思居衛。言苟變可將衛侯曰、變嘗爲吏、賦於民、食人二雞子。故弗用。子思曰、聖人之用人、猶匠之用木、取其所長、棄其所短。故杞梓連抱而有數尺之朽、良工不棄。今君處戰國之世、而以二卵棄干城之將、此不可使聞於鄰國也。衛侯言計非是、而群臣和者如出一口。子思曰、君之國事將日非矣。君出言自以爲是、而卿大夫莫敢矯其非。卿大夫出言、自以爲是、而士庶人莫敢矯其非。詩曰、具曰予聖、誰知烏之雌雄。【衛侯】慎公。【賦】斂也。【杞梓】音起子。二木名、皆良材也。杞樹如柳、葉麁而白色、理微赤。梓之疎理白色而生子者。【連抱】一拱曰抱。【處】音杵。【卵】音盧。

叔虞戲削　桓公封鄭相子產

也、顯王二十三年、衛服属三晉。時三晉強盛、衛如小侯。

擄擘要、東遷時、政由方伯。武公為卿士、在春秋前。

左傳宣公十一年春、楚子伐鄭、及櫟。子良曰、晉楚不務德而兵爭、與其來者可也。晉楚無信、我為得有信。乃從楚。

○柳子厚曰、王之弟當封、邪周公宜

上聲。干城、皆所以打外而衛内。故以為比。如字。和去聲。將日之將、音漿。矯揉曲為矯。詩曰、小雅正月篇。雌雄解見朱子集傳。

周之諸侯、惟衛最後亡。至秦并天下為帝二世、始廢君角為庶人。世紀、衛自康叔至君角、凡四十三世。

鄭姬姓。周宣王庶弟桓公友之所封也。桓公子武公、與其子莊公、並為周司徒。數世至聲公。相子產。子產者公族國氏、名僑。孔子過鄭、與子產如兄弟云。鄭伯爵。都西周畿内。後徙滎陽。聲、案左傳當作簡。相去聲。公族、鄭君之族。國氏、子產父字子國、故以國為氏。僑音喬。過音戈。云語辭。穆襄以來、鄭無歲不被晉楚之兵。子產受之以禮、自固。雖晉楚之暴、不能加焉。鄭至周威烈王時、君乙為韓哀侯所滅。韓徙都之。穆襄、鄭穆公、襄公。雖晉楚之楚、舊作秦、非。為去聲。○世紀、鄭自桓公至君乙、凡二十三世。

晉姬姓。成王弟唐叔虞之所封也。晉侯爵。初都平陽、後徙曲沃、又徙絳。國本号唐、後子燮者乃更号曰晉。成王幼、與叔虞戲、削桐葉為圭、曰、以此封若。史佚以時言於王不待其戲而賀以成之也不當封邪周公乃成其不中之戲以地以人与小弱弟者為之主其得為聖乎且周公王之言不可苟為而已必從而成之耶設有不幸王以桐葉戲婦寺亦舉而從之乎云々或曰封唐叔史佚成之

○明謝在杭曰周禮司烜氏仲春以木鐸徇火禁於國中注云為季春將出火又曰寒食禁火以為起自介子

請擇日王曰吾與之戲耳佚曰天子無戲言遂封唐[圭]瑞玉曰圭[若]汝也[史佚]佚音逸史太史佚其名也[無]毋同後世至文公霸諸侯文公名重耳献公之次子也献公嬖於驪姬殺太子申生而伐重耳於蒲重耳出奔十九年而後反國嘗餒於曹介子推割股以食之及歸賞從亡者狐偃趙衰顛頡魏犨而不及子推子推之從者懸書宮門曰有龍矯矯頃失其所五蛇從之周流天下龍餓乏食一蛇割股龍返於淵安其壤土四蛇入穴皆有處處一蛇無穴號于中野公曰噫寡人之過也使人求之不得隱綿上山中焚其山子推死焉後人為之寒食文公環綿上田封之號曰介山[重]平聲[驪姬]驪戎女姬姓[蒲]重耳所守邑[餒]音內上聲餓也介子推左傳作之推注云介姓推名之語助也推音吹[食之]食音飼[從]去聲[衰]初危切[頡]音賢入聲[犨]音犨平聲[有龍]喻重耳[頃]項同[五蛇]喻孤趙顛魏介五臣[下]叶音戶[一蛇]專喻子推[割]音奎割也[號]音豪[野]叶上與切[噫]音醫恨聲[綿上]地在汾州[焚]其山欲使之出為未

六卿皆大

韓趙魏爲三晉

胡公封陳

推者固俗說之誤

貞定王十一年、知伯与韓趙魏共滅范氏中行氏而分其地、晉侯告于齊魯請伐四卿、四卿反攻其君、晉侯奔齊

家人、索隱曰、謂居家之人無官職也

列國年表云、武王克殷、求舜後、得嬀滿、乃封之於陳、以奉舜祀、是為胡公、史記、敬王四十一

聲[寒食]荊楚歲時記、清明前三日禁火、謂之寒食、詳見胡曾詠史詩注

文公卒。其後遂世爲霸。歷襄公・靈公・成公・景公・厲公、至悼公、霸業復盛。又歷平公・昭公・頃公、公室益弱、而六卿范氏・知氏・中行氏・趙氏・魏氏・韓氏皆大。歷定公、至出公、知氏與趙・魏・韓氏分范・中行氏。公怒、四卿反攻公。公出奔而死。哀公立、韓・趙・魏氏又滅知氏而分之。幽公立、晉獨有絳・曲沃、餘皆入韓・趙・魏氏、號爲三晉。烈公立、三卿以周威烈王命爲侯。又歷孝公至靜公、魏武侯・韓哀侯・趙敬侯共廢靜公爲家人、而分其地。晉絕不祀。[頃]音傾[知]智同[絳曲沃]絳州屬山西、曲沃、其縣也、[靜]通鑑作靖、[家人]猶廢人○世紀、晉自叔虞至靜公、凡三十九世、

陳、嬀姓、虞舜之後、胡公滿之所封也。周武王求而封之。後世至春秋、有公子完者、出奔而仕于齊。陳後爲楚惠王所滅、而完之後遂大于齊、爲田氏。[陳]侯爵、都宛丘、[嬀]音龜[爲楚]之爲去聲○世紀、陳自胡公至閔公、凡

年楚滅陳

桓公自莒反於齊使鮑叔為宰辭曰若必治國家則非臣之所能也其管夷吾乎桓公曰夫管夷吾射寡人中鉤是以濱於死鮑叔曰夫為其君動也君若宥而反之夫猶是也桓公於是請諸魯

○蘇老泉曰齊之治也吾不曰管仲而曰鮑叔及其亂也吾不曰豎刁易牙開方而曰管仲何則豎刁易牙開方三子彼固亂人國者顧其用之者威公也使威公得用三子者管仲也

二十五世、

齊姜姓太公望呂尚之所封也後世至桓公霸諸侯五霸桓公為始名小白兄襄公無道群弟恐禍及子糾奔魯管仲傅之小白奔莒鮑叔傅之襄公為弟無知所弒無知亦為人所殺齊人召小白於莒而魯亦發兵送糾管仲嘗遮莒道射小白中帶鉤小白先至齊而立鮑叔牙薦管仲為政公置怨而用之（齊侯爵、都營丘、糾音九、桓公弟、傅相也、為弟之為去聲、為人之為去聲、齊大夫雍廩、遮攔也、射音石、中去聲、帶鉤條環也、置說文云置赦也）仲字夷吾嘗與鮑叔賈分利多自與鮑叔不以為貪知仲貧也嘗謀事窮困鮑叔不以為愚知時有利不利也嘗三戰三走鮑叔不以為怯知仲有老母也仲曰生我者父母知我者鮑子也桓公九合諸侯一匡天下皆仲之謀一則仲父二則仲父（賈音古坐商也、怯音欠入聲、九左傳作糾督也、匡正也、仲父尊称之也、父音甫）仲

公子爭立

晏子重於齊

晏御揚揚

又曰、夫齊國不患有三子、而患無仲。有仲則三子者三匹夫耳。不然天下豈少三子之徒哉。

豎、豎通。卑鄙者、非姓也。

晏子春秋云、仲尼曰、靈公汙、晏子事之以整齊。莊公壯、晏子事之以宣武。景公奢、晏子事之以恭儉。君子也云々。

○篠崎小竹曰、昔者齊景公欲慕夫子、欲封以尼谿之田、而晏嬰沮之。論者多責嬰之不容

病、桓公問群臣誰可相。易牙如何。仲曰、殺子以食君、非人情、不可近。開方何如。曰、倍親以適君、非人情、不可近。蓋開方故衛公子來奔者也。豎刁何如。曰、自宮以適君、非人情、不可近。仲死、公不用仲言、卒近之。〔相〕去聲、下同。〔食〕史作適。管仲曰、願君遠易牙、公曰、易牙烹其子以快寡人、尚何疑耶。〔非人情〕謂不合常情也。〔倍〕背同。〔豎刁〕音樹凋、刁、臣名、豎其姓也。〔自宮〕自受宮刑、而為宦。〔宦〕宮、割勢也。三子專權。公內寵如夫人者六。皆有子。公薨。五公子爭立相攻。公尸在牀、無殯斂者六十七日。尸蟲出于戶。〔有子〕謂長衛姬生武孟、少衛姬生惠公、鄭姬生孝公、葛嬴生昭公、密姬生懿公、宋華子生子雍。〔薨〕諸侯死曰薨。〔相攻〕公與管仲初欲立孝公、及卒、而改立武孟、皆爭。〔殯斂〕古者死三日而斂、斂而後殯、殯而後葬、見朱子家禮。自桓公八世至景公、有晏子者事之。名嬰、字平仲。以節儉力行重於齊。一狐裘三十年。豚肩不掩豆。齊國之士、待以舉火者七十餘家。晏子出、其御之妻從門間窺。其夫擁大蓋、策駟馬、意氣揚揚自得。既而歸、妻

陳完奔齊爲陳氏後又爲田氏

余乃以爲是嬰之所以爲嬰也嬰篤於自信者也其不容夫子蓋有所未知也下略○鴻齋曰古者四十而仕晏子相靈公豈四十以前人哉是時孔子未生也歷莊公景公而孔子之齊景公四十八年從黎鉏之計方會進薬樂史記云是歲晏嬰卒推筭之晏嬰殆百餘歲而尚相景公乎尼谿之一事恐非晏子也

學晏初齊桓公之世陳公子完得罪於陳奔齊其後齊乱權歸田氏田氏好施以家量貸于

請去曰晏子身相齊國名顯諸侯觀其志嘗有以自下子爲人僕御自以爲足妾是以求去也御者乃自抑損晏子怪而問之以實對薦爲大夫公使晏子之晉與叔向私語以爲齊政必歸陳氏如其言八世桓公以下歷無虧孝公昭公子舍懿公惠公頃公靈公莊公僖公本十世令云八者蓋畧無虧子舍而言也一狐裘狐貉裘皮衣也狐裘大夫之服也三十年言服之久也豚肩豚豕也禮記集說云大夫祭用少牢不合用豚周人貴肩肩在俎不在豆此但喻其極小謂併豚兩肩亦不足以掩豆故假豆言之耳禮貴不豊不殺晏子失之殺者也擧火賴其供給而得炊爨御僕也間如字隙也大蓋傘也爲人之爲去聲對實以妻言荅之薦薦御者爲大夫叔向晉大夫羊舌肸景公後五世至康公田和受周安王命爲侯遷康公海濱以死姜氏遂絶不祀五世景公而下歷子荼悼公平公至康公爲五世〔一〕世紀齊自太公至康公凡三十世田氏齊者本嬀姓故陳厲公佗子完之後也完奔齊爲陳氏後又以陳爲田氏完事齊桓公爲工正卒謚敬仲五世至釐子乞事齊景公爲大夫其收賦稅於

太公受命為侯

淳于髡使趙

民而以公量收之、注量斗也、史記敬仲完之子、穉孟夷孫湣孟莊、曾孫文子須無玄孫桓子無宇、其子即僖子乞也、

初田和遷其君貸於海上、既而求為諸侯、事在安十六年、齎戕西切、持遺也、又音資、

民以小斗受之、其粟予民以大斗。行私惠於民、而公弗禁。由是得齊衆。乞專政。卒子成子恒弑簡公、立平公、封邑大於公所食。佗音它、工正官主百工利器用、諡音示、死後易名曰諡、五世譜系未詳、釐僖同、乞音氣、予與同、恒胡登切、卒。襄子盤立、與韓趙魏通使。蓋三家且有晉、而田氏且有齊也。歷莊子白至太公和、遂以周安王命爲侯。卒子桓公午立。卒。子威王因齊立。初不治。諸侯皆來伐。八年、楚大發兵加齊。齊使淳于髡請救于趙。齎金百斤、車馬十駟。髡仰天大笑。王曰、先生少之乎。髡曰、臣見道傍有禳田者。操一豚蹄、酒一壺、祝曰、甌窶滿篝、汙邪滿車、五穀蕃熟、穰穰滿家。臣見其所持者狹、所欲者奢。故笑之。王乃益黃金千鎰、白璧十雙、車馬百駟。髡乃行。時齊國幾不振。王乃召卽墨大夫、語之曰、自子之居卽墨也、毀言日至。然吾使人視卽墨、田野辟、人民給、官無事。

烹阿封即墨齊大治

烹阿事在烈王六年

○吳養心曰、戰國諸侯之所宝、惟以珠玉為論、而知所宝者、惟齊威王、楚王孫而已。威王不以徑寸之珠為宝、楚王孫不以白珩為宝、是知所宝在此而不在彼也。

東方寧。是子不事吾左右以求助也。封之萬家。召阿大夫語之曰、自子之守阿、譽言日至。吾使人視阿、田野不辟、人民貧餒。趙攻鄄、子不救。衛取薛陵、子不知。是子厚幣事吾左右以求譽也。是日烹阿大夫、與嘗譽者。群臣聳懼、莫敢飾詐。齊大治。諸侯不敢復致兵。使去聲、下同。因齊威王名曰因齊。淳于髡淳于姓、髡名。齎音濟、平聲。駟乘馬為駟。操平聲。祝曰、甌窶云云。甌窶、高田。窶音婁、汙邪、低田。音烏耶。滿篝滿車、謂高下皆熟、滿載而歸也。篝音鉤、竹籠。車、尺遮切。五穀稻、黍、稷、麥、菽。穰穰豐皃。穰音禳。狹少也。奢多也。鎰音逸、二十四兩曰鎰。白璧瑞玉名。白虎通云、外圓象天、内方象地、是也。幾音機。即墨邑、屬膠州。語去聲、下同。辟闢同。阿邑、屬東平。譽音余。鄄音絹、縣屬濮州。薛陵或曰、即薛郡。未詳。烹煮也。

威王與魏惠王會田于郊。惠王曰、齊有寶乎。王曰、無有。惠王曰、寡人國雖小、猶有徑寸之珠、照車前後各十二乘者十枚。威王曰、寡人之寶與王異。吾臣有檀子者、使守南城、楚不敢為寇泗上。田畋同。郊城外曰郊。径寸径、廣也。寸、謂珠大滿寸也。乘去聲。泗上泗、水名、出魯國卞縣陪尾山。

使田忌孫臏救韓

綱鑑注、黔夫姓名

劉向別録曰、齊有稷門、城門也。談說之士、期會於稷下也。索隱曰、齊城西門側、系水左右有講室趾、往々存焉。蓋因側系水、故曰稷門。古側稷音相近耳。又虞喜曰、齊有稷山、立館其下、以待游士。

孫子曰、彼三晉之兵、素悍勇而輕齊、齊号爲怯。善戰者因其勢而利導之。

西南過彭城、又東南過下邳、入淮。泗上者、泗水之上也。十二諸侯皆來朝。國号未詳。朝音潮。有盼子者、使守高唐、趙人不敢東漁於河。盼子、盼与盻同、讀如盻、即田盻也。高唐、地邑、在東。有黔夫者、使守徐州、則燕人祭北門、趙人祭西門。黔音琴。徐州、徐、通鑑註音舒、齊邑也。祭、燕在齊北、故祭齊北門、趙在齊西、故祭齊西門。賈逵曰、燕趙之人、畏齊侵伐、故祭以求福。有種首者、使備盜賊、道不拾遺。此四臣者、將照千里、豈特十二乘哉。惠王有慚色。種、去聲。將音漿。

威王卒、子宣王立。喜文學游說之士。騶衍・淳于髡・田駢・愼到之徒、七十六人、皆爲上大夫。騶音鄒、上大夫、卿也。是以齊稷下學士盛、且數百千人。然而孟子至而不能用。稷下、稷、齊城門名。或曰、山名。

齊魏伐韓。韓請救於齊。齊使田忌爲將、以救韓。魏將龐涓嘗與孫臏同學兵法。涓爲魏將軍、自以所能不及、以法斷其兩足而黥之。齊使至魏、竊載以歸。至是臏爲齊軍師、直走魏都。涓去韓而歸。臏使齊軍入魏地者爲十萬

孫臏減竈示弱　虜魏太子申　秦昭王求見孟嘗君

法百里而趣利者蹶上將，五十里而趣利者軍半至。乃使齊軍入魏地云々。

臏毗忍切，膝蓋也。又刑名，孫子被臏，故人呼曰臏。

史記孟嘗君傳，蘇代謂曰，今旦代從外來，見木偶人与土偶人相与語。木偶人曰，天雨，子將敗矣。土偶人曰，我生於土，敗則歸土。

竈。明日為五萬竈，又明日為二萬竈。涓大喜曰，我固知齊軍怯。入吾地三日，士卒亡者過半矣。乃倍日并行逐之。臏度其行暮當至馬陵。道陜而旁多阻，可伏兵。乃斫大樹白而書曰，龐涓死此樹下。令齊師善射者萬弩夾道而伏，期暮見火舉而發。涓果夜至斫木下，見白書，以火燭之。萬弩俱發，魏師大亂相失。涓自剄曰，遂成豎子之名。齊大破魏師，虜太子申。龐薄江切 涓音鵑 臏音貧，上聲 涓為之為，去聲 斷兩足刖也。斷音端，上聲 黥音檠。高誘曰，謂刻其額，以墨實其中，曰黥。 齊使之使，去聲 走音奏，下同 度音堂，入聲 馬陵在大名 陜音陝 伏藏也 令去聲 萬弩弓有臂曰弩 燭照也 豎子豎，童豎。斥孫臏言也。宣王卒，湣王立。靖郭君田嬰者，宣王之庶弟也，封於薛。有子曰文，食客數千人，名聲聞於諸侯，號為孟嘗君。秦昭王聞其賢，乃先納質於齊，以求見。至則止，囚欲殺之。孟嘗君使人抵昭王幸姬求解。姬曰，願得君狐白裘。蓋孟嘗君嘗以獻昭

齊　廿一

燕軍入臨淄

今天雨流子而行、未知所止息也。今秦虎狼之國也、而君欲行、如有不得還、無為土偶人所笑乎。

○王荊公曰、嗟乎、孟嘗君特鷄鳴狗吠之雄耳、豈足以言得士。不然、擅齊之強、得一士焉、宜可以南面而制秦。尚何取鷄鳴狗盜之力哉。夫鷄鳴狗盜之出其門、此士之所以不至也。

史記田單傳、燕樂毅聞畫邑人王蠋賢、令軍中環畫邑三十里無入、請蠋。蠋謝不往。燕人曰、不來、吾且屠邑。蠋

王無他裘矣。客有能為狗盜者。入秦藏中、取裘以獻姬。姬為言、得釋。即馳去、變姓名、夜半至函谷關。關法雞鳴方出客。恐秦王後悔追之。客有能為雞鳴者。雞盡鳴、遂發傳。出、食頃、追者果至、而不及。孟嘗君歸、怨秦、與韓魏伐之、入函谷關。秦割城以和。孟嘗君相齊。或毀之於王、乃出奔。〔薛〕郡屬山東、今東平府。〔聞〕於之聞去聲。〔質〕音致、交質。〔抵〕音底、至也。〔幸姬〕師古曰、姬者周之姓、貴於諸國之女、故婦人美号皆称姬。後因總謂衆妾為姬。〔狐白〕狐腋下白者為貴。〔藏〕音狀、物所畜曰藏、為去聲。〔函谷関〕在弘農郡靈宝縣界。函音咸。〔傳〕音轉、去聲。史註、今之驛券。〔狗盜鷄鳴〕蘇曰、田文所賓禮者、至於狗盜、皆以客禮食之、其取士亦陋矣。然微此二人、幾不脫於死矣。當是之時、雖道德禮義之士、無所用也。然德道禮義之士當救之於未危、亦無用此士也。〔相〕去聲。湣王滅宋而驕。燕昭王以齊嘗破燕之故、與諸侯合謀而攻齊。燕軍入臨淄。湣王走莒。楚將淖齒救齊、反殺湣王、而與燕共分齊之侵地。〔臨淄〕縣屬益都、齊所都也。淄音茲。〔走〕音奏。〔莒〕縣屬密州。〔淖〕音閙。王孫賈從湣王於莒、而失王處。其母曰、

法章立、保莒以折燕

田單以火牛破燕軍

田單攻狄

曰、忠臣不事二君、烈女不更二夫、齊王不用吾諫、故退而耕於野、國破君亡、吾不能存、而又欲劫之以兵、吾与其不義而生、不若死、遂經其頸而死、

擊要、淖齒之亂、湣王子法章變姓名、為莒大師家傭、敫女奇法章狀貌、憐而竊衣食之、敫音皎、便蒙、古之軍行、常負版鍤、又灌脂束葦、謂縛束葦草於其尾、以脂油灌之、

汝朝出而晚來、吾則倚門而望、汝暮出而不還、吾則倚閭而望、汝今事王、王走、汝不知處、汝尚何歸焉、賈乃攻淖齒殺之、求湣王子法章而立之、保莒以抗燕、（從去聲、閭里門、法章襄王、）時齊城惟莒即墨不下、即墨人推田單為將軍、身操版鍤、與士卒分功、妻妾編於行伍、收城中得牛千餘、為絳繒衣、畫五彩龍文、束兵刃其角、灌脂束葦於尾、燒其端、鑿城數十穴、夜縱牛、壯士隨其後、牛尾熱、怒奔燕軍、所觸盡死傷、而城中鼓譟從之、聲振天地、燕軍敗走、七十餘城皆復為齊、迎襄王於莒、封單為安平君、（推音退、平聲、鍤鍬屬、絳繒絳赤色、繒帛也、繒疾陵切、脂油也、葦葭也、奔去聲、復音伏、）單攻狄、三月不克、魯仲連曰、將軍在即墨、曰、無可往矣、宗廟亡矣、將軍有死之心、士卒無生之氣、莫不揮泣奮臂欲戰、今將軍東有夜邑之奉、西有淄上之娛、黃金橫帶、騁乎淄澠之間、有生之

樂。無死之心。故不勝也。單明日厲氣巡城立於矢石之所援枹鼓之。狄人乃下。【夜】掖同、邑屬萊州【淄】水出泰安州萊蕪縣原山東北入海【澠】音繩、水出益都府東流合淄水入海【樂】音洛【枹】音浮、擊鼓槌也襄王既立。而孟嘗君中立爲諸侯。無所屬。王畏之。與連和。初馮驩聞孟嘗君好客而來見。置傳舍十日。彈劍作歌曰。長鋏歸來乎。食無魚。遷之幸舍。食有魚矣。又歌曰。長鋏歸來乎。出無輿。遷之代舍。出有輿矣。又歌曰。長鋏歸來乎。無以爲家。孟嘗君不悦。時邑入不足以奉客。使人出錢於薛。貸者多不能與息。孟嘗君乃進驩。請責之。驩往。不能與者。取其券燒之。孟嘗君怒。驩曰。令薛民親君。孟嘗君竟爲薛公。終於薛。【屬】音燭【驩】音歡【好】去聲【置傳舍云云】傳去聲、暫停宿食之義、幸、寵異賢者之名、代、更代待奉之号、鋏音頰、劍名、輿、車乘也【邑入】公賦使人出錢於薛出薛私藏之錢、以奉客、出音吹、去聲、凡物自出、則音春、入聲、非自出而出之、則音吹、去聲、後皆倣此【貸】音態、借也【息】利息也【請責之】責、貸者不納息者之罪【券】音勸【燒之】驩既及薛、見薛民多

綱鑑注、枹作枚、援枹鼓之、自取枹擊鼓而進兵也、

駢要注、幸舍代舍及傳舍、上中下三等、客所舍名、

綱鑑注、券、借錢文約、焚其券約而不取、

駢要、田文卒、諸子爭立、齊魏共滅薛、

不助五國攻秦　王建遷于共

王建立四十餘年、不受兵。後齊相后勝及賓客多受秦間金、勸王云。

負而終不能與息、騅輒焚其券約而不取。〔令〕平聲。〔親君〕騅言、吾所不取者、將以使民受惠而愛君耳。〔竟〕終也。

襄王卒。子建立。母君王后賢。事秦謹、與諸侯信。君王后卒。齊客多受秦金、為反間、勸王朝秦、不修攻戰之備、不助五國攻秦。秦王政既滅五國、兵入臨淄。王建遂降、遷于共、處之松柏之間、而死。以齊為郡。齊人歌之曰、松邪柏邪、住建共者客邪。〔為反〕去聲。〔反間〕之間音澗、諜也。謂反其說以離間之也。〔五國〕楚燕趙魏韓。〔降〕音項、平聲。〔共〕音恭、下同。邑屬衛州。〔處〕音杵。〔客邪〕言建用客不詳、使為反間、乃致此。○世紀、田齊自太公受命、至王建凡七世。

造父封趙

綱鑑穆王紀注、造父、季勝五世孫。其族由此為趙。左傳文公七年、趙宣子使因賈季問鄷舒、且讓之。鄷舒問於賈季曰、趙衰趙盾孰賢。對曰、趙衰冬日之日也。趙盾夏日之日也。

〔趙〕之先、本與秦同姓。祖於蜚廉。有子季勝。其後有造父者、事周穆王、以功封趙城。由是為趙氏。春秋時、有趙夙者、事晉。夙生成子衰。衰生宣子盾。人曰、趙衰冬日之日也。趙盾夏日之日也。冬日可愛。夏日可畏。盾生朔。大夫屠岸賈滅朔之族。朔有遺腹子武。賈索之不得。朔客程嬰、公孫杵臼、相與謀曰、立

真孤反在程嬰卒与俱匿山中居十五年晉景公疾問趙向韓厥具以實告

簡王五年即成公十年也時韓厥請立趙氏之後文子為杵臼服齊衰三年為之祭邑春秋祀之世無絶

呂東萊曰趙文子其中退然如不勝衣其言吶吶然如不出諸口及宋之盟談笑當衷甲之變神閑氣定而不乱蓋其怯者血氣也其勇者義也

擘要注尹鐸簡子家臣晉陽趙邑

○胡三省曰繭絲

孤與死孰難嬰曰死易立孤難耳杵臼曰子爲其難杵臼取它兒匿山中嬰出謬曰與我千金吾告趙氏孤處賈喜乃使人隨嬰殺杵臼及孤而趙氏眞孤在嬰後與武滅賈竟立武而自殺以下報宣孟及杵臼武卒號文子（蜚古文飛趙城縣屬霍州衰初危切盾音豚上聲賈音古下並同遺腹子父沒而生曰遺腹子武名也孤幼而無父曰孤易音異它音佗匿女力切藏也謬靡幼切紿也千金萬氏云秦以一鎰爲一金千金乃千鎰也眞孤武也宣孟即宣子盾孟其字也）文子生景叔景叔生簡子鞅簡子有臣曰周舍死簡子每聽朝不悅曰千羊之皮不如一狐之腋諸大夫朝徒聞唯唯不聞周舍之鄂鄂也（鞅音央上聲舍音赦朝音潮下同腋音亦時也唯上聲順從也鄂諤同謇也）簡子長子曰伯魯幼曰無恤書訓戒之辭於二簡以授二子曰謹識之三年而問之伯魯不能舉其辭求其簡已失之矣無恤誦其辭甚習求其簡出諸懷中而奏之於是立無恤爲後簡子使尹鐸

智伯求地於韓趙魏

韓趙魏共滅智氏

豫讓為智伯報仇

謂浚民之膏澤、如抽繭之緒、不盡則不止、保障謂厚民之生、如築保以自障、愈培則愈厚、

○胡三省曰、高二尺為一版、三版六尺、

飲器、一作陰器、溲便器也、或云、酒器、所謂髑髏盃、

或曰、炭當作炭、炭音昔、似炭土形、食之人聲嘶、

范氏謂昭子吉射也、中行氏謂文子荀寅也、

為晉陽、請曰、以為繭絲乎、以為保障乎、簡子曰、保障哉、尹鐸損其戶數、簡子謂無恤曰、晉國有難、必以晉陽為歸、【長】音張、上聲、【簡】冊也、【識】音志、記也、【習】熟也、晉陽縣屬太原、【繭絲保障】繭音堅、上聲、繭絲者、指賦稅而言、保障者、指藩籬而言、尹鐸之意、不在賦稅、而在藩籬也、其後無恤卒於晉陽託身而得免、況為天下者、其或急於繭絲之近用、而忽諸保障之大計乎、【損戶數】減損戶數、則稅賦輕、而民力紓也、【難】去聲、簡子卒、無恤立、是為襄子、智伯求地於韓魏、皆與之、求於趙、不與、率韓魏之甲、以攻趙、襄子出走晉陽、三家圍而灌之、城不浸者三板、沈竈產鼃、民無叛意、襄子陰與韓約共敗智伯、滅智氏、而分其地、襄子漆智伯之頭、以為飲器、智伯之臣豫讓、欲為之報仇、乃詐為刑人、挾匕首、入襄子宮中塗廁、襄子如廁心動、索之獲讓、問曰、子不嘗事范中行氏乎、智伯滅之、子不為報讐、反委質於智伯、智伯死、子獨何為報仇之深也、曰、范中行氏衆人遇我、我故衆人報

趙　十四

烈侯受命為侯

○胡致堂曰、君子為名譽而為善、則其善必不誠、人臣為利祿而効忠、則其忠必不盡、智伯無後矣、而讓也不忘國士之遇、以死許之、至再三愈篤、則無所為而為之者、真可謂義士矣、戰國策、讓請襄子之衣、拔劍三躍、呼天擊之、

擊要趙烈侯籍、襄子之孫、

之智伯。國士遇我。我故國士報之。襄子曰。義士也。舍之。謹避而已。【走】音奏【浸】通鑑注、宜作沒【三板】一丈為板【産】生也【鼃】蛙同、蝦蟇也、與韓約有脣亡齒寒之語、【敗】音拜【漆】木液黏黑、可飾器物、著於人身、則潰而如癩【飲器】史註、酒器也、每賓客設之、示恨深也、【為之】之為、為報之為、並去聲【仇】音求、讐也【刑】人執賤役人也、即宦者之属【匕首】短劍也、其頭類匕、故曰匕首、匕音比【廁】初吏切【索】音生入聲、取也【行】音抗【質】音棰、身也、下同【遇】待也、【舍】音捨、釋也、讓漆身爲厲。呑炭爲啞。行乞於市。其妻不識也。其友識之曰。以子之才。臣事趙孟。必得近幸。子乃爲所欲爲。顧不易邪。何乃自苦如此。讓曰。不可。既委質爲臣。又求殺之。是二心也。凡吾所爲者。極難耳。然所以爲此者。將以愧天下後世爲人臣懷二心者也。襄子出。讓伏橋下。襄子馬驚。索之得讓。遂殺之。【厲】癩同【啞】音鴉、上聲【趙孟】晉趙氏世称趙孟、如智氏世称智伯【所欲為】殺襄子也、【易】音異【將】音漿、襄子立伯魯之孫浣。是爲獻子。獻子生烈侯籍。以周威烈王命爲侯。歷武公敬侯成侯至肅侯。【伯魯之】疑衍文、案通鑑、浣乃襄子之孫也、浣音

便蒙、後尻也、言鷄雖小而口在上、故貴、牛雖大而尻在下、故賤也。綱鑑注、雞口雖小、猶能進食、牛後雖大乃出糞也。顔氏家訓云、太史公史記曰、寧為雞口云々、按延篤戰國策音義曰、尸、雞中主、從、牛子也、然則口當作尸、後當為從、俗誤寫。

○衣了凡曰、蘇秦之嫂婦前倨而後恭、家庭天性間而市道乃爾、真薄俗也、晉雲鮑生謂秦信有志、然其所建立、祇足誇嫂婦、余以此特見其路過洛陽時耳、乃其庭

蘇秦説六國從

後。秦人恐喝諸侯、求割地。有洛陽人蘇秦。游説秦惠王、不用。乃往説燕文侯、與趙從親。燕資之、以至趙。説肅侯曰、諸侯之卒、十倍於秦。幷力西向、秦必破矣。為大王計、莫若六國從親以擯秦。肅侯乃資之、以約諸侯。蘇秦以鄙諺説諸侯曰、寧為鷄口、無為牛後。於是六國從合。恐去聲、脅也。喝音罕、入聲。洛陽縣、屬河南。從音蹤、下並同。資、助、給路費曰資。為去聲。計、謀也。六國、楚燕齊韓趙魏、擯音鬢、棄也。鄙諺、諺音彥、俗語。寧、願詞也。雞口、雞小、貴也、牛後、雞大、賤也。喻寧為小國之君、無為大國之臣。蘇秦者、師鬼谷先生。初出游、困而歸。妻不下機、嫂不為炊。至是為從約長、幷相六國。行過洛陽、車騎輜重擬於王者。昆弟妻嫂側目不敢視、俯伏侍取食。蘇秦笑曰、何前倨而後恭也。嫂曰、見季子位高金多也。秦喟然歎曰、此一人之身、富貴則親戚畏懼之、貧賤則輕易之。況衆人乎。使我有洛陽負郭田二頃、豈能佩六國相印乎。於是散千

秦使犀首敗從約　武靈王胡服騎射　藺相如奉璧往秦

說諸侯抵掌而談時戴眉爲婦人容殫極婉媚舌敝萬乘之前以幾其說之一售

○長野豊山曰秦以十五城求和氏之璧於趙令藺相如送璧相如入不測之秦爭一璧於殿上是何異於嬰兒爭雞哉夫和氏之璧雖至寶乎一玩物耳有之不足以益國家亡之不足以損國家在趙亦可在秦亦可然

金以賜宗族朋友。既定從約歸趙。肅侯封爲武安君。鬼谷姓王名詡居河南鬼谷故號鬼谷先生。爲去聲。炊音吹。爨也。長音張。上聲。相去聲。下同。過音戈。騎去聲。輜音菑。重去聲。輜載衣車。重載物車也。行者之資。總曰輜重。昆兄也。季子秦字。易音異。忽也。負郭外城曰郭。頃音傾。上聲。百畝爲頃。武安縣屬磁州。

其後秦使犀首欺趙。欲敗從約。齊魏伐趙。蘇秦恐去趙而從約解。使去聲。敗音拜。犀首通鑑周顯王三十七年秦惠王使犀首欺齊魏與共伐趙以敗從約犀首者魏公孫衍仕於秦者也。肅侯子武靈王。胡服招騎射。略胡地。滅中山。欲南襲秦。不果。騎去聲。胡地北狄曰胡。中山國名。中音仲。傳子惠文王。惠文嘗得楚和氏璧。秦昭王請以十五城易之。欲不與畏秦強。欲與恐見欺。藺相如願奉璧往。城不入則臣請完璧而歸。既至秦王無意償城。相如乃給取璧。怒髮指冠。卻立柱下曰。臣頭與璧俱碎。遣從者懷璧間行先歸。身待命於秦。秦昭王賢而歸之。和氏璧韓非子曰楚人卞和得玉璞於荊山中。奉獻厲王。王使玉人相之曰石也。王以爲和詐。刖其左足。武王即位。和又獻之。王使玉人相之。又曰石

則秦之求璧雖無十五城之償趙予璧可也孟子曰天下之寶三土地人民政事寶珠玉者災必及其身秦昭王持土地之寶而欲易之一璧其愚已甚矣

○又曰秦欲与趙會澠池犬秦虎狼也与之馴必傷趙王勿往可也而相如慫慂之何哉視其會時所爭者与閭巷小人攘臂怒目以取愉快者無異夫秦迫使王鼓琴是豈足以爲辱哉昔成湯繫於夏臺文王囚於羑里君子不以爲辱何況於一鼓琴之勞乎而相如出死力

也。刖其右足。文王即位。和抱璞哭於荊山三日夜。泣盡繼之以血。王使人問曰。天下刖者多矣。子哭之悲。和曰。吾非悲刖也。夫以宝玉而題之曰石。貞士而名之曰詐。吾是以悲。王使人理其璞。果得玉焉。遂命名曰和氏璧。〔易〕音亦。〔藺〕音吝。〔奉璧〕往有不与曲在我之語。〔償〕音常。還也。〔給〕音怠。欺言曰給。〔從〕去聲。〔間〕音澗。秦王約趙王會澠池。相如從。及飲酒。秦王請趙王鼓瑟。趙王鼓之。相如復請秦王擊缶爲秦聲。秦王不肯。相如曰。五步之內。臣得以頸血濺大王。左右欲刃之。相如叱之。皆靡。秦王爲一擊缶。秦終不能有加於趙。趙亦盛爲之備。秦不敢動。〔澠〕音湎。縣屬陝州。〔從〕去聲。〔瑟〕絲屬。二十五絃。〔缶〕音否。瓦器。可以節樂。〔濺〕音箭。灑也。〔刃〕刃猶殺也。〔叱〕音真入聲。呵叱也。〔靡〕去聲。止同。〔爲一〕之爲去聲。下同。趙王歸。以相如爲上卿。在廉頗右。頗曰。我爲趙將。有攻城野戰之功。相如素賤人。徒以口舌居我上。吾羞爲之下。我見相如。必辱之。相如聞之。每朝常稱病。不欲與爭列。出望見。輒引車避匿。其舍人皆以爲恥。相如曰。夫以秦之威。相如廷叱之。辱其群臣。相

廉頗刎頸交

孝成王以趙括代頗

爭之、不亦陋邪。其愚其陋如是、而世至今稱其賢者何也、以其与廉頗讓耳。

綱鑑注、膠柱鼓瑟、蓋諭執一不通也。

史記趙奢傳、王問之母、對曰、括父為將、得賞物、盡以与軍吏士大夫、受命之日、不問家事、今括一旦為將、東鄉而朝、軍吏無敢仰視、所賜金帛、歸買田宅、父子異心、願王勿遣、

如雖駑、獨畏廉將軍哉。顧念强秦不敢加兵於趙者、徒以吾兩人在也。今兩虎共鬬、其勢不倶生。吾所以為此者、先國家之急、而後私讐也。頗聞之、肉袒負荊、詣門謝罪、遂為刎頸之交。右上也。為之、之為去聲。朝音潮。列位序也。舍人親近左右之通称、猶言家人也。夫音扶。駑音奴、鈍也。袒音但、脫袖露肉為袒。荊荊木杖也。詣音羿、至也。刎頸刎音文、上聲。史記、要齊生死、而刎頸無悔也。惠文王子孝成王立。秦伐韓。韓上黨降於趙。秦攻趙。廉頗軍長平、堅壁不出。秦人行千金為反間曰、秦獨畏馬服君趙奢之子括為將耳。王使括代頗。相如曰、王以名使括、若膠柱鼓瑟耳。括徒能讀其父書、不知合變也。王不聽。上黨降於趙上黨郡、属山西、今路州。降音項、平聲。通鑑、上黨守馮亭謀曰、秦兵日進、韓不能應、不如歸趙。韓趙為一則可以當秦矣。長平城在澤州高平東北。堅壁堅城壁也。為去聲。間音澗。馬服服虔曰、奢嘗為趙將、有功、賜号馬服、猶言服馬也。膠柱柱、絃下柱。膠其柱、而不移、則瑟之聲必不能合其節。括少學兵法、以天下莫能當。與父奢言、不能難。然不以為然。括

擊要。秦乃陰使起為上將，而齕為裨將，令軍中弗泄。括至軍，悉更約束，出兵擊秦。起佯敗走，張二奇兵以劫之。括乘勝追造秦壁，壁堅拒不得入，而秦奇兵絶其後。趙軍食絶四十六日，括自出搏戰，秦射殺。卒四十萬人皆降，起挾詐盡坑之，遺其小者二百四十人歸趙。

史記司馬彪注，謂堅白非石，白馬非馬也。同異謂同者異。

潛室曰，毛遂不數於其主，下不齒於其徒，卒能奮身於

毋問故。奢曰，兵死地也，而括易言之。趙若將括，必破趙軍。及括將行，其母上書言括不可使。括至軍，果為秦將白起所射殺。卒四十萬皆降，坑於長平。〔少〕去聲〔難〕去聲，辨難也〔為〕然之然，通鑒作善〔易〕音異〔將行〕之將音粲〔上〕上聲〔括〕不可使有即有不稱，妾請無隨坐之〔語〕果趙為之為去聲〔射〕音石〔降〕音項，平聲〔坑〕坑，謂壓之於谷也。

相平原君公子勝，食客常數千人。客有公孫龍者，為堅白同異之辨。〔相〕去聲〔平原〕縣屬德州〔公子勝〕武靈王子，名勝，封平原〔公孫龍〕龍，家語作寵，孔子弟子，字子石。咸玄英莊子疏云，公孫龍著守白論，行於世。堅白即守白也。言堅執其說而守之。公孫龍之辨，蓋將合異以為同，故曰同異。秦攻趙邯鄲，平原君求救於楚，擇門下文武備具者二十人與之俱。得十九人。毛遂自薦。平原君曰，士處世，若錐處囊中，其末立見。今先生處門下三年，未有聞。遂曰，使遂得處囊中，乃穎脫而出，非特末見而已。平原君乃以備數。十九人目笑之。至楚，定從不決。毛遂按劍歷階升曰，從之利害，兩言而決耳。

魏信陵君大敗秦軍

起著名楚趙。苟非見棄於人、安能有激乎。故善用人者、於其凌厲頓挫之時、乘其感慨奮激之氣、雖尋常之人、皆能自效於尺寸。然則善自激者、毛遂之賢、善用遂者、平原之賢也。

小豎子、言其庸劣無智、如童豎然也。

碌碌小石貌。又曰多石貌。

便蒙曰。大呂、周廟大鐘。索隱曰。九鼎大呂、國之宝器也。

信陵君、魏安釐王異母弟也。封信陵君。

今日出而言。日中不決。何也。楚王怒叱曰。胡不下。吾與而君言。汝何為者也。毛遂按劍而前曰。王所以叱遂、以楚國之衆也。今十步之內。不得恃楚國之衆也。王之命懸於遂手。以楚之強。天下莫能當。白起小豎子耳。一戰而舉鄢郢。再戰而燒夷陵。三戰而辱王之先人。此百世之怨。趙之所羞。合從為楚。非為趙也。王曰。唯唯。誠若先生之言。謹奉社稷以從。遂曰。取雞狗馬之血來。捧銅盤跪進曰。王當歃血而定從。次者吾君。次者遂。左手持盤。右手招十九人。歃血於堂下。曰。公等碌碌。所謂因人成事者也。平原君定從歸曰。毛先生一至楚。使趙重於九鼎大呂。以遂為上客。楚將春申君救趙。會魏信陵君亦來救趙。大破秦軍邯鄲下。〔邯鄲〕音寒丹。縣屬磁州。〔擇十九人〕名姓未詳。〔處〕音杵。下並同。〔錐〕音追。鑽也。〔見〕音現。下同。〔穎脫〕穎、禾芒。銳上突。然而出。故云脫穎。說文。脫、突也。〔從〕音蹤。下並同。〔胡〕何也。〔鄢〕音偃。城在襄陽。〔夷陵〕郡

悼襄王思復用廉頗

李牧爲將破匈奴

字彙歃音霎

矢或作失索隱曰謂數起便也。按矢糞也。猶馬矢牛矢。然矢過失也。

擘要趙悼襄王偃元年。用李牧備匈奴。李牧趙北邊良將也。居雁門。匈奴入盜。頗爲奇陳。大

屬湖北。今峽州。辱謂拔郢徙陳之辱也。唯上聲。社稷古者建國。左稷右社。左陽右陰。陰主殺。軍行則載社主以行。以示誅戮之不敢專也。或曰社主土。稷主穀。稷何与於軍行乎。曰稷非土無以生。土非稷無以見生效。以其同功而均利。故言社則并稷而言之耳。非謂載稷主以行軍也。雞狗馬凡盟用牲。天子牛馬。諸侯犬豭。大夫以下用雞。今總盟之。故曰雞狗馬之血。歃音杉。入聲。歃歠也。餘者瘞之。故云歃。所謂盟者如是。碌碌老子曰。碌碌如玉。落落如石。言玉之混石不可以一二數。大呂大鐘。音合大呂者也。

孝成王子悼襄王立。思復用廉頗爲將。時頗奔在魏。使人視頗。頗之仇郭開與使者金。令毀之。頗見使者。一飯斗米肉十斤。被甲上馬。以示可用。使者還曰。廉將軍尚善飯。然與臣坐。頃之三遺矢矣。王以爲老。遂不召。楚人迎頗於魏。頗爲楚將無功。曰我思用趙人。尋卒。趙得李牧爲將。先居北邊破匈奴。悼襄王子幽繆王遷立。秦王政遣兵攻趙。牧爲大將敗之。秦縱反間言牧將反。遷誅之。秦兵至虜遷。趙之七大夫立趙嘉爲王。王于代。秦進攻破嘉。遂滅趙爲郡。使去聲。飯

畢萬邑于魏

文侯受命為侯

文侯式段干木之閭

田子方謂貧賤者驕人

破之殺十餘萬騎單于奔十餘載不敢近趙邊

左傳閔公元年賜畢萬魏以為大夫畢萬事晉獻公獻公十六年趙夙為御畢萬為右以伐霍耿魏以耿封趙夙以魏封畢萬卜偃曰畢萬之後必大矣萬滿數也魏大名也云々

文侯使樂羊伐中山克之以封其子擊他日問於群臣曰我何如主皆曰仁君任座曰君得中山不以封君之弟而封君之子何謂仁君文侯怒座趨出次問翟璜對曰仁君也文侯曰

上聲下同〔上〕上聲〔項〕音傾上聲項刻也〔矢〕屎同〔思〕用趙人趙士卒訓練育素〔尋〕繼同續也後倣此〔卒〕音遵入聲〔匈〕奴北狄曰匈奴〔繆〕音目〔敗〕音拜〔間〕音澗〔將〕又之將音漿〔士〕史記作亡〔代〕州屬山西○世紀趙自烈侯受命至王嘉凡十一世

〔魏〕之先本與周同姓文王子畢公高之後也國絕有苗裔曰畢萬事晉邑于魏數世有絳絳後四世曰桓子者與韓趙共滅知氏而分之桓子之孫曰文侯斯者以周威烈王命為侯卜子夏田子方為師過段干木之閭必式四方賢士多歸之

〔魏〕都安邑〔裔〕音曳邑于魏縣屬大名事見左閔公元年〔絳〕謚莊子嘗勸晉和戎有功〔四世〕譜系未詳〔閭〕通鑑作廬〔式〕車前橫木有所敬則俯而馮之

文侯之子擊遇子方于道下車伏謁子方不為禮擊怒曰富貴者驕人乎貧賤者驕人乎子方曰亦貧賤者驕人耳富貴者安敢驕人國君而驕人失其國大夫而驕人失其家夫士貧賤者言不用行不合則納履而去耳安往而不得貧賤哉擊謝之〔夫〕音扶〔行〕去聲下同〔履〕皮屨曰履

文侯謂李克曰先生嘗

文侯定相於李克

吳起殺妻求將

武侯以山河為宝

吳起謂在德不在險

何以知之、對曰、君仁則臣直。嚮者任座之言直。是以知之。文侯悅、使翟璜召座而反之、親下堂迎之、

起始事曾参。母死不奔喪、参絶之。今又殺妻以求為將、起殘忍薄行人也。起恐得罪、聞魏文侯賢、乃往歸之。文侯問諸李克。克曰、起貪而好色。然用兵、司馬穰苴弗能及也。於是文侯以為將

○呂東萊曰、呉起為人貪財好色、及為將則與士卒同甘苦、臥不設席、行不騎乘、是起前則

教寡人、家貧思良妻、國亂思良將。今所相非魏成則翟璜、二子何如。克曰、居視其所親、富視其所與、達視其所舉、窮視其所不為、貧視其所不取。五者足以定之矣。子夏田子方段干木成所舉也。乃相成。〔相去聲、下並同。魏成文侯弟。翟音宅、姓也。〕有衛人吳起者、初仕魯。魯欲使起擊齊、而起娶齊女、疑之。起殺妻以求將、大破齊師。或曰、起殘忍薄行人也。起恐得罪、歸魏。文侯以為將、拔秦五城。起與士卒同衣食。卒有病疽、起吮之。卒母聞而哭曰、往年吳公吮其父、不旋踵死敵。今又吮其子、妾不知其死所矣。〔拔取也。疽音蛆、癰也。吮音痊、上聲、吸也。謂吸出膿血。旋踵踵音腫。旋轉踵足也。〕文侯卒、子擊立。是為武侯。武侯浮西河而下、中流顧謂吳起曰、美哉山河之固、魏國之寶也。起曰、在德不在險。昔三苗氏、左洞庭、右彭蠡、禹滅之。桀之居、左河濟、右泰華、伊闕在其南、羊腸在其北、湯放

惠王卑辭厚幣以招賢者

貪後則廉也起非是後能廉也前之貪是貪財後之與士卒同甘苦乃是貪功名之心使之一其事雖殊其貪則一今漁人以餌致魚非是肯捨餌也意得魚也畢竟是貪心所得也

其妻曰嘻子毋讀書游說安得此辱乎張儀謂其妻曰視我舌尚在不妻笑曰舌在也儀曰足矣

之紂之國左孟門右太行恒山在其北太河經其南武王殺之若不修德舟中人皆敵國也武侯曰善（洞庭）湖在巴陵縣西（彭蠡）澤在彭澤縣東即鄱陽湖是也（濟）上聲水出絳州城曲縣王屋山東南曰允水既見而伏東出孟州是為濟水西南入于河復出河之南溢而為滎東出于陶丘北又東北至東平府又北東至傅兗州入海（泰華）泰太同大華西嶽索華州鄭縣有少華山故指西嶽為泰華也（伊闕）高誘曰伊闕在洛陽西南六十里禹所闢也（羊腸）皇甫謐曰壺關北有羊腸坂在太原晉陽西北九十里（孟門）索隱曰案紂都朝歌孟門山在其西今言左則東別有孟門也（太行）山首始於懷孟府河內縣西北至幽州九百嶺亘十州之界有八陘行音杭（恒）胡登切北嶽在保定府曲陽縣西北武侯卒子惠王罃立東敗於齊將軍龐涓與太子申皆死南敗於楚西喪地於秦乃卑辭厚幣以招賢者孟子至而不用子襄王立孟子去之齊（罃）音鶯（喪）去聲魏人有張儀者與蘇秦同師嘗遊楚為楚相所辱妻慍有語儀曰視吾舌尚在否蘇秦約從時激儀使入秦（為楚相所辱）為去聲相去聲筌蹄云儀嘗從楚相飲已而楚相亡璧意儀盜之乃執而笞之（吾舌）示將復為游說也（從）音蹤下

張儀連六國以事秦

安釐王說趙共尊秦為帝

蘇秦恐秦伐趙而敗從約乃召儀而辱之以激怒儀儀念諸侯獨能苦趙遂入秦秦陰遣其舍人齎金幣資儀儀得見秦王

秦救韓敗趙魏之師魏以干子請割南陽予秦以和蘇代謂魏王曰欲璽者段干子也欲地者秦也今使欲璽者制地欲地者制璽魏地盡矣夫以地事秦猶抱薪救火薪盡火不滅王曰是則然矣然事既已行不可更矣對曰夫博之所以貴梟者便則食不便則止今何王之用智不如用梟也

同激儀案蘇秦初使人說儀來謁已而先誡門下勿為通又使不得去者數日及見又慢辱之既激其怒而入秦然後陰使人贈其資隨之入秦佗日乃以實告曰蘇君憂秦伐趙敗從約以為非君莫得秦柄故激怒君使臣陰奉給君資盡蘇君之計謀也儀曰蘇君之時儀何敢言蘇秦去趙而從解儀專為橫連六國以事秦秦惠王時儀嘗以秦兵伐魏得一邑復以與魏而欺魏割地以謝秦歸為秦相已而出爲魏相實爲秦地襄王時復歸相秦已而復出相魏以卒從解說見上文謝秦事見通鑑周顯王四十一年為去聲為秦筆蹄云實為秦圖魏魏安釐王立封公子無忌爲信陵君無忌愛人下士食客三千人秦攻趙魏王使晉鄙救之秦昭王欲移兵先擊救者王恐止晉鄙兵壁于鄴又使新垣衍說趙共尊秦爲帝魯仲連往見衍曰彼秦者棄禮義上首功之國也即肆然帝天下則連有蹈東海而死耳衍再拜曰先生天下士也吾不敢復言帝秦矣趙平原君夫人無忌姊也趙

無忌奪晉鄙兵救趙

無忌還魏敗秦兵

急使者冠蓋相望，責救於無忌。無忌請於王，及使賓客游說萬端，王不聽。客侯嬴教無忌，禱於王幸姬，竊得晉鄙兵符，且薦力士朱亥，與俱，謂晉鄙合符而疑，則擊殺而奪其軍。一如嬴言，得兵以進，大破秦兵，解邯鄲圍，而無忌不敢歸魏。〔釐〕音熙。〔無〕忌，安釐王弟。〔鄴〕郡屬河東，今彰德府。〔上〕尚同。〔首功〕戰伐以斬首多為功。〔姉〕音子。〔使者〕之使去聲。〔望〕通鑑作屬，連也。〔責〕求也。〔侯嬴〕侯姓，嬴名，嬴音盈。〔禱〕於王幸姬禱，請也，說見通鑑周赧王五十七年。〔兵符〕朱子曰：符以玉為之，篆刻文字，而中分之，彼此各藏其半，有故則合以為信也。語錄云：古人符節多以玉為之，如牙璋以起軍旅，又有竹符、英蕩符，蕩小節也，漢有銅虎符以起兵，竹使符以與郡守，此兵符云者，蓋亦銅虎符者也。秦伐魏。魏患之，使人請無忌，不肯歸。客毛公、薛公見曰：魏急而公子不恤，一旦秦克大梁，夷先王宗廟，公子何面目立於天下乎。無忌趣駕還。諸侯聞無忌為魏將，皆遣救。無忌率五國兵，敗秦兵於河外，追至函谷關而還。無忌卒。〔毛〕公、薛公，皆趙處士，無忌嘗從之遊。〔見〕音現。〔恤〕救也。〔大梁〕在漢

王不聽，卒以南陽為和。

信陵君傳：侯嬴年七十，家貧，為夷門監者。公子置酒大會賓客，坐定，公子從車騎，虛左，自迎侯生。侯生直上載，不讓。公子執轡甚恭。侯生至，引坐上坐，賓客皆驚。

趙平原君欲封魯仲連，連不受。乃以千金為壽，連笑曰：所貴於天下士者，為人排患釋難解紛亂而無取也。即有取者，是商賈之事，連不忍為也。遂辭去。

○太史公曰：說者皆曰魏以不用信

韓侯後裔事晉為韓氏　景侯受命為侯　聶政刺韓相俠累

陵君故國削弱至於亡余以為天方令秦平海内其業未成魏雖得阿衡之佐曷益乎

武子後厥為晉卿八世生康子虎虎孫虔是為景侯威烈王二十三年受命為侯

綱目斷云聶政刺客小人直穿窬之微者作書之為盜復何說嘗怪馬遷作史特取其政著之列傳累百千言而不厭若有深嘉樂予之意向微君子直筆書之則千歲之下必有聞風效之者矣

陳留郡浚儀縣今汴梁也惠王徙都此故孟子稱之曰梁惠王【夷】毀也【趣】音促【五國】楚燕魏趙韓【敗】音拜十八年而魏王假立後又二年秦王政遣兵伐魏殺王假而滅魏為郡。○世紀魏自文侯受命至王假凡九世

【韓】之先本與周同姓武王子韓侯之後也國絕其後裔事晉為韓氏韓武子之三世曰厥厥五世至康子與趙魏共滅知氏又二世曰景侯虔以周威烈王命為侯。【韓】都潁川【五世】譜系未詳【二世】康子生武子武子生景侯【虔】音乾韓相俠累與濮陽嚴仲子有惡仲子聞軹人聶政之勇以黃金百鎰為政母壽欲因以報仇政曰老母在政身未可以許人也及母卒仲子乃使政圖之俠累方坐府兵衛甚嚴政直入刺之因自皮面抉眼韓人暴其尸於市購問莫能識姊嫈往哭之曰是深井里聶政也以妾在故重自刑以絶蹤妾奈何畏沒身之誅終沒賢弟之名遂死政尸旁

哀侯徙鄭
申不害為相治國強兵

便蒙云、刑形古通。韓非子曰、有言者自為名、有事者自為形、以名責實、謂之形名。刑名即形名也。故曰審合刑名。
申不害者鄭之賤臣也。
綱鑑注、嚬宜作顰。
愁戚貌。
綱目書法、六國韓最先朝秦、而秦最先滅之。然則自卑以媚敵者、果不足以自免。

相去聲。俠累、姓字名。傀、俠音協。累平聲。濮陽縣屬開州。濮音卜。惡音烏、去聲。史記作有隙。軹音止、縣屬河內。聶音攝、姓也。壽猶令人称千歲、一百二十歲之類。因託也。府公相之居、曰府。衛護也。刺音次、殺也。皮面抉眼、史記索隱、皮面謂剝其面皮、抉眼謂出其眼睛、欲令人不識也。暴如字、暴露也。購音勾、去聲、募也。嫈音鶯、史記作榮。索隱曰、其姊名。深井里屬軹縣。旁、傍同。

景侯四世至哀侯、徙都鄭。四世、景侯生烈侯、烈侯生文侯、文侯生哀侯。哀侯二世至昭侯。二世、哀侯生懿侯、懿侯生昭侯。鄭人申不害、以黃老刑名之學爲昭侯相、國治兵強。昭侯有弊袴、命藏之、不以賜左右侍者、曰、君亦不仁者矣。昭侯曰、明主愛一嚬一笑、嚬有爲嚬者、笑有爲笑。今袴豈特嚬笑哉。吾必待有功者。申不害、申姓、不害名。黃老、黃帝老子。袴音庫、脛衣也。嚬与顰通、眉蹙也。爲去聲。昭侯卒、子宣惠王立。三世至桓惠王。韓上黨守降趙。致趙受秦兵、而有長平之敗。又一世至王安。秦王政遣將虜安、遂滅韓爲郡。三世、宣惠生襄王、襄王生僖王、僖王生桓惠。守音獸、後郡守太守並同。降趙説見趙下。將內史勝。○世紀、韓自景侯受命至王安、凡十世。

熊繹封丹陽

文王都郢

莊王日夜為樂

鬻芈六反。姓也。熊渠曰。我蠻夷也。不与中國之号謚。乃立其三子為王。皆在江上楚蠻之地。

○村山子業曰。伍舉設讔語而諫之。以鳥比王。王射其讔語中之。以明有為之志。

通鑑。魏吳起奔楚。楚悼王素聞其賢。至則任之為相。起明法審令。捐不急之官。廢公族疏遠者。撫養戰鬪之士。要在彊兵。破遊說之言縱横者。於是

楚之先出自顓頊。顓頊之子爲高辛火正。命曰祝融。弟吳回復居其職。吳回二世有季連者。得芈姓。季連之後有鬻熊。事周文王。成王封其子熊繹於丹陽。至夷王時。楚子熊渠者僭爲王。十一世至春秋。有曰武王。益強大。至文王。始都郢。成王與齊桓公盟召陵。尋與宋襄公爭霸。後與晉文公戰城濮。歷穆王至莊王。即位三年不出令。日夜爲樂。令國中敢諫者死。伍舉曰。有鳥在阜。三年不蜚不鳴。是何鳥也。王曰。三年不飛。飛將衝天。三年不鳴。鳴將驚人。蘇從亦入諫。王乃左執從手。右抽刀。以斷鐘鼓之懸。明日聽政。任伍舉蘇從。國人大悅。又得孫叔敖爲相。遂霸諸侯。楚子爵。辛當作陽。芈音弭。丹陽史註在南郡枝江縣。一説熊繹始封於熊湘。今潭州也。未詳孰是。十一世熊渠以下。歷摯紅、熊延、熊勇、熊嚴、熊霄、熊豹、熊咢、若敖、霄敖、蚡冒至武王。凡十一世。召陵召音邵。杜預註曰。潁川縣也。城濮衛地。今濮州。令去聲。下同。樂音洛。聲色宴遊之樂。阜土山曰阜。將音漿。衝旧作冲。

秦楚盟于黃棘　屈平作離騷　頃襄王徙陳　考烈王徙壽春

非（斷）音端、上聲（相）去聲

歷共王。康王。郟敖。靈王。平王。昭王。惠王。簡王。聲王。悼王。肅王。宣王。威王。至懷王。秦惠王欲伐齊。患楚與從親。乃使張儀說楚王曰、王閉關而絕齊。請獻商於之地六百里。懷王信之。使勇士北辱齊王。齊王大怒、而與秦合。楚使受地於秦。儀曰、地從某至某廣袤六里。懷王大怒伐秦。大敗。（共）音恭（從）音蹤。（使）去聲。下同。（商於）索隱曰、商於二縣在弘農。（袤）音茂。東西曰廣。南北曰袤。秦昭王。與懷王盟于黃棘。既而遺書懷王。願與君王會武關。屈平不可。子蘭勸王行。秦人執之以歸。楚人立其子頃襄王。（黃棘）地在房襄二州之間（遺）去聲（武關）在商州商洛縣。（屈平）屈音君、入聲。屈氏、平字、名原。小字靈均。本与楚同姓。武王子瑕、食采於屈。故其後因氏焉。（子蘭）懷王子（頃）音傾

懷王卒於秦。楚人憐之。如悲親戚。初屈平爲懷王所任。以讒見疏。作離騷以自怨。至頃襄王時、又以讒遷江南。遂投汨羅以死。秦拔郢。楚徙於陳。頃襄王卒。考烈王立。又徙於壽

南平百越、北郤三晉、西伐秦。諸侯患楚之彊。而楚之貴戚大臣多怨吳起者。悼王薨。貴戚大臣作亂。攻吳起殺之。

羣臣皆賀。陳軫獨弔曰、秦之所以重楚、以其有齊也。今絕齊則楚孤。秦奚貪彼孤國、与之六百里地。張儀至秦、必負王。是王北絕齊交、而西生患於秦也。懷王不聽。

屈原者、名平。楚之同姓也。爲楚王左徒。上官大夫与之同列。爭寵而心害其能。懷王使屈原造爲憲令。屈平屬艸藁未定。上官大

夫見而欲奪之屈平不與因讒之王怒疏屈平懷王死頃襄王立又短屈平遂投汨羅死

荀卿趙人名況時人相尊號之曰卿後避漢宣諱號曰孫卿襄王時三爲祭酒至楚爲蘭陵令李斯嘗爲弟子已而相秦

○賴山陽曰荀子意唯有壓孟子故至曰性惡其善者僞也雖莊墨申韓無此邪說觀其文章亦拙乎不能爲孟子奴僕也東坡

春。［疏］音疎［離騷］楚辭［汨羅］汨音冥入聲水出湘陰入于洞庭壽春縣屬安豐 春申君黄歇行相事。當是時齊有孟嘗君。魏有信陵君。趙有平原君。楚有春申君。皆好客。春申君食客三千餘人。平原君使人於春申君。欲夸楚爲玳瑁簪刀劍室飾以珠玉。春申君上客。皆躡珠履以見之。趙使大慙。［相］去聲［好］去聲［使］去聲下同［夸］音誇奢也［玳瑁］音玳昧異物志玳瑁生南海形如龜背上有鱗鱗大如扇有文章煮之則柔可作器［簪］笄也［室］鞘也 趙人荀卿至楚。春申君以爲蘭陵令。［荀卿］荀姓卿名著書三十二篇曰荀子［蘭陵］縣屬邳州［令］去聲 李園以妹獻春申君有娠而後納之考烈王。是生幽王。園使盜殺春申君以滅口而專楚政。幽王卒弟哀王爲楚人所弑而立其庶兄負芻。秦王政遣將破楚虜負芻滅楚爲郡。［滅口］使人不知幽王乃春申君子也［爲楚］之爲去聲［將］王翦○世紀楚自熊繹至負芻凡四十一世

［燕］姬姓。召公奭之所封也。三十餘世至文公嘗納蘇秦之說。

昭王師事郭隗十爭燕

昭王卑辭以招賢者

所謂愚人之所喜也。

武王克殷。封其支族君奭於燕。傳世十五。入于春秋。

蘇代爲齊使於燕。欲以激燕王以尊子之也。於是燕王大信子之。鹿毛壽謂燕王。不如以國讓相子之。人之謂堯賢者。以其讓天下於許由。

便蒙涓人。中涓也。顏師古曰。涓潔也。言其在內主潔清灑掃之事。蓋親近左右也。

約六國爲從。文公卒。易王噲立。十年。以國讓其相子之。南面行王事。而噲老不聽政。顧爲臣。國大亂。齊伐燕取之。醢子之而殺噲。燕侯爵、都薊北。召音邵。亶音釋。說知字。從音蹤。易音異。噲音快。相去聲。子之相字。子之燕人立太子平爲君。是爲昭王。弔死問生。卑辭厚幣。以招賢者。問郭隗曰。齊因孤之國亂而襲破燕。孤極知燕小不足以報。誠得賢士與共國。以雪先王之恥。孤之願也。先生視可者。得身事之。隗曰。古之君。有以千金使涓人求千里馬者。買死馬骨五百金而返。君怒。涓人曰。死馬且買之。況生者乎。馬今至矣。不期年。千里馬至者三。今王必欲致士。先從隗始。況賢於隗者。豈遠千里哉。於是昭王爲隗改築宮。師事之。隗音外、上聲。孤諸侯居喪自稱曰孤。雪拭也。涓人萬氏曰、涓潔之人。如謁者之類。爲隗之爲、去聲。於是士爭趨燕。樂毅自魏往。以爲亞卿。任國政。已而使毅伐齊。入臨淄。齊王出走。毅乘燕師乘勝長驅、齊城皆望風而潰。樂毅脩整燕軍、禁止侵掠、求齊之逸民、顯而禮之、寬其賦斂、除其暴令、脩其舊政。齊民喜悅。祀桓公管仲於郊、表賢者之閭、封王蠋之墓。

督亢燕沃地、秦欲之。故齎其圖而獻之。荊軻將適秦、令秦武陽爲副。太子賓客知其事者、皆白衣冠以送之。○匕首利刃。茅鹿門曰、荊軻

勝。六月之間、下齊七十餘城。惟莒・卽墨不下。昭王卒、惠王立。
惠王爲太子、已不快於毅。田單乃縱反間曰、毅與新王有隙。
不敢歸、以伐齊爲名。齊人惟恐他將來、卽墨殘矣。惠王果疑
毅、乃使騎劫代將、而召毅。毅奔趙。田單遂得破燕、而復齊城。

走音奏。閒音澗。隙怨也。騎劫燕將姓名。騎去聲。復音伏。

惠王後、有武成王・孝王、至王喜。
喜太子丹質於秦。秦王政不禮焉。怒而亡歸、怨秦欲報之。秦
將軍樊於期得罪、亡之燕。丹受而舍之。丹聞衛人荊軻賢、卑
辭厚禮請之。奉養無不至。欲遣軻。軻請得樊將軍首及燕督
亢地圖、以獻秦。丹不忍殺於期。軻自以意諷之曰、願得將軍
之首、以獻秦王。必喜而見臣。臣左手把其袖、右手揕其胸、則
將軍之仇報、而燕之恥雪矣。於期慨然遂自刎。丹奔往伏哭。
乃以函盛其首。又嘗求天下之利匕首、以藥焠之、以試人。血

荆軻至秦

荆軻為秦王所殺

請揳於期頭一節、愚竊謂非人情也、當時必軻與太子陽取之、而好事者飾奇、或戰國慕俠節者為之也、魯勾踐謂惜哉其不講於刺劍之術也、

○鴻齋曰、軻不覺丹之下策、而欲單身入於彊秦之死地、豈讀書者之所為哉、噫軻之於志可憐也、而其於行、益匹夫之勇、一時戰國之俠客者、非迂叟所謂勇者也、

如縷。立死。乃裝遣軻。行至易水。歌曰。風蕭蕭兮易水寒。壯士一去兮不復還。于時白虹貫日。燕人畏之。軻至咸陽。秦王政大喜見之。軻奉圖進。圖窮而匕首見。把王袖揕之。未及身。王驚起絶袖。軻逐之環柱走。秦法群臣侍殿上者。不得操尺寸兵。左右以手搏之。且曰。王負劍。遂拔劍斷其左股。軻引匕首擿王。不中。遂體解以徇。秦王大怒。益發兵伐燕。喜斬丹以獻。後三年。秦兵虜喜。遂滅燕為郡。

質音致、於音烏、舍音赦、館也、養音漾、督亢亢音抗、或音剛、徐廣曰、方城縣有督亢亭、師古曰、膏腴之地、諷音風、去聲、諭也、揕音砧、去聲、刺也、伏哭伏其屍而哭也、函音咸、櫝也、盛音成、焠音啐、堅也、如縷通鑑注、血出如絲縷也、易音亦、易水出中山國新城縣、西北東南流、合滹沱水、入海、虹螮蝀曰虹、咸陽縣、屬安西、秦所都也、喜見之見音現、下同、操平聲、搏音博、負劍古者帶劍上長、拔之不出室、欲王推之於背、令前短易拔、斷音端、上聲、擿擲同、中去聲、體解謂分其體、徇音旬、去聲、令衆曰徇、三當作五、○世紀、燕自惠侯至王喜、凡三十四世、惠侯以上、世次不明、今無所考、

非子封秦

襄公救周有功

晉秦合戰于韓

非子為柏翳十九世孫，即秦嬴。

周避犬戎難東徙洛邑，襄公以兵送周平王，以功為諸侯，賜之岐豐之地。

惠王二十三年，虞大夫百里奚奔秦，秦始得志。

秦之先本顓頊之裔。曰大業者生柏翳，舜賜姓嬴氏。其後有蜚廉。蜚廉子曰女防。女防之後有非子，好馬，為周孝王主馬於汧渭之間，馬大蕃息，分土為附庸邑之秦。閱二十世至秦仲始大。歷莊公至襄公。犬戎殺幽王，襄公救周有功，封為諸侯，賜以岐西地。秦紀，柏翳即伯益也。蜚廉子當作孫。案世紀，蜚廉生惡來，惡來生女防。女音汝。好去聲。為周之為去聲。汧音牽，水生隴州汧源縣汧山，東南入于渭。附庸，小國也。陳氏曰：民功曰庸，其功勞附大國而達於天子，故曰附庸。秦州屬鞏昌。閱音閱。二世，秦侯公伯。岐西地，西周畿內八百里之地。歷文公、寧公、出子、武公、德公、宣公、成公至繆公。有百里奚者，故虞大夫也。為繆公夫人媵，亡秦走宛，楚人執之。繆公聞其賢，以五羖羊皮贖得之，授之政，號曰五羖大夫。百里奚進其友蹇叔，以為上大夫。繆公送晉惠公歸晉，已而倍秦，合戰于韓。繆公為晉軍所圍，岐下有嘗食公馬者三百人，馳冒晉軍，晉解圍，遂脫繆公，以

繆公不替孟明
霸西戎

左傳僖十五年、秦獲晉侯以歸、晉大夫反首拔舍從之云々

繆公曰、君子不以畜産害人、吾聞食善馬不飲酒傷人云々

糴徒的反、入米也、糶買米也、

秦用由余謀伐戎、益國十二、開地千里、遂霸西戎、王賜繆公以金鼓、命為西方諸侯伯、左氏曰、君子是以

反。先是、繆公亡善馬。野人共得而食之。吏逐得欲法之。公曰、食善馬不飲酒傷人。皆賜酒而赦之。至是聞秦擊晉、皆願從推鋒爭死以報德。〔繆〕穆同。〔百里傒〕百里氏、傒名、其先虞人、本姬姓、家于百里、因氏焉、〔媵〕音盈、去聲、夫人晉女、媵從嫁臣也、案左僖公五年、晉虜虞公及傒、故以傒為媵而歸秦、〔走〕音奏、〔宛〕音鴛、邑屬南陽、〔羖〕音古、羊牡曰羖、〔蹇〕姓也、〔繆公送晉惠公〕案春秋傳、晉獻公烝於齊姜、生秦繆夫人及太子申生、娶二女於戎、犬戎胡姬生重耳、小戎子生夷吾、驪姬生奚齊、其娣生卓子、驪姬譖申生、自殺、又譖二公子出奔、獻公卒、奚齊卓子繼立、皆為大夫里克所弑、繆公納夷吾、是為惠公、〔合戰于韓原〕屬同州、案春秋傳、初惠公賂秦以求入國、許秦以五城、及入而弗與、既而晉饑、求糴於秦、秦與之、明年、秦饑、求糴於晉、晉不與、秦故伐之、〔為〕晉之為、去聲、〔食〕如字、下同、〔先〕音霰、後凡云先是者、皆倣此、〔善〕良也、〔野人〕岐下人、繆公以為野人之罪出於不虞、不忍法之、故佯言如是、且與之酒而釋其人、〔推〕音退、平聲、排也、穆公後又送晉文公歸國。立而霸諸侯。晉文公卒。秦遣孟明襲鄭。因破滑。晉襄公敗之崤。繆公不替孟明。修國政、後伐晉得志。遂霸西戎。〔歸國〕事見左僖公二十三年四年、〔孟明〕姓百里、名視、字孟明、〔戎〕其字也、〔滑〕未詳所在、〔敗〕音拜、〔崤〕音爻、山在河南府永寧縣

孝公下令强秦

孫鞅入秦欲壹法

知秦穆公之為霸也舉人之周也與人之壹也孟明之臣也其不解也能懼思也

便蒙凡裂土以封功臣其受封者各有分也

便蒙收司相糾發也一家有罪九家舉発若不糾舉則十家連坐

末利工商也

收孥挙取其一家男女没為官奴婢

〔不替孟明〕替廢也案孟明雖有喪師之責而公終不廢之故孟明益修國政卒伐晉有濟河焚舟取王宮及郊封殽尸等事說見左文公三年

歷康公。共公。桓公。景公。哀公。惠公。悼公。厲公。共公。躁公。懷公。靈公。簡公。惠公。出子。獻公至孝公。河山以東彊國六。小國十餘。皆以夷狄遇秦。擯不與諸侯之會盟。孝公下令。賓客群臣有能出奇計彊秦者。吾其尊官。與之分土。衛公孫鞅入秦。因嬖人景監以見。說以帝道王道三變為霸道。而後及彊國之術。公大悅。欲變法。恐天下議己。鞅曰。民不可與慮始。而可與樂成。卒定令。令民為什伍。相收司連坐。不告姦者腰斬。告姦者與斬敵同賞。匿姦者與降敵同罰。有軍功者。各以率受爵。為私鬭者。各以輕重被刑。大小戮力本業。畊織致粟帛多者。復其身。事末利及怠而貧者。舉以為收孥。〔共〕音恭下同〔躁〕音竈〔河山〕黄河華山〔不與〕之與音豫〔令〕去聲下並同〔分〕音墳去聲〔景監〕景姓監名〔見〕音現〔帝道〕堯舜之道〔王道〕殷周之道〔霸

秦公封鞅為商君

太子犯法衛鞅刑其傅

○蘇潁濱曰、解牛之技、恥於屠狗。禦人之盗、恥於穿窬。衛鞅有帝王之術、而肯以彊國之事説孝公乎。蓋鞅之志、本於彊國而已。恐孝公之不能用、是以極言其上以要之耳。
通鑑曰、周顯王十九年、秦商鞅築冀闕宮庭於咸陽、徙都之。并諸小鄉聚、集為一縣。縣置令丞、凡三十一縣。廢井田、開阡陌、更為

道、五覇之道。[巳]音紀。[樂]音洛。[什][伍]五家為伍、伍伍為什。司猶管也。為什伍之法、使之相收相管。[連][坐]謂一家有犯、則罪及衆家也。同賞告姦一人得爵一級。[降]音項、平聲。[同][罰]降敵者誅其身、沒其家。[孥]音律。[爵]封也。[戮]勠同、併也。[復]音福、除其賦役也。[收][孥]孥、妻子也。秦法、一人有罪、併其室家。漢文帝元年、除去此律。令既具、未布。立三丈之木於國都市南門、募民有能徙北門者予十金。民怪之、莫敢徙。復曰、能徙者予五十金。有一人徙之。輙予五十金。乃下令。太子犯法。鞅曰、法之不行、自上犯之。君嗣、不可施刑。刑其傅公子虔、黥其師公孫賈。秦人皆趨令。行之十年、道不拾遺、山無盗賊。家給人足。民勇於公戰、怯於私鬭。郷邑大治。初言令不便者、來言令便。鞅曰、皆亂法之民也。盡遷之邊。民莫敢議令。民父子兄弟同室內息者為禁。廢井田、開阡陌、更為賦稅法。秦人富強。封鞅商於十五邑、號曰商君。[布]陳也。[募]音暮、召也。[予]與也。[內]息者為[禁]息、止也。秦俗、父子同室居止。至是禁之。蓋欲子壯出分、使戶多、役衆也。[阡][陌]路、南北曰阡、東西曰陌。開之成為田。[更]

賦稅法、千百年眼云、馬經、馬性畏灰、馬駒遇之輒死、綱鑑注、灰可肥田、棄於路則為惰農、故加刑、

及孝公卒、太子立、宗室多怨鞅、鞅亡、因以為反、而卒車裂以徇秦國、擊要、商君相秦十年、人怨之、秦人誅衛鞅、滅其家、

趙良說商君曰、今君之見秦王也、因嬖人景監以為主、非所以為名也、相秦不以百姓為事而大築冀闕、非所以為功也、刑黥太子之師傅、殘傷民以駿刑、是積怨畜

音庚、下並同、賦稅井田之制、方里為井、井九百畝、畍為九區、中為公田、其八家各受一區、但借其力助耕公田、而不復稅其私田、至秦廢之、而但稅其私田。孝公薨。惠文王立。公子虔之徒。告鞅欲反。鞅出亡。欲止客舍。舍人曰。商君之法。舍人無驗者坐之。鞅歎曰。為法之弊。一至此哉。去之魏。魏不受。內之秦。秦人車裂以徇。鞅用法酷。步過六尺者有罰。棄灰於道者被刑。嘗臨渭論囚。渭水盡赤。舍店也。無驗停人止宿無文憑可驗者坐罪。內納同。車裂以車曳裂其体。酷虐也。六尺秦制六尺為步、步二百四十為畝、論去聲下同。渭水盡赤殺人多故水赤。惠文王薨。子武王立。武王使甘茂伐韓。茂曰。宜陽大縣。其實郡也。今倍數險行千里攻之難。曾人有與曾參同姓名者殺人。人告其母。母織自若。及三人告之。母投杼下機。踰墻而走。臣賢不及曾參。王之信臣又不如其母。疑臣者非特三人。臣恐大王之投杼也。魏文侯令樂羊伐中山。三年而拔之。反而論功。文侯示之謗書一篋。

武王好戲力

武王与甘茂盟

禍也。又曰、君嘗將貧商於之富、寵秦國之政、畜百姓之怨。秦王一旦捐賓客而不立朝、秦國之所以收君者、豈其微哉。亡可翹足而待。

○村山子業曰、舉鼎用力、力由筋脈。筋脈不堪、絕傷而死也。又案、旧注臏同、足脛骨也。善書旧作絕臏、死也。

睢音雖。

綱鑑注、折脅拉齒、謂折斷其脅肋、而打落其牙齒也。

通鑑、睢告看守者以情、於是看守者遂告出廁中死人。

再拜曰、非臣之功、君之力也。今臣羇旅之臣也。樗里子・公孫奭挾韓而議。王必聽之。王曰、寡人弗聽。乃盟于息壤。茂伐宜陽、五月而不拔。二人果爭之。武王召茂、欲罷兵。茂曰、息壤在彼。王乃悉起兵佐茂。遂拔之。【宜陽】属河南。【曾參】孔子弟子、字子輿。【其母】孔門曾參母也。【杼】音佇、機之持緯者也。【踰】越也。【中】音仲。【篋】音謙、入聲、箱也。【羇旅】張晏曰、羇寄、旅客也。【樗里子】名疾、秦惠王之弟。高誘云、疾居渭南陰鄉樗里、故号曰樗里子。紀年又謂之褚里疾。【樗】音紓、平聲、木名。【息壤】正義曰、秦邑。在彼、斥言息壤有盟。【悉】音膝。

武王有力。好戲。力士任鄙・烏獲・孟説皆至大官。王與孟説舉鼎、絕脈死。【好】去聲。【任】音壬。【説】音悦。【脈】臏同、足脛骨也。弟昭襄王稷立。有魏人范睢者、嘗從須賈使齊。齊王聞其辯口、乃賜之金及牛酒。賈疑睢以國陰事告齊。歸告魏相魏齊。魏齊怒、笞擊睢、折脅拉齒。睢佯死。卷以簀、置廁中、使醉客更溺之、以懲後。睢告守者、得出、更姓名曰張祿。秦使者王稽至魏、潛載與歸、薦于昭襄王。

雎代穰侯為相

須賈綈袍有故人意

便蒙、間步、投間道而行也、一寒、俗謂其寒之甚也、又膝行、屈膝就地而行、以示跪伏、

便蒙、屠謂破取城邑誅殺其人、如屠六畜、

魏齊曰可、

以為客卿。教以遠交近攻之策。乃睢音蛆、從去聲、須賈須姓也、密須之後、為魏大夫、使去聲、陰事私事也、相去聲、下並同、詈音痴、折音舌、脅音險、入聲、脇也、拉音蠟、摧也、卷音倦、簀索隱曰、箔也、更音庚、下同、溺尿同、懲音澄、戒也、秦使之使去聲、下同、謦音雞、客卿外國人為卿、曰客卿、時穰侯魏冉用事。雎說王廢之、而代為丞相、號應侯。魏使須賈聘秦。雎敝衣間步往見之。賈驚曰、范叔固無恙乎。留坐飲食曰、范叔一寒如此哉。取一綈袍贈之。遂為賈御、至相府曰、我為君先入通于相君。賈見其久不出、問門下。門下曰、無范叔。鄉者吾相張君也。賈知見欺、乃膝行入謝罪。雎坐責讓之曰、爾所以得不死者、以綈袍戀戀、尚有故人之意爾。大供具、請諸侯賓客、置莝豆其前、而馬食之。使歸告魏王曰、速斬魏齊頭來。不然且屠大梁。賈歸告魏齊。魏齊出走而死。穰音穰、間音澗、恙音樣、病也、飲去聲、食音嗣、綈袍綈繒袍、袂衣也、綈音啼、為去聲、下同、鄉音向、供音恭、莝音剉、斬草曰莝、走音奏、雎既得志于秦、一飯之

周亡

白起死于杜郵

蔡澤代雎

論合從之大利

睚眦、前漢杜欽傳注、睚、舉眼也。眦、目匡也。言舉目相忤者必報之也。字書、睚眦、忤目相視貌。又目際也。廣韻、怨也。

○胡三省曰、謂春生夏長、秋就實、冬閉藏、各成其功而相代謝也。

○太史公曰、韓子稱、長袖善舞、多錢善賈。信哉是言也。范雎蔡澤、世所謂一切辯士。然游說諸侯、至白首無所遇者、非計策之拙、所爲說力少也。及二人羇旅入秦、繼踵取卿相、垂功於天下者、固彊弱之勢

德必償、睚眦之怨必報。王既用雎策、歲加兵三晉、斬首數萬。周赧王恐、與諸侯約從、欲伐秦。秦攻周、赧王入秦、頓首請罪、盡獻其邑三十六。周亡。（睚眦、瞋目之貌。睚音崖、上聲。眦音柴、去聲。從音蹤。周亡、周自東遷、王室益衰、所存者三十六邑。至是盡獻於秦。）秦將武安君白起、與范雎有隙、廢爲士伍、賜劍死于杜郵。王臨朝而歎曰、內無良將、外多強敵。雎懼。蔡澤曰、四時之序、成功者去。雎稱病、澤代之。（士伍、嘗有爵而以罪奪爵、皆曰士伍。杜郵在咸陽城西十里。郵音尤、境上行舍曰郵。朝音潮。四時、春夏秋冬。）昭襄王薨。子孝文王柱立。薨。子莊襄王楚立。薨。嗣爲王者、政也。遂并六國、是爲秦始皇帝。（世紀、秦自非子受命、至莊襄王、凡三十六世。至王政、遂并有天下而稱帝。○司馬溫公曰、縱衡之說、雖反覆百端、然大要合從者、六國之利也。昔先王建萬國、親諸侯、使之朝聘以相交、饗宴以相樂、會盟以相結者、無他、欲其同心戮力以保家國也。曩使六國能以信義相親、則秦雖強暴、安得而亡之哉。夫三晉者、齊楚之藩蔽。齊楚者、三晉之根柢。形勢相資、表裏相依。故三晉而攻齊楚者、自絶其根柢也。以齊楚而攻三晉者、自撤其藩蔽也。安有撤其藩蔽、以媚盜曰、盜將

異也、然士亦有偶合、賢者多如此、二子不得盡意、豈可勝道哉、然二子不困厄、悪能激乎、

荘襄王名楚、孝文王子、初質於趙、因呂不韋策歸、以為嗣、

○仁齋劉氏曰、秦自孝公以來、累世窺周、至荘襄百有餘年、東周始滅、彼固謂嬴氏之業、可傳之不墜、未幾呂政立、而嬴氏之秦已亡、嗚呼、赧王入秦之後、歴七年而東周如線之緒尚在、荘襄取周之餘絶三載、而栢翳數百年之宗祀遂滅、天道好還、無毫髮

愛我而不攻、豈不悖哉、杜氏曰、滅六國者六國也、其無信乎、

黄帝以來、天下列百里之國萬區、蓋自中國以達于四裔、中國之制、可攷於王制者、九州千七百七十三國、古之建侯、各君其國、各子其民、而宗主於天子、歴夏殷至周、強併弱、大呑小、春秋十二國外、存者無幾、戰國存者六七、至是遂併於秦、〔四裔〕四方之外也、〔王制〕禮記篇名、〔九州〕九州之內、一州為王圻、容九十三國、外八州、容一千六百八十國、并圻內為千七百七十三國也、〔宗主於天子〕王制所謂比年一小聘、三年一大聘、五年一朝之類是也、〔無幾〕不多也、幾如字、

爽、而世之窺覦僭竊於人之國者、每迷而不悟悲夫、

點註十八史略校本卷之一終

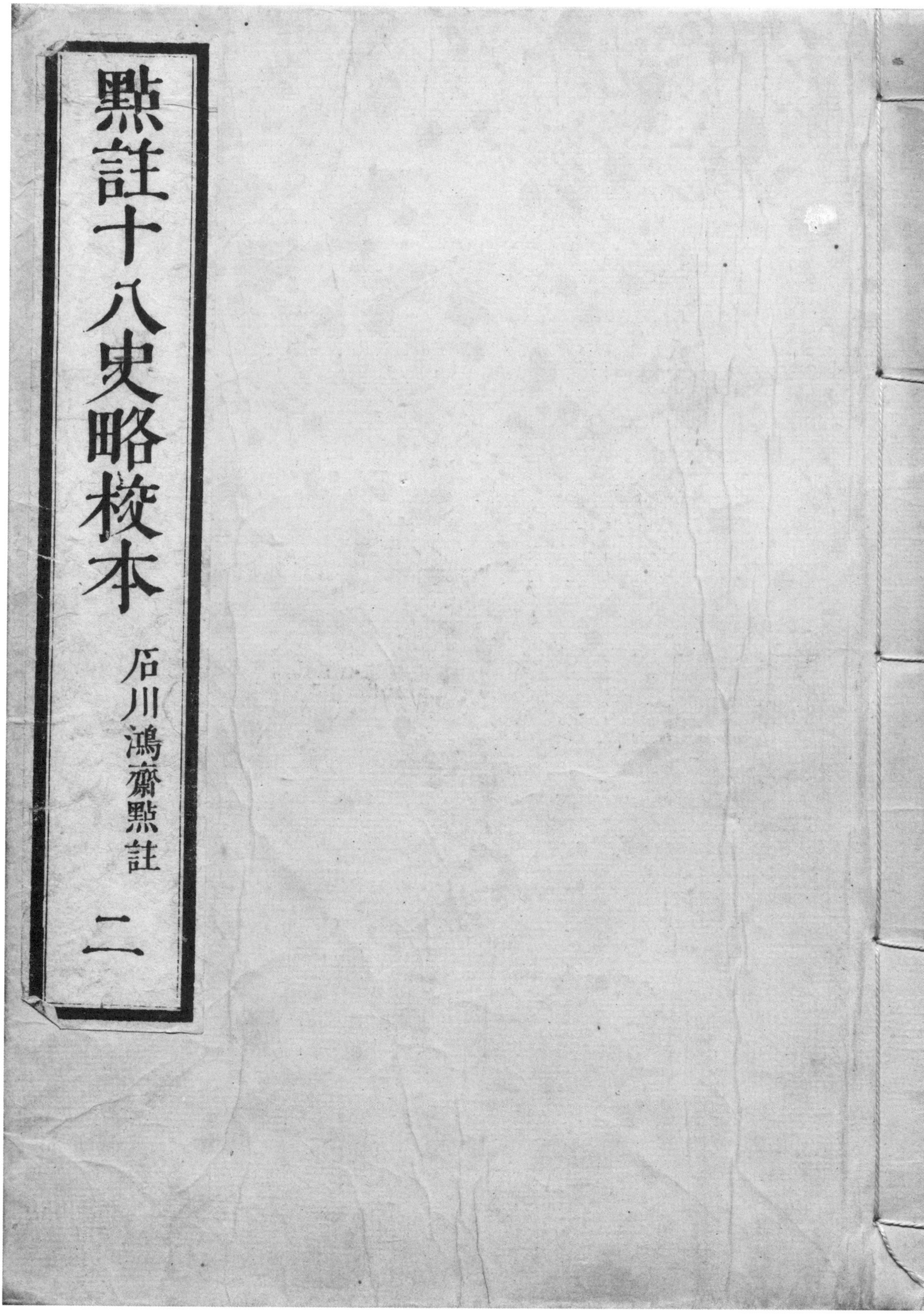
點註十八史略校本
石川鴻齋點註
二

點註十八史略校本卷之二

前進士廬陵　曾先之　編次

日本　三河　石川鴻齋　補訂

秦

始皇生于邯鄲

石川鴻齋校訂標記

呂不韋娶邯鄲姬絕美者、與居、知其有娠、異人見而請之、既而獻之、期年而生子政、異人遂以為夫人、

○眞西山曰、呂不韋非直大賈、蓋大盜也、方其見子楚曰奇貨可居云々、秦自孝公以至昭王、國勢日益雄張、嘗合五國之師、百万之衆攻之、而不能克、而不韋以一女子從容談笑奪其國於衽席間、故曰不韋非獨大賈、蓋大盜也、不韋招致士、至食

秦始皇帝名政、始生于邯鄲。昭襄王時。孝文王柱為太子。有庶子楚。為質于趙。陽翟大賈呂不韋。適趙見之曰。此奇貨可居。乃適秦。因太子妃華陽夫人之姊。以說妃。立楚為適嗣。不韋因納邯鄲美姬。有娠而獻于楚。生政。實呂氏。孝文王立三日而薨。楚立。是為莊襄王。四年薨。政生十三歲矣。遂立為王。母為太后。不韋在莊襄王時。已為秦相國。至是封文信侯。太

大索逐客

除逐客令

客三千人使其客人人著所聞集論以為八覽六論十二紀二十餘万言號曰呂氏春秋大后淫不止不韋恐覺禍及己乃私求大陰人嫪毐詐大后遂生子二人匿之發覺嫪毐處刑事連呂不韋詭國河南乃飲酖而死

李斯者楚上蔡人也嘗見廁中鼠與倉中鼠有所感乃從荀卿學事秦為客卿後拜丞相

通鑑秦記注曰黔黑也凡民以黑巾覆頭故謂之黔首朱晦菴孟子注黎黑也黎民黑髮之人猶秦言黔首也

后復與不韋通王既長不韋事覺自殺太后廢處別宮茅焦諫毋子乃復如初○〔陽翟〕縣屬鈞州〔翟〕音宅〔賈〕音古〔奇貨〕喩厥子楚〔可居〕言可居積以圖他日富貴〔華〕去聲〔適〕嫡同〔相〕去聲〔長〕音張上聲〔處〕音杵〔茅焦〕姓茅名焦秦臣也○秦宗室大臣議曰諸侯人来仕者皆為其主游說耳請一切逐之於是大索逐客客卿李斯上書曰昔穆公取由余於戎得百里奚於宛迎蹇叔於宋求丕豹公孫枝於晉幷國二十遂霸西戎孝公用商鞅之法諸侯親服至今治強惠王用張儀之計散六國從使之事秦昭王得范雎強公室此四君者皆以客之功客何負於秦哉泰山不讓土壤故大河海不擇細流故深今乃棄黔首以資敵國卻賓客以業諸侯所謂藉寇兵而齎盜糧者也王乃聽李斯復其官除逐客令斯楚人嘗學於荀卿秦卒用其謀幷天下○〔為〕去聲〔索〕音生入聲〔上〕上聲下並同〔丕〕丕同姓也〔從〕音蹤〔泰山〕東嶽在兗州〔黔首〕黔音儉平聲秦謂民曰黔首

韓非上書　滅六國　更號皇帝　論皇帝王之義

○唐荊川曰、觀李斯諫逐客之書、則秦固以客興、觀齊人松柏之歌、則齊又以客亡、客何所不有、在君所擇耳。

韓非者、韓之諸公子也、與李斯同事荀卿、以書干韓王、不見用、於是作孤憤五蠹說難等十餘万言、至是王使納地效璽於秦、請為藩臣、因說秦王云云、李斯譖之、下吏自殺。

○司馬溫公曰、君子親其親、以及人之親、愛其國、以及人之國、非為秦謀

謂黑色也、猶周謂之黎民、資敵國言、民者國之本、棄之則衆乖離、而適為敵國之助也、業諸侯害、賢者國之輔、卻之則國空虛、而反為諸侯之利也、籍音借、齎音咨、復音伏、令去聲

有韓非者、善刑名、為韓使秦、因上書、王悅之、斯疾而間之、遂下吏、斯遺之藥、令自殺。使去聲　疾嫉同　間音澗　下吏下獄吏治罪、後、下廷尉倣此　遺去聲　令平聲

○十七年、內史勝滅韓、十九年、王翦滅趙、二十三年、王賁滅魏、二十四年、王翦滅楚、二十五年、王賁滅燕、二十六年、王賁滅齊、秦王初并天下、自以德兼三皇、功過五帝、更號曰皇帝、命為制、令為詔、自稱曰朕。內史官掌爵祿廢置殺生予奪之法　王賁王翦子　賁音奔　過音戈　更音庚　令去聲　制制製也、帝王制度之命也　詔照也、帝王詔告之命也。

○通鑑、始皇既并天下、采用鄒衍五德之說、以為周得火德、秦代周、從所不勝、為水德、始改年、朝賀皆用十月朔、衣服節旗、皆尚黑、數以六為紀。○胡曰、凡言不師古、而立私義者、未有不以秦為稱首、秦焚詩書、坑儒士、廢謚法、罪三族、以十月為正、後世監之、不尋其轍矣、至於兼皇帝之号、用五德之運、壞井田、開阡陌、郡縣天下、大作宮室、是皆可更改、廢絕、則自漢以來、遵用而不改、何也、古之聖人、應時稱号、曰皇曰帝、曰王、而止矣、非帝貶於皇、王貶於帝也、惟不知此義、遂

秦始皇

除謚法

論除謚法為忠孝之賊

銷兵器

而首欲覆其宗國、罪固不容於死矣、烏足惑哉

○賴山陽曰、韓非蓋如國朝悪左府耳

謚法、本周公所作

事物紀原曰、世皇帝記曰、五帝之初、有天黄皇帝、尚書呂刑曰、皇帝清問下民、蓋周穆王始以言、唐堯也

金人號曰翁仲、一曰、各二十四万斤

鐻、樂器、似夾鐘、又鐻與簴通、横曰筍、直曰簴、

以皇帝為尊称、而以自居、以王為降等、而以封其臣子、失之矣、王之為名、繼天撫世之謂、曾是而可使臣子称之乎、呉楚僭王、春秋比之夷狄、六國用夷禮、乃周公之所膺也、豈可以此之故、謂王卑於帝、而不称哉、仲尼祖述堯舜、憲章三代、尊周立号、繫王於天、其禮隆極於秦、何取焉、是故有天下者、必法孔子称天王、其列爵諸侯、自公而降、則名正言順、百世以俟而不惑矣

制曰、死而以行為謚、則是子議父臣議君也、甚無謂、自今以来、除謚法、朕為始皇帝、後世以計數、二世三世至于萬世、傳之無窮、行去聲、行之於身曰行、無謂、無意義也、數上聲、○愚案、胡曰、子議父、臣議君、而非其禮、罪不容誅矣、然當不義、則父尚有争子、君尚有争臣、争之猶可、况以禮而議之乎、且加謚之禮、非臣子所得而称也、考德行之實、衆言僉同、称人以謚之、則盡人心合天理、為万世之勸戒、臣子又安得認我君我父、而吝之哉、孟子曰、暴其民甚、則身弑國亡、不甚則身危國削、名之曰幽厲、雖孝子慈孫、不能改也、其言蓋謂人君苟得不仁之實、則臣子雖或愛之之甚、亦不得廢公義、而改其謚矣、而使夫為人君者、知所審而擇所由哉、然則秦人除謚法、徒為後世忠孝之賊乎、

○收天下兵、聚咸陽、銷以為鐘鐻、金人十二、重各千石、鐻音巨、鹿頭龍身、神獸也、鐘鼓之跗、皆用以為飾、石百二十斤曰石、○徙天下豪富於咸陽十二萬戶、○

罷封建置郡縣

立石頌功業

廷、平也。治獄貴平、故號廷尉。

古者郡大而縣小、自秦後縣大而郡小、廢置分合、代不同、名色亦異。

○賈誼過秦論曰、廢先王之道、焚百家之言、以愚黔首、隳名城、殺豪俊、收天下之兵、聚之咸陽、銷鋒鍉、鑄以爲金人十二、以弱天下之民云々。

○丁南湖曰、封禪之禮、古所必無、其謂之有者、管子之創言、而史遷之漫述、不可信也。

丞相王綰等言、燕齊荊地遠、不置王、無以鎮之、請立諸子。始皇下其議。廷尉李斯曰、周武王所封子弟同姓甚衆、後屬疏遠、相攻擊如仇讎、今海內賴陛下神靈一統、皆爲郡縣、諸子功臣以公賦稅賞賜之、甚足易制、天下無異意、則安寧之術也。置諸侯不便。始皇曰、天下初定、又復立國、是樹兵也、而求其寧息、豈不難哉。廷尉議是。分天下爲三十六郡、置守尉監。〔綰〕音烏、上聲。〔下其議〕下公卿講議其事。〔廷尉〕官掌刑獄、即大理卿也。〔屬〕音蜀。〔統〕他綜切、摠也。〔易〕音異。〔制〕御也。〔三十六郡〕三川、河東、南陽、南郡、九江、象郡、會稽、潁川、碭郡、南海、薛郡、東郡、瑯耶、齊郡、上谷、漁陽、右北平、遼西、遼東、桂林、鉅鹿、邯鄲、上黨、大原、雲中、九原、鴈門、上郡、隴西、北地、漢中、巴郡、蜀郡、黔中、長沙、內史。〔守〕郡守、爲天子守土治民者也。〔尉〕丞尉、掌佐守者也。〔監〕御史、掌監郡者也、監平聲。○二十八年、始皇東行郡縣、上鄒嶧山立石頌功業。上泰山、立石封、祠祀。既下、風雨暴至、休樹下、封其松爲五大夫。禪梁父。〔嶧〕音亦。〔立石〕碑也。〔封禪〕漢郊祀志、築土曰封、除地曰禪。古者巡狩至于四嶽則

東遊海上

張良為韓報仇

伐匈奴築長城

○歐陽永叔日本刀歌云、傳聞其國居大島、土壤沃饒、風俗好、其先徐福詐秦民、採藥淹留、丱童老、百工五種與之居、至今器玩皆精好云々

○列子、渤海之東、有五山焉、一曰岱輿、二曰員嶠、三曰方壺、四曰瀛洲、五曰蓬萊、

○鴻齋曰、古制天子、屬車爲三十六乘、同裝飾、正副殆不可知、宜其不中也

○蘇東坡曰、子房以蓋世之才、不爲伊尹太公之謀、而特出於荊軻聶政之計、此圯上老人

封太山而祭天、禪小山而祭山川、(休)息也、(五大夫)秦時爵名、或謂封五松爲大夫非也、(禪)音善、見上、(梁父)山在泰安、遂

東遊海上。方士齊人徐市等上書、請與童男童女入海、求蓬萊方丈瀛洲三神山仙人及不死藥。如其言、遣市等行。(方士)方外士也、(上)上聲、下同 始皇浮江、至湘山、大風幾不能渡。問博士曰、湘君何神。對曰、堯女舜妻。始皇大怒、伐其樹、赭其山。(湘山)在益陽洞庭之南、湘君祠在焉、(幾)音機、(湘君)娥皇、

○韓人張良、以五世相韓、韓亡、欲爲報仇。始皇東遊、至博浪沙中。良令力士操鐵椎擊始皇、誤中副車。始皇驚求弗得。令天下大索。(五世相韓)良之祖開地、相韓昭侯宣惠王襄王、父平、相釐王桓惠王、凡五世、(爲)去聲、(博浪沙)在今河南陽武縣、(令)平聲、(操)平聲、(椎)音墜、平聲、(誤中)之中、去聲、(副)貳也、(令天)之令、去聲、下並同、(索)音生、入聲

○三十一年、更臘爲嘉平。(更)音庚

○三十二年。始皇巡北邊。方士盧生入海還、奏錄圖書曰、亡秦者胡也。始皇乃遣蒙恬發兵三十萬人、北伐匈奴、築長城、起臨洮、至遼東、延袤萬

所爲深惜者也是故倨傲鮮腆而深折之彼其能有所忍也然後可以就大事故曰孺子可教也○圖書符讖之書也○丘濬曰長城之築非獨始皇自昭王時已築于隴西趙自代王亦築於陰山下適治獄吏不直者築長城及南越地徭役之繁民殆半死于其下李斯曰今陛下創大業建万世之功固非愚儒所知且越言乃三代之事何足法也○蘇東坡曰昔嘗怪李斯事荀卿既而滅其書大變古

餘里。威振匈奴。〔胡〕乃始皇ノ子胡亥之讖〔臨洮〕府属鞏昌洮音滔〔遼東〕郡属遼陽○三十四年。丞相李斯上書曰。異時諸侯並爭。厚招遊學。今天下已定。法令出一。百姓當家則力農工。士則學習法令。今諸生不師今而學古。以非當世。惑亂黔首。聞令下則各以其學議之。入則心非。出則巷議。率群下以造謗。臣請史官非秦記皆燒之。非博士官所職。天下有藏詩書百家語者。皆詣守尉雜燒之。有偶語詩書者棄市。以古非今者族。所不去者。醫藥卜筮種樹之書。若有欲學法令。以吏爲師。制曰可。〔史官〕國史院ノ官〔偶〕對語也〔棄市〕殺而棄其屍於市也〔族〕并其族而滅之〔去〕除也〔卜筮〕筮音逝龜曰卜蓍曰筮〔可〕從其議則称制曰可○三十五年。侯生盧生相與譏議始皇。因亡去。始皇大怒曰。盧生等吾尊賜之甚厚。今乃誹謗我。諸生在咸陽者。吾使人廉問。或爲妖言以亂黔首。於是使御史悉案問諸生。傳相告引。乃自除犯禁

作阿房宮

先聖王之法、於其師之道、不啻若冠雠、及今觀卿之書、然後知斯之所以事秦者、皆出於卿、不足怪也、

索隱曰、此以其形名宮也、言其宮四阿旁廣也、正義曰、三輔舊事云、阿房宮東西三里、南北五百步、庭中可受万人、

便蒙曰、複道築起為道、不與民庶相雜、天子自行其上、有私路處則作穴竇、如城門、百姓在彼中往來也、

者。四百六十餘人、皆坑之咸陽。長子扶蘇諫曰、諸生皆誦法孔子。今上皆重法繩之。臣恐天下不安。始皇怒、使扶蘇北監蒙恬軍於上郡。〔諱〕音非、〔廉〕察也、〔傳〕去聲、〔除〕荃蹄云、簡別也、〔扶蘇〕始皇子也、〔上〕臣子称君、皆通曰上、〔繩〕糾治曰繩、〔臣〕男子賤称曰臣、故子於父、亦通称之、〔上郡〕屬陝西、今綏德州、○始皇以為咸陽人多、先王宮庭小。乃營作朝宮渭南上林苑中。先作前殿阿房。東西五百步、南北五十丈。上可坐萬人、下可建五丈旗。周馳為閣道。自殿下直抵南山。表南山之顛以為闕。為複道、自阿房渡渭、屬之咸陽、以象天極閣道絶漢抵營室也。阿房宮未成。成欲更擇令名名之。天下謂之阿房宮。〔朝〕音潮、〔阿房〕三山林氏曰、阿、山曲也、房、旁也、乃舊地名、宮成未更名、而毀、故号曰阿房宮、房如字、或音傍、〔南山〕在華陰、〔顛〕巔同、〔闕〕表南山頂、以為門闕、〔複〕音福、重也、〔屬〕音燭、〔天極閣道〕天官書曰、天極紫宮後十七星、絶漢抵營室曰閣道、閣道者星名、〔漢〕天漢、〔營室〕亦星名、○始皇為人、天性剛戾自用。天下事無大小、皆決於上。至以衡石量書。日夜

趙高矯殺扶蘇

東巡至雲夢、祀虞舜于九疑山、上會稽、祭大禹、望于南海、立石頌德、北至琅邪之罘、西至平原津、崩於沙邱

扶蘇発書泣欲自殺、恬曰、陛下使臣将三十万衆守辺、公子為監、此天下重任也、今一使者来、安知其非詐、復請而死未暮也、扶蘇曰、父賜子死、尚安復請、即自殺

蘇東坡曰、漢武始皇、皆果於殺者也、故其子如扶蘇之仁、則寧死而不請、如戾太子之悍、則寧反而不訴、知訴之必不察也、戾太

有程不得休息、貪於權勢至如此。〔自用〕執己見也、衡石云云 衡、稱石、錐也、以秤稱量文書、自有程限、日夜处決。○秦有出使者、還遇人持璧授之曰、爲吾遺滈池君、明年祖龍死。〔爲〕去聲〔遺〕去聲〔滈池君〕地在咸陽、君其神也〔祖龍〕祖、始、龍、君象、喩始皇也○三十七年、始皇出遊、丞相斯・少子胡亥・宦者趙高從、始皇崩於沙丘平臺、秘不發喪、詐爲受詔、立胡亥、賜扶蘇死、載始皇轀輬車中、以一石鮑魚亂其臭、至咸陽始發喪、胡亥即位、是爲二世皇帝。〔宦者〕閹官、宦音患〔從〕去聲〔平臺〕在大名〔秘〕密也〔爲〕去聲〔轀輬〕音温涼、車上有窓、閉之則温、開之則涼、故曰轀輬、〔鮑〕腌也〔臭〕氣也

二世皇帝、名胡亥。元年、東行郡縣、謂趙高曰、吾欲悉耳目之所好、窮心志之樂、以終吾年、高曰、陛下嚴法刻刑、盡除故臣、更置所親信、則高枕肆志矣、二世然之、更爲法律、務益刻深、公子大臣多僇死。〔好〕去聲〔樂〕音洛〔更〕音庚、下同〔僇〕戮同○陽城人陳勝、字涉、少

子豈欲反者哉計出於無聊也故爲二君之子者有死與反而已李斯之智蓋足以知扶蘇之必不反也

公子十二人僇死十公主矺死復作阿房

陳勝呉廣起兵于蘄

勝及起兵乃從卜者指意欲驗鬼威衆乃丹書帛曰陳勝王置人所罾魚腹中卒買魚得書怪之又令呉廣叢祠中作狐鳴呼曰陳勝王卒皆驚恐

陳勝自立為王

與人傭耕輟耕之隴上悵然久之曰苟富貴無相忘傭者笑曰若爲傭耕何富貴也勝大息曰嗟呼燕雀安知鴻鵠之志哉至是與呉廣起兵于蘄陽城縣屬澤州少去聲傭音容雇也無毋同為去聲鴻鵠鶩鳥似鴈而大蘄音機縣屬宿州時發閭左戍漁陽勝廣爲屯長會大雨道不通乃召徒屬曰公等失期法當斬壯士不死則已死則擧大名王侯将相寧有種乎衆皆從之閭左所在閭里以富強爲右貧弱爲左秦徭役煩多富強者並役盡故復取貧者漁陽郡屬北平今薊州屯長屯猶營也每營置長率長上聲寧安也焉也種上聲乃詐称公子扶蘇項燕称大楚勝自立爲将軍廣爲都尉扶蘇項燕二人前皆殺死○史記云詐称從民欲也大梁張耳陳餘詣軍門上謁勝大喜自立爲王號張楚史註欲張大楚國也諸郡縣苦秦法争殺長吏以應渉長吏郡縣官長○謁者從東方来以反者聞二世怒下之吏後使者至上問之曰群盗鼠竊狗偷不足憂也上悦謁者官掌通奏周行人也○陳勝

武臣自立為趙王　父老立劉邦為沛公　項羽學書劍　田儋自立為齊王

項氏世々為楚将封於項故姓項項梁乃教籍兵法籍大喜略知其意又不肯竟學長八尺餘力能扛鼎才器過人

始皇游會稽渡浙江梁與籍倶觀籍曰彼可取而代也梁掩其口曰毋妄言族矣梁以此奇籍

掾與絹切又綱目掾吏音硯

市甫勿切

以所善陳人武臣為将軍耳餘為校尉使徇趙地至趙武臣自立為趙王【武臣】武姓臣名【校尉】官掌兵事【徇】巡師宣令曰徇○沛人劉邦起於沛父老爭殺令迎立為沛公沛邑掾主吏蕭何曹參為收沛子弟得三千人【沛】音貝郡屬河南今徐州【令】去聲【掾】音緣去聲蕭何曹參漢書參為獄掾使也何為主吏【為】去聲

○項梁者楚将項燕之子也嘗殺人與兄子籍避仇呉中籍字羽少時學書不成去學劍又不成梁怒籍曰書足以記姓名而已劍一人敵不足學學萬人敵梁乃教籍兵法會稽守殷通欲起兵應陳渉使梁為将梁使籍斬通佩其印綬遂擧呉中兵得八千人籍為裨将時年二十四【少】去聲【會稽】音檜鷄郡名屬浙東今紹興府【綬】組也【裨】音皮副也○齊人田儋自立為齊王【儋】音耽○趙王武臣使将韓廣略燕地廣自立為燕王○楚将周市定魏地迎魏公子咎立為魏王○二年呉廣為其下所殺【為】去聲下並同○陳

周市立子咎為魏王
耳餘立趙歇為王
項梁立楚懷王

范增説梁曰、陳勝敗固當、夫秦滅六國、楚最無罪、自懐王入秦不反、楚人憐之至今、故楚南公曰、楚雖三戸、亡秦必楚、云々

以陳嬰為上柱國梁自號武信君

李斯上書言高罪又與右丞相馮去疾、将軍馮劫進諫曰、群盜並起、皆以戍漕轉作事苦賦税大也、請且止阿房宮作者、減四辺戍轉、二世曰、君不能禁盜、又欲罷先帝所為、是上無以報先帝、次不為朕盡忠力、何以在位、

勝為其御莊賈所殺、以降秦。降音項、平聲、下並同 ○秦将章邯撃魏齊
楚救之。齊王儋魏王咎與周市皆敗死。邯音含 ○趙王武臣為
其将李良所殺。張耳陳餘立趙歇為王。○居鄛人范增年七
十。好奇計。往説項梁曰、陳勝首事不立楚後而自立。其勢不
長。今君起江東、楚蠭起之将、争附君者、以君世世楚将。必能
復立楚之後也。於是項梁求得楚懷王孫心、立為楚懷王、以
從民望。好去聲 蠭蜂同、如蜂群起、言其衆也 心懐王之孫名 民望應曰、六國為秦并、楚最無罪、故立其後以順
民望 ○趙高與丞相李斯有隙。高侍二世方燕樂婦女居前、使
人告丞相斯、可奏事。斯上謁。二世怒曰、吾嘗多閒日、丞相不
来。吾方燕私、丞相輒来。高曰、丞相長男李由為三川守、與盜
通。且丞相居外、權重於陛下。二世然之、下斯吏。具五刑、腰斬
咸陽市。斯出獄、顧謂中子曰、吾欲與若復牽黄犬倶出上蔡、

趙高誣殺李斯

趙高指鹿爲馬

論富貴不可恃

項梁敗死

項羽斬宋義破秦兵

下史按罪、去疾劫自殺、

○鴻齋曰、李斯阿二世而説督責之術、一事恰與食不潔爲厠鼠何異、身受拘執束縛之辱、始歎麋鹿遊于朝、噫不亦晚乎、夫斯罪已在拒淳于越諫時、至於焚書坑儒、雖万死不能償焉、遭趙高讒而夷三族、乃愚天下身先受其愚也、

綱鑑注、北地有大鹿、毛無斑、其形似馬、高所獻蓋此也、諸儒多言鹿馬易辨、亦未攷耳、

○真西山曰、按此高將爲簒奪之事、以此嘗試群臣、而

東門逐狡兎、豈可得乎、遂父子相哭、而夷三族、〔燕〕宴同、古字通用、〔樂〕音洛、〔上〕上聲、〔間〕音閑、〔三川〕郡屬河南、今汝寧府、〔五刑〕墨劓剕宮大辟、五刑、〔腰斬〕古者罪重腰斬、罪輕頭刑、〔上蔡〕縣屬汝寧、斯家在焉、〔三族〕誅父母妻三族、○中丞相趙高欲專秦權、恐群臣不聽、乃先設驗、持鹿獻於二世曰、馬也、二世笑曰、丞相誤邪、指鹿爲馬、問左右、或默、或言、高陰中諸言鹿者以法、後群臣皆畏高、莫敢言其過、〔中丞相〕宦者曰中、後凡言中人中官中常侍之類、皆倣此、〔中諸〕之中、去聲、○先儒有言、曰、士之品有三、志於道德者、功名不足以累其心、志於功名者、富貴不足以累其心、志於富貴者、則無所不至矣、志於富貴、孔子之所謂鄙夫也、夫以鄙夫而欲久富貴、其可得乎、秦之李斯趙高焚書坑儒、指鹿爲馬、其志皆欲以竊政柄、縱耳目、以久享富貴爲可樂、而不知富貴卒不可恃、而覆宗絶祀之機、其在焉、嗟夫、後之欲求富貴利達於當世者、可不監哉、○項梁與秦將章邯戰、敗死、宋義先言其必敗、梁果敗、〔先言〕有將驕卒惰之語、秦攻趙、楚懷王以義爲上將、項羽爲次將、救趙、義驕、羽斬之、領其兵、大破秦兵鉅鹿下、虜王離等、降秦將章邯董翳司

趙高弑二世立子嬰

懷王遣沛公入關

沛公不好儒

卜其從已與否也

樂前數二世曰、足下驕恣誅殺無道、天下皆畔、其自為計。二世曰、吾願得一郡為王、弗許、願為万戸侯、又不許、願與妻子為黔首、樂曰、臣受命丞相、為天下誅足下、足下雖多言、臣不敢報、麾其兵進、二世自殺、

酈食其家貧落魄、為里監門云々、為沛公説曰、足下兵不滿万、欲以徑入強秦、此所謂探虎口者也、夫陳留天下之衝、又多積粟、臣善其令、請得使

馬欣、羽為諸侯上将軍。〔鉅鹿〕郡屬河東、今順德府 ○先是趙高數言關東盜無能為。及秦兵數敗、高恐二世怒、遂使婿閻樂弑二世於望夷宮、立公子嬰為秦王。二世之兄子也。嬰既立、族殺趙高。〔數〕音朔、下同。〔婿〕音細、大夫。〔閻〕音炎。〔望夷宮〕張晏曰、在長陵西北、臨涇水作之、以望北夷。兄扶蘇。○初楚懷王與諸将約、先入定關中者王之。當時秦兵強、諸将莫利先入關。獨項羽怨秦殺項梁、奮願與沛公先入關。懷王諸老将皆曰、項羽為人慓悍猾賊。獨沛公寛大長者、可遣。乃遣沛公。〔關中〕關中記曰、東曰函關、西曰隴關、界二關之間、故曰關中。即安西也。〔慓〕慓疾也、悍音汗、勇也、猾音滑、乱也、賊害也。言羽不可遣。○高陽人酈食其謂沛公麾下騎士曰、吾聞沛公慢而易人、多大略。此真吾所願從游。騎士曰、沛公不好儒。客冠儒冠来者、沛公輒解其冠溲溺其中。未可以儒生説也。食其令騎士第入言之曰、人皆謂食其狂生、生自謂我非狂生。沛公

酈生長揖

酈生說沛公下陳留

論秦仁義不施攻守勢異

之令下。於是遣生行、而引兵隨之。遂下陳留。號為廣野君

秦遣兵拒嶢關。沛公欲擊之。張良曰、未可。願益張旗幟為疑兵、而使酈生陸賈往說秦將、啗以利。秦將果欲連和。沛公欲許之。良又曰、不如因其怠而擊之。沛公引兵擊秦軍、大破之

至高陽傳舍、召生入。沛公方踞床使兩女子洗足、而見生。生長揖不拜曰、足下必欲誅無道秦、不宜倨見長者。於是沛公輟洗起、攝衣延生上坐謝之。生為沛公說下陳留。後常為說客。高陽邑屬汴梁。酈音歷。食音異。其音基。麾旌旗也。所以指麾。故曰麾。騎去聲。易音異。略謀也。好去聲。冠音貫。溲溺小便曰溲、音蒐、溺尿同。第更次。傳舍郵也。傳者以木為之、長尺五寸、書符其上、以為信也。傳音轉、去聲。踞伸兩足而坐也。洗音先、上聲。下同。攝摳也。為去聲。陳留縣屬汴梁。○張良從沛公西。從去○沛公大破秦軍、入關至霸上。秦王子嬰素車白馬、繫頸以組、出降軹道旁。秦自始皇二十六年并天下、二世三世而亡。稱帝止十有五年。霸上地名、在長安東三十里。素車白馬示有喪。繫頸示降服也。軹道蘇氏曰、軹道亭名、在長安東十三里。司馬溫公曰、孔子曰、知及之、仁不能守之、雖得之必失之。秦之謂也。善夫賈生之言曰、秦以區區之地、致萬乘之權、招八州而朝同列、百有餘年、然後六合為家、殽函為宮。一夫作難而七廟隳、身死人手、為天下笑。何哉。仁義不施、而攻守之勢異也。

西漢

劉季 隆準 龍顏

項羽封劉季於巴蜀漢中、為漢王。遂因國名而號曰漢。都于長安、故曰西漢。分天下為十三郡。

○準音拙

○按王仲任曰、世俗畫龍之象、馬首蛇尾。王符曰、龍有九似、頭似駝、項似蛇云々。不知漢高顏貌類駝馬乎。或云、謂之龍者、見其非凡也。

○藤森大雅曰、漢高帝非有尺寸奮於布衣、起有天下。不知者以為適遭秦暴亂、與群雄力爭倖徤而得之者。其知者以為帝納用三老董公之說為義帝縞素以令

漢太祖高皇帝 堯之後、姓劉氏、名邦、字季、沛豐邑中陽里人也。母媼息大澤之陂、夢與神遇。時大雷雨晦冥、父太公往見交龍其上、已而產劉季。隆準而龍顏、美鬚髯、左股有七十二黑子。寬仁愛人、意豁如也。有大度、不事家人生產。[堯之後]案新唐書宰相世系云、劉氏出自帝堯。帝堯之孫生而有文在手、曰劉累。因以為名。能御龍事夏、為御龍氏。在商為豕韋氏、在周封為杜伯。杜子曰溫叔、奔晉為士師。生士蔿、士蔿生成伯缺、缺生士會。適秦歸晉、有子留於秦、自為劉氏。生明、明生遠、遠生陽、陽十世孫楀、仕魏為大夫。秦滅魏、徙梁、生清。清徙居沛、生仁、號仁。號生煓、煓生高帝。[媼]音襖、女老之稱。[隆準]漢書註、隆高、準鼻也。[鬚髯]在頤曰鬚、在頰曰髯。[黑子]痣也。[豁如]開大之貌。豁音歡入聲。[度]量也。

及壯、為泗上亭長。嘗繇役咸陽、縱觀秦皇帝、曰、嗟乎、大丈夫當如此矣。單父人呂公好相人、見劉季狀貌、曰、吾相人多矣、無如季相。願季自愛。吾有息女、願為箕帚妾。卒與劉季。即呂后也。[亭長]秦制、十里一亭、亭置一長、主督盜賊。[繇]徭同。[單父]縣、屬單州。單音善。[好]去聲。[相]去聲、下並同。[自愛]猶言良重。[息女]所生女也。[帚]箒同。

秦始

送徒驪山　拔劍斬蛇

諸侯暴白項羽罪於天下名正言順故能撥乱反正平定天下者云々

呂公史失其名相經云名文字叔平

王楙曰按唐丞相表敘劉氏所出云太公名煓字執嘉生四子伯仲邦交邦即漢高帝也索隱煓與湍同音

綱鑑注郡縣皆送徒上役作

○應劭曰秦襄公自以居西戎主少昊之神作西畤祠白帝至獻公時櫟陽雨金以為瑞又作畦畤祠白帝小

皇嘗曰東南有天子氣於是東遊以厭當之劉季隱於芒碭山澤間呂氏與人俱求常得之劉季怪問之呂氏曰季所居上有雲氣故從往常得季劉季喜沛中子弟聞之多欲附者為亭長時以竹皮為冠及貴常冠所謂劉氏冠也〔厭〕音葉壓也〔芒〕〔碭〕二山在今歸德亳州之間碭音唐〔附〕歸也〔冠〕音貫劉季為縣送徒驪山徒多道亡自度比至盡亡之到豐西止飲夜乃解縱所送徒曰公等皆去吾亦從此逝矣徒中壯士願從者十餘人季被酒夜徑澤中有大蛇當徑季拔劍斬之後人來至蛇所有老嫗哭曰吾子白帝子也今者赤帝子斬之因忽不見後人告劉季劉季心獨喜自負諸從者日益畏之〔為〕去聲〔送〕徒徒罪供役作也〔度〕音堂入聲〔比〕音鼻及也〔豐〕邑在鄷縣杜陵西南〔縱〕放也〔被〕酒猶言帶酒〔嫗〕音迂去聲母也〔諸〕從之從去聲下並同陳涉起劉季亦起兵於沛以應諸侯旗幟皆赤楚懷王遣沛公破秦入關降秦王

約法三章

項羽欲入關

范增說羽急擊沛公

昊金德也。赤帝、堯之後、謂漢也。殺之者、明漢當滅秦也。一說、合於約字句斷、則先與諸侯約、今與父老約三章、三條也。先是、諸侯吏卒繇戍過秦中、秦人遇之多無狀。及秦軍降楚、諸侯吏卒乘勝折辱奴虜使之。秦吏卒多怨、竊言。羽計殺心不服、至關必危。於是夜擊阬二十餘万人新安。高祖本記、作龍虎作五采。

子嬰既定秦。還軍霸上。悉召諸縣父老豪傑、謂曰、父老苦秦苛法久矣。吾與諸侯約、先入關中者王之。吾當王關中。與父老約法三章耳。殺人者死、傷人及盜抵罪。餘悉除去秦苛法。秦民大喜。幟音熾。皆赤、應前赤帝子、兆。降音項、平聲。苛音何、細也、煩也。抵罪服虔曰、隨輕重制法也。李奇曰、傷人有曲直、盜賊有多少、罪名不可預定、故凡言抵罪、未知抵何罪也。去上聲。○唐曰、不殺子嬰、約法三章、此謂最好、為得天下之根本、楚漢得失、全在於此。項羽一切反是。項羽率諸侯兵、欲西入關。或說沛公守關門。羽至、門閉。大怒、攻破之。進至戲。期旦擊沛公。羽兵四十萬、號百万、在鴻門。沛公兵十萬、在霸上。范增說羽曰、沛公居山東、貪財好色。今入關、財物無所取、婦女無所幸。此其志不在小。吾令人望其氣、皆為龍、成五采。此天子氣也。急擊勿失。羽季父項伯、素善張良。夜馳至沛公軍、告良、呼與俱去。良曰、臣從沛公。有急亡不義。入具告。因要伯入見沛公。奉卮

與項伯約為婚姻

謝羽鴻門

范增使項莊舞劍

樊噲擁盾直入

樊噲危酒不辭

○陳止齋曰、項籍不殺高帝、而漢卒誅項、志士至今惜之、嗚呼必殺其所忌、而以得國、則安知天下之禍、將不出於其所不足忌者哉、又曰、彼范增者、羽之暴徒、欲斃漢於一擊、吾恐沛公雖死、而天下之為沛公者、可盡殺耶、

一說、玦、如環而有缺、示其決意殺沛公也、

目眥盡裂、羽曰、汝何為者、曰、沛公參乘云云、

沛公曰、今者出未辭也、為之奈何、樊

酒為壽、約為婚姻、曰、吾入關、秋毫不敢有所近、籍吏民、封府庫、而待將軍、所以守關者、備他盜也、願伯具言臣之不敢倍德也、伯許諾、曰、旦日不可不蚤自來謝、伯去具以告羽、且曰、人有大功、擊之不義、不如因善遇之、沛公旦從百餘騎見羽鴻門、謝曰、臣與將軍戮力而攻秦、將軍戰河北、臣戰河南、不自意先入關破秦、得復見將軍於此、今者有小人之言、令將軍與臣有隙、羽曰、此沛公左司馬曹無傷之言、羽留沛公與飲、范增數目羽、舉所佩玉玦者三、羽不應、增出使項莊入前、為壽、請以劍舞、因擊沛公、項伯亦拔劍起舞、常以身翼蔽沛公、莊不得擊、張良出告樊噲以事急、噲擁盾直入、嗔目視羽、頭髮上指、目眥盡裂、羽曰、壯士、賜之危酒、則與斗危酒、賜之彘肩、則生彘肩、噲立飲、拔劍切肉啗之、羽曰、能復飲乎、噲曰、臣

沛公使良謝羽

亞父撞玉斗

噲曰、大行不顧細謹、大禮不辭小讓。如今人方為刀俎、我為魚肉。何辭為。

守彙、斗、飲器。周禮鬯人、大罍。設斗。詩大雅、酌以大斗。

○董份曰、當時鴻門之宴、必有禁衛之士、訶訊出入。沛公恐不能輒自逃。酒且疾走二十里。亦已移時。沛公良噲三人俱出。良久一羽在內何為竟不一問。而在外竟無一人為羽之耳目者。在其出入往來而莫之誰何。恐無此理。

死且不避。卮酒安足辭。沛公先破秦入咸陽。勞苦而功高如此。未有封爵之賞。而將軍聽細人之說。欲誅有功之人。此亡秦之續耳。切爲將軍不取也。羽曰、坐。噲從良坐。須臾沛公起如厠。因招噲出。閒行趨霸上。留良謝羽曰、沛公不勝桮勺。不能辭。使臣良奉白璧一雙。再拜獻將軍足下。玉斗一雙。再拜奉亞父足下。羽曰、沛公安在。良曰、聞將軍有意督過之。脫身獨去。已至軍矣。亞父拔劍撞玉斗而破之曰、唉。豎子不足謀。奪將軍天下者。必沛公也。

〔戲〕音羲。水出華川渭南縣驪山馮公谷東北流經戲亭入渭。〔鴻門〕地在新豐東。〔志〕不在小。唐曰、入關珍物無所取。婦女無所幸。此乃高祖之創業規模也。〔采〕彩同。〔季父〕叔曰季父。〔項伯〕索隱云、名纏、字伯、陵、師古曰、字伯。〔呼〕去聲。〔要〕邀同。〔卮〕音支。應劭曰、飲酒禮器。卮以角作、受四升。〔為壽〕之為。〔為將軍〕之為並去聲。〔倍〕背同。〔蚤〕早同。古字通用。〔曹無傷〕曹姓、無傷名。〔數〕音朔。〔目〕羽師古曰、動目以諭之。〔玦〕音決。玉佩也。如環而不連。〔項莊〕羽從弟。〔盾〕音純。上聲。干也。〔嗔〕瞋同。張目貌。〔眥〕音漬。眼角。裂破也。〔斗〕十升。〔彘〕音滯。豕也。〔啗〕音談。上聲。食也。〔說〕如字。〔須臾〕頃也。〔閒〕音澗

羽殺子嬰　楚人沐猴而冠　羽陽尊懷王為義帝　羽自立為西楚霸王

塞蘇則切、隔也、又先代切、迎界也

○尤瑛曰、收貨寶婦女、又漢王、此亞父所以大沛公而睽項羽也

沐猴而冠、一說獼猴不耐久冠、以喻楚人性躁

項羽怨懷王不肯令與沛公俱西入關、而北救趙、後天下約

勝音外　桮盃同　勺與杓通、所以抯酒　亞父范增　督過督責、過失　撞音幢、擊也　唉音哀、歎恨發聲之辭　豎子斥項羽也　沛公至軍、立誅曹無傷。居數日、羽引兵西屠咸陽、殺降王子嬰、燒秦宮室、火三月不絕。掘始皇冢、收寶貨婦女而東。秦民大失望。降音項、平聲　掘其月切　韓生說羽、關中阻山帶河、四塞之地、肥饒可都以霸。羽見秦殘破、且思東歸、曰、富貴不歸故鄉、如衣繡夜行耳。韓生曰、人言楚人沐猴而冠、果然。羽聞之、烹韓生。四塞　塞音色、徐廣曰、東函谷、南武關、西散關、北蕭關也　楚人沐猴而冠　張晏曰、沐猴獼猴也、師古曰、言雖著人衣冠、其心不類人也　羽使人致命懷王。王曰、如約。羽怒曰、懷王吾家所立耳、非有功伐、何得專主約。乃陽尊為義帝、徙江南、都郴。分天下、王諸將。羽自立為西楚霸王。乃曰、巴蜀亦關中地。立沛公為漢王、王巴蜀漢中、而三分關中、王秦降將三人、以距塞漢路。漢王怒、欲攻羽。蕭何諫曰、願大王王漢中、養其民、以致賢人、收

立沛公為漢王

五星聚東井　漂母進食韓信

蕭何追韓信

雍王章邯、塞王司馬欣、翟王董翳、項羽三分関中地、而王之、是謂三秦

韓信家貧、從下郷南昌長食、亭長妻苦之、晨炊蓐食、食時信往、不為具食、信自絶去、至城下釣云々

○光縉曰、或謂漂母非婦人、乃秦漢間之隠君子

○劉德曰、秦末多失國、言王孫公子尊之也

○董份曰、何屢言信而未用、雖何不能為力、故予嘗疑信亡何之謀也、信

用巴蜀、還定三秦、天下可圖也、王乃就國、以何為丞相、〔致命〕致、猶復也、羽將以求王関中、故先復命、〔如約〕如下先入関中者王之約、〔郴〕音珍、州屬湖南、〔王〕諸將之王、〔王〕巴蜀之王、〔王〕秦之王、〔王〕漢中之王、並去聲、〔西楚霸王〕孟康曰、舊名江陵為南楚、吳為東楚、彭城為西楚、〔巴〕巴郡、今順元等處是也、蜀郡、今四川等處是也、漢中郡、屬陝西、今興元府也、案漢王初封都此、〔三人〕章邯、董翳、司馬欣、即三秦也、○漢元年五星聚東井、〔五星〕木、火、土、金、水也、井、經星、直秦分、雍州之域、時五星聚於其次、乃沛公興王之兆也、○初淮陰韓信、家貧、釣城下、有漂母、見信饑、飯信、信曰、吾必厚報母、母怒曰、大丈夫不能自食、吾哀王孫而進食、豈望報乎、淮陰屠中少年有侮信者、因衆辱之曰、若雖長大好帶劍、中情怯耳、能死刺我、不能出我胯下、信熟視之、俛出胯下蒲伏、一市人皆笑信怯、項梁渡淮、信從之、又數以策干項羽、不用、亡歸漢、為治粟都尉、數與蕭何語、何奇之、王至南鄭、將士皆謳歌思歸、多道亡、信度何已數言王不用、即亡去、何自追之、

亡而身追之、要為奇以聳動上耳。擧要、王曰、將軍何以教寡人。信云、項王暗啞叱咤、千人皆廢。匹夫之勇耳。見人恭敬、自愛言語嘔々、婦人之仁也。逐義帝、所過無不殘滅、百姓不親附。名雖為霸、實失天下心。大王誠能反其道、任天下武勇、何所不誅。以天下城邑封功臣、何所不服。以義兵從思東歸之士、何所不散。且大王入關、秋毫無所害、除秦苛法、秦民無不欲得大王王秦者。今大王擧而東、三秦可傳檄而定也。

設壇拜信為大將

人曰、丞相何亡。王怒、如失左右手。何來謁王。罵曰、若亡何也。何曰、追韓信。王曰、諸將亡以十數。公無所追。追信詐也。何曰、諸將易得耳。信國士無雙。王必欲長王漢中、無所事信。必欲爭天下、非信無可與計事者。王曰、吾亦欲東耳。安能鬱鬱久居此乎。何曰、計必東、能用信、信即留。不然、信終亡耳。王曰、吾為公以為將。何曰、不留也。王曰、以為大將。何曰、幸甚。王素慢無禮。拜大將如呼小兒。此信所以去。乃設壇場具禮。諸將皆喜。人人自以為得大將。至拜乃韓信也。一軍皆驚。王遂用信計、部署諸將、留蕭何收巴蜀、租給軍糧食。信引兵從故道出、襲雍王章邯。邯敗死。塞王司馬欣、翟王董翳皆降。

淮陰縣屬淮安。漂音剽。以水擊絮曰漂。飯上聲。王孫蘇林曰、如言公子也。屠中屠肆中。長如字。下同。好去聲。刺音次。胯讀如跨。兩股間也。俛俯同。蒲伏本作匍匐。手足並行之貌。蒲音朋。入聲。淮水出唐州桐柏縣桐柏山、東流合漢水、肥水、泗水、入海。數音朔。下並同。

項籍殺義帝 陳平分肉甚均

陳平亡楚歸漢 周勃毀平受諸將金

殷王反羽、使平擊降之、遂拜都尉、賜金二十鎰、及漢下殷、羽怒、將誅定殷將吏、平懼、乃封其金與印、使使歸羽、乃挺身伏劍間行歸漢

平為人長美色、或謂陳平曰、貧何食而肥若是、其嫂嫉平之不家生產、曰、亦食糠覈耳、有叔如此、不如無有、兄伯聞之、逐其婦而棄之

綱鑑注、尾生與女子期於梁下、女子不來、水至不去、抱梁柱而死、或云即微生高也、有信行、孝己、殷高宗子、有孝

〔干〕求也、〔治粟都尉〕官掌治藏穀、即司農卿也、治平聲〔南鄭〕郡名、即漢中〔度〕音堂、入聲〔來謁〕白也、〔十數〕之數上聲〔王〕之王平聲〔為公〕之為去聲〔呼〕去聲〔壇場〕師古曰、築土為壇除地為場〔一軍〕一万二千五百人為軍〔部署〕分部署置使各效職、署音曙〔故道〕通鑑註縣屬武都〔雍〕去聲〔塞〕去聲〔翟〕音宅、

○漢二年項籍弑義帝於江中○

初陽武人陳平家貧好讀書、里中社平為宰、分肉甚均、父老曰、善陳孺子之為宰、平曰、嗟乎使平得宰天下、亦如此肉矣、初事魏王咎不用、去事項羽、得罪亡、因魏無知求見漢王、拜為都尉參乘典護軍、周勃言於王曰、平雖美如冠玉、其中未必有也、臣聞平居家盜其嫂、事魏不容、亡歸楚、又不容、亡歸漢、今大王令護軍、受諸將金、願王察之、王讓魏無知、無知曰、臣所言者能也、大王所問者行也、今有尾生孝己之行、而無益成敗之數、大王何暇用之乎、王拜平護軍中尉、盡護諸將、諸將乃不敢復言

〔陽武〕縣屬汴梁〔里中〕二十五家為里〔乘〕去聲〔典護軍〕典主護監也〔冠玉〕飾冠以玉則

董公許漢王爲義帝發喪

睢水之圖

孝行、事親一夜五起、毋早死、高宗惑後妻、言放之而死、擊要法、三老掌一鄉教化、

○許庸齋曰、董公請爲義帝發喪、能使沛公激發天下大活機而順德逆德之辭昭然與日月爭光、豈肯何文墨議論之比、以子房謀爲帝師、亦未有此大計也

項羽雖聞漢東、欲破齊而後擊漢、以故漢王得率五諸侯云云、彭越收魏地、得十餘城、至是將其兵三万人歸漢、請立魏後、漢王

外見美、而中無有、喻平雖有才而無德也、令平聲、譴責也、行去聲、下同、尾生古信士、或曰、即微生高、孝己高宗子、有孝行紀、己音

○漢王至洛陽新城、三老董公遮說曰、順德者昌、逆德者亡、兵出無名、事故不成、明其爲賊、敵乃可服、項羽無道、放弑其主、天下之賊也、夫仁不以勇、義不以力、大王宜率三軍之衆、爲之素服、以告諸侯而伐之、於是漢王爲義帝發喪、告諸侯曰、天下共立義帝、今項羽放弑之、寡人悉發關中兵、收三河之士、南浮江漢而下、願從諸侯王擊楚之弑義帝者、新城鄉名、三老官名、史、十亭一鄉、鄉有三老、掌教化、遮說遮道而說也、服叶音白、爲去聲、下同、三河河南、河東、河內、

○漢王率五諸侯兵五十六萬、伐楚、入彭城、收其寶貨美人、置酒高會、項羽方擊齊、聞之、自以精兵三萬、還擊漢、大破漢軍於睢水上、死者二十萬人、水爲之不流、圍漢王三匝、會大風從西北起、折木發屋、揚沙石、晝晦、王乃得與數十騎遁、審食其

太公為楚所獲

蕭何轉漕調兵

曰、西魏王豹眞魏後、乃以彭越為魏相國、將其兵略梁地、遂入彭城。

當是時、諸侯見楚彊漢敗、還皆去漢復為楚。

辟要呂后兄周呂侯將兵居下邑、漢王往從之、稍收士卒軍碭、會隨何說九江王黥布畔楚。

漢使酈生說魏王豹、且召之、豹不聽曰、漢王慢而侮人、罵諸侯群臣如罵奴耳、吾不忍復見也。於是漢王以韓信為左丞相、與灌嬰曹參俱擊魏云。

從太公呂氏間行、遇楚軍、為楚所獲。常置軍中為質。五諸侯 常山王張耳、河南王申陽、韓王鄭昌、魏王豹、殷王卬、貢父云、張耳此時無兵、蓋陳餘也。彭城 郡、屬河南、項羽所都、而沛郡也。睢 音雖、水出河南府陳留縣、東經雍丘、至應天府、入汴。為 之為楚之為、並去聲。匝 音簪、入聲。折 音舌。食其 音異基、臣名、姓審。從 去聲。間 音澗。質 音致。漢王至滎陽。諸敗軍皆會。蕭何亦發關中老弱悉詣滎陽。漢軍復大振。滎陽 郡名、即鄭州。滎音螢。振 奮也。○蕭何守關中、立宗廟社稷縣邑、事便宜施行。計關中戶口、轉漕調兵、未嘗乏絕。轉 去聲。漕 音曹、又去聲、水運也。調 去聲。○張曰、蕭何佐高帝定一代規模、亦宏遠矣。高帝征伐、多在外、何守關中、營綿根本、漢所以得天下者、以關中根本固故也。此何相業之大者、又何為相之初、首薦韓信為大將、而三秦之計遂定。此亦得為相用人之体也。○魏王豹叛漢。王遣韓信擊之。豹以柏直為大將。王曰、是口尚乳臭。安能當韓信。信伏兵從夏陽以木罌渡軍、襲安邑、虜豹。柏直 姓名。夏陽 縣、屬河中。罌 音鶯。通鑑注、以木押縛罌、以渡。罌、謂瓶之大腹小口者也。安邑 縣、屬解州。信既定魏、請兵三萬人。願以北擧燕趙、東擊齊、南絶楚之

信出背水陣斬陳餘

信耳擊趙

史淮陰侯傳注、韋昭曰、以木為器如罌缻、以渡軍。一說取罌缻百千、以木縛之、浮于水以代船。

信以千金募生得李左車、解縛師事之。云云。左車曰、將軍虜魏王、禽夏說、不終朝而破趙二十萬衆、威震天下。此將軍之所長也。然衆勞卒罷、其實難用。燕若不服、齊必自彊。此將軍之所短也。善用兵者、不以短擊長、而以

糧道。西與大王會於滎陽。王遣張耳與俱。呉曰、漢取天下、其征伐次叙、大抵如秦。秦人先據咸陽、以為形勝之勢、乃取巴蜀、以為富饒之本。遂用范雎遠交近攻之策、先滅韓魏、次及楚趙燕齊、以一天下。高祖始居巴蜀、由蜀而取三秦、然後韓信引兵取趙取燕取齊、與高祖會垓下、以挫羽而滅之。大抵先易而後難、先小而後大、先扼形勝而後進取。此用兵之道也。○三年。信耳以兵擊趙、聚兵井陘口。趙王歇及成安君陳餘禦之。李左車謂餘曰、井陘之道、車不得方軌、騎不得成列。其勢糧食必在後。願得奇兵、從間道絕其輜重。足下深溝高壘、勿與戰。彼前不得鬭、退不得還。野無所掠。不十日、兩將之頭可致麾下。餘儒者、自稱義兵、不用奇計。信間知之、大喜、乃敢下。未至井陘口止。夜半傳發輕騎二千人、人持赤幟、從間道望趙軍、戒曰、趙見我走、必空壁逐我。若疾入趙壁、拔趙幟、立漢赤幟。乃使萬人先、背水陣。平旦建大將旗鼓、行出井陘口。趙開壁擊之、戰良久。信耳佯棄鼓旗、

隨何說九江王歸順

長聲短。為將軍計。莫若按甲休兵。北首燕路。而遣辯士奉書於燕。暴其所長。燕必不敢不聽。從燕已從。而東臨齊。雖有智者。不知為齊計矣。兵固有先聲而後實者。此之謂也。信從其策。燕從風而靡云云。

隨何說黥布。布隱許之。未敢泄。楚使者在傳舍。方急責布發兵。何直入曰。九江王已歸漢。楚何以得發兵。因說布殺楚使而攻楚。楚擊破之。布乃間行與何歸漢。漢王方踞牀云云。

走水上軍。趙果空壁逐之。水上軍皆殊死戰。趙軍已失信等。歸壁。見赤幟大驚。遂亂遁走。漢軍夾擊大破之。斬陳餘禽趙歇。諸將賀因問曰。兵法右倍山陵前左水澤。今背水而勝何也。信曰。兵法不曰陷之死地而後生置之亡地而後存乎。諸將皆服。信募得李左車。解縛師事之。用其策遣辯士奉書於燕。燕從風而靡。【井陘】山名。在威州井陘縣。陘音刑。【車】尺遮切。【方軌】方比。軌轍。謂並行也。軌音龜。上聲。【閒】音澗。【壘】音累。上聲。軍壁曰壘。【掠】音略。刧也。【知】之知其不用李左車策。【止】息也。【傳發】傳令起發。【背】音佩。【鼓行】聲鼓而行。【走】音奏。【殊死】殊絕也。謂決意必死。【禽】擒同。【倍】背同。【募】購也。【縛】音房。入聲。○隨何說九江王黥布。畔楚歸漢。既至。漢王方踞床洗足。召布入見。布悔怒欲自殺。及出就舍。帳御食飲從官。皆如漢王居。又大喜過望。【九江】國在九江。【黥布】姓英氏。楚將也。【畔】叛同。【洗】音先。上聲。【見】音現。【帳】音脹。【從】去聲。【過望】過於已所望也。○酈食其說漢王立六國後。王曰。趣刻印。張良來謁。王方食。具告良。良曰。請借前

從張良計銷印

陳平以金反間

藾林曰、葷兵車也、軒朱軒皮軒也、謂廢兵車而用乘車也、

借王前所食之箸為王籌畫之、

會編注、鯁食骨留喉中也、蹇諤之臣、直言難受、如骨之哽喉也、

○藾東坡曰、增之去善矣、不去羽必殺增、獨恨其不早耳、又曰、羽之殺卿子冠軍也、是弑義帝之兆也、其弑義帝則疑增之本也、豈必待陳平哉、

○胡致堂曰、史称增素好奇計、以事考之、增計不能奇

著為大王籌之。遂發八難。【趣】音促、下同。【為】去聲。【籌】畫也。【八難】難去聲、一曰、昔湯武伐桀紂、封其後者、度能制其死命也、今陛下能制項籍死命乎、二曰、武王入殷、表商容閭、釋箕子囚、封比干墓、今陛下能乎、三曰、發鉅橋之粟、散鹿臺財、以賜貧窮、今陛下能乎、四曰、殷事已畢、偃革為軒、倒載干戈、示不復用、今陛下能乎、五曰、歸馬華山之陽、示無所為、今陛下能乎、六曰、息牛桃林之野、示天下不復輸積、今陛下能乎、其七、其八、即下文天下游士、楚惟無彊、二段是也、其七曰、天下游士、離親戚、棄墳墓、從大王遊者、徒欲望尺寸之地。今復立六國後、游士各歸事其主。大王誰與取天下乎。且楚惟無彊、六國復撓而從之。大王焉得而臣之乎。誠用客謀、大事去矣。漢王輟食吐哺、罵曰、豎儒幾敗乃公事。令趣銷印。【無彊】言楚之彊、本無敵也。【撓】乱也。【豎儒】師古曰、言其賤劣無智、若童豎也。【幾】音機、近也。【乃公】乃汝、公漢王自謂也、

○楚圍漢王於滎陽。漢王謂陳平曰、天下紛紛、何時定乎。平曰、項王骨鯁之臣、亞父輩數人耳。行間以疑其心、破楚必矣。王與平黄金四萬斤、不問其出入。平多縱反間。羽大疑亞

紀信誑楚　食其請拠敖倉　信襲齊　羽欲烹太公

也。凡用之恃強失道、如漢王臨廣武而數之者、未聞増有所諫、欲使壯士舞劍殺沛公於歡宴之間、是一愚老人而已。高帝曰、羽不能用増、所以成禽、非也。縦使用之、亦不免耳。○胡雙湖曰、滎陽之圍急矣。雖有三傑、爲之且奈何哉。紀信以身當之、脫万死於一生之間。功莫大矣。厥後論功行賞、及於三傑、及於諸將、而雍齒且封侯矣。信無一爵之贈、漢眞少恩哉。

父。請骸骨歸。疽發背死。〔骨鯁〕骨彊四支曰鯁、故君謂忠臣亦曰骨鯁。鯁音梗。〔間〕音間、同。○楚圍漢王益急。紀信曰、事急矣。請誑楚。乃乘漢王車、出東門曰、食盡漢王出降。楚人皆之城東觀。漢王乃得出西門去。項羽燒殺紀信。〔誑〕居況切、欺也。〔降〕音項、平聲。○漢王軍成皐。羽圍之。王逃去北渡河、晨入趙壁、奪韓信軍、令信收趙兵擊齊。〔成皐〕地在孟津界。〔令〕去聲。○酈食其說王、收滎陽、據敖倉粟、塞成皐之險。王從之。〔敖倉〕山名、秦於此築太倉、故曰敖倉。〔塞〕音色。○酈食其爲漢王、說齊王下之。蒯徹說韓信曰、將軍擊齊、而漢獨發間使下之。寧有詔止將軍乎。酈生伏軾掉三寸舌、下七十餘城。將軍爲將數歲、反不如一豎儒之功乎。〔爲〕去聲。〔齊王〕田廣。案酈生有天下歸漢可坐而策之語。〔使〕去聲。〔伏〕憑也。〔掉〕音調、去聲。○四年、信襲破齊。齊王烹食其而走。○漢與楚皆軍廣武。羽爲高俎、置太公其上、告漢王曰、不急下、吾烹太公。王曰、吾與若俱北面事

一杯羹

良平請封韓信

○趙雪航曰、項王虜太公於軍中三年、未聞漢祖略有憂念之言。及楚圍成皋、置太公於俎上、而欲鼎鑊之。其死生之機、憂怖之狀、在他人見之、亦必流涕不忍、曲求生道。今而視其父、如路人然。方且數羽十罪以激其怒。如果烹之、將何如耶。矧棄父於鼎鑊之中、而爭天下乎。

陳平附耳語曰、漢方不利。寧能禁信之自王乎。不如因而立之、使自爲守。漢王亦悟云々。

懷王、約爲兄弟。吾翁卽若翁。必欲烹而翁、幸分我一杯羹。羽願與王挑戰。王曰、吾寧鬭智、不鬭力。因數羽十罪。羽大怒、伏弩射王、傷胸。【廣武】孟康曰、於滎陽築兩城而相對、名爲廣武。城在敖倉西三皇山上。【挑戰】謂二人獨較勝負、挑音調、上聲。【數】上聲。【十罪】羽負約、王我於漢、罪一。矯殺卿子冠軍、罪二。救趙不還報、而擅劫諸侯兵入關、罪三。燒秦宮室、掘始皇冢、私其財、罪四。殺秦降王子嬰、罪五。詐坑秦子弟新安二十万衆、罪六。王諸將善地、而徙逐故主、罪七。出逐義帝、自都彭城、奪韓梁地、罪八。使人陰殺義帝江南、罪九。爲政不平、守約不信、天下所不容、大逆無道、罪十也。【射】音石 ○

楚使龍且救齊。龍且曰、韓信易與耳。寄食於漂母、無資身之策。受辱於胯下、無兼人之勇。進與信夾濰水而陣。信夜使人囊沙壅水上流、且渡擊且、佯敗還走。且追之。信使決水。且軍太半不得渡。急擊殺且。信使人言之漢王、請爲假王以鎭齊。漢王大怒罵之。張良陳平躡足附耳語。王悟、復罵曰、大丈夫定諸侯、卽爲眞王耳。何以假爲。遣印立信爲齊王。【且】子魚切、下並同。【易】

武涉
蒯徹
說信
叉

齊人蒯通知天下權在韓信欲為奇策而感動之以相人說韓信曰僕受相人之術韓信曰先生相人何如對曰貴賤在於骨法憂喜在於容色成敗在於決斷

漢王発使者告韓信彭越曰并力擊楚楚破自陳以東傅海與齊王睢陽以北至穀城與彭相國

便𫎇信越雖名為王未為分畫疆界故張良勸王

音異[濰]音維水出密州莒縣濰山北至濰州昌邑縣入海[壅]音雍上聲塞也[躡足]躡王足以喩之[附耳]良平自相附王耳而言有漢方不利寧能禁信王之語 ○項羽聞龍且死大懼使武涉說信欲與連和三分天下信曰漢王授我上將軍印解衣衣我推食食我言聽計用我倍之不祥雖死不易蒯徹亦說信信不聽[衣]上如字下去聲[食]上如字下音飼[倍]背同[易]音亦[蒯徹][說]有相君之面不過封侯相君之背貴不可言之語 ○漢立黥布為淮南王[淮南]國在九江 ○項王少助食盡韓信又進兵擊之羽乃與漢約中分天下鴻溝以西為漢以東為楚歸太公呂后解而東歸漢王亦欲西歸張良陳平曰漢有天下大半楚兵饑疲今釋不擊此養虎自遺患也王從之[鴻溝]滎陽下引河東南為鴻溝即今官渡水也[遺]音惟 ○陳曰先儒以為張良此謀非是既和而即背之不可也殊不知項羽既殺韓王而張良欲報君父之仇奚暇恤其他耶 ○五年王追羽至固陵韓信彭越期不至張良勸王以楚地梁地許兩人王從之皆引兵來黥布亦會[固陵]晋灼

師古曰楚歌者楚人之歌也猶言吳謳越吟

便案九江兵歸漢故多楚聲

駿馬名騅項羽常騎之

騅職追反爾雅蒼白雜色

問一田父田父紿曰左左乃陷大澤中

漢五年十二月項王死年三十六

曰、即固始也、師古曰、後改為固始耳、地理志固始屬淮陽 兩人通鑑張良請取睢陽以北王彭越梁地也從陳以東王韓信楚地也、羽至垓下兵少食盡信等乘之羽敗入壁圍之數重羽夜聞漢軍四面皆楚歌大驚曰漢皆已得楚乎何楚人多也起飲帳中命虞美人起舞悲歌慷慨泣數行下其歌曰力拔山兮氣蓋世時不利兮騅不逝騅不逝兮可奈何虞兮虞兮奈若何騅者羽平日所乘駿馬也左右皆泣莫敢仰視羽乃夜從八百餘騎潰圍南出渡淮迷失道陷大澤中漢追及之至東城乃有二十八騎羽謂其騎曰吾起兵八歳七十餘戰未嘗敗也今卒困此此天亡我非戰之罪今日固決死願爲諸君決戰必潰圍斬將令諸君知之皆如其言於是欲東渡烏江亭長艤船待曰江東雖小亦足以王願急渡羽曰籍與江東子弟八千人渡江而西今無一人還縱江東父兄憐

漢王即皇帝位

○太史公曰羽起隴畝之中三年遂將五諸侯滅秦分制天下而封王侯政由羽出號爲霸王雖不終近古以來未嘗有也自矜功伐奮其私智而不師古謂霸王之業欲以力征經營天下五年卒亡其國身死東城尚不覺悟而不自責過矣乃引天亡我非用兵之罪也豈不謬哉

項羽紀始懷王初封項籍爲魯公及其死魯最後下故以魯公禮葬項王穀城

而王我我何面目復見獨不愧於心乎乃刎而死楚地悉定獨魯不下王欲屠之至城下猶聞絃誦之聲爲其守禮義之國爲主死節持羽頭示之乃降王還馳入齊王信壁奪其軍立信爲楚王彭越爲梁王漢王即皇帝位［垓下］隄在亳州垓音該［楚歌］漢軍而爲楚人之歌故曰楚歌［虞美人］羽愛姬虞姓也［慷慨］竭誠曰慷慨［行］音杭［騅］音追馬蒼黑雜色［從］去聲［騎］去聲下並同［潰］衛散也東城縣屬和州［令］烏江縣［爲］去聲下並同［令］平聲［如］其言通鑑云斬漢一將二都尉殺數十百人諸騎皆伏［烏江］浦在東城［艤］音蟻整船向岸曰艤［以］［王］之王去聲［而］［王］之王平聲［降］音項平聲［楚王］王淮北都下邳［梁王］王魏地都定陶

○置酒洛陽南宮上曰徹侯諸將皆言吾所以得天下者何項氏所以失天下者何高起王陵對曰陛下使人攻城掠地因而與之與天下同其利項羽不然有功者害之賢者疑之戰勝而不予人功得地而不與人利上曰公知其一未知其二夫運籌帷幄之中決勝千里之外吾不如子房塡國家撫

書法得天下之称有三即皇帝位正也称皇帝自称而已立爲皇帝不宜立者也
○藤森大雅曰然則高帝有天下果由何道歟孟子曰不嗜殺人者能一之蓋天以生々爲德天下林々土総々而群當是時天所以降命一人而治焉者慮其強陵弱衆暴寡彼林々総々者被其残害不能遂其生也天必命以一定之治焉耳
帝滅籍購求布千金
丁公薛人名固

百姓給餽餉不絶粮道吾不如蕭何連百萬之衆戰必勝攻必取吾不如韓信此三人者皆人傑也吾能用之此吾所以取天下項羽有一范增而不能用此其所以爲我禽也群臣悅服（徹）猶列也（予）與同（夫）音扶（帷幄）在前曰帷四周曰幄（子房）張良字（塡）音鎭定也（餽）饋同（餉）音商去聲（為）去聲（禽）擒同○故齊田横與其徒五百餘人入海嶋上召之曰横來大者王小者侯不来且舉兵誅横與二客乘傳至洛陽尸鄕自到以王禮葬之二客自到從之五百人在嶋中者聞之自殺（田横）齊王廣叔（海島）山在水中曰島（傳）音專去聲郵馬也○初季布爲項羽將數窘帝羽滅帝購求布敢匿者罪三族布乃髡鉗爲奴自賣於魯朱家朱家心知其布也之洛陽見滕公曰季布何罪臣各爲其主耳以布之賢漢求之急不北走胡南走越耳此棄壯士資敵國也滕公言於上乃赦布召拜郎中（數）音朔（窘）渠尹切迫也（髡）髠髪也（鉗）音儉平聲

服虔曰、東郡謂廣轅車為柳。鄧展曰、皆棺飾也。便蒙短兵、刀劍也。戎車相迫、輪轂相錯、長兵不施、故用短刀以相接擊、

兩賢謂高祖與丁公也、一說謂季布與丁公也、

帝問群臣、群臣皆山東人、爭言周王數百年、秦二世即亡、洛陽東有成皋、西有澠池、倍河向洛、其固足恃也、上問張良、張良曰、關中左殽函、右隴蜀、沃野千里、阻三面而固守、獨以一面

以鉄東頭也、朱家本傳云、布匿濮陽周氏、周氏曰、漢求將軍急、迹且至臣家、能聽臣、臣敢進計、布許之、迺髡鉗布、置廣柳車中、之魯朱家所賣之、朱家人姓名也、滕公夏侯嬰、各為之為去聲、走音奏、下同、郎中官名、○蘇軾曰、漢高祖、唐太宗、皆創業之賢君、季布屈突通、皆一朝之烈丈夫、皆能以身徇主、有死無二、惟賢君故能推至公之心、不以私怨殺士、此可以為萬世帝王之業、○丁公為項羽將、嘗逐窘帝彭城西、短兵接、帝急顧曰、兩賢豈相戹哉、丁公乃還、至是謁見、帝以徇軍中曰、丁公為臣不忠、使項王失天下、遂斬之曰、使後為人臣無效丁公也、丁公季布母弟、戹通鑑註、與搤同、持也、還音旋、見音現、無毋同、○司馬溫公曰、高祖起豐沛、以來罔羅豪傑、招亡納叛、亦已多矣、及即帝位、而丁公獨以不忠受戮、何哉、夫進取之與守成、其勢不同、當群雄角逐之際、民無定主、來者受之、固其宜也、及貴為天子、四海之內、無不為臣、苟不明禮義以示之、使為臣者、人懷二心、以徼大利、則國家其能久安乎、是故斷以大義、使天下曉然、皆知為臣不忠者、無所自容、而懷私結恩者、雖至於活己、猶以義不與也、戮一人而千萬人懼、其慮事豈不深且遠哉、子孫享有天祿四百餘年、宜矣、○齊人婁敬說上曰、洛陽天下之中、有德易以興、無德易以亡、秦地被山帶河、四塞以為

張良從赤松子遊

東制諸侯。此所謂金城千里、天府之國、敬說是也。拜敬郎中、號奉春君、賜姓劉氏。

五一作八

○蘓東坡曰、夫子房受書於圯上老人也、其事甚怪。然亦安知其非秦之世有隱君子者出而試之。觀其所以微見其意者、皆聖賢相與警戒之義。而世不察、以爲鬼物、亦已過矣。

○鴻齋曰、良雖竊得兵書、略知軍法、時人未敢信焉。迨從高帝爲謀臣、始得活用於是圯上老人之一事、入衆

固陛下案秦之故、此搤天下之亢、而拊其背也。上問張良。良曰、洛陽四面受敵、非用武之國。關中左殽函、右隴蜀、阻三面而守、敬說是也。上即日西都關中。婁敬婁姓、敬名、後賜姓劉。易音異、下同。塞音色。搤音厄、握也。亢音剛。說文云、頸也。拊音撫、拍也。殽、崤同。函音咸。隴州屬鞏昌。隴關在焉。說如字。○胡双湖曰、上起兵五年、歲無寧居、跋履山川、蒙犯霜露、力矣。至是天下平定、當亦少思安逸之時也。幸歸洛陽、未及税駕、聞敬陳入長安之計、遍問群臣、折衷於子房、即日西行、不待終夕。嗚呼其明於決策、敏於用言、不自遑暇如此。其成帝業宜哉。光武征隗囂、下隴右、還京師。又六日潁川盜起、聽寇恂之諫、即往鎮撫之。靡有勸意、可謂能繼祖武、光前烈矣。○留侯張良謝病辟穀曰、家世相韓。韓滅、爲韓報讎。今以三寸舌爲帝者師、封萬戸侯。此布衣之極。願棄人間事、從赤松子遊耳。良少時於下邳圯上遇老人。墮履圯下、謂良曰、孺子下取履。良欲毆之。憫其老、乃下取履。老人以足受之、曰、孺子可教。後五日與我期於此。良如期往。老人已先在、怒曰、與長者期、後何也。復

張良封留

偽遊雲夢禽韓信

耳囁使人讀數後過穀城山下取黃石祀之證其非妄譚也夫良為老人捧履無父識之者夜半往而授書亦無人識之者然則出於良口天下傳之非妄何也

田肯賀曰陛下得韓信又治秦中秦形勝之國也帶河阻山地勢便利其以下兵於諸侯譬猶於高屋之上建瓴水也夫齊東有琅耶即墨之饒南有泰山之固西有濁河之限北有勃海之利地方二千里持戟百万此東西秦也非親子弟莫可使王齊者上

約五日及往老人又先在怒復約五日良半夜往老人至乃喜授以一編書曰讀此可為帝者師異日見濟北穀城山下黃石即我也旦視之乃太公兵法良異之晝夜習讀既佐上定天下封功臣使良自擇齊三萬戶良曰臣始與陛下遇於留此天以臣授陛下封留足矣後經穀城果得黃石焉奉祠之也〔留〕縣名即陳留〔謝〕病云云辟穀道引不食靜居行氣以學道〔為〕韓之為去聲〔赤〕松子神農時仙人号也○司馬溫公曰夫生之有死猶夜旦之必然自古及今固未有超然而獨存者也以子房之明辨達理足以知神仙之為虛詭矣然其欲從赤松子遊者其智可知矣夫功名之際人臣之所難處如高帝所称者三傑而已淮陰誅夷蕭何繫獄非以履盛滿而不止耶故子房託於神仙遺棄人間等功名於外物置榮利而不顧所謂明哲保身者子房有焉〔少〕去聲〔邳〕音皮縣屬邳州〔圯〕音夷楚人謂橋曰圯〔歐〕音謳上聲擊也〔濟〕上聲〔穀城山〕在東平〔太公〕呂望○六年人有上書告楚王韓信反諸將曰發兵阬豎子耳上問陳平平危之曰古有巡守會諸侯陛下第出偽遊雲夢會諸侯於陳因禽之

論高帝率詭詐之言

曰、善。至洛陽、赦信、封淮陰侯。及奏位次、皆曰、平陽侯曹參身被七十創、攻城略地、功最多。宜第一。關內侯鄂君進曰、群臣議皆誤。夫曹參雖有野戰略地之功、此特一時之事。夫漢與楚相守滎陽數年、軍無見糧、蕭何轉漕關中、給食不乏。陛下雖數亡山東、蕭何常全關中以待陛下。此萬世之功也。今雖亡曹參等百數、何缺於漢。漢得之不必待以全。奈何欲以一旦之功而加萬世之功哉。蕭何第一、曹參次之。高祖曰、

一力士之事耳。上從之。告諸侯會陳。吾將遊雲夢。至陳。信上謁。命武士縛信載後車。信曰、果若人言。狡兔死、走狗烹。飛鳥盡、良弓藏。敵國破、謀臣亡。天下已定、臣固當烹。遂械繫以歸。赦為淮陰侯。〔上書〕之上、〔上謁〕之上、並上聲。〔阬〕坑同。〔守〕狩同。〔雲夢〕楚二澤名、跨江南北、連亘千里。夢如字、又音蒙。〔禽〕擒同。〔將遊〕之將音漿。〔烹〕叶音旁。〔械〕音諧、去聲。桎梏也。○陳曰、高帝得天下、率詐之言、盡出於陳平。施於項羽紛爭之時猶可也。其可施於君臣之間乎。使韓信有反心、尚不可為。而信未有反心也。然則功臣孰不自疑乎。上嘗從容問信諸將能將兵多少。上曰、如我能將幾何。信曰、陛下不過將十萬。上曰、於君何如。曰、臣多多益辦。上笑曰、多多益辦、何以為我禽。曰、陛下不能將兵、而善將將。此信所以為陛下禽。且陛下所謂天授、非人力也。〔從〕音縱、平聲。〔辦〕蒲莧切、切理也。〔為〕去聲、下同。○剖符封功臣。酇侯蕭何食邑獨多。功臣皆曰、臣等被堅執銳、多者百餘戰、少者數十合。蕭何未嘗有汗馬之勞、徒持文墨議論。

蕭何發縱指示

論張良因事納忠為善諫

善

師古注曰、發縱謂解紲而縱放之也、指示以手指示之也

立從兄賈為荊王、弟交為楚王、兄喜為代王、子肥為齊王、肥微時外婦之子

上五日一朝太公、太公家令説曰、皇帝雖子、人主也、太公雖父、人臣也、奈何令人主拜人臣、而使威重不行乎、後上朝太公、擁篲迎門卻行、上大驚、下扶太公、太公曰、帝人主、奈何以我乱天下法、上乃詔尊太公為太上皇

顧反居臣等上、何也。上曰、諸君知獵乎。逐殺獸者狗也。發縱指示者人也。諸君徒能得走獸耳、功狗也。至如蕭何、功人也。群臣皆莫敢言。〔剖〕分也。〔酇〕音贊、邑屬南陽。〔銳〕音睿、堅甲銳兵、銳猶利也。〔顧反〕本傳無顧字。○上已封大功臣、餘爭功不決。上從複道上望見諸將往往坐沙中相與語。上問張良。良曰、陛下以此屬取天下。今所封皆故人親愛、所誅皆平生仇怨。此屬畏不能盡封、又恐見疑平生過失及誅、故相聚謀反耳。上曰、奈何。良曰、陛下平生所憎群臣所共知、誰最甚者。上曰、雍齒。良曰、急先封齒。於是封齒為什方侯。而急趣丞相御史定功行封。群臣皆喜曰、雍齒且侯、吾屬無患矣。〔屬〕音蜀、下並同。〔雍齒〕齒、臣名、雍、去聲、其姓也。高帝嘗使守豐、而齒以豐叛。〔方〕本作邡、邑屬漢州。〔趣〕音促。〔行〕去聲。○司馬溫公曰、張良為高帝謀臣、委以心腹、宜其知而無不言。安有聞諸將謀反、必待高帝見問、然後乃言之邪。蓋以高帝初得天下、數用愛憎行誅賞、或時害至公、群臣往往有觖望自危之心、故良因事納忠、以變移帝意、使上無

叔孫通起朝儀

長樂宮成

叔孫通曰、五帝異樂、三王不同禮。禮樂者因時世人情、為之節文者也。故夏殷周之禮、所因損益可知者、謂不相復也。臣願頗采古禮與秦儀雜就之。上曰、可試為之。令易知、度吾所能行為之。

魯有兩生不肯行、曰、公所事者且十主、皆面諛以得親貴。今天下初定、死者未葬、傷者未起、又欲起禮樂。禮樂所由起、積德百年而後可興也。吾不忍為公所為。公所

阿私之失、下無猜忌之謀、國家無虞、利及後世、若良者可謂善諫矣。詔定元功十八人位次、賜丞相何劍履上殿、入朝不趨。元大也。十八人、蕭何、曹參、張敖、周勃、樊噲、酈商、夏侯嬰、灌嬰、傅寬、靳歙、王陵、陳武、王吸、薛歐、周昌、丁復、蟲達。上上聲。朝音潮。下並同。○尊太公為太上皇。○帝懲秦苛法為簡易。群臣飲酒爭功、醉或妄呼、拔劍擊柱。叔孫通說上曰、儒者難與進取、可與守成。願徵魯諸生共起朝儀。上從之。魯有兩生不肯行、曰、禮樂積德而後可興也。通與所徵及上左右與弟子百餘人、為緜蕝野外習之也。懲音澄。苛音何。易音異。呼去聲。叔孫通、通臣名、叔孫姓也。緜蕝束茅表位。蕝子劣切。○全書曰、叔孫通捨抱鼓而定一王之儀、即其事也。○七年、長樂宮成。諸侯群臣皆朝賀。謁者治禮、引諸侯王以下至吏六百石、以次奉賀。莫不振恐肅敬。禮畢置法酒。御史執法、舉不如儀者輒引去。竟朝罷酒、無敢讙譁失禮者。上曰、吾乃今日知為皇帝之貴也。拜通為太常。樂音洛。洛平聲。六百石、品秩、未詳。法

匈奴寇辺

陳平六出奇計

劉敬使匈奴和親

為不合古、吾不行、公往矣、無汙我、叔孫通笑曰、若真鄙儒也、不知時變、遂與所徵三十人西、

史記、陳平秘計世莫得聞、集覽、平使畫工圖美女、間遣人閼氏、言漢有此美女、今皇帝困阨欲獻之、閼氏畏奪己寵、因謂單于曰、漢天子亦有神靈得其土地、非能有之、於是匈奴開其一角、得突出

〔酒〕御酒、曰法酒、〔御史〕御史之官有七、曰御史、曰御史太夫、曰中丞、曰侍御史、曰治書侍御史、曰殿中侍御史、曰監察御史、謂之七貴、此蓋殿中侍御史、掌供奉正班列者也、〔太常〕一作奉常、九卿之一、掌天神人鬼地祇之禮、書曰、秩宗、即其任也、

○匈奴寇邊、帝自将擊之、聞冒頓單于居代谷、悉兵三十萬北、逐之至平城、冒頓精兵四十萬騎圍帝於白登七日、用陳平秘計、使間厚遺閼氏、冒頓乃解圍去、平從帝征伐、凡六出奇計、輒益封邑、〔冒〕音没、又音墨、〔頓〕音突、又音特、〔單〕音禪、通鑑注、單于、匈奴天子之号也、漢書音義曰、單于者廣大之貌、言其象天、單于然也、冒頓單于名也、〔代谷〕史作代、上谷、代州名、上谷郡屬北平、今易州也、〔平城〕縣屬大同、〔騎〕去聲、〔白登〕縣屬大同、〔間〕音澗、〔遺〕去聲、〔閼氏〕音煙支、單于之妻也、〔從〕去聲、〔出奇計〕其計頗秘、世莫得聞、或云、如請偽遊雲夢、與躡足附耳語、行間疑楚君臣、以惡草具進楚使、背約撃羽、厚遺閼氏等是也、〔益封邑〕由戸牖侯更曲逆侯、○九年、遣劉敬使匈奴和親、取家人子名公主妻單于、〔使〕去聲、〔家人子〕婁敬傳、庶人之家子也、亦女也、〔公主〕非公主而名曰公主、公主者天子之女也、〔妻〕音砌 ○十年、代相國陳豨反、帝自将擊之、淮陰侯韓信舍人弟上變、告信陰與豨謀、

呂后斬韓信

論信見禽亦有以自取

詔捕蒯徹

梁太僕告彭越反

公羊傳曰、天子嫁女於諸侯、至尊不自主婚、必使同姓者主之、謂之公主、蓋周事也、

敬曰、若陛下不能遣長公主、而令宗室及後宮詐稱公主、彼亦知、不肯貴近、無益也、高帝曰善、欲遣長公主、呂后日夜泣曰、妾唯太子一女、奈何弃之匈奴、上竟不能遣長公主、

舍人名樂說

徹曰、跖之狗吠堯、堯非不仁、狗固吠非其主、上曰、置之

又不之不衍字

呂后與蕭何謀、詐稱豨已敗死、紿信入賀、使武士縛信、斬之。信曰、吾悔不用蒯徹之謀、乃為兒女子所詐、遂夷信三族。【代王】恒、高帝第三子、即文帝也、【豨】音希、上聲、【舍人】云々、史云、其舍人得罪信、信因欲殺之、故舍人弟告信欲反、【上變】其名也、【為】去聲、【夷信三族】司馬温公曰、世或以韓信首建大策、與高帝起漢中、定三秦、分兵以北、禽魏、取代、仆趙、脅燕、東擊齊、南滅楚、大抵漢之得天下者、皆信之功也、觀其距武涉之說、信豈有反心哉、而高帝用詐謀禽信於陳、負言則有之矣、然信亦有以取之焉、始漢與楚相距滎陽、信滅齊、不還報、而自王、其後漢追楚至固陵、與信期而不至、當是之時、高帝固有取信之心矣、太史公曰、假令韓信學道謙讓、不伐功、不矜能、則漢家勳、將比於周召之徒、後世血食矣、不務出此、而謀畔逆、夷滅宗族、不亦宜乎、○十一年、帝破豨還、詔捕蒯徹、至曰、秦失其鹿、天下共逐、高材疾足者先得之。當時臣獨知韓信、非知陛下。天下欲為陛下所為者甚衆、力不能耳。又不可盡烹邪。帝赦之。【捕蒯徹】通鑑、上還、聞信死、問呂后曰、信死亦何言、曰、信言恨不用蒯徹計、遂詔齊捕之、【失其鹿】喻天下、【疾】捷也、【非知陛下也】本傳有狗各吠非其主之語、【為】平聲、○梁王彭越太僕告其將扈輒勸越反、上

拜陸賈為太中大夫

陸賈奏新語

黥布反

梁王怒其太僕欲斬之太僕亡走漢告梁王與扈輒謀反

乃公帝自謂也賈傳昔者吳王夫差智伯極武而亡秦任刑法不變卒滅趙氏鄉使秦已并天下行仁義法先聖陛下安得而有之注趙氏秦姓也韋昭為秦一姓

○李西涯曰漢世守成之功臣陸賈其魁首乎新語未奏之先而帝不知尊太公新語既奏之後而帝遂能尊孔子然則漢之文教皆賈啓之也況和平勃誅諸呂立

使人掩越因之反形已具赦處蜀呂后曰此自遺患遂誅之夷三族（太僕官名主正群僕侍御天子九卿此輒將名掩襲也處音杵遺音惟）○遺陸賈立南海尉佗為南粵王佗称臣奉漢約賈歸報拜太中大夫賈時前說詩書帝罵之曰乃公馬上得天下安事詩書賈曰陛下以馬上得之寧可以馬上治之乎文武並用長久之術也使秦并天下行仁義法先聖陛下安得有之帝曰試為我著書秦所以失吾所以得及古成敗賈著書十二篇每奏称善號曰新語（南海縣屬廣州尉他姓趙名他本為龍川令行南海尉事故曰尉他僭自僭王叛而不服至是封之遂奉約也粵越同約約束也太中大夫文資三品曰太中大夫說如字洛平聲為我之為去聲著音猪去聲下同按通鑑無書字新語陸曰高帝平生未嘗聞此言也故曰新語）○淮南王黥布見帝殺韓信醢彭越以同功一體之人自疑禍及遂反帝自将擊之○十二年帝破布還過魯以太牢祠孔子過沛置酒召宗室故人飲

以太牢祠孔子

以沛為湯沐邑

上欲廢太子

孝文、其功尤偉乎、太史公以辯士目之、吾竊為賈不平矣、

初、淮陰侯死、黥布已心恐、及彭越誅、醢其肉以賜諸侯、布大恐、發兵反、布謂其將曰、上老、入兵必不能來、淮陰彭越皆死、餘不足畏也、東擊荊、荊王賈走死、擊楚、楚敗、遂引兵西、上與布兵遇於蘄西、遙謂布曰、何苦而反、布曰、欲為帝爾、上怒罵之、遂大戰、布軍敗走江南、長沙王臣使人誘與走越殺之、

酒酣、上自歌曰、大風起兮雲飛揚、威加海內兮歸故鄉、安得猛士兮守四方、令沛中子弟習歌之、以沛為湯沐邑、〔過〕音戈、下同、〔太牢〕具牛羊豕曰太牢、〔酣〕音含、樂也、〔上自歌〕林氏曰、風帝自喻、雲喻亂也、言已平亂而歸故鄉、故思賢才共守之也、〔令〕去聲、〔湯沐邑〕史云、朕湯沐邑、謂以其邑賦税、供湯沐之費也、○初戚姬有寵、生趙王如意、呂后見疏、太子仁弱、上以如意類己、欲廢太子而立之、群臣爭之、皆不能得、呂后使人彊要張良畫計、良曰、此難以口舌爭也、顧上所不能致者四人、曰東園公、綺里季、夏黃公、甪里先生、以上嫚侮士、故逃匿山中、義不為漢臣、上高此四人、令太子為書、卑詞安車固請、宜來至、以為客、時從入朝、令上見之、則一助也、呂后使人奉太子書招之、四人至、帝擊布還、愈欲易太子、後置酒、太子侍、良所招四人者從、年皆八十餘、鬚眉皓白、衣冠甚偉、上怪問之、四人前對、各言姓名、上大驚曰、

呂后問相

王衞尉侍前問曰、相國何大罪、陛下繫之暴也。上曰、相國多受賈竪金、而爲之請吾苑、以自媚於民。故繫治之。王衞尉曰、夫職事苟有便於民而請之、眞宰相事。且陛下距楚數歲、相國一搖足、則關以西非陛下有也。相國不以此時爲利、今乃利賈人之金乎。帝即赦出之。

吾求公數歲、公避逃我。今何自從吾兒游乎。四人曰、陛下輕士善罵。臣等義不辱。今聞太子仁孝恭敬愛士、天下莫不延頸願爲太子死者。故臣等來耳。上曰、煩公幸卒調護。四人出。上召戚夫人、指示之曰、我欲易之。彼四人者輔之。羽翼已成、難動矣。戚姓也。踈音疏。己音紀。爭諍同。彊上聲。要音邀。四人商山四皓。史注、東園公、姓唐、字宣明、居園東。夏黃公、姓崔、名黃、居夏里。角里先生、姓周、名術、居角里。角音祿。綺里季無註、不敢強爲之說。嫚音慢。時疑當作侍。易音亦。下同。偉音葦、奇也。從吾之從如字。爲去聲。卒音遵、入聲。○蕭何以長安地陿、上林中多空地棄。請令民得入田。上大怒、下何廷尉、械繫之。數日而赦之。長安縣、屬安西。空音控。棄荒也。令平聲。下同。田佃同。畊治之也。赦之詳見高帝本紀。○上擊布中流矢、疾甚。呂后問、陛下百歲後、蕭相國死、誰可代之。曰、曹參。其次曰、王陵。然少戇。陳平可以助之。平智有餘、然難獨任。周勃重厚少文。可令爲太尉。安劉氏者必勃也。復問其次。上曰、此後亦

呂后鴆殺趙王

曹參趣裝

畫一之歌

呂后迎良醫入見、上嫚罵之曰、吾以布衣提三尺取天下、此非天命乎、命乃在天、雖扁鵲何益、罷之

○司馬溫公曰、為人子者、父母有過則諫、諫而不聽則號泣而隨之、安有守高祖之業、為天下之主、不忍母之殘酷、遂弃國家而不恤、縱酒色以傷生、若孝惠者、可謂篤於小仁、而未知大義也

相國何病、上問曰、君即百歲後、誰可代君、對曰、知臣莫如主、帝曰、曹參何如、曰、帝得之矣、何

非乃所知也。〔中〕去聲、〔流矢〕飛矢曰流矢、〔少〕上聲、下同、〔戇〕陟降切、愚直也、○上崩、葬長陵、為漢王者四年、為帝者八年、凡十二年。太子盈立、是為孝惠皇帝。〔長陵〕在咸陽。

〔孝惠皇帝〕名盈、母呂太后。即位之元年、呂后鴆殺趙王如意、斷戚夫人手足、去眼、煇耳、飲瘖藥、使居廁中、命曰人彘。召帝觀之、帝驚、大哭、因病、歲餘不能起。〔鴆〕音沈、去聲、鳥、食蝮、以其羽畫酒中、飲之立死、〔斷〕音端、上聲、〔去〕上聲、〔煇〕呂音許云切、灼也、一作熏、以藥熏耳、令其聾也、〔飲〕去聲、〔瘖〕音音、啞也、〔廁〕漢書作鞠、或謂窟室也、○

二年、蕭何卒。齊相曹參令舍人趣為裝、吾且入相。使者果召參代何為相國。一遵何約束。百姓歌之曰、蕭何為相、較若畫一、曹參代之、守而勿失、載其清淨、民以寧壹。〔齊〕王肥、高帝弟一子、〔相〕去聲、下並同、〔令〕平聲、〔趣〕音促、〔較〕漢書作講、亦音校、〔載〕事也、○五年、曹參卒。○六年、王陵為右丞相、陳平為左丞相。○張良卒。○周勃為大尉。○帝在位七

惠帝崩

呂后臨朝称制

欲王諸呂

論人臣之義當以王陵爲正

置田宅必居窮僻處、爲家不治垣屋、曰、後世賢師吾儉、不賢毋爲勢家所奪

○盧璘曰、相天下者、立法易、而守法難、曹參一遵何之約束、除吏爲木訥、而深刻者輒斥去、其養成漢家寬厚之風、厥功良亦偉矣、秦誓称断々無他技、其參之謂乎

○程伊川曰、王陵廷争不従、則去其位乎、自意復諫者、未必不激呂氏之怒、故義順而不諫直、亦畏死耳

年崩。無子。呂太后取他人子、以爲太子。至是即位。太后臨朝称制。【他】人子、後宮美人子、即少帝也。○元年、太后議立諸呂爲王。王陵曰、高帝刑白馬盟曰、非劉氏而王、天下共撃之。平・勃以爲可。陵罷相。遂王呂氏。○【刑】剄也、剄白馬以歃也。【王呂氏】詳見通鑑本紀

胡曰、自己然論之、王陵不如平勃固也。雖然使太后未崩、而平勃先死、則如此言何。且平勃何以知己之死在太后之後、而全社稷、定劉氏之功、可必也。故愚亦謂其僥倖而已矣。夫太后有議、陵不可、平又不可、勃又不可、將相大臣皆不可、太后亦安能獨行其意乎。平勃既許之、猶且數月、再遣謁者張釋之風論大臣、乃後王諸呂。則知向者平勃阿意、其罪甚大、而啓太后心爲多矣。自是而後、權歸呂氏、漢祚幾易。它日平勃安劉之功、僅足以贖王諸呂之罪耳。先賢論之云、人臣之義、當以王陵爲正。至哉言乎。

○四年、太后廢少帝、幽殺之。立恒山王義爲帝。改名弘。亦名他人子、爲惠帝子者也。【幽】囚也。【恒】胡更切、下同。○八年、太后崩。諸呂欲爲乱。時呂祿將北軍、呂產將南軍。太尉勃不能主兵。平・勃使酈寄説祿解印、以兵授勃。勃入軍門、令曰、爲呂氏者右袒。爲劉氏者

左祖為劉氏　立代王　薄氏夢龍據胸　文帝不受千里馬　平不對決獄錢穀之問

諸呂欲為乱、未敢發、朱虚侯以呂祿女為婦、知其陰謀、告其兄齊王襄、発兵西、已為内應、以誅諸呂、於是齊王発兵、遣諸侯王書、陳諸呂罪、産等遣灌嬰將兵擊之、嬰至滎陽謀曰、諸呂欲危劉氏、今我破齊王、是益其資也、乃喩齊王與連和、以待呂氏之変、便蒙孝子者、善繼父之志、善述父之事者也、故漢家之謚、自惠帝以下、皆称孝也、

左袒、軍中皆左袒。朱虚侯劉章予卒千餘人、擊呂産殺之。分部悉捕諸呂、無少長皆斬之。〔令〕去聲、〔為〕呂之為、去聲、下同、〔章〕齊王肥子、〔予〕與同、○諸大臣迎立代王恒。王西鄉讓者三、南鄉讓者再、遂即位。誅子弘等、赦天下。是為太宗孝文皇帝。〔鄉〕向同、

〔孝文皇帝〕名恒。母薄氏、夢龍據胸、遂生帝。帝立、尊為皇太后。

○元年、陳平為左丞相、周勃為右丞相。○時有献千里馬者。帝曰、鸞旗在前、屬車在後、吉行日五十里、師行日三十里。朕乘千里馬、獨先安之。於是還其馬、與道里費、而下詔曰、朕不受獻也。其令四方毋来獻。〔鸞旗〕旗上有鈴曰鸞旗、鸞鈴也、〔屬〕音蜀、下同、〔費〕音非、去聲、〔令〕去聲、〔毋〕音無、

○帝益明習國家事、朝而問右丞相勃曰、天下一歳決獄幾何。勃謝不知。又問、一歳錢穀出入幾何。勃又謝不知、惶愧汗出沾背。上問左丞相平。平曰、有主者。即問決獄責廷尉、問

吳公薦誼　初賜租

張釋之奏犯蹕當罰金

盜玉環當弃市

○賴山陽曰、世皆称陳平周勃誅諸呂安劉氏、漢之為漢、二人之功也、余以為、不然、誅諸呂安劉氏者由於齊王與灌嬰也、非平勃之功也、又曰、夫以當時之勢、雖無平勃、呂氏不得不伏誅、呂氏伏誅則高帝子孫不得不兼統、是必然而無疑者焉、而平勃每有德色於文帝、豈非所謂盜天之功者哉、使文帝按實責情、討其前罪、則二人將何以對之、吾故曰、平勃助諸呂危劉氏而免於誅者也、

錢穀責治粟内史。上曰、君所主者何事。平謝曰、陛下使待罪宰相。宰相者、上佐天子理陰陽順四時、下遂萬物之宜、外鎮撫四夷、内親附百姓、使卿大夫各得其職焉。帝称善。勃大慙謝病免。〔朝〕音潮。〔治粟内史〕司農卿也。治平聲。〔四夷〕東夷、西戎、南蠻、北狄。○河南守吳公、治平爲天下第一。召爲廷尉。吳公薦洛陽人賈誼。年二十餘、一歲中超遷爲太中大夫。〔河南〕府、屬河南。○陳平卒。○二年、賜天下今年田租之半。〔賜〕猶免也。○三年、張釋之爲廷尉。上行中渭橋。有一人橋下走、乘輿馬驚。捕屬廷尉。釋之奏犯蹕當罰金。上怒。釋之曰、法如是。更重之、是法不信於民。廷尉天下之平也。一傾、天下用法皆爲之輕重、民安所措手足乎。上良久曰、廷尉當是也。其後人有盜高廟玉環。得下廷尉治。釋之奏當棄市。上大怒曰、人盜先帝器。吾欲致之族。而廷尉以法奏之。非吾所以

尺布斗粟之歌

大臣短賈誼　賈誼上疏

高帝墓曰長陵。不忍斥言。毀撤山陵。故以取土爲譬。

○丁南湖曰。此田野小民之謠。豈當時智者之語哉。蓋以厲王憤恚不食。故誤謂上之禁其食也。遂以衣食爲詞。而曰布曰粟焉。

○丘瓊山曰。三代以前所謂肉刑者。墨劓剕宮大辟五者是也。至漢時僅有三焉。黥劓斬趾而已。文帝有感除之。遂以髡鉗代黥。笞三百代劓。笞五百代斬趾。此後天下犯法者始免斷肢刻肌膚。万世之

共兼宗廟意也。釋之曰。盜宗廟器而族之。假令愚民取長陵一抔土。何以加其法乎。帝許之。[中渭橋]渭橋非一。此在其中者。[乘]去聲。[蹕]音畢。天子出入必先清道。禁止行人。出稱警。入言蹕也。[更]音庚。[頃]不平。[當]去聲。處其罪。[得]捕獲之也。[沿]平聲。[共]供同。[令]平聲。[抔]音裒。掬也。

○六年。淮南厲王長謀反。廢徙死。民有歌之者曰。一尺布尚可縫。一斗粟尚可舂。兄弟二人不相容。帝聞而病之。後封其四子爲侯。[長]如字。高帝第四子。[廢徙]廢王徙蜀而死。[病]患也。[封其四子]案荃蹄。封安爲阜陵侯。勃爲安陵侯。賜爲陽周侯。其一人無考。姑闕之。

○匈奴冒頓死。

○先是。上議以賈誼位公卿。大臣多短之。上以爲長沙王太傅。徙梁王太傅。上疏曰。方今事埶。可爲痛哭者一。可爲流涕者二。可爲長太息者六。[大臣多短之]漢書云。絳灌東陽侯馮敬之屬盡害之。[長沙王]長沙國在潭州。王。史注云。是吳芮之玄孫差。襲爲王者。非景帝子發也。[梁王]荃蹄云。文帝子梁懷王也。[上疏]之上。上聲。下同。疏。去聲。記也。[埶]勢同。[可爲]之爲。並去聲。[痛哭一]大率言他日諸侯長大。反側難制也。[流涕二]一言朝廷而奉蛮夷。輕重倒置。二言疏細娛。不圖大患也。[太息六]一言服用奢僭。二言俗吏不知

薄昭殺漢使者　再賜租

除肉刑

除租稅

下、人得以全其身、不絕其類、文帝之德大矣、

○丁南湖曰、文帝除肉刑、信乎其有不忍人之心矣、然不忍於淳于意、而忍於淮南與薄昭者何哉、君德莫大於好生、故小民犯法而可矜、家法惟期于禦亂、故至親大逆而罔赦、

詔曰、農天下之本、務莫大焉、今勤身從事、而有租稅之賦、是為本末者無以異也、其於勸農之道未備、其除之、

趙人新垣平言長安東北成五采、乃作渭陽五帝廟

大體、經制不定、三言當輔導太子、審定取舍、優禮大臣、又三段無考、○十年、帝舅薄昭殺漢使者、帝不忍誅、使公卿群臣往哭之、昭自殺、○十二年、賜民今年田租半、○十三年、大倉令淳于意有罪當刑、少女緹縈上書曰、死者不可復生、刑者不可復屬、願沒入為官婢、以贖父刑、上憐其意、詔除肉刑、令去聲、緹縈女名、緹音体、縈音永、平聲、刑者云々、謂斷其支体不可再連、其後雖欲改過自新無繇也、除肉刑　通鑑、文帝詔除肉刑、丞相張蒼等奏請定律曰、當髡者城旦舂、當黥髡者鉗城旦舂、當劓者笞三百、當趾者笞五百、其城旦舂各有歲數以免、制曰可、自是化行天下、吏安其官、民樂其業、禁罔疏闊、刑罰大省焉、○陳曰、以一女子言、改數千年帝王之典、非甚勇不及此、可謂仁矣、○是歲除田之租稅、胡曰、漢既大封同姓、至文帝時、封國漸衆、諸侯王自食其地、王府所入寡于郡縣之時矣、又與匈奴和親、歲致金絮繒綵之奉、復數為患、深入寇盜、候騎至雍甘泉、天子親將大發車乘騎卒、命將出擊、復因河決、有築塞之勞、費大司農財用、宜不至充溢、而文帝在位十二年、即賜民歲半租、次年遂除之、然則何以足用乎、曰、文帝節儉、起化于身、衣弋綈、履革舄、所幸夫人、衣不曳地、帳無文繡、百金之費亦不尚用、一人如此、宮闈是效、流傳國都、以及遠近、莫用奢侈之習、則如何而不富、其財

匈奴入上郡殺略甚衆烽火通甘泉長安遣将軍令免屯飛狐蘇意屯句注張武屯北地周亞父云々亞父持兵揖曰介冑之士不拝請以軍禮見天子為動改容式車使人称謝皇帝敬労将軍成禮而去

労軍細柳

周亞父真将軍

蓋不可勝用兵然後知導諛逢悪者納君於荒淫取之盡錙銖用之如泥沙至於財竭而下畔下畔而上亡其罪可勝誅哉○十六年方士新垣平為上大夫 郊祀志新垣平使人持玉盃献闕下乃先言於上曰闕下有寶玉氣来者及視之果有献玉盃者刻曰人主延壽上受献嘉之於是始更以十七年為後元年以平為上大夫明年人有告平所言者詐也遂下吏誅平 ○後元年平以詐伏誅○六年匈奴冦上郡雲中詔将軍周亞夫屯細柳劉禮次霸上徐厲次棘門以備胡上自労軍至霸上及棘門軍直馳入大将以下騎送迎已而之細柳不得入先驅曰天子且至軍門都尉曰軍中聞将軍令不聞天子詔上乃使使持節詔将軍亞夫乃伝言開門門士請車騎曰将軍約軍中不得驅馳上乃按轡徐行至営成禮而去群臣皆驚上曰嗟乎此真将軍矣向者霸上棘門軍兒戲耳 雲中郡属山西今大同府細柳営在長安次亦屯也棘門箋蹄云在関中労去声下並同先驅士卒前導曰先驅使使上如字下去声節以旄為之上下相重如竹節也凡以王命往来必持節以為信

以德化民

家給人足

尊文帝爲太宗

○呂東萊曰、治天下者、不盡人之財、不盡人之力、不盡人之情。是三者可盡也、而不可繼也。古之人有行之者、漢文帝是也。露臺惜百金之費、後宮衣不曳地、可謂不輕靡天下之財。匈奴三入而三拒之、未嘗窮兵出塞、可謂不敢輕用天下之力。吳王不朝、賜之几杖、張武受賂、賜錢愧心、可謂不敢輕索天下之情。以其所餘貽子孫。凡四百年之漢、用之不窮、皆文帝之所留也。

○七年、帝崩。在位二十三年。宮室苑囿車騎服御、無所增益。嘗欲作露臺、召匠計之、直百金。上曰、中人十家之產也。何以臺爲。身衣弋綈。所幸愼夫人、衣不曳地。示朴爲天下先。吳王不朝、賜以几杖。張武受賂、金錢更加賞賜、以愧其心。專以德化民。當時公卿大夫風流篤厚、恥言人過。上下成俗。是以海內安寧、家給人足。後世莫能及。葬霸陵。太子即位。是爲孝景皇帝。〔二十三年、案紀年三當作四。囿音又。中人、中等人戶。身衣之衣去聲。弋黙同、皂也。愼姓也。吳王高帝兄仲之子、名濞。賜以几杖、几案屬、所以憑手。如謂其老不能朝、故給賜几杖以愧之。更音庚。愧其心、史武等受賂、金錢覺上乃發御府金錢賜之。霸陵即霸上。〕

孝景皇帝名啓。即位之元年、丞相申屠嘉奏、功莫大於高皇帝、宜爲帝者太祖之廟。德莫盛於孝文皇帝、宜爲帝者太宗之廟。制曰、可。〔太祖之廟、百世不遷。太宗之廟周曰世室。情盡不祧。〕○帝爲太子時、鼂錯

鼂錯請削諸侯

為家令。得幸太子。家號為智囊。帝即位。錯為內史。數請閒言事。輒聽。寵傾九卿。法令多所更定。〔鼂〕音潮、姓也。〔錯〕音醋。〔家令〕之令去聲、官主皇太子飲膳倉儲庫藏之政。〔智囊〕喻其智之多也。〔數〕音朔、下同。〔閒〕音閑、空也。〔九卿〕太常卿、光祿卿、衛尉卿、太僕卿、大理卿、鴻臚卿、宗正卿、司農卿、大府卿。〔更〕音庚。○初孝文時。吳王濞太子入見。得侍皇太子飲博。爭道不恭。皇太子引博局提殺之。濞稱疾不朝。錯數言吳過可削。文帝不忍。及帝即位。錯曰。吳王誘天下亡人。謀作亂。今削之亦反。不削亦反。削之反亟。禍小。不削反遲。禍大。上令公卿列侯宗室雜議。莫敢難。〔濞〕音譬。〔見〕音現。〔道〕碁道也。〔提〕[illegible]同、音第、兩手急持人也。〔削〕減其地也。〔亟〕音棘、急也。〔令〕平聲。〔難〕去聲。○林曰、鼂錯在文帝時。亦嘗有更定法律、裁削諸侯之議。而文帝不從。及景帝即位。錯亦以此說之。而景帝輒從之。蓋文帝之資寬厚。故刻薄之言無自而入。景帝之資忌刻。故鼂錯之言有間而入也。景帝之為太子也。賈誼窺見其心術矣。上書文帝曰。秦始皇使趙高傅胡亥。其所學者無非刑人殺人之事。故胡亥今日即位。而明日殺人。所以教之者然也。其意亦以景帝既有刻薄之資。苟不得正人而與之居。則將刻薄殘忍。無所不至。誼之

吳王居國。以銅塩為資。故百姓無他賦。郡國吏欲來捕亡人者。公禁弗予。如此者四十餘年。錯數上書孝文時。言削諸侯事及法令可更定者。孝文不聽。然奇其材。為中大夫云云。錯所更令三十章。諸侯皆諠譁疾鼂錯。錯父聞之。謂錯曰。公為政用事。侵削諸侯。別疏人骨肉。人口議多怨公者何也。錯曰。固也。不如此。天子不尊。宗廟不安。錯父曰。劉氏安矣。而鼂氏危矣。吾去公歸矣。遂飲藥死。曰。吾不忍見

七國反　亞父擊呉楚

禍及吾身後十餘日七國反以誅錯為名
呉濞傳三年冬楚王朝鼂錯因言楚王戊往年為薄太后服私姦服舍請誅之詔赦罰削東海郡因削呉之豫章郡會稽郡及前二年趙王有罪削其河間郡膠西王卬以賣爵有姦削其六縣
袁盎夜見竇嬰為言呉所以反願至上前口對状嬰入言上乃召盎盎曰願屏左右云云盎曰呉楚相遺書言賊臣鼂錯擅適諸侯削奪之地以故

所以窺其心術者豈非以殺呉太子而得之邪夫以再從父弟之親一日以博局爭道之故而殺之其為太子也殺其親戚而無所顧惜則其即位也又将何所不至哉詎欲文帝過之於其始擇正人而與之居而文帝乃以鼂錯為家令是以安得不為刻薄之事乎
刻薄之臣輔刻薄之君也鼂錯又言楚趙有罪削一郡膠西有姦削六縣及削呉會稽豫章書至呉王遂反膠西膠東菑川濟南楚趙皆先有呉約至是同反齊王先諸後悔〔楚〕王戊高帝弟楚元王文子〔趙〕王友高帝第五子削一郡楚削東海趙削常山〔膠西〕王卬齊王肥第五子國在膠州〔豫章〕郡屬江南今南昌府〔書〕黴也〔膠東〕王雄渠齊王肥第六子國在登州〔菑川〕王賢齊王肥第四子國在岐陽菑淄同〔濟南〕王辟光齊王肥第三子國在濟南濟上聲〔齊王〕膠西膠東菑川濟南諸王兄初文帝且崩戒太子曰即有緩急周亞夫真可任将及七國反拜亞夫太尉将三十六将軍往擊呉楚鼂錯素與袁盎不善盎言獨有斬錯復諸侯故地兵可無血及而罷錯於是要斬東市父母妻子同産無少長皆棄市周亞夫大破呉楚諸反皆平〔三十六将軍〕姓名未詳〔盎〕音悪去聲呉相〔復〕音伏〔要〕

掃除繁苛與民休息

腰三同。亞夫後爲相。封條侯。以諫忤上意罷。上曰、此鞅鞅非少主臣。卒爲人誣告下獄。歐血死。條邑屬勃海。忤音誤、逆也。鞅々志不滿也。鞅與快通。○案通鑑、初上廢栗太子、亞夫固爭不得。及竇太后欲以皇后兄王信爲侯、亞夫諫沮其事。後匈奴王徐盧等降、上欲侯之、亞夫諫不從。遂謝病免相。爲人之爲、去聲。歐音謳、上聲、吐也。○筌蹄云、亞夫子爲父盜買縣官器、連污亞夫、入廷尉、不食而死。

○自漢興、掃除繁苛、與民休息。孝文加以恭儉。至帝遵業。五六十載之間、移風易俗、黎民醇厚。國家無事。人給家足。都鄙廩庾皆滿、而府庫餘貨財。京師之錢、累鉅萬。貫朽而不可校。太倉之粟、陳陳相因、充溢露積於外。紅腐不可勝食。爲吏者長子孫。居官者以爲姓號。故有倉氏庫氏。人人自愛而重犯法。然罔疏民富。或至驕溢兼并之徒。武斷鄉曲。宗室有土公卿以下、奢侈無度。物盛而衰。固其變也。都見上卷。鄙五百家爲鄙。庾音愈。在野曰庾。京師皇都。公羊曰、京、大。師、衆也。累上聲。貫穿錢繩也。因仍也。溢音逸。積音恣。庾曰露積。勝音升。長音張、上聲。重犯法謂

反。欲西共誅錯。復故地而罷云々。鄧公爲校尉、以言軍事見上。曰、吳爲反計數十歲矣。以誅錯爲名。其意不在錯也。夫鼂錯患諸侯強大不可制。故請削之、以尊京師。万世之利也。計畫始行、卒受大戮。内杜忠臣之口、外爲諸侯報仇。臣竊爲陛下不取也。帝憮然曰、吾亦恨之。

○方正學曰、漢初輔相之臣、如王陵、周亞父輩無數人。而亞父尤得大臣体。

始有年号　舉賢良　董仲舒對

不犯法也。重去聲。罔綱同。武斷禁網疏闊。擅作威福於鄉曲也。斷音端。去聲。有土分土也。盛而衰通鑑。自是之後。孝武内窮奢靡。外攘夷狄。天下蕭然。財力耗矣。帝崩。在位十七年。有中元後元。太子立。是爲世宗孝武皇帝。中元後元。凡三称元年。

孝武皇帝名徹。即位之元年。始改元。曰建元年。有號始此。○舉賢良方正直言極諫之士。親策問之。廣川董仲舒對曰。事在强勉而已矣。强勉學問。則聞見博而智益明。强勉行道。則德日起而大有功。又曰。人君者正心以正朝廷。正朝廷以正百官。正百官以正万民。正萬民以正四方。四方正。遠近莫不一於正。而無邪氣奸其間。是以陰陽調。風雨時。群生和。萬民殖。諸福之物。可致之祥。莫不畢至。而王道終矣。陛下行高而恩厚。知明而意美。愛民而好士。然而教化不立。万民不正。譬琴瑟不調。甚者必解而更張之。乃可鼓也。爲政而不行。甚者

便常曰。兼并之徒。謂豪富之民也。鄉曲鄉里也。豪富無官位。而以威勢主斷曲直。故曰武斷

○真西山曰。仲舒曰。勉强学問。則聞見博而知益明。勉强行道。則德日起而大有功。又引曾子尊聞行知之説。此二条最有功於学者。蓋学道之要。致知力行而已。秦漢以下。未有識之者。仲舒能言之。此豈諸儒所可及哉

更化則善治
大学教化本原

○程子曰、仁人者正其誼不謀其利、明其道不計其功。此董子所以度越諸子也歟。又曰、漢之諸儒、惟董子有儒者氣象。

上雅嚮儒術、嬰蚡俱好儒、推轂趙綰為御史大夫、王臧為郎中令。綰請立明堂、薦其師申公。上使使者奉安車蒲輪、束帛加璧迎之。既至、問治乱之事。申公年八十餘、對曰、為治者不在多言、顧力行何如耳。時上方好文詞、見申公對、黙然。然已招致、則以為大中大夫、舍魯邸、議明堂巡狩改歷服色事。

必變而更化之、乃可理也。漢得天下以来、常欲治而至今不可善治者、當更化而不更化也。又曰、養士莫大乎太學。太學者賢士之所關也。教化之本原也。願興太學、置明師以養天下之士。又曰、郡守縣令、民之師帥、所使承流而宣化也。宜使列侯郡守、各擇其吏民之賢者、歳貢各二人。又曰、春秋大一統者、天地之常經、古今之通誼也。今師異道、人異論、臣愚以爲、諸不在六藝之科、孔子之術者、皆絶其道。然後統紀可一、法度可明、而民知所從矣。上善其對、以爲江都相。[廣川]邑、屬冀州。[強]平聲。[奸]音干、犯也。[殖]音植、多也、生也。[行高]之行去聲。[知明]之知音智。[更]音庚、下並同。[太學]天子之學曰太學、即國子監也。[帥]音率。[一統]春秋書王正月、大一統也。[論]去聲。[相]去聲。[江都國]在楊州、王名非、景帝子也。○陳曰、自漢以来、專尚黄老、六藝鬱而未彰、太學未建、教化不立、賢士未盡用、仲舒所言皆當世急務也。於是用其説、興太學、章六經、黜百家、舉孝廉、其言卓然可用、亦略施行之矣。至於人主身上事、仲舒言之亦是切、然強勉學問、正心以正朝廷等説、古人告君正始之道、不

為治不在多言　起上林苑　置五經博士　初舉孝廉

下設束帛上加以璧。太皇太后好黃老言、不悅儒術、趙綰請毋奏事東宮、太后大怒、陰求綰臧姦利事以讓上、因廢明堂事、下綰臧吏、皆自殺、嬰蚡免、申公亦以病免歸。

上始為微行、常入南山下射獵、馳騖禾稼之地、民皆號呼罵詈、嘗夜至柏谷逆旅、主人疑為姦盗、聚少年欲攻之、主人嫗異上状貌、飲翁以酒而縛之、上始得脫。

過如此。傳說而告高宗之言亦曰、君從諫則聖、惟厥假居念終始典于學、監于先王成憲、此數者、皆人主所欲急聞也、仲舒之言與此何異、武帝分明異其言以為大賢、然而利欲之心已萌、不勝其說耳、仲舒何尤哉。○戴曰、武帝之於儒術、湯喜其名而陰諱其實、公孫弘張湯知其意而徇其名、故上以名取之、董仲舒申公逆其意而辨其實、故上以實棄之。○

上使使者奉安車蒲輪束帛加璧、迎魯申公、既至問治乱之事、公年八十餘、對曰、為治不在多言、顧力行何如耳。〔蒲輪〕以蒲裹輪、欲其安也。○三年、閩越擊東甌、遣使發兵救之、徙其衆江淮閒。〔閩越〕國在福建、其君嘗帥百越以助高帝、封東海王、閩音民。〔東甌〕國在處州。○帝始為微行、起上林苑。〔為〕如字。〔帝始微行〕戴曰、後世人君私好、皆自武帝始、古之人君何嘗有微行之事、以趙武靈王衣胡服騎射猶失人君之躰、況居天子之尊乎、武帝潛地夜出、豈小小利害哉、万一有不測、將何以處之、其視文帝不受馬詔鸞旗在前屬車在後之語、大相遼絶矣。○陳曰、武帝不道、甚於秦始皇、始皇惟是以道遊巡天下爾、曷嘗潛行夜出哉。○五年、置五經博士。官掌各治詩書易禮春秋一經。○六年、閩越擊南越、遣王恢等擊之。〔越〕同粤。○元光元年、初令郡國舉孝廉各一人。〔令〕去聲。○二

李少君巧發奇中　上用王恢議擊匈奴　唐蒙請通南夷

丘瓊山曰、秦焚詩書五經、為世大禁、漢興、稍復出、然皆私相傳習於其家、至是官始置五經博士、然後天下之人靡然嚮風、公相授受、以為世業、武帝有功於儒教、豈小小哉

○丁南湖曰、秦皇計傳万世、其欲無厭、而武帝之多欲、一々如汲黯之見、故神仙諸術、適投其欲、而方士之詐曷嘗有窮也

唐蒙上書曰、南越王名為外臣、實一州主也、今以長沙豫章往、水道多絶、

年方士李少君見上、善為巧發奇中、言祠竈則致物、而丹砂可化為黄金、蓬萊仙者可見、見之以封禪則不死、上信之、始親祠竈、遣方士入海求蓬萊安期生之屬、海上燕齊迂怪之士多更來言神事矣。少去聲　見音現　巧發奇中發言多中上意　丹砂藥名、亦曰朱砂、生辰州等処、土中大者如雞子、小者如石榴、主養精神、安魂魄、大洞錬真經云、丹砂錬之、一返而成白銀、二返而為黄金也　禪音善　安期生瑯琊人、賣藥海辺、時人皆言千歲　更音庚

○上用大行王恢議、遣恢等將兵匿馬邑旁谷中、陰使聶壹誘匈奴入塞、而擊之、單于覺而去、自是絶和親、攻當路塞。大行之行如字、周禮大行人小行人、即今通事舍人官也　馬邑郡屬山西今朔州　使如字

○唐蒙上書請通南夷、拜蒙中郎將、將千人入夜郎、夜郎侯聽約、以為犍為郡。上上聲　夜郎國在長安、舊屬漢犍為郡、通鑑註、夜郎者、初有女浣於遯水、有三節大竹、流入足間、其中有聲、剖之得一兒、歸養之、及長、有才武、自立為夜郎侯、以竹為姓、犍為郡屬四川、今嘉定府犍音虔

○又拜司馬相如為中郎將、通西夷、邛筰冉駹置郡縣、西

司馬相如通西夷

公孫弘對策

筭商車

竊聞夜郎精兵十餘万、浮船牂牁、出其不意、此制越一奇也、請通夜郎道、為置吏、

便嬖諸以才伎召、未有正官、故曰待詔

金馬門官者署、武帝得大宛馬、以銅鑄像立于署門、因以為名

綱鑑注言、弘雖事固、而不以正目視之、所謂恧之者側目、受之者寒心也

青雖出於奴虜、然能騎射、材力絶人、遇士大夫以禮、與士率有恩、衆樂為

至沫若水、南至牂牁、為徼。邛音蛩、西夷國、武帝開以為越嶲郡、筰音昨、亦西夷國、武帝開以為沈黎郡、冉駹西南二族、武帝開以其地置汶山郡、駹莫江切、沫音末、箋蹄云、水出廣平徼外、下流未詳、若水箋蹄云、出旄牛徼外、下流未詳、牂牁音牂歌、水出牂牁南、至廣入海、徼音叫、辺也、西南曰徼、東北曰塞。○徼吏民有明當世之務、習先聖之術者、縣次續食、令與計偕。縣懸同、兼也、續食隨寓官司供給飲食、令平聲、計偕箋蹄云、令與每年上計簿之吏同至京師。菑川公孫弘對策曰、人主和德於上、百姓和合於下、故心和則氣和、氣和則形和、形和則聲和、聲和則天地之和應矣。策奏、擢為第一、待詔金馬門。菑川郡屬山東、今般陽府、擢音濁、舉也、金馬門箋蹄云、門下有銅鑄馬像、蓋君門也。齊人轅固年九十餘、亦以賢良徵。弘仄目事之。固曰、公孫子務正學以言、無曲學以阿世。轅姓也、仄傾也。○六年、初筭商車。起商賈車船之税、○陳曰、諸横斂始於此、自是國用蹙矣。○匈奴寇上谷。遣將軍衛青等擊却之。○元朔元年、主父偃上書諫伐匈奴。嚴安亦上書。及徐樂亦上書云、陛下何

公孫弘封侯

以衛青爲大將軍

張騫使西域

舊本支字下有至字

用有將帥材故每出輒有功賜爵關內侯

匈奴入遼西殺太守入漁陽鴈門敗都尉殺略三千餘人遣將軍衛青出鴈門將軍李息出代獲首虜數千級

張騫以知水草處去病軍得不乏博望侯封亦由此騫之知外情尚矣

六年春云々是時大克獲前將軍趙信敗降匈奴右將軍蘇建亡軍獨身脫還贖爲庶人

威而不成何征而不服書奏上召見曰公等皆安在何相見之晚也皆拜郎中是秋匈奴入寇二年又入寇遣衛青等撃之遂取河南地置朔方郡[主父]姓也父音甫[上書]之上上聲下並同[樂]音岳[見]音現[朔方]郡屬甘肅今夏州○五年公孫弘爲丞相封平津侯上方興功業弘於是開東閤以延賢人[平津]邑在覇州○匈奴寇朔方遣衛青率六將軍撃之還以青爲大將軍[六將軍]蘇建李沮公孫賀李蔡李息張次公○通鑑云得裨王十餘衆男女萬五千餘畜數十百萬○匈奴入代○六年春遣衛青等六將軍撃匈奴夏再遣[六將軍]筌蹄大將軍衛青中將軍公孫敖左將軍公孫賀前將軍趙信右將軍蘇建後將軍李廣彊弩將軍李沮○元狩元年遣博望侯張騫使西域通滇國[使]去聲[滇]音顛國在西夷本楚莊王弟莊蹻爲國於此○二年以霍去病爲驃騎將軍撃敗匈奴過焉支祁連山而還[去]上聲[驃]音飄[驃騎將軍]武資三品[驃]去聲[敗]音拜[焉支]國在西域[焉]音烟[祁連]山筌蹄云即天山○匈奴渾邪王降置五屬國以處其衆[渾]音魂[邪]

誅文成將軍
西域始通

誅五利將軍
南越平
帝登單于臺

帝如緱氏

武帝紀、秋、昆邪王殺休屠王、并將其衆合四万餘人來降。

衛青・霍去病各將五万騎、步兵踵軍後數十万人。青至幕北、圍單于、斬首万九千級、至闐顏山乃還。

方士欒大敢為大言、處之不疑。見上言曰、臣常往來海上、見安期・羨門之屬。曰、黄金可成、而河決可塞、不死之藥可得、仙人可致也。乃拜為五利將軍、封樂通侯、以衛長公主妻之、貴震天下。

[社]音社、平聲。[降]音項、平聲、下並同。[屬國]存其舊號而屬於漢、故曰屬國。屬音蜀。○三年、匈奴入右北平・定襄。[右北平]郡、屬鞏昌、今平涼府。[定襄]郡、屬山西、今沂州。一説、定襄當作定西、州名也、亦屬鞏昌。○四年、遣衛青・霍去病擊匈奴。去病封狼居胥山而還。[狼居胥山]在北荒之地。通鑑、封狼居胥山、禪於姑衍、登臨翰海。○元鼎二年、方士文成將軍李少翁以詐誅。[少]去聲。初、少翁勸上作甘泉宮、而置祭具以致天神。居歲餘、神不至、伏誅。○西域始通、置酒泉・武威郡。[酒泉]屬甘肅、今肅州府。[武威]郡亦屬甘肅、今永昌府。○五年、遣將軍路博德等擊南越。○方士五利將軍欒大以詐誅。○六年、討西羌、平之。[羌]音匡。書傳云、國在西蜀。括地志云、岷洮等州以西、皆其地也。○南越地平、置九郡。[南]南海、蒼梧、鬱林、合浦、交阯、九真、日南、珠厓、儋耳。○元封元年、帝出長城、登單于臺、遣使告單于曰、南越王頭已懸於漢北闕下。今單于能戰、天子自將待邊。[使]去聲。○通鑑註、有不能、即來臣服之語。匈奴遂讋。○帝如緱氏、登中嶽、遂東巡海上、求神仙、封泰山、禪肅然、復東北至碣石而還。[緱氏]縣名、屬河南。或曰、即

朝鮮降

作太初曆 伐大宛

蘇武使單于

○陳永嘉曰、武帝之窮兵、中於嚴助之一試、而其事神仙、中於李少君之一試、其後文成以致鬼中、五利以鬭碁中、公孫卿以仙跡中、朱崖之建、珖瑁中之也、䍧牁越嶲之開、枸醬竹杖中之也、大宛安息之通、天馬蒲萄中之也、數者交中、武帝之志荒矣、豈非多欲之為累哉

通鑑、漢使入西域、言宛有善馬在貳師城、匿不肯與漢、天子欲侯寵姬李氏、乃拜李夫人兄廣利為貳師將軍、以伐宛、後宛殺其

登封縣〔登〕通鑑作祭中嶽嵩山、在河南府登封縣〔禪〕音善〔肅〕〔然〕泰山下小山〔碣石〕山在平灤府驪城縣西南河口之地○滇王降、置益州郡〔郡〕屬四川、今成都府○三年、擊樓蘭、虜其王、擊車師破之〔樓蘭車師〕國在西域○朝鮮降、置樂浪臨屯玄菟真番郡〔朝鮮〕音潮仙、國在遼東〔樂浪〕音洛郎〔屯〕音豚〔菟〕音徒〔番〕筌蹄、音婆○匈奴寇邊、遣兵屯朔方○五年、南巡江漢、至泰山增封○六年、擊昆明〔昆明〕西夷種名、有滇池方一百里、武帝於長安作昆明池、習水戰以討之○太初元年、帝如泰山、十一月甲子朔旦冬至、作太初曆、以正月為歲首〔正〕音征、三代已上音政、至秦始避諱而改耳、今從之、歲首用夏正也○遣李廣利伐大宛、不克〔宛〕音鴛、國在西域○遣趙破奴擊匈奴、敗沒○三年、匈奴大入、破塞外城障〔障〕漢制、每塞要處別築城、置人守之、謂之候城、即障也○大發兵、從李廣利伐宛、宛降、得善馬數十匹○四年、匈奴單于使使來獻〔使〕上如字、下去聲○天漢元年、遣中郎將蘇武使匈奴、單于欲降之、幽武置大窖中、絕不飲食、武齧雪與旃毛

無人處使牧羝　繡衣持斧捕盜　祀明堂　巫蠱事起

王毋寡以降，得善馬數十匹，封廣利為海西侯。

單于使漢降人衛律召武，誘以富貴。武不應。衛曰，不聽吾計，後欲復見我，尚可得乎。武罵曰，汝為人臣子，不顧恩義，為降虜於蠻夷，何以為見。

是時方士及諸神巫多聚京師，惑衆變幻，無所不為。女巫往來宮中，更相告訐，以為祝詛。

○劉屏山曰，田千秋一言悟主，何哉。智有餘也。武帝惑於鬼神，故千秋訟太子之冤，託以白

幷咽之。數日不死。匈奴以為神，徙武北海上無人處，使牧羝，曰羝乳乃得歸。窖音教，地藏也。飲去聲。食音嗣。齧音妍，入聲。羝乳羝音低，牡羊。曰羝乳，孕育也。謂待羝而乳，乃釋武歸，猶秦言待馬生角，釋燕丹也。○二年。遣李廣利擊匈奴。別將李陵敗降虜。○上以法制御下，好尊用酷吏。東方盜賊滋起。遣使者衣繡衣持斧督捕。得斬二千石以下。好去聲。使者官掌案察姦宄，即今提刑使也。斧鉞也。三二千石大守祿二千石。○太始三年。帝東巡琅琊，浮海而還。琅琊郡屬山東，今沂州。○四年。李廣利擊匈奴不利。○四年。東巡，祀明堂，修封禪。明堂在泰山，趙氏曰，周天子巡守朝諸侯之处。禪音善。○征和二年。巫蠱事作。帝如甘泉。以江充為使者，治巫蠱獄，掘太子宮，云得木人尤多。太子懼，使客佯為使者，收捕充斬之。白母衞皇后，發中廄車載射士，出武庫兵，發長樂宮衞卒。上從甘泉來，詔發三輔兵，丞相劉屈氂將之。太子亦矯制發兵，逢丞相

頭翁教臣言武帝亦曰此高廟神靈使公教我也武帝晚年多病尤信巫蠱之説衛太子傅曰久之巫蠱事多不信上知太子惶恐無他意田千秋訟太子冤是千秋逆意武帝有悔恨心故乘間而説也

擊要帝論群臣曰朕即位以来所為狂悖令事有傷害百姓糜費天下者悉罷之

田千秋曰方士言神仙者甚衆而無顯功臣請皆罷斥遣之上曰鴻臚言是也於是悉罷方士候神人者

軍兵合戰五日死者數万。皇后自殺。太子亡至湖自經死。後有高廟寢郎田千秋上書言有白頭翁教臣云子弄父兵罪當笞。上悟曰此高廟神靈告我也。知太子無罪作歸來望思之臺於湖。天下聞而悲之。〔巫蠱〕巫者執左道以乱政而惑人蠱惑也指躰即藥毒害人是若行符厭俗之為魅故曰巫蠱〔作〕者起也〔甘泉〕宮在鄠縣〔治〕平聲〔木人〕木偶人也〔尤〕甚也初方士及諸神巫多聚京師率皆左道惑衆變幻女巫往来宮中教美人度厄每屋輙埋木人祭祀之至是武帝晝寢夢木人數千持杖擊帝帝驚寤遂病乃掘之〔據〕名也〔白〕告也〔廐〕音救〔三輔〕漢以京兆扶風馮翊為三輔〔屈〕音君入聲〔氂〕音里平聲矯制詐為制詔〔逢〕迎也〔湖〕縣名未詳所屬〔經〕縊也〔寢郎〕官掌高帝之廟〔上書〕之上上聲○三年。匈奴冦五原酒泉。遣李廣利擊之。廣利降匈奴。〔五原〕郡屬山西今豊州○四年。罷方士候神人者。○以田千秋為相封富民侯。罷議輪臺屯田。下詔深陳既往之悔。〔輪臺〕西域國名接支渠梨國先欲步兵屯田於此○後元二年。上幸五柞宮病篤。以霍光為大司馬大將軍受遺詔輔太子。上在位五十

詔霍光輔太子

窮極武事　幕南無王庭　置受降城

內事土木

盩張流切厔職日切○安積艮齋曰至武帝見國家累世富饒奢心一生喜大好功內則起土木宮室臺榭極天下之壯麗又愛神仙方術之士濫賞無算外則窮民黷兵征匈奴伐南越丈夫不得耕婦人不得織縣官帑藏掃地蕩盡公卿列侯低首仰給於商賈天下騷然幾於亂矣賈誼出於文帝富庶之世見上下名分之不正猶且流涕而痛哭使誼在武帝之時其歎息哀慟為何如

四年改元者十有一。曰建元元光元朔元狩元鼎元封太初天漢太始征和後元（五柞宮在扶風盩厔縣有五柞木因以為名）上雄材大略兼文景豐富之後窮極武事。嘗謂高帝遺平城之憂思如齊襄公復九世之讎數征匈奴盡漢兵勢匈奴遠遁幕南無王庭斥地立郡縣置受降城（遺音惟復音伏九世之讎襄公九世祖哀公嘗為紀侯所譖而烹于周至襄公八年遂伐紀而復之數音朔下並同幕漠同無王庭沙漠之南無匈奴王庭斥音尺開廣也受降城取受匈奴來降之義東西中三城全書註東受降城在雲中郡在榆林縣東北八里元屬振武軍西受降城在豐州西北八十里今天德軍理於此城中受降城在榆林即五原也）通西域通西南夷東擊朝鮮南伐粵軍旅歲起內事土木築上苑屬南山建柏梁臺作承露銅盤高二十丈大七圍上有仙人掌以方士公孫卿言神仙好樓居作蜚廉桂館通天莖臺作首山宮作建章宮千門萬戶東鳳闕西虎圈北太液池中有漸臺蓬萊方丈瀛洲壺梁南玉堂

賣武功爵級　造鹿皮幣白金

作均輸平準法

邪

便蒙斟酌物價貴賤而均平之、以其土地之所有者、轉輸於所無之地、互相灌注、互相輸送。輸者既便而官有利、謂之均輸。

○董仲舒曰、漢兼秦法、塩鐵之利、二十倍於古。

○司馬公曰、其所以異於秦始皇者無幾矣。然秦以之亡、漢以之興者、孝武能遵先王之道、知所統守、受忠直之言、惡人欺蔽、好賢不倦、誅賞嚴明、晚而改過、顧託得人、此其所以有亡秦之失而免亡秦

辟門。立神明臺。屬音蜀。柏梁臺在長安城北闕內。舊云、因以香柏為梁、而得名。圖含拱曰、圓仙人掌在甘泉宮通天臺上。舊曰、仙人掌擎玉盃、以取雲表之露、和玉屑飲之、謂可長生。館音貫。蜚廉神禽名。謂置其像於館上。蜚音行、即蜚廉、金莖也。首山宮、案蹄云、首山屬河東蒲坂。一云、龍首山、在關中。作宮其下、因名。建章宮在安西。圖音權、上聲。闕闌也。漸音尖、取水出漸漬之義。梁橋也。壁門以玉為飾。作明故曰璧門。神明臺自鳳闕以下至此、皆在建章宮內。光宮皆極侈靡。數巡幸、崇祠祀、修封禪、國用不給。賣武功爵級、造鹿皮幣白金。光明宮在安西。爵級元朔六年六月、詔令民得買爵及贖禁錮、免贓罪。置賞官、名曰武功爵。級十七万、凡直三十餘万金。皮幣白金以國用不足、故以白鹿皮為幣、以薦璧。又造銀錫為白金。桑弘羊孔僅之徒、作均輸平準法、興利以佐費。置塩官、筭舟車、造緡錢。天下蕭然。末年盜起。微輪臺一詔、漢幾不免為秦。僅音勤。均輸者、立均輸官於京師、令遠方各以其物如商賈所轉販者為賦、而相灌輸也。平準者、籠天下之貨物、貴即賣之、賤則買之、使富商大賈、無所牟大利、而萬物不得騰踊。佐助也。費音非、去聲。塩官主管権塩鹵之務。舟車見上。緡音民、緡絲以貫錢也。一緡千錢。筭蹄云、千錢出筭二十、蓋一緡則取稅二十也。微無也。幾音機。不免為秦言、若無能輪臺屯田、下詔深陳既往

汲黯以嚴見憚

內多欲而外施仁義

汲黯社稷臣

之過歟。○呂東萊曰、漢武帝踞側見衛靑、不冠見公孫弘、惟於汲黯不冠則不敢見。其胸中涇渭亦明矣。然其所尊非所任、所任非所尊、此所以有尊賢之名、而無尊賢之効也。人之常情、愈敬則愈疎、愈狎則愈親。武帝之於君子、外合而中離。武帝之於小人、外薄而中厚。世反謂武帝能尊汲黯、而賤弘靑、亦過矣。便蒙、社稷臣者、謂與國同休戚之臣。

之悔、則幾與秦無異、而敗矣。所用丞相。初、惟田蚡稍專上、嘗謂蚡曰、卿除吏盡未、吾亦欲除吏。後皆充位而已。蚡音憤。專擅也。除授官也。盡未猶言盡乎未盡乎。吾亦欲除吏、蓋絀田蚡之擅權也。充位謂備員也。○林曰、自此之後、武帝遂攬權綱、不假借於臣下矣。公孫弘後、國家多事。丞相連以誅死。公孫賀拜相、至涕泣不肯拜。亦卒以罪死。酷吏張湯・趙禹・杜周・義縱・王溫舒之徒、皆嘗峻用刑法。然湯等有罪、亦不貸也。其閒卜式・兒寬之屬、亦以長者見用。不貸不寬假也。兒音倪。汲黯獨以嚴見憚。數切諫、不得留內、爲東海守。好清淨、臥閤內不出、而郡中大治。入爲九卿。上方招文學、嘗曰、吾欲云云。黯曰、陛下內多欲而外施仁義。奈何欲效唐虞之治乎。上怒罷朝曰、甚矣黯之戇也。他日又曰、古有社稷臣。黯近之矣。淮南王安謀反、曰、漢廷大臣、獨汲黯好直諫守節死義。如丞相弘等、說之如發蒙耳。黯嘗拜淮陽守、曰、臣

上選材智俊異

○胡致堂曰、人莫難於知過、莫難於悔過、莫甚難於改過、迷而不知者皆是也、若漢武帝行年六十有八、然後知往日之非、而悉改之、雖云不敏、然其去不知過而遂非者遠矣、嗚呼、此真可為帝王處仁遷義之法也哉

東方生字曼倩、好傳受經術、博觀外家書、嘗自謂避世金馬門、初上書曰、臣少失父母、長養兄嫂、年十三學書、三冬文史足用、十五學劍、十六學詩書、誦二十二万言

病不能任郡事、願為郎中、出入禁闥、補過拾遺、上曰、君薄淮陽邪、吾今召君矣、顧淮陽吏民不相得、徒得君之重、臥而治之、至淮陽十歲、竟卒、黯甚為上所重、大將軍衛青雖貴、上或踞廁見之、如黯不冠不見也、【留內】之內、京師也、【東海】郡屬、淮西、今海寧州、【闇】音甘、入聲、【九卿】筌蹄曰、入為主爵都尉、在九卿之列、【云云】猶言如此如此、【內多欲而外施仁義】胡曰、黯此言、豈惟深中武帝病、凡人君鮮不然矣、堯舜禹湯文武、則無欲者也、自餘賢王、則能克己窒欲者也、齊小白晉重耳之徒、則內多欲而外施仁義者也、所謂欲者、或酒或色、或貨宝、或宮室、或遊畋、或博奕、或書藝圖畫以為文、或開土闢遠以為武、或崇尚佛釋以為清、或希慕神仙以為高、雖汚潔不齊、害有大小、皆足以變移志慮、荒廢政理、雖勉於行仁、仁必不足以感人心、雖強於行義、義必不足以正民行、以其無實也、是故人君莫大乎脩身、脩身莫大乎寡欲、欲誠不行、則心虛而善入、氣平而理勝、動無非理、事無不善、唐虞之治、不過乎此、【淮南王安】淮南厲王長之子、文帝六年國廢、十六年安繼封、【發蒙】漢書註、如發物上之蒙、直取其物也、【淮陽】郡名、即陳州、【補過拾遺】補其過失、拾其遺缺也、【為上】之為去聲、【踞廁】廁、牀也、仲馮曰、古者見大臣、御坐為起、踞廁者、輕之也、

上招選天下材智士俊異者寵用之、莊助、朱買臣

東方朔斫肉遺細君

十九學孫呉兵法戰陳之具鉦鼓之敎亦誦廿二万言又常服子路之言年二十二長九尺三寸目若懸珠齒若編貝勇若孟賁捷若慶忌廉若鮑叔信若尾生若此可以為天子大臣矣朔文辭不遜高自称譽上偉之令待詔公車後常為郎

斫 職略切音酌

○安積艮齋曰高祖披荊棘踏湯火而安天下以傳於子孫帝不顧念其勤勞逞無饜之欲以至天下窮困公卿不能自給而縣

吾丘壽王司馬相如東方朔枚皐終軍等在左右相如特以詞賦得幸朔皐不根持論好詼諧上以俳優畜之朔嘗語上前侏儒以為上欲殺之侏儒泣請命上問朔朔曰侏儒飽欲死臣朔饑欲死伏日賜肉晏朔先斫肉持歸上召問令自責朔曰受賜不待詔何無禮也拔劍斫肉何壯也斫之不多何廉也歸遺細君又何仁也然朔亦時直諫有所補益（莊助）漢書避明帝諱改莊作嚴（在左右）莊助也朱買臣也吾丘壽王也司馬相如也東方朔也枚皐也終軍也皆臣姓名（論）去聲（好）去聲（詼）音魁譏戲也（諧）合和也（俳優）般做雜劇人也俳音排（語）去聲（伏日）三伏夏至後第三庚為初伏第四庚為中伏立秋後初庚為末伏伏者金氣伏藏之日也舊制嘗以此日賜百官肉（令）平聲（遺）去聲（細君）妻也自李少君以來求神仙不已文成誅而五利至五利以文成為言上曰文成食馬肝死耳及五利又誅公孫卿等尤見聽信末年帝乃悟曰天下豈有仙人盡妖妄耳節食服藥差可少病而已

官與商賈爭利、豈不哀哉、雖然帝亦英主也、晚年下輪臺之詔、痛自刻責、頗能改其弊、漢家賴以不至於亡、非英主而能如是耶、向使賢宰名儒輔翼之、恭儉清約、繼文帝之徽猷、則其德業必有超軼乎百代者、惜夫

便嬖趙倢伃居鉤弋宮、故號鉤弋夫人、其門謂鉤弋之門也、

便嬖、凡禁門黃闥謂之黃門、宦者主之、故世俗號宦者曰黃門

〔差〕楚宜切、又音釵、漢興、雖自惠帝已除挾書之禁、文帝已廣游學之路、然儒學終未盡盛、至帝世、董仲舒・公孫弘皆以春秋進、兒寬亦以經術飾吏事、後又有孔安國等出、表章六經、實自帝始、數獲祥瑞、白麟朱鴈芝房寶鼎、皆爲樂章、薦之郊廟、文章亦至帝世始盛、人以爲有三代之風焉、帝壽七十而崩、葬茂陵、太子立、是爲孝昭皇帝、〔六經〕漢以詩書易禮樂春秋爲六經、〔表章〕者、表異而章顯之也、〔薦之郊廟〕武帝嘗祠五畤、獲白麟、幸東海、獲赤鴈、幸甘泉、芝草生、九莖連葉、幸汾陰、得寶鼎、乃作白麟朱鴈芝房寶鼎之歌、薦于郊廟、以絃歌之、〔三代〕夏殷周、〔七十〕通鑑注、七十一、〔茂陵〕在安西府興平縣北、

〔孝昭皇帝〕名弗陵、母鉤弋夫人趙氏、娠十四月而生、武帝命其門曰堯毋門、年七歲、體壯大多知、武帝欲立之、察群臣惟霍光忠厚可任大事、使黃門畫周公負成王朝諸侯以賜光、〔鉤弋〕宮名、〔堯毋門〕昔堯母亦娠十四月生堯、〔知〕音智、〔黃門〕〔筆〕蹏宦官曰黃門、〔負成王〕負其扆也、通鑑曰、周公南面負扆以

論武帝処置後事之明

論武帝殺鉤弋未盡善

稱武還

通鑑、霍光涕泣問曰、如有不諱、誰當嗣者。上曰、君未諭前畫意耶。立少子君行周公之事。光頓首讓曰、臣不如金日磾。日磾亦曰、臣外國人、不如光、且使匈奴輕漢矣。詔立弗陵為皇太子。時年八歲。以光為大司馬大將軍、日磾為車騎將軍、太僕上官桀為左將軍。

鉤弋夫人賜死。頃之帝閑居、問左右曰、外人言云何。左右對曰、人言且立其子、何去其母乎。帝曰、然。是非兒曹愚人之所知也。往古國家所以亂也。

朝諸侯。○陳曰、武帝慮置後事、優游暇豫、非人所及。前世人主、如成王顧命、事已不可及。若魏明帝執司馬懿手託以後事、又指齊王芳以示之、唐太宗命高宗以召李世勣而用之、皆是習中旋不暇。是以如此。武帝只於平時見破霍光、畫周公負成王以與之、措置了、泰然無事、弥留之際、二三公拜受詔床下、略無一言。它日群臣俯首聽命於顧命大臣、不敢一人有議論者。以武帝見之之明也。

譴責鉤弋夫人賜死曰、古國家所以亂、由主少母壯驕淫自恣也。【譴】音遣、去聲。【少】去聲。○胡曰、処難処之事、非聖人莫能也。若周公之於管蔡、魯國之於哀姜是也。鉤弋夫人不聞其罪、而預防婦亂而殺之、過矣。漢武為幼子遠慮、獨無善處之道乎。茍能抑春秋之大義、母不得稱后、母后不得臨朝、播告之、修著為漢法、藏之宗廟、責在大臣、鉤弋雖欲竊位驕恣、烏乎敢乎。武帝此舉、斷則有兵、未盡善也。明年。武帝崩。遂即位。燕王旦以長不得立、謀反、赦弗治。黨與伏誅。【旦】武帝第三子。【治】平聲。【與】如字。【伏誅】說見下文。○始元六年。蘇武還自匈奴。武初徙北海上、掘野鼠去草實而食之、臥起持漢節。李陵謂武曰、人生如朝露。何自苦如此。陵與衛律降匈奴、皆富貴。律亦屢勸武降。終不肯。漢使者至匈奴。匈奴詭言

雁帛

論拜武為典屬國

上官桀以外祖專制

燕王上書言光

官屬隨武還者九人。既至京師、詔武奉一大牢謁武帝園廟、拜為典屬國。

陳仁錫云、畫室疑是漢大臣行罪之所。

本傳注、室中有周公負成王畫圖、止其室中者、有所倚也。

自光帝時、桀位在光右、及是皇后親安女、而光之權獨隆、皆所以怨望也。

武已死。漢使知之、言天子射上林中、得鴈足有帛書云武在大澤中。匈奴不能隱、乃遣武還。武留匈奴十九年、始以強壯出、及還須髮盡白。拜為典屬國。〔去上聲、摘也。詭、過委切、詐也。須、鬚同。典屬國、官主蠻夷屬國、屬音燭。〕胡曰、卜式為齊相、一言中主意、遂登三公。焦不疑以乃布衣、用繡衣薦、即拜刺史。武帝故事、光所見也。蘇子卿持節十九年、竟不辱命者、其在匈奴中、對辭処義、皆有本末、非出於一時慷慨輕生易死之所為。真志士仁人也。豈在卜焦之比乎。光執國大權、武亭在位、宜加顯賞、以勸其臣節。設不亟除御史大夫、猶當処之九卿。然後為稱。典屬國之命、謂武曉習蠻戎事。實則實矣、不幾於玩乎。厥後招致譏誚、亦不虛得矣。○左將軍上官桀子安為霍光婿、生女、立為皇后。桀與安自以后之祖父、乃不若光以外祖專制朝事。桀與光爭權。時鄂國蓋長公主為所愛丁外人求封侯、不許。怨光。燕王旦自以帝兄常怨望。御史大夫桑弘羊為子弟求官不得、亦怨望。於是皆與旦通謀、詐令人為旦上書言、光出都肄郎羽林、道上稱蹕、擅調益莫府校尉、專權

上知燕王書詐不下

誅上官桀等

出沐、漢律史五日得一休沐、言休息以洗沐也、
廣明、注、長安東門屬耳、注、屬近也、言是近日事
公主封鄂邑蓋侯之妻也、泰山郡有蓋縣

自恐疑有非常。候光出沐日奏之。桀欲從中下其事。弘羊當與大臣共執退光。書奏帝不肯下。明旦光聞之止畫室中不入。上問大將軍安在。桀曰、以燕王告其罪不敢入。詔召大將軍。光入免冠頓首謝。上曰、將軍之廣明都郎屬耳。調校尉以來未能十日。燕王何以得知之。且將軍爲非不須校尉。是時元鳳元年。帝年十四。尚書左右皆驚。而上書者果亡。捕之甚急。桀等懼白上小事不足遂。上不聽。後桀黨有譖光者。上輒怒曰、大將軍忠臣。先帝所屬以輔朕身。敢有毀者坐之。自是無敢復言。桀等謀令長公主置酒請光伏兵格殺之。因廢帝而立旦。安又謀誘旦至誅之廢帝而立桀。會有知其謀者。以聞捕桀安弘羊等并宗族盡誅之。蓋主與旦皆自殺。

【上】官桀　桀名也。【若】順也。【鄂】國、在武昌。【蓋】音甘、入聲。【長】公【主】昭帝姊、長音張、上聲。【為】所之為、【為】且之為、並去聲。【丁】外人　丁姓、外人名

論昭帝至明　傅介子刺樓蘭

霍光廢賀立宣帝

綱鑑補、以其爲匈奴反間也、司馬公謂王者之於戎狄、叛則討之、服則舍之、今樓蘭王既服其罪、又從而誅之、後有叛者、不可得而懷矣、必以爲有罪而討之、則宜陳師鞠旅、明致其罰、今乃遣使者誘以金幣、而殺之、後有奉使諸國者、復可信乎

○長南軒曰、霍光天資重厚、故可以當大事、而其所以失、則由於不學之故也、後之儒生、如班固輩、蓋知以不學疾光矣、然使其

也。【光出都肄郎羽林云云】肄音異、孟康曰、都、試也、肄、習也、總閱試習武備也、羽林者、親軍官也、師古曰、羽林、亦宿衛之官、疾如羽、多如林也、言光之出、本爲閲視軍士、而於道上僭用天子警蹕之制也、【調】去聲【莫府校尉】莫與幕通、幕府者、帥府也、武帝嘗令衛青伐匈奴、大克、即日拜大將軍於幕中、故曰幕府、言光自擅調選增益幕府校尉官也、【下其事】下公卿講議其事、後倣此【畫室】雕畫之室【廣明】師古曰、亭也【屬耳】屬通作近、言光往廣明亭都肄郎之事甚近【不須校尉】言如以光調益校尉爲非、則可不必調益【尚書】尚音常、官掌出納王命數奏乃機【不足遂】不足追究【以聞】奏也。○李德裕曰、人君之德、莫大於至明、明以照奸、則百邪不能蔽矣、漢昭帝是也、周成王有慙德矣、高祖文景倶不如也。○四年傅介子使西域、誘樓蘭王、刺殺之、馳傳詣闕、以其爲匈奴反間也。【使】去聲【刺】音次【傳】音專去聲【爲】去聲【間】音澗。○元平元年、帝年二十一而崩、在位十四年、改元者三、曰始元、元鳳、元平。霍光爲政、與民休息、天下無事、昌邑王賀、哀王髆之子、武帝孫也、光迎賀入即位、尊皇后爲皇太后、賀淫戲無度、光奏廢之、迎立武帝曾孫、是爲中宗孝宣皇帝。【十四年】案紀、年改元、祇十三年、而此云二十四年者、蓋即位二年、方始改元、則在位實

長安獄有天子氣

泰山石立僵樹復起

路溫舒上書言獄吏

當小利害、僅如毫髮、鮮不喪其所守、望其如光凜然當大事、屹如山岳、其可得哉、予謂人才如光輩、學者要當觀其大節、光取其所長、而後議其所蔽、及身而察焉、則庶為蓄德之要、不然所論雖高、亦為虛言而已矣、

霍光夫人顯、欲貴其小女成君、道無從、會許后當娠病、女醫淳于衍者、霍氏所愛、嘗入宮侍疾、顯謂衍曰、將軍素愛成君、欲奇貴之、今皇后當免身、若投毒藥去之、成君即為皇后矣、事成富貴共之、云々

十有四年。後多倣此。邑國在濰州。鄗音博

孝宣皇帝初名病已。後改名詢。武帝之曾孫也。初戾太子據納史良娣。生史皇孫進。進生病已。數月遭巫蠱事。皆繫獄。望氣者言長安獄中有天子氣。武帝遣使令盡殺獄中人。丙吉時治獄。拒不納曰。他人無辜尚不可。況皇曾孫乎。使者還報。武帝曰。天也。及長高材好學。亦喜游俠。具知閭里姦邪吏治得失。昭帝元鳳中。泰山有大石自起立。上林有僵樹復起。蚕食其葉曰。公孫病已立。及賀廢。病已年十八矣。光等奏病已躬節儉慈仁愛人。可以嗣孝昭後。迎入即位。既立六年。霍光卒。始親政。已音以。良娣漢書註。女官也。太子有妃、有良娣、有孺子、此三等。娣音第。史皇孫進從母姓。故曰史。使去聲。下同。令去聲。治平聲。辜音孤。罪也。吏治之治去聲。僵音姜。仆也。公孫病已立。公孫謂樹也。言樹已仆而再立。此蓋當時之讖語也。

○地節三年。路溫舒上書言。秦有十失。其一尚存。治

置廷尉平　霍氏族　曲突徙薪

皇后許氏崩顯因勸光內其女入宮○尹遂昌曰霍顯邪謀行於幽闇之中其端甚微其惡甚大光始焉不知後乃知之儻能即時討賊究其事而正其罪然後屏躬待命猶或可以自免既知而不發則是真與聞矣求免大恶之累得乎

立奭爲皇太子霍顯聞立太子怒不食曰此乃民間時子安得立即公肎子反爲王邪復教后毒太子數召賜食保阿輙先嘗之后挾毒不行

獄之吏是也俗語曰畫地爲獄議不入刻木爲吏期不對此悲痛之辭願省法制寬刑罪則太平可興上爲置廷尉平獄刑骈爲平兵上書之上上聲十失羞文學一也好武勇二也賤仁義之士三也貴治獄之吏四也正言者謂之誹謗五也過過者謂之妖言六也先王法服不用於世七也忠良切言皆鬱於胷八也譽諛之聲日滿於耳九也虚美熏心實行不立十也治平聲議不入雖非真獄且以不入爲幸期不對雖非真吏且以不對爲幸省音生上聲上爲之爲去聲廷尉平官掌平刑獄○膠東相王成勞来不怠治有異績賜爵關內侯膠東王寄景帝第九子相去聲勞来並去聲来徠同亦勞也朱曰勞者勞之来者来之治去聲賜爵關内侯賜爵者但賜其爵而非實封也後皆倣此○魏相爲丞相丙吉爲御史大夫魏相魏姓相名○四年霍氏謀反伏誅夷其族告者皆封列侯初霍氏奢縦茂陵徐福上疏言宜以時抑制無使至亡書三上不聽至是人爲徐生上書曰客有過主人見其竈直突傍有積薪謂主人更爲曲突遠徙其薪主人不應俄失火鄉里共救之幸而

賜徐福帛

霍氏禍萌於驂乘

上頗聞霍氏毒殺許后、而未察、霍氏謀反、事覺、雲山明友自殺、禹腰斬、顯及諸女昆弟皆弃市、皇后霍氏廢、處昭臺宮、

宣帝紀、邑惇厚篤於故舊、公正不可交以私、身為列卿、居處節儉、祿賜以共宗黨、家無餘財、及卒、天子下詔称揚、賜其子金百斤、以奉祀

便蒙、赤子本書若保赤子、天子保護万民、如慈母之愛赤子、故謂民曰赤子、潢池者小兒所

得息、殺牛置酒、謝其鄉人。人謂主人曰、鄉使聽客之言、不費牛酒、終無火患。今論功而賞、曲突徙薪無恩澤、焦頭爛額為上客耶。上乃賜福帛、以為郎。帝初立謁高廟、霍光驂乘。上嚴憚之、若有芒刺在背。後張安世代光參乘、上從容肆體甚安近焉。故俗傳霍氏之禍萌於驂乘。〔上〕蹤之上、上聲、〔三〕上上書之上、並同、〔為〕徐之為、去聲、〔過〕音戈、〔直突〕㷡同、竈囱也、直則不能藏火、〔更〕音庚、〔曲突〕其突曲則可藏火、〔徙〕頃也、〔鄉使〕之鄉音向、〔焦〕燋同、傷火也、〔驂乘〕乘去聲、凡乘車、尊者居左、御者居中、又一人居右、為驂乘、〔芒刺〕芒禾頴、刺音次、針也、〔從〕音促、平聲 ○北海太守朱邑以治行第一、入為大司農。渤海太守龔遂入為水衡都尉。先是渤海歲饑盜起。選遂為太守。召見問、何以治盜。遂對曰、海濱遐遠、不沾聖化。其民飢寒、而吏不恤。使陛下赤子盜弄兵於潢池中耳。今欲使臣勝之耶、将安之也。上曰、選用賢良、固欲安之。遂曰、治乱民、如治乱繩。不可急也。願無拘臣以

龔遂以便宜治渤海

趙廣漢爲鉤距

游之小潢池、以喻渤海郡、勝謂威力克而殺之也、安謂德行撫而安之

至是召入、爲水衡都尉

單車、謂獨行不從車騎也

鉤音項、篇音同、字書、鉤胡苟切、可受版書、篇

○賴山陽曰、余獨以爲廣漢之死不足惜、適可爲漢賀耳、夫廣漢者、所謂儌以爲知、訐以爲直者也、初諂事霍

文法、得便宜從事、上許焉、乘傳至渤海界、郡發兵迎、遂皆遣還、移書罷捕諸持田器者爲良民、持兵者乃爲盜、遂單車至府、盜聞即時解散、民有持刀劍者、使賣劍買牛、賣刀買犢、曰何爲帶牛佩犢、勞来巡行、郡中皆有蓄積、獄訟止息、至是召入。北海郡屬山東、今益都府、治行之行去聲、太司農九卿之一、主治藏者也、渤海郡屬山東、今濵州、水衡都尉官、掌上林苑、見音現、治平聲、下並同、恤賑也、赤子嬰児、喩民也、潢音黄、積水曰潢、傳音專、去聲、罷捕罷逐捕盜賊吏、單車傳車又曰單車、解音蟹、犢牛稚曰犢、何爲之爲去聲、勞去聲、来去聲、蓄音充、入聲 ○元康元年、殺京兆尹趙廣漢、初廣漢爲潁川太守、潁川俗豪傑相朋黨、廣漢爲鉤項篇、受吏民投書、使相告訐、姦黨散落、盜賊不得發、由是入爲京兆尹、尤善爲鉤距、以得其情、閭里銖兩之姦皆知、發姦擿伏如神、京兆政清、長老傳自漢興治京兆者莫能及、至是人上書言、廣漢以私怨論殺人、下廷尉、吏民守闕號泣者數

尹翁歸為右扶風

光、光死則伺知帝忌霍氏、乃故索其家私、酤破嬰斬闌以致達帝聽、而帝善之、是廣漢所以受知也、及其以私怨殺榮畜、為魏相所案、則探相陰事欲以迫脅之、突入相府、捕劾奴婢、而帝惡之、是廣漢所以受戮也、故廣漢始以徼與訐起身、亦終以此敗、帝之惡之、可謂知所惡矣、

最清潔自守、語不及私、然温良謙退、不以行能驕人、

萬人竟坐要斬。廣漢廉明、威制豪強、小民得職。百姓追思歌之。〔京兆尹〕京兆、三輔之一、今安西府、属陝西。尹、其官名。〔潁川〕郡之屬、河南今許州。〔鉤箭〕顔師古曰、若今盛錢藏瓶、為小孔、可入而不可出、用受書令投於中。〔訐〕音結、面相斥曰訐。論語、註、訐、謂攻發人之陰私也。〔散落〕落、聚也、散落者、其聚鮮也。〔鉤距〕晉灼曰、鉤、致、距、閉也、言鉤得其隱伏之情、而距塞其欺誑之説也。〔銖〕音殊、十絫為銖、二十四銖為兩。〔擿〕音剔、擿、挑。〔伏〕隱也、謂發明姦邪、推究隱伏、如有神見。〔長〕音張、上聲。〔上〕上聲。〔論〕去聲。〔號〕音豪。〔要〕音腰。○以尹翁歸為右扶風。翁歸初為東海太守、過辭廷尉于定國。定國欲託邑子語終日、竟不敢見。曰、此賢將、汝不任事也、又不可干以私。以治郡高第、遂入治。常為三輔最。〔右扶風〕三輔之一、今鳳翔府、屬陝西。〔過〕音戈。〔欲託邑云云〕託、寄囑也。子、男子之称、邑子者、同邑之子也。定國東海人、故欲以邑子為翁歸託也。見音現、不敢以邑子見翁歸也。〔賢將〕漢制、太守嘗兼武事、故曰賢將。〔汝不任事云云〕言邑子之託不足為翁歸任、又不可以私意託之、此蓋定國退與邑子之語也。〔入治〕翁歸竟以東海治第高、遂乃入治扶風。〔三輔最〕扶風、治效常為京兆馮翊之最。最、通鑑注、上功曰最。○二年。上欲因匈奴衰弱、出兵擊其右地、使不復擾西域。魏相諫曰、救

魏相諫滅匈奴

匈奴數遣兵擊車師田者、鄭吉將渠犂田卒救之、為匈奴所圍、吉上言願益田卒、魏相諫曰云々、上乃遣常惠將騎往車師、迎鄭吉、遂以車師古地與匈奴

車師西域國名

發明匈奴擾車師田者、自常情觀之、興兵誅討可也、魏相深見遠識、諫而止之、書詔鄭吉還屯渠犂、則戢兵保民之美可勝既哉、未幾匈奴衰弱、終於臣服、則車師之地、果何關於勝敗之數乎

亂誅暴謂之義兵、兵義者王、敵加於己、不得已而起者謂之應兵、兵應者勝、爭恨小故、不忍憤怒者謂之忿兵、兵忿者敗、利人土地貨寶者謂之貪兵、兵貪者破、恃國家之大、矜人民之衆、欲見威於敵者謂之驕兵、兵驕者滅、匈奴未有犯於邊境、今欲興兵入其地、臣愚不知此兵何名者也、今年計子弟殺父兄妻殺夫者二百二十二人、此非小變、左右不憂、乃欲發兵報纖芥之忿於遠夷、殆孔子所謂吾恐季孫之憂不在顓臾、而在蕭墻之内、上從相言、[右地]案全書、今甘肅永昌府、天下以東為左、以西為右、[王]去聲、[已]音紀、[已]音以、[矜]誇也、[纖芥]草芥、喩輕杪也、[殆]近也、[顓臾]魯附庸國、在今沂州費縣、[蕭墻之内]鄭康成曰、蕭之為言肅也、墻謂屏也、君臣相見之禮、至屏而加肅恭焉、是以謂之蕭墻也、[上從相言]此一節、舊本誤在蓋寬饒奏封事下、寬饒誤在二疏乞骸骨下、二疏誤在尹翁歸為右扶風下、先零羌畔誤在此下、今悉依通鑑、釐而正之、庶無訛謬相承之惑也、○三年、太子太傅疏廣與兄子太子少傅疏

皇太子年十二、通論語孝經、太傅疏廣、謂少傅受曰、吾聞知足不辱、知止不殆、今官成名立、不去懼有後悔、

祖道、行祭、為道路祈也、黄帝子名纍祖、好遠遊而死於道、故後人以為行神、出行者祭之、因之饗飲焉

先零西羌種名

圖畫其地形、并為攻討方略、而奏上之也

趙充國至金城上方略

先零羌畔

留田便宜十二事

受上疏乞骸骨、許之、加賜黄金、公卿故人設祖道、供張東門外、送者車數百兩、道路觀者皆曰、賢哉二大夫、既歸、日賣金共具、請族人故舊賓客相與娛樂、不為子孫立產業、曰、賢而多財則損其志、愚而多財則益其過、且夫富者衆之怨也、吾不欲益其過而生怨、（少傅疏受、少傅、官名、周官、少師少傅少保、曰三孤、疏、音疎、姓也、受、名也、上、上聲、上疏之疏、去聲、乞骸骨、乞致仕、使骸骨歸葬於郷土也、祖道、古之行者、必有祖道之祭、祭畢、処者送之、飲於其側、而後行也、供張、陳設也、供音恭、去聲、張音帳、兩音亮、一車兩輪曰兩、共供同、為去聲、夫音扶、）○神爵元年、先零與諸羌畔、上使問後將軍趙充國、誰可將者、充國年七十餘、對曰、無踰老臣、復問、將軍度羌虜何如、當用幾人、充國曰、兵難遙度、願至金城圖上方略、乃詣金城上屯田、奏願罷騎兵、留歩兵萬餘、分屯要害處、條不出兵留田便宜十二事奏、每上輒下公卿議、初是其計者什三、中什五、最後什八、魏相任

蓋寬饒奏封事

魏相條漢便宜行事

其計可必用。上從之。元舊本作三非。先零羌種名。度音堂入聲下同。金城郡屬。華昌今蘭州。圖上之上聲下并同。要害處險阻之處在我為要在彼為害。條不出兵條約也。謂約束兵備而不出也。十二事大略一言屯田致穀威德並行。二言按其肥饒以待其畔。三言使民不失農業。四言罷騎兵以省大費。五言令士卒循河湟漕穀。六言以閑暇繕治郵亭。七言不出兵坐得必勝之理。八言無經阻遠迫死傷之害。九言不損威武覆難乘間。十言無驚動河南大开小开使生他變之憂。十一言治湟陜中道橋以制西域。十二言息徭役以戒不虞。什三什與十通。什三者十中有三。後凡如什五什六七之類者効此。○二年司隸校尉蓋寬饒奏封事。上以為怨謗。下吏。寬饒自剄。司隸校尉官掌總部河南河內右扶風左馮翊京兆河東弘農七郡之政。故曰司隸校尉。蓋音甘入聲。封事上書言事。○三年丞相魏相薨。故事上書者皆為二封。署其一曰副。領尚書者先發副封。所言不善屏去不奏。自霍光薨後。相即白去副封以防壅蔽。及為相好觀漢故事及便宜章奏。數條漢興以來便宜行事及賢臣賈誼晁錯董仲舒等所言。請施行之。敕掾史案事郡國及休告從家還至府

○零音憐

充國再上狀曰。臣聞帝王之兵以全取勝。是以貴謀而賤戰。百戰而百勝。非計之善者也。故先為不可勝以待敵之可勝。魏相曰。臣任其計可必用也。上從其言。

寬饒剛直公清。數犯上意。奏曰。方今聖道浸微。儒術不行。以刑餘為周召。以法律為詩書云云。上以為怨謗。寬下吏。饒引佩刀自剄北闕下。衆莫不憐之。

丙吉知大体

韓延壽爲馮翊

民不忍欺紿

故人嘗有阿保之功者、皆受官祿田宅財物、各以恩深淺報之。丙吉臨當封、病。上憂其不起。夏侯勝曰、有陰德者、必享其祿。今吉未獲報、非死疾也。果癒。

○司馬溫公曰、夫宰相所以治陰陽者、豈拱手端冕無所施設、而陰陽自調。蓋亦佐人主、治庶政、安四海、使和氣洋洋、溥於宇宙、旁暢周達、浸潤滲漉、明則百姓洽、幽則鬼神諧。然後寒暑時至、万物畢安。當丙吉爲政之時、政治之不得、刑罰之失中、不肖之未

輙白四方異聞。或有逆賊風雨災異、郡不上、相輙奏言之。與御史大夫丙吉、同心輔政。上皆重之。至是吉代爲丞相。〔故事〕舊制也。〔上〕書之上、上聲、下同。〔三〕封一樣二本。〔署〕書也。〔尚〕音常。〔屏〕音丙。〔去〕上聲、下同。〔好〕去聲。所言事皆見上。〔掾史〕羣省吏曰掾史。〔郡國〕分案巡事諸郡。〔休告〕告假歸也。〔不上〕不上言也。吉尚寬大、好禮讓。嘗出、逢群鬪死傷。不問。逢牛喘、使問逐牛行幾里矣。或譏吉失問。吉曰、民鬪京兆所當禁。宰相不親細事。非所當問也。方春未可熱。恐牛暑故喘。此時氣失節。三公調陰陽、職當憂。人以爲知大體。〔上〕尚同。〔喘〕音川、疾息也。〔暑〕熱也。○五鳳元年、殺左馮翊韓延壽。延壽爲吏好古教化。由潁川太守、入爲馮翊。民有昆弟相訟。延壽閉閤思過。訟者各悔、不復爭。郡中翕然相敕厲。恩信周徧、莫復有詞訟。民吏推其至誠、不忍欺紿。至是坐事棄市。百姓莫不流涕。〔馮〕音憑。〔翊〕音弋、三輔之一、今同州、屬陝西。〔閤〕音甘、入聲。〔思過〕有幸爲郡表率、不能宣明教化、至令民有骨肉爭訟、咎在馮翊之

常平倉
殺光禄勳
楊惲

去、忠賢之未進、可勝紀哉。釋此不慮、而慮於牛喘、以求陰陽、不亦疎乎。

自元康以来、比年豊稔、穀石五錢。耿壽昌築常平倉、民便之。詔賜爵関内侯。

孫會宗與惲書、爲言大臣廢退、當闔門惶懼、爲可憐之意。不當治産業、通賓客、有稱譽。惲宰相子、有材能、少顕朝廷、一朝以晦昧語言見廢、内懷不服。又惲兄子譚謂惲曰、侯罪薄、又有功、且復用。惲曰、有功何益、縣官不足

語［翕］音吸、歙也。［救厲］救戒、勉厲。［坐事］事見通鑑。○三年。丙吉薨。黄霸爲丞相。霸嘗爲潁川太守。吏民稱神明、不可欺。力教化、後誅罰。長史許丞老病聾。督郵白、欲逐之。霸曰、許丞廉吏、雖老尚能拜起、重聽何傷。數易長史、送故迎新之費、及姦吏因縁、絶簿書、盗財物、公私費耗甚多。所易新吏、又未必賢、或不如其故、徒相益爲乱。凡治道去其太甚者耳。霸以外寛内明、得吏民心、治爲天下第一。至是代吉。霸材長於治民、及爲相、功名損治郡時。［長史］之長、音張、上聲。長史官、主佐郡、即郡丞也。又曰治中、又曰別駕。［督郵］官、主糾察郡吏、即郡録事也。今廢此職。［數］音朔。［易］音亦、下同。［治道］之治、去聲。［去］上聲。［治民］之治、平聲、下並同。○四年。太司農耿壽昌、白令邊郡皆築倉、穀賤增價而糴、以利農、穀貴減價而糶、以利民、名曰常平倉。［令］去聲。［糴］音笛。［糶］音挑、去聲。○殺前光禄勳楊惲。惲廉潔無私。人上書告惲爲妖悪言、免爲庶人。惲家居治産自娯。其友孫會

種豆之詩

論趙蓋韓楊之死為政之累

為盡力、譚曰、縣官實然、蓋司隷韓馮翊皆盡力吏也。倶坐事誅、注、不敢指斥天子、故称縣官

缶瓦器也、擊之以節歌、李斯諫逐客書、聲甕扣缶而呼烏烏快耳者秦聲也、惲秦人故云

命名也、脱其名籍而逃亡

抱擊鼓杖也、擊鼓所以警衆、

冀州部中有大賊、天子使使者、即家召敞、妻子皆泣、敞獨笑曰、吾身亡命為民、郡吏當就捕、今使者來、此天子欲用我也、裝隨使者、使者詣公車、上

宗戚之惲報曰、過大行虧當為農夫以没世、甲家作苦、歲時伏臘、烹羊炰羔、斗酒自勞、酒後耳熱、仰天拊缶而呼嗚嗚、其詩曰、田彼南山、蕪穢不治、種一頃豆、落而為萁、人生行樂耳、須富貴何時、淫荒無度、不知其不可也、人上書告惲驕奢不悔、下廷尉案、得所與會宗書、帝見而悪之、以大逆無道要斬、

光祿勳九卿之一、掌宿衛宮掖、即光祿卿也、武帝改曰光祿勳、惲音醞、上上聲、下同、行虧之行、去聲、伏臘伏伏日、見前、臘八案、晉書云、冬至後第三戌日為臘日、炰炮同、勞去聲、嗚嗚聲也、穢於廢切、悪草也、頃音傾、上聲、萁音其、豆莖也、樂音洛、悪之之悪、音烏、去聲、要音腰、○司馬温公曰、以孝宣之明、魏相丙吉為丞相、于定國為廷尉、而趙蓋韓楊之死、皆不厭衆心、惜哉、其為善政之累大矣、周官司寇之法、有議賢議能、若廣漢延壽之治民、可不謂能乎、寛饒惲之剛直、可不謂賢乎、然則雖有死罪、猶將宥之、况罪不足以死乎、

○甘露元年、公卿奏京兆尹張敞惲之黨友、不宜處位、上惜敞材、寝其奏、敞使掾絮舜有所案驗、舜私歸曰、五日京兆耳、安能復案事、敞聞舜語、即收繫獄、竟致

于公治獄有陰德　于定國為廷尉民不冤　呼韓邪單來朝

引見拜冀州刺史到部盗賊屛息

于定國字曼倩東海郯人也其父于公為縣獄吏郡決曹決獄平羅文法者于公所决皆不恨郡中為之生立祠始其閭門壊父老方共治之于公謂曰少高大閭門令容駟馬高蓋車我治獄多陰德未嘗有所冤子孫必有興者至定國為丞相封西平侯子永為御史大夫

麒麟閣在西安府城内未央宮吳蕭何所造以藏秘書者

其死後為舜家所告敞上書從闕下亡命歲餘京師枹鼓數警上思敞能復召用之。（敞音昌上聲處音杵寢其奏不舉行也絮女乎切又音如姓也五日謂敞有章劾三五日當免為去聲上書之上上聲亡命逃也數音朔警驚也）○黄霸卒于定國為丞相定國父于公初為獄吏東海有孝婦寡居不嫁以養其姑姑以年老妨婦嫁自經死姑女告婦迫死其母婦不能辨自誣伏于公爭之不能得孝婦死東海枯旱三年後太守來公言其故太守祭孝婦冢遂雨于公治獄有陰德令高大門閭容駟馬車曰吾後世必有興者子定國以地節元年為廷尉朝廷称之曰張釋之為廷尉天下無冤民于定國為廷尉民自以不冤至是由御史大夫代霸（養音漾姑夫母曰姑妨音芳害也冢墳也釋名冢腫也象山頂之腫起令平聲）○匈奴乱五單于爭立呼韓邪單于上書願款塞称藩臣甘露三年來朝詔以客禮待之位諸侯王上（五單于屠

圖功臣於麒麟閣

宇書、綜機縷也。又曰綜理也、經也。綜核名實、借織喻人事也。

○安積艮齋曰、彼刑名者孰創而傳之、非商鞅・申不害・韓非之徒也耶。此數子者、不知儒術之要、不達禮樂之源、徒以峻法嚴令刼制天下之民、一朝論刑、流血成川、是以民不寒而栗、皆爭趨法令、乃自矜誇以爲功、駕五帝而軼三王、殊不知其所以令行禁止者、適足以斲喪元氣、而速覆亡之禍、若暴秦亡其彰明較著者也、宜

者單于、呼韓邪單于、呼揭單于、車犂單于、烏藉單于。(郅)音厖。(上書)之上、上聲。(欵)音寬、上聲、叩也。(藩)音翻、籬也。○荀悅曰、春秋之義、王者無外、欲一于天下也。戎狄道里遼遠、人跡介絕、故正朔不及、禮教不加、非尊之也、其勢然也。詩曰、自彼氐羌、莫敢不來王、故要荒之君、必奉王貢、若不供職、則有辭責號令加焉、非敵國之謂也、今待以不臣之禮、加之王公之上、僭度失序、以乱天常、非禮也已。

○上以戎狄賓服、思股肱之美、乃圖畫其人於麒麟閣。惟霍光不名、曰大司馬大將軍博陸侯姓霍氏。其次張安世・韓增・趙充國・魏相・丙吉・杜延年・劉德・梁丘賀・蕭望之・蘇武、凡十一人、皆有功德、知名當世。(麒麟閣)在安西、(博陸)城在蘇州、(梁丘)覆姓。

○帝在位改元者七、曰本始・地節・元康・神爵・五鳳・甘露・黃龍。凡二十五年。崩、葬杜陵。帝興於閭閻、知民事之艱難、厲精爲治、樞機周密、品式備具。拜刺史守相、輒親見問、常曰、民所以安其田里、而無歎息愁恨之聲者、政平訟理也。與我共此者、其惟良二千石乎。以爲太守吏民之本、數變易則民不安。故

漢家自有制度

帝生長閭里、知民之情偽、及即位、尊以刑名爲治、是猶播秭稗於沃壤之區、而灌漑焉、鹿豢焉、又加牛羊糜鹿之蹂焉。故能成中興之業矣。然其爲政、不任徳而任法、刑餘周召、法律詩書、忠厚之風衰、告訐之俗熾、漢室元氣、日以衰耗、天下之心、日以背叛、遂至下寳冉金甌、爲王莽一竪子所黙奪、而天下莫敢枝梧、無乃刑名之流毒於後裔也歟。

二千石有治理之效、輒以璽書勉厲、増秩賜金、公卿缺則選諸所表、以次用之。漢世良吏、於是爲盛、信賞必罰、綜核名實、政事文學法理之士、咸精其能、吏称其職、民安其業、遭値匈奴衰乱、推亡固存、信威北夷、單于慕義、稽首称藩、功光祖宗、業垂後裔、可謂中興、侔徳高宗周宣矣。太子即位、是爲孝元皇帝。本始即位、二十年戊申改元、杜陵在鳳翔府、閶闔閶門曰閶闔、樞機樞戸樞機弩牙、喩政治之要也、品式品第法式、制音次、守音獸、相去聲、璽書詔書也、璽音徙、御印曰璽、秩爵品也、信賞必罰必審也、信而後賞、審而後罰、綜音宗去聲、核覈通称其之称去聲、値音治、推音吹、信威之信音申、稽首稽音啓頭至地曰稽首、侔音謀齊也、

孝元皇帝名奭。初爲太子、柔仁好儒、見宣帝所用多文法吏、以刑名縄下、嘗燕從容言、陛下持刑太深、宜用儒生。宣帝作色曰、漢家自有制度、本以霸王道雜之。奈何純任徳教、用周政乎。且俗儒不達時宜、好是古非今、使人眩於名實、不知所

四人同心謀議

○戴永嘉曰、致治成法、百王所同。参周秦之法而並用之、此漢宣帝所謂家法也。

○胡致堂曰、謂王道覇術、正猶美玉碔砆之不可同年而語也。

便嬖、中人宦官也。無外黨、少骨肉之親、無婚姻之家也。

○張南軒曰、蕭望之劉更生輔元帝初政。以元帝天資之弱、而外有史高、内有恭顯二子、居其間、可謂孤弱之

守何足委任。乃歎曰、乱我家者太子也。〔從〕音蹤、平聲。〔眩〕音縣、乱視也。一說、目無常主曰眩。○司馬温公曰、王覇無異道。昔三代之隆、禮樂征伐自天子出、則謂之王。天子微弱不能治諸侯、諸侯有能率其與國同討不庭以尊王室者、則謂之覇。其所以行之也、皆本仁祖義、任賢使能、賞善罰悪、禁暴誅乱耳。非若白黒甘苦之相反也。漢之所以不能復三代之治者、由人主之不為、非先王之道不可復行於世也。夫儒有君子、有小人。彼俗儒者、誠不足與為治也。獨不可求真儒而用之乎。稷契皐陶周公孔子、皆大儒也。使漢得而用之、功烈豈若是而止耶。孝宣謂太子懦而不立、闇於治体、必乱我家、則可矣。乃曰王道不可行、儒者不可用、豈不過甚矣哉。殆非所以訓示子孫、垂法将来者也。宣帝少依太子母家許氏。許后以霍氏毒死。故弗忍廢太子。至是即位。〔少〕去聲。〔毒死〕宣帝本始三年、許后當娠病。霍光妻顯、令女醫淳于衍毒殺之、而以其女成君為皇后。

○初元元年、立皇后王氏。王莽之禍、實萠於此。

○二年、下蕭望之周堪及宗正劉更生獄。皆免為庶人。時史高以外屬領尚書事。望之堪副之。二人帝師傅、數言治乱、陳正事、選更生給事中、與侍中金敞並拾遺左右。四人同心謀議。史高充位而已、由

通鑑典及字

望之白罷中書宦官

不省召致廷尉爲送獄

勢危疑之時矣所以處之之道要當艱深其慮正固其守誠意懇惻人才廉收謹其爲勿使或露積歲上心開明人才衆多庶幾有可爲者此在易屯膏小貞之義也

賜蕭望之爵關内侯給事中朝朔望

發明望之前日以無罪見黜固當引身而退高蹈丘園爲明哲保身之計可也賜爵而朝朔望果何爲哉去就不明以及其身綱目雖無貶詞而義則在其中其有愧二疏多矣又果見

是與望之有隙。中書令弘恭。僕射石顯。自宣帝時久典樞機。及帝即位多疾。以顯中人無外黨。遂委以政事。事無大小因顯白決。貴幸傾朝。百僚皆敬事顯。顯巧慧習事。能深得人主微指。内深賊。持詭辯以中傷人。與高表裏。望之等患外戚許史放縱。又疾恭顯擅權。建白以爲中書政本。國家樞機。宜以通明公正處之。武帝遊宴後庭。故用宦者。非古制也。宜罷中書宦官。應古之不近刑人之義。上不能從。恭顯奏望之堪更生朋黨相稱譽。數譖訴大臣。毀離親戚。欲以專擅權勢。爲不忠誣上不道。請謁者召致廷尉。時上初即位。不省召致廷尉爲送獄。可其奏。後上召堪更生。曰繫獄。上大驚曰。非但廷尉問邪。令出視事。恭顯使高說上。竟罷免。後上復徵堪更生爲中郎。且欲以望之爲相。恭顯許史皆側目。知望之素高節不

旧本終字下有必字

望之自殺

論元帝易欺難寤

幾之君子乎、是以他日自殺、盡削其官也、

謁者召望之、望之以問門下生朱雲。雲好節士、勸望之自裁。望之仰天歎曰、吾嘗備位將相、年踰六十矣、老入牢獄、苟求生活、不亦鄙乎。飲鴆自殺。天子聞之驚、拊手曰、曩固疑其不就牢獄、果然殺吾賢傅。卻食涕泣、哀動左右。召顯等責問、以議不詳、皆免冠謝、良久然後已。是歲恭死、遂以顯為中書令。

詘辱建白。望之不悔過服罪、深懷怨望、自以託師傅、終不坐。非頗屈望之於獄、塞其怏怏心、則聖朝無以施恩厚。上曰、太傅素剛、安肯就吏。顯等曰、人命至重、望之所坐語言薄過、必無所憂。令謁者召望之。因急發執金吾車騎馳圍其第。望之飲鴆自殺。宗正官、掌公族。吏音庚。史高宣帝母黨。屬音燭。尚以有事殿中、故曰給事中。中書令官、掌中書、摠機要。僕射宰相、亦曰僕射。慧音惠。指、指意也。中傷之中、去聲。表裏在外為表、在內為裏。以為之為、去聲。樞機、中書都堂、乃庶政之根本、摠百揆之樞機。不近刑人、禮曰、刑人不在君側。省音息、上聲。令平聲、下同。視事、親視政事。側目、畏貌。詘音屈、辭塞曰詘。頗略也。塞音色。怏音央、去聲。施音試。過、猶罪也。無所憂、謂所坐以薄罪、召之、望之必來、而無足憂也。執金吾、軍衛官名。吾、禦也、常執金革以禦非常。一說、金吾杖也、以銅為之、金塗兩末。前說近是。第、宅也。○司馬溫公曰、甚矣、孝元之為君、易欺而難寤也。夫恭顯之譖望之、其邪說詭計、誠有所不能辨也。至於始疑望之不肯就獄、恭顯以為必無憂、已而果自殺、則恭顯之欺亦明矣。在中知之君、孰不感動奮發、以底邪臣之罰。也、孝元則不然、是使顯得肆其邪心、而姦臣安所懲乎。○弘恭死、石顯為中書令。○五

匈奴歸庭 | 京房學易亡身 | 石顯威權日盛 | 陳湯矯制斬郅支單于

房曰。陛下視今爲治邪亂邪。上曰。亦極亂耳。今爲亂者誰哉。房曰。明主宜自知之。上曰。不知也。如知。何故用之。房曰。上最所信任。與圖事帷幄之中。進退天下之士者是矣。房指石顯。上亦知之。

西京雜記曰。元帝後宮既多。不得常見。乃使畫工圖形。案圖召幸之。諸宮人皆賂畫工。多者十万。少者亦不減五万。獨王嬙不肯。遂不得見。匈奴入朝。求美人爲閼氏。於是上案圖以昭君行。及去召見。貌

年。匈奴郅支單于。殺漢使者。西走康居。（康居國在西域。居音渠）○永光元年。匈奴呼韓邪單于北歸庭。（自北而來朝也）○建昭二年。殺魏郡太守京房。房學易於焦延壽。延壽嘗曰。得我道以亡身者。京生也。爲郎屢言災異。有驗。嘗宴見言事。意指石顯。顯奏出之。尋徵下獄棄市。（魏郡屬河東。今大名府。易音亦。見音現。下獄棄市詳見通鑑）○顯威權日盛。與中書僕射牢梁少府五鹿充宗結爲黨友。諸附倚者得寵位。民歌之曰。牢邪石邪。五鹿客邪。印何纍纍。綬若若邪。（牢梁牢姓。梁名。少府之少去聲。官掌營繕。即將作監也。五鹿姓。充宗名。纍纍重貌。若若長貌）○三年。西域副校尉陳湯。矯制發兵。與都護甘延壽。襲擊郅支單于於康居。斬之。四年春。傳首至京。縣藁街十日。（都護官掌監護西域。傳音專去聲。縣與懸通。藁街音杲。皆藁街蠻夷所邸之處。故懸其頭於此以示之）○竟寧元年。呼韓邪單于來朝。願壻漢。以後宮王嬙字昭君賜之。（嬙音墻）○帝崩。在位十六年。

帝徒優游不斷

史丹伏靑蒲諫

石顯免歸死

黃霧四塞

為後宮第一。擧止閑雅。帝悔之。而名籍已定。帝重信於外國。故不復更人。乃窮案其事。畫工皆弃市。

○安積艮齋曰、元帝資質昏懦、雖用儒術、而其實皆與之背馳。任小人、黜賢才、宦官權熾、忠臣箝口。此不惟五穀之不熟、且鹵莽之、滅裂之、不藨不蓘。至于凋悴枯槁而後已。其所好者、特名耳。安望其比美於三代耶。

改元者四。初元。永光。建昭。竟寧。帝雖喜儒術、得韋玄成・匡衡爲相、無相業。帝徒優游不斷。漢業衰焉。太子卽位。是爲孝成皇帝。斷音端、去聲、决也。

孝成皇帝名驁。母王氏。生帝於甲觀。少好經書。其後幸酒樂燕樂。元帝時爲太子、幾廢。賴史丹伏靑蒲涕泣諫止。至是卽位。尊王氏爲皇太后。以元舅王鳳爲大司馬・大將軍、領尚書事。驁音敖。觀音貫。太子宮有甲觀。蓋甲乙丙丁之次也。酒樂之樂、音岳。燕樂之樂、音洛。幾音機。靑蒲、以靑蒲爲地、曰靑蒲。非皇后不得至此。元、長也。尚音常。○建始元年。石顯以罪免。歸道死。罪免、御史條奏舊惡。○封舅王崇爲安成侯。賜譚・商・立・根・逢時爵關內侯。黃霧四塞。關內侯、譚也、商也、立也、根也、逢時也、皆王太后兄弟。時稱王氏五侯。塞音色。○楊興曰、高帝之約、非功不侯。今王氏皆以無功爲侯。故天爲見異也。○河平二年。悉封諸舅爲列侯。○陽朔三年。王鳳卒。王音爲大司馬。王譚領城門兵。王音、鳳從弟。○鴻嘉四年。

封王莽為新都侯　立趙飛燕為皇后　梅福上書

石顯以罪免歸道死。書法書免歸道死何。譏失刑也。人不能誅而天誅之。於是漢為失刑矣。金鐵為飛。此何景也。漢興以來。社稷三危。呂霍上官。皆母后之家也。自霍光之賢。不能為子孫慮。故權臣易世則危。勢陵於君。權隆於主。然後防之。亦無及已。便蒙金鐵為飛。陰盛陽微。金不從革也。陽君象。陰臣象。此權臣用事之異也。○鴻齋曰。案金鐵為飛。謂府庫減耗也。地震洪水。荒廢田野。竄臣恣祿功

王譚卒。王商領城門兵。○永始元年。封太后弟之子莽為新都侯。○立皇后趙氏。名飛燕。女弟合德為婕妤。（女弟妹也。婕妤音接余。女官也。通鑑註。婕言接幸也。妤美称也。）○二年。王音卒。王商為大司馬。（王商音弟。）○故南昌尉梅福上書曰。方今君命犯而主威奪。外戚之權日以益盛。陛下不察其形。願察其景。建始以來。日食地震。三倍春秋。水災無與比數。陰盛陽微。金鐵為飛。此何景也。書上不報。（南昌縣屬南昌。上上聲。下並同。景影同。比數之數上聲。師古曰。言極多不可比校而數也。金鐵為飛之為去聲。漢書云。河平二年。沛縣鐵官鑄鐵。如星飛上去。不報寢其事。）○四年。王商卒。王根為大司馬。（王根商弟。為大司馬。案通鑑事在明年。）○安昌侯張禹以帝師傅。每有大政必與定議。時吏民多上書言災異。王氏專政所致。上至禹第。辟左右。親以示禹。禹自見年老子孫弱。恐為王氏所怨。謂上曰。春秋日食地震。或為諸侯相殺。夷狄侵中國。災變之意深遠難

王莽為大司馬

朱雲折檻

信張禹言不疑王氏

臣貪賞、上暗下狡、所以金鐵為飛。

○顏師古曰、尚方作供御器物、有斬馬劍、劍利可以斬馬。

○胡致堂曰、凡數言之中、老姦備見。謂新學乱道誤人、不知禹所守經義、果何經也。然則傾覆漢宗、朝戴王氏、禹有力焉。尚方之劍、雖不得加、而禹之戮、終不可免矣。

莽為大司馬、時年二十八。莽既拔出同列、継四父而輔

見故聖人罕言命、不語怪神。性與天道、自子貢之屬不得聞。何況淺見鄙儒之所言。新學小生、乱道誤人。宜無信用。上雅信愛禹、由是不疑王氏。必與之與、音豫。辟音闢、除也。恐為之為、去聲、下同。罕音漢、上聲、少也。無與毋同。雅、正也。

故槐里令朱雲上書求見、願賜尚方斬馬劍、斷佞臣一人頭、以厲其餘。上問誰也。對曰、安昌侯張禹。上大怒曰、小臣居下、廷辱師傅、罪死不赦。御史將雲下。雲攀殿檻、檻折。雲呼曰、臣得下從龍逢・比干遊於地下足矣。未知聖朝何如耳。左將軍辛慶忌叩頭流血、爭之。上意乃解。及當治檻、上曰、勿易。因而輯之、以旌直臣。槐里、邑屬扶風。上書之上、上聲。見音現。尚方、監掌供御器物。斷音端、上聲。將雲之將、音漿。檻、闌也。折音舌。呼、去聲。爭諍同。治、平聲。輯、集同、謂補合之也。旌、表也。

○綏和元年、王根病免。王莽為大司馬。○二年、帝崩。在位二十六年、改元者七。曰建始、河平、陽朔、鴻嘉、永始、元延、綏和。帝有威儀、臨朝若神。

丁傅用事　夏賀良言　改元易號

帝幸董賢

政欲令名譽過前人。聘諸賢良以為掾吏。賞賜邑錢悉以享士。愈為儉約。母病。公卿列侯遣夫人問疾。莽妻迎之。衣不曳地。布蔽膝。見之者以為僮使。問知其夫人。皆驚。其飾名如此。

帝無故而崩。民間讙譁。咸歸罪趙昭儀。

皇太后詔莽就第、避帝外家。莽即上疏乞骸骨。乃以師丹為大司馬。尋為大司空。

董賢字聖卿。雲陽人。為人美麗自喜。哀帝拜為黄門郎。寵愛日甚。為駙馬

然荒于酒色。政在外家。張禹・薛宣・翟方進爲相。漢業愈衰焉。太子即位。是爲孝哀皇帝。（翟音狄）

孝哀皇帝名欣。定陶恭王康之子。元帝之孫也。祖母傅氏、母丁氏。成帝無子。故立爲太子。至是即位。丁傅用事。罷大司馬莽就第。（丁傅丁明・傅晏。就第歸私第也。）○建平元年。用夏賀良言。漢歷中衰。當更受天命。宜急改元易號。乃改元太初。更號陳聖劉太平皇帝。尋罷改元更號事。誅夏賀良等。（更音庚。下並同。易音亦）○帝幸董賢。元壽元年。以賢爲大司馬。二年。帝崩。賢自殺。（幸董賢通鑑云、出則參乘、入御左右。貴震朝廷。）○帝在位七年。改元者二。曰建平・元壽。太皇太后以王莽爲大司馬。領尚書事。迎中山王。即位。是爲孝平皇帝。（建平即位二年改元。太皇太后元帝王后。中音仲）

孝平皇帝名箕子。後更名衎。中山孝王興之子。元帝孫也。哀

太皇太后臨朝
莽為安漢公

加莽九錫

詔孺子嬰為皇太子
莽居攝

都尉侍中、旬月間賞賜累鉅万、常與上起臥、嘗晝寢偏藉上袖、上欲起、賢未覺、不欲動賢、迺斷袖而起、其恩愛至此。

賢自殺、莽疑其詐死、発其棺、至獄診視、因埋獄中、收没入家財四十三万万。

益州重譯獻白雉一黑雉二、於是群臣盛陳莽功德、致成周白雉之瑞、莽宜賜号曰安漢公

○趙雪航曰、王莽篡漢、當時守清絜而不汚者、惟梅福、逢萌先見幾而去、龔勝方郭欽蔣詡

帝崩。立爲嗣。太皇太后臨朝。大司馬莽秉政。百官總己以聽。元始元年。莽爲安漢公。[衎]音看、上聲、[總已]以聽己職、聽命於莽。○四年。聘莽女爲皇后。加安漢公號宰衡。位諸侯王上。[宰衡]通鑑、曰、采伊尹周公稱号。○五年。太師孔光卒。成哀以來。光等爲三公。養成漢禍。諂佞成風。上書頌莽者。至四十八萬人。加莽九錫。[上書]之上、上聲、下同、[九錫]輿馬也、衣服也、樂則也、朱户也、納陛也、虎賁也、弓矢也、鈇鉞也、秬鬯也、前後所錫、雖有異同、而大率不出九者之目。○臘日。莽上椒酒於帝。置毒。帝崩。在位六年。改元者一。曰元始。太皇太后詔徵宣帝玄孫嬰。爲皇太子。號曰孺子。嬰莽居攝踐祚。贊曰假皇帝。民臣謂之攝皇帝。[元始]即位二年改元、[玄孫][嬰]四世孫、曰玄孫、東平王曾孫也、[祚]音祖、去聲、帝位也、

[孺子嬰]爲嗣之初。是爲王莽居攝元年。劉崇起兵討莽。不克死也。[討]誅 ○二年。東郡太守翟義。故丞相方進子也。起兵討莽

莽即真天子位國号新

處孺隆治

廢孺子嬰爲定安公

荊州盜起

郁漢王覇乃不屈引退誠以君臣天地之大義故寧死而不辱身也至若紀逡郇越郇相唐林唐遵等以清名素称於時揚雄谷永以文章著於世劉歆爲劉向之子漢之宗室而皆含羞蒙垢臣事簒逆何無廉恥之甚也莽請重太后不肯授莽使王舜諭指太后怒罵之曰而屬父子宗族蒙漢家力富貴累世既無以報受人孤寄乗便利時奪取其國不復顧恩義人如此者狗猪不食其餘天下豈有而兄弟耶且若自以

不克死。〔東郡〕今東昌府、屬山東。○初始元年。莽即真天子位。國號新。更號漢太皇太后曰新室文母太皇太后。王莽者。王曼之子也。孝元皇后兄弟八人。獨曼早死。不侯。莽幼孤。群兄弟皆將軍五侯子。乘時侈靡。以輿馬聲色佚游相高。莽折節爲恭儉。勤身博學。被服如儒生。外交英俊。内事諸父。曲有禮意。封新都侯。爵位益尊。節操愈謙。虛譽隆洽。傾其諸父。遂得漢政。哀帝崩。迎立平帝。五年而弑帝。攝位三年。竟簒位。國號新。〔初始元年莽即真〕案通鑑。嬰爲皇太子。王莽居攝。改元者二。曰居攝。曰初始。凡三年。曼音万。〔八人〕王鳳。王曼。王音。并五侯。凡八人。〔聲色〕聲樂女色。〔折〕音舌。〔諸父〕伯叔。曰諸父。〔洽〕音狹。和也。合也。○始建國元年。廢孺子嬰爲定安公。後世權臣擅命降諭人主。實自莽始。○二年。漢太皇太后王氏崩。案通鑑。此一節。當在五年。○天鳳四年。荊州盜起。新市人王匡爲之帥。馬武。王常。成丹往從之。藏於綠林山中。〔荊州〕屬湖北。即郢都。〔新市〕邑。屬江夏。〔帥〕音衰。率聲。將也。〔綠林〕山。在當

揚雄称莽功德

劉縯及秀起兵

立劉玄為皇帝

金匱符命為新皇帝變更正朔亦當自更作璽傳之万世何用此亡國不祥璽為我漢家老寡婦且暮且死欲以此璽俱葬終不可得因涕泣舜言莽必欲得璽太后寧能不與耶太后聞舜語切恐莽欲脇之乃出璽投之地曰我老已死如而兄弟今族滅也於是張永獻符命言太皇太后當為新室文母太皇太后莽從之

師古曰奇字古文之異者明徐𤊹曰奇字乃大篆也六書一曰古文二曰奇字三曰篆書四

陽。○五年莽太夫揚雄死。雄字子雲。成帝之世以奏賦為郎給事黄門。三世不徙官。及莽簒以耆老久次轉為太夫。嘗作太玄法言。卒章称莽功德比伊周。後又作劇秦美新之文以頌莽。劉棻嘗從雄學奇字。棻坐事誅。辞連及雄。時雄校書天禄閣上。使者来欲收之。雄從閣上自投下。莽詔勿問。至是死。

莽大夫書曰莽太夫揚雄死者以其隨莽不忠於漢也 三世 成帝哀帝平帝 久次 久不遷轉 太玄 擬易 法言 擬論語 比 音鼻 劇秦美新 劇音欒入聲甚也其言秦虐称美新莽 棻 音墳 奇字 奇義未詳 校 音教 天禄閣 在安西漢藏典籍之所

○瑯琊樊崇東海刁子都等兵起。刁 音凋 ○地皇三年。崇兵自號赤眉。通鑑云恐其衆與莽兵乱故朱其眉以相別 ○緑林兵分為下江新市兵。○荊州平林兵起。○漢宗室劉縯及弟秀起兵舂陵。新市平林兵皆附之。明年諸將共立劉玄為皇帝。玄舂陵戴侯買之後。與縯秀同高祖。時在平林軍中。號更始將軍。諸將貪其懦弱

劉玄刮席　隗囂兵起　公孫述起兵成都　衆兵誅莽　更名天下田曰王田

曰佐書、五曰繆篆、六曰鳥蟲、

○胡致堂曰、井田、致治之本、及秦廢之、漢不能復、又況莽賊、而能行乎、然井田實萬世之良法、而買賣奴婢之禁、亦仁政所當先、不可以莽所嘗為、而指以為非也、

○袁氏曰、王莽、周室之揚雄也、揚雄、孔門之王莽也、

長壽宮置酒、請太后、既至、見廟廢徹塗地、驚泣曰、此漢家宗廟、皆有神靈、與何治而壞之、且使鬼神無知、又何用廟為、如令有知、

立之南面、立朝群臣、以手刮席、羞愧流汗、不能言、大赦、改元更始、都于宛、〔縯〕音衍、〔舂〕音束、平聲、〔同〕同高祖、四世、祖曰高祖、〔更〕音庚、下並同、〔懦〕音暖、去聲、怯也、〔刮〕音関、入聲、摩也、〔宛〕音鴛、下並同、○更始元年、劉秀大破莽兵於昆陽、〔元年〕即莽地皇四年、○成紀、隗囂兵起、〔成紀〕縣屬秦州、〔囂〕音敖、○公孫述起兵成都、〔成都〕府屬四川、即益州郡、○更始遣將破武關、析人鄧曄起兵、迎入長安、衆兵誅莽、傳首詣更始、〔析〕音錫、邑屬南陽、〔曄〕為輒、〔傳〕音專、去聲、下並同、莽未簒時、更定官名及十二州界、罷置改易、天下多事、更造錯刀契刀大錢等貨、既簒位、以劉字卯金刀也、禁剛卯金刀之利、不得行、罷錯刀契刀五銖錢等、〔錯刀〕錯音倉、入聲、塗也、謂黄金錯其文、曰錯刀、直五千、〔契刀〕環大如錢、身形如刀、長二寸、文曰、契刀直五百、大錢徑寸二分、重十二銖、又曰大錢直五十、〔卯金刀〕籀文、劉字、从卯、从金、从刀、服虔曰、正月卯日作、長三寸、廣一寸、四方、或玉、或金、或桃、著革帶佩之、銘其一面、云、佩以辟邪、〔五銖錢〕武帝所鑄、蓋一錢重五銖也、更名天下田曰王田、不得賣買、男口不盈八、而田過一井、分餘田予

立五均司市錢府官更作寶貨

改作貨布貨泉

四方謳吟思漢

鑄威斗

節解莽

更始遷都洛陽

我乃人之妃妾豈宜辱帝之堂以陳饋食哉私謂左右曰此人慢神多矣能久得祐乎是歲太后崩年八十四

漢兵入宮城中少年燒作室門火及掖庭黃皇室主平帝后曰何面目以見漢家自投火中而死莽避火宣室火輙隨之群臣扶莽之漸臺欲阻池水鋪時衆兵上臺斬莽傳莽首詣宛縣于市百姓共提擊之或切食其舌大司馬秀至河北所過郡縣考察官吏黜陟能否平遣囚徒除王莽苛政復漢官名吏民喜

九族鄉里故無田者受田立五均司市錢府官令民各以所業爲貢更作寶貨有金銀龜貝錢布五物六名二十八品百姓潰乱寶貨不行乃行小錢大錢數更變不信盜鑄及私挾五銖錢者抵罪於是農商失業食貨俱廢民至涕泣市道後又改貨布貨泉每一易錢民又大陷犯鑄錢法檻車鎖頸傳詣長安者以十萬數死什六七改易制度政令煩多四方嚣然謳吟思漢久矣歲旱蝗人相食遠近兵起莽以五石銅鑄威斗如北斗狀欲以厭勝衆兵出入使人負之以行至漢兵入宮猶旋席隨斗柄而坐曰天生德於予漢兵其如予何斬首於漸臺軍人分其身節解臠之自篡至亾改元者三曰始建國天鳳地皇凡十五年莽傳首至宛更始自宛遷都洛陽父老見司隷校尉官屬威垂涕曰不圖今日復見漢官威儀

遷都長安 赤眉殺更始

論西漢之成敗跡殊

悦爭持牛酒迎勞

○南湖曰、漢官威儀作於叔孫通。雜以秦制、非聖人法也。而何以感民之心如此耶。感民之心者、在恩澤、不在威儀也。

○林侯官曰、陳勝將起、以丹書帛置之魚腹。使吳廣效狐鳴於叢祠。王莽將篡、風益州塞外蠻夷自称越裳氏、以獻白雉。然勝之謀、僅足以誑戍卒。而漢朝公卿乃爲莽之所誑、其不知之耶、抑知之而相率爲僞耶。

予與同。九族、高祖、曾祖、祖、父、己、子、孫、曾孫、玄孫。一説、父族四、母族三、妻族二。鄕里、万二千五百家爲鄕。錢布、司市。莽詔曰、周禮有餘貨、樂語有五均。云云。立五均司市錢府官。筌蹄司市者、常以四時仲月定物價、各爲其市平之。民賣物貨不售、均官考驗其價之貴賤、使得其平。錢府者、民有乏絶、欲賒貸者、錢府與之。每月百錢、官取三錢。令去聲。爲貢。囊以穀粟、工以什器、商以貨物之類。龜貝、龜介蟲之長、貝亦介蟲也。生海中、如車渠。肉如料米。古者貨貝而寶龜。布説見下。二十八品、筌蹄云、錢貨六品、銀貨二品、龜貨四品、貝貨五品、布貨十品、并銀貨中又有黄金一品、則爲六名、而有二十八品矣。數更之數、音朔。盜鑄、即私鑄也。貨泉、布泉、皆錢也。以其布於民間、故曰布。以其流行如泉、故曰泉。陷、抗也。萬數之數、上聲。嚚、嗸、同。通鑑註、衆口愁聲。蝗、音皇。災蟲。如北斗狀、李奇曰、以五色藥石及銅而爲之、以其威禦群雄、故曰威斗。厭、音葉。臠、音攣。切肉曰臠。謂逐節分其軆而切之也。

○更始元年、遷都長安。赤眉攻長安。明年赤眉入。更始出奔。已而降赤眉、爲所殺。自立至亡、凡三年。前數月、大司馬秀已即位於河北。是爲世祖光武皇帝。

降、音攻、平聲。爲所之爲、去聲。○司馬温公曰、高祖奮布衣、提三尺劍、八年而成帝業。其收功之速、如是何哉。惟知人善任使而已。故高祖曰、吾鎭國家、撫百姓、不如蕭何。運籌策、決成敗、不如子房。戰必勝、攻必取、不如韓信。三者皆人傑。吾能用之、所以取天下。

王莽

發明、漢王已平天下、猶未正尊位、必待諸侯力請而後從之、光武未能削平海內、遽正尊位何哉、創業之與中興、固自不同、當是時、更始既已敗亡、四方私竊名號者非一、中外皇々、莫知所嚮、世祖苟不早正位號、以繫人心、則天下之望孤矣、故書蕭王即皇帝位、改元大赦者、深幸之也、烏可以高祖為比而擬議之哉、

韓信亦曰、陛下不善將兵、而善將將、斯言盡之矣、呂氏之亂、漢氏不絕如綫、然而卒不能為患者、外有宗藩之強、內有絳灌之忠也、文景之時、天下家給人足、幾致刑罰、後世皆知其稱慕、莫能及之、夫民之情、何嘗不欲安樂、而富壽哉、文景能勿擾之而已矣、孝武喜淫侈、慕神仙、宮室無度、巡游不息、窮兵於四夷、嚴刑而重賦、迹其行事、視始皇何遠哉、止以崇儒重道、求賢納諫、故其成敗若此之殊也、孝昭以童稚之年、辨霍光之忠、確然不可動、何天資之明也、然光猶專政而不歸、此則光之罪矣、孝宣總覈名實、信賞必罰、史稱其職、民安其業、方之孝武、功烈優焉、孝元優游不斷、漢業始衰、孝成荒于酒色、委政外家、孝哀狠愎不明、嬖幸盈朝、陵夷至于孝平、以幼沖嗣位、王莽因之、遂移漢祚、莽特其詐慝、煩民玩兵、罪盈怨積、天下叛之、更始雖漢宗室、以懦而立、考其即位立朝、群臣羞愧、刮席殊失人君之態、厥後委政趙萌、日夜飲讌、群臣欲見言事、輒醉而不視朝、是以既得之矣、又失之矣、

點註十八史略校本卷之二

點註十八史略校本
石川鴻齋點註
三

〔隆準〕〔日角〕〔嘉禾之瑞〕

石川鴻齋校訂標記

光武都洛陽故曰東漢。發景帝第十子。生節侯買。買生戴侯熊渠。熊渠生考侯仁。仁以南方卑溼。徙封南陽之白水鄉。買少子外。為鬱林太守。外生鉅鹿都尉回。回生南頓令欽。欽娶湖陽樊重女。生三男。縯仲秀。劉向子歆更名秀。時為莽國師。封嘉新公

點註十八史略卷之三

後學 臨川 陳殷 音釋

日本 三河 石川鴻齋 補訂

東漢

〔世祖光武皇帝〕名秀。字文叔。長沙定王發之後也。景帝生發。發生舂陵節侯買。買侯再三世。徙封以南陽白水鄉為舂陵。宗族往家焉。買少子外。外生回。回生南頓令欽。欽生秀於南頓。有嘉禾一莖九穗之瑞。故名。先是有望氣者。望舂陵曰。氣佳哉。鬱鬱葱葱然。〔南陽〕郡屬河南。今襄陽府〔舂陵〕故城在道州寧遠縣。〔南頓〕邑屬汝南。〔穗〕音遂。禾秀也。王莽改貨曰貨泉。人以其字為白水眞人。秀竟從白水起。隆準日角。受尚書。通大義。嘗過蔡少公。少公學圖讖。言劉秀當為天子。或曰。國師公劉秀乎。秀戲曰。何由知非僕耶。〔日角〕漢書。謂庭中骨

絳衣大冠

立劉氏從人望

更始以秀為將軍

宛人李守好星暦讖記。嘗謂其子曰。劉氏當興。李氏為輔。及新市平林兵起。南陽騷動。通從弟軼謂通曰。今四方擾乱。漢當復興。南陽宗室。獨劉伯升縯字兄弟汎愛容衆。可与謀大事。通笑曰。吾意也。會秀賣穀於宛。通遣軼往迎秀。与相約結定謀。

○丁南湖曰。光武之獨事田業。為謹厚者。其權術也。卒然而起。絳衣大冠者。其真情也。

起如角。尚如字。過音戈。少去聲。圖讖図書讖語。讖楚譖切。劉秀時。劉歆改名曰秀。事莽。為國師。僕士庶自称曰僕。及新市平林兵起。南陽騷動。宛人李通迎秀起兵。秀兄縯字伯升。慷慨有大節。常憤憤欲復社稷。平居不事家人生業。傾身破産交結天下雄俊。至是分遣親客發諸縣兵。縯自發舂陵子弟。皆恐懼亡匿曰。伯升殺我。及見秀絳衣大冠。驚曰。謹厚者亦復爲之。乃自安。部署賓客。招説諸帥。新市平林下江兵。皆來會。兵多無所統一。欲立劉氏。從人望。下江將王常欲立縯。新市平林將帥。憚其威明。遂立更始。以縯爲大司徒。秀爲將軍。騷擾也。宛音鴛。復音伏。殺我言伯升必敗而使我見殺也。秀徇昆陽定陵郾。皆下之。莽遣王邑王尋。大發兵平山東。以長人巨無霸爲壘尉。驅虎豹犀象之屬。以助兵勢。號百餘萬。旌旗千里不絶。諸將見兵盛。皆走入昆陽。欲散去。秀至郾定陵。悉發諸營兵。自將歩騎

尋邑兵潰

更始封秀武信侯

鄧禹杖策追秀

絳衣大冠、將軍之服也。

春陵戴公曾孫玄、在平林兵中号更始將軍。時漢兵已十餘萬、諸將議以兵無統一、欲立劉氏以從人望。南陽豪傑欲立劉縯、而新市平林將帥憚縯威名、貪玄懦弱、先定策立之。

巨無霸、蓬萊海濱人、身丈一丈、大十圍、自称巨無霸。軺車不能載、三馬不能勝。臥則枕鼓、以鐵箸食。

新市平林諸將以

千餘爲前鋒。尋邑遣兵數千合戰。秀奔之、斬首數十級。諸將曰、劉將軍平生見小敵怯、今見大敵勇、甚可怪也。尋邑兵却。諸部共乘之、連勝遂前、無不一當百。秀與敢死者三千人、衝其中堅。尋邑陣亂、漢兵乘銳崩之、遂殺尋。昆陽城中守者亦鼓譟出、中外合勢、呼聲動天地。莽兵大潰、走者相踐、伏死百餘里。會大雷風、屋瓦皆飛、雨下如注、虎豹皆股戰、溺死滍川者萬數。關中聞之震恐。海內豪傑響應、皆殺莽牧守、自稱將軍、用漢年號、旬月徧天下。縯兄弟威名日盛。更始殺縯。秀不敢服喪、飲食言笑、惟枕席有涕泣處。更始慙、拜秀大將軍、封武信侯。未幾、以秀行大司馬事、遣徇河北。所過除莽苛政。南陽鄧禹杖策追秀、及於鄴。秀曰、我得專封拜、生遠來、寧欲仕乎。禹曰、不願也。但願明公威德加於四海、禹得效其尺寸、垂

王郎詐称成帝子

蕪蔞亭粥豆

刘縯兄弟威名益盛陰勸更始除之縯部将刘稷聞更始立怒曰本起兵図大事者伯升兄弟也今更始何為者邪更始收稷将誅之縯固争李軼朱鮪勸更始并執縯殺之秀自父城馳詣宛謝司徒官属迎弔秀秀不与交私語惟深引過而已未嘗自伐昆陽之功又不敢為縯服飲食言笑如平生更始以是自慙乃拜秀為破虜将軍武信侯鄧禹曰今山東未安赤眉青犢之属動以萬數更始既是常才而自不聽断諸将皆庸人屈起志

功名於竹帛耳更始常才帝王大業非所任明公莫如延攬英雄務悅民心立高祖之業救萬民之命天下不足定也秀大悅令禹常宿止於中與定計議定陵筌蹄云在潁川郾音偃郾城縣属許州巨無覇巨姓無覇名豹獸似虎而小犀獸似牛猪首角可作器走音奏奔去聲級等也秦法斬首一賜爵級故因謂斬首為級當去聲中堅中軍兵最精鋭故曰中堅呼去聲潰乱也注灌也股戦足震慄也滍音雉水出南陽東入于海萬數之數上聲言笑通鑑云如平常幾如字過音戈南陽府属河南非前南陽郡也封拜封侯拜爵竹帛自古書契多編以竹簡或用縑帛為之故曰竹帛攬音覧不足定也不足言易也○胡曰禹初見帝勸其延攬英雄務悅民心立高祖之業救萬民命厥後又曰古之興者在德厚薄不以大小此数語者皆非諸将之所能及雖伊周之徒啓告其君不過如此是以此而図形雲臺藏名石室為東京元功真無愧也邯鄲卜者王郎詐稱成帝子子輿入邯鄲稱帝徇下幽冀州郡響應秀北徇薊上谷太守耿況子弇馳至盧奴上謁秀曰是我北道主人也薊城反應王郎秀趣出城晨夜南馳至蕪蔞亭馮異上豆粥至饒陽之食至下曲陽

王霸氷合

在時弊、爭用威力、朝夕自快而已、非有忠良明智深慮遠圖、欲尊主安民者也云々、

通鑑、議者多言、可因信都兵自送還長安、邳彤曰、吏民歌吟思漢久矣、今卜者王郎、假名因勢、驅集烏合之衆、遂振燕趙之地、無有根本之固、明公奮二郡之兵以討之、何患不克、今釋之而歸、豈徒空失河北、必更驚動三輔、墮損威重、非計之得者也、秀乃止、

聞王郎兵在後。至滹沱河、候吏還白、河水流澌、無船不可濟。秀使王霸視之。霸恐驚衆、還即詭曰、氷堅可渡。遂前至河、氷亦合。乃渡未畢數騎而氷解。幽州屬北平、今大興府、冀九州之一、今屬河東、薊音計、州屬北平、即漁陽郡、弇音甘、盧奴筌蹄云、屬定州、上谷之上上聲、趣音促、蕪蔞亭在深州、蔞音屢、平聲、粥音祝、饒陽縣屬晋州、下曲陽縣屬保定、滹沱音呼駝、河水出代郡鹵城、東流与易水合、至文安縣入海、案光武渡處、在今祁州、候吏主道路迎送、猶今之驛丞也、澌音斯、氷解也、至南宮、遇大風雨。入道傍空舍。馮異抱薪、鄧禹爇火。秀對竈燎衣。異復進麥飯。至下博城西、惶惑不知所之。有白衣老人、指曰、努力。信都爲長安城守、去此八十里。秀即馳赴之。時郡縣皆已降王郎、獨信都太守任光、和戎太守邳彤不肯。光出聞秀至大喜。彤亦來會。發旁縣得精兵、移檄討王郎。郡縣還復響應。秀引兵拔廣阿。南宮縣屬冀州、爇如劣切、燒也、燎音療、上聲、炙也、下博邑屬信都、信都郡名、即冀州、城守謂守信都、可為長安之計、任音壬、和戎漢書邳彤傳作和成、王莽分鉅鹿為和

披輿地図

斬王郎

馮異大樹

更始立秀為蕭王

推赤心置人腹

○南湖曰、光武若因二郡之衆、建入關之策、此所謂委成業而臨不測者也。使不有邳彤之區畫、安得有漢乎。此彤之雄傑、孟堅所以賛其一言與邦、東坡所以称為漢之元臣也。

耿弇説曰、王郎雖破、天下兵革乃始耳。今使者從西方來、欲罷兵、不可聽也。銅馬赤眉之屬、

成郎令。沿華未詳。〔彤〕音融。〔檄〕音刑、入聲、符檄。説文云、二尺書也。〔廣阿〕筌蹄云、屬鉅鹿。披輿地圖、指示鄧禹曰、天下郡縣如是。今始得其一。子前言不足定何也。禹曰、方今海内殽亂。人思明君、猶赤子慕慈母。古之興者、在德厚薄、不在大小也。耿弇以上谷漁陽兵、行定郡縣、會秀於廣阿。進拔邯鄲、斬王郎。得吏民與郎交書數千章。秀會諸將燒之曰、令反側子自安。秀部分吏卒。皆言願屬大樹將軍。謂馮異也。為人謙退不伐。諸將每論功、異常獨屛樹下。故有此號。更始遣使立秀為蕭王、令罷兵。耿弇説王、辭以河北未平、不就徵。王撃銅馬諸賊、悉破降之。諸將未信降者。降者亦不自安。王敕各歸營勒兵、自乘輕騎、案行諸部。降者相語曰、蕭王推赤心置人腹中。安得不效死乎。悉以分配諸將。南徇河内。赤眉西攻長安。王遣將軍鄧禹等、兵入關。禹薦寇恂文武備具。

諸將請上尊號

赤眉立劉盆子

數十萬數百萬人、所向無前。聖公不能辨也。敗必不久。百姓患苦王莽、復思劉氏。聞漢兵起、莫不歡喜、如去虎口得歸慈母。今更始為天子、而諸將擅命於山東、貴戚縱橫於都內。元元叩心、更思莽朝。是以知其必敗也。公功名已著、以義征伐、天下可傳檄而定也。天下至重、公從自取、毋令他姓得之。王郎辭以河北未平、不就徵。

有牧民御衆之才、使守河內。王自引兵徇燕趙、擊尤來大槍等諸賊、盡破之。王還至中山、諸將上尊號、不許。至南平棘、固請、又不許。耿純曰、士大夫捐親戚、棄土壤、從大王於矢石之間、固望攀龍鱗、附鳳翼、以成其所志耳。今留時逆衆、恐望絕計窮、則有去歸之思。大衆一散、難可復合。馮異亦言宜從衆議。會儒生彊華自關中奉赤伏符來曰、劉秀發兵捕不道、四夷雲集龍鬪野、四七之際火為主。群臣因復請。乃即皇帝位于鄗南。改元建武。

〔敝〕涸也。〔令〕反之令、平聲。〔屬〕音燭。〔不伐〕誇功曰伐。〔屏〕音丙、退也。〔遣使〕之使、去聲。〔令〕罷之令、去聲。〔不就徵〕貳於更始。始此〔銅馬〕當時賊號。〔降〕音項、平聲。下並同。〔語〕去聲。〔推〕音吹。〔河內〕郡、屬河東、今懷孟府。〔恂〕音荀。尤來大〔槍〕亦當時賊號也。槍、音鏘。〔中山〕府、屬河北。中、音仲。〔上尊〕之上、上聲。〔南平棘〕縣、屬越州。〔捐〕音緣、棄也。〔強〕上聲、姓也。〔野〕叶上與切。〔為主〕已上三句、並符文也。〔四七〕漢書註、四七二十八、謂自高祖至光武初起、合二百二十八年也。火為主、漢火德也。言光武當興於此。〔鄗〕音臛。邑屬定州。光武後改為高邑。

○赤眉樊崇等立宗室劉盆子為

以卓茂爲太傅
論光武知所先務

入都洛陽
鄧禹多震關西

遣馮異入關破赤眉

讖緯之書曰、符赤伏、其符之名、赤火色、伏藏也、漢火德、故曰赤伏、四七二十八也、自高祖至光武初起、合二百二十八年、又光武以二十八歲起兵、皆四七之際、漢火德、故火爲主、

○鴻齋曰、讖緯之書、方技家之説、漢儒或説之、皆是牽合傅會、不足論也、若强華赤伏符、固衆心之策、恐成於臣下之手者、特示襃耳、

帝年十五。時在軍中主牧羊。被髮徒跣、敝衣赭汗。見衆拜恐畏欲啼。〔劉盆子〕朱虛侯後、世次未詳、〔徒跣〕步行曰徒、赤足曰跣、音先、上聲、〔汗〕當作汙、○賊入長安東。始走。帝下詔、封爲淮陽王。〔走〕音奏、〔帝〕光武、○宛人卓茂、嘗爲密令。教化大行、道不拾遺。上即位、先訪求茂、以爲太傅、封褒德侯。〔宛〕音鴛、〔密〕縣屬鈞州、○司馬温公曰、孔子稱、舉善而教不能則勸、是以舜舉皐陶、湯舉伊尹、而不仁者遠、有德故也、光武即位之初、群雄競起、四海鼎沸、彼摧堅陷敵之人、權略詭辯之士、方見重於世、而獨能取忠厚之臣、旌循良之吏、拔於草萊之中、寘諸群公之上、宜其光復舊物、享祚久長、蓋由知所先務、而得其本原故也、○車駕入洛陽、遂都之。○關中未定。鄧禹引衆而西、號百萬、所至停車駐節勞來百姓。垂髫戴白、滿車下。名震關西。至栒邑、久不進兵。赤眉大掠而出。禹乃入長安。赤眉復入。禹戰不利、走。徵還京師。遣馮異入關。禹慚無功、要異共攻赤眉、大戰於回溪、敗績、收散卒堅壁。已而大破赤眉於崤底。璽書勞異曰、始雖垂翅回溪、

失之東隅收之桑榆

書本作刘盆子及丞相

論帝得駕御之道

刘永敗

彭寵負功自反敗

〇胡致堂曰、光武舉兵、始則為宗祖復讎、除去王莽、既而兄縯遇害、更始忝尊、人心不歸、天下失望、英雄才智雲合景附、河北既平、洛陽將下、諸將奉上尊号、光武辞避再三、於是即位、縱微赤伏符、孰以為不可、何必見符命、然後决計乎、其後拜三公、三人二人取諸符讖、而王梁尋坐罪廢、讖言安在、嗚呼、以英睿剛明之主、親見莽尚奇怪、而躬蹈之、其為盛德之累、亦豈少哉

終能奮翼澠池、可謂失之東隅、收之桑榆。勞去聲、下並同。来去聲。垂髫戴白、童稚父老。髫音條、小兒髮。滿車駕聚拜也。拘音句、縣屬鎮原。要邀同。回溪在嵩州、崤底。通鑑注、崤山名、底陵也、一名欽岑山、在弘農澠池。垂翅喩敗也、翅音試、鳥翼。奮翼喩勝也。東隅謂早也、日出必自東隅、隅者角也。桑榆皆木名、谷永曰、太白出西方六十日、法當参天、今已過期、尚在桑榆之間、桑榆謂晩也。赤眉餘衆東向宜陽、上勒軍待之、樊崇以劉盆子、丞相徐宣等肉袒降、上陳軍馬、令盆子君臣觀之、謂曰、得無悔降乎、宣叩頭曰、去虎口、歸慈母、誠歡誠喜、無限。上曰、卿所謂鐵中錚錚、庸中佼佼者也、各賜田宅。餘衆通鑑云、尚十餘萬人。陳陣同。虎口危也。錚錚音箏、平聲、金聲、言和也。庸常也。佼佼音絞、好貌、言順也。〇唐曰、光武降赤眉、最好、先以太度、鄧禹次以馮異安集、然後示以大軍、又曰既降、先折以威、又揚其善、亦得駕御之道、所以十萬人皆誠服、而無後患也。〇睢陽人斬劉永降。劉永在更始時立為梁王、更始亡、永稱帝、至是敗。〇漁陽太守彭寵、奴斬寵以降。初、上討王郎、寵發突騎轉粮不絶、自負其功、意望甚高、不能滿、幽

刘盆子故式侯萌之子。○陳延平曰。鄧禹以栒邑付之悟歆。其失在不知人。而已令斬受任無功。不量可否。用飢卒取敗。可謂不知命矣。若馮異不守所見。曲從二鄧。幾不自脫。雖終能成功。不爲無罪也。馮異與赤眉約期會戰。使壯士變服与赤眉同伏於道側。旦日赤眉使萬人攻異前部。異少出兵以救之。賊見勢弱。遂悉衆攻異。異乃縱兵大戰。日昃賊氣衰。伏兵卒

州牧朱浮與書曰。遼東有豕生子白頭。將獻之。道遇群豕皆白。以子之功論於朝廷。遼東豕也。上徵寵。寵自疑遂反。至是敗。（奴）男使曰奴。（騎）去聲。（突）鋭也。（轉）去聲。（豕）猪也。（將）音漿。（遼東豕）言寵之功無優於衆。

○劉永所立齊王張歩降。上初以歩爲東萊太守。已而受永命王齊將軍耿弇屢戰大破之。拔祝阿濟南臨菑。車駕至臨菑勞軍。謂弇曰。將軍前在南陽建太策。嘗以爲落落難合。有志者事竟成也。歩敗。齊地悉平。（東萊）郡屬山東。今萊州。（祝阿）邑名。或云屬東平。未詳。（齊南）府屬山東。（建大策）説見通鑑。

○將軍吳漢等擊斬劉永所立海西王董憲及叛將龐萌等。江淮山東悉平。時惟隗囂公孫述未平。上積苦兵間。謂諸將曰。且當置此兩子於度外耳。（龐萌）帝嘗使萌與蓋延共擊董憲。會詔下延而不及萌。萌疑遂叛。

○馮異自長安入朝。上謂公卿曰。是我起兵時主簿也。爲吾披荊棘定關中。詔勞異曰。倉卒蕪蔞亭豆粥。滹沱河麥飯。

詔勞馮異　吳漢斬董憲　張歩降

起衣服相乱。赤眉不復識別。衆遂驚潰。追擊大破之於崤底。降男女八萬人。
帝憐盆子。以為趙王郎中。
通鑑。彭寵蒼奴子密等三人。殺寵以降。帝封子密為不義侯。
帝在魯。聞弇為步所攻。自往救之。未至。陳俊謂弇曰。劇虜兵盛。可閉營休士。以須上來。弇曰。乗輿且到。臣子當擊牛釃酒。以待百官。反欲以賊虜遺君父耶。乃出兵大戰。自旦至暮。復大破之。弇知步困將退。豫置左右翼為伏以待之。人定時。

厚意久不報。主簿（主掌簿書、為去聲）荊棘（皆惡木、名。喻紛乱也）倉卒（急遽貌、卒寸入聲）○建武八年。上自將征隗囂。潁川盜起。上還謂執金吾寇恂曰。潁川迫近京師。獨卿能平之耳。從九卿復出可也。恂勸上親征。賊悉降。恂竟不拜郡。百姓遮道曰。願借寇君一年。乃留恂鎭撫。大軍不戰而還。九卿云々（謂恂已為執金吾九卿之貴。從此而復出為郡可乎。言不嫌）○建武九年。隗囂死。囂自更始初年起兵至建武初。據天水自稱西州上將軍。後嘗遣馬援往成都觀公孫述。援與述舊。謂當握手歡如平生時。述已稱帝四年矣。援既至。盛陳陛衛以延援。援謂其屬曰。天下雌雄未定。公孫不吐哺迎國士。反修飾邊幅。如偶人形。此何足久稽天下士乎。因辭歸謂囂曰。子陽井底蛙耳。而妄自尊大。不如專意東方。囂乃使援奉書雒陽。初到良久。即引入上自殿廡下。岸幘迎笑曰。卿遨遊二帝間。今見卿

馬援謂帝学前世無比

帝王自有眞

步果引兵去、伏兵起縱擊、追至鉅昧水上、僵尸相屬、步還劇。後數日、車駕至臨菑、自勞軍。大會。耿弇復追張步、蘇茂將萬餘人來救之。帝遣使告步茂、能相斬降者、封爲列侯。步遂斬茂、詣耿弇軍門肉袒降。封步爲安丘侯。衛者持戟夾陛也異稽首謝曰、臣聞管仲謂桓公曰、願君無忘射鉤、臣無忘檻車。齊國賴之。臣今亦願國家無忘河北之難、小臣不敢忘巾車之恩。留十餘日、令與妻子還國。

使人大慚。援頓首曰、當今非但君擇臣、臣亦擇君。臣與公孫述同縣、少相善。臣前至蜀、述陛戟而後進臣。臣今遠來、陛下何知非刺客姦人、而簡易若是。帝笑曰、卿非刺客、顧說客耳。援曰、天下反覆、盜名字者不可勝數。今見陛下、恢廓大度、同符高祖。乃知帝王自有眞也。天水郡名、即秦州。屬音蜀。飾音敕。幅音逼。行縢曰幅。稽音雞、留也。子陽述字。井蛙出莊子。專意東方、謂西事述不如東方事。光武使援之使去聲。雒洛同。廡音武。堂下周屋曰廡。岸幘、幘音責。覆髻、閒居不冠時服也。岸、通鑑作袒。免也。使人之使如字。少去聲。刺音次。易音異。勝音升。數上聲。符合也。援歸。囂問東方事。援曰、上才明勇略、非人敵也。且開心見誠、無所隱伏。闊達多大節、略與高祖同。經學博覽、政事文辯、前世無比。囂曰、卿謂何如高帝。援曰、不如也。高帝無可無不可。今上好吏事、動如法度、又不喜飲酒。囂不懌曰、如卿言、反復勝乎。遣子入侍。未幾反。復嘗問班彪、以戰國從橫之事。彪作王命馬援傳注、修飾邊幅、謂若布帛修飾其邊幅也。莊子秋水篇、北海若曰、井鼃不可以語海者、拘於虛也。通鑑、囂矜己飾智、每自比西伯、議欲稱王。鄭興曰、昔文王三分有二、尚服事殷。武王八百諸侯不謀同會、猶還兵待時。高祖征伐累年、猶以沛公行師。今世無宗周之祚、未有高祖之功、而欲舉未可之事、招速禍患、無乃不可乎。乃止。無可無不可、嚶要注、狀其通不泥。

論諷之。囂不聽。馬援詣行在。上復使游說。仍自賜囂書。囂竟臣於公孫述。述立囂爲朔寧王。上征囂。馬援在上前、聚米爲山谷、指畫形勢、開示軍所從徑道。上曰、虜在吾目中矣。遂進軍。囂奔西城、病餓恚憤而卒。子純降。隴右悉平。（不如也、言高帝尚不如也。好去聲。懌音亦、悅也。復音伏。遣子、之子隗恂入侍、質也。幾如字。彪甫休切。從橫之從音蹤。論去聲。諷之、詳見通鑑。囂不聽云々、案援初聞囂欲貳於漢、數以書責譬之、囂得書輒怒不聽、至是遂去。行在、車駕所幸之次。奔去聲。西城在清水縣。恚音惠、怒也。）○十二年。公孫述亡。述茂陵人。自更始時據蜀稱帝。國號成。上既平隴右曰、人苦不自足。既得隴復望蜀。遣大司馬吳漢等、將兵會征南大將軍岑彭伐蜀。彭在荊門裝戰船。漢欲罷之。彭不可。上報彭曰、大司馬習用步騎、不曉水戰。荊門之事、一惟征南公爲重而已。彭戰船並進、所向無前。述使盜刺殺彭。吳漢繼進、至成都、擊殺述。蜀地悉平。（荊門、州屬湖北。刺音次。）○

竇融入朝

代王盧芳死

匈奴來和親

岑彭令軍中募攻浮橋先登者上賞於是偏將軍魯奇應募而前時東風狂急魯奇船逆流而上直衝浮橋而欑柱者反把鉤奇船不得去奇等乘勢殊死戰因飛炬焚之風怒火盛橋樓崩燒岑彭悉軍順風並進所向無前

通鑑竇融自守河西聞帝威德心欲東向未能自通乃從隗囂受建武正朔囂使辯士張玄說融等曰更始事已成尋復亡滅此一姓不再興之效當各據土宇与隴蜀合從高可為六

凉州牧竇融。率河西。武威。張掖。酒泉。燉煌。金城。五郡。大守入朝。融自建武初據河西。後遣使奉書上。以爲牧。賜璽書曰。議者必有任囂教尉佗制七郡之計。書至。河西皆驚。以爲天子明見萬里之外。上征隗囂。融率五郡兵與大軍會。蜀平。奉詔歸朝。拜冀州牧。凉州屬甘肅。即武威郡。五郡武威、酒泉、金城、並見上卷。張掖屬甘肅。今甘州。燉煌亦屬甘肅。今沙州。燉音豚。煌音皇。使去聲。佗音駝。七郡之計釋見上卷。○通鑑囂說融曰。今當各據土宇。与隴蜀合從。高可為六國。下不失尉佗。○十八年。代王盧芳死於匈奴。芳安定人。詐稱武帝曾孫劉文伯。自建武初據安定。匈奴迎之。立爲漢帝。數爲邊郡寇患。後來降。王于代。復反奔匈奴。以病死。安定縣屬延安。數音朔。下並同。奔平聲。○二十二年。匈奴求和親。上遣使許之。自呼韓邪單于死于成帝時。其後累世皆仕漢。平帝時。王莽頒條於匈奴。謂中國無二名。諷單于改名。莽簒漢。易漢所賜單于璽。曰章單

西域請都護

單于款塞

立南單于庭

國下不失尉佗融等召豪傑議識者皆以為不可

故印文曰匈奴單于璽莽更曰新匈奴單于章漢賜單于印曰璽不曰章又加新字与其臣下無別故單于怨恨

通鑑莎車王賢知都護不至擊破鄯善攻殺龜茲國鄯善王安上書願復遣子入侍更請都護都護不出誠迫於匈奴帝報曰今使者求兵未能得出若諸國力不從心東西南北自在也於是鄯善車師復附匈奴

綱鑑注欵叩也謂

于怨恨數寇邊建武以來匈奴助盧芳寇漢後又數與烏桓鮮卑連兵入寇至是始請和（使）去聲下並同（累）上聲（須）條（須條例也）（二名）二字名也（易）音亦（烏桓）國在東夷（鮮卑）亦東夷國鮮音仙 ○西域請都護不許遂附於匈奴先是莎車王賢鄯善王安皆遣使奉獻賢使再至上賜賢都護印綬邊郡守上言不可假以大權詔收還更賜大將軍印賢恨猶詐稱大都護諸國悉服屬賢賢驕橫欲兼幷西域諸國懼凡十八國遣子入侍願得漢都護上厚賜遣還其侍子至是復請上復却之（莎車）國在西域（鄯善）國在西域鄯音膳（上）（言）之上上聲（更）音庚（屬）音燭（橫）去聲不順理也（十八國）名号未詳 ○二十四年匈奴南邊八部立日逐王比為南單于款漢塞內附於是分為南北匈奴（比）音鼻 ○二十五年貊人鮮卑烏桓並入朝（貊）音陌國在東夷 ○二十六年立南單于庭置使匈奴中郎將以領之徙南單于居西河美稷西河郡屬山西今汾州美稷共

北匈奴求和親　第五倫稱聖主　柔道理天下　以吏事責三公

叩塞門來服從也。犂要。帝用耿國議。許內附。冬十月。北自立為南單于。於是分為南北匈奴。後匈奴饑疫。自相分爭。二十五年春。南單于擊北單于破。

第五倫為京兆掾。未會得見光武。故曰。若得一見論説政道。聖主明決。必用吾言矣。後果如所言。

○賀善齋曰。世祖即位之先。綱目有特書三。起兵則書漢宗室復興帝室。至河北則特書除苛政。故其即位

屬城名。○二十七年。北匈奴亦遣使求和親。明年又請。許之。○中元二年。上崩。上起兵時年二十八。即位年三十一。第五倫每讀詔書歎曰。此聖主也。一見決矣。手書賜方國。一札十行。細書成文。明慎政體。總攬權綱。量時度力。舉無過事。嘗幸南陽。置酒會宗室。諸母相與語曰。文叔平日與人不款曲。惟直柔耳。乃能如此。上聞之笑曰。吾理天下。亦欲以柔道行之。上在兵間久。厭武事。蜀平後。非警急。未嘗言軍旅。北匈奴衰困。臧宮馬武上書。請攻滅之。嗚劍抵掌。馳志於伊吾之北矣。上報書告以黃石公包桑記曰。柔能勝剛。弱能勝强。自是諸將莫敢言兵。閉玉門關。謝絕西域。保全功臣。不復任以兵事。皆以列侯就第。以吏事責三公。亦不以功臣任吏事。諸將皆以功名自終。祭遵先死。上念之不已。來歙岑彭死鋒鏑。郦之甚

吳漢 隱若 敵國

賈復 有衝 折之 威

也特書即皇帝位即位之後書三大政要皆有關於風俗運祚者元年首以卓茂爲太傅封褒德矦而當時多循吏天下畧定即起大學親臨視之而東都盛儒學礪三處士而末造多節義之士其所以祀漢配天以垂二百年之基者實在於此然其失亦有二焉以私愛廢皇后太子信圖讖竟封禪此二者不能不爲盛德之累至其加恩廢后毋子親黨則又後世人主所難能也綱目帝每嘆曰安得憂國奉公如祭征虜者乎衛尉姚

厚。吳漢賈復終於帝世漢在軍或戰不利意氣自若上歎曰。吳公差強人意隱若一敵國矣。每出師朝受詔夕就道。及卒上臨問所欲言漢曰。臣愚願陛下愼無赦而已。復自起兵時爲督上曰。賈督有折衝千里之威。嘗戰被傷上驚曰。吾嘗戒其輕敵果然失吾名將聞其婦有孕生子耶。我女嫁之生女耶。我子娶之其撫群臣每如此。二十八案呂氏通鑑編年八當作六下三十一當作二十二

第五倫臣名第五姓也手書記事也方國四方干侯之國也札簡札釋名云札櫛也編之如櫛齒相比也行音杭度音堂入聲幸蔡邕曰天子車駕所至民臣以爲僥幸故曰幸也諸母伯叔母曰諸母語如字欵曲欵盡私曲○胡曰君道則天而不可過於剛故不耀武威不峻刑誅降抑以受言溫慈以接下所以濟其剛也臣道則地而不可過於柔故不爲利不爲義徒君不義則必争道不合則必去所以濟其柔也此所謂天道下濟地道上行上下交而其志通君臣之理正光武之謂也上書之上去聲抵音紙說文側手擊也伊吾城在瓜州晉昌縣北包桑記包与苞通木叢生則其本固故以名篇玉門關亦名陽關在沙州府壽昌縣西北祭音債姓也歙音吸鏑音的箭鏃卹恤同賈復之復音伏下同差楚宜切差

馬援討武陵蠻

馬援書戒兄子

期曰陛下至仁哀念祭遵不已群臣各懐慚懼帝乃止

馬援自交趾還平陵孟冀迎労之援曰方今匈奴烏桓尚擾北辺欲自請撃之男児要當死於辺野馬革裹尸還葬耳何能卧牀上在児女手中邪冀曰諒為烈士當如是矣

擧要援兄子嚴敦並喜譏議通軽俠援前在交趾還書誡之

援嘗有疾虎賁中郎将梁松來候之云々諸子問曰梁伯孫帝壻貴重朝廷公卿以下莫不憚之大人奈何獨

强之强上聲　無赦唐太宗曰赦者小人之幸君子之不幸一歲再赦善人喑啞夫稂莠者害嘉穀赦有罪者賊良善故朕即位以來不欲數赦恐小人恃之輕犯憲章故也　督官主監督軍旅　折音舌

惟馬援死之日恩意頗不終焉援嘗曰大丈夫當以馬革裹屍安能死兒女手交趾反援以伏波將軍討平之武陵蠻反援又請行帝愍其老援被甲上馬據鞍顧眄以示可用上笑曰矍鑠哉是翁乃遣之先是上壻梁松嘗候援拜牀下援自以父友不荅松不平援在交趾嘗遺書戒其兄子曰吾欲汝曹聞人過如聞父母名耳可聞口不可言好議論人長短是非政法不願子孫有此行也龍伯高敦厚周愼謙約節儉吾愛之重之願汝曹效之杜季良豪俠好義憂人之憂樂人之樂父喪致客數郡畢至吾愛之重之不願汝曹效之也效伯高不得猶爲謹敕之士所謂刻鵠不成尚類鶩也效季良不得陷爲天下輕薄子所

歐陽歙犯贓

不為礼援曰我乃松父友也雖貴何得失其序乎
敕誡也正也
鵠鴻屬鶩野鷄也
李良越騎司馬杜保也會保仇人上書訟保為行浮薄乱群惑衆伏波將軍萬里還書以誡兄子而梁松竇固与之交結帝召松固以詔書及援誡書示之松固叩頭流血乃得不罪
綱鑑注薏苡薬名味甘微寒文犀即通天犀形如水牛猪頭二角一在頂一在鼻
湖陽公主蒼頭白日殺人云々格殺

謂畫虎不成反類狗也季良者杜保保仇人上書告保以援書爲證保坐免官松坐與保游幾得罪愈恨援至是援軍至壷頭不利卒軍中松構陷之收新息侯印綬援前在交趾常餌薏苡以輕身勝瘴氣軍還載之一車後有追譖之者以爲明珠文犀上益怒得朱勃上書訟其寃乃稍解伏波將軍爵名武陵郡屬湖廣今常德州周為蛮蜑所居慇音敏憐也上馬之上上聲矍音怖入聲鑠音商入聲老壯皃候省問也兄子馬嚴馬敦曹輩也好去聲下同議論是非熊氏曰守己而已人之長短非我所當議論安分而已國有政法非我所當是非行去聲效学也喪平聲鶩音木鳬屬保杜季良名上書之上去聲下同幾音機壷頭山在辰州沅陵縣東新息邑屬汝南援所封也餌音二服也薏苡薬似黍而差大勝音升文犀犀角以有文者為貴上於贓罪無所貸大司徒歐陽歙嘗犯贓歙所授尚書弟子千餘人守闕求哀竟不免死於獄所用群臣如宋弘等皆重厚正直上姊湖陽公主嘗寡居意在弘弘入見主坐屏後上曰諺言富易交貴易妻

宋弘不諧　守令皆良吏　河潤九里　召父杜母　兼無附枝麥穗兩岐

不用罯械而白手殺之也上令小黄門持之使叩頭謝主宣不從彊使頓之宣兩手據地終不肯衎主曰文叔為白衣時藏亡匿死吏不敢至門今為天子威不能行一令乎帝笑曰天子不与白衣同因勑彊項令出賜錢三十萬宣悉以班諸吏由是能搏擊豪彊京師莫不震慄

帝以物色訪之即日幸其館光卧不起帝即其卧所撫光腹曰咄々子陵

人情乎。弘曰。貧賤之交不可忘。糟糠之妻不下堂。上顧主曰。事不諧矣。主有蒼頭殺人。匿主家。吏不能得。洛陽令董宣。候主出行。奴驂乘。叱下車。格殺之。主入訴。上大怒。召宣欲捶殺之。宣曰。縱奴殺人。何以治天下。臣不須捶。請自殺。即以頭叩楹。流血被面。上令小黄門持之。使叩頭謝主。宣兩手據地。終不肯。上勅强項令出。賜錢三十萬。（贓納賄曰贓　尚如字　湖陽邑属唐州　意在弘欲嫁之也　見音現　易音亦　蒼頭奴曰蒼頭　令去聲下並同　乘去聲　訴音素　捶音追上聲擊也　楹簷柱也　强項令强去聲以其不能俯也故誚之曰强項令）當時州牧郡守縣令皆良吏。郭伋守潁川。近帝城。上勞之曰。河潤九里。京師蒙福。杜詩守南陽。郡人為之語曰。前有召父。後有杜母。張堪守漁陽。人為之語曰。桑無附枝麥穗兩岐。張堪為政。樂不可支。劉昆為令江陵。有火。叩頭向之。反風滅火。後守弘農。虎北渡河。上問行何德政而至。是昆

周黨伏而不謁

子陵畊釣富春

起大学明堂

講論經理夜分乃寐

不可相助為理耶昔唐堯著德巢父洗耳士固有志何至相迫乎帝曰子陵我竟不能下汝耶○范希文祠堂記曰惟先生以節高之既而動星象歸江湖得聖人之清泥塗軒冕天下孰加焉惟光武以禮下之在蠱之上九衆方有為而獨不事王侯高尚其事先生以之在屯之初九陽德方亨而能以貴下賤大得民也光武以之蓋先生之心出乎日月之上光武之量包乎天地之外○張南軒曰子陵為光武之故人名

曰偶然耳上曰長者之言也命書之策勞去聲為之之為去聲下同召父杜母召父宣帝時召信臣也召音邵杜母即杜詩也謂二子皆足以為民之父母附枝一名寄生一名寓木政治不苛則附枝生兩岐岐音其麥出曰岐謂一莖兩穗張堪通鑑作張君支度也江陵縣屬江陵弘農郡屬河內今虢州策籍也尤重高節徵處士周黨至不屈伏而不謁或奏詆之上曰自古明王聖主必有不賓之士賜帛罷之處士嚴光與上嘗同游學物色得之齊國被羊裘釣澤中徵至亦不屈上與光同臥以足加帝腹明日太史奏客星犯御座甚急上曰朕與故人嚴子陵共臥耳拜諫議大夫不肯受去畊釣隱富春山中終漢世多清節士自此始方天下未平上已有志文治首起大學營式古典修明禮樂晚歲起明堂靈臺辟雍粲然文物可述每旦視朝日昃乃罷引公卿郎將講論經理夜分乃寐皇太子乘間諫曰陛下有禹湯之明而失黃老養性之道上曰我

高一世而竟高臥不屈光武亦不敢以屈之其所以激頑起儒扶植風化助成東京風俗之美人才之盛其爲力固多矣豈不美哉

○鴻齋曰星質与地球無相異各有軌道以萬古運轉豈爲中國一匹夫動搖以乱常度者哉

帝恢廓大度才明勇畧故能芟刈群雄克復曰物未及下車先訪儒雅表行義与学校東漢之俗於斯爲美然不任三公事歸臺閣建武永平之間吏事刻深所以中

自樂此不爲疲也在位三十三年身致太平改元者二曰建武中元壽六十二太子立是爲顯宗明皇帝

(處)音杵下同猶云俯伏而不拜謁(詆)音底訾也(賓)服也(嚴光)本姓莊後避明帝諱而改曰嚴(物色)推類而求曰物色(富春山)在建德府(稽)音雞(式)法也用也(明堂)所以布政享帝之所(靈臺)所以望氣祲察災祥時觀游節勞佚之所(辟雍)辟与璧通雍澤也太学之大射行禮之處也四面水環如璧故也辟雍通鑑註辟明雍和也所以和明天下亦通(朝)音潮(昃)音側日向西曰昃(數)音朔(夜分)夜半也(乘)平聲(閭)如字

孝明皇帝初名陽母陰氏光武微時嘗曰仕宦當作執金吾娶妻當得陰麗華後竟得之生陽幼穎悟光武詔州郡檢覈墾田户口諸郡各遣人奏事見陳留吏牘上有書視之云潁川弘農可問河南南陽不可問光武詰吏由詆言於街上得之光武怒陽年十二在幄後曰吏受郡敕欲以墾田相方耳河南帝城多近臣南陽帝鄉多近親田宅踰制不可爲準以

行養老禮

親祖割牲

図二十八將於雲臺

與之美蓋未盡爲

明帝紀、后既正位、宮闈愈自謙肅、好讀書、常衣大練裙、不加飾、朔望諸姬主朝謁、望見后袍衣疎麤、以爲綺縠、就視乃笑、后曰、此繒特宜染色、故用之耳、

又曰、帝崇尚儒学、自皇太子諸王侯及大臣子弟功臣子孫、莫不受經、又爲外戚樊氏郭氏陰氏馬氏諸子立学於南宮、号四姓

詰吏。首服。光武大奇之。郭皇后廢。陰貴人立爲后。陽爲皇太子。改名莊。至是即位。〔麗華〕后字。〔覈〕音核、實也。〔墾〕康根切、力也。〔詰〕巨吉切、詰問也。〔由〕因也。〔祇〕音支、但也。〔方〕比也。〔首服〕首音獸、陳也、謂陳首其非而服其罪。如陽所言也。〔貴人〕亞於后妃而貴。

○永平二年。臨辟雍。行養老禮。以李躬爲三老。桓榮爲五更。三老東面。五更南面。上親祖割牲。執醬而饋。執爵而酳。禮畢。引榮及弟子。升堂。諸儒執經問難。冠帶搢紳之人。圜橋門而觀聽者。億萬計。〔養〕音樣。〔三老五更〕更音庚。鄧展曰、三老、三公。五更、老人。知五行之更代者。鄭康成曰、三老五更、謂老人更知三德五事者。蔡邕曰、更當作叟。亦老人之稱。李奇曰、王者父事三老。兄事五更。〔爵〕飲器、受一升、外上立兩柱、戒其不過飲也。見詩傳。〔酳〕音寅、去聲、飲也。〔難〕去聲。〔搢紳〕搢音晋、插也。紳大帶。有事則插笏於紳。故曰搢紳。〔圜〕音還、圍繞也。〔橋門〕辟雍四面皆水。四出爲橋。橋各有門。以覘觀者。

○三年。圖畫中興功臣二十八將於南宮雲臺。應二十八宿。鄧禹爲首。次馬成。吳漢。王梁。賈復。陳俊。耿弇。杜茂。寇恂。傅俊。岑彭。堅鐔。馮

東平為善

班超使西域斬虜使

小侯置五經師搜選高能以授其業自期門羽林之士悉令通孝經章句匈奴亦遣子入学

宣帝置都護元帝置戊己校尉自王莽之亂西域与中國絶至是西域來通故復置之師古曰甲乙丙丁皆有正位唯戊己寄治耳今所置校尉亦無常居故取戊己為名也一説戊己居中鎮覆四方今所置校尉亦處西域之中撫諸國也

超謂其官属曰此必虜使來狐疑未知所從也乃召侍

巽王霸朱祐任光祭遵李忠景丹萬脩蓋延邳彤銚期劉植耿純臧宮馬武劉隆。惟馬援以皇后之父不與焉。［南宮］在南陽高帝嘗置酒會宴於此［二十八宿］角亢氐房心尾箕斗牛女虚危室壁奎婁胃昴畢觜参井鬼柳星張翼軫乃天経星也［鐔］音尋［蓋］音甘入聲［銚］音遥［植］音承入聲［與］音豫

○十一年東平王蒼來朝。蒼自上即位初爲驃騎將軍。五年而歸國。至是入朝。上問處家何以爲樂。蒼曰爲善最樂。［東平］國在東平［蒼］光武第三子［處］音杵

○十七年復置西域都護戊己校尉。官主補緝鎮安西域謂其無常治處如戊己之土寄旺於四季故曰戊己校尉初耿秉與請伐匈奴。謂宜如武帝通西域斷匈奴右臂。上從之。以秉與竇固爲都尉屯涼州。固使假司馬班超使西域。超至鄯善。其王禮之甚備。匈奴使來頓踈懈。超會吏士三十六人曰不入虎穴不得虎子。奔虜營斬其使及從士三十餘級。鄯善一國震怖。超告以威德使勿復與虜通。超復使于窴。其王亦斬虜

北匈奴攻耿恭

置度遼將軍

漢家箭神

胡詐之曰匈奴使來數日今安在乎侍胡惶恐曰到已三日去此三十里

北單于遣騎擊車師恭將兵救之以疏勒城傍有澗水可固引兵據之

沸藥之毒氣

聞西域有神其名曰佛遣使之天竺求其道得其書及沙門以來其書大抵以虛無爲宗貴慈悲不殺以爲人死精神不滅隨復受形時所行善惡皆有報應故所貴修練精神以至爲佛善爲宏闊勝大之言以勸誘愚俗

使以降於是諸國皆遣子入侍西域復通至是竇固等擊車師而還以陳睦爲都護及以耿恭爲戊校尉關寵爲己校尉分屯西域【斷】右臂斷音端上聲西域地接匈奴若與漢通則匈奴失功如斷其右手也【假】司馬非正司馬故曰假【解】音介怠也【奔】去聲【從】去聲【怖】普去聲懼也【使】勿之使如字【于窴】國在西域窴音田【龜】音堪通鑑作龍○十八年。北匈奴攻戊校尉耿恭初上即位之明年。南單于比死弟莫立上遣使授璽綬北匈奴寇邊南單于擊卻之漢與北匈奴交使南單于怨欲畔密使人與交通漢置度遼將軍於五原以防之已而漢伐北匈奴北匈奴亦寇邊至是攻恭於金蒲城恭以毒藥傅矢語匈奴曰漢家箭神中者有異虜視創皆沸大驚恭乘暴風雨擊之殺傷甚衆匈奴震怖曰漢兵神眞可畏也乃解去【密使】之使如字【度遼】遼水本出自玄菟郡高句驪縣遼山經遼東郡望平縣至安市縣入海初未經於五原而此度遼云者謂出師當度遼水者也【金蒲】城在西域【傳】音附著也【語】去聲【中】去聲【創】瘡同

上性褊察　遵奉制度　吏得其人民樂其業

精於其道者、號曰沙門。於是中國始傳其術、圖其形像、而王公貴人、獨楚王英最先好之。楚王英、光武第六子、明帝之弟、誦黄老、尚浮屠。○丘瓊山曰、此佛教入中國之始。夫浮屠氏之所言、所為、真所謂大亂之道、在三代聖王所必誅而無赦者也。明帝為人之子、乃崇無父之教、居君之位、乃容不非之臣、為中國之主、乃黨外夷之人、開茲大釁、以為中國千萬年無窮之禍害。春秋之法、推見至隱、必誅黨惡之人、必原開黨之始。嗚

中。箭創也。沸音非、去聲。煮水躍貌。○上崩。在位十八年。改元者一、曰永平。壽四十八。上性褊察、好以耳目隱發為明。公卿大臣數被詆毀。近臣尚書以下、至見提曳。嘗怒郎藥崧、以杖撞之。崧走入牀下。上怒甚、疾言曰、郎出、郎出。崧曰、天子穆穆、諸侯皇皇。未聞人君自起撞郎。乃赦之。上遵奉建武制度、無更變。后妃家不得封侯預政。館陶公主為子求郎。上曰、郎官上應列宿、出宰百里。苟非其人、民受其殃。不許。當時吏得其人、民樂其業。遠近畏服、戶口滋殖焉。太子立。是為肅宗孝章皇帝。褊音編、上聲。性狹也。隱發、發人隱微。數音朔。尚音常。提挈同。曳音延入聲、拖也。郎藥崧、郎官。藥姓、崧名也。崧音宿平聲。穆穆、深遠貌。皇皇、敬畏貌。預與同。館陶國在濮州。公主、光武女。為子之為去聲。郎縣令曰郎。宿音秀。百里、縣也。殃音央、禍也。○范曄曰、明帝善刑理、法令分明。日晏坐朝、幽枉必達。內外無倖曲之私。在上無矜大之色。斷獄得情、號居前代十二。故後之言事者、莫不先建武永平之政也。

班超請平西域　北匈奴來降　韋彪議以簡賢為務　毛義捧檄

呼明帝之罪上通乎天矣豈非名教中萬世之罪人哉郎官名秦初置郎中令漢置尚書郎又有令丞郎後改侍郎秘書郎校書郎皆自漢始非特縣令也又字書男子通称

帝拜班超為將兵長史以徐幹為軍司馬別遣衛侯李邑護送烏孫使者邑到于寘不敢前因上書陳西域之功不可成又盛毀超擁愛妻抱愛子安樂外國無内顧心超聞之歎曰身非曾參而有三至之讒恐見疑於當

孝章皇帝名炟母賈氏馬皇后養之立為太子至是即位（炟音喧上聲）○西域攻沒都護北匈奴圍己校尉又圍耿恭詔遣兵罷都護及戊己校尉官惟班超上疏請兵欲遂平西域上知功可成從之（上疏之上去聲）○北匈奴五十八部來降時北匈奴衰耗黨衆離畔南部攻其前丁零寇其後鮮卑擊其左西域攻其右不復自立乃遠引而去鮮卑擊斬北單于故部衆有來降者（五十八部名号未詳耗減也南部南匈奴部丁零國在西域）○上崩在位十三年改元者三曰建初元和章和壽三十一○上繼明帝察察之後知人厭苛切事從寬厚文之以禮樂嘗議貢舉法韋彪議曰國以簡賢為務賢以孝行為首求忠臣必於孝子之門上然之廬江毛義以行義稱張奉候之府檄適至以義守安陽令義捧檄入喜動顏色奉心賤之後義母死徵辟皆不至奉乃歎

廉范五袴

時矣、遂去其妻、帝知超忠、乃切責邑、令詣超受節度、初超家貧、爲官傭書以供養、常投筆歎曰、大丈夫當立功異域以取封侯、安能久事筆墨間乎、

曰、往日之喜、爲親屈也。上下詔褒寵之。州郡得人。如廉范在蜀郡。弛禁以便民。民歌之曰、廉叔度、來何暮。不禁火、民安作。昔無襦、今五袴。常時皆以平徭簡賦、忠恕長者爲政。終上之世、民賴其慶。太子立。是爲孝和皇帝。

察察明也。盧江國在盧州。行去聲。安陽縣屬彰德。令去聲。捧兩手承也。辟音甓。舉也。爲親之爲去聲。蜀郡卽成都。弛音豕。釋也。叔度范字。作音做。襦音儒。短衣也。○通鑑、成都民物豐盛、邑宇逼側、旧政禁民夜作、以防火災、范削此令、但嚴使儲水而已、民以爲便、歌之。徭音搖。役也。忠恕盡己爲忠。推己爲恕。

皇后竇氏臨朝

竇憲破匈奴

竇憲殺都鄉侯暢、太后怒、憲懼誅、憲將行、公卿詣朝堂上書諫、以爲匈奴不犯邊塞、而無故勞師遠伐、損費國用、非社稷之計、太后不聽、竇憲耿秉出朔方塞、与北單于戰于

孝和皇帝名肇。母梁氏。竇皇后子之。年十歲卽位。竇后臨朝。竇憲以外戚侍中用事。有罪、求出擊北匈奴以自贖。后從之。大破匈奴。登燕然山、刻石勒功而還。入爲大將軍。四年、父子兄弟並爲卿校、充滿朝廷。有逆謀。上知之、遂與宦者鄭衆定議、勒兵收憲印綬、迫令自殺。以衆爲大長秋。常與議政。宦官

稽落山、大破之、斬獲甚衆、降二十餘萬人、出塞三千里、登燕然山、命中護軍班固刻石勒功、紀漢威德而還、

竇憲遣兵擊北匈奴于金微山、塞出五千餘里、

○胡致堂曰、竇氏根據已生逆謀、誠欲誅之、未易举手、和帝年纔十四、乃能選用祕臣、密求故事、勤兵收捕、中外肅清、足以繼孝昭之烈矣、所可恨者、三公不與大政、而鄭衆有功、由是宦者用權、馴致亡漢、可勝歎哉、

封鄭衆為鄭郷侯、宦者封侯自此始、

用權自此始。〔肇〕音兆〔子之〕養為子也〔瀆〕神蜀切、貿也〔燕〕然山在宣德府、燕音烟〔卿校〕公卿将校、校音效〔令〕平聲〔自殺〕以太后故、不欲名誅〔大〕長秋皇后卿、掌奉宮中宣命〇先是漢兵擊北單于。走死。漢立其弟。後叛。追斬滅之。鮮卑徙據北匈奴地。自此漸盛。〔弟〕於除鞬〇徵班超還京師。卒。超起自書生。投筆有封侯萬里外之志。有相者謂曰。生燕頷虎頭。飛而食肉。萬里侯相也。自假司馬入西域。章帝時。爲西域將兵長吏。至上以超爲西域都護騎都尉。平定諸國。在西域三十年。以功封定遠侯。至是以年老乞歸。願生入玉門關。上許之。任尚代爲都護。請教超。曰君性嚴急。水清無大魚。宜蕩佚簡易。尚私謂人曰。我以班君當有奇策。今所言平平耳。尚後果失邊和。如超言。〔頷〕音含、上聲、頤下曰頷〔長〕音張、上聲〔定遠〕邑在洋州〔任〕音壬〔蕩佚〕通鑒注、佚音鉄、蕩音儻、佚蕩言緩也〔易〕音異〇上在位十八年。崩。改元者二。曰永元元興。太子立。是爲孝殤皇帝。〔永元〕即位二年己丑

鄧后臨朝

鄧隲欲棄涼州虞詡不可

以詡爲朝歌長

詡平盜賊

永初元年、秋九月、以寇賊雨水、策免太尉防、司空勤。三公以災異免、自此始。

發明、東漢中世以來、寇賊災異、輒策免三公。夫鎮撫中外、燮理陰陽、三公職也。豈知是時戚官用事、乃悉歸罪三公可乎。

朝歌賊甯季等數千人攻殺長吏、屯聚連年。綱鑑注、遇樹根之盤互、木節之交錯、非堅利之器不能治之。以譬遇事之難、若非奇才則不能治也。

改元〔殤〕音傷、未成人而死曰殤。

孝殤皇帝名隆。生百餘日即位。改元延平。在位八閱月而崩。〔閱〕越同、逾也〔隲〕音質、太后兄。

時皇太后鄧氏臨朝、與鄧隲定策立嗣、是爲孝安皇帝。

孝安皇帝名祐。清河王慶之子。章帝孫也。未冠迎即位。鄧后仍臨朝。鄧隲爲大將軍。時邊軍多事。鄧隲欲棄涼州、并力北邊。郎中虞詡以爲不可。曰、關西出將、關東出相。烈士武夫多出涼州。衆皆從詡議。隲惡詡、欲陷之。會朝歌賊攻殺長吏、州郡不能禁。以詡爲朝歌長。故舊皆弔之。詡曰、不遇盤根錯節、無以別利器。及到官、募壯士攻劫者爲上、傷人偷盜者次之。收得百餘人。使入賊中、誘令劫掠、伏兵殺數百人。又潛遣貧人能縫者、傭作賊衣、以綵線縫其裾。有出市里者、輒禽之。賊詡爲武都太守。羌衆數千。遮詡于陳倉崤谷。詡即停車不進。

○袁氏曰。縋裾者權也。增竈者亦權也。權不可預設。變不可先圖。安得如詡之知權者而与之言兵哉。

詡乃占相地勢。築營壁百八十所。招還流亡。假貧民。開通水運。視事三年。人足家給。一郡遂安。

駭散。縣境皆平。太后知詡有將帥畧。以爲武都太守。叛羌數千遮詡。詡停不進。宣言請兵須到乃發。羌聞之分鈔傍縣。詡因其散。日夜進道。令軍士各作兩竈。日增倍之。或曰。孫臏減竈而君增之。兵法日行不過三十里。而今日且二百里。何也。詡曰。虜衆多。吾兵少。徐行易爲所及。速進則彼不測。虜見吾竈日增。謂郡兵來迎。衆多行速。必憚追我。孫臏見弱。吾今示強。勢不同也。既到郡。兵三千。而羌萬餘。攻圍赤亭數十日。詡命強弩勿發。潛發小弩。羌謂力弱不能至。并兵急攻。於是使二十強弩共射一人。發無不中。羌大驚。詡因出城奮擊。明日悉陳其兵。令從東郭門出。北郭門入。貿易衣服。回轉數周。羌不知其數。相恐動。詡潛於淺水設伏。候其走路。羌果大奔。因掩擊大破之。賊由是敗散。（清河）國在恩州。（冠）音貫。加冠曰冠。（詡）音吁。上聲。多

太后崩

黄憲荀淑之師表

叔度若千頃波

○范蔚宗曰、黄憲言論風旨無所傳聞。然士君子見之者、靡不服深遠去玼吝。將以道周性全、無徳而称乎。余曾祖穆公以為、憲隤然其處順、淵乎其似道。

○朱子曰、黄憲言論風旨、雖不盡見、然其氣象溫厚、圭角渾然。見之者有所感於心。亦其最高乎。使得聖人作成之、當居顔氏之科矣。

樊豊等憤怨揚震。會趙騰上書指陳得失。帝発怒欲誅騰。震救之。帝不聽、竟殺之。及帝東巡、豊等共譖震曰、自趙騰死後、深懷怨

出涼州下有涼州既棄即以三輔為塞之語、詳見通鑑。悪音烏去聲。朝如字。朝歌邑屬衛。輝朝如字。長張上聲。予咍也。別音辺入聲。募壮士云々。以賊誘賊用兵之術也。縫音逢。絲色也。裾後襟曰裾。禽擒同。駭音諧上聲驚也。武都郡属犂昌今皆州。須待也。釖如字奪取也。易為之為去聲。所及。追及也。測度也。見弱之見音現示也。射音石。不中之中去聲。陳陣同。令從之令去聲。貿音茂交也。周徧也。

○太后崩。鄧騭罷自殺。○汝南太守王龔、好才愛士。以袁閬為功曹。引進黄憲・陳蕃等。憲父為牛醫。憲年十四。潁川荀淑遇於逆旅。竦然異之曰、子吾之師表也。見閬曰、子國有顔子。閬曰、見吾叔度邪。戴良才高。毎見憲歸、惘然若自失。其母曰、汝復從牛醫兒來邪。陳蕃等相謂曰、時月之間不見黄生、鄙吝之萌復存乎心矣。太原郭泰過閬不宿。從憲累日曰、奉高之器、譬之氿濫、雖清而易挹。叔度汪汪若千頃波、澄之不清、撓之不濁。不可量也。憲初舉孝廉、又辟公府。入勸其仕、暫到京師、即還。年四十八而終。汝南郡名、即三川也。好去聲。閬

楊震自殺

懟、且鄧氏故吏有恚恨心、帝然之、及還京師、使臨太学、即其夜遣使者、策收震太尉印綬、震於是柴門絶賓客、豐等復悪之、令耿寶奏震恚望、有詔遣歸故郡、至城西夕陽亭、乃慷慨謂其諸子門人曰、死者士之常分、吾蒙恩居上司、疾姦臣狡猾而不能誅、悪嬖女傾乱而不能禁、何面目復見日月、因飲鴆而卒、太僕來歴曰、耿寶傾側姦臣、傷害忠良、禍将至矣、

音浪　功曹 郡録事、曰功曹　逆旅 客次、曰逆旅　竦 音聳、敬也　師表 師範儀表　顏子 顏回、喻黄憲也　叔度 憲字　惆然 失志貌　太原 府屬山西　累 上聲　奉高 閭字　沈濫泉 側出曰沈、音龜、上聲、正出曰濫、音檻　挹 酌也　汪汪 水深廣貌　頃 音傾、上聲　辟 音璧

○大尉楊震自殺。震關西人。時人稱之曰、關西孔子楊伯起。教授生徒、堂下得三鱣。都講以為有三公之象、取以進曰、先生自此升矣。後嘗為郡守。屬邑令有懷金遺之者曰、暮夜無知者。震曰、天知地知、子知我知。何謂無知。令慚而退。及為三公、時宦者及上乳母王聖用事、皆有請託。震不從。又數以近習為言、共構之、策收印綬。遂死。葬之日、名士皆來會。有大鳥高丈餘、至墓前、俯仰流涕而去。

關西 王沬曰、長安以西、謂之關西　伯起 震字　鱣 与鮮通、音善、魚似蛇、黄身黒文　為有 之為、去聲　郡守 楊震嘗為東萊郡守　屬 音燭　邑令 昌邑縣令王密　遺 去聲　數 音朔　近習 親近狎習人也、即宦者樊豐・周廣・謝惲之輩　為言 之為、如字

○上少號聰明。既即位、多失德。在位十九年崩。改元者五、曰永初・元初・永寧・建光・延光。太子先

閻后臨朝

迎北鄉侯懿嗣位 孫程迁后立順帝

左雄奏孝廉

改葬太尉楊震、祠以中牢。以楊震二子爲郎、贈錢百萬。

中黃門孫程等、迎濟陰王保、入即位、誅閻顯等、遷太后于離宮。

○胡致堂曰、安帝柔闇不君。始則閻后妒忌、殺太子之母、而不能保繼、而乳母恣横、譖太子廢之、而不能辨、一旦不諱、樹立嬰孩、遂使中官得以順人心、仗正義扶立、所廢而權歸閻尹、國無人焉。漢氏之衰可知矣。

易蹇卦六二、王臣蹇蹇、匪躬之故。朱註云、蹇、難也。致力

爲近習所譖、坐廢爲濟陰王。閻皇后臨朝、與閻顯迎章帝孫北鄉侯懿嗣位。宦者孫程等誅顯、遷閻后、迎立濟陰王。是爲孝順皇帝。【少】去聲。先爲之爲、去聲。【濟陰】國在曹州。濟、上聲。【懿】齊北王子、嗣位、冬十月薨。

孝順皇帝名保。爲孫程等所立。宦官以功封侯者十九人。【爲】去聲。【十九人】孫程、王康、王國、黃龍、彭愷、孟叔、李建、王成、張賢、史汎、馬國、王道、李元、楊佗、陳予、趙封、李剛、魏猛、苗光。○尚書令左雄奏、令郡國舉孝廉、限年四十以上、諸生通章句、文吏能牋奏、乃得應選。其有茂材異等、若顏淵子奇、不拘年齒。雄公直精明、能審覈眞僞、決志行之。有舉少年至者、雄詰之曰、顏回聞一知十、孝廉聞一知幾邪。頃之中外坐謬舉黜免者十餘人。惟汝南陳蕃、潁川李膺、下邳陳球等三十餘人得拜郎中。【尚】音常。【令】去聲。下同。【上】上聲。【牋奏】文牋、說文云、表識書也。上皇后太子王府、曰牋。奏王、曰表。【子奇】尹吉甫子、有孝行。【至者】廣陵徐叔。【頃】音傾、上聲。【謬】誤也、差也。【黜】音出、退也。○胡曰、雄蹇蹇有王臣之節。衰世明卿也。其言取士之

張綱埋輪

綱單車張嬰降

制貴得實才、固亦善矣。獨於聖賢之言、有未喻耳。孔子曰、四十而不惑。蓋自言有進德之序。禮言四十強而仕。蓋示學者德成可用之時、非謂取人之準也。且子貢謂聞一知十、亦以況顏子。舉首見尾而已、夫豈有事而可指哉。雄舉難對之問、抑折孝廉、又坐薦者。曾是而以為可乎。

○以皇后父梁商為大將軍。商死、以其子冀為大將軍。不疑為河南尹。遣使者八人、分行州郡。張綱獨埋其車輪於洛陽都亭曰、豺狼當道、安問狐狸。劾奏冀不疑無君之心十五事。上知綱言直而不能用。冀欲中傷之。廣陵賊張嬰寇亂揚徐間十餘年。乃以綱為廣陵太守。綱單車徑詣嬰壘門、請與相見。譬曉之。嬰等萬餘人降。綱入壘宴散、遣任所之。南州晏然。在郡卒。嬰等為之制服行喪。〔不疑〕冀弟。〔八人〕杜喬、周舉、周栩、馬羨、欒巴、張綱、郭尊、劉班。〔分行〕分部行。〔豺〕狼屬、似狗。〔狐〕說文曰、妖獸也。〔狸〕音里、平聲。說文曰、妖獸、似貓。〔劾〕胡得切、推窮罪人曰劾。〔十五事〕條目未詳。〔中〕去聲。〔廣陵〕郡、屬淮東。今揚州府。〔揚〕九州之一、即廣陵。〔徐〕九州之一、即彭城。〔南州〕晏然、南方州郡晏然平靜。〔為之〕之為、去聲。時二千石長吏有能政者。冀州刺史蘇

於塞難之時。其難塞至甚、故為塞於塞也。

商少通經傳、謙恭好士。辟李固為從事中郎。以書喻嬰、請与相見。嬰乃出拜謁。綱延置上坐、譬之曰、前後二千石多肆貪暴、故致公等懷憤相聚。二千石真有罪矣。然公所為者、又非義也。主上仁聖、欲以文德服、故遣太守來。今誠轉禍為福之時也云々。

置毒于煮餅以進。帝苦煩甚、召李固。固入前問。帝曰、食煮餅、腹悶。得水尚可活。冀曰、恐吐、不

蘇章舉故人正贓

梁冀跋扈

可飲水語未絶而崩。

章懷太子云、跋扈猶強梁也。鄭玄注詩云、畔援猶跋扈也。孔疏亦謂凶横陵人之貌。胡三省曰、以爲竹籬者非。是跋扈猶強梁也。扈嵎同。爾雅、山卑而大曰扈。言強梁之人、行不由正路。山卑而大、且欲跋而踰之。故曰跋扈。

群臣皆以爲清河王蒜明德著聞。又屬最尊親。宜立爲嗣。中常曾騰夜往說冀曰、將軍秉攝萬幾。賓客縱横。多

章有故人爲清河太守。章行部、爲設酒甚歡。守喜曰、人皆有一天。我獨有二天。章曰、今日蘇孺文與故人飲者私恩也。明日冀州刺史案事者公法也。遂擧正其姦贓之罪。〔刺〕音次。〔清河〕郡屬河東。今恩州。漢隷冀州刺史所領。〔行部〕巡案郡邑曰行部。〔爲設〕之爲去聲。〔二天〕言蘇章又其一天也。〔孺文〕章字。○上在位二十年。崩。改元者五。曰永建・陽嘉・永和・漢安・建康。太子立。是爲孝冲皇帝。〔永建〕即位二年改元。〔冲〕音蟲。幼稚曰冲。

孝冲皇帝名炳。年二歲即位。三閲月而崩。改元者一。曰永嘉。梁太后迎立渤海孝王之子。是爲孝質皇帝。〔炳〕音丙。〔渤海〕國在滄州。

孝質皇帝名纘。章帝曾孫也。年八歲即位。少而聰慧。嘗因朝會目梁冀曰、此跋扈將軍也。冀深惡之、使左右於餅中進毒。遂崩。在位一年有半。改元者一。曰本初。冀迎立蠡吾侯。是爲孝桓皇帝。〔纘〕作管切。〔曾〕當作玄。案漢系、章帝生伉、伉生寵、寵生鴻、鴻生質帝。〔跋扈〕通鑑注、跋跳也。扈竹籬也。謂

李固杜喬下獄死

荀子八龍

有過差清河嚴明若果立則將軍受禍矣不如蠡吾侯富貴可長保也冀然其言明日重會公卿冀意氣凶凶廣戚慨悼曰惟大將軍令獨固喬守本議冀厲聲罷會說太后策免固竟蠡吾侯志入南宮即位

○尹遂昌曰李固杜喬之死人皆寃之三君誠忠於漢者然冀負弑逆之誅二君不能聲其罪於天下隱忍而死故綱目於此皆不書其故官哀其不達大臣之義失

水居者於水未至作竹籬以候魚入水退小魚獨留大者跋扈而出故以為喻 惡音烏去聲 餅音丙、齧食也 本初即位二年改元 蠡吾國在蠡州

孝桓皇帝名志章帝曾孫也年十五即位梁冀以定策功益封又封其子弟皆侯李固杜喬欲立清河王蒜至是蒜貶為侯自殺固喬下獄死 曾孫 章帝生開、開生翼、翼生桓帝 益封 筌蹄梁冀益封萬二千戶 皆侯 冀弟不疑潁陽侯蒙西平侯胤襄邑侯 蒜 音筭所出未詳 貶 方斂切、降也 自殺 筌蹄蒜貶尉氏侯尋徙桂陽侯遂自殺 固喬下獄 詳見通鑑 ○前朗陵侯相潁川荀淑少博學有高行李固李膺等皆師宗之相朗陵治稱神君子八人時人稱為八龍其六曰爽字慈明人言荀子八龍慈明無雙縣令命其里曰高陽里爽嘗謁李膺因為之御既還喜曰今日乃得御李君矣同郡陳寔與淑齊名嘗詣淑長子紀字元方御車次子諶字季方驂乘孫群字長文尚幼抱車中至淑家八龍更迭侍左右淑

荀陳德星　難兄難弟　崔寔政論

其職也。便嘗言。雖元方爲兄。季方爲弟。至其才德。則元方不必出季方上。季方不必在元方下。不可據兄弟次也。
著政論。其辭曰。凡天下所以不治者。常由人主承平日久。俗漸敝而不悟。政寖衰而不改。凡爲天下者。自非上德。嚴之則治。寬之則乱。何以明其然也。近孝宣皇帝明於君人之道。審爲政之理。故嚴刑峻法。破姦軌之膽。海内清肅。天下密如。算計見效。優於孝文。及元帝即位。多行寬政。卒以墮損。威權始奪。遂爲漢

孫彧字文若。尚幼。抱置膝上。太史奏。德星見五百里内。有賢人聚。寔嘗爲大丘長。修德清淨。吏民追思之。紀諶之子。問其父優劣於其祖寔。曰。元方難爲兄。季方難爲弟。（朗陵）朗陵邑。在汝寧。侯未詳所出。盖漢宗室子也。（行）去聲。下同。（治）去聲。（八人）儉、緄、靖、壽、汪、爽、肅、專。（縣令）潁陰縣令。苑康。（高陽里）取高陽氏才子八人之義。（爲之）之爲去聲。（寔）音承。入聲。（諶）音甚。平聲。（乘）去聲。（長文）之長。如字。（更）音庚。（彧）音域。（見）音現。（大丘）邑屬亳州。（優劣）才有餘曰優。不足曰劣。

○詔舉獨行之士。涿郡崔寔至公車。不對策。退而著政論。略曰。聖人能與世推移。俗士苦不知變。以爲結繩之約。可復治亂秦之緒。干羽之舞。可以解平城之圍。夫刑罰者治亂之藥石也。德敎者興平之粱肉也。以德敎除殘。是以粱肉治疾也。以刑罰治平。是以藥石供養也。自數世以來。政多恩貸。馭委其轡。馬駘其銜。四牡横奔。皇路險傾。方將拑勒鞬輈以救之。豈暇鳴和鑾。清節奏哉。（獨行）卓異爲獨。（涿郡）即涿鹿。（公車）受章奏處。（著）音猪。

旧本趾下有者字

論崔寔矯一時之枉

朱穆奏劾貪汚

室基禍之去政道得失於斯可監故聖人能与世推移云々

仲長統由陽郡高平縣人

冀州民飢流亾數十萬戸詔以朱穆為刺史

數十人一作四十餘人

便堂玉匣者金縷玉衣也通典云漢舊儀帝崩含以珠纏以緹繒十二重以玉為襦如鎧状連縫之以黄金為縷腰以下以玉為札長尺廣二寸半為柙下至足亦縫以黄金縷縫諸衣

去聲論去聲推音退平聲治平聲結繩之約云々上古結繩以記事至乱秦則端緒多而難以此治之干羽之舞云々羽翳也舞者所執修闡文教舜舞干羽而有苗格若匈奴圍高帝於平城則時勢異而難以此解之粱美穀也供音恭餋音漾馭御同委棄也駘其銜駘音臺脫也銜馬口鈇也四牡皆牡馬也横犇不由其道也犇奔同皇路輅車也傾敗也拑勒拑音僉平聲持也勒馬轡也鞭輔鞭音蹇平聲猶束也輔車轄也和鑾皆鈴也和在軾鑾在銜車行則和鳴而鑾應也言御者既棄其轡馬脱其銜則四牡横犇而輅車傾敗昔文帝方且拑持其勒鞭東其輔而已失其和鑾之節矣

雖除肉刑當斬右趾棄市笞者往往至死是文帝以嚴致平非以寛致平也仲長統見其書曰凡為人主宜寫一通置之坐側。

趾足也仲長統仲長姓統名也通具首尾曰通○司馬温公曰漢家之法已嚴矣而崔寔猶病其寛何哉蓋衰世之君率多柔懦凡愚之佐唯知姑息是以權幸之臣有罪不坐豪猾之民犯法不誅仁恩所施止於目前姦宄得志紀綱不立故崔寔之論以矯一時之枉非百世之通義也孔子曰政寛則民慢慢糾之以猛猛則民殘殘則施之以寛寛以濟猛猛以濟寛政是以和斯不易之常道也

○朱穆為冀州刺史。令長望風解印去者數十人。及到奏劾貪汚有官者歸葬父用玉匣穆案驗

陳蕃薦 七

殺梁冀

宦者五人皆侯

衿歛之則其狀如鎧甲故謂之玉匣甲或作匣或作柙古人不必拘偏傍借同聲用之

梁氏七侯三后六貴人三將軍卿將尹校五十七人

鄧香妻宣生女猛香卒宣更適孫壽梁冀妻舅梁紀壽引猛入掖庭爲貴人冀因認爲己女遣客殺宣登屋欲入宣家覺之馳入白帝帝大怒因如廁獨呼小黄門史唐衡問左右與外舍不相得者誰子衡對單超左悺與梁氏有隙徐璜貝瑗亦忿疾之於是

剖其棺出之上聞大怒徵穆詣廷尉太學生劉陶等數十人上書訟穆謂中官竊持國柄手握王爵口銜天憲穆獨亢然不顧竭心懷憂爲上深計臣願代穆罪上赦之陶又上疏乞以穆及李膺輔王室書奏不省【令】去聲【長】音張上聲【汚】音烏爭言曰訟【憲】法也【亢】音抗【爲】上之爲【宦】者趙忠【上書】之上上聲【訟】去聲【上】疏之上上聲【省】音息上聲 ○梁冀凶恣日積以外戚用事者二十年威行内外天子拱手而已上與宦者單超等誅冀勒兵收冀印綬冀自殺梁氏無少長皆棄市超等五人皆侯自冀誅天下想望異政黄瓊首爲太尉【單】音善【五人】單超徐璜貝瑗左悺唐衡 ○胡曰孝和除竇憲孫程翊濟陰桓帝治梁冀三大事者皆自中官三公雖尊無所預謀尚書雖要莫得措手天子既倚之去其害已者又有援立之恩雖不舉國而聽焉其勢亦不得已矣西京傾覆禍起母家光武中興抑制外戚曾未數世和熹專朝皆以不接公卿而任用黄門遂基末流之禍雖有治人而無治法帝王子孫不能皆賢禍亂多門要必有所自然而祖宗創業垂統柄制本末有未盡者矣若畧法三代委任宰相使政出朝廷猶庶幾乎 ○陳蕃薦

姜肱共被　徐穉置芻　李郭仙舟

帝呼超悺入室定議帝齧超臂出血為盟冀心疑之使中黄門張揮入宿以防其變瑗收揮請帝御前殿使尚書令尹勳持節勒丞郎以下皆操兵守省閤斂諸符節送省中使瑗将厩騶虎賁羽林都候劍戟士合千餘人与司隷張彪共圍冀第收大将軍印綬冀壽皆自殺悉收梁氏孫氏

通鑑徐穉家貧常自耕稼非其力不食恭倹義譲所居服其德屢辟不起蕃以禮請署功曹

處士徐穉姜肱等。穉字孺子。豫章人。陳蕃為守時。特設一榻以待穉。去則縣之。穉不應諸公之辟。然聞其死。輙負笈赴弔。豫炙一雞。以酒漬綿。暴乾褁之。到冢隧外。以水漬綿。白茆藉飯。以雞置前。祭畢留謁。不見喪主而行。肱彭城人。與二弟仲海季江俱孝友。常共被。嘗遇盜。兄弟爭死。盜兩釋之。穉肱被徵皆不至。黄瓊卒。四方名士。會葬者七千人。穉至進爵哀哭置生芻墓前而去。諸名士曰。此必南州高士徐孺子也。使陳留茆容追之。問國事不答。太原郭泰曰。孺子不答國事。是其愚不可及也。泰初游洛陽。李膺與為友。膺嘗歸鄉里。送車數千兩。膺惟與泰同舟而濟。衆賓望之者。如神仙焉。容年四十餘。畊於野。遇雨避樹下。衆皆箕踞。容獨危坐。愈恭。泰見而異之。遂勸令學。鉅鹿孟敏。荷甑墮地。不顧而去。泰見問之。曰。甑

仇覽栖鸞

稱既謁而退、便蒙置生芻墓前五字當删之、徐穉置生芻、郭大盧前也、非黃瓊墓前、

○南湖曰、東漢之黨、君子以同道為朋也、然陳蕃李膺知進不知退、徐穉郭泰知退不知進、是不同道矣、而何一榻之情、一舟之誼、若是其同乎、穉之言曰、大木將顛、非一繩所維、泰之言曰、吾夜觀乾象、晝察人事、不可支矣、此二子所以有退無進、而得免於黨禍也、

詩小雅祈父之什白駒篇、

帝既誅梁冀、故曰

已破矣。視之何益。泰亦勸令學。自餘因泰獎進成名者甚衆。泰舉有道不就。曰、吾夜觀乾象、晝察人事。天之所廢、不可支也。陳留仇香名覽。年四十、為蒲亭長。民有陳元母告元不孝。香親到其家、為陳人倫、感悟。卒為孝子。考城令王奐署香為主簿。謂曰、陳元不罰而化之、得無少鷹鸇之志邪。香曰、以為鷹鸇不若鸞鳳。奐曰、枳棘非鸞鳳所栖。百里非大賢之路。乃資香入太學。常自守。泰就房見之、起拜床下曰、君泰之師也。不應徵辟而卒。

處音杵。榻音塔、牀也。縣懸同。辟音璧、下同。笈音儉、入聲、書箱也。豫先也。漬音字、漸也。暴音僕、曬也。乾晏之乾音干。隧音遂、墓道也。藉慈夜切、薦也。留謁留從者謁告喪主而已、不見而行也。被音皮、上聲、衾也。生芻芻則思切、草也。詩云、生芻一束、其人如玉。其愚不可及也、論語注、程子曰、邦無道、能沈晦以免患、故曰不可及也。兩音亮。箕踞舒展兩足而坐、如箕舌也。通鑑作夷踞。註云、夷平、踞蹲也。危坐以尻著蹠而坐也。令学之令平聲、下並同。荷上聲、負也。甑子孕切、炊飯器也。獎音蔣、勸也。舉有道有司以有道稱舉泰、而泰不就。乾象之乾天也。蒲亭邑屬汴梁。為陳之為去

李膺接者爲登龍門

劉寬蒲鞭

劉寵一錢

恩私多受封爵、自是權勢專歸宦官、白馬令李雲露布上書移副三府曰、梁冀雖持權專擅、虐流天下、今以罪行誅、猶召家臣搤殺之耳、而猥封謀臣萬戸以上、高祖聞之得無見西北列將得無解体、帝者諦也、春秋運斗樞曰、帝者諦也、審諦於物也、今官位錯乱、小人諂進、財貨公行、政化日損、是帝欲不帝乎、帝怒、下之獄、

秉清白寡欲、嘗称我有三不惑、酒色

聲、考城縣屬睢州、主簿官主糾正縣治非違、枳音紙、小木似橘、實可爲藥、常自守、不求聞達、不應徵辟、香学既畢、不仕、歸卒于家、○自黄瓊以來三公、如楊秉劉寵皆人望、寵嘗守會稽郡大治、被徵、有五六老叟、自山谷間出、人賚百錢送之曰、明府下車以來、狗不夜吠、民不見吏、今聞當見棄去、故自扶奉送、寵曰、吾政何能及公言耶、勤苦父老、爲人選一大錢受之、後入爲司空、秉立朝正直、爲河南尹時、嘗以忤宦官得罪、後爲太尉、以卒、人望人中德望、被徵通鑑徵爲將作大匠、爲人之爲去聲、受之人各選取一錢、餘皆不受、朝音潮、陳蕃繼秉爲太尉、數言李膺、以爲司隷校尉、宦官畏之、皆鞠躬屏氣、不敢出宮省、時朝廷綱紀頹弛、膺獨持風裁、以聲名自尚、士有被其容接者、名爲登龍門云、數音朔、屏音丙、弛音豕、壞也、裁音在、猶言風致、○以劉寬爲尚書令、寬嘗歷典三郡、多仁恕、吏民有過、以蒲鞭罰之、三郡筆跡云、由司州内史、迁東海太守、又迁南陽太守、○初上爲侯時、受

甘陵南北部　宗資主諾　成瑨坐嘯　元礼模楷　宦官詐冤　逮捕黨人

財也、○丘瓊山曰、後世朋黨之名、始見于此。按東萊呂氏有言、天下之最是互相譏揣、妄分清濁、其禍最大。且如房周賓客、不過學舍中譏誚戲笑之語、豈知自此致天下之大禍哉。嗚呼朋黨之禍、始於言語黨之微、而馴致於禍害之大、不徒禍其一身一家、而且延及于天下之廣。一世之善類、於是乎殄瘁、國家之元氣、於是乎消蝕。遂使後世權姦欲盡除善類、以傾人天下國家者、往々假之爲名。按此論可以爲古今之戒。

學於甘陵周福。及即位、擢爲尚書。時同郡房植有名。鄉人謠曰、天下規矩房伯武。因師獲印周仲進。二家賓客、互相譏揣。成隙。由是有甘陵南北部。黨人之議、始此。汝南太守宗資、以范滂爲功曹。南陽太守成瑨、以岑晊爲功曹。皆褒善糾違。滂尤剛勁、疾惡如讐。二郡謠曰、汝南太守范孟博。南陽宗資主畫諾。南陽太守岑公孝。弘農成瑨但坐嘯。太學諸生三萬餘人。郭泰・賈彪爲之冠。與陳蕃・李膺、更相推重。學中語曰、天下模楷李元禮。不畏強禦陳仲舉。於是中外承風、競以臧否相尚。會成瑨與太原守劉瓆、於赦後案殺宦官之黨、徵下獄、將棄市。山陽守翟超、以張儉爲督郵、破宦官、踰制家宅。東海相黃浮、亦收宦官家屬犯法者殺之。宦官訴冤。皆得罪。蕃屢爭之。上不聽。宦官教人上書、告李膺養太學遊士、共爲部黨、誹

宦官自赦黨人

禁錮終身

○致堂曰、桓帝所厚者中官、所悅者女寵。唯此兩途耳。參之延中之對、謂帝可与為善者、亦誘掖之言耳。陳蕃雖嘗為尚書、忠言屢進、十不納一。中常侍黃門放縱自如、安得言陳蕃任事則治也。初竇太后之立也、陳蕃有力焉。及臨朝、政無大小、皆委於蕃。蕃与竇武同心戮力、以奬王室、

桓帝紀、建和二年、六月、改清和為甘

訕朝廷、疑亂風俗。上震怒、下郡國逮捕黨人。案經三府。蕃卻不肯署。上愈怒、下膺等北寺獄。辭連杜密陳寔范滂等二百餘人。使者追捕四出。蕃又極諫。上策免之。朝廷震慄、莫敢復爲黨人言者。賈彪曰、吾不西行、大難不解。乃入洛陽、說皇后父竇武、上疏解之。膺等獄辭又多引宦官子弟。宦官乃懼、白上。赦黨人二百餘人、皆歸田里、書名三府、禁錮終身。上在位二十一年。改元者七。曰建和、和平、元嘉、永興、永壽、延熹、永康。崩。竇皇后迎立解瀆亭侯。是爲孝靈皇帝。甘陵未詳所在。伯武植字。仲進福字。

亙音護、更也。揣初委切、度也。滂普岡切。晊音質。褒揚也、美也。汝南太守范孟博、孟博滂字、言范滂乃功曹而專汝南太守之權、下劾此畫諾、言資偏負、唯諾而已。公孝晊字。嘯說文曰、吹聲也。冠音貫。更音庚。推音退。元禮膺字。仲舉蕃字。否音皮、上聲。筌蹄。言人善曰臧、言人惡曰否。瓚音質。案殺云々。瑠殺死。邑張汎瓚殺晉陽趙津。將音漿。山陽郡屬淮東、今淮安府。翟音狄。破官官云々。侯覽東海王所出未詳。東海相之相去聲。宦官家族。徐璜兄子宣。爭諍同。教人上書。牢修上書之上

三君　宦者誣殺陳蕃竇武　竇后臨朝

[考]綱目、宛有富賈張汎、恃後宮中官用勢、縱横、小黄門晉陽趙津、貪横放恣。

東海王名祗、光武長子東海恭王彊之後。

章帝玄孫解瀆亭侯萇之子也。竇太后立之。是時宦官之禍、毒流搢紳、忠臣義士駢首就戮。不免召外兵以除内難、於是虺蜴雖除、而虎狼入室矣。

帝乳母趙嬈、及諸女尚書旦夕在太后側、中常侍曹節王甫等共相朋結。

去聲。訕音山、去聲、謗也。逮捕逮者、其人存、直追取之。捕者、其人亡、當討獲之。三府三公之府。署押也。北寺獄屬黄門。策免通鑑、託以蕃辟召非人、詔免其官。震慄懼也。復為之為去聲。難去聲。上疏之上上聲。禁錮錮音故、拘束之、使永不得仕也。解瀆亭通鑑注、在安平。解音蟹。

孝靈皇帝名宏。章帝玄孫也。年十二即位。竇太后臨朝。竇武爲大將軍。陳蕃爲太傅。徵天下名賢李膺杜密等。皆列于朝。天下想望太平。蕃武共議。以宦官操弄國柄濁亂海内。奏誅曹節王甫等。謀泄。宦者夜召所親。歃血共盟。請帝御前殿。作詔板。拜王甫黄門令。使其黨持節收武等。誣以大逆。先執陳蕃殺之。武自殺。梟首都亭。遷太后於南宮。玄孫也章帝生開、開生淑、淑生萇、萇生靈帝。操平聲。泄音薛、露也。板音攀、引也。梟音堯、懸首于木曰梟。李膺初雖廢錮。士大夫皆高其道而汙穢朝廷。更相標榜爲稱號。以竇武陳蕃劉淑爲三君。言一世之所宗也。李膺荀昱杜密王暢劉祐魏朗趙典。

八俊　八顧　八及　八廚　李膺考死

諂事太后。太后信之。數出詔命、有所封拜。蕃武疾之。嘗共會朝堂、私謂武曰、曹節・王甫操弄國柄、濁亂海内。今不誅之、後必難圖。武深然之。蕃大喜。以手推席而起。武乃引尚書令尹勳共定計策。會有日食之變。蕃謂武曰、昔蕭望之困一石顯。況今石顯數十輩乎。蕃以八十之年、爲將軍除害。今可因此斥罷宦官、以塞天變云々

大雅瞻卬篇

小雅正月篇

綱鑑注李杜、李膺杜密

鐫五經於石碑名

朱寓、爲八俊。言人英也。郭泰・范滂・尹勳・巴肅・宗慈・夏馥・蔡衍・羊陟爲八顧。言能以徳行引人也。張儉・翟超・岑晊・苑康・劉表・陳翔・孔昱・檀敷爲八及。言能導人追宗也。度尚・張邈・王孝・劉儒・胡母班・秦周・蕃嚮・王章爲八廚。言能以利救人也。及陳蕃竇武用事、復舉拔膺等。陳竇死、膺等復廢錮。曹節諷有司奏諸鉤黨膺詣詔獄考死。滂就捕。母與訣曰、汝今得與李杜齊名、死亦何憾。滂跪受教、再拜而辭。顧其子曰、使汝爲惡、惡不可爲。使汝爲善、我不爲惡。聞者爲之流涕。黨人死者百人。其死徙廢錮者又六七百人。郭泰私痛曰、詩云、人之云亡、邦國殄瘁。漢室滅矣。但未知瞻烏爰止于誰之屋耳。泰雖好臧否而不爲危言覈論。故處濁世而禍不及焉。〔汚穢朝廷〕小人用事。故曰汚穢。〔更〕音庚。〔標榜〕猶言称揚。〔昱〕音育〔寓〕音禺〔馥〕音伏〔行〕去聲〔苑〕音苑〔度〕如字〔邈〕音彪。入聲〔胡母〕覆姓。母音無〔蕃〕音波〔鉤黨〕即黨人也

諸生待制鴻都門外

開西邸賣官

崔烈銅臭

黄巾賊起

皇甫嵩与曹操合軍破賊

曰石經、綱目熹平四年乙卯春三月、立石経于大学門外、觀摸寫者車乗日千餘兩、

便蒙於西園中開設邸舍、如市店一般、鬻賣官爵、

初張角事黄老、各立渠帥、訛言歳在甲子、天下大吉、以白土書京城寺門、及州郡官府、角自称天公将軍、梁称人公将軍、

賊圍皇甫嵩於長社、依草結營、會大

詔獄筆蹄云、天獄也、訣音決、別也、李杜李固杜喬、皆死官者之手。滅悵也。其子名字未詳。為之之為去聲。殄音田、上聲、絶也。瘁音悴。但未云々言、漢必滅、但未知将為誰所得耳。好去聲。否音皮、上聲。處音杵。○詔諸儒正五經文字、命蔡邕為古文篆隷三體書之、刻石立太學門外。古文倉頡所撰、鳥跡文字。篆史籀所著。隷程邈所作。○上好文學、引諸生能文賦者、並待制鴻都門下。置立太學諸生皆斗筲小人。君子恥之。斗筲言鄙細也、筲音梢、竹器、容斗二升。○開西邸賣官、各有賈。崔烈以五百萬得司徒。問其子以外議何如。子曰、人嫌其銅臭耳。邸音底、舍也。賈價同、通鑑、二千石二千萬、四百石四百萬、又云、公千萬、卿五百萬、其以德次應選者半之、或三分之一也。其子崔鈞。人嫌不平於心曰嫌、一説疑也、○鉅鹿張角、以妖術教授、號太平道、符水療病、遣弟子遊四方、轉相誑誘。十餘年間、徒衆數十萬。置三十六方。大方萬餘、小方六七千。各立渠帥。一時俱起。皆著黄巾。所在燔劫、旬月之間、天下響應。遣皇甫嵩等討黄巾。嵩與沛國曹操、合軍破

許劭月旦

張角死

何后臨朝

袁紹勸誅宦官

風。嵩勅軍士皆束苣乘城。使鋭士間出圍外。縱火大呼。城上挙燎應之。嵩從城中鼓譟而出。奔擊賊陣。賊驚乱奔走。會騎都尉沛國曹操将兵適至。合軍与戰。大破之。遂汝南陳國黄巾皆破之。三郡悉平。

治世之能臣。一作清平之姦賊。乱世之英雄。

許劭。字子将。汝南平輿之人。峻名節。好人倫。多所賞職。

董卓謂袁紹曰。天下之主。宜得賢明。毎念靈帝。令人憤

賊。操父嵩爲宦者曹騰養子。或云。夏侯氏子也。操少機警。有權數。任俠放蕩。不治行業。汝南許劭。與從兄靖有高名。共覈論鄉黨人物。毎月輙更其題品。故汝南俗有月旦評。操往問劭曰。我何如人。劭不答。刼之。乃曰。子治世之能臣。亂世之姦雄。操喜而去。至是以討賊起。〔燎〕音料、治也、〔轉〕去聲。〔渠帥〕猶言渠魁大首。〔著〕音張、入聲。〔燔〕音煩。焚也。〔養子〕乞養之子。〔少〕去聲。〔治〕平聲。〔機警〕機變警寤。〔權數〕任權力數技。任謂任使其氣力。俠謂以權力挾輔人也。〔劭〕音邵。〔從兄〕同祖爲從兄。〔論〕去聲。〔更〕音庚。〔評〕音平。平言曰評。〔刼〕以刀脅人曰刼。○皇甫嵩討張角。角死。嵩與其弟戰。破斬之。〔弟〕張梁。○上崩。在位二十二年。改元者四。曰建寧。熹平。光和。中平。子辯立。何太后臨朝。后兄大將軍何進。録尚書事。袁紹勸進誅宦官。太后未肯。紹等畫策。召四方猛將。引兵向京。以脅太后。遂召將軍董卓之兵。卓未至。進爲宦官所殺。紹勒兵捕諸宦官。無少長皆殺之。凡二千餘人。有

關東起兵討卓　遷都長安　孫堅孫術合兵

堅為刘表黃祖射死

妻董侯陳留王似可。今欲立之能勝史侯帝辨否。紹曰、今上富春秋、未有不善宣於天下。公欲廢嫡立庶、恐衆不從公議也。卓按劒叱紹曰、豎子敢然。天下之事不在我。紹勃然徑出、逃奔冀州。卓遂脇太后、策廢少帝、為弘農王、立陳留王協為帝。遷太后於永安宮、酖殺之。卓自為相國。賛拜不名、入朝不趨、劒履上殿。孫堅進軍大谷、距洛九十里。卓自出与戰、敗走、却屯澠池。堅進至洛陽、掃除宗廟、祠以太牢。得傳國璽於城南

無鬚而誤死者。卓至問亂由。辨年十四、語不可了。陳留王答無遺。卓欲廢立。紹不可。卓怒。紹出奔。卓遂廢辨、陳留王立。是為孝獻皇帝。【録尚書事】總領省事。【脅】与協通。猶恐也。【為】去聲。【誤死者】宦者無鬚、故及誤殺無鬚之男子。【不可了】無決斷也。陳留王辨弟。【無遺】無所遺失。【廢立】廢辨立協。

【孝獻皇帝】名協。九歲為董卓所立。關東州郡起兵討卓、推袁紹為盟主。卓燒洛陽宮廟、遷都長安。長沙太守富春孫堅起兵討卓、至南陽、衆數萬。與袁術合兵。術與紹同祖、皆故太尉袁安之玄孫也。袁氏四世五公、富貴異於佗公族。紹壯健、有威容、愛士。士輻湊。術亦俠氣。至是皆起。堅擊敗卓兵、術遣堅圖荊州、為劉表將黃祖步兵所射死。【為】董之為、為劉之為、並去聲。【推】音退、平聲。【長沙太守】乃富春之孫堅。長沙郡屬湖南、今潭州府。【五公】袁安、及孫陽、曾孫逢、玄孫紹・術、並居公位。故曰四世五公。【輻湊】湊、倉奏切。言如車輻湊集、內向之也。【敗】音拜。【射】音石。○司徒王允等密謀誅卓。中郎將呂

王允密結呂布刺卓

卓黨殺允

劉備起関張從之

甄宮井中、分兵邀卓、卓自引兵還長安
呂布云々、卓愛信之、誓為父子。
劉備少孤貧、与母以販履為業、嘗与公孫瓚同師盧植、因往依瓚、至是瓚使与其将田楷徇青州、行定曰徇。因以為平原相、以羽飛為別部司馬、分統部曲。備与二人寢則同牀、恩若兄弟。
常山趙雲詣瓚、劉備見而奇之、深加接納、雲遂從備、至平原、為備主騎兵
青州黄巾寇兗州、劉岱与戦為賊所

布。膂力過人。卓信愛之。嘗小失卓意。卓手戟擲布。布避得免。允結布為内應。卓入朝。伏勇士於北掖門刺之。卓墮車大呼呂布。布曰。有詔討賊臣。應聲持矛刺卓。趣斬之。先是卓築塢于郿。積穀為三十年儲。金銀綺錦奇玩積如丘山。自云事成據天下。不成守此以老。至是暴屍於市。卓素肥。吏為大炷置臍中。然之光達曙者數日。卓黨舉兵犯闕。殺王允。呂布走。〔膂〕音呂、脊骨也。〔擲〕音呈入聲。〔掖〕音亦、正門旁小門也。〔刺〕音次。〔呼〕去聲。〔矛〕音謀、無枝兵、猶槍也。〔趣〕音促。〔塢〕營居為塢、亦曰庳城。〔郿〕音眉、邑属扶風。〔儲〕軍糧曰儲。〔丘山〕大陵曰丘。〔暴〕如字。〔炷〕音注、燈炷。〔然〕燒也。〔曙〕音署、曉也。〔犯闕〕干犯天子門闕。○涿郡劉備字玄徳。其先出於景帝中山靖王勝之後也。有大志。少語言。喜怒不形於色。河東關羽。涿郡張飛。與備相善。備起。二人從之。〔中〕音仲。〔勝〕景帝第六子。以下世次未詳。〔少〕上聲。〔河東〕郡、属山西、今河中府。○孫堅之子策。與弟權留富春。還于舒。堅死。策年十七。往見袁術。得其父餘兵

孫策渡江民皆大悦

曹操迎上于許

劉備歸操

殺曹操部將陳宮謂操曰州今無主而王命斷絶宮請說州中綱紀明府往牧之資之以收天下此霸王之業也宮因往說別駕治中迎操領兗州刺史操擊黃巾悉降之得卒三十餘萬收其精鋭詔以金尚為兗州刺史將之部逆擊之尚奔袁術

陶謙疾篤謂別駕麋竺曰非劉備不能安此州謙卒竺率州人迎備備遂領徐州

策十餘歳時、已交結知名。舒人周瑜與策同年、亦英達夙成。至是從策起。策東渡江、轉鬬所向、無敢當其鋒者。百姓聞孫郎至、皆失魂魄。所至一無所犯、民皆大悦。舒州屬淮西、今安慶府。轉、上聲、連也。魂魄、游氣為魂、精爽為魄。○初曹操自討卓時、戰于滎陽、還屯河內、尋領東郡太守、治東武陽、已而入兗州、據之、自領刺史、遣使上書。以為兗州牧。上還洛陽、操入朝、遷上於許。治、平聲。東武陽、東郡屬邑。兗州、九州之一、今屬山東。許州屬河南、即潁川郡。○操擊殺呂布。初布自關中出奔袁術、又歸袁紹。已而又去、為操所攻、走歸劉備。尋又襲備、據下邳。備走歸操。操遣備屯沛。布使陳登見操、求為徐州牧、不得。登還謂布曰、登見曹公言、養將軍如養虎。當飽其肉。不飽則噬人。公曰、不然。譬如養鷹。饑則附人、飽則颺去。布復攻備。備走復歸操。操擊布至下邳。布屢戰皆敗。困迫降。操縛之。曰、縛虎

曹操縊殺呂布

袁術稱帝死

孫策卒弟權代

呂布復与袁術通、遣高順張遼攻劉備、備單身走、荀攸勧曹操自擊布、備從操還許、操表以為左將軍、以孫策為討逆將軍、封呉侯、

術至江亭、坐簀牀而歎曰、袁術乃至此乎、

伏篁竹中射之、中頰、創甚、召張昭謂曰、中國方乱、以呉越之衆、三江之固、足以觀成敗、公等善相吾弟、呼權佩以印綬、謂曰云々、

董承謀泄、操殺承等、皆夷三族、操欲自討劉備、諸將皆曰、与公爭天下者袁紹也、今紹方來

不得不急卒縊殺之。備從操還許。奔去聲、下並同。為操之為去聲。走音奏、下並同。使如字。噬音逝、食也。颺音揚、風所飛揚也。降音項、平聲。卒音遵、入聲。從去聲。○老泉曰、孔子曰、見義不為無勇也、蓋君子之勇貴乎以義、若匹夫撫劍疾視者、其如義何、亦必不能久生也、此觀呂布一匹夫、御良馬馳城飛塹、禽將斬虜、其勇固無比也、然軽躁無謀、去就無義、既不能用人、又不能為人用、或負此而傾彼、或攻彼而搶此、暴横驕陵、為人所厭患、故衆共悪之、而卒為曹操所禽也、是勇也豈不如狼虎哉、雖能傷人而不知有檻穽之可慮、卒肉食於人耳、若使能用其勇、擇主而事、則天下固可図也。○袁術初據南陽、已而據壽春、以讖言代漢者當塗高、自云名字應之、遂稱帝、淫侈甚、既而資實空虛、不能自立、欲奔袁紹。操遣劉備邀之。術走還、歐血死。名字應之、讖云、當塗而高、象魏闕也、言魏當代漢、而術以己字公路、路即當塗高之義也。侈音齒、奢也。還仍歸壽春。○孫策既定江東、欲襲許、未發、故所殺呉郡守許貢之奴因其出獵、伏而射之。創甚、呼弟權、代領其衆、曰、舉江東之衆、決機於兩陣之間、與天下爭衡、卿不如我、任賢使能、各盡其心、以保江東、我不如卿。

曹操奉天子令天下

劉備食失匕筯

備歸劉表

卒年二十六。呉郡屬江浙、今平江府。射音石。創瘡同。呼去聲。兩陣之間、彼此對敵、故曰兩陣。衝平也。○袁紹據冀州、簡精兵十萬騎一萬、欲攻許。沮授諫曰、曹操奉天子以令天下。今舉兵南向、於義則違。竊爲公懼之。紹不聽。操與紹相拒於官渡、襲破紹輜重。紹軍大潰、慚憤歐血死。沮音阻、平聲、姓也。爲去聲。官渡在延州陽武縣東。○車騎將軍董承稱受密詔、與劉備誅曹操。操一日從容謂備曰、今天下英雄、唯使君與操耳。備方食、失匕筯。値雷震。詭曰、聖人云、迅雷風烈必變。良有以也。備既被遣邀袁術、因之徐州、起兵討操。操擊之。備先奔冀州、領兵至汝南。自汝南奔荊州、歸劉表。嘗於表坐、起至廁、還慨然流涕。表怪問之。備曰、常時身不離鞍、髀肉皆消。今不復騎、髀裏肉生。日月如流、老將至、功業不建。是以悲耳。瑯琊諸葛亮寓居襄陽隆中。每自比管仲樂毅。備訪士於司馬徽。徽曰、

而棄之東。紹棄公後若何。操曰、劉備人傑也。今不擊、必爲後患。郭嘉曰、紹性遲而多疑、來必不速。備新起、衆心未附。急擊之必敗。操師遂東。田豐說袁紹曰、曹劉連兵、未可卒解。公舉軍而襲其後、可一往而定。紹辭以子疾。豐舉杖擊地曰、嗟呼、遭難遇之時、而以嬰兒病失其會。惜哉事去矣。諸葛亮自比管樂。時人莫之許也。惟潁川徐庶・崔州平然之。○尹遂昌曰、自三代衰、王政廢、士之隨世就功名者多

孔明臥龍

矣當漢之末群雄雲擾凡一智一能之士莫不乘時奮覩以自見孰謂一世人龍如孔明者方且高臥隆中抱膝長吟畧無意於當世而又以管樂自許者哉何使昭烈不垂三顧之勤則槁死巖穴与艸木俱腐耳及其一起則功名事業彪炳顯著不可得而泯沒亮豈大言無當者

曹操以江陵有軍實恐刘備據之乃釋輜重將精兵急追之及於當陽之長坂備棄妻子与諸葛亮張飛趙雲等数十騎走張飛拒後據水斷橋瞋

識時務者在俊傑此間自有伏龍鳳雛諸葛孔明龐士元也徐庶亦謂備曰諸葛孔明臥龍也備三往乃得見亮問策亮曰操擁百萬之衆挾天子令諸侯此誠不可與争鋒孫權據有江東國險而民附可與爲援而不可圖荊州用武之國益州險塞沃野千里天府之土若跨有荊益保其巖阻天下有變荊州之軍向宛洛益州之衆出秦川孰不簞食壺漿以迎將軍乎備曰善與亮情好日密曰孤之有孔明猶魚之有水也士元名統龐德公從子也德公素有重名亮每至其家獨拜牀下○從容之從音促平聲使去聲匕匙也筋箸同迅音信疾也離音利髀音陛股也復騎之騎音奇跨馬也襄陽府屬河南即南陽郡隆中地名在襄陽訪謀也徽音暉伏潛也孔明亮字令去聲援音院塞音色天府之土筌蹄財貨所出若天府宛音鴛秦川水出京兆秦嶺東南入漢孰誰也簞食簞音丹竹器也食音嗣飯也好去聲從子之從音去聲姪曰從子○胡氏曰三國人才之盛後世鮮及然孔明則高邁獨出巍然三代之佐矣要於伊傅而以管樂自許者謙志也

曰、橫矛曰、身是張翼德也。可來共決死。操兵無敢近者。趙雲抱備子禪、与關羽船會、得濟沔。遇劉琦衆萬餘人、与俱到夏口。

才与管仲等。而德則過之。

亮求救於孫權

魯肅周瑜勸權逆操

周瑜破操軍於赤壁

○曹操擊劉表。表卒。子琮擧荊州降操。劉備奔江陵。操追之。備走夏口。操進軍江陵。遂東下。亮謂備曰、請求救於孫將軍。亮見權說之。權大悅。操遺權書曰、今治水軍八十萬衆。與將軍會獵於吳。權以示群下。莫不失色。張昭請迎之。魯肅以爲不可。勸權召周瑜。瑜至曰、請得數萬精兵進往夏口。保爲將軍破之。權拔刀斫前奏案曰、諸將吏敢言迎操者、與此案同。遂以瑜督三萬人、與備幷力逆操。進遇於赤壁。瑜部將黃蓋曰、操軍方進。船艦首尾相接。可燒而走也。乃取蒙衝鬪艦十艘、載燥荻枯柴、灌油其中、裹帷幔、上建旌旗、豫備走舸、繫於其尾。先以書遺操、詐爲欲降。時東南風急。蓋以十艘最著前。中江擧帆。餘船以次俱進。操軍皆指言蓋降。去二里餘、同時發火。火烈風猛。船往如箭。燒盡北船。烟焰漲天。

○李龍州曰、擧江東之力、足以抗天下之全師者、赤壁之戰爲之張本也。當漢之季、曹操長驅數十萬衆而下江陵、目中無吳越、尚賴江東諸將忠奮激烈、出而与劉豫州共合謀幷力、一擧而焚之於赤壁之下。當此之時、

權以荊州借備　權勸呂蒙讀書

老瞞褫魄顛沛瀕死儻能乘此之鋭躡彼之困而併力中原則彼衆可盡得而操可生虜惜夫孫刘不知出此也

通典蒙衝以生牛皮蒙船覆背兩廂開制棹孔前後左右有弩窗矛穴

周瑜与権牋曰今曹操在北疆場未静劉備寄寓有似養虎此朝士旰食之秋（旰音幹晩也）至尊垂慮之日也

魯肅忠烈臨事不苟可以代瑜所言可采瑜死不朽矣

人馬溺燒死者甚衆瑜等率輕鋭靁鼓大進北軍大壞操走還後屢加兵於權不得志操歎息曰生子當如孫仲謀向者劉景昇兒子豚犬耳（琮）藏宗切（江陵）府屬湖北即荊州（夏口）地在江夏縣西（遺）去聲下同（治）平聲以為之為（保為）之為並去聲（逆）操迎擊曰逆（赤壁）山在武昌府蒲圻縣西北（蓋）音甘入聲（艦）音檻戰船四方施板以禦矢狀如牢曰艦（蒙衝）船狭而長曰蒙衝以衝突敵船者也（艘）音騷船總名曰艘（燥）音嫂乾也（荻）音狄萑也（裹）音果包也（舸）音歌上聲楚謂大船曰舸（著）音長入聲（熠）音艷（靁）擂同音来（仲謀）権字（景昇）表字

○劉備狥荊州江南諸郡周瑜上疏於權曰備有梟雄之姿而有關羽張飛熊虎之將聚此三人在疆場恐蛟龍得雲雨終非池中物也宜從備置呉權不從瑜方議圖北方會病卒魯肅代領其兵肅勸權以荊州借劉備權從之權將呂蒙初不學權勸蒙讀書魯肅後與蒙論議大驚曰卿非復呉下阿蒙蒙曰士別三日即當刮目相待（上）上聲（梟）与蟂通水蟲似蛇四足而能害人者也（場）音亦境也（蛟）龍屬無角（阿）音遏發語

士元非百里才

勸備取益州

備取漢中自立爲王

呂蒙勸權図羽斬之

初權謂蒙曰卿今
當塗掌事不可不
学蒙辭以軍中多
務權曰孤豈欲卿
治經爲博士耶但
當涉獵見往事耳
卿言多務孰若孤
孤嘗讀書自以爲
大有所益蒙乃始
就学
張飛趙雲將兵泝
流克巴東破巴郡
獲太守嚴顔飛呵
顔曰何以不降顔
曰卿等無狀侵奪
我州我州有斷頭
將軍無降將軍龐
統中流矢卒雒城
潰備圍成都亮飛
雲引兵來會時劉
璋城中尚有精兵
三萬人穀帛支一
年吏民咸欲死戰
璋言父子在州二

辭也。○劉備初用龐統爲耒陽令。不治。魯肅遺備書曰。士元非
百里才。使爲治中別駕。乃得展其驥足耳。備用之。勸取益州。
備留關羽守荊州。引兵泝流。自巴入蜀。襲劉璋。入成都。備既
得益州。孫權使人從備求荊州。備不肯還。遂爭之。已而分荊
州。備自蜀取漢中。自立爲漢中王。漢中將關羽。自江陵出攻
樊城。取襄陽。自許以南。往往遙應羽。威震華夏。曹操至議徙
許都以避其鋒。司馬懿曰。備權外親内踈。關羽得志。權必不
願也。可遣人勸權躡其後。許割江南以封權。操從之。時魯肅
已死。呂蒙代之。亦勸權圖羽。操師救樊。權將陸遜又襲羽後。
羽狼狽走還。權軍獲羽斬之。遂定荊州。耒陽、縣屬衡州。治中別駕、漢制。治中從刺
史行部。別乘一乘傳車。故曰別駕。泝、音素。逆流而上。使人、諸
葛瑾。樊城、縣屬襄陽。華夏、中國文明。故曰華夏。狼狽、狽音貝。
狼屬。生子或欠二足。欲行則必兩狼相附而後動。如失其一。
則其一不能行。故謂猝遽失措曰狼狽。一說狽前二足短。駕

曹操封魏進爵為王

曹丕迫帝禪位

論教化風俗

十餘年、無恩德以加百姓、何心能安。遂開城出降

蒙上疏曰、羽討樊而多留備兵、必恐蒙圖其後故也。蒙常有病、乞分士衆還建業、以治病為名。羽聞之、必撤備兵、盡赴襄陽。然後大軍浮江、晝夜馳上、襲其空虛、則諸郡可下、而羽可禽也。

銅雀臺高十丈、有屋百餘間。蓋曹操愛妾所居。操自立為魏公、加九錫、建宗廟社稷。

帝遣使持節、奉璽綬詔策、禪位於魏。魏主丕即皇帝位

狼而行、失狼則不能動也。未詳孰是。○初曹操自兗州牧入為丞相、領冀州牧。封魏公、作銅雀臺於鄴。已而進爵為王、用天子車服、出入警蹕。以子丕為王太子。操卒、丕立、自為丞相冀州牧。魏群臣言魏當代漢。丕遂迫帝禪位、以帝為山陽公。帝在位改元者三、曰初平、興平、建安。元年至二十五年、則皆曹操為政時也。共三十一年、禪位。又十四年而卒。漢自高祖元年為王、五年為帝。至是二十四世、四百二十六年。〔迫帝禪位〕禪音膳、讓也、通鑑、建安二十五年、正月、魏王操卒。帝遣華歆授太子丕魏王璽綬、尊王后為王太后、又改元曰延康。十月乃禪。○司馬溫公曰、教化國家之急務也。而俗吏慢之。風俗天下之大事也。而庸君忽之。夫惟明智君子深識遠慮、然後知其為益之大而收功之遠也。光武遭漢中衰、群雄糜沸、奮起布衣、紹恢前緒、征伐四方、日不暇給、乃能敦尚經術、賓延儒雅、開廣學校、修明禮樂。武功既成、文德亦洽。繼以孝明孝章、遹追先志、臨雍拜老、橫經問道。自公卿大夫至于郡縣之吏、咸用經明行修之人。虎賁衛士、皆習孝經。匈奴子弟亦遊大学。是以教立於上、俗成於下。自三代既亡、風化之美、未有若東漢之盛者也。及孝和以降、貴戚擅權、

改元黃初、追尊武王曰武皇帝。
○尹遂昌曰、嗚呼、乱臣賊子竊人家國、常患於取之無名、則曲為委折、以分之。三國分晉、田氏併齊、借周人之命以自蓋。莽賊篡漢、欲求其說而不可得、乃以周公居攝稱之。至操丕始以傳禪為文。自後篡竊相繼、皆踵而行之。其原始於曹氏之作俑也。綱目既破其說、然後姦偽之徒、始無以為欺天下後世之具。其有補於名教、豈不大哉。故曰、綱目脩而乱臣賊子懼。

嬖倖用事、賞罰無章、賄賂公行、賢愚混殽、是非顛倒、可謂乱矣。然猶綿綿不至亡者、上有公卿袁安・楊震・李固・杜喬・陳蕃・李膺之徒、用公義以扶其危、下有布衣符融・郭泰・范滂・許劭之流、立私論以救其敗。至有觸冒斧鉞、僵仆於前、而忠義奮發、繼起於後、隨踵就戮、視死如歸。夫豈特數子之賢哉、亦光武明章之遺化也。當是時、苟有明君作而振之、則漢氏之祚、猶未可量也。不幸承以桓靈之昏虐、保養姦回、殄滅忠良、積多士之憤、蓄四海之怨。於是何進召戎、董卓乘釁、袁紹之徒、從而構難、遂使乘輿播越、宗廟丘墟、大命隕絶、不可復救。然州郡擁兵、互相吞噬、何嘗不以尊漢為辭。以魏武之強暴、加有大功、其蓄無君之心久矣。乃至沒身不敢廢漢而自立者、豈其意之不欲哉、畏名義而自抑也。由是觀之、教化安可慢、風俗安可忽哉。

三國 漢

附魏呉二僭國

按曾氏云、天下非一統者、本可各自一國編集。又恐初學讀者、迷其時代之先後。今但以一國源流相接者為提頭、而附同時之國於其間。而曾氏仍陳壽之舊、以魏

帝発喪服制即位

九品官人之法

曹丕簒漢即位

刘字用章号立齋一作仁齋宋少微江氏名贄修通鑑節要二十巻
勝子正封涿縣陸城亭侯坐酎金失侯因家焉祖雄父弘生昭烈
○胡致堂曰司馬氏以昭烈於中山靖王族属疏遠不能紀其世數名位是非難辨遂抑之不使得紹漢統則未知其去取之意也自司馬氏至三國七百餘年固不

稱帝而附漢呉刘既遵朱子綱目義例而改正少微通鑑矣今復正此書以漢接統云

照烈皇帝諱備字玄德漢景帝子中山靖王勝之後有太志少言語喜怒不形身長七尺五寸垂手下膝顧自見其耳○蜀中傳言曹丕簒立帝已遇害於是漢中王發喪制服謚曰孝愍皇帝夏四月即帝位於武擔之南大赦改元章武○以諸葛亮爲丞相許靖爲司徒○立宗廟祫祭高皇帝以下○立夫人呉氏爲皇后子禪爲皇太子○魏主丕姓曹氏沛國譙人也父操爲魏王丕嗣位首立九品官人之法州郡皆置九品中正區別人物第其高下丕既簒漢自立爲帝追尊操爲太祖武皇帝改元黄初官人之法謂以人才第爲九品如後世散官九品也區別區處分別九品元朝官九品有正有従文資一品正曰金紫光禄大夫銀青栄禄大夫従曰光禄大夫栄禄大夫二品正曰資徳大

餘詳昭烈之世數而諸葛公去中山靖王既三百餘年草廬傾蓋之時即称玄德爲帝室之胄豈馮虚無據而云尓耶

張飛雄猛亜関羽羽善待卒伍而驕於士大夫飛愛禮君子而不恤軍人帝常戒之飛不悛至是當率萬人會江州臨発爲帳下所殺以其首奔孫權

魏主遣太常刑貞奉策拜權爲呉王加九錫

帝既敗退黄權在江北道絶不得還率其衆降魏

夫、資政大夫、資善大夫、從曰正奉大夫、通奉大夫、中奉大夫、三品、正曰正議大夫、通議大夫、嘉議大夫、從曰太中大夫、中大夫、亜中大夫、四品、正曰中議大夫、中憲大夫、中順大夫、從曰朝請大夫、朝散大夫、朝列大夫、五品、正曰奉政大夫、奉議大夫、從曰奉直大夫、奉訓大夫、六品、正曰承徳郎、承直郎、從曰承務郎、儒林郎、七品、正曰文林郎、承事郎、從曰徵事郎、從仕郎、八品、正曰登仕郎、將仕郎、從曰登仕佐郎、將仕佐郎、九品、正從直注曰初入仕官員武資一品、正從同上、二品、正曰龍虎衛上將軍、金吾衛上將軍、驃騎衛上將軍、從曰奉國上將軍、輔國上將軍、鎮國上將軍、三品、正曰昭勇大將軍、昭毅大將軍、從曰安遠大將軍、定遠大將軍、懐遠大將軍、四品、正曰廣威將軍、宣威將軍、從曰信武將軍、顯武將軍、五品、正曰武節將軍、武德將軍、從曰武畧將軍、武毅將軍、六品、正曰昭信校尉、承信校尉、從曰忠顯校尉、忠武校尉、七品、正曰忠勇校尉、忠翊校尉、從曰敦武校尉、修武校尉、八品、正曰進義校尉、保義校尉、從曰進義副尉、保義副尉、九品、正從亦同上、魏九品、其亦不出乎此數者之目。○帝耻關羽之没、自將伐孫權。權求和、不許。

權遣使於魏。魏封權爲呉王。魏主問呉使趙咨曰、呉王頗知學乎。咨曰、呉王任賢使能、志存經畧。雖有餘閑、博覧書史、不效書生尋章摘句。魏主曰、呉難魏乎。咨曰、帶甲百萬、江漢爲

論帝王之学与書生異

呉陸遜破漢営

魏帝責呉侍子不至

初魏主丕聞漢兵樹柵連営七百餘里、謂群臣曰、彼不曉兵、豈有七百里営可拒敵乎、苞原隰険阻而為軍者、為敵所禽、此兵忌也、孫権上事今至矣、七日呉破漢書到、

魏遣曹休等撃孫権、

芝請見曰、臣今来亦欲為呉、非但為蜀也、呉王権見之曰、孤誠願与蜀和親、然恐蜀主幼国小、為魏所乗、不自全耳、芝曰、大王命世之英、諸葛亮一時之傑、蜀有重険云々、今若委質於魏、魏必望大王入朝、求太子内侍、若

池何難之有。曰、呉如大夫者幾人。咨曰、聰明特達者、八九十人。如臣之比、車載斗量、不可勝數。〔使〕去聲、下並同、〔経略〕経営述略、〔摘〕音責、又音易、挑也、〔難〕如字、慈湖王氏曰、難、去聲、言呉不敢軽易於魏、〔勝〕音升、〔數〕上聲○林曰、帝王之学与書生異、書生之所学者、尋章摘句而已、若夫帝王之学、以成天下之務、若但以章句為学、則如隋煬帝、陳後主、雖学通博今古、文彩華麗、終不免於亡也、漢高祖目不知詩書、而其滅秦誅楚、所行之事、挙合仁義、宋太祖未嘗留意藝文、而平日所言所行、載在史冊者、莫不暗合詩書、必如是、然後可以為帝王之学也、○帝自巫峡至夷陵、立數十屯、與呉軍相拒、累月、呉将陸遜、連破其四十餘営、帝夜遁、〔巫峡〕在夔州府巫山県峡音洽、〔累〕上聲、〔営〕音栄、〔遁〕音鈍、逃也、○魏主責呉侍子不至、怒伐之、呉王改元黄武。臨江拒守。○三年。夏四月。帝崩。在位三年。改元者一。曰章武。謚曰昭烈皇帝。太子禪即位。封亮為武郷侯。太子既立是為後皇帝。

〔後皇帝〕名禪。字公嗣。昭烈皇帝子也。年十七即位。改元建興。

亮受遺詔輔政

吳与漢和

魏主擊吳臨江還師

漢諸葛亮七縱七禽

不從命、則奉辭伐叛、蜀亦順流見可而進、如此則江南之地、非復大王有也、權默然良久曰、君言是也、遂專与漢連和、

通鑑、吳將軍徐盛、列舟艦于江、而植木衣葦為疑城、假樓、

孟獲拒亮、亮生致之、獲曰、向者不知虛實、故敗、今祇此、即易勝耳、乃縱云々、

魏主叡即位、初太子在東宮、惟潛思書籍、即位後、群下

丞相諸葛亮受遺詔輔政。昭烈臨終謂亮曰。君才十倍曹丕。必能安國家終定大事。嗣子可輔輔之。如其不可君可自取。亮涕泣曰。臣敢不竭股肱之力。效忠貞之節。繼之以死。亮乃約官職。修法制。下教曰。夫參署者。集衆思廣忠益也。若遠小嫌難相違覆。曠闕損矣。亮乃遣鄧芝使吳修好。芝見吳王曰。蜀有重險之固。吳有三江之阻。共為唇齒。進可兼并天下。退可鼎足而立。吳遂絕魏。專與漢和。參署 參佐署事、若遠小嫌云々 難去聲、遠離、違戾、覆反也、言參佐職、若遠小疑難、而相違戾、不肯匡救其失、則反增曠其闕損矣、好去聲、見音現、重平聲、三江 婁江、東江、松江、

○魏主以舟師擊吳。吳列艦于江。江水盛長。魏主臨望歎曰。我雖有武夫千群。無所施也。於是還師。長 音張上聲 還 音旋

○南夷畔。漢丞相亮往平之。有孟獲者。素為夷漢所服。亮生致獲。使觀營陣。縱使更戰。七縱七禽。猶遣獲。獲不去曰。公天威也。南人

天限南北

想聞風采、居數日、獨見侍中劉曄、語盡日。曄出、或問何如。曰、秦皇漢武之儔。才具微不及耳。

涖政之始、陳群上疏曰、臣下雷同、是非相蔽、固國之大患。然若不和睦、則有讎黨。而毀誉失實。二者不可不深察也。

○蘇東坡曰、孔明出師一表、簡而且盡、直而不肆。大哉言乎、与伊訓説命相表裏。非秦漢以下事君為悦者所能至也。

○朱晦菴曰、余讀唐薛能詩云、山屐經過満径蹤、隔溪遥見夕陽舂。當時諸葛成何事、只合

不復反矣。畔反也、為去聲、更音庚、禽擒同。○魏主又以舟師臨呉。見波濤洶湧、歎曰、嗟乎、固天所以限南北也。洶音凶、上聲、水貌、湧音勇、騰也。○魏主丕殂。僭位七年。改元者一。曰黄初。謚曰文皇帝。子叡立。是為明帝。叡母被誅。丕嘗與叡出獵。見子母鹿。既射其母。使叡射其子。叡泣曰、陛下已殺其母。臣不忍殺其子。丕惻然。及是為嗣。即位。被誅黄初二年、叡母甄氏、以郭貴嬪譖而賜死。射音石。○處士管寧字幼安。自東漢末。避地遼東三十七年。魏徵之。乃浮海西歸。拜官不受。○漢丞相亮率諸軍北伐魏。臨發上疏曰、今天下三分。益州疲弊。此危急存亡之秋也。宜開張聖聽。不宜塞忠諫之路。宮中府中。俱為一體。陟罰臧否。不宜異同。若有作姦犯科。及忠善者。宜付有司。論其刑賞。以昭平明之治。親賢臣。遠小人。此先漢所以興隆也。親小人。遠賢臣。此後漢所以傾頽也。臣本布

深入不毛

關中響震

終身作卧龍王荊公晩年喜誦之然能之論非也孔明之出雖不能掃清中原吹火德之灰然觀後表所云鞠躬盡力死而後已伸討賊之義盡托孤之責直足以風萬世為人臣者安得謂之成何事哉

○胡致堂曰孔明一代之英遠謀宏議無不售者至其自明之語曰謹慎而已何其約也詩不云乎惟此文王小心翼翼昭事上帝聿懷多福若亮者有文王之小心矣彼劉禪凡庸何足以當元臣如此其敬而孔明事之靡不盡道握國魁

衣躬畊南陽苟全性命於亂世不求聞達於諸侯先帝不以臣卑鄙猥自枉屈三顧臣於草廬之中諮臣以當世之事由是感激許先帝以驅馳先帝知臣謹慎臨崩寄以大事受命以來夙夜憂懼恐付託不效以傷先帝之明故五月渡瀘深入不毛今南方已定兵甲已足當獎率三軍北定中原興復漢室還于舊都此臣所以報先帝而忠陛下之職分也〔上〕去聲〔塞〕音色〔宮中〕官官女子所在〔府中〕大臣宰相所居〔否〕音皮上聲〔科〕政令之條曰科〔遠〕去聲下同〔猥〕烏賄切濫也〔瀘〕水出卭都東流入江〔不毛〕不生草木之地〔中原〕關中地土沃物豊故曰中原〔復〕音伏〔還〕音旋〔舊都〕長安洛陽遂屯漢中

○明年率大軍攻祁山戎陳整齊號令明肅始魏以照烈既崩數歲寂然無聞畧無所備猝聞亮出朝野恐懼於是天水安定等郡皆應亮關中響震魏主如長安遣張郃拒之亮使馬謖督諸軍戰于街亭謖違亮節度郃大破之亮乃還漢中

漢丞相亮作木牛流馬

孫權稱皇帝

柄。總御六師。而無專意恣行。毫末可指者。非盛德孰能臻此。使曹操而聞孔明事幼主之規。得不羞愧而入地乎。

魏遣司馬懿屯長安。督將軍張郃郭淮等。以禦漢。懿留精兵四千守上邽。餘衆悉救祁山。亮分兵攻祁山。自逆懿於上邽。與懿遇於上邽之東。懿斂兵依險。兵不得交。亮引還。躡其後至於鹵城。又登山掘

已而復言於漢帝曰。漢賊不兩立。王業不偏安。臣鞠躬盡力。死而後已。至於成敗利鈍。非臣所能逆覩也。引兵出散關。圍陳倉。不克。(祁山在西和州。猝音村。入聲。急遽也。朝野朝廷田野。安定屬陝西。今涇州。郃音甘。入聲。謖音縮。街亭在秦州隴城縣。節度節制法度。逆覩預見也。散關在鳳州梁泉縣。陳倉邑屬扶風。)○吳王孫權自稱皇帝。於武昌追尊父堅爲武烈皇帝。兄策爲長沙桓王。已而遷都建業。(武昌府屬湖廣。建業郡屬江東。今應天府。)○蜀漢丞相亮又伐魏。圍祁山。魏遣司馬懿督諸軍拒亮。懿不肯戰。賈詡等曰。公畏蜀如虎。奈天下笑何。懿乃使張郃向亮。亮逆戰。魏兵大敗。亮以糧盡退軍。郃追之。與亮戰。中伏弩而死。亮還勸農講武。作木牛流馬。治邸閣。息民休士。三年而後用之。悉衆十萬。又由斜谷口伐魏。進軍渭南。魏大將軍司馬懿引兵拒守。亮以前者數出。皆運糧不繼。使己志不伸。乃分兵屯田。耕者雜於渭濱居

遺以巾幗

死諸葛走生仲達

亮政無私

嘗不肯戰。賈詡魏平請戰曰。公畏蜀如虎云々。

司馬懿引軍渡渭。背水為壘以拒之。謂諸將曰。亮若出武功。依山而東。誠為可憂。若西止五丈原。諸將無事矣。亮果屯五丈原。

○胡致堂曰。司馬懿之言譎也。實畏孔明屯五丈原。又憚於逆擊。故謂此譎以安其下。

以婦服鄙其無丈夫之志也。

便掌一說。木牛流馬。皆小車也。其持載如牛馬。故謂之木牛流馬。

民之間。而百姓安堵。軍無私焉。亮數挑懿戰。懿不出。乃遺以巾幗婦人之服。亮使者至懿軍。懿問其寢食及事煩簡。而不及戎事。使者曰。諸葛公夙興夜寐。罰二十以上皆親覽。所噉食不至數升。懿告人曰。食少事煩。其能久乎。亮病篤。有大星赤而芒。墜亮營中。未幾亮卒。長史楊儀整軍還。百姓奔告懿。懿追之。姜維令儀反旗鳴鼓。若將向懿。懿不敢逼。百姓為之諺曰。死諸葛走生仲達。懿笑曰。吾能料生。不能料死。亮嘗推演兵法。作八陣圖。至是懿案行其營壘。歎曰。天下奇材也。亮為政無私。馬謖素為亮所知。及敗軍。流涕斬之。而卹其後。李平廖立皆為亮所廢。及聞亮之喪。皆歎息流涕。卒至發病死。史稱亮開誠心。布公道。刑政雖峻而無怨者。眞識治之良材。而謂其材長於治國。將略非所長。則非也。初丞相亮嘗表於

性好土功

銅人号曰翁仲

初長水校尉廖立自謂才名宜為亮副。快快怨謗。亮廢立為民。徙之汶山。及亮薨。立垂泣曰。吾終為左衽矣。李平聞之。亦發病死。平常冀亮復收。已得自補復。策後人不能故也。

字書。簴臼許切。渠上聲。鐘鼓柎。横曰簨。縦曰簴。所以懸鐘磬鼓者。

叡作土功。既作許昌宮。又治洛陽宮。起昭陽太極殿。築總章觀。高十餘丈。力役不已。農桑失業。陳羣諫曰。昔禹承唐虞之盛。猶卑宮室而惡衣服。況

帝曰。臣成都有桑八百株。薄田十五頃。子弟衣食自有餘。不別治生。以長尺寸。臣死之日。不使內有餘帛。外有贏財。以負陛下。至是卒。如其言。謚忠武。中伏之中去聲。木牛亮与杜叡胡忠作之。象牛馬。狀貯米其中。而機巧使可行。以運糧。治郞之治。治國之治。並平聲。邸閣邸或作低。低謂岸傍低落者。以閣板為道也。斜谷口斜音耶。在与元府。梁州記曰。南口曰褒。北口曰斜。至鳳州界。凡百五十里。數出之數。音朔。下并同。安堵堵音覩。墻也。言民安如墻覩。挑音調。上聲。親覽言亮罰杖罪二十以上者。必親臨也。噉音談。上聲。芒焔也。幾如字。長史之長。音張上聲。奔去聲。令去聲。将向之将。音奬。逼迫近曰逼。仲達懿字。料度也。推音吹。演音衍。廣也。八陣図在与元府西縣定軍山下。筌蹄云。聚石為之。以天地風雲為四正。龍虎鳥蛇為四奇。為亮之為去聲。下同。廖音溜。姓也。株根也。弟一作孫。長尺之長。音張上聲。贏音盈。餘也。○胡曰。孔明親統大師入他人境。久駐而魏師不敢攻。雜畊而居民無所苦。三代之兵若時雨。孔明其庶幾矣。論者或譏其短於将略。不亦過乎。○魏主性好土功。先是既治許昌宮。後又作洛陽宮。徙長安鐘簴橐駞銅人承露盤於洛陽。盤折。聲聞數十里。銅人重不可致。乃大發銅。鑄銅人二。列坐於司馬門外。號

魏司馬懿曹爽輔政

漢蔣琬不治楊

魏司馬懿殺曹爽

今役乱之後、人民至少、辺境有事乎。司馬懿見魏主叡、執其手曰、吾以後事屬君、君与曹爽輔少子。乃召二王示懿、別指齊王芳曰、此是也、君諦視之、勿誤也。又教芳前抱懿項、懿頓首流涕。於是芳年八歳、即日立為太子。叡尋卒、芳嗣位、以司馬懿為太傅。曹爽取先帝才人以為伎樂、作窟室、与何晏等縦酒其中。弟羲泣諫不聽。司馬懿与子師昭謀誅之。

曰翁仲。起土山於芳林園、植雜木善草、捕禽獸致其中。諫者皆不納。〔好〕去聲〔許昌〕邑、属許州、今長杜縣〔簴〕鐻同〔槖駝〕獸名、羊首牛身、槖音託〔折〕音舌〔司馬門〕宮外門曰司馬〔植〕種也

○魏主有疾、召司馬懿入朝、以曹爽為大將軍。魏主叡殂。僭位十四年、改元者三、曰太和・青龍・景初。子芳立。是為廢帝邵陵厲公。芳八歳即位。司馬懿・曹爽受遺詔輔政。懿為太傅。〔大和〕即位二年改元〔厲公〕史称齊王芳、文帝兄任城王子、明帝養為太子、邵陵晉所封号、厲其謚也

○漢自丞相亮既亡、蔣琬為政。楊敏毀琬曰、作事憒憒、不及前人。或請推治敏。琬曰、吾實不如前人。無可推。琬卒、費禕・董允為政。公亮盡忠。允卒、姜維與費禕並為政。〔憒〕古對切、心乱也〔前人〕謂諸葛亮〔推〕音吹、下同〔治〕平聲〔費〕音肥、去聲〔禕〕音輝

○魏曹爽驕奢無度。司馬懿殺之。懿為魏丞相、加九錫不受。爽之黨夏侯霸奔蜀。姜維問之曰、懿得政、復有征伐志否。霸曰、彼營立家門、未遑外事。有鍾士季者、雖少若

司馬師錄尚書事　吳王亮立　魏司馬師廢立　毋丘儉起兵討師　司馬昭錄尚書事　昭封晉公加九錫　吳帝親政

司馬懿殺王陵及楚王彪遂置諸王公於鄴明懿自殺陵之後魏國已在其掌握今又殺彪而盡置諸曹於鄴其脇制之威又甚於操之所為矣自丕篡漢至是纔三十載天道好還如此豈不昭々也哉

姜維負其才武每欲大舉費禕常裁制不從與兵不過萬人及禕死維遂將數萬人伐魏圍狄道

初豐年十七八已有清名司馬師秉政以豐為中書令時太常夏侯玄有重名以曹爽親故

管朝政。吳蜀之憂也。（逞暇也。少去聲。）○魏司馬懿卒。以其子師為撫軍大將軍錄尚書事。○吳王殂。謚曰太皇帝。子亮立。○漢費禕汎愛不疑。降人刺殺之。姜維用事。數出兵攻魏。（汎音泛。廣也。降人魏將郭循。降音項。平聲。刺音次。數音朔。下同。）○魏李豐數為魏主所召。司馬師知其議。已殺之。魏主不平。左右勸誅師。魏主不敢發。師廢魏主。偺位十六年。改元者二。曰正始。嘉平。師迎立高貴鄉公。是為廢帝。名髦。文帝之孫。明帝之姪。年十四。即位。（為魏之為去聲。已音紀。正始即位二年改元。高貴鄉邑屬大名。髦音毛。姪音秩。東海王霖子。）○揚州都督毋丘儉刺史文欽起兵討司馬師。師擊敗之。師卒。弟昭為大將軍錄尚書事。已而為太都督假黃鉞。揚州都督諸葛誕起兵討昭。昭攻殺之。昭為相國。封晉公。加九錫。不受。（毋丘姓。毋音無。儉名也。假黃鉞。鉞音越。太斧也。以黃金為飾。乃天子之所杖也。昭為都督而亦用之。故曰假。誕音但。）○吳主亮親政。數出中書視太

魏主誅司馬昭不克

孫綝廢立

不得在勢任。居常快々。張緝以后父家居。亦不得意。豐皆与親善。雖爲師所擢用。而心在玄。魏主芳又數獨召豐語。師知其議。已詰之。不以實告。師怒以刀鐶築殺之。遂收玄緝下廷尉。皆夷三族。并廢張后。

司馬昭始称相國晋公。受九錫。

諸葛瞻督諸軍拒艾。至涪不進。尚書郎黄崇屢勸瞻速行據險。無令敵得入平地。瞻不從。艾遂長驅而前。瞻退往綿竹。艾以書誘

帝。時舊事嘗食生梅。索蜜。蜜中有鼠矢。召藏吏問曰。黄門從爾求蜜邪。吏曰。向求不敢與。黄門不服。令破鼠矢。矢中燥。因大笑曰。若矢先在蜜中。中外俱濕。今外濕内燥。必黄門所爲也。詰之果服。左右驚慄。大將軍孫綝。以其多所難問。稱疾不朝。以兵圍宮。廢亮爲會稽王。迎立瑯琊王休。休立。以綝爲丞相。綝又無禮於新君。遂被誅。〔數〕音朔〔蜜〕蜂黄黒色似䖟作房於巖採花爲蜜味甜可食〔矢〕屎同〔藏〕音状〔從〕如字〔令〕去聲〔綝〕音琛〔難〕去聲〔休〕亮庶兄。○魏主髦見威權日去。不勝其忿。曰。司馬昭之心。路人所知也。率殿中宿衛蒼頭官僮。鼓譟出。欲誅昭。昭之黨賈充。入與魏主戰。成濟抽戈刺魏主。髦殂于車下。追廢爲庶人。僭位七年。改元者二。曰正元甘露。司馬昭迎立常道鄉公璜。是爲魏元皇帝。常道鄉公元皇帝。初名璜。燕王宇之子。操之孫也。年十五即位。改名奐。〔勝〕音升〔宿衛〕直宿護衛〔僮〕音同

昭遣鄧艾鍾會入寇

瞻曰、若降者表為琅邪王、瞻斬其使、艾大破之、斬瞻及崇、艾已入平地、帝使群臣會議、或勸奔吳、或勸入南山、譙周以為、自古無寄他國為天子者、魏能并吳、吳不能并魏、等為稱臣、為小孰与為大、再辱何与一辱、若欲奔南、當早為計、今大敵已近、群心無可保者、恐発道之日、其變不測、乃遣使奉璽綬云々、〇尹遂昌曰、是時鄧艾孤軍深入、使漢之君臣能竭力死守、未必遽尔滅亡、後主庸末、既不知國君死社稷之義、譙周諸人又輕

僕也、成濟、成姓、濟名、亦昭黨也、刺音次、殞于敏切、殂也、奐音煥、〇漢姜維屢伐魏、司馬昭患之、遣鄧艾鍾會將兵入寇、會從斜谷駱谷子午谷趨漢中、艾自狄道趨甘松沓中、以綴姜維、維聞會已入漢中、引兵從沓中還、艾追躡之大戰、維敗走、還守劍閣以拒會、艾進至陰平、行無人之地七百里、鑿山通道、造作橋閣、山高谷深、艾以氈自裹、推轉而下、將士皆攀木緣崖、魚貫而進、至江油、以書誘漢將諸葛瞻、瞻斬其使、列陣綿竹以待、敗績、漢將軍諸葛瞻死之、瞻子尚曰、父子荷國重恩、不早斬黃皓、使敗國殄民、用生何爲、策馬冒陳而死、艾五蓋切、會士季名、駱谷在洋州真符縣、通鑑注、南口曰儻谷、北口曰駱谷、子午谷在洋州東百六十里、筆蹄云、南北相當、故曰子午、自杜陵直絕南山、徑漢中、狄道縣屬臨洮、甘松沓中蜀地、在狄道西南、以地產甘松而得名、沓音䜫入聲、綴陟衛切、牽制其軍也、劍閣在廣元府綿谷縣、陰平郡屬鞏昌、今文州、推音退平聲、江油郡屬順元、今龍州、瞻亮子、綿竹縣屬漢州、〇漢人不意魏兵卒至、不爲城

艾至成都漢帝出降

魏司馬昭爲晉王

魏禪于晉

以其國予賊、其視諶同死社稷之言、与大哭於昭烈之廟而死之節、曾犬彘之不若。嗚呼諶雖已死、其言至今凜々猶有生氣。帝禪有子如是而不能聽用其言、可謂上愧乃父、下愧乃子矣。

禪舉家遷洛陽。大臣無從行者。惟秘書令郤正及殿中督張通捨妻子、單身從行。他日与宴、為之作蜀技。旁人皆感愴、而禪喜笑自若。他日問禪曰、頗思蜀否。禪曰、此間樂、不思蜀也。

守。乃遣使奉璽綬、詣艾降。皇子北地王諶怒曰、若理窮力屈、禍敗將及、便當父子君臣背城一戰、同死社稷、以見先帝可也。奈何降乎。帝不聽。諶哭於昭烈之廟、先殺妻子、而後自殺。艾至成都。帝出降。魏封爲安樂公。帝在位四十一年。改元者四。曰建興・延熙・景耀・炎興。右自高帝元年乙未、至後帝禪炎興癸未、凡二十六帝、通四百六十九年而漢亡。樂音洛。漢亡王莽十五年、劉玄二年在內。○吳主休殂。謚曰景皇帝。兄子烏程侯皓立。兄孫和。烏程縣屬湖州。○魏司馬昭、先是已受九錫、已而進爵爲晉王。昭卒、子炎嗣。魏主奐僭位六年。改元二。曰景元・咸熙。炎迫魏主禪位。封爲陳留王。後卒。晉人謚之曰元。○魏自曹丕至是、凡五世。四十六年而亡。○自漢亡後、又歷甲申・闕正統一年。

西晉

髮立委地手垂過膝

大封宗室

羊祜陸抗使命常通

吳帝不修德政

祜請伐吳

時晋主兼魏氏刻薄奢侈之後欲矯以仁儉

吳主居武昌揚州之民泝流供給甚苦之陸凱上疏曰武昌土地險瘠非王者之都且童謡云寧飲建業水不食武昌魚寧還建業死不止武昌居此足明民心与天意矣冬吳還都建業使術士尚廣筮取天下對曰吉庚子歲云々

南州民聞祜卒為之罷市巷哭聲相接吳守邊將士亦為之泣祜好遊峴

西晋世祖武皇帝 姓司馬名炎河内人昭之子懿之孫也昭為晋王議立世子議者以炎髮立委地手垂過膝非人臣之相遂立己而嗣為王即帝位追尊懿為宣皇帝師為景皇帝昭為文皇帝大封宗室晋有滅吳之志以羊祜都督荊州事吳以陸抗都督諸軍祜與抗對境使命常通抗遺祜酒祜飲之不疑抗疾祜與之成藥抗即服之曰豈有酖人羊叔子哉祜務修德政以懷吳人每交兵刻日方戰不掩襲抗亦告其邊戍各保分界而已毋求細利時吳主皓不修德政而欲兼幷使術士筮取天下對曰庚子歲青蓋當入洛陽蓋謂銜璧之事而皓不悟用諸將謀數侵盜晋邊抗諫不聽抗卒祜請伐吳議者多不同祜歎曰天下不如意事十常七八惟杜預張華贊其計祜病求入朝面陳晋帝欲使祜臥護諸將祜曰

杜預表請征吳　竹林七賢　山公啓事　大舉伐吳

點註十八史略校本卷三

山襄陽人建碑立廟於其地歲時祭祀望其碑者無不流涕因謂之墮淚碑吳人或言於吳主曰臨平湖自漢末薉塞長老言湖塞天下乱湖開天下平近者無故忽開此天下當太平青蓋入洛之祥也初吳人堀地得銀尺上有刻文吳主因改元天冊至是或献小石刻皇帝字又改元天璽

吳主每宴群臣咸令沈醉又置黄門郎十人為司過宴罷之後各奏闕失或剝人面或鑿人眼由是上下離心莫為盡力

取吳不必臣行但平吳之後當勞聖慮耳祜卒以杜預爲鎭南大將軍督荆州軍事吳主皓淫虐日甚預表請速征之表至張華適與帝棊即推枰斂手贊其決帝許之山濤告人曰自非聖人外寧必有內憂釋吳爲外懼豈非筭乎時濤爲吏部尚書濤昔在魏晉之間與嵇康阮籍籍兄子咸向秀王戎劉伶相友號竹林七賢皆崇尚老莊虛無之學輕蔑禮法縱酒昏酣遺落世事士大夫皆慕效之謂之放達惟濤仍留意世事至是典選甄拔人物各爲題目而奏之時人稱之爲山公啓事世子王侯太子曰世子使命之使去聲遺祜之遺去聲成藥合成藥劑酖鴆同叔子祜字剋音克期也分音墳去聲毋無同銜璧降者必銜璧以示降數音朔贊因而佐成曰贊一說助也美也亦通勞聖慮謂吳既平更欠處置推音退平聲枰棊局為外懼謂外既滅吳內且有患莫若制吳於外以安其內而為計之愈也嵇音奚向音餉老莊老子莊子蔑音眠入聲典選吏部典主選舉甄居延切察也啓事跪陳其事曰啓

○晉大舉伐吳杜預

北軍飛渡江

兵威如破竹

吳帝面縛輿櫬降

太康元年正月王渾出横江所向皆克二月王濬唐彬擊破丹陽監盛紀預与衆軍會議或曰百年之寇未可盡克方春水生難於久駐宜俟來冬為大舉預曰今兵威已振譬如破竹云々濬自武昌順流而下吳主遣將軍張象帥舟師萬人禦之望旗而降琅邪王伷亦臨近境吳主入遣使者奉書渾濬請降而送璽綬於伷濬

出江陵王濬下巴蜀吳人於江磧要害處並以鐵鎖横江截之又作鐵錐長丈餘暗置江中逆拒舟艦濬作大筏令善水者以筏先行遇錐輙著筏而去又作大炬灌以麻油遇鎖燒之須臾融液斷絶於是船無所礙遂先克上流諸郡預遣人率奇兵夜渡吳將懼曰北來諸軍乃飛渡江也預分兵與濬台攻武昌降之預謂兵威已振譬如破竹數節之後迎刃而解無復著手處也遂指授群帥方略徑造建業濬戎卒八萬方舟百里舉帆直指建業鼓譟入石頭城吳主皓面縛輿櫬降封歸命侯遂符庚子入洛之讖自大帝至是四世稱帝者凡五十二年而亡遡孫策定江東以來通八十餘年濬音峻磧音寫入聲水渚有石曰磧錐音追鋒茲銳曰錐筏音伐桴也編竹木以為之著音張入聲下同置也炬火把曰炬束葦為之礙五溉切拒也遣人周旨吳將孫歆降音項平聲下同造音操至也石頭城在建業面縛謂縛手於後惟見其面也輿櫬櫬

焚雉頭裘

盡去州郡武備

黙註十八史略校本卷三

帝執爵流涕曰此羊大傳之功也左傳杜注縛手於後唯見其面便蒙面縛縛手于前也縛手後謂之反縛又謂之反接

五月皓至帝臨軒大會引見皓謂曰朕設此坐以待卿久矣皓曰臣於南方亦設此坐以待陛下賈充謂皓曰聞君在南方鑿人目剥人面此何等刑也皓曰人臣有弑其君及姦回不忠者則加此刑耳充默然甚愧

便蒙羊嗜竹葉而喜塩故以二者引

初覲切棺也以車載棺示死罪遡音素逆數也○司馬温公曰破虜以孤遠之兵決忠憤之志首犯賊鋒深蹂川洛討逆以童子一旅之衆揮馬箠以下江東者儒宿將狼狽失據開地千里真英才也太帝承父兄之烈師友忠賢以成前志赤壁之役決策定慮以摧大敵非明而有勇能如是乎奄有荊揚薄于南海傳祚累世宜矣會稽景帝皆明惠敢決有先世之風歸命驕愎殘虐深於桀紂求欲不亡得乎晉代魏十有六年。至太康元年。而滅呉。又十年帝崩。帝初即位。嘗焚雉頭裘於太極殿前。以示儉。既而後縱。後宮數千。常乘羊車。宮人插竹葉于門。洒塩以待之。羊車所至。即留酣宴。與群臣語。未嘗有經國遠謀。自呉既平。謂天下無事。盡去州郡武備。山濤獨憂之。漢魏以來。羌胡鮮卑降者。多處塞内諸郡。郭欽嘗上疏。謂宜及平呉之威。漸徙内郡雜胡於邊地。峻四夷出入之防。明先王荒服之制。帝不聽。卒為天下患。帝在位改元者三。曰泰始咸寧太康。太子立。是爲孝惠皇帝。雉頭裘釋文以雉頭毛為之案通鑑咸寧四年太醫司馬程據嘗献此裘帝遂焚之

○吴養心曰、觀漢魏居戎於内郡、便當知五胡之乱所由始。觀郭欽之疏不行、便當知五胡之乱所以不可制。

○賀善贊曰、晉武即位以來、綱目所書往々有可觀者。然暗於知子、納妃賈氏、而啓五王之乱。蔽於信讒、疏斥齊王、而失燕翼之謀。昧於防患、尊寵劉淵、而基乱華之禍。

○尹遂昌曰、張華博物洽聞、為晉名人。不能深明去就之義、委身賊后。雖曰數年之間朝野

衛瓘撫牀

賈后預政

張華盡忠帝室

戎与時浮沈

敕内外、有獻奇技異服者、罪之。處音杵、上去聲。雜胡謂戎狄之在塞内諸郡相雜而居者、宜遷之於外也。在位凡二十六年。

孝惠皇帝 名衷。性不慧。為太子時、納妃賈氏。充之女也。多權詐。衛瓘嘗侍武帝、陽醉跪于前、以手撫牀曰、此座可惜。武帝悟。密封尚書疑事、令太子決之。賈氏大懼、倩外人具草代對。令太子自寫。武帝悦。得不廢。至是即位。賈氏為皇后、預政。皇太后楊氏、乃帝母楊后之從妹。父駿為太傅。賈后殺駿而廢太后。殺太宰汝南王亮、殺太保衛瓘。殺楚王瑋、以衆望用張華。裴頠・王戎、管機要。華盡忠帝室。后雖凶險、猶知敬重。與頠同心輔政。數年之間、雖暗主在上、而朝野安靜。戎與時浮沈。無所匡救。性復貪吝。田園遍天下。執牙籌晝夜會計。家有好李。恐人得其種、常鑽其核。凡所賞拔、專事虚名。阮咸之子瞻

安靜大本不立豈能自免將無同猶言無乃得無之類其意蓋謂同也無也者開物成務無往不存者也陰陽恃以化生賢者恃以成德故無之為用無爵而貴矣○胡致堂曰何晏之論見於無遂以虛空為宗而遺夫形而下者裴頠之論見於有遂以形器為執而遺夫形而上者皆不知理之言也誠知理矣宜有則有為能強之使無宜無則無烏能強之使有形器森列不足為空虛之煩空虛寥郭未嘗為形器之拘

阮瞻三語

見戎。戎問曰、聖人貴名教、老莊明自然。其旨異同。瞻曰、將無同。戎咨嗟良久、遂辟之。時號三語掾。是時王衍・樂廣皆善清談。衍神情明秀。少時山濤見之曰、何物老嫗、生寧馨兒。然誤天下蒼生者、未必非此人也。衍弟澄及阮咸・咸從子脩・胡母輔之・謝鯤・畢卓等、皆以任放為達。醉裸不以為非。比舍郎釀熟。卓夜至甕間盜飲。為守者所縛。旦視之、畢吏部也。樂廣聞而笑之曰、名教中自有樂地。何必乃爾。初魏時、何晏等立論、以天地萬物皆以無為本。衍等愛重之。裴頠著崇有論、不能救。

畢卓盜飲

[衷]音中[瓘]音貫[陽]与佯通[尚]音常[疑事]尚書難決之事[草]稿也[預]與同[從]去聲下同[駿]皇太后父[亮]宗室子自亮及彪凡八王[裴]所出未詳姑注曰宗室子大槩皆武帝子也讀者詳之[瑋]音韋宗室子[頠]音危上聲[牙籌]象牙筭子[會]音擿筭也[種]上聲[名教]禮義躬行[自然]清虛無為[將無同]殆不同將音漿[辟]音壁[三語掾]言因將無同三語而得為掾也[少]去聲[寧馨兒]寧馨猶言如此通鑑註寧音寗寧馨由言阿堵之義蓋指物之稱也[蒼生]猶言黎民[胡母]之母音無複姓[裸]音羅上聲露

賈后廢殺太子　孫秀誣殺石崇　倫加九錫　狗尾續貂　齊王冏討倫

雖無思無為，而天下之故未嘗不應，雖開物成務，而寂然之中未嘗有擾，此則聖人之正道也。

賈后淫虐日甚，私於太醫令程據，又和毒藥，遣黃門孫慮至許昌，逼太子殺之。

王隱晉書曰，石崇字季倫，石苞子，生於青州，故小名齊奴，為荊州刺史，劫奪殺人，以致巨萬。

貂蟬侍中中常侍冠也，以貂尾為飾，附蟬為文。

体曰裸。比音鼻，並也。釀音娘，去聲，醞也。甕音翁，去聲，罌也。為守之為，去聲。畢吏部也。卓時為吏部郎。樂地之樂，音洛。論去聲，下同。著音猪，去聲。崇有論，胡云，孔子曰，中庸之為德，其至矣乎，民鮮能久矣。夫物有形者也，事有迹者也，理則無形迹可窺。而有小大長短，輕重是非得失，可揆者也。無形迹可窺謂之有，不可也。有小大長短輕重是非得失，可揆，謂之無，不可也。何晏之論，見於無，遂以虛為宗，而遺失形而下者，裴頠之論，見於有，遂以形器為執，而遺失形而上者，皆不知理之言，非聖人之正道也。○太子遹非賈后所生，后廢殺之。征西大將軍趙王倫矯詔勒兵入宮，廢后殺之，殺張華裴頠，倫為相國。淮南王允率兵討倫，不克死，倫殺衛尉石崇。崇有愛妾綠珠，倫嬖人孫秀求之不與，秀誣崇奉允為亂，收之。崇曰，奴輩利吾財耳。收者曰，知財為禍，何不早散之。遂被殺。倫自加九錫，逼帝禪位，黨與皆為卿相，奴卒亦加爵位。每朝會，貂蟬盈坐，時人語曰，貂不足，狗尾續。齊王冏鎮許昌，成都王穎鎮鄴，河間王顒鎮關中，各舉兵討倫，倫伏誅。冏輔政，驕奢擅權，顒使長沙

嵇紹血濺帝衣　張方迁帝長安　東海王越奉帝還洛

機初与宦者孟玖有隙至是玖譖於穎曰機有二心於長沙乂秀等素諂事玖相与証之穎大怒使秀將兵收機穎又收陸雲及孫拯下獄殺雲夷三族獄吏掠拯數百兩踝骨見終言機寃吏知拯義烈謂曰二陸之枉誰不知君何不愛身乎拯仰天歎曰陸君兄弟世之奇才吾蒙知愛今既不能救其死忍復從而誣之乎玖等令獄吏詐為拯辞亦夷三族拯門人費慈宰意詣獄明拯寃玖亦殺之

王乂殺之穎亦恃功驕奢已而與顒舉兵反人奉帝及穎戰穎將陸機戰敗被收歎曰華亭鶴唳可復聞乎與弟雲皆爲穎所殺機雲皆陸抗子也穎進兵入京師爲丞相已而還鄴顒表穎爲皇太弟東海王越奉帝命征穎穎遣兵拒戰于蕩陰乘輿敗績侍中嵇紹以身衛帝被殺血濺帝衣穎迎帝入鄴左右欲浣帝衣帝曰嵇侍中血勿浣也穎奉帝還洛顒將張方在洛遷帝於長安顒廢太弟穎更立豫章王熾爲太弟東海王越發兵西入長安奉帝還洛以越輔政成都王穎先據洛陽已而奔長安又自武關奔新野遂北濟河收故將士爲頓丘太守所執時范陽王虓據鄴送穎於虓未幾被殺

〔遹〕音聿謝玖所出〔倫〕宣帝第九子〔允〕宗室子〔衛尉〕九卿之一主衛宮掖者也〔貂蟬〕冠名貂音凋鼠属通鑒注貂內勁悍而外溫潤蟬居高清潔口在腋下因物生義以為冠飾〔續〕音俗繼也〔冏〕俱永切文帝次子齊王攸子〔穎〕宗室子〔河間〕郡属河東間

諸王迭相殘滅

帝中毒崩

○尹遂昌曰、晋惠庸愚、人皆知之、晋武溺於所愛、不能於子弟中擇賢而立、遂使禍乱交作、四海分崩、又曰、晋惠帝為君、動輒制於他人之手、如嬰兒玩弄於股掌之上、欲東而東、欲西而西、莫適為主、特一木偶人而已、是以始為不保母后、次為不保妻子、終為不保其身、是皆愚庸之故也、

綱鑑注、秦始皇鑄銅槖駝、在長安宮

音澗、[顯]音王、平聲、亦宗室子、[乂]音刈、宗室子、[華亭]縣属松江機所封也、[唳]音麗、鳴也、為顗之為、為頓之為、去聲、[越]宗室子、[蕩陰]縣属彰徳、[柬]去聲、侍中官主侍中、左右賛道衆事、出則参乗者也、[浣]音緩、濯也、[更]音庚、[新野]縣属鄧州、領廿郡属河東、今開州、[大守]馮嵩、[虓]許交切、宗室子、[綫]如字、○黄曰、趙王倫既殺賈后、因以簒帝、晋之大臣無以制之、趙王倫既伏誅、乃復以齊王冏為太司馬、不知冏既得志、是又一冏既横志、乃復以長沙王乂討冏、不知使乂而得志、是又一冏也、長沙王乂既死、乃復以成都王穎為皇太弟、不知穎既得志、抑又有甚於乂也、晋朝措置、乖繆如此、其与漢之大臣、既誅諸呂而復卻齊王、禍根一斬而絶者、豈不萬萬相遠哉、論至于此、則知平勃真社稷臣、故社稷之危、不旋踵而安、晋朝無社稷之臣、故國家之乱、終無自而治也、

○帝食麪中毒而崩。或曰、東海王越鴆之也。帝昏愚。天下大饑。帝曰、何不食肉糜。華林園聞蛙鳴。帝曰、彼鳴者為官乎、為私乎。左右戲之曰、在官地者為官、在私地者為私。方賈氏専政時、人知將乱。索靖指洛陽宮門銅駝歎曰、會見汝在荊棘中耳。趙王倫乱後、諸王迭相殘滅。天下大亂。[中毒]之中去聲、[糜]音眉、粥也、[華林園]在洛陽、[為官]之為去聲、下並同、[將乱]之將音漿、[索]蘇各切、姓也、○

刘淵與于左国城

五部豪傑帰淵

城西抜門外、至魏明帝時、自長安徙至洛陽宮門前、晋咸康初、石虎又徙於鄴、有漢所鑄銅駝三、置在宮門南四會道頭、夾路相對、

綱鑑注、淵字元海、李賢曰、自單于入居西河美稷之後、種類繁昌、難以武逼、魏武雖分其衆為五部、但大率皆居晋陽、

便業三百斤、二石二鈞也、律歷志、一龠容千二百黍、重十二銖、兩之為兩、十六兩為斤、三十斤為鈞、四鈞為石、

劉淵興于左國城。淵、故南匈奴之後。匈奴由漢魏以來臣中國。其先世自以漢甥冒漢姓。父豹為左部帥。生淵。幼而雋異。博習經史。嘗曰。吾恥隨陸無武、遇高帝而不能建封侯之業。絳灌無文。遇文帝而不能興庠序之教。豈不惜哉。於是兼學武事。姿貌魁偉。初為侍子在洛。豹死。武帝以淵代為五部帥。既而為北部都尉。五部豪傑多歸之。及帝世以為五部大都督。成都王穎表為左賢王。嘗使將兵在鄴。淵子聰亦驍勇絶人。博渉經史。善屬文。彎弓三百斤。淵從祖宣曰。漢亡以來。我單于徒有虚號。無復尺土。自餘王侯。降同編戸。今吾衆雖衰。猶二萬。奈何斂手受役。奄過百年。司馬氏骨肉相殘。四海鼎沸。左賢王英武超世。復呼韓邪之業。此其時也。乃相與謀推之。淵説穎請歸帥五部來助。既至左國城。宣等推為大單于。

淵稱漢王

李特入蜀

李雄稱成都王

鮮卑慕容為寇

○丘瓊山曰、淵本匈奴種、居中國歷三朝幾二百年、然其桀驁好鬪之習、猶前日也、便蒙流民謂自他州流入者也、

通鑑、漢魏以來、羌胡鮮卑降者、多處之塞内諸郡、便蒙是時鮮卑匈奴氐羌羯五種胡相繼而起擾亂中原、

索頭鮮卑別部也、姓拓拔氏、其俗以索辮髮因号索頭、

二十旬間衆五萬。都離石。胡晉歸之者愈衆。乃建國號曰漢。稱漢王。淵有族子曜。生而眉白。目有赤光。幼聰慧有膽量。亦好讀書屬文。射能洞鐵七寸。至是爲淵將。左國城未詳所在、南匈奴之後、冒頓十九世孫、甥音生、姊妹之子曰甥、冒猶涉也、雋音俊、智過千人曰雋、隨陸隨何陸賈、絳灌絳侯周勃灌嬰、庠序皆國学名、殷曰庠、周曰序、庠音詳、驍音澆、武也、屬音燭、綴也、從祖伯叔祖也、從去聲、編戶民也、奄忽也、鼎沸言亂如鼎湯之沸也、復呼之復音伏、推音退平聲、帥五之帥音率、離石縣屬石州、量音亮、度也、洞貫也、○巴西氐李特。初以流民入蜀。旬月衆二萬。據廣漢。進攻成都。爲刺史羅尚所敗。斬其首。弟流代領其衆。勢復盛。流死。弟雄代。攻走羅尚。入成都。至是自稱成都王。巴西郡屬順州、今順慶府、氐音低、西南夷名、廣漢郡屬四川、今漢川、爲去聲、敗音拜、雄特第三子、○鮮卑慕容廆自武帝時已爲寇。既而降。以爲鮮卑都督。廆生皝。自遼東徙居徒河。又徙大棘城。及帝世慕容部愈盛。慕容姓、廆名也、音回上聲、降音項平聲、皝音晃、徒河未詳所在、大棘城在遼東、○鮮卑索頭拓

鮮卑索頭分為三部

夷狄四起

司徒王衍、說太傅越曰、朝廷危乱、當賴方伯、宜得文武兼資以任之、乃以弟澄為荊州都督、族弟敦為青州刺史、語之曰、荊州有江漢之固、青州有負海之險、卿二人在外、吾居中、足以為三窟矣、注、窟、穴也、國策、馮援謂孟嘗君曰、狡兎有三窟、僅得免其死耳、今有一窟、未得高枕而卧也、請為君復鑿二窟、三窟已就、君姑高枕為樂矣

○胡致堂曰、王衍為三公、所歷變乱

跋氏先是有質子在晉。武帝遣歸。既而拓跋力微又遣其子入貢。力微死。子悉祿官立。及帝世。索頭分國為三部。一居上谷之北。祿官自統之。一居代郡參合陂之北。使兄子猗㐌統之。一居定襄之盛樂。故城使猗㐌弟猗盧統之。晉人附者稍衆。猗㐌渡漠北巡。西畧諸國。降附者二十餘國。拓跋氏之盛始於此。夷狄亂華之禍。皆萌蘖於漢魏。晉間至帝之世。乘中國大亂。始四起。〔索頭〕拓跋。索音生入聲。拓音託。跋音盤入聲。黄帝之子昌意少子受封北國。有大鮮卑國。以為号。黄帝以土德王。北俗謂土為拓。謂后為跋。故因以拓跋為氏也。〔質〕音致。〔參〕音三。〔猗〕音倚平聲。〔㐌〕音駝。〔樂〕音洛。〔降〕音項平聲。〔華〕中國。〔萌蘖〕蘖魚列反。物直出曰萌。旁出曰蘖。○帝在位十七年。改元者五。曰元康。永康。太安。永興。光熙。太弟立。是為孝懷皇帝。〔五〕當作八。詳見紀年。

〔孝懷皇帝〕名熾。當惠帝之十五年。武帝子二十五人。兄弟相

李雄称帝国号成

石勒為寇

徵天下兵入援

多矣不聞匡正之策方且陰營三窟規脱禍敗既不得免尚且飾高情為遂論欲欺石勒為勒直言所折遂無以對死於排墻之下當知墻之為實而窟之為虚也豈不深垂後世之戒哉

石勒執太尉衍等坐之幕下問以晉故衍具陳禍敗之由云計不在己且言自少無宦情不豫世事因勸勒称尊号冀以自免勒曰君少壯登朝名蓋四海自居重任何得言無宦情邪破壊天下非君而誰衆人畏死多自陳述獨襄陽王範

屠之餘存者三人而已熾其一也素好學故立為太弟至是即位〈十五年即永興元年二十五　人名字未詳三人顯熾晏〉○成都王李雄稱帝國號成〈案通鑑此一節事在恵帝光熈元年〉○漢主劉淵稱帝徙都平陽遣其子弟及石勒等攻晉内郡以至洛陽勒武郷羯人也先是嘗至洛陽倚上東門長嘯王衍識其有異後為寇已而從漢〈内郡内近州也〉〈武郷在遼州羯居謁切虜別号也〉○漢主淵卒子和立聰弒而代之〈聰和弟〉○太傅東海王越遣兵入宿衛仍遣使以羽檄徵天下兵入援越自帥兵討石勒卒于軍勒兵敗越軍執太尉王衍等衍自言少無宦情不豫世事勒曰吾行天下多矣未嘗見此輩人尚可存乎或曰彼皆晉之王公終不為吾用勒曰雖然要不可加以鋒刃夜使人排墻殺之〈遣使之使去聲羽檄武帝奏事曰若有急則加鳥羽插之於檄故曰羽檄援音院帥音率敗音拜少去聲為去聲排墻排推也謂推倒其墻以壓殺之也〉○漢主聰遣

劉聰攻陷洛陽

索綝迎帝入雍州

石虎陷鄴

漢兵連陷

神色儼然顧呵之曰今日之事何復紛紜

漢主聰使呼延晏將兵三萬七千寇洛陽比及河南晉兵前後十二敗劉曜王彌石勒皆引兵會之彌晏克宣陽門入宮大掠帝欲奔長安漢兵追執之曜自西明門入殺太子詮等遷帝於平陽漢以帝為左光禄大夫封平阿公

初賈疋入關殺漢梁州刺史彭仲蕩至是其子天護帥群胡攻疋殺之衆推麴允領雍州

綱目正月朔漢主聰宴群臣於光極殿使帝著青衣行

呼延晏將兵攻洛陽。劉曜・王彌・石勒皆會。遂陷洛陽，執帝送平陽。尋被殺。荀崧曰、懷帝天資清劭、少著英猷、若遇承平、足為守文佳主、而繼惠帝擾亂之後、東海專政、故無幽厲之釁、而有流亡之禍矣。○帝在位六年。改元者一，曰永嘉。秦王立於長安，是為孝愍皇帝。

孝愍皇帝名業，吳王晏之子，武帝孫也。封秦王。洛陽既陷，荀藩奉王趣許昌，時年十二。已而索綝迎入雍州。刺史賈疋等奉為皇太子，建行臺。盜殺疋，麴允領雍州。懷帝凶問至，王即位於長安。業、通鑑作鄴。索、蘇各切。雍、去聲、九州之一、即京兆也。疋、音雅。麴、音穹、入聲、姓也。凶問、訃音。○石勒遣石虎攻鄴，陷而據之。虎、勒次子。○漢屢寇長安，麴允・索綝屢敗之。未幾漢兵連陷諸郡，逼長安，先陷外城。麴允・索綝退守小城。內外斷絕，城中饑甚。帝出降。漢將劉曜送平陽。聰享群臣，命帝著青衣行酒洗爵，又使執蓋。後遇害。帝在位四年。改酒。使珉王雋等。不勝悲憤。因号哭。聰惡之。遂殺珉雋等。帝亦遇害。謚曰孝懷。

漢主聰出畋。以帝行車騎將軍。戎服執戟前導。見者指之曰。此故長安天子也。故老有泣者。十二月。聰饗群臣。使帝行酒洗爵。而已又使執蓋。晉臣泣涕有失聲者。尚書郎辛賓起抱帝大哭。聰斬之。帝遂遇害。謚曰孝愍。按著青衣行酒者。懷帝也。洗爵執蓋者。愍帝也。

便蒙青衣賤者之服。行盛酒行觴。

帝乘羊車。肉袒出降。群臣號泣攀車。

元者一。曰建興。西晉自武帝至是。凡四世。五十二年。瑯琊王立於建業。是爲中宗元皇帝。敗音拜錢如字著音張入聲○于寶論曰。晉宣帝以雄才碩量。應時而起。性深阻有若城府。而能寬綽以容納。行數術以御物。而知人善授。於是百姓与能。大象始構。世宗承基。太祖繼業。咸黜異圖。用融前烈。至于世祖。遂享皇極。仁以厚下。儉以足用。和而不弛。寛而能斷。掩唐虞之旧域。班正朔於八荒。于時有天下無窮人之諺。雖太平未洽。亦足以明民樂其生矣。武皇既崩。山陵未乾。而變難繼起。宗子無維城之助。師尹無具瞻之貴。朝爲伊周。夕爲桀跖。國政迭移於乱人。禁兵外散於四方。方嶽無鈞石之鎮。關門無結草之固。戎羯称制。二帝失尊。何哉。樹立失權。託付非才。四維不張。而苟且之政多也。夫基廣則難傾。根深則難抜。理節則不乱。膠結則不遷。昔之有天下者。能長久用此道也。周自后稷愛民。十六王而武始君之。其積基樹本。如此其固。今晉之興也。其創基立本。固異於先代矣。加之朝寡純德之人。郷乏不貳之老。風俗淫僻。恥尚失所。学者以荘老爲宗。而黜六經。談者以虚蕩爲辯。而賤名檢。行身者以放濁爲通。而狹節信。進仕者以苟得爲貴。而鄙居正。當官者以望空爲高。而笑勤恪。婦女不知女工。任情而動。有逆于舅姑。有殺戮妾媵。父兄弗之罪也。天下莫之非也。禮法刑政。於此大壞。風勢如此。雖以中庸之才。守文之主。治之猶懼致禍。况惠帝以放蕩之德臨之哉。懷帝承乱得位。羈以權臣。愍帝奔播之後。徒守虚名。天下之勢既去。非命世

漢主聰臨光極殿、帝稽首於前、光伏地慟哭、聰以帝為光祿大夫、封懷安侯、

之雄才、不能復救之矣、

點註十八史略卷之三終

王導勸用名勝

百六掾 江左管仲

石川鴻齋校訂標記

都建業、故曰東晉、後改建業爲建康、避愍帝諱也、○胡致堂曰、魏明帝青龍三年、張掖柳谷口水涌宝石負図、有石馬七、及犧牛之象、謹按、自司馬懿啓封於晉、至愍帝、適及七代、此石馬之數也、晉時又有牛繼馬後之讖、考之前史、載元帝之父爲小吏牛氏与夏侯妃通、而生元帝、不可誣也、然則元帝姓牛、而冒續晉宗、雖曰

點註十八史略卷之四

後學　臨川　陳殷　音釋

日本　三河　石川鴻齋　補訂

東晉

中宗元皇帝名睿。瑯琊王伷之孫也。宣帝懿生伷。伷生覲。或曰、睿母實與瑯琊小吏牛金通而生睿。嗣覲爲王。於惠懷爲再從兄弟。懷帝時、睿爲安東將軍都督揚州諸軍。鎭建業。睿以王導爲謀主。每事咨焉。睿名論素輕。吳人初不附。導勸用諸名勝顧榮賀循紀瞻等爲掾屬。撫綏新舊。江東歸心焉。後又得庾亮卞壼等百餘人。謂之百六掾。桓彝避亂過江。見睿微弱。憂之。既而見導。退謂周顗曰。江左有管夷吾。吾無憂矣。諸名士遊宴新亭。顗中坐而歎曰。風景不殊。舉目有江河之

祖狄聞雞起舞

誓清中原

論亡復之由

帝曽可栄而偽姓之辱亦大矣晉書司馬懿因宝石負図有石馬攙牛之象又有牛継馬後之謠故深忌牛氏會有將牛金者懿心疑之遂為二榼分貯酒而共一日召金侍飲自飲佳者而以鴆飲金金死後恭王妃夏侯氏適与小吏牛氏通而生元帝

弘農太守宗撝為漢所攻棄郡奔建康称受愍帝詔令

異因相視流涕。導曰。當勠力王室共復神州。何至作楚囚對泣邪。愍帝以睿爲左丞相。洛陽祖逖少有大志。嘗與劉琨同寢。中夜聞雞聲蹴琨起曰。此非惡聲也。因起舞。及是南渡。請兵於睿。睿素無北伐之志。以逖爲豫州刺史。與兵千人。不給鎧仗。逖渡江中流擊楫而誓曰。祖逖不能清中原而復濟者有如此江。愍帝又以睿爲丞相都督中外諸軍事。長安陷。睿出師露次。移檄北征。實不行。群臣勸即晉王位。明年遂即皇帝位。睿音銳。由音宙。睿母夏侯氏。見氏族。再從兄弟同曾祖。從去聲。名論名譽議論。名勝有名望者。掾屬屬音蜀。通鑒栄爲軍司。循爲內史。瞻爲軍祭酒。綏音雖。安也。壼音坤上聲。百六掾言辟官屬百有六人。故曰百六。顗魚豈切。江左江東也。管夷吾兪導。共復之復音伏。神州中國。逖音汀入聲。琨音昆。蹴子六切。蹋也。豫州九州之一。案全書今河南唐州乃其旧治。未詳是否。鎧音凱。甲也。仗音長去聲。器也。楫音接。棹也。露次野宿曰露次。○林曰。三代得天下以仁。失天下以不仁。天下之亡。必有不仁之過。然後失之。漢元成哀平之際。外戚擅權。主柄下移。遂爲新室所簒。光武奮然起於隴畝。復天

劉琨死

石勒封為趙公

劉曜改号趙勒為後趙

丞相睿統摂萬機
睿素服出次挙哀
三日官属上尊号
固請不已遂即位

便蒙作荒鷄聲唐
義雞以一二更啼
名曰荒雞主荒乱
也

漢主聰寝疾徴劉
曜石勒受遺詔輔
政靳準為大司空
聰卒粲即位聰后
四人皆年未二十
粲多行無礼準遂
勒兵升殿執粲殺
之劉氏男女無少
長皆斬東市発掘
聰二陵斬聰屍焚
其廟自号大将軍
漢天王曜聞乱自
長安赴之勒帥騎
五萬以討準曜至

下如反掌。何則西漢之君，無不仁之過及於民故也。及東漢桓靈之主，起黨錮之獄以害天下，則已陷不仁之過矣。由是黃巾賊起，董卓継之，而曹操遂以篡漢。雖有蜀昭烈諸葛孔明強欲復之，而天下莫從之者，蓋漢之亡，已陷不仁之過也。西晋之世，蓋亦光武之世，故祖逖以謂晋室之乱，非上無徳下怨叛也，由宗室争権，遂使夷狄乗隙。今誠能命将出師，以復中原，郡國豪傑必有望風響應者矣。惜哉元帝素無北伐之心，雄武之畧不足，此所以卒不能経営中原也。○太尉劉琨死。初琨與祖逖齊名，琨謂人曰，常恐祖生先吾著鞭。懐愍時為幷州刺史。琨出軍，長史叛降石勒。幽州刺史段匹磾時在薊城，遣人邀琨。琨率衆奔薊，與匹磾歃血同盟，翼戴晋室。有欲襲取薊者，遣書請琨為内應。書為邏騎所獲，而琨實不知也。竟為匹磾所縊。（著音張入聲。幷州属山西，即太原府。幷比盈切。長史姓名未詳。磾音低。書為之為去聲，下同。邏騎游兵曰邏，音羅去聲。騎音忌。）○漢主劉聰卒，子粲立。其臣靳準弑而代之。石勒討準。劉曜自立，封勒為趙公。曜疑勒，自稱趙王。曜亦改號為趙，勒為後趙。（靳音斤，去聲，姓也。）○略陽臨渭氐酋

蒲洪降趙

祖狄卒

慕容廆為遼東公

拓跋猗盧總摂三部

赤壁、即皇帝位、以勒為大司馬、加九錫、進爵為趙公

通鑑自河以多叛後趙歸于晉、逖練兵積穀、為取河北計、

便嘗雍容謂無労勤、

怏怏不得意也、

擘要匈奴刘虎附漢、刘琨將討之、猗盧使其弟子師師助之、遂破虎、琨表為大單于以代郡封之、

趙王曜作鄷明觀及西宮陵霄臺、又營壽陵、侍中喬豫和苞力諫、曜下詔曰、二侍中懇々有古人風、可謂社稷之臣矣、其悉罷諸

蒲洪驍勇多權畧。群氏畏服之。劉聰嘗拜為將軍。不受。在懷帝世自稱略陽公。至是降于趙主曜。（畧陽縣屬汧州、酋音就平聲、長也、蒲洪、蒲姓、洪名。）

○晉豫州刺史祖逖卒。初逖取譙城。進屯雍丘。後趙鎮戍歸逖者甚衆。逖與將士同甘苦。勸課農桑。撫納新附。帝以戴淵為將軍。來督諸軍事。逖以已剪荊棘收河南地。而淵雍容一旦來統之。意甚怏怏。又聞王敦與朝廷構隙。將有內難。知大功不遂。感激發病卒。豫州士女若喪父母。（雍丘縣屬汴梁、己音紀、構隙事見下文、將有之將音漿、遂成也、喪平聲。）

○鮮卑慕容廆先是嘗遣使于晉受帝命。為平州刺史。至是以為平州牧遼東公。（使去聲、平州屬河東、今平陽府。）

○初拓跋祿官死。猗盧總攝三部。劉琨與猗盧結為兄弟。懷帝時。表為大單于。封代公。帥部落自雲中入雁門。琨與以陘北之地。由是益盛。嘗為琨援。大敗劉曜之兵於晉陽。猗盧城成

後以豫章領諫議大夫、
母王氏匿於袴中、祝之曰、天苟存汝則勿啼、久之不啼、乃得免、

初敦將作乱、謂長史謝鯤曰、刘隗姦邪、将危社稷、吾欲除君側之悪、何如、鯤曰、隗誠始禍、然城狐社鼠、敦怒曰、君庸才、豈達大体、至是挙兵武昌、上疏称刘隗佞邪讒賊、臣輒進致討、昔太甲顛覆厥度、幸納伊尹之忠、殷道復昌、願陛下深垂

樂為北都、平城為南城。愍帝進猗盧爵為王、置官屬、食代常山二郡。猗盧愛少子、欲立為嗣、而出其長子六修。使六修拜其弟。不從而去。大怒討之、兵敗而遇弑。猗㐌之子普根討滅六修而自立。尋卒。國人立猗盧弟之子鬱律。至是猗㐌之妻殺鬱律而立其子賀傉。鬱律子什翼犍在襁褓。母匿之袴下、得不殺。帥音率。雁門郡名、即代州。井陘縣屬威州。陘下丁反。敗音拜。屬音蜀。常山屬河北、今眞定府。出黜同。傉音農、入聲。什音十。襁褓音姜保、織縷為之、以約小兒於背者。袴下袴讀如跨。

○晉荊州刺史王敦反。初帝之始鎮江東也、敦與從弟導同心翼戴。推心任之、敦總征討、導專機政。群從子弟布列顯要。時人語曰、王與馬共天下。敦先領揚州刺史、都督征討諸軍、進為鎮東大將軍、都督江揚荊湘交廣六州諸軍事、江州刺史。尋領荊州。恃功驕恣。帝畏惡之。乃引劉隗刁協為腹心、稍抑損王氏權。導亦漸見

王導詣臺待罪

周顗救導

王敦不為盛德事

三思沈充亦起兵於呉，與以應敦。敦至蕪湖，又上表罪狀刁協。帝大怒，詔曰，王敦憑恃寵礼，敢肆狂逆，方朕太甲，欲見幽，是可忍也，孰不可忍。今親帥六軍以誅大逆，因有殺敦者封五千戸侯。

論語泰伯篇，曾子曰，可以託六尺之孤，可以寄百里之命。

便蒙寄卿以百里之命，言將使導攝君之政令也。

協隗敗還，帝流涕執其手，勸令避禍，給人馬使自為計。協為人所殺，隗奔後趙。

踈外。敦參軍錢鳳等，知敦有異志。陰爲畫策。至是敦遂舉兵武昌，以誅劉隗・刁協爲名。隗・協勸帝盡誅王氏。帝不許。導率宗族，毎旦詣臺待罪。周顗將入。導呼之曰，伯仁，以百口累卿。顗不顧。入見帝，言導忠誠，申救甚至。帝納其言。顗醉而出。導又呼顗。不與言。顧左右曰，今年殺諸賊奴，取金印如斗大，繫肘後。既出，又上表，明導無罪。導不知，恨之。帝召見導。導稽首曰，亂臣賊子，何代無之。不意今者近出臣族。帝跣而執其手曰，茂弘，方寄卿以百里之命。以爲前鋒大都督。敦至石頭城，據之曰，吾不復得爲盛德事矣。協・隗等分道出戰大敗。而還。帝令百官詣石頭見敦。敦殺周顗。導不救。後料檢中書故事，見顗表，執之流涕曰，吾雖不殺伯仁，伯仁由我而死。幽冥之間，負此良友。敦不朝而去，還武昌。

〔從〕去聲，下同。〔推〕音吹。〔王〕〔與〕〔馬〕司馬，晉姓。〔江〕

好賢礼士

敦謂渊曰吾今此挙天下以為何如渊曰見形者謂之逆体誠者謂之忠敦笑曰卿可謂能言帝使敦弟彬労敦彬素与顗善先往哭之然後見敦敦怪其容惨問之彬曰向哭伯仁情不能已敦怒曰伯仁自致刑戮且凡人遇汝汝何哀而哭之彬勃然数之曰兄抗旌犯順殺戮忠良図為不軌禍及門戸矣辞気慷慨声涙倶下敦大怒曰尓以吾為不能殺汝耶導勧彬起謝彬曰脚痛不能拝且此復何謝敦曰脚痛若頸痛彬殊無懼色王

属江西今九江府〔湘〕属湖南即長沙郎〔交〕在南粤即交趾〔廣〕属廣東〔悪〕音烏去声〔刁〕音凋姓也〔狡〕音絞猾也〔陰〕為之為去声〔臺〕御史之府曰臺〔将入〕之将音漿〔呼〕去声下同〔伯仁〕顗字累卿一家百口託在救解〔見〕音現下同〔肘〕音晝上声臂節也〔上〕上声〔茂弘〕導字〔百里之命〕釋見朱子論語集註〔吾不復云〕々謂難掩無君之跡也〔令〕去声〔冥〕音銘暗也○胡曰王敦之視元帝甚軽何也正猶項羽謂懐王吾家所立耳加以西晋諸侯動輙興兵敦自撃習熟以為常事也使敦田悖逆之心立忠義之節以其資力有事中原与祖逖之徒犄角進取必可克復旧物迎帝北帰巍巍之功孰得与並不此之慮乃甘心為叛其亦不善擇術矣且有君而侮脅之我独無臣子将佐部曲乎以我事君訓彼事我不亦殆乎

帝憂憤成疾而崩在位六年改元者三曰建武太興永昌太子立是為粛宗明皇帝

〔粛宗明皇帝〕名紹幼而聡慧嘗有使者従長安来元帝問紹曰長安近歟日近紹曰長安近但聞人従長安来不聞人従日辺来元帝奇其対一日与群臣語及之復以問紹紹曰日近元帝愕然曰何異間者之言耶紹曰挙頭見日不見長安

敦黨悉平

郭璞斬敦

以王導為大都督討敦

敦將起兵使郭璞筮之璞曰無成敦素疑璞助嶠又問吾壽幾何璞曰明公起事禍必不久若住武昌壽不可測敦大怒云々便蒙帝將討敦微服至蕪湖察其營壘綱鑑補周光斬錢鳳自贖沈充為故將吳儒所殺王彬等無所問有司発敦瘞焚其衣冠跽而斬之

左傳襄二十一年夫謀而鮮過惠訓不倦者叔向有焉

元帝益奇之及長仁孝喜文辭善武藝好賢禮士受規諫與庾亮溫嶠等為布衣之交敦在石頭以其有勇畧欲誣以不孝而廢之賴嶠等衆論沮其謀至是即位敦謀簒位移屯姑孰自領揚州牧【愕】音鄂驚貌【間】音澗伺也【嶠】音喬去聲沮慈呂切止也姑孰郡屬江東今太平府○以王導為司徒加太都督督諸軍討敦敦復反發兵而病使郭璞筮之璞曰明公起事禍必不久敦大怒曰卿壽幾何璞曰命盡今日日中敦斬之帝自出覘敦軍敦晝夢日環其營驚悟曰黃鬚鮮卑兒來邪帝母鮮卑出也亟遣人追之不及帝帥諸軍出屯南皇堂夜募壯士渡水掩敦兄王含軍大破之敦聞含敗曰我兄老婢耳門戶衰世事去矣因作勢起欲自行困乏復臥尋卒敦黨悉平發敦屍斬之有司奏罪王氏兄弟詔曰司徒導以大義滅親將十世宥之悉無所問【璞】音朴【覘】

陶侃運甓

社稷之固也、猶將
十世宥之以勸能
者。今壹不免其身
以棄社稷、不亦惑
乎。
樗蒱者牧豬奴戲
耳。老莊浮華、非先
王之法言、不益實
用。君子當正其威
儀、何有蓬頭跣足
自謂宏達耶。
博物志、樗蒱老子
入西戎所造。或云
胡亦以此卜也。
正會、正月元日、又
曰元會。
通鑑、群臣進璽、王
導以疾不至。卞壼
正色於朝曰、王公
非社稷之臣也。太
行在殯、嗣皇未立、
豈人臣辭疾之時
耶。導聞之、輿疾而
來。

世廉切、窺也、鮮卑出也、帝母荀氏燕人、故帝類外氏而黄鬚、
出之為言生也、帥音率、南皇堂在江寧縣北、乏置也。十世宥
春秋傳曰、社稷之固也、將
十世宥之。宥音右、寛也、○以陶侃都督荊湘等州諸軍事。
侃少孤貧、孝廉范逵過之。侃母湛氏截髪賣、為酒食、逵薦侃、
遂知名。初為荊州都督劉弘所用。討義陽叛蠻張昌、又討破
江東叛将陳敏、又撃破湘州劇賊杜弢、自江夏太守、為荊州
刺史。王敦疾之、左遷廣州刺史。侃在州、朝運百甓於齋外、暮
運於齋内。人問其故。答曰、吾方致力中原、故習勞耳。至是復
鎮荊州。士女相慶。侃性聰敏恭勤。嘗曰、大禹聖人、乃惜寸陰。
衆人當惜分陰。取諸參佐酒器蒱博具、悉投於江。曰、樗蒱者
牧猪奴戲耳。嘗造船、籍竹頭木屑而掌之。後正會雪霽地濕、
以木屑布地。及後有征蜀之師、得侃竹頭、作釘装船。其綜理
微密類此。侃音看、上聲。逵音葵。孝廉、逵初挙孝廉、故以称之。湛徒咸切。截音前、入聲、断也。食音嗣。初為之為去

卞氏忠孝　陶侃討峻斬之　石勒大破趙兵趙亡

壼儉素廉潔，裁斷切直。阮孚謂曰，卿常無閑泰，如含瓦石，不亦労乎。壼曰，諸君子以道德恢宏，風流相尚，執鄙吝者，非壼而誰。時貴遊子弟多慕王澄、謝鯤為放達，壼厲色於朝曰，悖礼傷教，罪莫大焉。中朝傾覆，實由於是。欲奏推之，導及庾亮不聽，乃止。西軍与峻相持不決。溫嶠軍食盡，貸於陶侃。侃怒，欲西歸。嶠曰，天子幽逼，社稷危殆，乃臣子肝脳塗地之日。嶠等与公並受國恩，事若克濟，則臣主同祚，如其不捷，當灰身以謝先帝耳。

聲。義陽郡屬河南，今信陽州。劇音擊，入聲，強也。陵音叻。江夏郡名，即武昌。左遷，通鑑注，左手足不如右，強左迁者貶下也。甓音並，入聲，瓶也。分陰，一離一合之間。樗蒲，賭具。或曰，即雙陸也。樗音佇，平聲。蒱音蒲。籍，簿籍，冊也，以記其數也。正當作至。霽，晴也。釘音丁。○帝崩。在位三年。改元者一。曰太寧。太子立。是為

顯宗成皇帝。

顯宗成皇帝名衍。母庾氏。五歲即位。司徒導與帝舅中書令庾亮輔政。太后臨朝。○歷陽內史蘇峻反。峻前守臨淮。於王敦再犯闕時。入衛有功。威望漸著。及在歷陽。卒銳器精。志輕朝廷。招納亡命。庾亮修石頭城以備之。建請徵峻為大司農。峻舉兵陷姑孰。尚書令卞壼督軍與峻力戰死。二子隨之亦赴敵死。母撫其屍曰。父為忠臣。子為孝子。何恨。庾亮出奔。峻兵犯闕。陶侃溫嶠入討峻斬之。歷陽郡屬淮西，今和州。臨淮府屬淮東。著音猪，去聲，顯也。

○後趙主石勒。大破趙兵。獲趙主劉曜。曜與勒連攻戰互勝

温嶠卒

石勒称帝

論石勒未知人

石勒称天王、以石虎為大尉、封中山王。

趙王勒謂中書令徐光曰、朕可方古何王云々。

礌与磊通、磊落言明白也。擊要注、礌落魁壘皃。

子弘立一作宏、趙石虎自為丞相、侃晚年深以盈滿自懼、不預朝權、屢欲告老歸國、佐吏等苦留之、至是疾篤、上表遜位、薨。尚書梅陶嘗謂人曰、

負曜攻後趙金墉城。勒自將救之、大戰于洛陽。趙兵大潰、曜醉墮馬、為勒獲。歸殺之、前趙亡。金墉城在洛陽西北。為去聲。前趙亡。右趙、劉淵自惠帝永與元年潜号為漢、為趙、至是四世、合二十七年。○晉驃騎將軍溫嶠卒。嶠初為劉琨所遣使江東。母不欲嶠絕裾而去。既至不復得歸北、終身以為恨。嶠盡心晉室、敦峻之平、皆嶠力。初為之為去聲。敦峻王敦、蘇峻。○後趙石勒稱天王、尋稱帝。嘗大饗群臣、問曰、朕可方古何主。或曰、過於漢高。勒笑曰、人豈不自知。卿言太過。若遇高帝、當北面事之、與韓彭比肩耳。若遇光武、當並驅中原、未知鹿死誰手。大丈夫行事、當礌礌落落、如日月皎然。終不效曹孟德司馬仲達欺人孤兒寡婦、狐媚以取天下也。韓彭韓信、彭越。比並也。礌音雷、上聲。曹孟德魏太祖。司馬仲達晉宣帝。○胡曰、石季龍謂人豈不自知、信矣。而未知知人之不易也。光武之於漢高、猶武王之於文王也。勒謂遇漢高、即与韓彭比肩、遇光武則當並驅中原、是以光武為韓彭之流。豈知光武者哉。漢高開四百年基業、身

陶侃
威名
赫然

石虎
殺王
自立

成改
号漢

陶公機神明鑒似魏武、忠順勤労似孔明陸抗、諸人不能及也。謝安毎言、陶公雖用法、而恒得法外意。

庾亮鎮武昌、辟殷浩為記室参軍。浩与褚裒杜乂皆以識度清遠、善談老易、擅名江東。

初趙主勒、以天竺僧佛図澄豫言成敗、數有驗、敬事之。及虎即位、奉之尤謹。詔中書曰、佛國家所奉。里閭小人無爵秩者、應得事王度等諫之。虎曰、朕生自辺鄙、忝君諸夏。至於饗祀、應從本俗。其夷趙百姓、樂事佛者、特聽。

後之慮、付之平勃、王陵危而扶、顛而持、迄以大安。石勒肉未及冷、妻子已不自保。徐光乃謂神武謀畧過於漢高、主有後心、臣進諫說其不能長世也、宜哉。

勒雖不學、好使人讀書而聽之。時以其意論得失。聞者悅服。嘗聽讀漢書、至酈食其勸立六國後、驚曰、此法當失。何以遂得天下。及聞張良諫、乃曰、賴有此耳。後遣使修好于晉。晉焚其幣。勒卒。子弘立。好去聲、下同。漢書班固所著。使去聲。○晉大尉陶侃卒。侃都督八州。威名赫然。或謂侃嘗夢生八翼、上天門、至八重、折左翼而下。力能跋扈、每思折翼之夢、輒自制。在軍四十一年。明毅善斷。人不能欺。自南陵至白帝數千里、路不拾遺。八州箏跡、明帝時、督荊湘雍梁、成帝時、督交廣荊江。赫然明盛貌。上上聲。重平聲。折音舌。斷音端、去聲。南陵郡屬江東、今寧國府。白帝城在夔州。○後趙石虎殺其主弘、而自立為趙天王。殺勒種無遺。種上聲。○成改國號曰漢。李雄以兄子班為太子。雄卒。班立。雄子越殺班、而立其弟期。期忌雄弟漢王壽。

代什翼犍始制百官

王掾不痴

威名。使出屯于外。壽還襲弑期而自立。○代王什翼犍立。先是代王賀傉卒。弟紇那嗣。紇那出奔。鬱律子翳槐立。紇那復還。翳槐奔趙。趙納翳槐于代。翳槐臨卒命諸大人。立弟什翼犍。自猗盧死。國多內難。部落離散。什翼犍雄勇有智略。能修祖業。始制百官。號令明白。政事清簡。百姓安之。於是東自濊貊西及破落那。南距陰山北盡沙漠。率皆歸服。有衆數十萬人。拓跋氏自是愈大。（大人 筌蹄云、即長也。難 去聲。濊貊 高麗種、地在朝鮮東。破落那 大宛之後、在疏勒西北。陰山 縣屬開平。）○晉丞相王導卒。初帝即位冲幼。每見導必拜。既冠猶然。委政於導。導以門地王述爲掾。述未知名。人謂之癡。既見問江東米價。述張目不答。導曰。王掾不癡。導每發言。一坐莫不贊歎。述正色曰。人非堯舜。何得每事盡善。導改容謝之。導性寛厚。所委任諸將。多不奉法。大臣患之。庾亮欲起

之書法本胡俗也、趙之有此宜矣。而漢人之爲沙門自此始、

導羸疾不堪朝會、帝幸其府、導辟王濛王述爲掾屬、濛不修小廉、而以清約見称、与沛國刘惔友善、惔常称濛性至通自然有節、濛曰、刘君知我勝我自知、當時称風流者、以惔濛為首、述性沉静、每坐客辯論蠭起、而述處之恬如也、年三十未知名、人謂之癡云々

輔相三世衣不重帛

庾亮請鎮石城不聽

封慕容皝為燕王

初導与庾亮共薦丹陽尹何充於帝及導薨徵庾亮為左相亮固辭遂以充及亮弟冰參録尚書事冰經綸時務不舍晝夜賓礼朝賢升擢後進由是朝野翕然稱為賢相

趙以李巨為御史中丞趙王虎患貴戚豪恣乃擢巨為中丞中外肅然虎曰朕聞良臣如猛虎高步曠野而豺狼避路信哉

帝不豫二子丕奕皆在襁褓庾冰恐易世之後親屬愈疎為人所間請以母弟琅邪王岳為嗣帝許之中書令何充曰父子相傳

兵廢導或勸導密備導曰吾與元規休戚是同元規若來吾便角巾歸第復何懼哉亮雖居外鎮而遙執朝權據上流擁強兵趨勢者多歸之導內不能平嘗遇西風塵起舉扇自蔽徐曰元規塵汚人導簡素寡欲善因事就功雖無日用之益而歲計有餘輔相三世倉無儲穀衣不重帛【冠】音貫【門地】門閥地位【辟】音璧下同【既見】之見音現【元規】亮字【汚】音烏去聲穢也【歲計有餘】以每日治效論之似無益以每歲治效計之則有餘【三世】元明成【儲】積也【重】平聲○晉司空庾亮卒初蘇峻之亂亮激之也峻平亮泥首謝罪求外鎮自效後都督江荊等州諸軍事辟殷浩參軍浩與褚裒皆識度清遠善談老易擅名江東而浩尤為風流所宗亮欲開復中原上疏請率大衆移鎮石城遣諸軍羅布江沔為伐趙之規蔡謨曰不能以大江禦蘇峻安能以沔水禦石虎乃詔亮不聽移鎮至是卒于武昌【泥首】筌蹄云囚首也【褚】音猪上十

帝有勤儉之德

殷浩才名冠世

英雄之才

先生曰典且今將如孺子何冰不聽帝乃詔冰充及武陵王晞會稽王昱尚書令諸葛恢並受顧命

琅邪王即位亮陰不言委政於冰充

琅邪内史桓温彝之子也尚南康公主豪爽有風槩翼與之友善嘗薦於成帝曰温有英雄之才願勿以常壻畜之宜委以方面之任必有宏濟之勲

翼遺浩書曰王夷甫立名非真雖曰談道實長華競明德君子遇會處際寧可然乎

荊楚國之西門戸

聲(衰)音剖平聲(老易)老子周易(尤為)之為去聲(復)音伏(上)上聲(石城)在沔陽(沔)音免漢上流曰沔○晉封慕容皝為燕王自皝父為遼東公立皝為世子雄毅多權畧喜經術廆卒皝立其下勸稱王皝使請于晉遂封之(使)去聲○帝在位十八年頗有勤儉之德改元者二曰咸和咸康崩二子丕奕在襁褓帝毋弟瑯琊王立是為康皇帝(毋弟)同

(康)皇帝名嶽成帝臨崩以嶽為嗣遂即位○都督荊江等州軍事庾翼為人慷慨喜功名不尚浮華殷浩才名冠世翼弗之重曰此輩宜束之高閣俟天下太平徐議其任耳時人擬浩管葛伺其出處以卜興亡曰淵源不出當如蒼生何翼請浩為司馬不應翼以王夷甫嘲之瑯琊内史桓温豪爽有風槩翼嘗薦之曰英雄之才宜委以方召之任至是翼以滅胡取蜀為己任欲悉衆北伐移鎮襄陽詔翼都督征討諸軍翼

會稽王昱輔政

桓温伐漢

漢亡

石虎稱帝

褚裒表請伐趙

點註十八史略校本卷四

口百萬北帶彊胡西鄰勁蜀得人則中原可定矣失人則社稷可憂陸抗所謂存則呉存亡則呉亡者也 褚裒薦顧和殷浩詔以和爲尚書令浩爲揚州刺史 桓温將伐漢將佐皆以爲不可江夏相袁喬曰夫經略大事固非常情所及智者了於胸中不必待衆言皆合也李勢無道臣民不附且恃其險遠不修戰備宜以精兵萬人輕齎疾趨比其覺之我已出其險要可一戰擒也温拜表即行通鑑注謂拜上表不及聞詔命而遂行

以温爲前鋒督（翼亮弟、冠音貫、管葛以浩有管仲諸葛亮之才、伺音四候也、處音杵、淵源浩字、王夷甫衍字也、嘲陟交切、譏浩但能如王衍清談耳、方召方叔召伯、召音邵、已音紀）〇漢主李壽卒子勢立〇帝在位三年崩改元者一曰建元太子立是爲孝宗穆皇帝（建元即位二年改元）

孝宗穆皇帝名聃三歳即位會稽王昱輔政〇庾翼卒以桓温都督荊梁等州軍事翼初表其子領荊州何充曰荊楚國之西門豈可以白面少年當之桓温英略過人西任無出温者丹陽尹劉惔知温有不臣之志謂昱曰温不可使居形勝地昱不聽竟以温代翼（西任西夏之任、丹陽郡名、即建業又曰建康、惔音談）〇漢主李勢驕淫不恤國事桓温帥師伐漢拜表即行進至成都勢降送建康漢亡（帥音率、降音項平聲、漢亡右漢李雄自惠帝永興元年僭号爲成爲漢至是五世合四十四年）〇燕王慕容皝卒子雋立〇趙天王石虎稱帝尋卒子世立

石閔改國号魏盡殺石氏

張重華稱涼王

也温自将歩卒直指成都。李勢悉衆出戰於笮橋。衮喬抜劔督士卒力戰。遂大破之。温乗勝長驅至成都。縦火燒其城門。漢人惶懼無復鬬志。勢輿櫬面縛詣軍門。詔封勢歸義侯。

趙王虎卒。太子世立。其兄遵弑之及其太后刘氏而自立。石閔李農等鑒殺之。并殺三十八孫。

司徒申鍾等上尊号於閔。閔以讓農。農固辭。閔曰。吾屬故晉人也。請与諸君分割州郡。各稱牧守公侯。奉迎天子還都洛陽。何如。

其兄遵弑之而自立。趙亂。晉征討都督褚裒表請伐趙。朝野以為中原指期可復。蔡謨獨以為莫若度德量力經營分表。恐憂及朝廷。裒遣將果敗沒。復音伏。度音堂入聲。分表筌蹄云、分限之外也。○趙蒲洪遣使降晉。洪事趙累世。至是石閔言於趙主遵曰。蒲洪人傑也。今鎮關中。恐秦雍非國家有。遵罷洪都督。洪怒歸枋頭。遂通于晉。累上聲。石閔虎養子。雍去聲。枋頭通鑑注、曹操於淇水下大枋木以遏淇水東入白溝以通漕運。因号其處曰枋頭。筌蹄云、在汲郡。今衛輝府也。○涼州張重華自稱涼王。初惠帝之世。張軌為涼州刺史。威著西土。懷帝陷沒。軌遣兵助愍帝於長安。帝以軌為涼州牧西平公。軌卒。子寔立。寔為妖賊所殺。弟茂立。趙主劉曜擊茂。茂降趙。茂卒。寔之子駿立。茂臨終語駿必奉晉。不可失。駿雖復臣於後趙石勒。恥之。成帝時假道於蜀以通晉。駿卒。子重華立。晉遣使仍拜西平公。重華自爲

蒲洪稱王改姓苻
苻健稱帝
燕王稱帝
姚襄歸晉
殷浩北伐無功

尚書胡睦曰陛下聖德應天宜登大位晉氏衰微遠竄江表豈能總馭英雄混一四海乎閔曰尚書可謂識機知命矣乃即皇帝位國号大魏
浩之北伐也中軍將軍王羲之以書止之不聽既而無功復謀再舉羲之遺浩書曰今以區々江左天下寒心固已久矣力爭武功非所當作莫若還保長江督將各復舊鎮引咎責躬更爲善治省其賦役與民更始庶可以救倒懸之急也又與會稽王昱牋曰功未可期遺黎殲盡以區々吳越

王。（重）平聲（著）音猪去聲（為）妖之爲去聲語去聲使去聲下同○後趙石鑑弑其主遵而自立。石閔又幽鑑殺之而自立改國號曰魏殺虎三十八孫盡滅石氏。（三十八孫）名字未詳（滅石氏）右後趙石勒自成帝咸和三年僭号至是六世合二十二年閔姓冉。爲石氏所養至是復其姓後爲燕所破執而殺之。（為）去聲下並同（復）音伏。○蒲洪自稱三秦王改姓苻洪先擒趙將麻秋不殺而用其言因宴爲秋所鴆子健斬秋代領洪衆健入長安自稱秦天王已而稱帝。（三秦王）以其地乃秦降將三人所封之域（改姓苻）以識文有草付應王之說遂改姓苻○燕王儁稱帝○趙姚襄歸晉而復叛襄父弋仲南安赤亭羌酋也懷帝末戎夏襁負隨之者數萬自稱扶風公其後服於前趙劉曜又事後趙石勒石虎虎甚重之以爲冠軍大將軍虎死趙亂至冉閔滅趙弋仲遣使降晉弋仲卒襄率其衆來晉詔襄屯譙城後屯歷陽揚豫州都督殷浩在壽春惡襄

桓溫請廢殷浩

桓溫大敗秦兵三輔

王猛捫虱

經緯天下十分之九、不亡何待、而不度德量力、不弊不已、此封内所痛心歎悼者也、浩不從進、死洹口、

咄咄　驚怪聲也、

初溫指秦麥以為糧、既而秦人悉芟麥、溫軍食乏、徙關中三千餘戶而歸、欲与猛俱還、猛辭不就、

秦王健弟東海王

強盛、遣將襲之、為襄所斬、先是朝廷聞中原大亂、復謀進取、浩受任、連年北伐無功、至是率諸軍再舉、襄伏甲邀之、浩至山桑、襄縱擊、浩大敗走、（南安即屬華昌、今華昌府、赤亭水出源道縣東山赤谷、西流逕源道城北、南入于渭、冠音貫、為襄之為去聲、山桑、荃蹄云、魏郡邑、）○涼張重華卒、子曜靈立、其下廢之、而立張祚、（重華弟）○晉桓溫因殷浩之敗、請廢浩、免為庶人、朝廷初以浩抗溫、浩廢、自此内外大權一歸溫矣、浩雖愁怨、不形辭色、嘗書空作咄咄怪事字、久之、郗超勸溫處浩令僕、以書告之、浩欣然答書、慮有誤、開閉十數、竟達空函、溫大怒、遂絕、卒於謫所、（書空望空書寫、咄音敦入聲、呵也、郗音痴、處音杵、令僕以浩為尚書令僕射之職、數上聲、竟達空函、終以空函答之、謫貶降曰謫、）○桓溫帥師伐秦、大敗秦兵于藍田、轉戰至灞上、秦主苻健閉長安小城自守、三輔皆來降、溫撫諭居民、使安堵、民爭持牛酒迎勞、男女夾路觀之、耆老有垂

注降下脱項字

姚襄北據許昌

雄卒、健哭之嘔血曰、天不欲吾平四海邪。何奪吾元才之速也。子堅襲爵。性至孝。幼有志度。博学多能。交結英豪。至年健卒。泰生飲酒無晝夜。衆醉多所殺戮。群臣得保一日。如度十年。東海王堅素有時誉。与故姚襄参軍薛讚權翼善。讚翼密説堅。宜早為計。勿使他姓得之。堅以問尚書呂婆樓。婆樓曰、僕里舎有王猛者。其人謀略不世出。宜請共咨之。因婆樓以招猛。一見如旧友。云々。堅与婆樓帥麾下三百人、鼓譟而進。宿衛将士皆

泣者。曰、不圖今日復覩官軍。北海王猛、字景略。倜儻有大志。隱居華陰。聞温入關、被褐謁之。捫虱而談當世之務。旁若無人。温異之。問猛曰、吾奉命除殘賊。而三秦豪傑未有至者。何也。猛曰、公不遠數千里。深入敵境。今長安咫尺而不度灞水。百姓未知公心所以不至。温默然無以應。温與秦兵戰于白鹿原。不利。秦人清野。温軍乏食。欲與猛俱還。猛不就。（敗音拜、藍田縣属安西。降平聲。勞去聲。倜儻倜音汀入聲。儻音湯上聲。卓異不羈也。華陰縣属華州。華去聲。捫音門。虱音瑟。咫音紙。八寸曰咫。灞水出京兆藍田縣北。入于渭。白鹿原在永興縣。）○秦主健卒。子生立。○涼張祚淫虐被弑。子玄靚立。○姚襄降于燕。北據許昌。又攻洛陽。桓温督諸軍討襄。進至河上。與寮屬登平乘樓。北望中原。歎曰、使神州陸沉百年。王夷甫諸人、不得不任其責。至伊水。襄戰連敗而走。温屯金墉。謁諸陵。置鎮戍而還。襄將西圖關中。秦

符堅王猛一見如旧

謝安少有重名

哀帝寢疾

桓温都督中外諸軍事

舎仗歸堅、生猶醉寢。堅兵殺之。堅去帝号、称大秦天王。

謝安寓居會稽、以山水文籍自娯。雖為布衣、時人皆以公輔期之。嘗遊東山、常以妓女自隨。會稽王昱聞之曰、安石既与人同樂、必不得不与人同憂。召之必至。

哀帝、成帝長子、初封瑯邪王。

帝奕、哀帝同母弟、初封琅邪王。哀帝無嗣、太后立之。蒙求云超鬚瑚短故也。

遣兵拒擊、斬襄。襄弟萇以衆降秦。陸沉 猶乾沒也。伊水出商州上洛縣熊耳山、至洛陽入洛。諸陵 西晉墳墓。將 音漿。萇 音長。○秦苻堅弒其君生、自立爲秦天王。有薦王猛於堅者。一見如舊、自謂如玄德之於孔明。一歲中五遷官。舉異才、修廢職、課農桑、恤困窮。秦民大悅。苻堅 生叔雄子。○燕主慕容儁卒。子暐立。暐 音葦。○晉桓溫以謝安爲征西司馬。安少有重名。前後徵辟皆不就。士大夫相謂曰、安石不出、如蒼生何。年四十餘乃出。少 去聲。辟 音璧。安石 安字。○帝在位十七年。崩。改元者二。曰永和・升平。無嗣。成帝子瑯琊王立。是爲哀皇帝。

哀皇帝名丕。即位二年、而寢疾。又一年而崩。改元者二。曰隆和・興寧。弟瑯琊王立。是爲帝奕。

帝奕名奕。成帝之幼子也。既即位、以會稽王昱爲丞相。○桓溫自哀帝時、爲大司馬、都督中外諸軍事、錄尚書事、加揚州

王猛伐燕

桓温陰蓄不臣之志

召桓温入輔

桓温請与徐兗刺史郗愔江州刺史桓冲豫州刺史袁真等伐燕晉兵死者甚衆温戰數不利糧儲復竭奔及於襄邑德先帥勁騎伏於東澗中夾擊温大破之斬首三萬級秦苟池邀擊温於譙又破之温收散卒屯山陽深耻喪敗乃歸罪袁真奏免為庶人真不伏表温罪狀朝廷不報遂據壽春叛降燕中夜郗超就温宿謂曰明公不為伊霍之事云々温遂与定議諷褚太后廢帝為東海王秦王堅聞温廢立謂群臣曰温前敗

牧移鎮姑孰以郗超爲叅軍王珣爲主簿人語曰髯参軍短主簿能令公喜能令公怒○燕人攻陷洛陽戍將死之温帥師伐燕戰于枋頭大敗而還○燕慕容垂既擊破晉軍威名日盛燕王忌之垂奔秦○秦王猛督諸軍伐燕遂圍鄴秦主苻堅入鄴執燕主慕容暐以歸右前燕慕容皝自成帝咸康三年奉命為王及儁僭号至是三世合三十四年○晉桓温陰蓄不臣之志嘗撫枕歎曰男子不能流芳百世亦當遺臭萬年欲先立功還受九錫及枋頭之敗威名頓挫郗超勸温行伊霍之事以立大威權温遂入朝白太后廢帝在位六年改元者一曰太和○會稽王立是爲簡文皇帝遺音惟挫音佐摧也伊霍之事伊尹放太甲霍光廢昌邑

簡文皇帝名昱元帝子也清虚寡欲尤善玄言桓温迎即位九閲月而不豫急召桓温入輔如諸葛武侯王丞相故事温

王坦之倒執手板

撤溫公作撤是也

王猛顧勿図晉

灞上。後敗枋頭。不能思愆自貶。以謝百姓。方更廢君以自說。六十之叟。舉動如此。將何以容於四海乎。諺曰。怒其室而作色於父。溫之謂矣。

古者出征。以幕帳為府署。故云。通鑑註。朝廷近侍之臣曰入幕賓。時天子幼弱。外有強臣。安与坦之盡忠輔衛。卒安晉室。○尹遂昌曰。猛負高世之資。生亂離之世。不得已而仕秦。其心蓋惓々然以中國生靈為念

望帝臨終禪位。否即居攝。不副所望。時謝安王坦之在朝。溫疑坦之安沮其事。心甚銜之。帝在位改元者一。曰咸安。太子立。是為烈宗孝武皇帝。【不豫】病不快也。【故事】孔明王導輔立嗣君。【坦】音癱上聲。【銜】猶恨也。

烈宗孝武皇帝名昌明。年十歲即位。【昌明】通鑑註。諱曜。字昌明。○桓溫來朝。詔謝安王坦之迎于新亭。都下洶洶云。欲誅王謝因移晉祚。坦之甚懼。安神色不變。溫既至。百官拜于道側。溫大陳兵衛。延見朝士。坦之流汗沾衣。倒執手板。安從容就席。謂溫曰。安聞諸侯有道。守在四隣。明公何須壁後置人邪。溫笑曰。正自不能不爾。遂命撤之。與安笑語移日。郗超臥帳中聽其言。風動帳開。安笑曰。郗生可謂入幕之賓矣。溫有疾還姑孰。疾篤。諷求九錫。安坦之故緩其事。尋卒。【洶洶】通鑑作恟懼也。【陳】如字。【見】音現。【手板】笏也。【從】從來。【撤】音徹。去也。○秦丞相王猛卒。秦主堅哭之曰。天不欲使吾平

點註十八史略校本卷四

涼降于秦

秦分代爲二部

謝安不負所舉

觀其臨終秦主訪以後事猛曰云々噫所謂正朔相承一言其深明華夷之分順逆之理也歟

正朔通鑑作正統綱鑑注言晉傳蜀漢之正統也

張天錫荒酒色不親庶政人情憤怨秦主堅遣苟萇姚萇將兵滅之

屐屐間言周旋行步間

秦陷襄陽又陷魏興吉挹引刀欲自殺左右奪其刀會秦人至執之挹不言不食而死秦王

一六合邪何奪吾景略之速也猛臨終謂堅曰晉雖僻處江南然正朔相承上下安和臣沒之後願勿以晉爲圖鮮卑西羌我之仇敵終爲人患宜漸除之以安社稷〔六合〕上下四方〔處〕音杵〔正〕音征〔鮮卑〕慕容氏〔西羌〕姚氏○涼降于秦先是張玄靚之叔父天錫殺玄靚而自立天錫荒于酒色政亂秦伐之兵至姑臧天錫面縛出送長安〔姑臧〕縣屬永昌○右前涼張軌自愍帝建興二年僭号至是九世合七十六年○代王拓跋什翼犍世子寔早卒繼嗣未定庶長子遂殺其諸弟并殺什翼犍會秦兵擊代部衆逃潰國中大亂秦主苻堅分代爲二部自河以東屬代南部大人劉庫仁自河以西屬匈奴劉衛辰使統其衆代世子寔之子珪尚幼母賀氏以珪走依賀訥已而依庫仁庫仁奉珪恩勤不以廢興易意〔遂〕名也〔走〕音奏〔訥〕奴骨切〔易〕音亦○晉以秦人强盛爲憂詔求良將可鎮禦北方者謝安以

堅歎曰、周孟威不屈於前、丁彥遠潔已於後、吉祖冲閉口而死、何晉氏之多忠臣也、秦王堅會群臣於太極殿議曰、今四方略定、唯東南一隅未霑王化、計吾士卒可得九十七萬、欲自將討之、何如、左僕射權翼曰、今晉雖微弱、未有大惡、謝安・桓沖皆江表偉人、君臣輯睦、未可圖也、太子左衛率石越曰、今福德在吳、伐之必有天殃、且彼處長江之險、民爲之用、殆未可也、慕容垂曰、陛下神武威加海外、而叢爾江南獨違王命、

兄子玄應詔。郗超歎之曰。安之明。乃能違衆舉親。玄才不負所舉。吾嘗見其使才。雖屐履間。未嘗不得其任。玄鎭廣陵。得劉牢之等。爲參軍。戰無不捷。號北府兵。敵人畏之。(使)去聲(屐)入聲

○秦遣兵。分道寇晉。陷諸郡。執襄陽刺史朱序。以歸。已而議大舉。或謂晉有長江之險。堅曰。以吾之衆。投鞭於江。可斷其流。時中外皆諫。惟慕容垂・姚萇。欲乘其釁。勸之南伐。堅遂發長安戍卒六十餘萬。騎二十七萬。晉以謝石爲征討大都督。謝玄爲前鋒都督。督衆八萬。拒之。劉牢之帥精兵五千。趨洛澗。直渡水。擊秦前鋒梁成。斬之。石等水陸繼進。堅登壽陽城。望見晉兵部陣嚴整。又望見八公山草木。皆以爲晉兵。憮然有懼色。秦兵逼肥水而陣。玄使人謂曰。移陣小卻。使我兵得渡。以決勝負。可乎。堅欲聽晉兵半渡蹙之。麾兵使卻。秦兵退。

豈可復留之以遺子孫哉。詩云、謀夫孔多、是用不成。謝石、謝安弟。謝玄、謝安姪。謝琰、謝安子。玄等乘勝追擊、至於青岡。秦兵大敗、自相蹈藉而死者蔽野塞川。其走者聞風聲鶴唳云々、晝夜不敢息。草行露宿、重以飢凍、死者什七八。慕容垂言於堅曰、北鄙聞王師不利、輕相煽動。臣請奉詔書以鎭慰之。堅許之。權翼諫之。堅不聽。

不可復止。朱序在陣後呼曰、秦兵敗矣。遂潰。玄等乘勝追擊、秦兵大敗。走者聞風聲鶴唳、皆以爲晉兵至。堅狼狽還長安。襄陽府屬河南、即南陽郡。帥音率。洛澗水出河南府新安縣白石山、東南入洛。壽陽郡屬淮西。今安豐府。八公山在壽春北。憮音武、失意貌。肥水出信陽軍丙方山、東北入淮。蹙子六切、迫也。呼去聲。○慕容垂叛秦、起於河内、自稱燕王。○姚萇叛秦、起於北地、自稱秦王。是爲後秦。北地郡屬陝西。今輝州。○慕容沖叛秦、起兵平陽、稱帝。是爲西燕。攻長安。秦主苻堅出奔。後秦主萇執而弒之。○司馬温公曰、論者皆以爲秦堅之亡、由不殺慕容垂姚萇故也。愚獨以爲不然。許劭謂魏武帝治世之能臣、乱世之姦雄。使堅治國無失道、則垂萇皆秦之能臣也。烏能爲乱哉。堅之所以亡、由驟勝而驕故也。魏文侯問李克呉之所以亡。曰、数戰数勝。曰、数戰数勝、國之福也。何故亡。曰、数戰則民疲、数勝則主驕。以驕主御疲民、未有不亡者也。秦堅似之矣。○晉太保謝安卒。安文雅過王導、有德量。方秦寇至、朝野震動。安夷然圍碁賭墅。捷書至、安方與客碁。覽畢眞坐側、無喜色。碁罷、客問之。徐曰、小兒輩

拓跋珪為代王

代改称魏

燕王垂称帝

慕容永称帝

中原大乱

○賴山陽曰、夫晉非不可伐、但不得可伐之術耳。堅之大舉、蓋八十萬人矣。分為八軍、以垂萇諸將之、更休迭出、或擣川荊、或擾江淮、使彼疲奔命、晉雖輯睦、八受十萬人、豈有不力屈乞降者乎。馭英雄如養猛獸鷙鳥、苟有以用其爪牙、而達其搏攫、則彼何暇內顧反噬哉。使堅得其術以伐晉、則雖垂萇之桀黠、將爭效其力、何必仇視而剪除之為。猛之策不出於此、而徒為愛憎之言、何足以動堅之心哉。

已遂破賊、客去安入戶、喜甚、不覺屐齒折。其矯情鎮物如此。量音亮。堅神與切。田盧曰、堅時以之為法。寘置同。屐齒折、喜極而躍、故屐齒折。○秦主苻堅之子丕稱帝于晉陽。○拓跋珪復立為代王。先是、劉庫仁為其下所殺、弟頭眷代領其衆。庫仁之子顯殺頭眷而自立、又欲殺珪。珪奔賀蘭部、依其舅諸部大人。推珪為主、遂即王位、徙居盛樂。後改稱魏。為去聲。賀蘭狄別種名。推音退、平聲。樂音洛。○燕王垂稱帝于中山。中音仲。○西燕人弒其主沖、立段隨、又殺隨、立慕容忠、又殺忠、立慕容永。永襲秦主苻丕、丕敗南走、為晉將軍攻敗死之。慕容永稱帝於長子。為去聲。將軍馮該。長子縣屬潞州。長音張、上聲。○秦疏族苻登稱帝於南安。疏音疎。○後秦姚萇先是已入長安稱帝。苻登引兵數與後秦戰、互有勝負。數音朔。○後秦主姚萇卒、子興立。擊登殺之。○右前秦苻健自穆帝永和七年僭號、至是六主、合四十四年。○燕主垂擊西燕、拔長

江左無事

安帝不慧

呂光得秦王堅亡聞。舉軍縞素。至是自称涼州牧酒泉公。初後秦主萇以秦戰屢勝。謂得秦王堅之助。亦於軍中立堅像而禱之。秦主登升樓遥謂之曰。爲臣弑君而立像求福。庸有益乎。久之萇以軍未有利。斬像首以送秦。至是登留輜重於大界。自将軽騎攻安定。萇夜帥騎三萬。襲大界克之。掠男女五萬口。登后毛氏美而勇。善騎射。兵入其營。猶彎弓跨馬。帥壯士力戰。殺七百餘人。衆

子殺西燕主永。○燕主垂卒。子寶立。○自苻堅之敗。中原大亂。其大者。慕容氏姚氏迭舉大號。其乘時而起。如秦故臣呂光。據涼州稱涼天王。鮮卑乞伏國仁。據隴右稱西秦王。國仁卒。弟乾歸繼之。後又有鮮卑禿髮烏孤。起河西號南涼。乞伏氏國仁名。禿髮氏。禿音通。入。禿髮烏孤名。○晉自敗秦以後。江左無事。會稽王道子爲政。帝嗜酒。流連而已。長星見。帝舉酒向之曰。長星勸汝一杯酒。世豈有萬年天子邪。拜音拜。道子孝武弟。長星妖星其芒長也。見音現。○張貴人年三十。寵冠後宮。醉中戲之曰。汝以年亦當廢矣。貴人使婢蒙其面而弑之。在位十五年。改元者二。曰寧康。太元。太子立。是爲安皇帝。冠音貫。蒙奄也。寧康即位二年改元。

安皇帝名德宗。幼不慧。口不能言。寒暑飢飽不辨。飲食寢興皆非己出。既即位。會稽王以太傅輔政。已音紀。○魏主拓跋珪

慕容德称帝　慕容盛称帝　魏珪称帝　凉段業称王　刘裕起　凉吕隆降秦　李暠據燉煌　柔然起於漠北

寡不敵、為後秦所執。萇將納之。毛氏罵且哭曰、姚萇汝已殺天子、又欲辱皇后、皇天后土、寧汝容乎。萇殺之。

○鴻齋曰、長星出沒、皆有定度、西人詳之、不必關時治乱、況於司馬昌明乎。當時天学不明、動以星變卜盛衰、惑之甚也。

綱目、汝以年亦當廢矣、吾意属少者、已而醉寢云々。

南燕慕容德称帝、問群臣、朕可方古

連歲攻燕、進圍中山。燕主慕容寶出奔、後爲其下所弒。〔爲〕去聲、下同。○燕慕容祥稱帝。慕容麟襲殺祥而自立。魏王珪破麟。麟走之。麟奔慕容德。爲德所殺。德徃據廣固。後稱帝。是爲南燕。〔德〕垂弟。〔廣固〕城在兗州。○燕慕容盛稱帝於龍城。是爲北燕。〔龍城〕未詳所在。〔北燕〕更称後燕。○魏主珪稱帝。都平城。○凉段業稱凉王。據張掖。是爲北凉。○晉會稽王道子專以政事委世子元顯。晉政亂。東土囂然。妖賊孫恩因民心騷動、自海嶋出作亂。劉裕因討恩有功而起。〔囂〕音敖。〔裕〕音喻。○北凉沮渠蒙遜弒段業而自立。蒙遜匈奴之種也。後遷姑臧。〔沮渠〕氏。沮子魚切。〔蒙遜〕名。〔種〕上聲。○凉王呂光卒。子紹立。庶兄纂弒而代之。呂超又弒纂而立其兄隆。隆後降秦。而凉亡。〔纂〕音鑽、上聲。〔凉亾〕右後凉呂光、自孝武帝太元十三年潜号、至是四世、合十八年。○隴西李暠據燉煌。是爲西凉。後徙酒泉。〔隴西〕郡名、即南安。〔暠〕音藁。○柔然起於漠北。奪高

盧循徐道覆起

桓玄禪位

赫連勃勃稱帝

何夫鞠仲曰陛下中興聖主少康光武之儔也德顧左右賜仲帛千匹仲以多辭德曰卿知調朕戲弄也朕不知調卿邪韓範進曰天子無戲言今日之論君臣俱失德大悅賜範絹五十匹

下詔罪狀桓玄以元顯為驃騎大將軍征討大都督加黃鉞玄大驚下範之曰明公威振遠近元顯口尚乳臭劉牢之大失物情若兵臨近畿示以禍福土崩之勢可翹足而待何有延敵入境自取窮蹙者乎玄從之

劉牢之叛元顯軍

車之地而居之吞并諸部士馬繁盛雄於北方其地西至焉耆東接朝鮮南臨大漠旁小國皆羈屬與魏為敵【柔然】初木骨閭逃罪廣漢至子車鹿會始有部衆號柔然【高車】赤狄種【焉耆】音烟其國在西域【朝鮮】音潮仙大漠代北之地【羈屬】羈縻也屬音燭

○晉盜孫恩數為劉裕等所敗赴海死其黨盧循徐道覆復起【數】音朔【為】去聲【敗】音拜

○晉桓玄反初玄嗣父溫為南郡公負其才地以雄豪自處嘗守義興歎曰父為九州伯兒為五湖長棄官歸國後為江州刺史尋都督荊江等八州軍事據江陵至是舉兵入建康殺元顯又殺道子玄為相國封楚王加九錫已而迫帝禪位劉裕起兵於京口討玄與玄兵戰大破之玄出走斬首於江陵帝復位劉裕鎮京口【南郡】即江陵【才地】才能門地【處】音杵【義興】縣屬常州【五湖】在烏程縣界周禮注湖方五百里故曰五湖【長】音張上聲【八州軍事】筌蹄云先都督荊湘雍秦梁益寧又固求江州遂督八州【京口】郡屬江浙今鎮江府【走】音奏【復】音伏

○秦赫連勃勃叛秦據朔方

馮跋弑燕主雲自立

魏帝嗣立

劉裕拔南燕

西秦襲滅南涼

潰玄入建康。自以太尉總百揆。殺元顯等。玄篡。遷於九井山北。即帝位。劉裕起兵討玄。玄謂王謐曰。裕風骨不常。蓋人傑也。玄妻劉氏亦謂玄曰。裕龍行虎歩。視瞻不凡。恐終不爲人下。督護馮遷抽刀而前。玄曰。汝何人敢殺天子。遷曰。我殺天子之賊耳。遂斬之。劉裕自爲太尉中書監。加黃鉞。都督二十二州軍事。夏主勃々聞劉裕東還。大喜。召王買德問計。買德曰。關中形勝之地。而裕

自稱大夏天王。勃勃故匈奴劉衛辰之子也。赫連氏。勃勃名。冒頓二十一世孫也。○晉伐南燕。先是南燕主慕容德卒。兄子超立。侵略晉邊。劉裕抗表伐之。抗手擧曰抗。○北燕爲其臣馮跋所滅。先是北燕主盛爲其下所殺。叔父熙立。跋得罪於熙。弑之而立熙之養子高雲。未幾又弑雲而自立。爲去聲。下並同。幾如字。北燕右後燕慕容垂自孝武太元八年僭号。至是五世。合二十七年。○魏主殺人之夫。而納其妻。與之生子紹。兇狠無賴。弑珪。齊王嗣殺紹而立。珪謚道武皇帝。廟號烈祖。其妻賀太后妹。狠音痕。上聲。戾也。無賴不顧生業。不畏法律。嗣道武長子。○晉劉裕拔廣固。執慕容超。送建康斬之。南燕亡。右南燕慕容德自安帝隆安二年僭号。至是二世。合十三年。○盧循乘劉裕北伐。出自番禺。直下襲建康。劉裕被徵急還。諸軍力戰。循乃退。裕追破之。循走交州。爲刺史所敗。斬首送建康。番禺音幡愚。郡名。即廣州。走音奏。刺史杜慶。慶敗音拜。○西秦乞伏韓歸。爲其下所弑。

刘裕伐秦

三秦父老始覩衣冠

勃勃称帝

刘裕為宋公

刘裕進爵為王

以幼主守之狼狽而歸正欲急成簒事不暇復以中原為意此天以関中賜我不可失也勃々乃使其子璝帥騎二萬向長安而自将大軍為後継　裕以讖云々乃使中書侍郎王韶之与帝左右密謀弑帝而立文德文德常在帝左右韶之不得間會德文有疾出居于外韶之以散衣縊帝於東堂　宋王裕欲受禪而難於発言乃集朝

子熾盤立。○西秦襲滅南凉。先是南凉主禿髮烏孤卒。弟利鹿孤立。卒。弟傉檀立。至是為乞伏熾盤所襲。以傉檀歸殺之。南凉亡。右南凉禿髮烏孤、自安帝隆安元年潜号、至是三世、合十八年。○後秦主姚興卒。子泓立。晉大尉劉裕伐之。發彭城由洛陽道。武關潼關入長安。泓敗出降。送建康斬之。後秦亡。泓烏弘切。潼関在華陰縣。右後秦姚萇自孝武太元九年潜号、至是三世、合三十四年。○夏主勃勃聞裕伐秦曰。裕必取關中。然不能久留。若以子弟諸将守之。吾取之如拾芥耳。至是三秦父老聞裕将還。詣門流涕曰。残民不霑王化。於今百年。始覩衣冠人人相賀。公捨此欲何之乎。裕還彭城。勃勃陷長安稱帝。歸統萬。将還之将音漿。統萬城在夏州。勃勃都也。○晉以裕為相國宋公。加九錫。裕以讖云昌明之後尚有二帝。乃使人縊晉帝弑之。帝在位二十三年。改元者二。曰隆安義熙。義熙元年至十四年。則臣宴飲從容言曰、桓玄簒位、鼎命已移。我唱義興復、平定四海、功成業著、遂荷九錫。今年將衰暮、崇極如此。物忌盛滿、非可久安。今欲奉還爵位、歸老京師。群臣莫喩其意。日晚坐散、中書令傅亮乃悟。叩扉請見曰、臣暫宜還都。裕解其意、無復佗言。亮至建康、徵裕入補。亮具詔草、使帝書之。帝欣然操筆、謂左右曰、桓玄之時、晉氏已無天下。重爲刘公所延、將二十載。今日之事、本所甘心。遂書赤紙爲詔。遜於琅邪第。宋主臨太極殿。大

劉裕爲政之日也。弟琅琊王立。是爲恭皇帝。（使人王韶之、即位二年改元、[刘安]）

恭皇帝名德文。即位之明年、劉裕進爵爲宋王、自彭城移鎭壽陽。又明年、裕還建康。帝在位改元者一、曰元熙。禪位于裕。已而被弒。東晉自元皇帝至是、凡十一世、一百四年。西晉東晉通一百五十六年而亡。○司馬溫公曰、晉室既衰、中原雲擾、戎狄腥羶之氣、薰于華岱。宮闕蕪沒、陵廟隳焚。元帝以宗室疏屬、遯居江表。天下士民有思晉室者、皆裹糧而歸之。於荊揚之間、子孫相承、不絕加綫。獨明帝英武、克清大憝、不幸享國不永。自餘孱弱孤危、外陵内叛、寄命於虎狼之口、幾遇吞食者數矣。卒能保其位号、宗廟血食百有餘年、何哉。有王導、卞壼、温嶠、陶侃、謝安、謝玄爲之臣也。群賢既沒、而道子、元顯之徒輔之、敗亡不亦宜乎。

南北朝

南朝自晉以傳之宋、宋傳之齊、齊傳之梁、梁傳之陳。北朝自諸國併於魏、魏後分爲西魏、東魏、東魏傳北齊、西魏傳後周、後周併北齊、而傳之隋。隋滅陳、然後南北混爲一。

寄奴王者不死

赦改元，奉恭帝為零陵王。【發明】自曹丕篡漢，司馬懿父子踵而行之。至刘裕又益甚焉。故山陽、陳留雖已廢，故猶得以優游卒歲。而零陵則裕之為已覆矣，以兵守之。特書於冊，世道愈降，吁可畏也。

初，裕勇健，云々。以賣履為業，好樗蒱，為鄉里所賤。至是牢之引參軍事。

宋主刘裕以毒酒一甖授前琅邪郎中令張偉，使酖零陵王。偉歎曰：酖君以求生，不如死。乃自飲而卒。至是裕令兵人踰垣而入，進藥於王。王不肯飲，兵人以被掩殺

今以南為提頭，而附北於其間。【隋】音隨。

宋

【宋高祖武皇帝】姓劉氏，名裕，彭城人也。相傳為漢楚元王交之後。裕生而母死，父僑居京口，將棄之。從母救而乳之。及長勇健，有大志。僅識字，小字寄奴。嘗行遇大蛇，擊傷之。後至其所，見有群兒擣藥。裕問何為，答曰：吾王為劉寄奴所傷。裕曰：何不殺之。兒曰：寄奴王者不死。裕叱之，即散不見。初參劉牢之軍事。嘗遣覘賊，遇賊數千人，裕奮長刀，獨驅之。衆軍因乘勢進擊，大破之。裕由是知名。其後為將相二十餘年，誅桓玄，平孫恩、盧循，滅南燕、後秦，卒受晉禪。【交之後】世紀，交十六世生靖，靖生翹，翹生裕。【僑居】寓居曰僑。【將棄】之將音漿。【從母】母姊妹也。從去聲。【僅】纔也。【蛇】蛇同。為刘之為去聲。

〇【西凉】李暠卒，諡曰武昭王。子歆立。數年，至是為北凉沮渠蒙遜誘與戰，殺之。

魏主嗣殂　陶潜少有高趣

之。徐羨之傳亮謝晦廢其主義符。還於吳弑之。迎義隆於江陵。殺前廬陵王義真。時徐羨之等已密謀廢宋主。而次立者應在義真。乃因義真与宋主有隙。先奏列其罪惡。廢為庶人。陶潜博学不羈。以親老家貧。為州祭酒。即日自解歸。召主簿不就。躬耕自資。遂抱羸疾。後復為彭澤令云々。其郷親張野及周旋人羊松齡龐通之等。或有酒要之。

西涼亡。（歆世紀作欲。為去聲。西涼亾。右西涼李暠。自晉安帝隆安三年僭号。至是二世。合二十二年。）○宋主在位三年。改元者一。曰永初。殂。太子立。是為廢帝榮陽王。（亦曰廢帝。）

廢帝榮陽王名義符。年十七即位。居喪無禮。遊戲無度。○魏主嗣殂。諡明元皇帝。廟號太宗。子燾立。（燾音導）○宋主在位三年。改元者一。曰景平。徐羨之傅亮謝晦廢而弑之。宜都王立。是為太宗文皇帝。（宜都邑屬峽州）

文皇帝名義隆。素有令望。少帝廢。迎入即位。（義隆武帝第三子）○夏主勃勃殂。子昌立。○晉徵士陶潜卒。潜字淵明。潯陽人。侃之曾孫也。少有高趣。嘗為彭澤令。八十日。郡督郵至。吏曰。應束帶見之。潜歎曰。我豈能為五斗米折腰向郷里小兒。即日解印綬去。賦歸去來辭。著五柳先生傳。徵不就。自以先世為晉

魏執夏主昌　夏赫連定称帝　西秦亾　吐谷渾伐夏　謝靈運以罪誅　北燕亾

共至、酒坐雖不識主人、亦忻然無忤、酣醉便反、未嘗有所造詣、所之唯至田舍及廬山遊觀而已、遯齋閑覧云、六一居士推重陶淵明歸去來、以為江左高文、當世莫及、涪翁云、顧謝之詩、可謂不遺鑪錘之功矣、淵明之墻數仭而不可窺也、○尹遂昌曰、靈運謝玄之孫、觀其詩有韓亡子房奮之句、似不為無意、然靈運既在宋朝而食其祿、已與子房異矣、與兵逃逸、其志將何為哉、

臣。自宋高祖王業漸隆。不復肯仕。至是終世。號靖節先生。晉徵士書。音徵士者、以其不屈節於宋也。潯陽郡名、即江州。彭澤縣屬九江。應音膺、當也。為五斗米之為去聲。五斗米筝蹄云、月俸。折如字、曲也。著音豬、去聲。傳去聲。五柳先生潜自号。○魏數與夏戰。至是執其主昌以歸。數音朔。○夏赫連定。稱帝於平涼。即右北平。府屬鞏昌。○西秦主乞伏熾盤卒。子暮末立。○北燕馮跋殂。弟弘立。○夏主定擊西秦。以暮末歸殺之。西秦亡。右西秦乞伏國仁、自晉孝武帝太元十七年僭号、至是四世、合四十七年。定又擊北涼。欲奪其地。吐谷渾襲其軍。執之送魏。夏亡。吐谷渾者。慕容氏之別種也。谷音欲。渾音魂。夏亾右夏赫連勃勃、自晉安帝義熙四年潜号、至是三世、合二十四年。○北涼沮渠蒙遜卒。子牧犍立。○宋謝靈運以罪誅。靈運好為山澤之遊。從者數百人。伐木開徑。百姓驚擾。或表其有異志。為臨川内史。有司糾之。被收。靈運興兵逃逸。作詩曰。韓亡子房奮。秦帝魯連恥。追討擒之。徙廣州。已而棄市。從去

魏伐凉

魏殺司徒崔浩

宋主遣玄謨伐魏敗走

魏崔浩素不信佛法、每言於魏主、以為佛法虛誕、為世費害、悉除之。及魏主至長安、入佛寺、沙門飲從官酒、入其室、見大有兵器、出以白魏主。魏主怒、命有司按誅闔寺沙門、閱其財產、大得釀具及窟室婦女。浩因說魏主悉誅境內沙門、焚毀經像。魏主從之、詔曰、昔後漢荒君信惑邪僞、以乱大常、使政教不行、禮義大壞。朕欲除偽定真、滅其蹤跡。有司其宣告征鎮、諸有佛像胡書、皆擊破焚燒、沙門無少

聲。【臨川】郡屬江西、今撫州府。【子房】奮事見二十一卷。【魯連恥】初戰國欲尊秦為帝、魯仲連恥之。○魏伐燕、馮弘奔高麗而被殺。燕亡。【高麗】國在遼東、麗音离。【燕亡】右北燕馮跋、自晉安帝義熙六年潛號、至是二世、合二十八年。○魏伐涼、姑臧潰、牧犍降、後被殺。北涼亡。右北涼沮渠蒙遜、自晉安帝隆安五年潛號、至是二世、合三十四年。○魏殺其司徒崔浩。浩自明元時已為謀臣、輒有功。信道士寇謙之、勸魏主崇奉天師、立道場、而最惡佛法、誅沙門、毀佛像佛書。魏主命浩修國史、書先世事、皆詳實、刊石立之衢路。北人忿恚、譖浩暴揚國惡。魏帝大怒、遂案誅之、夷其族。【最惡】之惡音烏去聲。【沙門】僧也。袁宏曰、沙門、漢言息也、蓋息意去欲而歸於無為。【刊】音看、平聲、刻也。○宋魏連年互相侵伐。王玄謨勸宋大舉。沈慶之諫曰、耕當問奴、織當問婢。今欲伐國、奈何與白面書生謀之。宋竟遣玄謨出師、取碻磝、進圍滑臺。先是魏主聞宋取河南、怒曰、我生髮未燥、已聞河南是我地。今天時尚熱、姑斂戍北

元嘉政衰

長抗之太子素好佛法乃緩宣詔書沙門多亾匿獲免或收藏書像唯塔廟無復孑遺
〔發明〕自佛入中國人皆敬奉其法以求福利未有敢嘗之者至魏主燾乃毅然去之亦可謂剛正不惑者矣然世之議者或以魏主不得其終為毀佛之報抑不知梁主行奉佛尤篤得禍尤慘豈佛獨靈於魏而不靈於梁邪
便蒙赤地謂在地之物皆盡也古人謂空盡無物曰赤如赤貧赤体之類
宋文帝性仁厚恭

歸俟河冰合以鐵騎蹂之至冬魏主自將渡河衆號百萬鞞鼓之聲震天地玄謨懼走魏人追擊玄謨敗走魏帝引兵南下直至瓜步聲言欲渡江建康震懼民皆荷擔而立宋主登石頭城北望歎曰檀道濟若在豈使胡馬至此道濟立功前朝老於用兵先是以讒被收目光如炬脫幘投地曰乃壞汝萬里長城既誅魏人聞之喜曰吳子輩不足復憚至是長驅無能禦者宋人或欲斬玄謨沈慶之止之曰佛狸威震天下控弦百萬豈玄謨所能當殺戰將以自弱非計也魏師還殺掠不可勝計丁壯者斬截嬰兒貫槊上盤舞所過赤地春燕歸巢於林木自宋主即位二十八年間號為小康至是兵革之後邑里蕭條元嘉之政衰矣〔碻磝〕城在濟州碻音考平聲磝音敖〔滑臺〕筆蹄云即滑州屬河東〔姑〕且也〔蹂〕音柔上聲踐也〔鞞〕音鞞上聲騎上鼓釋名曰鞞裨也裨助鼓節也〔瓜步〕山在真州〔荷擔而立〕待逃竄也荷

魏帝濬立 宋太子劭弑帝 魏帝弘立

儉、勤於為政、三十年間四境晏然、士敦操尚、鄉恥輕薄、江左風俗於斯為美、

宋主孝武為人機警勇决、学問博洽、文章華敏、又善騎射、而奢欲無度、自晋氏渡江以來、宮室草創、朱與無所增改、至是始大修宮室、土木被錦繡、賞賜傾府藏、

太子即位、年十六、蔡興宗奉璽綬、太子受之、傲惰無戚容、興宗出告人曰、家國之禍其在此

上聲。檀道濟、前司空、江州刺史、劉湛、諸、而殺之。萬里長城道濟自喻。吳子董建康、吳ノ地、故ニ曰吳子。佛狸 魏帝ノ別号。控 引也。勝 音外。翅 稍同、通俗文曰、矛ノ丈八尺曰稍。盤 讀作半ノ平 ○魏、聲。赤地 焚掠盡也。春燕帰巣云云、無屋可巣。康 安也。

中常侍宗愛譖東宮官屬、多坐誅死。太子晃以憂卒。魏主追悼不已。愛懼弑主。後謚曰太武皇帝、廟號世祖。晃之子濬立。討愛誅之。東宮 太子ノ府曰東宮。○宋太子劭、巫蠱呪詛事覺。宋主擬廢之。劭弑主而自立。主在位三十年。改元者一。曰元嘉。武陵王舉兵誅劭。王立。是為世祖孝武皇帝。呪詛 詛音祖ノ去聲、通。駿 初メ劭多過失、數為上所詰責。遂与吳興ノ巫嚴道育共ニ為巫蠱、琢玉為上ノ形像、埋於含章殿前。陳慶乃具以白上。上驚、即收劭。得劭カ呪詛巫蠱之書。

孝武皇帝名駿。即位十二年殂。改元者二。曰孝建、曰大明。太子立。是為廢帝。駿 文帝第三ノ子、孝建 即位二年改元。

廢帝名子業。即位、居喪傲惰無戚容。孝武疎忌骨肉、多誅殺。至是尤甚。○魏帝濬殂。謚曰文成皇帝、廟號高宗。初、太武經

宋帝畏忌諸父

蕭道成收養豪後

魏帝傳位於太子宏

乎、時三王久幽、湘東王彧・建安王休仁・山陽王休祐・湘東王彧、王衣阮佃夫、及子業左右壽寂之・主敬則等陰謀弑子業。先是子業遊華林園竹林堂、使宮人倮相逐。一人不從命、斬之。於是人巫覡言竹林堂有鬼、子業出華林園、悉屏侍衞、与群巫綵女射鬼於竹林堂。壽寂之等抽刀前弑之。宋主明帝無子、嘗以宮人陳氏賜嬖人李道兒。已復迎還、生昱。又密取諸王姬有孕者、内之宮中、生男則殺其母、而使寵姬母之。

營四方、國頗虛耗。文成嗣、以鎭靜懷集中外。人心復安。子弘立。○宋主畏忌諸父。湘東王等幽於殿内、捶曳無復人理。恣爲不道。中外騷然。宋人弑之。在位一年。改元者一。曰景和。湘東王立。是爲太宗明皇帝。（景和即位二年改元）

明皇帝名彧。即位八年殂。改元者一。曰泰始。自帝之初、蕭道成將兵征討有功。尋鎭淮陰、收養豪俊、賓客始盛。已而爲南兗州刺史。至是褚淵薦爲右衞將軍。與顧命大臣共掌機事。太子立。是爲後廢帝。（彧文帝第十一子、南兗州宋改揚州廣陵爲南兗州、顧命承遺命輔嗣君曰顧命、廢帝通鑑稱蒼梧王）

後廢帝名昱。明帝無子。昱實嬖人李道兒之子也。明帝子之。殺諸王十五六人。惟恐昱之不立。十歲即位。桂陽王休範擧兵反。攻建康。蕭道成擊斬之。道成爲中領軍。（通鑑、初上寢疾、以太子幼弱、深

宋帝驕恣中外憂懼

蕭道成為齊公

宋主昱自京口既平驕恣尤甚鍼椎鑿鋸不離左右一日不殺則慘然不樂食息不保太后数訓戒昱昱欲酖之未果嘗直入領軍府道成晝卧裸袒昱令起立畫腹為的引滿將射之道成歛板曰老臣無罪乃更以骲箭骨鏃箭不能傷人射中其臍投弓大笑道成憂懼密与袁粲褚淵謀廢立道成命敬則陰結昱左右楊玉夫楊萬里陳奉伯等使伺機便遂弑之道成以太后令召諸大臣入議王敬則

忌諸弟休祐休仁休若等皆賜死諸弟俱盡惟休範以人才凡劣不為所忌得全（桂陽）國在連州○先是魏獻文帝弘傳位於太子宏自稱太上皇帝以宏幼仍總萬機太上聰睿夙成剛毅有斷而好黄老浮屠之學故常有遺世之意其母馮太后有所幸李奕為太上所誅馮太后怒遂弑之而稱制（斷）音端去聲（浮屠）漢記曰佛也（為）去聲　宋主驕恣嗜殺中外憂懼蕭道成與袁粲褚淵謀廢立粲不可淵贊之遂弑之在位六年改元者一曰元徽安成王立是為順皇帝（元徽）二年即位改元

（順皇帝）名準桂陽王休範子也明帝子之至是即位○宋袁粲謀誅蕭道成褚淵以其謀告道成粲父子俱被殺於石頭城百姓哀之曰可憐石頭城寧為袁粲死不作褚淵生沈攸之亦舉兵江陵討道成軍潰走而縊死道成為相國齊公加九錫已而進爵為王宋主在位三年改元者一曰昇明禪于

眉有赤誌

拔刀跳躍曰、天下事皆應關蕭公。敢開一言者血濺刀。褚淵曰、非蕭公無以了此。道成乃下議迎立安成王。

宋主下詔禪位於齊、而不肯臨軒。王敬則勒兵入迎、啓譬令出。宋主收淚謂曰、欲見殺乎。敬則曰、出居別宮耳。官先取司馬家亦如此。宋主泣而彈指曰、願後身世々勿復生天王家。奉宋主為汝陰王。

道成弒汝陰王、滅其家。

齊主武帝不豫、以朝事委西昌侯鸞

齊泣而彈指曰、願後身世世勿復生天王家。齊弒之而滅其族。自宋高祖至是八世、凡五十九年而亡。〔寧為〕之為、如字。○司馬溫公曰、晉氏渡江以來、君弱臣強、禍亂相繼。至于元興、而桓氏簒位。高祖首唱大義、起於草萊之間、奮臂一呼、凶黨瓦解。遂奉迎乘輿、再與王室、厥功已不細矣。既而治兵誓衆、經營四方、揚旗東征、廣固横潰、卷甲南趨、盧循殄滅。偏師西上、譙縱授首。銳卒北驅、姚泓面縛。汎掃伊洛、修奉園陵、震驚旃裘之心、發舒華夏之氣。南國之盛、未有過於斯時者也。然區宇未一、蹟於天位、委棄秦雍以資寇敵。大功不成、惜哉。文帝勤於為治、子惠庶民、足為承平之良主。而不量力、横挑強胡、使師徒殲於河南、代馬飲於江津。及其末路、狐疑未決、卒成于禍。豈非文有餘而武不足耶。夫以孝武之驕淫、明帝之猜忌、得保首領以沒于牖下、幸矣。其何後嗣之有。

齊

齊太祖高皇帝 姓蕭氏、名道成。蘭陵人也。相傳為漢相國何之後。世紀、何生則、則生彪、彪生章、章生仰、仰生皓、皓生望之、望之生育、育生紹、紹生閎、閎生闡、闡生冰、冰生苞、苞生周、周生蟜、蟜生逵、逵生休、休生豹、豹生裔、裔生整、整生雋、雋生樂子、樂子生承之、承之生道成。深沈有大量。

殺高武子孫無遺類

蕭鸞弑其君昭業。而立新安王昭文。自為驃騎大將軍録尚書事。封宣城公。

鸞殺鄱陽王鏘等七人。自為大傅揚州牧。

鸞雖專政。人情未服。自以䏶音夾背上兩髀間有赤誌以示王洪範而謂之曰。人言此日月相。卿幸勿泄。範曰。公日月在軀。如何可隱。當轉言之。

鸞廢其主昭文為海陵王。而自立。弑海陵王。

魏主孝文如魯城祠孔子。封其後為崇聖侯。

○尹遂昌曰。魏主於是乎可謂知所

博學能文。肩有赤誌。如日月狀。宋時在軍中。久民間或言其有異相。宋疑之。而不能殺也。竟代宋。性清儉。毎曰。使我治天下十年。當使黄金同土價。在位四年。殂。改元者一。曰建元。太子立。是爲世祖武皇帝。（誌与痣通。異相笙蹄。龍顔鐘聲。鱗文偏体。治平聲）

武皇帝名賾。即位十一年。殂。改元者一。曰永明。太子長懋已卒。太孫立。是爲廢帝鬱林王。（賾士革切。長音張上聲。鬱林郡屬廣西。今鬱林州）

廢帝鬱林王名昭業。即位一年。改元。曰隆昌。西昌侯鸞弑之。新安王立。是爲廢帝海陵王。（新安郡屬江東。今徽州府。海陵郡屬淮東。今泰州）

廢帝海陵王名昭文。爲鸞所立。改元。延興。鸞自爲宣城王。帝即位未四月。廢而弑之。宣城王自立。是爲高宗明皇帝。（昭文鬱林王弟。爲鸞之爲去聲。宣城郡名。即南陵）

明皇帝名鸞。高帝之兄子也。高帝愛之過於己子。而武帝之

蕭衍兵圍建康　齊人迎衍

齊潘妃步蓮花

魏主恪立

魏改姓元

尊尚矣。魏主好讀書，手不釋卷，又善屬文，詔策皆自爲之，好賢樂善，情如飢渴，所与遊接，常寄以布素之意。齊主大起芳樂玉壽等殿，以麝塗壁，刺畫裝飾，窮極綺麗。後宮服御，極選珍奇，價倍，因緣爲姦利，課一輸千，百姓困盡，號泣道路。相國南康王寶融廢其君寶卷爲涪陵王，而自立。

太子長懋最惡之。及得志，殺高武子孫，無遺類。即位五年殂。改元者二，曰建武、永泰。太子立，是爲廢帝東昏侯。（高武　高帝、武帝。）（兄　始安貞王。）（已　音紀。）

廢帝東昏侯，名寶卷，自在東宮，不好學，嬉戲無度。既即位，不接朝士，惟親信嬖倖，屢誅大臣。○魏主宏殂。在位二十七年，仁孝恭儉，制禮作樂，蔚然有太平之風。禁胡服胡語，改姓元氏，遷都洛陽，爲魏盛德之主。謚曰孝文皇帝，廟號高祖。太子恪立。（七　當作八。）（元氏　詔曰，魏之先出於黃帝，以土德王。夫土者黃中之色，萬物之元也。宜改姓元氏。）○齊主昏淫狂恣，所幸潘妃，以金爲蓮花，帖地上，使步之曰，此步步生蓮花也。左右用事，賊虐日甚。太尉陳顯達先擧兵襲建康，敗死。將軍崔慧景受命出討叛州，還兵逼建康。時南豫州刺史蕭懿將兵在近，齊主急召入援。慧景敗死。以懿爲尚書，懿

衍封梁公尋爵為王

呑蒲花生衍

齊人弑涪陵王宝巻蕭衍入建康以太后令追廢宝巻為東昏侯自為大司馬潘妃有國色衍欲留之以問領軍王茂茂曰亡齊者此物留之恐貽外議乃殺之

○南湖曰晋宋南北以降驟非論德之世矣苟以吊伐為事如衍者此當時人心之渴望也

齊主至姑孰下詔禪位於梁衍奉和

弟南雍州刺史衍使人勸懿行伊霍故事不爾亟還歷陽懿不能用竟賜死衍起兵襄陽引而東圍建康齊人弑主而迎衍主在位三年改元者一曰永元時南康王先已自立是為和皇帝（帖与貼通南豫州齊改歷陽為南豫州南雍州梁於襄陽置南雍州雍去聲南康府属江西）和皇帝名寶融東昏末寶融起兵於江陵已而稱帝改元曰中興末及東歸齊太后稱制以蕭衍為相國封梁公加九錫尋進爵為王齊主至姑孰詔禪于梁即位僅一年被弑齊自高帝至是七世凡二十三年而亡（寶融明帝第八子一年永元三年三月即位改元次年四月禪位）

梁

梁高祖武皇帝姓蕭氏名衍齊之疎族也母張氏見菖蒲生花旁人皆不見呑之已而生衍英達有文學東昏初衍鎮襄

高歡傾貲結客

帝為巴陵王衍弑之御史中丞顔見遠死之
時魏主專尚釋氏沙門自西域來者三千餘人魏主別為之立永明寺由是遠近承風無不事佛比及延昌武年号州郡共有一萬三千餘寺
魏盗賊日滋征討不息國用耗竭豫徴六年租調猶不足乃罷百官酒肉税入市者人一錢百姓嗟怨
胡太后作永寧寺於宮側又作石窟寺於伊闕口皆極土木之美九層浮図高九十丈刹幡柱也高十丈塔廟之盛未之有也

陽知齊將亂乃密修武備聚驍勇以萬數伐材沈檀溪積茅如岡阜兄懿死衍建牙集衆出檀溪竹木裝艦葺之以茅事皆立辦兵起一年餘遂入建康受禪即帝位案世紀梁与齊同出蕭何二十世孫整整生鎋鎋生嗣子嗣子生道賜道賜生順之順之生衍將亂之將音漿數上聲沈去聲檀溪在襄陽城西岡阜山脊曰岡土山曰阜建牙牙門旗竿葺音侵入聲補也修也○魏主恪殂諡曰宣武皇帝廟號世祖子詡立甫六歲母胡氏稱制及魏主既長好遊騁不親視朝而胡后方淫亂魏政始亂將軍張彝之子仲瑀上封事排抑武人喧謗盈路立榜大巷尅期會集屠其家彝父子不以為意至是羽林虎賁近千人相率至尚書省詬罵以瓦石擊省門上下懾懼不敢禁討遂至彝第焚其舍曳彝父子毆擊投火中仲瑀重傷走免彝死遠近震駭胡后收其凶强八人斬之餘不復治大赦以安之懷朔鎮函使高歡至洛陽

魏尒朱榮立子攸沈胡后

遣宋雲比丘慧生、如西域求佛經。得百七十部還。魏主亦惡儼紇等逼於太后不能去。密詔榮舉兵内向。榮以高歡為前鋒。至上黨。魏主復以私詔止之。儼紇恐禍及己。陰与太后謀酖魏主殺之。子攸潛自高渚渡河會榮於河陽濟河即位。以榮為都督中外諸軍事。封太原王。先護李明開城納之。將軍費穆亦降。徐紇鄭儼皆亡走。太后落髮出家。榮召百官奉璽綬。備法駕迎於河橋。遣騎執太后及幼主。至河陰沈

見張彝之死、還家傾貲以結客。或問其故。歡曰、宿衛相率焚大臣之第。朝廷懼而不問。爲政如此、事可知矣。財物豈可常守邪。歡自先世坐法徙北邊、遂習鮮卑之俗。沈深有大志。與侯景等相友善、以任俠雄鄉里。甫方也。長音張、上聲。上封事實封言事上。上上聲。虎賁賁音奔、勇也。若虎賁獸、言其勇也。詬音吼、去聲、怒也。懾之涉切。八人姓名未詳。治平聲。懷朔鎮即朔州。魏曰懷朔鎮、尋改為朔州、又更為雲州。屬山西。使去聲。高歡初、歡之祖謐坐法、徙懷朔鎮。世居北辺。歡娶婁氏、有馬給鎮、遂為函使。○魏胡太后臨朝以來、嬖倖用事。政事縱弛、盜賊蠭起、封疆日蹙。魏主詡寢長、太后自知所爲不謹、務爲壅蔽、母子嫌隙日深。時六州大都督秀容酋長爾朱榮兵強。高歡見榮、即勸舉兵、清帝側。會魏主殂。胡太后鴆之也。後謚曰孝明皇帝。爾朱榮舉兵立孝文之姪長樂王子攸、沈胡后于河。封榮太原王。還晉陽。北海王顥奔梁。梁立之、遣將送入洛陽。子攸出奔。爾朱

魏爾朱兆廢立　魏高歡誅爾朱氏　魏分東西　熒惑入南斗

之。梁主以顥爲魏王。遣陳慶之送之。還北。顥遂與慶之進拔滎城。即帝位於睢陽城南。

梁太子統卒。中大通三年。統寛和容衆。好讀書。天性孝謹。及卒。朝野惋愕。謚曰昭明。

梁處士陶弘景卒。大同二年。弘景博

榮渡河來救。顥走死。子攸歸。加榮天柱大將軍。榮蓄不臣之志。魏主陰謀誅榮。榮入。手刺之。爾朱世隆與爾朱兆立宗室長廣王曄。入洛陽。子攸遇弑。後謚曰孝莊皇帝。世隆又以曄疎遠廢之。立孝文之姪廣陵王恭。高歡起兵誅爾朱氏。入洛陽。廢恭而立孝文之孫平陽王脩。脩弑恭。後謚曰節閔皇帝。高歡爲太丞相。建府於晉陽居之。魏主畏歡。謀伐晉陽。歡擁兵來。魏主奔長安。依關西大都督宇文泰。以泰爲太丞相。歡追魏主不及。遂立清河王世子善見於洛陽。遷于鄴。魏自道武至是十二世一百四十九年而分爲東魏西魏。

長音張、上聲。下同。爾朱榮。爾朱、姓。榮、名。時都督幷肆益廣恒雲六州。爲秀容部落之長。秀容縣屬忻州。樂音洛。子攸。彭城王勰子。沈去聲。顥魏宗室。子。天柱。天文、柱三公位。一曰、天三台、六星也。手刺。魏帝手刺殺榮。爾朱兆。榮弟。曄。太武玄孫。恭。廣陵王。脩。子。脩。廣平王懷子。奔長安。世號西魏。始此。清河王。孝文帝子。遷于鄴。世号東魏。始此。

○先是熒惑入南斗。

魏宇文泰弑立

学好養生隱居弟山梁主早与之遊及即位恩礼甚篤屢以手敕招之弘景不出國家每有大議必先諮之時人謂之山中宰相

异古文異字

梁主修長子寺阿育王塔出佛爪髮舍利釋迦佛既化弟子阿難等焚其身有骨子如五色珠光堂堅固名曰舍利幸寺設無礙食

高祖紀梁主敦尚文雅踈簡刑法自公卿大臣咸不以鞫獄爲意又專精佛戒每斷重罪則

梁主曰熒惑入南斗天子下殿走乃跣下殿禳之及聞佾出奔歎曰虜亦應天象邪佾至長安踰半年又與泰有隙泰鴆之後謚曰孝武皇帝孝武既遇弑泰立南陽王寶炬歡與泰連年相攻戰互有勝負歡卒遺言囑其子澄曰侯景有飛揚跋扈之志非汝所能御堪敵景者惟慕容紹宗景果以河南降西魏未幾復附于梁梁封景爲河南王景使至梁梁群臣皆不欲納梁主亦自謂我國家如金甌無一傷缺忽納景因以生事惟朱异力勸納之東魏遣慕容紹宗擊景景敗南走襲梁壽春據之請命梁就以爲南豫州牧既而東魏求成於梁意欲得景景恨梁通東魏遂反於壽陽引兵南渡圍建康梁主自即位以來江左久無事惟崇佛法屢捨身佛寺上下化之及景逼臺城援兵至者爲景所敗梁主遣人與景盟以

天威難犯

終日不懌。或謀反
逆事覺、亦泣而宥
之。由是王侯益横、
白晝殺人於都街、
或晝夜公行剽掠、
有罪亡命者匿於
主家、有司不敢捜
捕。上深知其弊、而
溺慈愛、不能禁也。

侯景陷城、梁主安
臥不動、歎曰、自我
得之、自我失之、亦
復何恨。謂景曰云
云。
○致堂曰、梁武信
佛、以不殺爲教、及
禍亂既作、骨肉相
図、太平之民、十喪
八九。然則向者菇
蔬不殺之功、果何
在哉。又曰、荆雖非
王者之宅、然古之
英雄、皆以爲用武

爲大丞相。臺城受圍五月而陷。景入見。引就三公位。梁主神
色不變。謂景曰、卿在軍中久、毋乃爲勞。景不敢仰視、流汗不
能對。景退謂人曰、吾常跨鞍對陣、矢石交下、了無怖心。今見
蕭公、使人自懾。豈非天威難犯。吾不可以復見此人。梁主爲
景所制、飲膳亦被裁損、憂憤成疾。口苦索蜜不得。再曰、荷荷。
遂殂。在位四十八年。改元者七。曰天監・普通・大通・中大通・大
同・中大同・太清。壽八十六。先是太子統、仁明孝儉、好學有文。
在東宮三十年而終。梁主舍嫡孫而立別子。至是即位。是爲
太宗簡文皇帝。寶炬孝文帝孫、京兆王愉子也。幾如字。景使
之使去聲。甌椀小者曰甌。异音異。南豫州牧
時以壽春爲南豫州。爲景之爲去聲。下同。敗音拜。見音現。毋
無同。懾之渉切、懼也。荷荷筌蹄去聲、猶云呵呵、責怒聲。中大
通二字年号。中大同同。舍音捨。
簡文皇帝名綱。在東宮十八年、而後遇侯景之亂。既立受制

齊王逼東魏帝禪位

西魏立蕭詧為梁王

西魏帝欽立

梁侯景篡位

之國何不可都之有。然於蕭繹則不可也。宗廟社稷皆在建康。高祖憤崩、簡文弑殞。所當嘗奉陵寢者、弗暇也。正使內無襄陽之難、外無齊魏之虞、江陵全盛、猶不能宴安而處矣。今也弟欲有其故有、偷為尊顯。率此為道、雖使據百二之勢、其為人図取殆不旋踵。又何江陵建康之擇乎。詧、古察字。侯景称漢王、自加宇宙大将軍都督六合諸軍事。梁主驚曰、将軍乃有宇宙之号乎。元帝武帝第七子。初封湘東王。

於景而已。湘東王繹鎮江陵。自稱假黃鉞大都督中外諸軍承制。岳陽王詧昭明太子統之第三子也。鎮襄陽。與繹相攻。詧遣使降于西魏。以求援。（綱武帝第三子。承制、讀屬上句。詧音察。統武帝太子。謚曰昭明。使去聲。）○東魏大將軍渤海王澄先是為其下所殺。弟洋為丞相封齊王。逼東魏主禪位。尋弑之。謚曰孝靜皇帝。東魏建國一十七年而亡。（渤海王澄高歡子。前武帝太清三年、為膳奴蘭京所弑。為其之為、去聲。齊主洋受禪。世号北齊始此。）○西魏立梁蕭詧為梁王。○西魏主寶炬殂。謚曰文皇帝。太子欽立。○侯景自立為漢王。廢梁主。弑之。尸位不及三年。改元者一。曰太寶。景立豫章王棟。已而篡位。先是。始與太守陳霸先起兵討景。湘東王遣王僧辯討景。景篡數月而為僧辯霸先所敗。亡走。吳欲入海。為其下所斬。送尸建康。傳首江陵。截其手足。送於北齊。湘東王立。是為元皇帝。（尸位、尸、如祭祀之尸。謂梁

突厥始大

西魏宇文泰廢立

西魏伐梁

後梁臣于西魏

魏軍濟漢水。梁主出城行柵。插木為之。周六十里。魏軍至柵下。于謹令築長圍。中外遂絶。梁主巡城。猶口占為詩。群臣亦有和者。梁主又裂帛為書。趣王僧辯曰。吾忍死待公。可以至矣。魏悉衆攻柵。反者開西門納魏師。梁主退保金城。日暝聞城陷。梁主乃焚古今圖書十四萬卷。以寶劍擊柱折之。歎曰。文武之道云々。

帝雖居其位。而不為其事。猶尸主也。（棟）昭明太子長孫。（始興）郡屬廣東。今韶州府。（為）曾之為去聲。下同。（敗）音拜。（走）音奏。（其）下羊鴟傳首江陵。時湘東王鎮此。傳音專。去聲。（送）於北齊。以景初叛東魏。而北齊受東魏禪也。

元皇帝名繹。一目眇。性殘忍。即位于江陵。自侯景之亂。州郡大半入西魏。蜀亦為魏有。梁自巴陵以下至建康。以長江為限。（眇）音眇。說文云。一目小也。（為魏）之為去聲。巴陵郡屬湖廣。今岳州府。○突厥攻柔然。北齊擊突厥。遷柔然。是時柔然衰。突厥始強大。（突厥）古匈奴北部。○西魏宇文泰。廢其主欽。而立其弟廓。欽遇弒。（廓）文帝第四子。○西魏遣柱國于謹。伐梁入江陵。梁主焚古今圖書十四萬卷。歎曰。文武之道今夜盡矣。乃出降。或問何意焚書。曰讀書萬卷。猶有今日。尋被殺。在位三年。改元者一。曰承聖。（柱國）官名。輔弼之臣。國之棟梁。故曰柱國。○西魏取襄陽。徙梁王詧于江陵。使稱帝。乞兵守之。是為後梁。臣于西魏。王僧辯陳霸先。奉晉安王。稱制于建康。貞陽侯淵

梁陳霸先封陳爵進為王

西魏以宇文覺為公

西魏禪周

敬帝元帝第九子

齊發民一百八十三萬築長城自幽州夏口至恒州九百餘里又發丁匠三十餘萬大治宮室

陳主自少俶儻不事生業明孤虛遁甲之術嘗遊義興館於許氏夢天開數丈有朱衣四人出捧日至納之帝口吞之覺而腹內猶熱也及討侯景景望之密謂左右曰此軍上有紫氣未幾破景

武帝紀陳主臨戎制勝英謀獨運而為政務崇寬簡非軍旅急務不輕調

明先是爲北齊所獲至是以兵納之王僧辯奉歸建康稱帝陳霸先殺僧辯廢淵明立晉安王是爲敬皇帝（淵明）梁宗室子南史作蕭淵明（為北）之為去聲

（敬皇帝）名方智元帝子也年十三即位陳霸先爲丞相○西魏太師大冢宰安定公宇文泰卒世子覺嗣年十五宇文護輔之未幾以覺爲周公（護）覺從兄（幾）如字○西魏主廓禪于周廓遇弑後謚曰恭皇帝西魏建國四世二十四年而亡覺稱周天王性剛果惡護之專護弑之後謚曰孝閔皇帝立泰之長子毓（周）世号後周（惡）音烏去聲（毓）音育○梁丞相陳霸先爲相國封陳公加九錫尋進爵爲王梁主改元者二曰紹泰曰太平尸位未三年而禪于陳尋遇弑梁自高祖武帝至是四世凡五十六年而亡

周王毓帝

周帝邕立

發性儉素、後宮無金翠之飾、

齊主殺魏宗室二十五家、誅初元前後七百二十一人、

定襄令元景安欲請改姓高氏、其從兄景皓曰、安有棄其本宗而從人之姓者乎、丈夫寧可玉碎、何能瓦全、景安以其言白齊王、齊王誅景皓、賜景安姓高氏、

陳主不豫、以太子伯宗柔弱、謂安成王頊曰、吾欲遵太伯之事、頊拜泣固辭、陳主又謂僕射到仲舉・尚書孔奐曰、今三方鼎峙、四海事理、宜須長君、卿等宜遵此意、孔奐流涕對曰、皇

陳　漢陳寔之後、

陳高祖武皇帝姓陳、名霸先、呉興人也、梁武帝大同中、為廣州参軍、廣有亂、討平之、以功為將軍、尋為交州司馬、西江都護、高要太守、督七郡諸軍、屢平寇亂、侯景陷臺城、霸先時守始興、結郡中豪傑、起兵討景、先取江州、為刺史、引兵會諸軍、卒以平景、遂為將相於梁、以至受禪即位、三年殂、改元者一、曰永定、子二人、昌・頊、皆以江陵陷時、沒入長安、臨川王立、是為世祖文皇帝、呉興郡属江浙、今湖州府、高要郡属廣東、今肇慶府、七郡名目未詳、卒音遵、入聲、沒籍沒、

文皇帝名蒨、武帝之兄子也、在武帝平梁亂時、已有功、至是即位、蒨音千、去聲、兄昭烈王、○周王毓稱帝、○北齊主洋盡滅元氏之族、洋殂、謚曰文宣皇帝、元魏主姓、○北齊主殂、太子殷立、○周宇文護憚周帝、

周誅宇文護
北齊亾

太子聖德日躋安成王足為周旦若有廢立之心臣誠不敢奉詔陳主曰古之遺直復見於卿乃以與太子詹事
陳安成王頊殺中書舍人刘師知僕射到紳舉
○司馬温公曰孔與處腹心之重任決社稷之大計苟以世祖之言為不誠則當面辯廷爭以絶覬覦以為誠邪則當請下詔書宣告中外若謂太子嫡嗣不可動搖欲保輔而安全之則當盡忠竭節以死繼之柰何於君之存則逆探其情而求合及其既沒

明敏有識量進毒弑之謚曰明皇帝弟邕立○北齊文宣帝之母弟常山王演廢其主殷而自立尋弑殷演立一年而殂謚曰孝昭皇帝母弟長廣王湛又廢演子百年而自立後殺百年（百年名也）○後梁主巋殂太子琮立（巋音窺）○北齊主湛傳位於太子緯自稱太上皇帝○陳主起自艱難知民疾苦性明察儉勤在位八年殂改元者二曰天嘉曰天康太子立是為廢帝臨海王（天嘉即位之二年改元臨海郡屬浙東今台州府）

廢帝臨海王名伯宗在位三年改元者一曰光大為安成王頊所廢（光大即位二年改元光古光字為去聲　頊武帝兄昭烈王第二子文帝弟也）湛殂謚曰武成皇帝○陳安成王自立是為高宗宣皇帝

宣皇帝名頊初陷入長安文帝時周人送頊還陳至是即位○周主邕誅宇文護始親政○北齊後主緯多嬖寵政亂周

則權臣移國而不能救。嗣主失位而不能死。斯乃姦諛之尤者。而世祖謂之遺直、以託六尺之孤。豈不悖哉。

楊堅自為隋王

周主禪位于隋

起臨春結綺望仙閣

隋主問取陳之策於高熲。對曰、江北田收差晚、江南水田早熟。量彼收穫之際、微徵士馬、聲言掩襲。彼必屯兵守禦、廢其農時。彼既聚兵、我便解甲。再三如此、彼以為常。後更集兵、彼必不信。猶豫之頃、我乃濟師登陸而戰、兵氣益倍。江南土

伐齊入鄴。執緯歸殺之、夷其族。北齊建國五世二十年而亡。〔五〕當作六。通鑑注、北齊祚修六主、謂文宣帝洋、廢帝殷、孝昭帝演、武成帝湛、後主緯、幼主恒。中〔北齊亡案〕紀年、北齊起自庚午、終于丁未。建國凡二十八年。○周主邕深沈有遠識、政事嚴明、稱為賢主。滅齊一年而殂。壽三十六。謚曰武皇帝。太子贇立。立皇后楊氏。后父隋公楊堅用事、為上柱國大司馬。贇自為太子時、好昵近小人。立未一年、傳位於子闡、自稱天元皇帝。驕侈彌甚。未一年而殂。謚曰宣皇帝。楊堅自為大丞相、進相國隋王、加九錫。未幾、周主闡禪位于隋。尋被弒。隋主盡滅宇文氏之族。周自稱帝、至是五世二十五年而亡。〔贇〕於倫切。〔闡〕音徹、上聲。〔幾〕如字。○陳主在位十四年。改元者一、曰太建。殂。太子立。是為後主長城公煬。〔煬〕音漾。

後主長城煬公、名叔寶。自為太子、與詹事江摠為長夜之飲。

隋師伐陳

薄舍多茅竹皆非地窖富密遣人因風縱火待彼修立復更燒之不出數年財力俱盡矣隋主用其策陳人始困隋主謂高熲曰我為民父母豈可一衣帶水不拯之乎命大作戰船人請密之隋主曰吾將顯行天誅何密之有

隋命晉王廣總管九十兵五十一萬八千旌旗舟楫橫互數千里以高熲為元帥長史王部為司馬軍事皆取決焉

陳以周羅睺督諸軍拒之楊素帥水軍東下舟艫被江旌甲曜日陳之鎮

即位未幾起臨春結綺望仙閣各高數十丈連延數十間皆以沈檀為之金玉珠翠為之飾珠簾寶帳服玩瑰麗近古未有其下積石為山引水為池雜植花卉陳主居臨春閣貴妃張麗華居結綺龔孔二貴嬪居望仙複道往來江總為宰輔不親政事日與孔範等文士侍宴後庭謂之狎客使諸貴嬪與客唱和其曲有玉樹後庭花等君臣酣歌自夕達旦宦官近習內外連結宗戚縱橫貨賂公行孔範與貴嬪結為兄弟範自謂文武才能舉朝莫及將帥微有過失即奪兵權由是文武解體以至覆滅【詹事】官掌東宮事東宮【殘】炉字【沈檀】沈香檀香【瑰】音傀平聲美也【卉】音諱上聲草總名【貴妃貴嬪】皆婦官名嬪音頻【和】去聲【縱橫】通鑑註云放縱而恣橫也解躰言乖離也○後梁主巋殂太子琮立隋主廢而滅之自晉稱帝於江陵臣於西魏周隋所統數郡而已凡三十三年而亡【稱帝】凡二世○隋以晉王廣為

陳帝投井

戍相繼以聞中書舍人施文慶沈客卿並仰而不言隋軍臨江僕射袁憲等奏請备備再三

高熲先入建康晉王廣使人馳告之令留張麗華熲曰昔太公蒙面以斬妲己武王令軍士斬紂妃妲妃及臨刑一笑百媚軍士釋然太公以帛蒙其面而斬之此豈可留也斬之廣聞之變色曰昔人云無德不報我必有以報高公矣由是怨熲熲尋入建康

元帥師帥伐陳楊素韓擒虎賀若弼分道而出高熲為元帥長史問薛道衡江東可克乎對曰克之郭璞言江東分王三百年與中國合此數將周陳主聞有隋兵謂近臣曰王氣在此彼何為者孔範曰長江天塹豈能飛渡臣每患官卑虜若渡江定作太尉公矣陳主以為然奏伎縱酒賦詩不輟賀若弼自廣漢濟江韓擒虎自橫江宵濟采石守者皆醉擒虎遂自新林進直入朱雀門陳主自投景陽井中軍人窺井將下石乃呼以繩引之與張麗華孔貴嬪同束而上俘以歸後主在位七年改元者二曰至德曰禎明陳自高祖武帝至是五世凡二十二年而亡廣隋文帝第二子帥師之帥音率賀若複姓若音惹王去聲下同將音漿下同伎与妓通女樂也橫江采石對岸采石山在太平新林浦在建康上上聲俘音孚軍所獲曰俘○司馬溫公曰武帝与王僧辯同事梁室誅東侯景乘時伺隙以詐力取國然享嬴弊之衆當强齊東勝之勢卒成大功奄有江南斯亦難矣文帝

天下為一

廢太子勇

替字通暨作贊說文佐也助也

以施文變諂佞沈客卿騶衍與陽慧朗徐哲暨慧景皆為民害斬之以謝三吳

背音淵六書故脺子枯隋井枯無水亦謂之背井

隋文帝小字那羅延華陰弘農人也

隋古用隨文帝以齊周不遑寧處故去辵作隋

晉王廣自矯飾後庭有子皆不育由是數稱廣賢帝与后嘗幸其第廣悉屏匿美姬於別室惟留老醜者衣縵緣給事左右帝見之喜由是愛之特異諸子司馬張衡為廣畫奪宗之策

恭勤，政事足為良主。孝宣乘齊之衰而啓土，逢周之奥而喪師，豈非不恃內而恃外邪。以陳國區區，不能居天下五分之一，栗栗危懼，不能保其社稷，況後主荒淫無度，以趣之納身眢井，不亦宜乎。

隋

隋高祖文皇帝 姓楊氏，名堅，弘農人也。相傳為東漢太尉震之後。父忠，仕魏及周，以功封隋公。堅襲爵。堅生而有異，宅旁有尼寺，一尼抱歸自鞠之。一日尼出，付其母自抱，角出鱗起。母大驚墜之地。尼心動亟還，見之曰：驚我兒，致令晚得天下。及長，相表奇異。周人嘗告武帝：普六茹堅有反相。堅聞之，深自晦匿。女為周宣帝后。周靜帝立，堅以太后父秉政，遂移周祚。即位九年平陳，天下為一。開皇二十年，廢太子勇為庶人。初帝使勇參決政事，時有損益。勇性寬厚率意，無矯飾。帝性節儉，勇服用侈，恩寵始衰。勇多內寵，妃無寵死，而多庶子。獨

王通獻策

廣間計於安州總管宇文述。述曰、廢立大事、未易謀也。能移主上意者、惟楊素耳。乃結素弟約、以白素。素入侍宴、微称晉王孝悌恭儉有類至尊。后曰、公言是也。素因盛言太子不才。后遂遺素金、使贊帝廢勇立廣。

陳夫人聞變戰栗失色。晡後太子封小金合、遣使者賜夫人。夫人以爲鴆毒、懼甚。發之、乃同心結也。夫人恚而卻坐、不肯致謝。諸宮人共逼之、乃拜使者。其夜太子烝焉。〔王〕淫曰烝。明日發喪即位。

章仇太翼言於帝

孤皇后深惡之。晉王廣彌自矯飾、爲奪嫡計。后贊帝廢勇、而立廣爲太子。〔震之後〕世紀、震四世孫曰孕。孕生渠。渠生鉉。鉉生元壽。元壽生惠假。惠假生烈。烈生禎。禎生忠。乃帝父也。〔有異〕紫氣充庭、有文在手、曰異。〔尼〕女僧曰尼。〔鞠〕養也。〔相〕去聲。下同。〔周人〕王七軌。〔普六茹〕二字姓。本姓楊。魏恭帝時、賜此姓也。〔廣子〕康。母子。〔獨孤〕覆姓。○龍門王通、詣闕獻太平十二策。帝不能用。罷歸、教授於河汾之間。弟子自遠至者甚衆。〔龍門〕縣、屬河中、即夏陽也。〔王通〕王、姓。通、名。後門人私謚曰文中子。〔十二策〕條目未詳。〔汾〕音噴。水出太原府晉陽山西南、入河。○仁壽四年。帝不豫。召太子入居殿中。太子預擬帝不諱後事、爲書問僕射楊素。得報。宮人誤送帝所。帝覽之大恚。帝所寵陳夫人出更衣、爲太子所逼。拒之得免。帝怪其神色有異。問故。夫人泫然曰、太子無禮。帝恚抵牀曰、畜生何足付大事。獨孤誤我。將召故太子勇。廣聞之、令右庶子長衡入侍疾、因弑帝、遣人縊殺勇。帝性嚴重、勤於政事、令行禁止。雖嗇於財、賞功不吝。

天下地震　營顯仁宮　開通濟渠　造龍舟

曰、雍州即西安府、為破木之衝、不可久居、又讖云、修治洛陽、還晉家、帝以為然、遂幸洛陽、詔楊素營東京、役丁二百萬人、較將作大匠、

上幸江都、御龍舟、用挽士八萬餘人、舳艫相接二百餘里、騎兵翊兩岸而行、所過州縣五百里內、皆令獻食、

便蒙散樂非部伍之正聲也、其雜戲有魚龍爛漫俳優侏儒山車巨象拔井種瓜等奇怪異端百有餘物、故隋以前謂之百戲、初齊高緯之世、有魚龍山車等戲、謂之散樂、帝以啓民

愛養百姓、勸課農桑、輕徭薄賦、自奉儉薄、天下化之、受禪之初、民戶不滿四百萬、末年踰八百萬、然自以詐力得天下、猜忌苛察、信受讒言、功臣故舊、無終始保全者、在位二十四年、改元者二、曰開皇仁壽、太子立、是為煬皇帝、（不諱後事、崩後之事、更音庚、為太之為、去聲、泫然流涕貌、泫音玄、上聲、抵音紙、将音漿、右庶子東宮官名、有左右中三等、嗇音色、恡也、不吝賞、有功則不吝惜、猜音釆、平聲、疑也、）

煬皇帝名廣、開皇末立為太子、是日天下地震、即位、首營洛陽顯仁宮、發江嶺奇材異石、又求海內嘉木異草、珍禽奇獸、以實苑囿、又開通濟渠、自長安西苑、引穀洛水、達于河、引河入汴、引汴入泗、以達于淮、又發民開邗溝、入江、旁築御道、樹以柳、自長安至江都、置離宮四十餘所、遣人往江南、造龍舟及雜船數萬艘、以備遊幸之用、西苑周二百里、其內為海、周

可汗将入朝。以富楽誇之。於是徴四方散楽。大集東京。

詔発丁男百餘萬築長城。西距楡林。東至紫河。

諸蕃請入豊都市交易。許之。先命整飾店肆。盛設帷帳。珍貨充積。人物華盛。胡客過酒食店。悉令邀入。酔飽而散。不取其直。紿之曰、中國豊饒、酒食例不取直。胡客皆驚歎。

作清夜遊曲

十餘里。爲蓬萊方丈瀛州諸山。高百餘尺。臺觀宮殿羅絡山上。海北有渠。縈紆注海。縁渠作十六院。門皆臨渠。窮極華麗。宮樹凋落。剪綵爲花葉綴之。沼内亦剪綵爲荷芰菱芡。色渝、則易新者。好以月夜從宮女數千騎遊西苑。作清夜遊曲。馬上奏之。〔江嶺〕通鑑、大江以南、五嶺以北、師古曰、嶺者西自衡山之南、窮于海、一山之限耳、標名則有五、爲太慶始安臨賀桂陽揭陽也、〔汴〕音卞、水出延州陽城縣蒗蕩渠、至下邳、會泗水、入淮、〔邗〕音寒、水在廣陵、〔江都〕縣屬揚州、〔離宮〕往来遊幸曰離宮、〔觀〕音貫、樓觀、釋名曰、觀者於上觀望也、〔紆〕音迂、〔芰〕音奇、去聲、菱別名、〔芡〕音欠、雞頭也、〔渝〕音俞、変也、〔易〕音亦、〔從〕去聲。○後又開永濟渠。引沁水南達于河。北通涿郡。又營汾陽宮。又穿江南河。自京口至餘杭八百里。〔沁〕音浸、去聲、水出沁州、歴晋絳澤三州、南入于河、〔汾陽宮〕在汾州北、〔餘杭〕縣屬杭州。○置洛口倉於鞏東南原上。城周二十餘里。穿三千窖。置興洛倉於洛陽北。城周十里。穿三百窖。窖皆容八千石。帝或如洛陽。或如江都。或北巡至楡林金河。或

帝擊高麗　竇建德兵起　楊玄感反

帝御龍舟渡河。遂下詔討高麗。敕幽州總管元弘嗣往東萊海口造船三百艘。官吏督役。晝夜立水中不敢息。自腰以下皆生蛆。死者什三四。建德少尚氣俠。膽力過。孫安祖亦驍勇。殺令亡抵建德。建德謂曰。丈夫不死。當立大功。豈可但為亡虜邪。乃集無賴少年。得數百人。使安祖將之。高士達聚衆於清河。建德歸士達。士達自稱東海公。帝議復伐高麗。光

如五原。巡長城。或巡河右。營造巡遊無虚歲。〔鞏〕音拱。縣屬河南。〔石〕斗十為石。〔榆林〕縣屬雲中。〔金河〕縣屬雲州。徵天下鷹師。至者萬餘人。徵天下散樂諸蕃來朝。陳百戲於端門。執絲竹者萬八千人。終月而罷。費巨萬。歲以為常。〔散〕音傘。〔蕃〕音翻。夷狄曰蕃。〔端門〕君之正門曰端門。〔絲竹〕絃曰絲。管曰竹。〔巨〕鉅同。○徵高麗主入朝。不至。大業七年。帝自將擊高麗。徵天下兵會涿郡。敕河南淮南江南。造戎車五萬乘。供載衣甲等。發河南河北民夫供軍須。江淮以南民夫。船運黎陽及洛口諸倉米。舳艫千里。往還常數十萬人。晝夜不絶。死者相枕。天下騷動。百姓窮困。始相聚為盜。〔乘〕去聲。〔軍須〕供給軍中所須。〔黎陽〕縣屬濬州。〔舳艫〕音逐盧。船後曰舳。舟前曰艫。〔枕〕去聲。○漳南竇建德兵起。〔漳〕水名。案書傳。其源有二。一出上黨沾縣大黽谷。名為清漳。一出上黨長子縣鹿谷山。名為濁漳。酈道元謂之衡水。東至鄴。合清漳。東北至阜城入河。○帝所徵四方兵皆集涿郡。一百一十三萬。餽運者倍之。首尾亘千餘里。帝至遼東。

李密兵起　林士弘稱楚帝　李密稱魏公

祿大夫郭榮諫曰、千鈞之弩、不為鼷鼠發機。奈何親辱萬乘、以敵小寇乎。不聽而行。李密為左親侍。帝見之、謂宇文述曰、左仗下黑色小兒、瞻視異常、勿令宿衛。述乃諷密使稱病自免。密遂屏人事、專務讀書。密自雍邱亡命、往來諸帥間、說以取天下之策。始皆不信。久之稍以為然。相謂曰、今人皆云、楊氏將滅云々、吾聞王者不死、斯人再三獲濟、豈非其人乎。由是漸敬密。

攻城不克。諸軍大敗而還。明年再徵兵、自將擊之。（亘古鄧切、竟也。）○楚公楊玄感見朝政日紊、潛謀作亂。至是督運黎陽、遂反。帝引軍還、遣將擊之。玄感自洛陽引兵趣潼關。兵敗走死。帝又如涿郡、伐高麗。高麗遣使請降。帝還長安。已而如洛陽、如汾陽、如江都、巡遊仍無虛歲。（紊音問、亂也。）○蒲山公李密兵起。密少有才略、志氣雄遠、輕財好士。嘗乘黃牛、以漢書掛牛角讀之。楚公楊素遇而奇之。由是與素子玄感游。初從玄感起兵。玄感敗、密變姓名亡匿。時人皆云、楊氏將滅、李氏將興。又有民謠。歌曰、桃李子、皇后遶揚州、宛轉花園裏。勿浪語、誰道許。謂桃李子者、逃亡李氏子也。莫浪語、誰道許者、密也。密遂與群盜翟讓等起、攻滎陽、下之。建牙統所部、西行說下諸城、大獲

（蒲山未詳所在。乘如字。將音漿、下同。）○鄱陽賊帥林士弘、稱楚帝、據江南。（鄱音婆、縣

劉武周為定陽可汗　梁師都稱帝　薛挙稱西秦霸王　李軌稱涼王　薛挙稱帝　蕭銑稱梁王　唐公李淵封唐王

内史郎虞世基、以帝惡聞盜賊、諸將有告敗求救者、皆不以聞、或扶其使者、以爲妄言。由是盜賊徧海内、帝皆弗之知。煬帝退朝、則幅巾短衣、徧歷臺閣、汲汲顧景、唯恐不足。常仰視天文、謂蕭后曰、外間大有人図儂。吴語我也。然且共飲樂耳。因引滿沈醉。又引鏡自照曰、好頭頸、誰當斫之。后驚問故。帝笑曰、貴賤苦樂迭爲之、亦復何傷。郎將司馬德戡遂引兵入、裴虔通逼帝露刃侍立。帝歎曰、我何罪至此。賊黨馬文挙曰、陛下

屬饒州。○杜伏威據歷陽。○竇建德稱長樂王。○馬邑校尉劉武周、朔方郎將梁師都、各據郡起兵。○李密據興洛倉、畧取河南諸郡、稱魏公。○突厥立劉武周爲定陽可汗、取樓煩定襄雁門諸郡。可汗音克寒、北方君長之號。樓煩屬山西、今嵐州。○梁師都取雕陰弘化延安等郡、自稱梁帝。雕陰屬陝西、即上郡、今慶陽府。弘化屬鞏昌。延安屬陝西、今延州府。○金城校尉薛舉起兵隴西、自稱西秦霸王。○武威司馬李軌起兵河西、自稱涼王。○薛舉自稱秦帝、徙據天水。○蕭銑起兵巴陵、自稱梁王。銑音先、上聲。後梁宣帝曾孫。○唐公李淵起兵太原、克諸郡、入長安。時隋大業十二年、帝在江都。淵遙尊爲太上皇、而立代王、是爲恭皇帝。

恭皇帝名侑、煬帝之孫也。年十三、爲李淵所立、改太業十三年爲義寧。淵爲大丞相、封唐王。煬帝在江都、淫虐日甚。酒巵

蕭銑稱帝　隋禪于唐　論隋與亡

違棄宗廟、巡遊不息、外勤征討、內極奢淫、四民喪業、盜賊蜂起、專任佞諛、飾非拒諫、何謂無罪。帝曰、我實負百姓、至於爾輩、榮祿兼極、何乃如是。虔通欲遂弑帝。帝曰、天子死自有法。何得加以鋒刃。取鴆酒來。文挙等不許。令狐行達縊殺之。唐王聞變慟哭曰、吾北面事人、失道不能救、敢忘哀乎。追謚曰煬。唐廢隋帝侑、為酅國公、而選用其臺室。

不離口。見中原已亂、無心北歸。從駕多關中人、思歸、遂謀叛、以許公宇文化及爲主、夜引兵入宮、縊殺煬帝。宗室無少長皆死。惟存秦王浩。立之而自爲大丞相、擁衆而西。【煬】帝之【孫】元德太子幼子。【爲李】之爲去聲。【離】音利。【許】公宇文【化及】許國公爵。宇文、姓。化及、名。後周族也。【浩】煬帝弟、重後子也。

銑稱帝於江陵。○隋帝侑即位半年、禪于唐。隋自高祖至是三世、凡三十七年而亡。【七】當作八。○司馬温公曰、文帝之於周室、非有功德、素洽於人。直以天元暴崩、嗣君幼弱、姦臣矯命、徼幸得之。然明敏儉約、勤於政治、隨才任官、信賞必罰、故能取江南三百年之國、易於反手、使天下復爲一統、百姓繁庶、衣食豐衍、突厥、室韋、靺鞨、林邑、高昌、女真之屬、莫不入貢、雖兩漢全盛之時、不能過也。向使後嗣僅得中材之主、以守之、十世之內、未易亡也。煬帝以悖逆詐謀、坐承富強之業、志驕氣溢、慨然慕秦皇漢武之爲人、窮奢極欲、兵連四夷、政煩賦重、盜賊蠭起、而巡遊不息、以樂陷憂、惡聞直言、喜自壅蔽、噫是道也。雖禹湯文武之子孫、未或不亡。況隋無積善之基乎。

點註十八史略卷之四 終

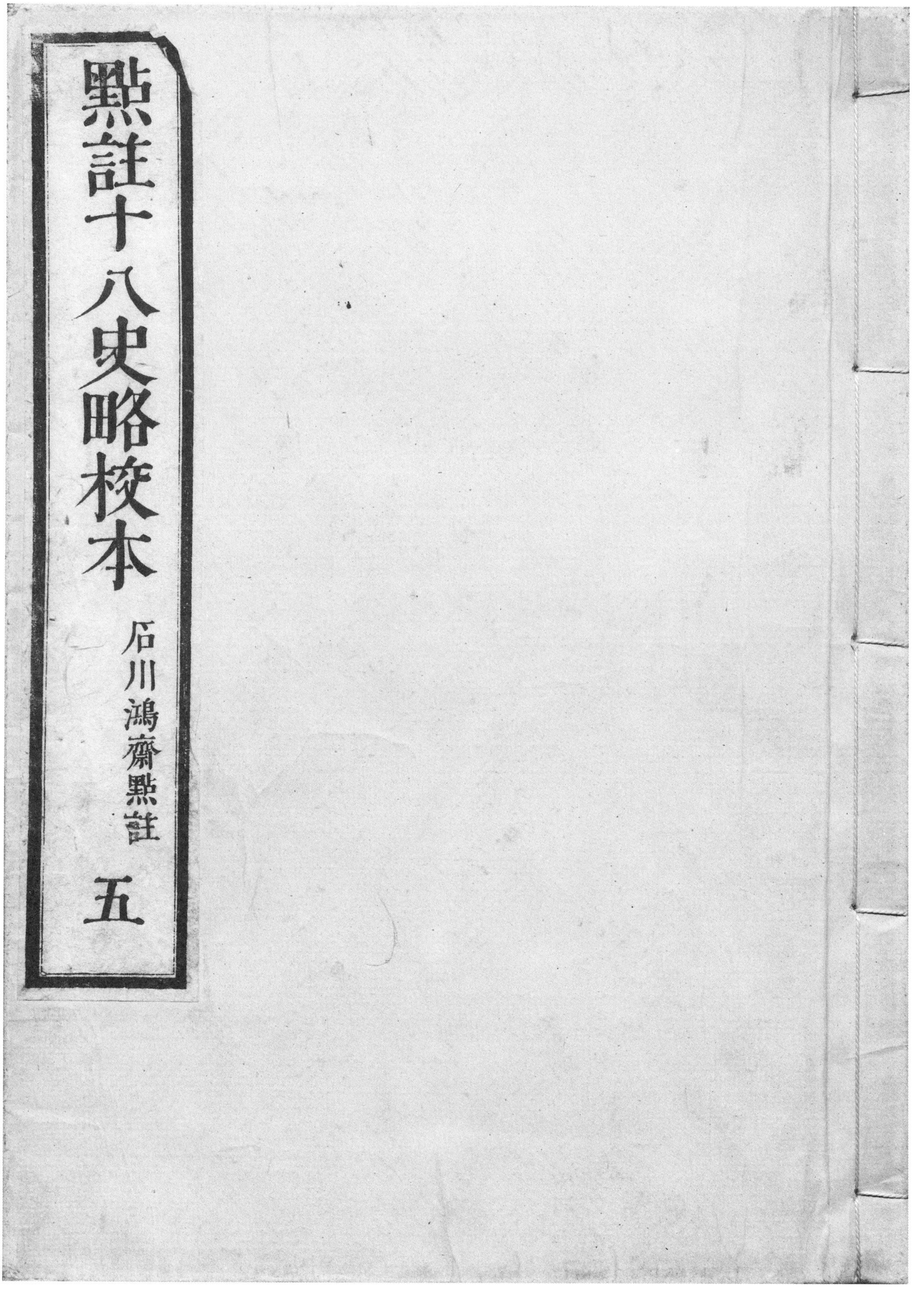
點註十八史略校本
石川鴻齋點註
五

世民陰有安天下志

相表奇異

石川鴻齋校訂標記

李淵字叔德自唐王受禪都長安因號唐

○尹遂昌曰觀高祖之得天下大抵出於秦王也使無秦王高祖且不得安其祿位保其身家況有天下之大哉高祖有言今日破家滅身亦由汝化家為國亦由汝是則唐三百年之基業肇於秦王其當有天下無疑也

初隋王即皇帝位竇毅之女聞周主禪自投堂下撫膺大息曰恨我不爲

點註十八史略卷之五

前進士廬陵　曾先之　編次

日本　三河　石川鴻齋　補訂

唐

唐高祖神堯皇帝姓李氏名淵隴西成紀人也西涼武昭王暠之後祖虎仕西魏有功封隴西公父昞於周世封唐公淵襲爵隋煬帝以淵爲弘化留守御衆寬簡人多附之煬帝以淵相表奇異名應圖讖忌之淵懼縱酒納賂以自晦天下盜起以淵爲山西河東撫慰大使承制黜陟討捕群盜多捷突厥寇邊詔淵擊之淵次子世民聰明勇決識量過人見隋室方亂陰有安天下之志與晉陽宮監裴寂晉陽令劉文靜相結文靜謂世民曰今主上南巡群盜萬數當此之際有真主

男子、救舅氏之患
毅及襄陽公主掩
其口曰、汝勿妄言
滅吾族、由是奇之
及長以適唐公李
淵、生四男建成世
民玄霸元吉、一女
適臨汾柴紹、世民
聰明云々

世民說興義兵

淵乃命世民與劉
文靜、長孫順德劉
弘基等各募兵、遠
近赴集、旬日間近
萬人、仍容遣使召
建成元吉於河東、
柴紹於長安、王威
高君雅見兵大集、
疑淵有異志、欲討
淵、淵使世民伏兵
於晉陽宮城之外、
文靜與弘基順德
等共執威君雅、繫
獄斬以徇、

驅駕而用之。取天下如反掌耳。太原百姓。收拾可得十萬人。尊公所將兵復數萬。以此乘虛入關。號令天下。不過半年。帝業成矣。世民笑曰。君言正合我意。乃陰部署。而淵不知也。會淵兵拒突厥不利。恐獲罪。世民乘間說淵順民心興義兵。轉禍爲福。淵大驚曰。汝安得爲此言。吾今執汝告縣官。世民徐曰。世民觀天時人事如此。故敢發言。必執告不敢辭死。淵曰。吾豈忍告汝。愼勿出口。明日復說曰。人皆傳李氏當應圖讖。故李金才無故族滅。大人能盡賊。則功高不賞。身益危矣。惟昨日之言。可以救禍。此萬全策。願勿疑。淵歎曰。吾一夕思汝言。亦大有理。今日破家亡身亦由汝。化家爲國亦由汝矣。先是裴寂私以晉陽宮人侍淵。淵從寂飲酒。酣。寂曰。二郎陰養士馬。欲舉大事。正爲寂以宮人侍公。恐事覺幷誅耳。會煬帝隋大業十一年、有二孔雀、自西苑飛集朝堂。親衛校尉高德儒等十餘人見之、奏以為鸞。時孔雀已去、無可得驗。於是百官称賀、拜德儒朝散大夫、賜物百段。世民斬德儒、自餘不戮一人。遠近大喜。

山海經、鸞者乃神靈之精也。雞形五彩、名曰鸞鳥。見則天下安寧也。

李密自負歸國之功、朝廷待之不副本望、鬱々不樂。嘗遇大朝會、密為光祿卿、當進食、深以

關中悉降

以淵不能禦寇、遣使者執詣江都。世民與寂等復說曰、事已迫矣。宜早定計。且晉陽士馬精強、宮監蓄積巨萬。代王幼冲、關中豪傑並起。公若鼓行而西、撫而有之、如探囊中物耳。淵乃召募起兵、遠近赴集。仍遣使借兵於突厥。暠之後世紀、暠生歆、歆生重耳、重耳生熙、熙生天錫、天錫生昞、乃帝祖也。昞音丙。相表之相、去聲。圖讖時有李氏將興之語。大使之大、音駝。晉陽宮監、掌宮禁。監、平聲。主上、謂煬帝。萬數之數、上聲。尊公、謂高祖淵。過、音戈。二郎、謂世民。爲寂之為、去聲。併誅、恐宮人覺其謀、故陰養士馬、而不敢泄也。巨、鉅同。探、音貪、取也。世民引兵擊西河、拔之、斬郡丞高德儒、數之曰、汝指野鳥爲鸞、以欺人主。吾興義兵、正爲誅佞人耳。進兵取霍邑、克臨汾絳郡、下韓城、降馮翊。淵留兵圍河東、自引兵西、遣世子建成守潼關。世民徇渭北、關中群盗悉降於淵。合諸軍圍長安、克之。立恭帝。淵爲大丞相・唐王、加九錫。尋受禪、立子建成爲皇太子、世民爲秦王、元吉爲齊王。西河、郡、屬山西、今汾州。數

隋越王侗称帝　李密降　宇文化及称許帝　李軌称帝　秦王薛仁杲降　竇建德称夏王

爲恥、退以告充武衛大将軍王伯當、伯當心亦怏々、因謂密曰、天下事在公、度内耳

侗、昭之第二子、東都王世充等立以爲帝、世充以尚書裴仁基、裴行儼有威名、忌之、仁基父子知之、亦不自安、乃與尚書左丞宇文儒童謀殺世充、復立隋主、事泄、皆夷三族、齊王世惲言於世充曰、儒童等謀反、正爲隋主尚在故也、不如早除之、世充遣人酖之、隋主請與太后訣、不許、乃布席禮佛曰、願自今以往、不復生帝王家、飲

上聲【野鳥爲鸞】通鑑、隋大業十二年、有二孔雀、自西苑飛集寶成朝堂前、德儒等奏以爲鸞、於是百官称賀、詔以德儒擢拜朝散大夫【正爲之爲】去聲【霍邑縣】屬霍州【臨汾縣】屬平陽【絳】郡、今絳州【韓城縣】屬同州【降】音項、平聲、下同【元吉】淵第三子、

○隋東都留守越王侗、煬帝之孫也、亦爲衆所立、称帝於洛陽。【東都】隋以河南府爲東都【留守】官主留都副國【侗】音通【孫】元德太子次子、○秦主薛舉卒、子仁杲立。○魏公李密與隋兵戰大敗、降於唐。○宇文化及弑其所立主浩、自称許帝。○涼王李軌称帝。○唐秦王世民破秦。秦王薛仁杲降、送長安、斬於市。右秦薛舉、自隋煬帝大業十三年僭号、至是二世、凡二年而亡。○李密之將徐世勣、擧密舊境降唐。賜姓李。【勣】子亦切　○范曰、古者天子建國、賜姓命氏、姓氏所以別其族類之所出也、自三代之衰、称姓者或以國、或以族、或以地、或以官、子孫各本於其祖、不可改也、漢高祖賜婁敬姓爲劉、鄙陋無稽、而唐世人主遂以爲法、以逆族異類爲同宗、然則古之賜姓別之、而後之賜姓者乱之者也、夫惟天親不可以人爲、而強欲同之、豈循理者乎、上瀆其姓、下忘其祖、非先王之制、不可爲後世法也

○竇建德取河北諸州、自称夏王。○李密叛唐、唐人獲而

李密叛斬之　竇建德破許　王世充称鄭帝　沈法興称梁　李子通称吳帝　杜伏威降　秦王破定陽　李子通襲梁

築不能絶。以帛縊殺之。謚曰恭皇帝。

斬之。唐人行軍總管盛彦師。○右魏李密。自隋大業十三年僣号。後降唐。至是復叛。凡二年而亡。○夏主竇建德破宇文化及誅之。世紀。許宇文化及。自武德元年僣号。至是二年而亡。○隋主侗立一年。王世充廢之而自立爲鄭帝。尋弑侗。○唐遣將襲涼主李軌。執歸殺之。河西平。將安貴興。○右涼李軌。自隋大業十三年僣号。至是凡三年而亡。○沈法興称梁王於毗陵。沈音審。毗陵郡名。即延陵。毗音皮。○李子通称吳帝於江都。○杜伏威降唐。○唐秦王世民擊定陽將宋金剛破之。定陽可汗劉武周及金剛皆走死。右定陽劉武周。自隋大業十三年僣號。至是凡三年而亡。○唐秦王世民督諸軍伐鄭。○吳主李子通襲梁。梁主沈法興走死。世紀。梁沈法興。自武德二年僣号。凡三年而亡。○夏主竇建德救鄭。

建德中書侍郎劉彬說建德曰。天下大亂。唐得關西。鄭得河南。夏得河北。共成鼎足之勢。今唐舉兵臨鄭。弱勢必不支。鄭亡則夏不獨立矣。不如解仇除忿。発兵救之。夏擊其外。鄭攻其內。破唐必矣。唐師既退。徐觀其變。若鄭不取。則取之。并二國之兵。乘唐師之老。天下可取也。建德從之。

唐秦王世民大破擒之。鄭主王世充降。世民至長安。被黃金甲。二十五將從其後。鐵騎萬匹。甲士三萬。獻俘太廟。斬建德於市。赦世充。尋使人潛殺之。右夏竇建德。自隋大業十三年僣号。至是四年而亡。○鄭秦王破王世充。斬建德。劉黒闥起兵。蕭銑降。李子通伏誅。劉黒闥称漢東王。林士弘衆散。漢東将執黒闥降。

李靖圖江陵。銑内外阻絶。問策於岑文本。文本勸銑降。銑謂群臣曰、天不祚梁。不可復支矣。必待力屈、則百姓蒙患。奈何以我之故、陷百姓於塗炭乎。以太牢告廟、下令出降。

○范華陽曰、蕭銑故梁子孫。因隋之乱、保據荊楚、欲復先業。非唐之叛臣也。唐師伐之、銑又以百姓之故、不忍固守而降。然則唐初割據之主、銑最無罪。高祖誅之、濫刑甚矣。太子中允王珪・洗馬魏徴亦説太子曰、秦王功

王世充、自武德二年僭號至是三年而亡。三十五將姓名未詳。從去聲。○竇建德故将劉黒闥。始起兵於漳南。○唐遣将李靖伐梁。梁主蕭銑降。送長安斬之。右梁、蕭銑、自隋大業十三年據江陵、至是四年而亡。○杜伏威擊呉主李子通、執送長安伏誅。右呉、李子通、自隋大業十一年僭號、至是凡七年而亡。○劉黒闥自称漢東王。○楚王林士弘卒。其衆遂散。右楚、林士弘、自隋大業十二年僭號、至是凡七年而亡。○漢東将執黒闥降唐斬之。将諸葛徳威。右漢東、劉黒闥、自武徳五年僭號、至是二年而亡。○唐淮南道行臺僕射輔公祏反於丹陽。唐将擊斬之。輔公祏姓名。祏音石。丹陽縣屬鎮江。将李靖。○慶州都督楊文幹反。遣秦王世民討平之。慶州屬鞏昌。即弘化郡。○突厥入寇。遣秦王世民禦之。遇於豳州。世民帥騎馳詣虜陣、告之曰、我秦王也。虜不敢戰。受盟而退。帥音率。○唐興七年。僭偽皆亡。天下既定。是歳初置州縣郷學。帝親詣國子學、釋奠于先聖先師。始定官制。頒新律令。釋奠禮上下

突厥受盟

置州縣鄉學

定官制頒律令

定均田租庸調法

盡天下、中外歸心。殿下但以年長居東宮、無大功以俱服海内。今劉黑闥散亡之餘、衆不滿萬、以大軍臨之、勢如拉朽。殿下宜自擊之以取功名、因結納山東豪傑、庶可自安。於是太子請行。

○范華陽曰、自井田廢、而貧富不均。後世未有能制民之産、使之養生送死無憾者也。唐之法蓋庶幾焉。然為治者、惟能省力役、薄稅斂、務本抑末、尚儉去奢、占田有限、困窮有養、使貧者足以自立、富者不得兼之、則均天

菜、奠幣、所以祭也。先聖孔子、先師顏回、始定官制、通鑑、改大摠管為大都督府、以大尉、司徒、司空為三公、次尚書、門下、中書、秘書、殿中、内侍、為六省、次御史臺、次太常至大府、為九寺、次將作監、次國子學、次天策上將府、次左右衛至左右領衛、為十四衛、東宮置三師、三少、詹事、及兩坊、三寺、十率府、王公置府佐國官、公主置邑司、並為京職事官。州縣鎮戍、為外職事官、自開府儀同三司至將仕郎二十八階、為文散官、驃騎大將軍至信義副尉三十一階、為武散官、上柱國至武騎尉十二等為勳官。定均田租庸調法。丁中之民、給田一頃、篤疾減十之六、寡妻妾減七、皆以十之二為世業、八為口分。每丁歳入租粟二石、調隨土地所宜、綾絹絁布。歳役二旬、不役則收其傭、日三尺。有事而加役者、旬有五日免其調、三旬租調俱免。水旱蟲霜十損四以上免租、損六以上免調、損七以上課役俱免。民貲業分九等。百戸為里、五里為鄉、四家為鄰、四鄰為保。在城邑者為坊、田野者為村。食祿之家無得與民爭利、工商雜類無預士伍。男女始生為黄、四歳為小、十六為中、二十為

下之本也。不然雖有法令、徒文具而已。何益於治哉。世民既與建成元吉有隙、建成夜召世民飲酒而酖之、世民暴心痛、吐血數升。上謂世民曰、首建大謀、削平海內、皆汝之功。吾欲立汝爲嗣、而汝固辭。且建成爲嗣日久、吾不忍奪也。觀汝兄弟似不相容、不可同處。當遣汝居洛陽、自陝以東皆主之。仍建天子旌旗、如梁孝王故事。世民泣辭不許。將行、建成元吉相與謀曰、秦王若至洛陽、不可復制、不如留之長安、則一

太子謀傾世民

太白經天

丁。六十爲老。歲造計帳。三歲造戶籍。【傭】傭同【調】去聲、下並同【減】減十之六、只四十畝【減七】只三十畝【十之二】十分爲率、民得其八、官得其二【世業】世守其業【口分】之分、音墳、去聲、有六口則給田【調】隨其所宜爲調【絁】音尸、絲經緯曰絁【三尺】每日收其傭帛三尺、亦隨土地所宜【旬有】之有、與又通【免其調】或官中有事、而加役至十五日者、則免收其調【以上】之上、上聲、下並同【九等】上上、上中、上下、中上、中中、中下、下上、下中、下下【預】與也【計帳】每歲一改、賦稅簿籍【戶籍】三年一改、戶口簿籍。○初唐之起晉陽。皆世民之謀。帝欲以世民爲儲嗣。世民固辭而止。太子建成喜酒色遊畋。齊王元吉多過失。而世民功名日盛。建成乃與元吉協謀傾世民。曲意諂事諸妃嬪。世民獨不事之。由是左右皆譽建成元吉而短世民。【儲嗣】太子曰儲嗣【協】合也【譽】音余。○武德九年六月。太白經天見秦分。建成元吉欲殺世民。秦府僚屬勸王行周公之事。力請乃決。於是密奏兄弟專欲殺臣。似爲世充建德報讎。明日帥兵伏玄武門。建成元吉入。覺有變欲還。世民追射建成殺之。尉遲

立世民為皇太子

傳位太子

匹夫取之易矣

世民密奏建成元吉淫乱後宮且曰兄弟專欲殺臣云云臣今永違君臣亦實耻見諸賊於地下上驚報曰明當鞫問汝宜早參明日世民帥長孫無忌等入伏兵於玄武門云々

魏徵曰先太子早從徵言必無今日之禍太子改容禮之引為詹事

敬德射殺元吉遂立世民為太子軍國事悉委太子處決然後聞奏初東宮官屬魏徵屢勸建成除世民及是世民召徵責以離間兄弟徵舉止自若對不屈世民禮之王珪亦嘗為建成謀皆以為諫議大夫帝自称為太上皇帝詔傳位於太子是為太宗文武皇帝

分墳去聲　太白經天　太白金宿陰星經天謂晝見午上也秦分屬未蓋見午而被於未也　周公之事誅兄管叔　兄弟專欲殺兄建成弟元吉　為世之為　為建之為並去聲　帥音率　射音石　尉遲姓尉音鬱　敬德名　處音杵　間音澗○范曰建成雖無功太子也太宗雖有功藩王也太子君之貳父之統也而殺之是無君父也立子以長不以功所以重先君之世也故周公不有天下弟雖齊聖不先於兄久矣論者或以太宗殺建成元吉比周公誅管蔡臣竊以為不然昔者象日以殺舜為事舜為天子也則封之管蔡啓商以叛周周公為相也則誅之其迹不同而其道一也舜知象之將殺己也故象憂亦憂象喜亦喜盡其誠以親愛之而已矣象得罪於舜故封之管蔡流言於國將危周公以間王室得罪於天下故誅之非周公誅之天下之所當誅也周公豈得而私之哉後世如有王者不幸而有害兄之弟如象則當如舜封之是也不幸而有亂天下之兄如管蔡則當如周公誅

龍鳳之姿天日之表

○藤森弘菴曰、若魏徵之事太宗、直言讜論、献可替否、以致貞觀之盛、其功不讓管仲矣、使聖人論之、吾決知其舍事讐之小罪、称致盛之功也、又曰、嗚呼仲幸而出春秋之際、見取於聖人、故後世儒者舉其功而不敢議其罪、不唯不敢議、又從而為之辭、徵不幸而不出於春秋之際、不見称於聖人、故後世儒者極論其罪、遂併其偉功廢之、是豈是非之公乎哉

之是也、舜處其常、周公處其變、此聖人所以同歸于道也、若夫建成元吉、豈得罪於天下者乎、苟非得罪於天下、則殺之者、已之私也、豈周公之心乎、或者又以為使建成為天子、又輔之以元吉、則唐必亡、臣曰、古之賢人守死而不為不義者、義重於死故也、若必為子不孝、為弟不弟、悖天理滅人倫、而有天下、不若亡之愈也、故為唐史者書曰、秦王世民殺皇太子建成齊王元吉、立世民為皇太子、然則太宗之罪著矣、

太宗文武皇帝、名世民。幼日有書生見之曰、龍鳳之姿、天日之表。其年幾冠、必能濟世安民。書生去。高祖使人追之不見。乃採其語為名。年十八、舉義兵。李密降唐。初見高祖色尚傲。及見秦王、不敢仰視。退而歎曰、真英主也。高祖以秦王功高、特置天策上將、位在王公上、以秦王為之。開府置屬。開館以延文學之士。杜如晦。房玄齡。虞世南。褚亮。姚志廉。李玄道。蔡允恭。薛元敬。顏相時。蘇勗。于志寧。蘇世長。薛收。李守素。陸德明。孔穎達。蓋文達。許敬宗。為文學館學士。分為三番。更日直

登瀛学士

放宮女

○邱瓊山曰、高祖乃為秦王開府置屬、而秦王又自開館以延文學之士、欲何為哉、昔漢武帝為戾太子立博望苑通賓客、從其所好、司馬氏猶謂正直難親、諂諛易合、此固中人之常情、宜太子之不終也、夫太子國之儲貳、乃其國君父為之立苑通賓客、謹微之君子猶以為非、況太宗乃藩衍王、功高望重、處危難之地、而可使之日夜聚徒黨乎、在太宗非導養之道、在高祖非教子之道、法而亦非所以安儲位定國家也、

宿王暇日輙至館中、討論文籍、或至夜分、使閻立本圖像、褚亮為贊、號十八學士、士大夫得預其選者、時人謂之登瀛洲、時府僚多補外、如晦亦出、玄齡曰、餘人不足惜、如晦王佐才、大王欲經營四方、非如晦不可、王即奏留之、使參謀帷幄、剖決如流、玄齡每入奏事、高祖曰、玄齡為吾兒謀事、雖隔千里、如對面語、〔幾〕音機、及也、〔冠〕音貫、〔相〕去聲、〔長〕音張、上聲、〔蓋〕音甘、入聲、〔三番〕番、遞也、每以六人為一遞、入直、〔更〕音庚、〔圖像〕圖畫、已上十八人形像、〔贊〕讚同、稱美曰贊、〔預〕與同、〔登瀛洲〕謂如登仙也、〔補外〕補外職事官、〔為吾〕之為去聲 ○鄭曰、漢唐之世、其人臣號為有知人之明者、莫若蕭何之識韓信、房玄齡之識杜如晦、高帝之至南鄭、而韓信亡去、蕭何追之反曰、諸將易得、如信國士無雙、大王必欲長王漢中、無所事信、欲爭天下、非信無可與計事者、高帝於是拜為大將、太宗之在秦邸時、府僚多補外官、玄齡曰、餘人不足惜、如晦王佐才、大王欲經營四方、非如晦不可、太宗於是奏為府屬、蓋非蕭何之言、則高帝失於韓信、非玄齡之言、則太宗失於如晦矣、秦王功蓋天下、身幾危、賴玄齡如晦決策、至是即位、首放宮女三千餘人、〔幾〕音機 ○突厥頡利

置弘文館　商榷政事　以至誠治天下

其後建成兄弟危相傾奪太宗幾危而所以為太宗設謀效力以成其基業者皆天策府中之人遂至推刄同氣喋血禁庭以貽百世之譏太宗為三代以後之令主而不免有慙德亦或以此哉

蕭瑀以上輕敵叩馬固諫上曰吾籌之已熟突厥所以敢傾國而來抵郊甸者以我國內有難朕新即位謂我不能扞禦故也我若示之以弱虜必放兵大掠不可復制故朕輕騎獨出示若輕之又震耀軍容示之必戰虜既深入必有懼心

突利二可汗合十餘萬騎入寇進至渭水便橋之北上自與房玄齡等六騎徑詣渭水上與頡利隔水語責以負約突厥大驚皆下馬羅拜俄而諸軍繼至旗甲蔽野頡利懼請盟而退○置弘文館聚四部二十餘萬選天下文學之士虞世南等以本官兼學士聽朝之隙引入內殿講論前言往行商榷政事或夜分乃罷取三品以上子孫充弘文館學士（四部經書、史書、子書、文集。論去聲。行去聲。榷音角、舉也、較也。上上聲、下同。）○有上書請去佞臣者曰願陽怒以試之執理不屈者直臣也畏威順旨者佞臣也上曰吾自為詐何以責臣下之直乎朕方以至誠治天下或請重法禁盜上曰當去奢省費輕傜薄賦選用廉吏使民衣食有餘自不為盜安用重法邪自是數年之後路不拾遺商旅野宿焉上嘗曰君依於國國依於民刻民以奉君猶割肉以充腹故與戰則克、與和則固矣。制服突厥、在此一舉。御第觀之。

貞觀政要曰、張蘊古貞元二年自幽州總管府記室兼直中書省表上大寶箴、文義甚美、可為規戒。太宗嘉之、賜帛三百段、乃授以大理寺丞。說文、箴與鍼同。韻會、箴、綴衣箴也。一曰誡也。文心彫龍注云、箴所以攻疾也。

桀作瑤臺、紂作瓊室。

張蘊古献大寶箴

腹飽而身斃、君富而國亡矣。又嘗謂侍臣曰、聞西域賈胡得美珠、剖身而藏之、有諸。曰、有之。曰、吏受賕抵法、與帝王狥奢欲而亡國者、何以異此胡之可笑邪。魏徵曰、昔魯哀公謂孔子曰、人有好忘者、徙宅而忘其妻。孔子曰、又有甚者。桀紂乃忘其身、亦猶是也。[去]上聲、下同。[治]平聲、下同。[斃]音弊、死也。[賈]音古、筌蹄云、胡商。[有諸]不知果有此事否。[賕]音求、贓也。[好]去聲。○張蘊古献大寶箴曰、以一人治天下、不以天下奉一人。又曰、壯九重於內、所居不過容膝、彼昏不知、瑤其臺而瓊其室。羅八珍於前、所食不過適口、惟狂罔念、丘其糟而池其酒。又曰、勿沒沒而闇、勿察察而明、雖冕旒蔽目而視於無形、雖黈纊塞耳而聽於無聲。上嘉其言。[大寶箴]聖人之位曰大寶。箴、戒辭也。[八珍]周禮膳夫珍用八物、謂淳熬、淳毋、炮豚、炮牂、擣珍、漬、熬、肝膋也。[沒]一作汶。[闇]暗同。[冕旒]冕十有二旒、天子之服也。漢制度云、冕長尺六寸、廣八寸、前圓後方、其旒皆以五采絲繩貫五采玉、每旒各十二、垂於冕前後。[黈纊]黈音愉、上聲、

分天下為十道

討梁師都　祖孝孫奏雅樂

五花判事　置中書門下相檢察

隋末豪傑據地自相雄長、唐興相帥來歸。上皇割置州縣以寵祿之。上以民少吏多、悉併省之。初上皇命祖孝孫定雅樂。孝孫以為梁陳之音多吳楚、周齊之音多胡夷。於是考古聲、作唐雅樂。至是奏之。上曰、禮樂者聖人緣物以設教。治之隆替、豈由於此。杜淹曰、齊之亡作伴侶曲、陳之將亡作玉樹後庭花。其聲哀思、聞者悲泣。豈可謂治不在樂乎。上曰、悲喜在心、非由樂也。將亡之政、民必愁苦。故聞樂而悲耳。今二曲具

黈、黄色、纊、綿也、以黄綿為圓、用組垂之於冕、當兩耳旁、示不外聽也。○分天下為十道、因山川形便、曰關内、河南、河東、河北、山南、隴右、淮南、江南、劍南、嶺南。○遣將討梁師都。其下殺之以降。以其地為夏州。右梁梁師都、自隋恭帝義寧元年僭号、至是凡十二年而亡。夏州屬甘肅。即朔方。○案、世紀此一節、當在貞觀二年。○太常祖孝孫奏唐雅樂。祖孝孫、祖姓、孝孫名。○案、通鑑此一節當在二年。○貞觀二年、又出宮女三千餘人。○故事、軍國大事、中書舍人各執所見、雜署其名、謂之五花判事。中書侍郎中書令省審之、給事中黄門侍郎駁正之。上謂王珪曰、國家本置中書門下、以相檢察。卿曹勿雷同也。時珪為侍中、房玄齡杜如晦為僕射、魏徵守秘書監、參預朝政。玄齡謀事必曰、非如晦不能決。及如晦至、卒用玄齡策。蓋玄齡善謀、如晦善斷。二人同心徇國。故唐世稱賢相、推房杜焉。徵嘗告上曰、願使臣為良臣、勿使臣為忠臣。上

李靖破突厥

存為公奏之公豈悲乎魏徵曰樂在人和不在聲音也

天少雨李百藥言往年雖出宮人無用者尚多陰氣鬱積亦足致旱上命簡出之前後三千餘人

○胡致堂曰顏師古李百藥之謀雖無大失未若魏徵之盡善也而太宗不從顏用溫彥博之策何也彥博之策太宗所欲為者也其先意承志不得為忠矣天無不覆地無不載而中國夷狄之不可同處亦非人為乃天地之氣有淳工偏

曰忠良異乎徵曰稷契皐陶君臣協心俱享尊榮所謂良臣龍逢比干面折廷爭身誅國亡所謂忠臣上悅（省音息上聲 駁音剝 中書門下二省 雷同同聲相應曰雷同 秘書監官掌秘奧明史籍 監平聲 斷音端去聲 爭諍同）○初突厥既強敕勒諸部分散有薛延陀回紇等十五部皆居磧北頡利政乱薛延陀回紇等叛之加以民大飢羊馬多死奉使者還及邊師皆言突厥可取之狀詔以李靖為定襄道行軍總管統諸軍討之靖襲破突厥於陰山頡利可汗遁走唐將擒之以獻時突利可汗先已入朝上處突厥降衆東自幽州西至靈州分突利地為四州分頡利地為六州左置定襄都督右置雲中都督以統其衆以突利為順州都督頡利為右衛大將軍（敕勒其先匈奴薛延陀回紇以下十五部總謂敕勤 紇音賢入聲 十五部名号未詳 磧音清入聲砂磧 陰山在開平北東西千餘里草木茂盛多禽獸匈奴依阻其中漢武克匈奴置陰山縣東漢省入五原唐天寶元年復陰山縣 靈州屬

論唐有狄乱太宗所啓
林邑入貢
伊吾来降
高昌入朝
四夷請帝為天可汗

駁之殊也有教無類豈揉雜華夷之謂乎

林邑献火珠有司以其表辞不順請討之上曰好戰者亡如煬帝頡利皆所親見也小國勝之不武况未可必乎

○胡致堂曰太宗不以夷狄一言之慢遽興兵革幾於能忍然林邑表辞敢為不順者以献火珠嘗試朝廷也還其献則善矣今不聞還其献則是太宗貪其實而甘其慢也上謂侍臣曰朕有二喜一懼比年豊稔斗粟三

甘肅今朔慶寧【四州】名号未詳【六州】名号未詳【順州】属北平○案通鑑此一節以下事實並在貞觀四年○范曰先王之制戎狄荒服夷不乱華所以辨族類別内外焉孔子美齊桓之功曰微管仲吾其被髪左衽矣聖人之懲戎狄如此太宗既滅突厥而引諸戎雑中國使殊俗醜類與公卿大夫雑処於朝廷皆欲冠帯四夷以夸示天下而不知乱華亦甚矣然則中國幾何不胥而為夷也是以唐世有戎狄之乱豈非太宗之所啓乎○林邑遣使入貢○伊吾来降置伊西州筌蹄伊州伊吾郡西州交河郡也○高昌王麴文泰入朝【高昌】國在西域【麴】音穹入聲姓也○先是四夷君長詣闕請帝為天可汗上曰我為大唐天子又下行可汗事乎群臣及四夷皆称萬歳自是後璽書賜西北君長皆称天可汗○貞観四年蔡公如晦卒上語及必流涕【蔡公】蔡國公爵○是歳大有年上之初即位也常與群臣語及教化曰大乱之後其難治乎魏徴對曰饑者易為食渇者易為飲封徳彝曰三代以還人漸澆訛故秦任法律漢雑覇道蓋欲化不能豈能之而不欲邪徴曰五帝三

魏徵勸行仁義

林邑新羅入貢
党項內附
秦七德九功舞

錢一喜也北虜久服邊鄙無虞二喜也治安則驕侈易生驕侈則危亡立至此一懼也房玄齡奏閱府庫甲兵遠勝隋世上曰甲兵武備誠不可闕然煬帝甲兵豈不足邪卒亡天下若公等盡力使百姓乂安此朕之甲兵也

嬰武鸚鵡省文七德舞名破陣樂註取旡傳宜十二年武有七德之義

○歐陽永叔曰唐太宗之六年錄大辟囚三百餘人縱使還家約其自歸以就死是以君子

王不易民而化湯武皆乘大乱之後身致太平行帝道而帝行王道而王顧所行何如耳上卒從徵言元年關中饑斗米直絹一匹二年天下蝗三年大水上勤而撫之未嘗嗟怨至是天下大稔米斗三四錢終歲斷死刑纔十九人東至于海南及五嶺皆外戶不閉行旅不齎糧取給於道路焉上曰魏徵勸我行仁義今既效矣惜不令封德彝見之蓋德彝元年六月死矣［有秊］稔曰大有［澆］音皎平聲薄也［易］音亦［一匹］四丈為匹［斷］音端去聲［十九人］通鑑二十九人［五嶺］見前隋煬帝下○五年林邑新羅入貢［新羅］國在東夷［入貢］通鑑林邑獻五色嬰武新羅美女三人魏徵以為不宜受上喜各付使者歸之○党項內附開其地為十六州［党項］西羌別種［十六州］名号未詳○七年春宴玄武門奏七德九功舞徵欲上偃武修文每侍宴見七德舞輒俛首不視七德舞者秦王破陣曲也見九功舞則諦觀之王珪罷徵為侍中［七德］通鑑注太宗為秦王

縱遣死囚　胡越一家　吐蕃入貢　吐谷渾遣子入侍

之難能、責其小人之尤者、以必能也。其因及期而卒自歸無後者、是君子之所難、而小人之所易也。此豈近於人情哉。夫意其必來而縱之、是上賊下之情也。意其必免而復來、是下賊上之心也。吾見上下交相賊以成此名也。

上曰、朕貴為天子、所乏者非財也。但恨無嘉言可以利民耳。與其數百萬緡、何如得一賢才。

時、破劉武周軍中、相與作秦王破陣樂曲。及即位、宴會必奏之。以百二十八人被銀甲執戟而舞。凡三變、每變為四陣、象擊刺往來。後更名七德舞。七德者、蓋取禁暴戢兵保大定功安民和衆豐財之義也。〔九功〕通鑑注、唐功成慶善樂以兒童六十四人、冠進德冠、紫袴褶、長袖、漆髻、屣履而舞。後更號九功舞。九功者、蓋取書九功惟叙之義也。〔諦〕音帝、審也。○上親錄囚徒、見應死者、閔之、縱使歸家、期以來秋就死。仍敕天下死囚、皆縱遣、至期來詣京師。至是皆如期自詣朝堂。上皆赦之。凡三百九十人。○上奉太上皇、置酒未央宮。上皇命頡利可汗起舞、馮智戴詠詩。笑曰、胡越一家、古未有也。〔未央宮〕在安西、前漢高帝所置。〔馮智戴〕南蠻酋長、〔胡越〕胡謂頡利、越謂智戴。○八年、吐蕃遣使入貢。〔吐蕃〕西羌別種。○九年、太上皇崩。上皇即位九年而禪位、至是又九年。○吐谷渾先是入寇涼州。以李靖帥諸軍討破之。〔帥〕音率。○十年、吐谷渾遣子入侍。○治書侍御史權萬紀言、宣饒銀大發采之歲可得數百萬。上曰、卿未嘗進一賢才、而專言銀利。昔

定府兵

堯舜抵璧於山投珠於谷漢之桓靈乃聚錢爲私藏卿欲以桓靈俟我耶黜之治平聲宣州屬江東饒州屬江西抵音底擲也藏音状○定府兵凡十道置府六百三十四而關内二百六十一皆隷諸衛及東宮六率上府兵凡千二百人中府千人下府八百人三百人爲團團有校尉五十人爲隊隊有正十人爲火火有長每人兵甲粮裝各有數輸之庫征行給之二十爲兵六十而免能騎射者爲越騎其餘爲歩兵更命統軍別將爲折衝果毅都尉每歳季各折衝都尉帥以敎戰當給馬者官與直當宿衛者番上兵部以遠近給番遠疎近數皆一月而更定府兵更定各府兵制隷音麗屬也諸衛左右羽林左右龍武左右神武更音庚下同折衝果毅通鑑更命統軍爲折衝都尉別將爲果毅都尉歳季十二月帥音率與直官與價直令自買馬上上聲下同番上更番宿衛給番隨遠近以定番上之制近數之數音朔下同○十三年夏旱詔五品以上言事魏徵言陛下比貞觀

○石潘陽曰府兵之制無事則耕於野有事則命將以出師還則兵散於府將歸於衛國無養兵之費臣無專兵之患故先儒謂三代而下兵制之善惟唐之府兵耳猶得寓兵於農之意蓋近古之良法也惜其子孫不能守耳按唐以遠近給番皆一月而更恐太紛擾不若漢以一歳更代者爲善也

上幸國子監觀釋奠命祭酒孔穎達講孝經賜諸生帛有差

孔穎達字仲達衡水人與顔師古司

大徵名儒

孔穎達定五經正義

侯君集滅高昌

馬才章王琰受詔撰五經義訓凡百餘篇號義贊詔改為正義

百濟馬韓之屬國在高麗西南新羅東夷國名其先辰韓種也高昌西域國名滅高昌通鑑於是唐地東極于海西至焉耆南盡林邑北抵大漠皆為州縣

綱鑑注吐蕃本西羌之屬居析水西北其子孫曰吐蕃而姓勃窣野號君長曰贊普

初漸不克終者十條上深奨歎〔十條〕大略一言遣使徵求二言奢肆思用人力三言縦欲勞人四言昵小人疏君子五言貴異物作無益六言不輕與賢而易弃人七言田獵馳騁八言外官奏事顔色不接九言長傲縦欲無事興兵十言關中之民徭役勞弊以上皆言不如貞觀初○十四年上詣國子監親釋奠是時大徵天下名儒為學官數幸國子監使之講論學生能明一經已上者皆得補官增築學舍千二百間增學生滿三千二百六十員自屯營飛騎亦給博士授經有能通經者聽得貢擧於是四方學者雲集京師乃至高麗百濟新羅高昌吐蕃諸酋長亦遣子弟請入國學升講筵者至八千餘人上以師説多門章句繁雜命孔穎達與諸儒定五經疏謂之正義〔國子監〕即大學〔已上〕之上上聲〔屯衛飛騎〕左右親軍便官全書註唐羮行本為屯衛將軍分典飛騎〔百濟〕國在東夷説加字〔疏〕去聲○高昌王麴文泰先是多遏絶西域朝貢及拘留中國人以侯君集為交河大總管將兵擊之至是滅高

昌以其地爲西州。【交河】高昌所都。○十五年、吐蕃求婚。以文成公主嫁之。○十七年、鄭公魏徵卒。上曰、以銅爲鏡、可正衣冠。以古爲鏡、可見興替。以人爲鏡、可知得失。徵沒、朕亡一鏡矣。徵葬、上自製碑書石。【鄭公】鄭國公、爵。替音涕、廢也、滅也。【書石】釋名曰、臣子追述君父功、以書于石曰碑。○圖畫功臣長孫無忌・趙郡王孝恭・杜如晦・魏徵・房玄齡・高士廉・尉遲敬德・李靖・蕭瑀・段志玄・劉弘基・屈突通・殷開山・柴紹・長孫順德・張亮・侯君集・張公謹・程知節・虞世南・劉政會・唐儉・李勣・秦叔寶等於凌煙閣。【長】音張、上聲。【孝恭】太宗再從兄弟。【屈】如字。○王曰、傳說未遇、而高宗審象以求之。范蠡既去、而勾踐鑄像以訪之。此二者、唯其先後之不同、而其好賢樂善之心、則一也。宣帝之麒麟閣、光武之雲臺、太宗之凌煙閣、其圖繪功臣之意、是亦高宗勾踐之意歟。○太子承乾不才、魏王泰多能、有寵、潛有奪嫡之志。侯君集負功怨望、以承乾暗劣、欲乘釁因勸之反。事覺、廢爲庶人。君集坐誅。泰亦以險詐不立。

魏徵寢疾、上與太子同至其第、指衡山公主、欲以妻其子叔玉。徵薨、陪葬昭陵。

○李勣贊武后、幾覆唐室。侯君集・張亮躬爲反賊、死有餘罪。何太宗知人之不哲耶。

○丁南湖曰、獨恨太子承乾、耽聲色、畋獵、所爲奢靡。魏王泰多能、有寵、潛有奪嫡之志、折節下士、以求聲譽。太子畏其逼、陰養刺客紇干承基等、謀殺之。吏部尚書侯君集怨望、以太子暗劣、欲乘釁圖之。因勸之反。太子大

吐蕃求婚

圖功臣凌烟閣

太子承乾廢爲庶人

親征高麗

然之、駙馬都尉杜荷謂之曰、天文有變、當速發、但稱暴疾危篤、主上必親臨視、因茲可以得志、會承基坐事繫獄、當死、上變告太子謀反、敕大理中書門下參鞫之、反形已具、詔廢承乾為庶人、幽之、君集荷等皆伏誅

上疑太子柔弱、密謂長孫無忌曰、雉奴太子治小字懦恐不能守社稷、吳王恪英果類我、我欲立之、何如、無忌固爭、以為不可、曰太子仁厚、真守文良主、儲副至重、豈可數易、上乃止、

立晉王治為太子。泰太宗第三子、怨望通鑑、侯君集之破高昌也、私取其珍寶、為有司所劾、詔下君集獄、後以中書侍郎岑文本上疏得免、詳見貞觀十四年。治太宗第九子魏徵嘗薦君集、上始疑徵阿黨。又有言。徵自錄前後諫辭、示起居郎褚遂良。上愈不悅。徵臨終、上面指公主、欲妻其子叔玉、至是停其婚、踣所立碑。嘗薦案魏徵嘗薦君集有宰相材、宜委專知諸衛兵馬。起居郎國史院官、六典、曰、起居郎掌錄天子之動作法度、以修記事之史。妻音砌踣音朋、入聲、仆也。○十八年、上親征高麗。先是高麗泉蓋蘇文弒其君、新羅又遣使言、百濟與高麗連兵、謀絕新羅入貢之路、乞兵救援。上遣使討之。先如洛陽。泉蓋蘇文高麗君長、或云、泉氏、蓋号、蘇文、名也、未詳是否。蓋甘入聲○十九年、上發洛陽、至定州、進諸軍、上渡遼水、拔遼東城、降白巖城、攻安市城、大破其救兵於城下。安市城險兵精、堅守不下。議者欲拔烏骨城、渡鴨綠水、直取平壤、覆其本根、則餘可不戰而降。或又謂親征異於諸將、不可乘危

回紇乞置官司

上遂欲自征高麗褚遂良諫曰天下譬猶一身兩京心腹也州縣四肢也四夷身外之物也高麗罪大誠當致討但命一二猛將四五萬衆取之如反掌耳今太子新立諸王幼稺一旦舍金湯之全踰遼海之險以天下之君輕行遠擧皆臣之所甚憂也群臣亦多諫者上皆不聽

○范華陽曰高麗臣屬於唐而其王為賊臣所弑為大國者不可不討然何至於自征之乎大宗若從遂良之言雖伐而不克未

上以遼左早寒草枯水凍士馬難久留且粮將盡勅班師是行拔十城徙戶口七萬三大戰斬首四萬餘級然戰士死者幾三千人戰馬死什七八不能成功深悔之歎曰魏徵若在不使我有此行也命馳驛祠徵以少牢復立所製碑〔定州〕屬河北即中山府〔降〕音項平聲下同〔烏骨城〕已上數城並在東夷〔鴨綠水〕出高麗東北西入于海〔平壤城〕在東夷高麗所都〔將盡〕之將音漿〔班師還〕師曰班〔十城〕名號未詳〔戶口〕通鑑徙蓋遼岩三州戶口入中國者七萬人〔幾〕音機〔少牢〕羊豕也少去聲

○二十年上如靈州遣李世勣擊薛延陀破降之招諭勅勒諸部回紇等十一姓各遣使歸命乞置官司詔曰朕聊命偏師遂擒頡利始弘廟略已滅延陀鐵勒百餘萬戶請爲州郡混元以降殊未前聞宜備禮告廟仍頒示天下上爲詩曰雪恥酬百王除兇報千古刻石於靈州〔十一姓〕譜系未詳〔使〕去聲〔鐵勒〕西夷別種〔混元〕太古也〔降〕如字〔告〕音谷〔報千古〕昔大王岐山之迁高帝平城之圍皆夷狄之恥也今既皆得而臣之猶申報於前王矣

○二十

房杜為唐宗臣

創業守成之難

大失也

玄齡疾篤。上徵赴玉華宮。肩輿入殿。相對流涕。因留宮下。候問不絶。玄齡謂諸子曰。吾受主上厚恩。今天下無事。惟東征未已。群臣莫敢諫。吾知而不言。死有餘責。乃上表曰。願陛下許高麗自新。焚淩波之船。罷應募之衆。自然華夷慶賴。遠肅邇安云々。卒。謚曰文昭。

○孫氏曰。君待臣以道。臣以道報之。君待臣以利。臣以利報之。此必然之理也。太宗以勣輔太子。而為此詭計

二十年。司空梁公房玄齡卒。上悲不自勝。玄齡佐上定天下。及終相位三十二年。號為賢相。然無迹可尋。上定禍乱。而房杜不言功。王魏善諫諍。而房杜讓其賢。英衛善將兵。而房杜行其道。理致太平。善歸人主。為唐宗臣。〔司空〕官。〔梁公〕梁國公。爵。〔勝〕音升。房杜。玄齡如晦。〔王魏〕王珪。魏徵。〔英衛〕英公李勣。衛公李靖。○二十三年。上有疾。謂太子曰。李世勣才知有餘。然汝與之無恩。我今黜之。我死用為僕射。親任之。若徘徊顧望。則當殺之耳。乃左遷疊州都督。受詔不至家而去。〔疊州〕屬鞏昌。○上崩。在位二十四年。改元者一。曰貞観。〔貞観〕即位ノ二年丁亥改元。上雖以武功定禍乱。終以文德綏海内。常自以驕侈為懼。嘗曰。人主惟一心。攻之者衆。或以勇力。或以辯口。或以諂諛。或以姦詐。或以嗜欲。輻湊各求自售。人主少懈。而受其一。則危亡隨之。此其所以難也。嘗問侍臣。創業守成孰難。玄齡

曰草昧之初群雄並起角力而後臣之創業難矣魏徵曰自古帝王莫不得之於艱難失之於安逸守成難矣上曰玄齡與吾共取天下出百死得一生故知創業之難徵與吾共安天下常恐驕奢生於富貴禍乱生於所忽故知守成之難然創業之難往矣守成之難方與諸公慎之〔售〕音授、自媒曰售、草而不齊、昧而不明、言隋末之乱也、〔角力〕角競勇力、自知神采為臣下所畏常温顔接群臣導人使諫賞諫者以来之惟末年東征之役褚遂良嘗諫不聴

太子立是為高宗皇帝〔為〕去声〔東征〕東征高麗

〔高宗皇帝〕名治母長孫皇后承乾廢長孫無忌力勸太宗立治在東宮七年太宗嘗作帝範十二篇以賜曰修身治國盡在其中一旦不諱更無言矣至是即位長孫無忌褚遂良受先帝遺詔輔政以李勣為左僕射尋為司空〔皇后〕無忌妹、〔十二篇〕君躰、建親、

勣之機心豈不曉以利誘乎廢立之際不肯盡忠雖勣無大臣之節亦太宗以利啓其心也○頼山陽曰唐太宗即位之初首聴百官陳治道中外大悦又日引将卒習射於顕徳殿群臣多諫皆不聴曰四海一家何於宿衛更加猜忌由是人心思自厲悉為精鋭論者美其求言而至於習射則陋之以為以天子為有司事近乎伍於殿廷舍教化而急於射嗚呼是未知太宗之意也余以為求言習射同一術耳求言不獨

以武氏為昭儀

論唐室中絕皆勣之由

李義府笑中有刀

補政、而習射、不獨備戰、何以言之、太宗雖功伐蓋世、而李氏代隋、為日猶淺、且已以藩王、一旦爭而獲位、文武士民、其心渙散、未必一也、是以設術以收攬之、王皇后蕭淑妃與武昭儀更相譖訴、后寵雖衰、然上未有意廢也、會昭儀生女、后憐而弄之、后出、昭儀潛扼殺之、上至昭儀歡笑、發被觀之、女已死矣、即驚啼問左右、左右皆曰、皇后適來此、上大怒曰、后殺吾女、昭儀因泣數其罪、后無以自明、上由是有廢立之志

求賢、審官、納諫、去讒、戒盈、崇儉、賞罰、務農、○永徽五年、以太閱武、崇文、〔治國〕之治、去聲、〔畫〕通鑑作備、宗才人武氏爲昭儀。才人、昭儀皆女官名、○通鑑、注、昭儀、昭顯其儀、示隆重也、○六年上欲廢皇后王氏、立武昭儀爲后。許敬宗李義府贊之。褚遂良不可以問李勣。勣曰、此陛下家事、何必更問外人。事遂決。〔更〕音庚、○范曰、高宗欲廢立、而猶難於顧命大臣、取決於李勣之一言、勣若以為不可、則武氏必不立矣、勣非惟不諫、又勸成之、孽后之立、無忌遂良之死、唐室中絕、皆勣之由、其禍豈不博哉、太宗以勣為忠、託以孤幼、而其大節如此、書曰、知人則哲、惟帝其難之、信哉、褚遂良貶。義府參知政事。義府貌若温恭、與人嬉怡、而狡險忌克。人謂笑中有刀、柔而害物、謂之李猫。〔貶〕黜為潭州都督、〔參知政事〕官、掌陪貳宰司、參預朝政、〔狡險〕狡、狂也、猾也、○忌、謂畏忌憎惡、〔忌克〕謂好勝殘害、左氏傳、今其言多忌克、武后以長孫無忌不助己、深怨之。顯慶四年、削無忌官、黔州安置。遂良先一年卒。至是無忌與初議者柳奭韓瑗皆被殺。〔已〕音紀、○通鑑、永徽五年、由有廢立之志、又畏大臣不從、乃與昭儀幸無忌第、酬飲極歡、拜無忌寵姬子三人為大夫、仍

尊老君為太上玄元皇帝

李勣拔高麗

帝稱天皇皇稱天后

廢皇后王氏為庶人、立昭儀為皇后。故后王氏淑妃蕭氏並囚於別院。上嘗念之、間行至其所、呼之。王后泣對曰、至尊若念疇昔、使得再見日月、幸甚。上曰、朕即有處置。武后聞之、大怒、遣人斷去手足、投酒甕中、曰、令二嫗骨醉。數日而死。又斬之。后數見王蕭為祟、如死時狀。故多在洛陽、不敢歸長安。○胡致堂曰、孔子曰、其身正、則令而行、其身不正、雖令不從。太宗作帝範以訓太子、其事備矣。然皆空言也。高

載金寶繒錦十車以賜無忌。上因從容言皇后無子、以諷無忌。無忌對以他語、竟不順旨。上及昭儀皆不悅而罷。黔州屬川南、今紹慶府。先音霰。○乾封元年、上封泰山、至亳州、尊老君為太上玄元皇帝。亳州屬河南、即譙郡。老君、即老子。○以李勣為遼東大總管、伐高麗。○總章元年、李勣拔平壤、降其王高藏、悉平、置安東都護府。○上元元年、帝稱天皇、后稱天后。○初帝以賤妾子忠為太子。武后廢之、立后之子弘。弘仁孝、中外屬心、忤后意、鴆之、立其次曰賢。又以事廢之、而立其次哲。屬音燭。○上在位改元者十三、曰永徽、顯慶、龍朔、麟德、乾封、總章、咸亨、上元、儀鳳、永隆、開耀、永淳、弘道。凡三十四年。而政在中宮者三十年矣。自褚遂良等死、後群臣無敢諫者。李善感嘗因事一諫。人以為鳳鳴朝陽。上崩、太子哲即位、是為中宗皇帝。中宮、皇后武氏。一諫、通鑑永淳元年、上既封泰山、欲遍封五嶽。善感諫曰、陛下封泰山、告太平、致群瑞、與三皇五帝比隆矣。數年菽粟不稔、餓莩相望、四

乾封　上元　唐中宗　嗣聖

中宗即位 沢廢 武后称帝自立

夷交侵，兵車歲駕。陛下宜恭默思道，以禳災譴。乃更廣營宮室，勞役不休。天下莫不失望。臣忝備國家耳目。竊以此為憂。上優容之。鳳鳴朝陽，山東曰朝陽。詩，鳳凰鳴矣，于彼高岡。梧桐生矣，于彼朝陽。

中宗皇帝 初名顯，改名哲。既即位，立韋妃為后。改元曰嗣聖。明年，武后廢帝為廬陵王，而立其弟旦。旦擁虛器者七年。改元曰垂拱，曰永昌。太后廢旦為皇嗣，而稱帝。是為則天武氏。廬陵國在吉安。虛器不得有為，徒尸虛位。武氏贊曰，小雅曰，赫々宗周，褒姒滅之。此周幽王之詩也。是時幽王雖亡，而太子宜臼立，是為平王。而詩人乃言滅之者，以為文武之業於是蕩盡。東周雖在，不能復興矣。其曰滅者，甚疾之之辭也。武氏之亂，唐之宗室戕殺殆盡。其賢士大夫，不免者十八九。以太宗之治，其遺德餘烈，在人者未遠。而幾於遂絕。其為惡豈一褒姒之比耶。以太宗之明，昧於知子，廢立之際，不能自決。卒付昏童。高宗溺愛，衽席不戒，履霜之漸，而毒流天下，貽禍邦家。嗚呼，父子夫婦之間，可謂難哉。可不慎哉。○則天武氏，故荊州都督武士彠之女也。太原人。年十四，太宗聞其美，召入後宮，以貞觀十一年為才人。時天下歌曲名武媚娘。已成讖。貞觀末，太白屢晝見。

宗之所取法者太宗之所行爾。武氏之立，其以納巢剌王妃為法乎。故唐世無正家之法，由太宗首惡也。

中宗欲以后父韋玄貞為侍中。裴炎固爭。中宗怒曰，我以天下與韋玄貞，何不可。而惜侍中耶。炎懼白太后，密謀廢立。太后集百官於乾元殿，勒兵宣令廢中宗為廬陵王。中宗曰，我何罪。太后曰，汝欲以天下與韋玄貞，何得無罪。乃幽於別所。立豫王旦為皇帝。永平成器為太子。廢太孫重照為庶人。改元文明。且居別殿不得有所預政事皆汰沙太后。太后殺故太子賢遷帝于房州又遷于均州。時諸武用事唐宗室人々自危衆心憤惋會柳州司馬英公李敬業及弟敬猷唐之奇駱賓王杜求仁魏思温皆失職怨望乃謀起兵矯詔殺楊州長史開府庫赦囚徒旬日間得勝兵十餘萬移檄州縣略曰偽臨朝武氏者人非温順地實寒微昔充太宗下陳嘗以更衣入侍洎乎晩節穢乱春宮密隱先帝之私隱圖後庭之嬖踐

大史占云。女主昌。又傳秘記。唐三世後。女主武王代有天下。太宗悪之。嘗與群臣宴。令各言小名。武衛将軍李君羨官称封邑皆有武字。而小名五娘。太宗愕曰。何物女子。乃尓健邪。或奏君羨謀不軌。遂誅之。密問太史李淳風。對曰。臣仰觀天象。俯察暦數。其人已在陛下宮中。不過三十年。當王天下。殺唐子孫殆盡。其兆已成矣。太宗崩。才人年二十四矣。爲尼。高宗幸寺見之而泣。時王皇后與蕭淑妃争寵。密令長髮。勧高宗納之。既入。而后與淑妃皆失寵。武氏年三十二。遂自昭儀爲后。王蕭皆爲所殺。贈父士彠周國公。尋加贈太原王。高宗苦風眩。不能視百司奏事。或使皇后決之。后性明敏。渉獵文史。處事皆称旨。由是委以政事。權與人主侔。人謂之二聖。在高宗之世。后自殺子弘。廢子賢。高宗既崩。子哲即位。廢爲廬

殺唐宗室國号周

徐有功仁恕執法

元后於翬翟陷吾君於聚麀殺姊屠兄從兄惟良弒君鴆國夫人屠兄從兄惟良弒君高宗苦頭重侍醫秦鳴鶴請刺頭出血可愈武后不欲上疾愈怒曰此可斬也乃欲於天子頭出血尋帝崩酖母殺王皇后人神之所同嫉天地之所不容包藏禍心竊窺神器君之愛子幽之別室賊之宗盟委之以重任

綱鑑註一掬曰抔土指墳墓也懷義為白馬寺主出入乘御馬朝貴皆匍匐禮謁

告密者農夫樵人皆得召見或不次

陵王而立子旦后臨朝称制立武氏七廟護音央入聲斌音武書見之見音現占音贍譬令去聲下同武字通鑑左武衛將軍武連縣公武安李君羨當王之王去聲長音張上聲為所之為去聲涉獵謂若涉水獵獸歷覽雖多不專精也稱去聲七廟太祖三昭三穆英公李敬業起兵討之檄曰一抔之土未乾六尺之孤安在又曰試觀今日之域中竟是誰家之天下太后遣將擊殺之越王貞又舉兵匡復不克而死太后遂大殺唐宗室自名曌称皇帝國號周以旦為皇嗣改姓武時曌年六十七矣初寵僧懷義後寵張易之張昌宗兄弟居中用事易之五郎昌宗六郎佞者曰人言六郎似蓮花吾謂蓮花似六郎耳曌知人心不服且内行不正畏人議己盛開告密之門用酷吏侯思止索元禮周興来俊臣吉頊等鍛鍊羅織率以反逆誣人誅殺不可勝紀用此拑制天下然有權數善用人賢才亦樂為之用徐有功仁恕執法曌每

除官無實者不問、於是四方告密者蜂起胡人索元禮因告密召見擢爲游擊將軍

仁傑好面引廷爭、太后每屈意從之、嘗從太后遊幸遇風巾墜馬驚不止、太后命太子追執其鞚而繫之屬以老乞骸骨不許每入見太后常止其拜曰每見公拜朕亦身痛及薨太后泣曰朝堂空矣自是朝廷有大事衆或不能決太后輒曰天奪吾國老何太早耶、

○鴻齋曰、狄仁傑焚一千七百餘淫

屈意從之將相多得人魏元忠婁師德狄仁傑姚元崇皆名相宋璟亦顯於朝師德寛厚清愼犯而不校弟除代州刺史師德謂兄弟榮寵過盛人所疾也何以自免弟曰自今人雖唾某面拭之而已師德愀然曰此所以爲吾憂也人唾汝面怒汝也而拭之則逆其意而重其怒矣唾不拭自乾當笑而受之耳師德每薦仁傑而仁傑每毀師德后語仁傑曰朕用卿師德所薦也仁傑退而歎曰婁公盛德我爲所容久矣武承嗣三思營求爲太子仁傑從容言於后曰太宗櫛風沐雨親冒鋒鏑以定天下傳之子孫大帝以二子托陛下今乃欲移之他族無乃非天意乎姑姪與母子孰親陛下立子則千秋萬歲後配食太廟立姪則未聞姪爲天子而祔姑於廟者也后稍悟已而又力勸之遂自房州召廬陵王還都立爲皇

祠而不能除一淫婦。當唐室衰頹之際。阿諛賊或以取顯官。不獨愧李敬業之檄文乎。張柬之之舉。臨武氏寢疾之時而発。嗚呼亦晩矣。

初柬之與荊府長史楊元琰相代。同泛江至中流語及太后革命事。元琰慨然有匡復之志。及柬之為相。引元琰為右羽林將軍謂曰。君頗記江中之言乎。今日非輕授也。柬之又用彥範及李湛。皆為羽林將軍。委以禁兵易之疑懼。乃更以其黨武攸宜參之易之等乃安。俄而姚元之自靈武至

太子。以子自為相。王仁傑最見信重。好面折廷爭。曌常屈從稱為國老而不名。仁傑卒。曌泣歎。元行沖博學多通。仁傑重之。行沖多規諫。曰明公之門珍味多矣。請備藥物之末。仁傑笑曰。吾藥籠中物。何可一日無也。姚元崇等數十人。皆仁傑所薦。或曰。天下桃李悉在公門矣。仁傑曰。薦賢為國。非為私也。曌嘗問仁傑。欲得一佳士用之。仁傑曰。有張柬之者。雖老宰相才也。後竟用柬之為相。曌寢疾甚。柬之與崔玄暐・敬暉・桓彥範・袁恕己。率羽林將軍李多祚等。舉兵討內亂。迎太子於東宮。斬關入斬易之・昌宗於廡下。遷曌於上陽宮。上尊號曰則天大聖皇帝。是冬殂。年八十二。易唐為周者十有六年。改元者十。曰天授。如意。長壽。延載。曰萬歲通天。曰神功。聖曆。久視。大足。長安。

〔英國公〕英國公爵、李敬業姓名、勣孫、震子、勣死、敬業嗣爵。〔一抔之土未乾〕高宗之葬未久、

張東之彥範相謂曰事濟矣遂以其謀告之時太子於北門起居彥範暉謁見密陳其策太子許之東之玄暐彥範乃與左威衛将軍薛思行等帥羽林兵五百餘人至玄武門遣多祚湛及内直郎王同皎詣東宮迎太子斬関而入斬易之昌宗於廡下進至太后所寝長生殿太后驚起問曰乱者誰耶多祚等對曰易之昌宗謀反臣等奉太子令誅之太后見太子曰小子既誅可還東宮彥範進曰昔天皇以愛子託陛下今年歯已長久在

乾音干、下同、六尺之孤安在、子哲既立而竄、周禮疏云、六尺年十五也、遣将李孝逸、貞高宗弟、復音伏、曌音照、曾懐義沙門曰僧、梵云僧伽、行去聲、下並同、索蘇各切、姓也、鍛錬威虐逼脅、酷烈如爐、鍛音端、去聲、羅織羅網無辜、織成罪状、勝音升、拮音持、為之我為為國為私之四為字、並去聲、環音影、唖音他、去聲、口液也、愀音悄、容色変也、語去聲、武承嗣三思三去聲、武姓、承嗣名、三思字、則天姪也、擳音臻、入聲、梳也、大帝高宗、二子哲、且、祔音閑、合祭曰祔、房州属河南、相王之相、去聲、好去聲、争諍同、籠力董切、竹器、柬音簡、玄暉暉通鑒作幃音偉、恕已已音紀、上陽宮在東都禁苑之東、接皇城之西北上尊之上、上聲、是冬殂臨朝、凡二十二年、案通鑒則天既殂遺制、去帝號而称后、改元者十、案前紀年當作十四、詳見本文、萬歳通天四字年号。胡曰、武氏之禍、古所未有也、張東之諸人、第知反正、廢主而不能以大義、処非常之変、為唐室討罪人也、武后以太宗才人蠱惑嗣帝、一罪也、戕殺主母皇后二罪也、黜中宗幽而奪之、三罪也、殺君之子一人、四罪也、自立為帝、五罪也、廢唐宗廟、六罪也、誅鋤宗室殆盡、七罪也、穢德彰聞、八罪也、尊用酷吏毒痛四海、九罪也、兵既入宮、當先奉太子復位、即以武氏至唐太廟、數其九罪、称高祖太宗之命廢為庶人、而賜之死、中宗不得與焉、又取武姓王侯嘗用事肆虐于唐之人者、盡戮之、然後足以慰在天之靈、雪臣民之憤、而天地之常経立矣、惟其不能、是以不旋踵、韋氏肆行無所忌憚、意可以為常事也、惜哉、

長安之五年。帝復位。號唐。帝即位二月而

安樂公主降墨敕除官

東宮天意人心久思李氏願陛下傳位太子以順天人之望於是以太后制命太子監國明日太后傳位於大子中宗復位

點籌記貼數也

許州參軍燕欽融上言皇后淫亂干預國政宗楚客圖社稷上面詰之欽融抗言不撓楚客矯制撲殺之

被廢居均州者一年居房州者十三年還爲太子者又八年而後反正韋氏復爲皇后上在房陵每欲自殺后每止之上與私誓異時幸復見天日惟所欲不禁至是每臨朝后必施帷幔坐殿上預聞朝政如武氏在高宗之世上女安樂公主適武三思之子三思以是得入宮禁通於韋后后與三思雙陸而上爲點籌上遂與三思圖議政事張柬之等皆受制五人皆賜王爵而罷政已而遠貶殺之安樂公主等依勢用事請謁受賕降墨敕除官斜封付中書時謂之斜封官凡數千人人有上言皇后淫亂上面詰之其人抗言不撓中書令宗楚客矯制撲殺之上意怏怏后及其黨始懼馬秦客楊均皆幸於后恐事泄安樂公主亦欲后臨朝以己爲皇太女乃相與謀於餅餤中進毒上復位改元者二曰神龍景龍景龍四

相王子臨淄王隆基謀匡復社稷。或謂隆基當啓相王。隆基曰、我曹爲此以徇社稷。成福歸於王。不成以身死、不以累王也。且萬一不從、將敗大計。遂不啓。微服與劉幽求入苑中。逮夜天星散落如雪。幽求曰、天意如此。時不可失。於是葛福順直入羽林營、斬諸韋典兵者以徇。曰、韋后酖殺先帝、謀危社稷。今夕當共誅之、立相王以安天下。敢有懷兩端助逆賊者、罪及三族。羽林士皆欣然聽命。隆基勒兵入玄武門。諸衛兵

年而遇弑。立温王重茂。后攝政。相王子隆基起兵、討亂、斬后及安樂公主幷其黨、皆誅之。廢重茂、奉相王立之。是爲睿宗皇帝。

（復位）之復、（韋氏復）之復、並音伏。（均州）屬河南。（反正）復帝位。（房陵）郡名、即房州。（安樂）邑屬環州。武三思之子崇訓、（雙陸）擲骰博釆。（上爲）之爲、去聲。（五人）張柬之、崔玄暐、敬暉、桓彥範、袁恕己、皆前平武氏亂者。○通鑑、神龍元年、武三思與韋后日夜譖暉等恃功專權、將不利社稷。因爲畫策、不若封暉等爲王、罷其政事。外不失尊功臣、内實奪之權。上以爲然。以敬暉爲平陽王、彥範爲扶陽王、柬之爲漢東王、恕己爲南陽王、玄暐爲博陵王、罷知政事。二年、又使鄭愔告暉等與王同皎嘗坐謀殺三思廢皇后之事者通謀、貶暉崖州司馬、彥範瀧州司馬、柬之新州司馬、恕己竇州司馬、玄暐白州司馬。是秋、三思陰令人疏皇后穢行、榜於天津橋、請加廢黜。上怒、命覈其事。奏言敬暉等使人爲之。上乃長流暉於瓊州、彥範瀼州、柬之瀧州、恕己環州、玄暐古州。已而三思尋矯制殺之。（墨敕）詔敕。（上言）之上、上聲。（撓）屈也。（宗楚客）宗姓、楚客名。（馬秦客）馬姓、秦客名。（巳）音紀。（餅餤）餤音啖、麪食。（遇弑）通鑑、中宗在位凡六年。（重茂）中宗第四子。

（睿宗皇帝）名旦。初高宗崩、中宗廢、武氏立旦爲帝者七年矣。而廢爲周皇嗣者九年。改封相王者十年。至是復爲帝。立隆

宋璟姚元之爲政

傳位太子

皆應之斬韋后及安樂公主等欽明八風舞搖頭轉目備諸醜態欽明素以儒學著名靈藏用曰祝公五經掃地盡矣太平公主以太子年少意頗易之既而憚其英武與益州長史竇懷貞結黨欲危太子邀韋安石安石固辭不往上嘗密召安石謂曰聞朝廷皆傾心東宮宜察之對曰陛下安得亡國之言此乃太平之謀耳太子有功於社稷仁明孝友天下所知願陛下無惑上瞿然曰朕知之矣

甚爲太子。宋璟姚元之爲政。二人協心革弊政。進忠良退不肖。賞罰盡公。請托不行。紀綱修舉。當時翕然。貶祝欽明等。欽明嘗爲八風舞。人曰五經掃地矣。筌蹄、欽明時爲國子祭酒、因飲宴而舞、轉目搖頭、以象八方之風。五經掃地、言爲五經之辱也。○帝妹太平公主。於誅二張誅韋氏時。皆有力。既屢立大功。勢尊重。上嘗與議政。權傾人主。其門如市。憚太子英武。欲易之。賴韋安石宋璟張說姚元之等感悟上意。政事皆取太子處分。上自復爲帝。改元者二。曰景雲太極。至是三年。自称太上皇。傳位於太子。是爲玄宗明皇帝。張易之、昌宗。〔勢〕通鑑作益。〔易〕音亦。〔說〕音悅。〔處分〕處音杵、分音墳去聲、通鑑注、處、制也、定也、分、所當然也。〔景雲大極〕案紀年、又改延和、改先天。

〔玄宗明皇帝〕名隆基。初爲臨淄王。韋氏之亂。陰聚才勇之士。密謀匡復。大宗初選驍勇爲百騎。武后增爲千騎。隷左右羽

高力士知内侍省事

焚珠玉錦綉

舊制雅俗之樂皆隷太常上以大常禮樂之司不應典倡優雜伎乃置左右教坊

○胡致堂曰玄宗選宮女而自教之則是以天子而與倡優矣而可乎夫以顔子亞聖之資夫子尚以放鄭聲為戒況玄宗乎大臣之責務引其君以當道以格其非心而防其微漸者也姚崇於是昧其所職矣

謂紫微舍人齊澣曰我為相可比何人澣未對崇曰何

林中宗謂之萬騎置使領之隆基皆厚結其豪傑卒誅韋氏奉睿宗封爲平王睿宗將建儲嫡長子成器以平王有功力讓之遂爲太子尋受禪（使去聲將音將建儲建立儲太子也）○開元元年高力士爲右監門將軍知内侍省事初太宗定制内侍省不置三品官黄衣廩食守門傳命而已至是除三品將軍者寖多宦官增至三千人内侍之盛始此（内侍官官不置三品官不得置爲三品官）○姚崇爲紫微令（姚崇即元之避開元尊號改名崇紫微令玄宗改中書省曰紫微省令中書令也）○二年以太常不應倂典俗樂置左右教坊謂之皇帝梨園弟子（俗樂俳優雜伎左右教坊以中官爲之使自是不隸太常梨園弟子初隋有法曲其聲清而近雅明皇愛之選坐部伎子弟三百教於梨園号皇帝梨園弟子○胡曰玄宗謂太常不應典倡優雜伎是也而更置坊監盛選女工以實之此則煬帝之爲也）○焚珠玉錦綉於殿前（○通監上以風俗奢靡制乘輿服御金銀器玩宜令有司銷毀以供軍國之用其珠玉錦綉焚於殿前后妃以下皆毋得服珠玉錦綉其織成錦綉聽染爲皁自今天下更毋得采珠玉）

作興慶宮

姚崇救時之相

宋璟為相百官得職

如管晏。漭曰管晏之法雖不能施於後猶能沒身公所為法隨復更之似不及也崇曰然則竟何如漭曰可謂救時之相耳崇喜投筆曰救時之相豈易得乎

崇子彝异頗受賂遺為時所譏又崇所親信主書趙誨受賂事覺崇由是請避位薦廣州都督宋璟自代

織錦綉等物違者杖一百罷兩京織錦坊○司馬温公曰明皇始欲為治能自刻厲節儉如此晚節猶以奢敗甚哉奢靡之易以溺人也詩云靡不有初鮮克有終可不慎歟○作興慶宮置樓西曰花蕚相輝南曰勤政務本宋王成器等宅環其側花蕚相輝蕚花跗承花者也花蕚相輝取詩常棣之華蕚不韡々飲兄弟之意以名樓也○三年盧懷慎為黃門監懷慎清謹儉素妻子不免饑寒所居不蔽風雨姚崇嘗謁告十餘日政事委積懷慎不能決崇出須臾裁決盡顧謂齊澣曰我為相何如澣曰可謂救時之相懷慎知才不及每事推崇時謂之伴食宰相黃門監開元元年改門下省為黃門省侍中為監謁告請休告歸齊澣紫微舍人知音智推音退平聲○四年姚崇罷宋璟為黃門監璟為相務擇人百官各得其職好犯顏正諫上甚敬憚之璟與姚崇相繼為政崇善應變璟善守文志操不同然協心輔佐使賦役寬平刑罰清省百姓富庶唐世賢相前称房杜後称姚宋他莫得比二人

韓休峭直

會天旱、優人作魃狀戲、旱神也。於上前、問魃何為出、對曰、奉相公處分、又問何故、對曰、負寃者三百餘人、相公悉以繫獄、故不得不出爾。上心以為然。時江淮間惡錢尤甚。璟使監察御史蕭隱之括之。隱之嚴急煩擾、怨嗟盈路。於是貶隱之官、罷璟、遂弛錢禁、而惡錢復行矣。

○范華陽曰、唐制諸衛府有為兵之利、而無養兵之害、田不井而兵猶藏於民、最為近古、而便於國者也。開元之時、其法寖隳、張

每進見上輒爲之起、去則臨軒送之。姚崇罷 通鑑、主書趙誨為崇所親信、受賂事覺、鞫問當死、崇復營救、上不悅、會曲赦京城、敕時標誨名杖一百、流嶺南、崇由是憂懼、請避相位、薦璟自代。見音現。為之之為、去聲。○八年宋璟罷。以下禁惡錢、雜以鉛鐵、而盜鑄者怨嗟而罷。○九年宇文融言、天下戸口逃移、巧偽甚衆、請加檢括。同平章事源乾曜贊成之。以融爲勸農使、奏置勸農判官十人、分行天下、競爲刻急、州縣承風勞擾、百姓苦之。○同三品張說建議召募壯士、旬日得精兵十三萬、分隷諸衛、更番上下、兵農之分始此。檢括 檢、校、括、結、使各附籍土著。當差。同平章事 太宗時、僕射李靖以疾辭、詔疾小瘳、三兩日一至中書門下平章事、同平章事之名始此。勸農使 官掌覈田。同三品 太宗時、李勣以太子詹事同中書門下三品、謂同侍中中書令也、同三品之名始此。更音庚、下同。上下 並上聲、分次更替、上謂宿衛、下謂歸家。○十三年更命長從宿衛爲彍騎。彍 音霍、彍張弩也、府兵法壞、張說請募兵宿衛、更號彍騎。○二十一年韓休同平章事。休爲人峭直、上或宴遊小過、輒謂左右曰、韓休知否。言終諫疏

點註十八史略校本卷五

天下肥

李林甫深結宦官妃嬪

祿山有反相

說不究其所以、而輕變之兵農既分、卒不能復則說之為也

時武惠妃寵傾後宮生壽王瑁太子浸疎薄林甫乃因宦官言於惠妃願盡力保護壽王妃德之陰為内助

張守珪使平盧討擊使安祿山討奚契丹敗績守珪奏請斬之祿山臨刑呼曰大夫欲滅奚契丹奈何殺祿山乃更執送京師張九齡批曰昔穰苴誅莊賈孫武斬宮嬪云々

已至。左右曰、休爲相、陛下殊瘦於舊。上歎曰、吾雖瘠、天下肥矣。休罷、張九齡繼之。（峭直 通鑑注、峭挾也。休罷 韓休以與蕭嵩不協而罷）○二十二年。九齡爲中書令、李林甫同三品。林甫柔佞多狡數、深結宦官及妃嬪家、伺上動靜、無不知之。由是每奏對、常称旨。（狡數 狡猾術數）（称 去聲○呂曰、商鞅見孝公、初說以帝、中說以王、終說以覇、期於必售而後已。此世之君子所以賤其挾術用數也。雖然、鞅之術數、不過雖陳其說、秦孝公自擇而用之、非有大姦大狡之計、以取必於其君也。若林甫可謂大姦大狡者矣。觀其深結宦官妃嬪、伺上動靜、無不知者、由是每奏称旨、以至為相、此則商鞅之所不為也。而林甫為之、益可賤也已）○二十四年。幽州節度使張守珪、執敗軍将安祿山、送京師。張九齡批曰、守珪軍令若行、祿山不宜免死。上惜其才勇、赦之。九齡力爭曰、祿山有反相。不誅必爲後患。上曰、卿勿以王夷甫識石勒、枉害忠良。竟不誅。祿山本營州雜胡也。初名阿犖山。母再適安氏、故冒其姓。部落破散、逃來。狡黠爲守珪所愛

千秋節

李林甫專政

○胡致堂曰禍福雖有定數若由人事今置毒於前食則死不食則生生死繫乎食與不食則人事為近矣故古之聖人必修人事其於天命我不敢知使明皇外任賢相內無蠱惑雖祿山焉敢亂

張九齡以為以鏡自照見形容以人自照見吉凶乃述前世興廢之源為書

李林甫數勸上立壽王瑁上以忠王璵年長孝謹好學意欲立之猶豫不決常忽々不樂高

又有史窣干者與祿山同里閈亦驍勇守珪遣入奏事上賜名思明節度使官掌備邊撫綏夷狄太宗詔以宗室勛舊為之非有大故貶廢子孫無或黜免安祿山案通鑑守珪使祿山討奚契丹叛者祿山恃勇輕進為虜所敗守珪奏請斬之爭諍同相去聲王夷甫識石勒見晉懷帝下○胡曰祿山敗軍其罪應誅九齡直以爭論其理自勝乃言未來之事斷其後患是故玄宗拒之○蘇子曰祿山有死罪明皇不能案法行辟而以王夷甫識石勒為言是謂保養姦邪懷違忠諫安得為盛德邪營州屬遼西阿犖山突厥所謂鬪戰神者犖呂角切新舊書皆作軋祿山本姓康母阿史德為覡居突厥中禱子軋犖山及生有光照穹廬野獸盡鳴望氣者言其祥范陽節度使張仁愿探廬帳欲盡殺之匿而免母以神所命遂字軋犖山黷音轄慧也為守之為去聲窣音損入聲閈音汗里門曰閈○千秋節群臣皆獻寶鏡九齡述前世興廢為千秋金鑑錄五卷上之千秋節玄宗生日○通鑑開元十七年八月癸亥上以生日宴百官於花萼樓下丞相表請以每歲八月五日為千秋節布於天下咸令宴樂上上聲○九齡罷李林甫兼中書令上在位久漸肆奢欲林甫遂得專政通鑑初上欲以林甫為相問於九齡對曰宰相繫國安危陛下相林甫臣恐異日為社稷之憂上不從林甫疾之時上漸奢欲九齡力爭上不悅林甫巧伺上

立忠三爲太子

以安祿山爲節度使

以楊太眞爲貴妃

祿山請爲貴妃兒

意曰思所以中傷之至是以所善嚴挺之爲罪人請屬上以九齡爲阿黨罷政事詳見玄宗開元二十四年○二十六年立忠王爲太子忠王玄宗第三子○二十九年以安祿山爲營州都督祿山傾巧善事人上左右至平盧皆厚賂歸譽之上益以爲賢平盧城在漁陽一說盧當作虜漁陽縣有平虜渠即其地未詳是否○天寶元年以祿山爲平盧節度使○二年祿山入朝○三年改年曰載○以祿山兼范陽節度使汾州縣爲范陽節度四載以楊太眞爲貴妃故蜀州司戶玄琰女也爲上子壽王妃十年矣上見其美令自以其意乞爲女官且爲壽王別娶而後納之遂專寵蜀州屬四川今崇慶州司戶官掌佐部壽王名瑁令平聲且爲之爲去聲○六載以祿山兼御史大夫祿山請爲楊貴妃兒九載賜祿山爵東平郡王兼河北道採訪處置使祿山入朝楊釗兄弟姊妹皆往戲水迎之釗貴妃之從祖兄也得出入禁中先是判度支屢奏帑藏充牣上

力士請其故上曰汝揣我何意力士曰得非以郎君未定耶上曰然對曰但推長而立誰復爭上曰汝言是也由是遂立璵爲太子更名亨祿山又賂采訪使張利貞利貞盛稱之上乃以爲營州都督唐紀初武惠妃薨上悼念不已後宮數千無當意者或言壽王妃楊氏之美絕世無雙上見而悅之乃令妃自以其意乞爲女官號太眞更爲壽王娶郎將韋昭訓女潛內太眞宮中太眞肌態豐艷曉音律性警穎善承迎

帥群臣觀之。由是視金帛如糞土、賞賜無限。賜釗名國忠。〔處〕音杵。〔戲〕音義。〔從祖兄〕同曾祖之兄。從去聲。〔度〕音堂、入聲。帑藏金帛之舍。帑湯上聲、藏音狀。〔刱〕音叉、滿也。〔帥〕音率。○十載、爲安祿山起第、窮極華麗。上日遣諸楊與之游。祿山體肥大。上嘗指其腹曰、此胡腹中何所有。對曰、有赤心耳。祿山入禁中、先拜貴妃。上問其故。曰、胡人先母而後父。祿山生日、賜予甚厚。後三日、召入貴妃、以錦繡爲大襁褓、使宮人以綵輿舁之。上聞歡笑問故。左右以貴妃洗祿兒對。上賜妃浴兒金銀錢。盡歡而罷。自是出入宮掖、通宵不出。頗有醜聲聞于外。上亦不疑。又以祿山兼河東節度使。李林甫與祿山語、每揣知其情先言之。祿山驚服。每見、盛冬必汗。謂林甫爲十郎。既歸范陽、其下自長安歸、必問十郎何言。得美言則喜。或但云語安大夫須好點檢、即曰、噫嘻我死矣。〔爲安〕之爲去聲。〔予〕與同。〔舁〕音余、對舉。〔語安〕之語、

上意不期歲寵遇如惠妃。宮中號曰娘子。凡儀體皆如皇后。

○尹遂昌曰、楊氏爲壽王之偶、已非一日。明皇奪而有之、則亂三綱滅絶天理、不可立於人上矣。

祿山既兼三鎮、日益驕恣。自以曩時不拜太子、見上春秋高、頗内懼。又見武備墮弛、有輕中國之心。

祿山以李林甫狡猾踰己、故畏服之。及楊國忠爲相、視之蔑如也。由是有隙。國忠屢言祿山有反狀、上不聽。國忠欲厚結隴右節

林甫養成天下之乱

祿山反陷東京

度使哥舒翰與共排安祿山。奏以翰兼河西節度。是時中國盛強。自安遠門西盡唐境凡萬二千里。閭閻相望。桑麻翳野。天下稱富庶者莫如隴右。翰每遣使入奏。常乘白橐駝。日馳五百里

○丘濬曰、玄宗天寶初李林甫為相起大獄以誣陷異己者。寵任吉温羅希奭為御史。二人皆隨林甫所欲深淺鍛鍊成獄。無能自脫者。時人謂之羅鉗吉網。揚國忠言祿山必反。上使召之。祿山即至。見上泣曰、臣本胡人、

去聲、下同。好如字。我死矣。因林甫須好点検之。語而慮得罪以死。

媚事上左右、迎合上意、以固寵、杜絶言路、掩蔽聰明、嘗語諸御史曰、不見立仗馬乎。一鳴輒斥去。妬賢嫉能、排抑勝己。性陰險、人以為口有蜜腹有劍。每夜獨坐偃月堂、有所深思、明日必有誅殺。屢起大獄、自太子以下皆畏之。在相位十九年、養成天下之亂、而上不悟。然祿山畏林甫術數、故終其世未敢反。是歲國忠為相、言祿山必反、且曰、試召必不來。立仗馬列馬以為儀仗。已音紀。○十三載、祿山聞召即至。上由是不信國忠之言。加祿山左僕射而歸。○十四載、祿山請以蕃將代漢將。上猶不疑。表請獻馬三千匹、每匹二人執鞚、二十二將部送。河南尹上始疑之。遣使止其獻。祿山踞床不拜曰、馬不獻亦可。十月當詣京師。使還亦無表。是冬祿山遂反、發所部兵及奚契丹凡

顏真卿起兵討賊　論真卿首唱忠義　顏杲卿起兵討賊　祿山僭号称大燕皇帝

陛下寵擢至此為國忠所疾臣死無日矣上憐之賞賜巨萬由是國忠之言不能入矣太子亦言祿山必反上不聽
初真卿知祿山且反因霖雨完城浚壕丁壯實倉廩
祿山之至藁城也常山太守顏杲卿力不能拒與長史袁履謙往迎之祿山輒賜杲卿金紫質其子弟使仍守常山又使其將李欽湊將數千人守井陘口以備西軍杲卿歸途中指其衣謂履謙曰何為著此履謙悟其意乃陰與杲卿謀起

十五萬發范陽引而南步騎精鋭煙塵千里時承平久百姓不識兵革州縣皆望風瓦解進陷東京【蕃將】胡人為將【漢將】漢人為將【鞋】音控馬勒【奚】匈奴別種【契丹】東胡種元魏時自號契音乞【瓦解】解音佳上聲言自解散也【東京】洛陽 ○平原太守顏真卿起兵討賊上始聞河北從賊歎曰二十四郡曾無一人義士耶及真卿奏至大喜曰朕不識真卿何狀乃能如此【平原】郡屬山東今德州【二十四郡】河北一道領郡二十有四【曾】音層不料之辭 ○林曰燕伐齊齊七十餘城皆為燕有初未聞忠臣義士有發憤之氣也及王蠋絶脰而死義不北面於燕然後齊士靡然從之七十餘城復為齊有蓋天下之人豈無忠義之心苟其艱難之際有一人為唱則聞風之人孰不從之者在天寶末祿山煽亂河北二十四郡莫不失守及真卿首唱忠義而諸郡由是多應然則唐室中興雖郭子儀李光弼之功而其實則真卿為之唱也 ○常山太守顏杲卿起兵討賊河北諸郡皆應之【杲卿】真卿從兄 ○十五載安祿山僭號稱大燕皇帝 ○賊將史思明陷常山執顏杲卿送洛陽祿山數其反已杲卿曰我為國討賊恨不斬汝何謂反

張巡起兵討賊

賊入關上出走父老請留

宣旨欲傳位

太子尊上爲上皇

兵討祿山。令狐潮與賊將李懷仙等四萬餘衆奄至城下。張巡身先士卒直衝賊陣。人馬辟易、賊遂退。明日復進、蟻附攻城。巡束蒿灌脂、焚而投之。賊不得上。積六十餘日、大小三百餘戰、帶甲而食、裹瘡復戰。賊遂敗走。軍大振。

通鑑、上獨與貴妃姊妹皇子妃主皇孫及宦官宮人出延秋門。至咸陽日向中、上猶未食。國忠自市胡餅以獻。于是民爭獻糲飯、雜以麥豆。皇孫輩爭以手掬食之、須

也。臊羯狗、何不速殺我。祿山大怒、縛而咼之。比死罵不絕口。[數]其反。[巳]祿山有我、奏汝爲判官、超至太守之語。[巳]音紀。[爲]去聲。[臊]音騷、腥也。[咼]音寡、剮肉至其骨也。[比]音鼻。○真源令張巡、帥吏民哭於玄元皇帝廟、起兵於雍丘討賊。[真源]邑屬譙郡。[帥]音率。○朔方節度使郭子儀、河北節度使李光弼與賊將史思明戰、大破之、首復河北數郡。副元帥哥舒翰與賊戰、大敗。麾下執翰降賊。賊遂入關。上出奔、次于馬嵬。將士飢疲、皆憤怒、殺楊國忠等、及逼上縊殺貴妃。然後發。父老遮道請留。上命太子慰撫之。父老擁太子馬、不得行。使皇孫俶白上。上曰、天也。使喩太子曰、汝勉之。西北諸胡、吾撫之素厚、汝必得其力。且宣旨欲傳位太子。至平涼、朔方留後杜鴻漸迎入靈武、請遵馬嵬之命。牋五上、乃許。尊上爲上皇天帝。上在位四十五年、改元者三。曰先天、開元、天寶。太子立、是爲肅宗皇

上皇遣冊宝如霊武

徴兵於田紇

安慶緒殺祿山

田紇兵至

吏而盡明日至馬嵬驛将士飢疲皆憤怒陳玄禮以禍由楊國忠欲誅之會吐蕃使者二十餘人遮國忠馬訴以無食軍士呼曰國忠與胡虜謀反追殺之以槍揭其首於驛門外并殺韓國秦國夫人上聞諠譁出門慰労令收隊軍士不應上使高力士問之玄禮對曰國忠謀反貴妃不宜供奉願陛下割恩正法上曰朕當自處之入門倚杖傾頭而立久之京兆司録韋諤前言曰今衆怒難犯安危在晷刻願陛下速決因叩頭流血上曰貴

帝。（復音伏 哥舒複姓、麾下蕃将大抜歸仁等、馬嵬驛在咸陽西、嵬五灰切、俶音充、入聲、留後官名、猶留守也、霊武郡名、即霊州、馬嵬之命謂宣旨欲傳位之命、五上之上、上聲、）

肅宗皇帝初名璵、改名亨、自忠王為太子。二十年而遇祿山之乱、至是即位。京兆李泌自幼以才敏聞、上在東宮嘗與泌為布衣交、遣使召之、謁見於霊武、事無大小與之謀。上皇至成都、遣冊寶如霊武。（璵音余 泌音秘、又音苾 見音現 冊寶王冊傳國寶）○遣使徴兵於田紇。○招討節度使房琯與賊戦于陳濤邪、琯用車戦、大敗。（陳濤邪地在咸陽、邪音耶）○至德二載、安慶緒殺祿山。祿山自起兵以来、目昏至是不復見物、又病疽、躁暴、欲以嬖妾子代慶緒為嗣、慶緒使人弑之而自立。祿山僭號僅一年餘。（慶緒祿山之子、嬖妾子慶恩）○上至鳳翔、田紇遣子葉護、将精兵四千人至。天下兵馬都元帥廣平王俶、副元帥郭子儀、将朔方等軍及田紇西域之

大軍入西京

賊陷睢陽

妃常居深宮安知國忠反謀高力士曰貴妃誠無罪然将士已殺國忠而貴妃在陛下左右豈敢自安願陛下審思之将士安陛下安矣上乃命力士引貴妃於佛堂縊殺之玄禮等乃免冑釋甲頓首謝罪軍士皆呼萬歲祿山自起兵以来目漸昏至是不復睹物又病疽性益躁暴左右使令小不如意動如箠撻或時殺之嚴莊雖貴用事亦不免箠撻閹豎李豬兒被撻尤多左右人不自保既而嬖妾生子慶恩欲以代慶

衆發鳳翔至長安擊賊賊大潰大軍入西京俶留鎮撫三日引軍東出至洛陽與回紇夾擊賊大敗遂復東京安慶緒走保鄴（鳳翔府屬陝西即扶風郡鄴音攝廣平郡屬河東今廣平府西京長安復音伏走音奏）○賊将尹子奇陷睢陽張巡許遠死之巡先守雍丘移軍寧陵屢破賊既而入睢陽與遠共守屢却賊食盡或欲棄城巡遠謀曰睢陽江淮之保障若棄之賊必長驅是無江淮也不如堅守以待救食茶紙盡遂食馬馬盡羅雀掘鼠雀鼠又盡巡殺愛妾以食士四萬人僅餘四百終無叛者賊登城将士困病不能戰巡西向再拜曰臣力竭矣生既無以報陛下死當爲厲鬼以殺賊城遂陷巡遠被執南霽雲雷萬春等三十六人皆被殺（寧陵郡屬歸德茶紙筆蹄云茶與紙食士之食音嗣厲烈也猛也南霽雲雷萬春皆巡将）○林曰事父母能竭其力事君能致其身舜之完廩捐階而無怨斯可謂能竭其力張巡守睢陽至於殺妾以食士斯可謂能致其身○上

上皇還西京

史思明僣立　李光弼号令嚴整　李輔國遷上皇於西内

緒慶緒懼、莊謂之曰、事有不得已者、時不可失、慶緒從之、又謂豬兒曰、汝不行大事、死無日矣、豬兒亦許諾、莊與慶緒夜持兵立帳外、豬兒執刀直入帳中、斫祿山腹、遂死、

巡初守睢陽時、卒僅萬人、城中居人亦且數萬、巡一見問姓名、其後無不識者、前後大小戰凡四百餘、殺賊卒十二萬人、

○歐陽盧陵曰、張巡許遠可謂烈丈夫矣、以疲卒數萬嬰孤墉、抗方張不制之虜、其喉牙使不得傳食東南、牽

皇發蜀郡、還西京。○乾元元年、命郭子儀等九節度討安慶緒。(元年)是歲復改載為年、(九節度)朔方郭子儀、淮西魯靈、興平李奐、滑濮許叔冀、鎮西北庭李嗣業、鄭蔡李廣琛、河南崔光遠、河東李光弼、澤潞王思禮、○二年、史思明引兵救慶緒、九節度之兵潰于鄴。思明殺慶緒、還范陽僣號。仍称大燕皇帝。○李光弼代郭子儀、為朔方節度使兵馬元帥。光弼號令嚴整、始至、號令一施、士卒壁壘旗幟精明皆變。與史思明戰、屢敗之。(明)通鑑作彩、(敗)音拜。○上元元年、太僕卿李輔國遷上皇於西内。上皇愛興慶宮、自蜀歸即居之。多御樓、父老過者、往往瞻拜呼萬歲。上皇常於樓下賜以酒食、又嘗召將軍郭英乂等上樓賜宴。輔國言上皇居興慶、日與外人交通、陳玄禮高力士謀不利於上。數啓上遷之、不許。乘上不豫、率衆刼遷上皇。日以不懌、因不茹葷、辟穀、寖以成疾。(西内)西苑内、(御樓)天子所臨曰御、(食)音嗣、(乂)音刈、(上樓之上)上聲、(數)音朔、(葷)音薰、禮韻曰、

李光弼鎮臨淮

擊首尾大小數百戰、雖力盡乃死、而唐得全江淮財用以濟中興、引利償善、以百易萬可矣、巡先死不為遽遠、遠後死不為屈、巡死三日而救至、十日而賊亡、天以完節付二人、畀名無窮、不待留生而後顯也、上疾篤、后召越王係、選宦官授甲、以誅輔國元振、知其謀告輔國、以兵送太子於飛龍廐、勒兵收係、還后於別殿、明日上崩、輔國等殺后并係及兗王僩、上在東宮、以李輔國專權心甚不平、及嗣位、以輔國有殺張后之事不欲

辛菜、世俗云肉食

○二年。史朝義殺史思明。思明愛少子而惡朝義。因其敗軍欲斬之。朝義使人射殺思明而自立。朝義思明子、少子朝清。使人駱悅。射音石。○劉曰。夫祿山思明、狡黠有餘矣、叛而僭稱、坐席未暖、而刃及于腹、矢及于脅、縊及于頸、天之報施亦明矣、速矣、不可逭矣、而乱臣賊子、肩相摩、足相躡也、夫豈不鑒往轍乎。○李光弼爲大尉。統八道行營。鎮臨淮。八道行營、即前九節度、而光弼代子儀兼朔方節度、故云八道、行營。臨淮郡屬淮西、今泗州。

○寶應元年。郭子儀知諸道節度行營。兼興平定國等軍副元帥。復入朔方。興平屬陝西、今興平縣。定國即馮翊郡。副元帥屬上、二十字為一句。○上皇崩於西內。傳位後七年也。壽七十八。○上寢疾。聞上皇登遐。轉劇。遂崩。在位七年。改元者四。曰至德乾元上元寶應。初張皇后與李輔國相表裏。專權用事。晩更有隙。上疾篤。后召太子。謂曰。輔國久典禁兵。陰謀作亂。不可不誅。太子恐震驚上體。不可。輔國聞其謀。上崩。殺后而後引太子立之。是爲代宗皇

誅李輔國　諸鎮自為黨援　吐蕃入關

顯誅之，夜遣盜入其室，竊輔國首及一臂而去。敕有司捕盜，遣中使存問其家，仍贈太傅。○胡致堂曰：郭子儀之德之才，可以兼任將相，乃置之閒處；及有急難，又遽委用之。代宗於閹尹之言，受命如響，進退子儀，如待奴隸。曰李光弼以下，恃功負氣，夫豈堪此。獨子儀無纖芥於胸中，一聞君命，不俟駕而行，蹈危履險，死生以之。其忠義精誠，仰貫日月，而度量宏偉，無所不包，真可以為人臣之師表矣。

帝（登遐，天子崩曰登遐。更，音庚。）

代宗皇帝初名俶，封廣平王。為元帥，定兩京，封楚王，改成王。已而為太子，改名豫。至是即位，誅李輔國，以雍王适為天下兵馬元帥，率諸將及回紇援兵討史朝義，大敗之。賊將李懷仙斬朝義以降。以賊將張忠志鎮成德軍，賜姓名李寶臣；薛嵩鎮相衛邢洺貝磁等州；田承嗣鎮魏博德滄瀛等州；李懷仙鎮盧龍。朝廷厭苦兵革，苟冀無事，因而授之。諸鎮自為黨援，河朔敢抗朝命始此。（兩京，長安、洛陽。雍，去聲。敗，音拜。成德軍，常山號為成德軍節度，鎮恒、趙、深、定、易等州。相衛邢洺貝磁，六州屬河東。衛，今衛輝府；邢，音形，今順德府；洺，音名，今成州；貝，布蓋切，今恩州；磁，音茲。魏，屬河東，即魏郡。博，屬山東，今博興。德，屬山東。滄，屬河東。瀛，屬河東，即河間。盧龍，幽州號盧龍節度，鎮幽、涿、營、莫、平、蘇、嬀、檀等州。冀，希也，望也。朔，北也。諸鎮，《通鑑》注：自安史之亂，肅宗幸長安，分河北之地付授叛將，後遂效戰國，肱髀相依，以土地傳子孫，謂之藩鎮。）○廣德元年，吐蕃入寇，上出奔陝州，吐蕃入長安。關內，

僕固懷恩誘回紇吐蕃入寇

上謂郭子儀曰、懷恩父子負罪實深。聞朔方將士思公如枯旱之望雨。公為朕鎮撫河東、汾上之師必不為變。乃以子儀為關內河東副元帥、河中節度使。懷恩將士聞之、皆曰、吾輩從懷恩為不義、何面目見汾陽王。

子儀曰、今衆寡不敵、難以力勝。昔與回紇契約甚厚、不若挺身說之、可不戰而下也。諸將請選鐵騎五百衛從。子儀曰、此適足為害耳。郭晞〔子儀子〕扣馬諫曰、大人國之元師、奈何以身

副元帥郭子儀擊之。吐蕃遁去。○二年。流宦者程元振。元振初附李輔國。輔國死。元振專權自恣。尤甚忌諸將有大功者。皆欲害之。吐蕃入。元振掩蔽不以時奏。致上狼狽。中外切齒。至是流溱州。〔切齒、銜怒元振。溱州在西南夷。〕○臨淮王李光弼卒。上之幸陝。光弼不至。上撫之加厚。素與子儀齊名。及在徐州。擁兵不朝。麾下諸大將不復尊畏光弼。愧恨成疾而死。○永泰元年。平盧將李懷玉。逐節度使侯希逸而自知留後。詔因而授之。賜名正己。〔自知、自掌其鎮之事。詔因而授之、因使懷玉爲平盧節度使。後凡領詔、因以領鎮、因授之、皆倣此。〕○叛將僕固懷恩。誘回紇吐蕃入寇。召郭子儀屯涇陽。懷恩道死。二虜爭長不睦。子儀遣人說回紇。欲共擊吐蕃。先是懷恩欺回紇。謂子儀已死。使至。回紇不信曰。郭公在。可得見乎。使還報。子儀與數騎出。使人傳呼曰。令公來。回紇大驚。藥葛羅

幽州将殺李懷仙
誅官者魚朝恩

為虜餌子儀曰今戰則父子俱死而國家危往以至誠與之言或幸而見從則四海之福也不然則身沒而家全以鞭擊其手曰去遂與數騎出

○胡致堂曰孔子曰言忠信行篤敬雖蠻貊之邦行矣郭子儀輕騎見虜非惟虜不敢害聽其言講解而去賢於數十萬衆力擊鏖戰之功惟忠信足以感動之而已矣然忠信非可一日而為也積之既久行之既著名發

執弓矢立陣前子儀免冑釋甲而進諸酋長相顧曰是也皆下馬羅拜子儀亦下馬執手與之語取酒相與誓約而還吐蕃聞之夜遁諸軍與回紇共追大破之 ○僕固覆姓懷恩名初為朔方節度使曾與李光弼復東京平河北恃功驕蹇遂內樹四帥外交回紇而叛涇陽縣屬安西三虜回紇吐蕃長音張上聲下同遣人牙將李光瓚使去聲下同呼去聲令公子儀時為中書令故号曰令公藥葛羅回紇帥冑音宙兜鍪 ○通鑑子儀讓曰汝回紇有大功於唐唐之報汝亦不薄奈何負約深入前功結怨仇背恩德助叛臣何其愚也今吾挺身聽汝殺我藥葛羅曰懷恩欺我言天可汗已晏駕令公亦捐館天下無主是以敢來吾為懷恩所誤負公誠深今請為公盡力以謝過遂與師衆攻吐蕃大破之 ○三年幽州将朱希彩殺李懷仙詔因以希彩領鎮幽州即盧龍節度使李懷仙所鎮 ○大曆五年誅官者魚朝恩朝恩在肅宗時嘗為觀軍容使軍容之名始此九節度相州之敗其時也至廣德初為天下觀軍容宣慰處置使專總禁兵勢傾朝野大曆初判國子監升座講鼎覆餗以譏宰相王瑨怒元載

盧龍将殺朱希彩

楊綰清儉

於實、而效見乎遠、則其音聲容貌亦将有孚於人、此回紇諸酋所以釋兵下馬而拜也、夫豈僞説而僥倖哉、在易之師曰、師貞丈人吉、子儀其庶幾歟、

制正制下之日、郭子儀方宴客云々、中丞崔寬第舍宏侈、亟毀撤之

○胡致堂曰、郭子儀黎幹崔寬事類而情殊、子儀成人之美者也、幹與寬則畏之者也、謂幹

怡然、朝恩曰、怒者常情、笑者不可測也、朝政有不預者、輒怒曰、天下事有不由我者耶、上聞之不懌、載乘間奏其專恣不軌、遂誅之。〔朝〕音潮、相州之敗、事在肅宗乾元二年、〔覆〕〔餗〕餗音速、易曰、鼎折足、覆公餗、餗鼎實也、謂下居大臣之位、當天下之任、而用非其人、至於覆敗、乃不勝其任、可羞愧也、〔載〕如字、〔間〕如字、○七年、盧龍将殺朱希彩、而以朱泚領鎮、詔因授之。〔将〕孔目官、李懷瑗、〔泚〕音妻、上聲、○九年、朱泚以弟滔領鎮、而入朝。〔九〕案通鑑當作十二、○十二年、有告元載圖不軌者、案問賜死、籍其家、胡椒至八百斛、他物称是。〔胡椒〕味辛性温、狀如鼠李、生西戎及南海諸國、可入藥、〔斛〕十斗曰斛、〔称〕去聲、○以楊綰素清儉、制下、郭子儀方宴、減坐中聲樂五分之四、京兆尹黎幹騶從甚盛、即日省之、止存十騎、綰相三月而卒、上痛悼之曰、天子不欲朕致太平、何奪朕楊綰之速也。〔分〕音墳、去聲、〔省〕音生、上聲、〔従〕去聲、○范曰、上之化下、如風之靡草也、楊綰以清名儉德為相、而天下從之如此、況人君正己以先海内乎、是以先王必正

常袞以欺罔貶

崔祐甫除官多親故

論用人無親疎新故之殊

寬有御德化服之心者非也、謂子儀有愓威踧踖之態者亦非也。時郭子儀朱泚雖以軍功爲宰相、皆不預朝政。袞獨居政事堂、代二人署名奏貶祐甫。既而二人表其非罪。上問、卿曏言可貶、何也。二人對曰、不知。上以袞爲欺罔、貶潮州刺史、而以祐甫代之。聞者震悚。上之在東宮也、國士博士張涉爲侍讀。即位之夕、召入禁中、事皆咨之。明日以爲翰林學士、親重無比。

其心脩其身、而天下自治。孟子曰、君仁莫不仁、君義莫不義、君正莫不正。一正君而國定矣。此之謂也。○十四年。田承嗣卒。姪悅代之。○淮西將李希烈逐節度使。詔因以鎮授希烈。〔節度使〕李忠臣。○上在位十八年。改元者三。曰廣德。永泰。大曆。崩。太子立。是爲德宗皇帝。〔廣德〕即位、二年改元。

〔德宗皇帝〕名适。自雍王爲太子。至是即位。○常袞以欺罔貶。崔祐甫同平章事。祐甫欲收時望。未二百日。除官八百人。上曰。人謗卿所用多涉親故。何也。對曰。臣爲陛下擇人。不敢不愼。非親非故。何以諳其才行而用之。○案是時郭子儀朱泚。皆雖以軍功爲相不預朝政。袞獨居政事。代二人署名奏貶中書舍人崔祐甫爲河南少尹。既貶。二人表言其非罪。上問卿曏言可貶。今云非罪。何也。二人對初不知。遂貶袞爲朝州刺史。〔爲〕去聲。下同。〔諳〕音庵。曉也。〔行〕去聲。○司馬温公曰。用人者無親疎新故之殊。惟賢不肖之爲察。其未必賢也。以親故而取之。固非公也。苟賢矣。以親故而捨之。亦非公矣。夫天下之賢。固非一人所能盡也。若必待素識熟其才行而用之。所遺亦多矣。○淄青李正己畏上威名。表獻錢三十

作兩稅法

議曰、選擧之法、三科、曰德也、才也、勞也、然安行徐言非德也、麗藻芳翰非才也、思資積考非勞也

○范華陽曰、德宗之政、名廉而實貪、故其令始戒而終廢、蓋禁暴之法雖具、而誅求之意常出於法外、天下之吏奉意而不奉法、逆意有罪、奉法無切、是以法雖存而常爲無用之文也

十萬緡、崔祐甫請遣使慰勞淄青將士、因以賜之、正己慚服、天下以爲太平庶幾可望。〔淄〕州、屬山東、菑川郡、〔青〕九州之一、今屬山東、即北海郡、〔勞〕去聲 ○上方勵精求治、不次用人、祐甫薦楊炎自司馬除爲同平章事、既而祐甫病不視事。〔不次〕不以品次、但以行實、〔司馬〕官掌佐郡、即通判也、案楊炎時爲道州司馬、

○建中元年、始作兩稅法、唐初賦斂之法、有田則有租、有身則有庸、有戶則有調、玄宗之末、版籍寖壞、至德兵起、所在、賦斂迫趣、取辦無復常準、下戶不勝困弊、率皆逃徙、至是楊炎建議、先計州縣每歲所用及上供之數、而賦於人、量出以制入、戶無主客、以見居爲簿、人無丁中、以貧富爲差、爲行商者、在所州縣稅三十之一、居人之稅、秋夏兩徵之、其租庸調雜徭悉省。〔兩稅〕夏稅、秋稅、〔至德〕肅宗年号、〔趣〕音促、〔辦〕薄見切、〔常準〕則也、例也、〔勝〕音升、〔所用〕官吏俸給、〔上供〕朝廷供貢、〔主客〕元居爲主、寄居爲客、〔見〕音現、〔差〕楚宜切、等也、〔在所〕〔云云〕謂故所賣去處納稅、如賦數也、〔雜徭〕徭、賦也、謂穀絹布

盧杞藍面鬼色　尚父郭子儀卒

○胡致堂曰、劉晏言利之臣、君子所不道也。而其言有不可棄者云々。又曰、利於上必不利於下。利於公必不利於私。不利則起怨。怨積則生禍矣。且史亦言衆頗疾之。是必有説矣。

杞貌醜色如藍。有口辯。上悦之。郭子儀毎見賓客、姬妾不離側。杞嘗往問疾。子儀悉屛侍妾。或問其故。子儀曰、杞貌陋而心險。婦人見之必笑。他日杞得志、吾族無類矣。

帛繒、産所出不一也。○崔祐甫卒。○殺忠州刺史劉晏。晏善治財計。自肅宗代宗以来、領戸部度支鑄錢塩鐵轉運等事、以同平章事充使。通漕運斡塩利、制百貨之低昂、軍國之用、賴以充足。然久典利權、衆頗疾之。又與楊炎不相悦。竟貶忠州。人希炎旨、告晏怨望。上遣人縊之。〔忠州〕属川南道、平聲。〔度支〕官掌天下租賦物繒歳計所出而支調之。〔度〕音堂、入聲。〔斡〕音腕、入聲、運也。〔人希炎旨〕荊南節度使庾準、符合楊炎之意。○二年、成德李寶臣卒。子惟嶽自領軍務。後王武俊斬而代之。○楊炎盧杞同平章事。炎未幾罷。杞藍面鬼色、有口辯。上悦之。〔幾〕如字。〔藍面〕藍染草、色青。○尚父太尉中書令汾陽忠武王郭子儀卒。子儀以身為天下安危者三十年。功蓋天下而主不疑。位極人臣而衆不疾。嘗遣使至魏博。田承嗣西望拝之曰、茲膝不屈於人久矣。今為公拝。校中書令凡二十四考。家人三千人。八子七壻、皆顯諸

○胡致堂曰、功蓋天下而主不疑、位極人臣而衆不疾、此漢唐以來將相所難者、子儀以何道而能然、惟俠忠信安義命而已矣、史又称其窮奢極欲、愚竊恐其言之過矣、窮奢極欲、小人處富貴之所為也、曾謂子儀之賢而有是哉、

孫數十人。每問安、不能盡辨、頷之而已。年八十三而終。〔尚父〕德宗即位之初、詔尊郭子儀為尚父、〔為公〕之為去聲。〔二十四考〕唐制、一歲終一考功、子儀自肅宗乾元元年、拜中書令、至是凡二十四考。〔七壻〕姓名皆未詳。〔頷〕當作頷、五感切、点頭也。〔八十三〕通鑑三作五。○平盧李正己卒、子納自領鎮。朱滔・田悅・王武俊・李納、先後皆反。○三年、四人皆自称王。朱滔称冀王、田悅称魏王、王武俊称趙王、李納称齊王、仍唐年號、如昔諸侯奉周正朔、有不如約、衆共伐之、滔為盟主、称孤、武俊・悅・納称寡人、所居堂曰殿、處分曰令、群下上書曰牋、妻曰妃、長子曰世子、各以其所治州為府、置留守兼元帥、又置東西曹、視門下中書省、左右內史視侍中・中書令、餘官皆倣天朝而易其名。○李希烈反。

○兩河用兵、府庫不支數月。先括富商錢、增諸道稅。四年、行稅間架、除陌錢等法。〔兩河〕河南・河北。〔括〕檢也。○通鑑、韓都賓陳京建議、貨利皆在富商、請括每錢出萬緡者、借其餘以供軍、增諸道稅、淮南節度使陳少游奏、本道稅錢每千請增二百、乃詔增諸道稅錢、皆如淮南、又塩斗價皆增百錢。〔稅間架〕趙贊奏、每屋兩架為間、每間上屋稅錢二千、中稅千、下稅五百。〔陌錢法〕公私給與及買賣、每緡官留五十錢、給他物及相貿易者、約錢為率。○范曰、德宗有平一海內之志、而求欲速之功、不務養民而先用武、軍食不足、

朱泚僭号大秦

上奔奉天 李懷光赴難 泚破

遣顔真卿宣慰希烈詔下舉朝失色真卿乘驛至東都留守鄭叔則曰往必不免宜少留須後命真卿曰君命也將焉避之遂行希烈使其養子千餘環繞慢罵拔刀擬之真卿色不變遂留不遣又與四使同宴四使曰都統將称天號而太師適至是天以宰相賜都統也真卿叱之曰汝知有罵安祿山而

則暴征横斂以繼之民愁兵怨激而成亂自古不固邦本而攻戰不息者必有意外之患此後王之深戒也○李希烈寇襄城詔發涇原等道兵救之涇原節度使姚令言將兵過京師犒師惟糲食菜餤衆怒作亂入城上出奔亂兵奉太尉朱泚爲主司農卿段秀實謀誅泚不克泚召衆議稱帝秀實唾其面大罵以笏擊泚額血濺地泚殺之遂僭號大秦皇帝先是有術士桑道茂言數年後有離宮之厄奉天有天子氣宜高大其城以備非常上從之至是遂奔奉天泚犯奉天李晟率兵赴援渾瑊擊泚破之奉天圍解李懷光赴難亦破泚兵至奉天欲入白盧杞之姦杞隔之不得入見而行上表暴杞惡衆論亦喧騰咎杞上不得已遠貶之襄城縣屬汝州涇州屬陝西即安定郡原州屬鞏昌今鎮原州犒音靠去聲餉也糲音闌入聲麁糲食音嗣奉天郡屬陝西今乾州晟音盛援音院渾音魂姓也瑊音緘見音現上表之上上聲遠貶貶為新州司馬○興元元年大赦陸贄勸

王武俊等上表
李希烈号大楚
上奔梁州

李晟克復長安

車駕還長安
顏真卿為李希烈所殺

死者、顏杲卿乎。乃吾兄也。我年八十、知守節而死耳。豈受汝曹誘脅乎

淮西将陳仙奇為節度使。希烈兵日蹙。會有疾。仙奇使醫毒殺之。因屠其家。
陳仙奇為其将呉少誠所殺。

上罪己以謝天下。奉天所下書詔、驕将悍卒聞之、無不感激揮涕。王武俊・田悅・李納上表謝罪。〔已〕音紀。〔上〕上声。〔謝罪〕是年王武俊等皆去王号。○李希烈僭号大楚皇帝。○置瓊林・大盈庫於行宮。陸贄諫去其榜。〔大盈庫〕以貯諸道貢献之物。行宮在奉天。〔去〕上声。〔榜〕木片題署曰榜。○李懐光反。上奔梁州。〔反〕以赴援有功、而不得見上。故反。○魏博田緒殺田悅、自領軍府。〔緒〕悅之姪。○李晟克復長安。朱泚走。其将斬之以降。晟露布至行在曰、臣已粛清宮禁、祗謁寢園。鐘簴不移、廟貌如故。上覧之泣曰、天生李晟以為社稷、非為朕也。〔復〕音伏。〔将〕梁庭芬。〔露布〕直書克復之事於帛、建於漆竿。露布不封以示中外。〔為〕去声。下並同。○車駕還長安。○顏真卿為李希烈所殺。先是真卿為盧杞所陥。遣奉使希烈所。人言失一元老、為国家羞。至賊中、留之将二歳。不屈、竟為賊所縊。〔将〕音漿。下同。○貞元元年、盧杞量移将再入。而卒。〔量〕音良。度也。○案、杞先貶新州司馬。至是遇赦、移吉州長史。謂人曰、

馬燧平河中李懷光縊死

吐蕃刼盟

便掌吐蕃欲得渾瑊為會盟使而詐誘之曰渾侍中信厚聞于異域請必使之主盟帝信之為會盟使

李泌薦竇參董晉上皆以為不可泌疾甚復薦二人上遂相之參為人剛果無學術晉充位而已

吾必再入未幾上果用為饒州刺史袁高不可遂以杞為澧州別駕而卒○幽州朱滔卒○馬燧及諸軍平河中李懷光縊死（河中府屬山西即河東郡）○二年淮西將陳仙奇殺李希烈以降吳少誠殺仙奇朝廷因以少誠領鎮○三年張延賞同平章事先是吐蕃尚結贊據塩夏州李晟嘗破其一堡渾瑊馬燧各舉兵臨之懼而請和卑辞厚禮求於馬燧燧信而請於朝晟曰戎狄無信不如擊之延賞與晟有隙數言和便遣渾瑊與吐蕃盟於平涼吐蕃刼盟瑊走免吐蕃畏晟燧瑊曰去此三人則唐可圖也於是離間晟因燧以求盟欲執瑊以賣燧使併得罪因縱兵直犯長安會失瑊而止（塩州屬甘肅堡音保寨也數音朔去上聲責燧託燧以求盟而執瑊則燧必得罪）○李泌同平章事上與泌從容論即位以來宰相人言盧杞姦邪朕殊不覺泌曰此乃所以為姦邪也倘覺之豈有建中之乱乎泌有謀

李晟卒　陸贄貶忠州

陽城書考下下

○朱考亭曰。史以宣公比賈誼。誼才高。似宣公。宣公諫本仁義。暗練多學。更純粹。宣公奏議數卷。論說事極纖悉。便是經濟之學識。

○韓退之爭臣論云。今陽子實一匹夫。在位不為不久矣。聞天下之得失。不為不熟矣。天子待之。不為不加矣。而未嘗一言及於政。視政之得失。若越人視秦人之肥瘠。忽焉不加喜戚於其心。問其官則曰諫議也。問其祿則曰下大夫之秩

略而好談神仙詭誕。故爲世所輕。爲相未三歲而卒。【從】音促。平聲。【建】中奉天時年号。為世之為去聲。○八年。陸贄同平章事。○九年。太尉中書令西平忠武王李晟卒。○十年。陸贄罷。【坐】論裴延齡姦邪之故罷。為太子賓客。○十一年。貶贄忠州別駕。贄自奉天以來。宣力最多。隨事論諫。剴切百奏。帝追仇盡言。又被譖。故貶。初夏縣陽城以處士徵爲諫議大夫。皆想望風采。在職七年。而不諫。韓愈作爭臣論譏之。至是判度支裴延齡譖贄。城率諸諫官守閤論延齡姦佞。贄無罪。時朝夕且相延齡。城曰。脫以延齡爲相。當取白麻壞之。慟哭於庭。遂沮。城左遷國子司業。後又貶道州刺史。治民如治家。自書其考曰。撫字心勞。催科政拙。考下下。【剴】音礙。平聲。猶切也。【盡言】以前直諫為讐言之。【夏縣】屬解州。【陽城】陽姓。城名。【爭】諍同。【度】音堂入聲。【譖贄】屬上。十字為句。【朝】音潮。【脫】小學注。倘若也。【白麻】寫詔敕紙。儒林傳。蔡倫用木膚麻頭弊布為紙。【壞】音怪。【沮】慈呂切。【國子司業】官掌副貳祭酒通判監事。

呉少誠叛

也、問其政則曰我不知也、有道之士固如是乎哉

通鑑城聞而起曰、不可令天子信用奸臣殺無罪人、即帥拾遺王仲舒熊執易崔邠等守延英門上疏論延齡奸佞贄等無罪

順宗以風疾失音、宦官李忠言昭容婦宦牛氏侍左右、百官奏事自帷中可其奏

道州属湖南、治平聲、下同、撫字心勞字、愛也、謂愛養百姓、考下考、核實也、謂若考實其功、則當下下也、○十四年。淮西呉少誠叛。○二十一年。上崩。在位二十七年。改元者三。曰建中。興元。貞元。初政清明者二十歲。而盧杞用矣。叛乱相繼。末年姑息而已。太子立。是爲順宗皇帝。建中即位二年庚申改元。○胡曰、德宗有斷四海之勢、而鋒鋭銷爽、一至於此、何也、不知持志之方、為氣所動也、聖人喜怒在物、而不在己、衆人喜怒在己、而不在物、惟喜怒在物、故登十六相以其賢也、流四凶以其罪也、若持衡、若懸鏡、若用尺度、軽重妍媸長短、我無與焉、是以其德行、其威立、而天下服、唯喜怒在己、故忠賢者則悪之、忌之疎之、出之、跋扈者則畏之、下之、撫之、綏之、若瘦將之悍馬、若慈母之驕子、若守門之大盗、動靜欲悪死生、我不能自立、焉、是以其德不流、其威不粛、而天下玩之、侮之矣、暴其氣而氣衰矣、志不為主、故宜剛而柔、宜怯而勇、奮然而斷、乃不當斷者也、惕然懼、乃不當懼者也、使其知持志之方、義理是憑、豈有此患乎、

順宗皇帝名誦。方爲太子時。有善書者王伾。善棋者王叔文。倶出入娯侍。因言某可相。某可將。幸異日用之。密結學士韋

王伾叔文用事　貶王伾叔文　劉闢反楊惠琳拒命

王伾為左散騎常侍、王叔文為翰林學士、每事先下翰林、使叔文可否。○胡致堂曰、陸淳有功於春秋、而名在八司馬之冠。一何悖哉。八司馬、劉禹錫、程异、陳諫、柳宗元、韓泰、韓曄、凌準、韋執誼、八人皆附王叔文者。叔文敗、皆貶為遠州司馬。故云。憲宗初名淳、更名純。剛明果斷、志平僭叛、能用忠謀、不惑群議、卒收成功。唐之威令幾於復振、足為中興之主。及其晩節、信用非人、不終其業、惜哉。

執誼。及朝士有名而求速進者陸淳・呂温・李景儉・韓曄・韓泰・陳諫・柳宗元・劉禹錫等。定為死交。日與游處。蹤跡詭秘。莫有知其端倪者。德宗崩。太子即位。先是有風疾。失音。五閲月矣。伾叔文等用事。〔伾〕音丕〔處〕音杵〔端倪〕莊子注、端緒、倪畔也。○追陸贄・陽城赴京。未至卒。○上在位改元曰永貞。僅八月。自称太上皇。傳位於太子。是為憲宗章武皇帝。

〔憲宗皇帝〕名純。年二十八為太子監國。尋即位。貶王伾・王叔文。伾病死。叔文賜死。其黨皆遠貶。貶伾開州司馬、叔文渝州司馬、韓泰撫州刺史、韓曄饒州刺史、柳宗元柳州刺史、劉禹錫連州刺史、韋執誼崖州司馬、陳諫台州司馬、餘未有考。○元和元年。西川節度使劉闢反。同平章事杜黃裳薦高崇文討之。〔西川〕縣名。即蜀郡。○夏州留後楊惠琳拒朝命。詔討之。為兵馬使所斬。〔為〕去聲〔兵馬使〕姓名未詳。○高崇文克成都。擒劉闢。送京師斬之。○二年。鎮

高崇文擒劉闢　李錡反　沙陀来降　李藩批敕

上欲討闢、而重於用兵、公卿議者亦以為蜀險固難取。杜黄裳獨曰、闢狂戇書生、取之如拾芥耳。臣知神策軍使高崇文勇略可用、願陛下專以軍事委之、勿置監軍。闢必可擒。上從之。

上嘗與宰相論曰、古帝王或勤勞庶政、或垂拱無為、何為而可。黄裳對曰、王者上承天地宗廟、下撫百姓四夷、夙夜憂勤、固不可自暇逸。上下有分、紀綱有敘、苟慎選賢才而委任之、有功則賞、有罪則刑、

海節度使李錡反。詔討之。兵馬使執錡送京師斬之。〔鎮海〕執州、號為鎮海節度。〔錡〕音奇。〔兵馬使〕其下張子良、李奉仙、田少卿等。○三年、沙陀朱邪盡忠與其子執宜来降。沙陀勁勇冠諸胡。吐蕃每戰以為前鋒。後疑其貳於甲。鶻欲遷之河外。懼而歸唐。置之靈州。用以征討皆捷。〔沙陀朱邪〕〔盡忠〕出西突厥、後自号曰沙陀、朱邪姓、盡忠名。一說沙陀大磧也、在金莎山南蒲類海之東。〔鶻〕音魂、入聲、本作紇、德宗時請改曰鶻、鶻鷙鳥也、取其鷹揚之義。○自杜黄裳以後、相繼為相者、武元衡、李吉甫、裴垍、李藩、李絳。皆賢相。垍嘗為李吉甫疏人才三十餘。數月用盡。翕然称為得人。垍器局峻整。人不敢干以私。藩嘗為給事中。制敕有不可者、即批之。吏請更連素紙。藩曰、如此則狀也。何名批敕。垍薦之為相。知無不言。絳鯁直。吉甫善逢迎。絳每與爭論於上前。上多直絳。時在朝如崔群、白居易等、皆讜讜直言。元和之世、朝廷清明以此。〔垍〕音忌。〔疏〕去聲。〔批之〕直於黄紙後批寫不

則誰不盡力。明主勞於求人。而逸於任人。此虞舜所以無爲而治者也。至於簿書獄中煩細之事。各有司存。非人主所宜親也。

以白居易爲翰林學士。居易作樂府百餘篇。規諷時事。流聞禁中。上悅之。故有此命。

李絳言。魏博五十餘年不霑皇化。一旦來歸。不有重賞過其所望。則無以慰士卒之心。使四隣勸慕。請発內庫錢五十萬緡以賜之。宦官以爲太多。上以語絳。絳曰。田興不貪。奈何愛小

田興請吏奉貢

賜興名弘正

吳元濟侵掠京畿

可。更音庚。素紙謂別用白紙書之連粘敕後。鞭音梗。逢迎君意未萌而先意導之曰逢迎。直筆以絳言爲直。易音異。讜直也。○七年。魏博兵馬使田興請吏奉貢。詔以爲節度使。遣裴度宣慰。賜錢百五十萬緡。犒其軍。六州百姓皆給復一年。軍受賜歡聲如雷。成德・兗鄆諸鎮使者見之。相顧失色歎曰。倔強者果何益乎。賜興名弘正。奉貢初魏博節度使田季安甍。其子懷諫幼弱。軍政決於家僮。衆皆忿怒。推興爲留後。興度不免。乃謂衆曰。勿犯副大使。守朝廷法令。申版籍。請官吏。然後可。衆曰諾。六州魏博節度使所統州名未詳。復音福。鄆音韻。州屬山東。即薛郡。倔強不柔服也。○初彰義節度使吳少誠死。弟少陽自領軍府。少陽隱養以命。少陽死。子元濟自領軍府。縱兵侵掠。及東畿。詔發十六道兵討之。平盧節度使李師道請赦元濟。不許。裴度宣慰淮西行營。還言淮西可取。上悉以兵事委同平章事武元衡。師道素養刺客姦人。客請密往刺元衡。則他相必爭勸天子罷兵矣。元衡入朝。賊暗射殺

李愬雪夜入挍元濟外宅

迎佛骨至京師

費而遺大計錢用盡吏來機事一失不可復追借使國家發十五萬兵以取六州期年而克之其費豈止如此而已乎

先是功德使上言鳳翔法門寺塔有佛指骨相傳三十年一開歲豐人安來年應開請迎之上從其言至是佛骨至京師

上大怒將加愈極刑裴度崔群言愈雖狂發於忠懇宜寬容以開言路乃貶潮州刺史

之又擊度傷首上怒討賊愈急以度同平章事上曰吾倚度一人足破賊命度兼彰義節度使充淮西宣慰招討使督諸軍進討唐鄧節度使李愬先擒賊將丁士良吳秀琳李祐釋而用之用祐計雪夜七十里引兵入蔡州城擊鵝鴨池混軍聲雞鳴入據元濟之外宅元濟登牙城拒戰已而就擒檻送京師斬之自叛及誅凡用兵二歲時元和十二年也淮西既平上浸驕侈先是二歲已用李逢吉同平章事至十三年又用度支使皇甫鎛鹽鐵使程异進羨餘有寵並同平章事朝野駭愕元和之政非矣彰義淮西号彰義軍区命逃亾之人也東畿京畿之東十六道筌蹄所載抵河東魏博部陽朔方義成陜益鳳翔延慶宣武淮南宣歙浙西十二道所云詳見韓文平淮西碑剌音次射音石唐鄧二州皆屬河南唐即豫州蔡州屬河南即汝南牙城古者軍行有牙尊者所在後人因以所治為衙曰牙城者即衙城也度音堂入聲鎛音博羨餘賦外之餘物○十四年迎鳳翔法門寺塔佛指骨至

斬李師道

京師留禁中三日。歷送諸寺。王公士民。瞻奉捨施。惟恐不及。侍郎韓愈上表極諫。乞以投之水火。上大怒。貶潮州刺史。施音試。上表之上上聲。潮州屬廣東。○案愈表其略曰、佛者夷狄之一法耳。自黃帝以來、禹湯文武、皆享壽考。百姓安樂。當是時未有佛也。漢明帝時、始有佛法。其後亂亡相繼、運祚不長。宋齊梁陳元魏以下、事佛漸謹、年代尤促。惟梁武帝在位四十八年、前後三捨身為寺家奴。竟為侯景所逼、餓死臺城。國亦尋滅。事佛及禍。由此觀之、不足信矣。如其身在、奉命來朝、陛下容接、不過宣政一見、禮賓一設、賜衣一襲、衛而出之、不令惑衆。況其身死、枯朽之骨、豈宜入宮。群臣不言其非、御史不舉其罪。臣實恥之。○通鑑曰、自戰國之世、老莊與儒者爭衡、更相是非。至于士民、莫不尊信。下者畏慕罪福、高者論嗜空有。獨愈悪其蠹財惑衆、力排之。其言多矯激太過。惟送文暢師序、最得其要。曰、夫鳥俛而啄、仰而四顧、獸深居而簡出、懼物之為己害也。弱之肉、強之食。今吾與文暢、安居而暇食、優游以生死、與禽獸異者、寧可不知所自邪。○平盧將執斬李師道。將節度使田弘正下都知兵馬使劉悟。○裴度罷。以直言為皇甫鎛之黨陷擠之。詔度以平章事充河東節度使。○十五年。上暴崩。上服金丹、多躁。左右獲罪有死者。人人自危。宦者陳弘志弑逆。其黨諱之。但言藥發。

○西山曰、按後世人主之事佛者、本抵徼福田利益之報。所謂以利心而為之者也。故韓愈之諫、歷陳古帝王之時、未有佛而壽考、後之人主事佛而夭促。可謂深切而着明者矣。

韓愈字退之。鄧州南陽人也。父仲卿為武昌令、有美政。終尚書郎。愈七歲讀書、日記數千百言。比長、盡通六經百家之學。擢進士第。累官刑部侍郎。貶為潮州刺史。除鰮魚患。尋改袁州。召拜國子祭酒。歷轉吏部侍郎。卒贈禮部尚書。謚曰文。

李德裕獻丹扆六箴

在位十六年。改元者一。曰元和。太子立。是為穆宗皇帝。[元和]即位二年改元

穆宗皇帝名恒。即位改元。曰長慶。四年崩。太子立。是為敬宗皇帝。

敬宗皇帝名湛。即位荒淫。嬖倖用事。[湛]徒咸切 ○李德裕獻丹扆六箴。一曰宵衣。二曰正服。三曰罷獻。四曰納誨。五曰辨邪。六曰防微。[扆]於豈切。戶牖間也。亦曰黼扆。其制如屏風。見書傳。[宵衣]以諷視朝稀晚。[正服]以諷服制乖異。[罷獻]以諷徵求玩好。[納誨]以諷侮棄讜言。[辨邪]以諷信任群小。[防微]以諷輕出遊幸。○上遊戲無度。性復褊急。宦官動遭捶撻。皆怨。夜獵還宮。酒酣。為宦者劉克明所弒。在位三年。改元者一。曰寶曆。江王立。是為文宗皇帝。[褊]音邊。上聲。[為]去聲。[寶曆]即位。二年改元。

文宗皇帝名涵。穆宗子也。為宦者王守澄所立。後改名昂。太

裴潾上言曰。除天下之害者。受天下之利。同天下之樂者。饗天下之福。自黃帝至文武享國壽考。皆用此道也。自去歲以来。所在薦方士。借令真有神仙。彼必深潛巖壑。惟畏人知。凡候伺權貴之門。以大言自衒奇技驚衆者。皆不軌徇利之人。豈可信其說而餌其藥邪。夫藥以愈疾。非朝夕常餌之物。況金石酷烈有毒。又益以火氣。殆非五臟所能勝也。古者君飲藥。臣先嘗之。乞令獻藥者先餌一年。則真偽可辨矣。上怒。貶潾。

劉蕡對策

穆宗憲宗太子。因服金丹而崩。敬宗欲幸驪山。左僕射李絳諫議大夫張仲方等屢諫不聽。拾遺張權輿伏紫宸殿下叩頭諫曰、昔周幽王幸驪山、而為犬戎所殺。秦始皇幸驪山而國亡。玄宗幸驪山而祿山乱。先帝幸驪山而享年不長。云々

通鑑。與宦官劉克明及擊毬軍將蘇佐明等二十八人飲酒。上酒酣、入室更衣。殿上燭忽滅。蘇佐明等弑上於室内。矯称上旨、以絳王悟權勾當軍

和二年、親策制擧人。宦者益横、建置天子在其掌握、權出人主之右。無人敢言。賢良方正劉蕡對策極言之。考官皆歎服、而不敢取。中第者裴休・李郃・杜牧・崔愼由等二十二人皆除官。物論囂然稱屈。郃曰、劉蕡下第、我輩登科、能無顔厚。上疏乞回所授官於蕡。不報。〔穆宗〕子敬宗弟。〔為〕去聲。〔策〕試也。〔制擧〕唐取士有三、由學館者曰生徒、由州縣者曰郷貢、皆升於有司、而進退之。其天子自詔者曰制擧。所以待非常之才。〔横〕去聲。〔劉蕡對〕蕡時應賢良方正之擧、其策略曰、陛下將杜篡弑之漸、則居正位而近正人、輔相得以專其任、庶職得以守其官、奈何以褻近、揔大政、臣恐曹節・侯覽復生於今日。又曰、忠賢無腹心之寄、閽寺持廢立之權、先君不得正其終、陛下不得正其始。又曰、陛下何不塞隆邪之路、屛褻狎之臣、制侵陵迫脅之心、復門戶掃除之役、則可以奉典謨承丕緒矣。又曰、臣非不知言發而禍應、計行而身戮、蓋痛社稷之危、哀生民之困、豈忍姑息時忌、竊一命之寵哉。○范曰、宦官脅制天下、自宰相以下、莫敢言。劉蕡布衣、無一命之寵、而懷忠發憤、極言其禍、可謂直矣。公卿大臣、豈不愧哉。〔蕡〕音墳。〔中〕去聲。〔物論〕衆論也。論去聲。〔囂〕音敖。〔顔厚〕羞愧也。〔上〕上聲。

○太和五年、上與同平章事宋申錫謀誅宦官。不克。申

上與李訓等謀誅宦官

國事。知樞密王守澄。以衛兵迎江王涵立之。是為文宗。進討賊黨。盡斬之。悟為乱兵所害。

○范華陽曰。文宗憤宦官之弑逆。而欲除之。當擇賢相而任之。朝廷既清。紀綱既正。賞罰之柄出於人主。孰其元悪。付之有司。正典刑而已矣。乃與訓注為詭計。欲用甲兵於陛城之間。不以有罪無罪。皆夷滅之。召外寇以攻內寇。是以一敗塗地。幾亡社稷。非徒無益。而愈重禍。蓋用小人以去小人。未有不害及國家者也。

錫貶死。初文宗與申錫謀誅宦官。而以京兆尹王璠泄其謀。王守澄等知之。令人誣告申錫謀廢立。上信之。遂貶申錫開州司馬。竟卒於貶所。

○九年。上與李訓鄭注等謀誅宦官。不克。注本宦者王守澄所引。訓本名仲言。又為注所引。得見守澄。守澄薦於上。倜儻尚氣。有文辞。口辯多權數。上悦之。訓注揣知上意。數以微言動上。上意其可謀大事。以誠告之。訓注遂以誅宦官為己任。訓既與注勢位俱盛。頗忌注。託以中外協勢出注鎮鳳翔。進擢宦者仇士良。以分王守澄之權。訓同平章事。請除守澄。遣中使鴆殺之。注始與訓謀。至鎮。遣壯士數百入護守澄葬。仍請令內臣盡送。然後殺之。無遺類。訓心以為如此則功專歸注。乃謀先發。令人奏金吾廳事後石榴有甘露。宰相帥百官拜賀。後勸上往觀。上令宰相先往視。訓陽言非真。上顧仇士良。帥諸宦官往視。士良等既至。見風吹幕起。

天下事決於北司

裴度威望遠達四夷

裴度鎮河東、以疾求歸東都、詔入知政事、正月至京師、不能入見、勞賜旁午、至是薨、上怪度無遺表、問其家、得半藁、以儲嗣未定爲憂、言不及私

盩厔　音周窒

上坐思政殿、召當直學士周墀問曰、朕可方前代何主、對曰、陛下堯舜之主也、上曰、朕豈敢比堯舜、所以問卿者、何如周赧漢獻耳、墀驚曰、彼亡國

執兵者無數。驚走告變。訓呼金吾衛士等上殿。僅擊死傷宦者十餘人。知事不濟而走。士良等命神策兵殺金吾吏卒。執宰相王涯賈餗舒元輿等。誣以謀反腰斬之。訓之謀惟元輿知之。他相實不知也。自是天下事皆決於北司。宰相行文書而已。李訓爲人所殺傳首。鄭注亦爲鳳翔監軍宦者所殺。〔注〕爲人、為鳳之為、並去聲〔數〕音朔〔已〕音紀〔中使〕李好古〔至〕鎮鳳翔〔令〕去聲〔令人〕韓約〔石榴〕木名、實可食〔帥〕音率、下同〔陽〕與佯同〔告變〕告有變〔生〕〔呼〕去聲〔上殿〕之上上聲〔神策兵〕德宗時、分左右羽林為神策兵〔涯〕音宜〔北司〕宦官目北司、李訓為人所〔殺〕案、是時涯等既死、訓奔鳳翔、為盩厔將、禽殺之〔鳳翔監軍宦者〕張仲青

○開成三年。司徒中書令晉公裴度卒。度自憲宗時罷相後。無意世事。治園池。有綠野堂子午橋等別墅之勝。與詩人觴詠自娯。穆宗敬宗時。皆嘗一入輔政。至上之世。亦嘗平章軍國重事。與時浮沉而已。然四朝將相。威望遠達四夷。四夷見唐使。輒問度安否。以身

之主豈可比聖德。上曰。赧獻受制於彊諸侯。今朕受制於家奴。以此言之。殆不如也。因泣下霑襟。握伏地流涕。自是不復視朝。

○胡致堂曰。文宗有美質而無聖學。故於始終大節懵懵焉。不然。當疾病之日。自力御殿。引宰執面命太子。臨見群臣。仇士良輩雖欲移易。亦安得而移易哉。

繫國家輕重。如郭子儀者二十餘年。（司徒、中書令、官名。晉公、晉國公、爵。治、平聲。別墅在東都。四朝、憲宗、穆宗、敬宗、文宗。）○五年。上崩。上即位之初。厲精求治。去奢從儉。中外翕然。謂太平可冀。然制於宦寺。竟不能有爲。嘗問宰相何時太平。牛僧孺荅以太平無象。末年嘗問近臣。朕何如周赧漢獻。對者憮然。上曰。赧獻受制強臣。今朕受制家奴。殆不如也。在位十五年。改元者二。曰太和。開成。弟潁王立。是爲武宗皇帝。（去、上聲。寺、音嗣。釋名曰。寺、嗣也。治事者相嗣續於其內也。近臣、學士周墀。家奴、謂宦者。大和、即位二年改元。）

武宗皇帝名瀍。穆宗子也。文宗嘗立敬宗子成美爲太子。臨崩。欲以成美監國。宦者以爲立不由己。廢之而立瀍爲太弟。遂殺成美而即位。後改名炎。以李德裕同平章事。德裕在穆宗初爲學士。以李宗閔者嘗對制策。譏切其父吉甫。恨之。構

○丘文莊曰、維州悉怛謀之事、司馬氏是僧孺、胡氏是德裕。其所論者、牛李二人已然之是非也。請就其未然者而爲之處置焉。德裕初得悉怛謀之通款、以其事聞之朝廷、且具書宰執、俟報下而行焉。報可則行、不可則姑已之。以待機會之來。如此則不失歸附之心、不貽之禍患、且又不起邊釁。

○范華陽曰、古之明王、天下有不順者、必諄々而告敎之。再三不可、然後征之。則其民知罪

貶宗閔。自是各分朋黨、更相排軋者、垂四十年。在文宗時、德裕爲侍郎。裴度薦其可爲相。宗閔有宦官之助、遂相。惡德裕逼己、而出之。且引牛僧孺並相。相與排擯德裕之黨。尋以德裕鎭西川。德裕作籌邊樓。圖蜀地形、南入南詔、西達吐蕃。日召老於軍旅習邊事者、訪以險易遠近。皆若身歷。練士卒、葺堡障以備邊。吐蕃將悉怛謀以維州來降。維州本漢地。入兵之路。吐蕃得之號爲無憂城。德裕極以得此州爲便。牛僧孺以爲不可納。以城併叛將歸吐蕃。誅之境上、極慘酷。牛李之怨、自是愈深。僧孺尋罷。德裕入相。宗閔亦罷。宗閔再相。德裕又罷。二黨互相擠援。文宗每歎曰、去河北賊易、去朝廷朋黨難。德裕連被貶黜。及上立、召德裕相之。德裕言於上曰、正人指邪人爲邪、邪人亦指正人爲邪。在人主辨之。上嘉納德裕

而用兵有辭矣。自唐之失河朔、或討伐之、或姑息之、不聞有文告之命、戒敕之辭也。是以兵加而不服、恩厚而愈驕。李德裕以一相而制御三鎮、如運之掌、使武宗享國長久、天下有不平者乎。

光明甲一說為明光甲

上外尊寵士良、内實忌之。士良頗覺、遂以老病致仕。其黨送歸云々

○胡致堂曰、士良狡黠、思所以蠱君者、密矣。然知其利而不知其害者也。

追論維州事、悉怛謀加褒贈。宦者仇士良、為立、為不之為、並去聲。己音紀、下並同。吉甫憲宗元和三年、初試賢良方正。宗閔痛詆當路、指陳時政、無所避。吉甫時居相位、惡之、泣訴於帝。且言翰林覆策、無所異同。久之之不調。遂與為定構。閔穆宗長慶元年、錢徽典貢舉。宗閔時為中書舍人、而託所親於徽。德裕遂白徽納于兵取士。帝乃貶徽江州刺史、宗閔劍州刺史。更音庚。軋音晏、入聲。傾陷也。在遂相、宗閔先得為相、出之。德裕出為鄭滑節度使、籌邊樓在成都州治。南詔國在南夷。召如字。訪問也。易音異。怛音丹、入聲。維州屬四川、今威州。○時僧孺居中用事、欲沮德裕功、故返維州及悉怛謀於吐蕃。尋罷。通鑑、西川監軍王踐言入知樞密、數言縛送悉怛謀以快虜、絕來降、非計也。文宗悔之、尤僧孺失策。僧孺內不自安、表請罷相、從之。亦罷。德裕既相、入謝。文宗曰、卿知朝廷有朋黨乎。曰、中朝半為黨人。文宗曰、衆以給事中楊虞卿為黨魁。德裕因請出為刺史、文宗然之。宗閔曰、德裕居外、知黨不如臣之詳。虞卿日見賓客於第、世号行中書。故臣未嘗與美官。德裕質之曰、給事中非美官而何。宗閔沮、不得對。俄出為山南西道節度使。又罷。李訓鄭注用事、疾德裕、共嘗短之、復召宗閔、乃罷德裕。擠音躋、排也。擐音院。去上聲、下同。褒贈詔、追贈怛謀右衛將軍。○昭義

節度使劉從諫卒、姪稹自領軍府。德裕謂、澤潞事體與河朔三鎮不同。河朔習亂已久、累朝置之度外。澤潞近在心腹。若

苟欲自安而盡君至於危亡之地則豈有君亡而我存之理其禍豈止於蹤斥而已哉故士良之術自以為智實則愚也

初上餌方士金丹性加燥急喜怒不常問李德裕以外事對曰陛下威斷不測外人頗驚懼天下既平願陛下以寛理之使得罪者無怨為善者不驚則天下幸甚上自秋已覺有疾而道士以為換骨至是詔罷正且朝會

○趙雲崧曰古詩云服藥求神仙多為藥所誤自秦皇

又因而授之威令不復行於諸鎮矣。上問何以制之曰。稹所恃者三鎮。但得鎮魏不與之同稹無能為也。遣重臣諭鎮魏討之詔曰澤潞一鎮與卿事體不同勿為子孫之謀使存輔車之勢鎮魏悚息聽命二鎮兵與朝廷所遣行營將王宰石雄各進討。○河東都將楊弁作亂逐節度使遣中使馬元實曉諭且覘之。元實受賂還於衆中大言相公須早與之節自牙門至柳子列十五里曳地光明申若之何取之德裕詰之辭屈奏微賊決不可恕如國力不支寧捨劉稹河東兵出戍者聞朝廷令客軍取太原恐妻孥被屠乃歸擒弁送京師斬之未幾劉稹勢窮蹙澤潞人殺稹以降澤潞平加德裕太尉衛國公貶牛僧孺為循州長史流李宗閔於封州。昭義節度澤

節度澤潞 潞音路二州皆屬山西路即上黨郡潞号為昭義 三鎮 成德節度王元達魏博節度何弘敬幽州節度張仲武 累 上聲 鎮魏

削仇士良官爵

毀佛寺僧尼勤歸俗

漢武之後、固其知服食金石之誤久矣。及唐諸帝又惑于其説、太宗之崩、實由于服丹藥也。乃憲宗又惑長生之説、皇甫鎛與李道古等遂薦山人柳泌、僧大通待詔翰林、尋以泌為台州刺史、令其採天台藥以合金丹、帝服之日加燥渴、裴潾上言金石性酷烈、加以燒煉則火毒難制、不聽、帝燥益甚、數暴怒責左右、以致暴崩、武宗又為藥所誤也、宣宗又為藥所誤也、統計唐代服丹藥者六君、宣宗性明察沉斷、用法無私、從諫如

鎭謂成德節度、魏謂魏博節度。勿為之為、去聲。輔車、輔、車輔。詩傳曰、縛杖於輻、以防輔車也。節度使、姓名未詳。令、去聲。幾、如字。郯人、郭誼。循州、屬廣東。封州、屬廣東。○文宗時、劉從諫入朝、僧孺宗閔執政、不留之。加宰相、縱去、以成其患。至是既平、德裕乃言於上、而黜之。

○削官者仇士良官爵、籍沒其家。先是、士良致仕、其黨送歸。士良教之曰、天子不可令閑。常宜以奢靡娯之、使無暇及他事。愼勿使之讀書親近儒生。見前代興亡、心知憂懼、則吾輩疎斥矣。○毀天下佛寺、僧尼勤歸俗。○會昌六年、上崩。在位七年。改元者一。曰會昌。光王立。是為宣宗皇帝。會昌、即位二年改元。

宣宗皇帝、名怡。憲宗子也。幼踈不慧。太和後益自韜匿。文宗好誘其言以為笑。武宗豪邁、尤不禮之。名為光叔。武宗疾篤、子幼、宦官定策禁中、詔立怡為皇太叔、更名忱、權句當軍國事。裁決咸當理、人始知其隱德焉。尋即位。太和、文宗年號。宦官、馬元贄。更、音庚。

李德裕罷

韋澳纂處分語

流。重惜官賞。恭謹節儉。惠民物。故大中之政。訖於唐亡。人思詠之。謂之小太宗。

胡致堂曰、公者君相之要道也。李德裕政事、公私參半。是非莫揜。宣宗去其非、取其是、則公道得矣。乃又以黨德裕、而人終不好惡偏黨之故、雖服也。丁柔立必克己正心之人也。使宣宗而留意公道、則柔立正可將用者。乃不能言是自爲偏私也。欲臣子之奉公難矣。

勾當並去聲 ○李德裕罷。僧孺宗閔等北遷。德裕三貶至崖州司戶以死。罷悪其專政日久。北遷僧孺自循州遷衡州長史。宗閔自封州遷柳州司馬。故曰北遷。三貶初貶東都留守、再貶潮州司馬、自潮州貶崖州。崖州在南海、今瓊州。○令狐綯同平章事。先是綯爲學士。上嘗以太宗所選金鏡錄、授綯使讀之。又書貞觀政要於屛風、每正色拱手而讀。嘗與學士畢誠論邊事。誠具陳方略。上悅曰、不意頗牧在吾禁中。即用爲邊帥。果稱其任。上聰察強記。嘗密令學士韋澳纂次州縣境土風物及諸利害爲一書。號曰處分語。刺史有入謝而出者。曰上處分本州事驚人。建州刺史入辭。上問建州去京師幾何。曰八千里。上曰、卿到彼爲政、朕皆知之。勿謂遠。此階前則萬里也。令狐綯奏擬李遠杭州刺史。上曰、吾聞遠詩云、長日惟消一局碁。安能理人。綯曰、詩人托此高興、未必實然。嘗詔刺史毋得外徙。必令

上臨朝威嚴不可仰視

南北司如水火

○范華陽曰、宣宗拔擇細微、以驚服其群下、小過必罰、而大綱不舉、欲以一人之智、周天下之務、而不能與賢人共天職也、譬如廉刻之吏、謹治簿書、期會而不知為政、特一縣令才耳、人君之德哉

上好神仙、迎軒轅集至長安、問曰、長生可學乎、對曰、王者屏欲而崇德、則自然受天遐福、何處更求長生、留數月、求還山、乃遣之

上餌李玄伯等藥、疽發於背、宰相不得見上、容以夔王

至涼面察、綯嘗徙故人、為隣州便道之官、上問之曰、詔命既行、直廢格不用、宰相可謂有權、時方寒、綯汗透重裘、上臨朝對群臣、未嘗有惰容、每宰相奏事、旁無一人、威嚴不可仰視、奏事畢、忽怡然閑語、一刻許、徐復整容曰、卿輩善為之、常恐卿輩負朕、不得再相見、綯嘗謂人曰、吾十年秉政、最承恩遇、每延英奏事、未嘗不汗沾衣也、嘗召學士韋澳、屏左右問之曰、近日內侍權勢如何、對曰、陛下威斷、非前朝比、上閉目搖首曰、全未全未、尚畏之在、又嘗與綯謀、盡誅宦官、恐濫及無辜、綯密奏曰、但有罪勿捨、有缺勿補、自然消耗、至盡宦者竊見其奏、由是益與朝士相惡、南北司如水火、令狐之令、去聲、綯音桃、誠音咸

頗牧、廉頗李牧、称任称去聲、通鑑除、誠為邠寧節度使、招諭党項、皆降、強平聲、令平聲、澳音郁、夔音杵、分音墳、去聲、出者

鄧州刺史薛弘宗、建州屬福建、今建寧府、刺史于延陵、階前萬里、謂天下州郡、政俗異同、備在方策、開卷一覽無所不及、

勛敗死

浙東賊起　龐勛作乱

屬王歸長等三人。使立之。獨左軍中將王宗實素不同心。乃迎鄆王立爲太子。權勾當國政事。更名漼。取歸長等殺之。太子即位。是爲懿宗。帝驕奢無度。淫樂不悛。李氏之亡。於茲決矣。

初約三年一代。至是戍桂者已六年。屢求代還。徐泗觀察使崔彥曾性嚴刻。押牙尹勘等用事。以軍帑空虛不能發兵。請令更留戍一年。彥曾從之。戍卒聞之怒。

勛至徐城。乃言於衆曰。吾輩擅歸。思見妻子耳。今聞已有密敕下本軍。至

故曰階前則萬里也。杭州屬江浙。興去聲。托物興詞曰興。廢格格止也。史記義縱傳廢格沮事。注謂下廢格詔書沮成事也。重平聲。負朕背恩忘德曰負。延英殿名。屏音丙。齒音端去聲。惡音烏去聲。如水火謂其相尅而不相生也。○大中十三年上崩。在位十四年。改元者一。長子立。是爲懿宗皇帝。

大中即位二年改元。

懿宗皇帝

初名溫。封鄆王。以無寵不得爲太子。宣宗崩。宦者立之。更名漼。宦者王宗實。更音庚。漼音催上聲。○浙東賊裘甫起。聲振中原。觀察使王式討斬之。裘姓也。本姓仇。避讐改作裘。○九年。徐州賊龐勛起。先是南詔称大理皇帝。舉兵入寇。陷播邕交趾。敕徐泗兵戍桂州。過期不代。遂作乱。勛爲粮料判官。戍卒推以爲主。擁兵北還。所過剽掠。至徐州。因殺節度使。陷諸郡。招討使康承訓擊之。以沙陀朱邪赤心爲前鋒。勛敗死。賜赤心姓名李國昌。爲大同軍節度使。尋又爲振武節度使。播州在南夷。邕州屬廣西。泗州屬淮西。即

王仙芝起　黃巢應之

則滅族。與其自投網羅、曷若與戮力同心、赴湯蹈火。豈徒脫禍、富貴可求也。衆皆呼躍稱善。

咸通十四年春正月、上遣勅使詣法門寺迎佛骨。群臣諫者甚多。至有言憲宗迎佛骨尋晏駕者。上曰、朕生得見之、死亦無恨。四月至京師。秋七月崩。

儇許緣切

○胡致堂曰、唐自明皇以來、尊寵宦者、德宗委以禁兵。文宗以後、天子由其所立。其末流子孫至於如此。夫國之興也、未有不由

臨淮郡、桂州屬廣西、今靜江府。淮音退、平聲。殺節度使霍彥曾。赤心盡忠、孫執宜、子也。大同軍今為府、屬山西。即雲中郡。為振武節度。

咸通十四年、上崩。在位十五年、改元者一。子晉王立。是為僖宗皇帝。咸通即位、二年改元。

僖宗皇帝名儇。懿宗少子也。年十三為宦官所立。自懿宗以來、奢侈日甚、用兵不息、賦斂愈急。水旱不以實聞。百姓流殍、無所控訴、所在相聚為盜。濮州人王仙芝起曹州冤句。人黃巢應之。巢善騎射。喜任俠。嘗舉進士不第。與仙芝共販私鹽。至是聚衆攻剽州縣。窮民歸之數月數萬。仙芝攻陷汝鄭。唐鄧冦鄂州。陷安州。冦荊南。與招討曾元裕戰於申州而大敗。又大敗於黃梅、斬之。黃巢陷鄆沂濮、掠宋汴、南渡陷洪虔吉饒信、冦宣州、入浙東。為鎮海節度使高駢所破。遂趨廣南、陷廣州。出潭州、北渡向襄陽、敗於荊門。復引而南、陷宣州。自采

黄巣僭号大齊皇帝

李克用破賊復長安

寃句縣名

親賢、及其衰也、猶以小人取敗。况祖宗所任不正、則後世必有甚焉者矣。是以明王必慎其所與、恐禍乱之源也。若僖宗者、又何責焉。

帝自金光門出、惟福、穆、澤、壽四王及妃嬪數人從行、百官皆莫之知。上趍駱谷。鳳翔節度使鄭畋謁於路次、請留鳳翔。上曰、朕不欲密邇巨寇、且幸興元、徵兵以圖收復。卿可糾合鄰道勉建大勳。畋曰、道路梗澁、奏報難通、請得便宜從事。許之。

石渡江。已而渡淮。陷申州。入潁宋徐兗之境。陷東都。引而西。入潼關。入長安。上出奔蜀。巢僭號大齊皇帝。諸道發兵赴援。先是。沙陀李國昌之子克用。爲兵馬使。戍蔚州大同軍。諸將謀曰。今天下大乱。朝廷號令不復行於四方。此乃英雄功名富貴之秋。李振武名聞天下。其子勇冠諸軍。若輔以擧事。代北不足平也。遣人潛詣蔚州。説克用。克用趍雲州。取之。河東招義討之。而大敗。克用寇忻代。逼晋陽。已而大爲盧龍兵所破。蔚朔兵亦討敗其父國昌。父子亾走達且。朝廷赦其罪。召其兵討賊。克用將沙陀来。賊憚之曰。鵶軍至矣。連破賊。復長安。巢焚宮室而遁。至蔡州。節度秦宗權降之。巢趍汴州。克用等追擊。大破之。未幾賊黨斬巢以降。〔爲官〕官爲去聲、官官劉文。陝〔殍〕音剽、上聲、餓死曰殍。〔控〕告也。〔濮州〕屬山東。〔王仙芝起〕通鑑、聚衆數千、起於長垣。〔曹州〕屬山東。〔寃句〕句音瀾〔販〕音翻、去聲、賤買貴賣曰販。〔數〕

注府字河

朱全忠襲克用

克用縋城出

沙陀李友金乃說監軍陳景思曰吾兄司徒父子李國昌李克用勇略過人為衆所服請奏天子赦其罪召以為帥則代北之人一麾響應賊不足平也景思遣使言之詔如所請友金以五百騎迎之克用帥達靼諸部萬人赴之

克用入京師巢焚宮室遁去詔克用同平章事克用時年二十八於諸將最少而兵勢最強重榮求救克用曰待吾先滅全忠還掃鼠輩如秋葉耳重榮曰待公自關

萬數月之間衆至數萬汝州屬河南郢州屬湖廣即江夏郡安州屬四州申州屬河南今信陽州黃梅縣屬蘄州沂音顗平聲州屬山東即瑯琊郡宋州屬河南即睢陽郡汴州屬河南今汴梁府洪虔吉饒信五州屬江西洪即豫章虔今贛州府吉今吉安府為鎮為盧之為並去聲騈音便平聲潭州屬湖廣即長沙郡潁州屬河南蔚音欝州屬北平李振武李國昌府為振武節度使其子克用冠音貫雲州屬北平沂州屬山西討敗之敗音拜走音奏達且五代史作韃靼音怛旦夷狄別種名克用父子逃入其地鴉軍軍中号克用為李鴉兒以其軍皆服黑也復長之復音伏降之宗權降於黃巢幾如字賊黨巢甥林言

○克用之至汴州也朱全忠襲之全忠者巢將朱溫也先為巢所遣攻陷同華尋以華州降賜名全忠為宣武節度使館克用甚恭克用乘酒頗侵之全忠不平發兵圍驛攻之克用醉左右以水沃其面告之克用乃張目援弓起而走會大雷雨晦冥扶醉乘電光縋城出汴人扼橋從者力戰得度而免克用還晉陽治甲兵表乞討全忠詔和解之不聽

同州屬陝西即馮翊郡華去聲州屬陝西宣武節度使汴州号為宣武節度使驛上京驛在汴州城內縋音墜繩懸而下

上還長安 王重榮作乱

上奔鳳翔

上還長安

豪傑互相呑噬

東還。吾爲虜矣。不若先除君側之惡、退擒全忠易矣。朱玫李昌符亦陰附於全忠。克用乃上言云々。

○范華陽曰、克用有復唐室之大功、而全忠輒欲殺之。克用不敢專兵復讐、而赴訴於朝廷。是諸侯猶有尊王室之心也。今僖宗而無予奪。何以懲全忠而服克用耶。

上疾大漸。觀軍容使楊復恭請立皇弟壽王傑。是日下詔立傑。忠尉劉季述遣兵迎傑。

扼音厄、把也。洽平聲。○上發成都、還長安。○秦宗權僭號。○上之奔蜀也、宦者田令孜實挾之。自以爲功、權自己出。河中王重榮前作乱自立。令孜遣朱玫等攻之。重榮求救於克用。克用方怨朝廷不罪全忠、上言玫等與全忠相表裏、欲共滅臣。引兵赴河中。京師震恐。令孜刼上奔鳳翔。朱玫追逼不及。立肅宗玄孫襄王熅爲帝。玫將王行瑜斬玫。熅奔河中。王重榮斬首送行在。上還長安。上在位十五年。改元者五。曰乾符。廣明。中和。光啓。文德。日與宦官相處而已。天下大乱。盜賊蠭起。豪傑因起、其間互相呑噬。朝廷不能制。上崩。壽王立。是爲昭宗皇帝。孜音玆。已音紀。王重榮節度使。作乱自專安邑解縣塩池。朱玫須寧節度使。玫音梅。上言之上、上聲。熅音氳。

昭宗皇帝名傑。僖宗之弟也。僖宗大漸、宦者立之爲太弟。遂即位。後更名曄。帝明粹有英氣。喜文學。以僖宗威令不振、朝

五代史錢鏐字具美杭州臨安人豫章人有善術者乃慰鏐曰子骨法非常願自愛

上獵苑中夜醉歸手殺黃門侍女數人明日日加辰巳宮門不開季述帥禁兵千人破門而入具得其狀出謂崔胤曰主上所為如此豈可理天下廢昏立明自古有之為社稷大計非不順也胤不敢違季述召百官陳兵殿庭作胤等狀請太子監國胤及百官皆署之將士大呼入思政上驚起季述等出狀白之

廷日卑。有恢復前烈之志。踐祚之始。中外忻忻焉。然而内制於宦寺。外有強鎮。初志竟不遂。〔大漸〕筌蹄云、病篤。〔宦者〕觀軍容使楊復恭。〔更〕音庚〔曄〕案僖宗臨崩遺制。更傑名敏。明年改元龍紀。復更名曄。〔復〕音伏○贊曰、唐自穆宗以来八世。而為宦官所立者七君。然則唐之衰。豈止方鎮之患哉。蓋朝廷天下之本也。人君者朝廷之本也。其本始不正。欲以正天下。其可得乎。

○越州董昌僭號。昌先據杭州。錢鏐為兵馬使。朝廷命昌帥浙東。鏐領杭州。至是昌称帝於越。詔鏐討之。〔越州〕属浙東。即會稽郡。〔鏐〕音留〔帥〕音衰。去聲。

○鳳翔李茂貞。華州韓建。邠州王行瑜。三鎮舉兵犯闕。殺宰相。謀廢立。聞李克用来討。乃去。克用攻邠州。斬行瑜。將移兵岐華。貴近恐沙陁太盛。止之。克用自隴西郡王。進爵晉王。引兵還晉陽。〔宰相〕韋昭度、李谿。〔將〕音〔岐〕岐陽。即鳳翔府。

○錢鏐克越州。董昌伏誅。

○初李克用屯渭北。李茂貞韓建憚之。事朝廷甚恭。克用去。二鎮復驕慢。茂貞舉兵犯闕。上出奔華州。克用遣

朱全忠盡殺宦官

劉季述幽上於少陽院

曰、此非臣等所爲、皆南司衆情不可遏也、即扶上與何后同華嬪御、幾十餘人、適少陽院、季述以銀撾畫地數上罪數十、乃手鎖其門、鎔鐵固之、穴牆以通飲食、季述迎太子入宮、矯詔立之、崔胤密致書朱全忠、使與兵圖反正、季述遣其養子希度詣全忠、許以唐社稷輸之、全忠猶豫未決、副使李振獨曰、王室有難、霸者之資也、公爲唐桓文、安危所屬、宦豎因廢天子、不能討、何以復令諸侯、且幼主位定、則天下之權盡歸宦官矣、全忠大悟、

援。又聞朱全忠營洛陽迎駕、茂貞與建皆懼。奉上還長安。先是嘗令諸王將兵巡警、又欲使出四方撫慰藩鎮。南北司用事者、恐其不利於己、交諫以爲不可。上不得已罷之。上在華時、宦官劉季述幽上於少陽院而立太子裕。同平章事崔胤說神策將討誅季述、上復位。宦官謀去胤。時朱全忠有挾天子令諸侯之意。胤以書召之。全忠舉兵來。宦者韓全誨等、刼上如鳳翔。全忠圍之。李茂貞遂殺全誨等、奉上還長安。全忠以兵驅宦官盡殺之。其出使外方者、詔所在誅之。存黃衣幼弱三十人、備洒掃。宦官自文宗已後、廢置在其掌握。至有定策國老門生天子之號。及是大被誅殺。

遣援　遣兵救援。令　去聲。已　音紀。十一人　通、儀、睦、濟、韶、彭、韓、陳、覃、延、用。少陽院　在東内。神策將　指揮使孫德昭。復位　之復、音伏。去　上聲。定策國老門生天子　以其策立天子之功、故稱國老。視天子如試官之視所取人、故曰門生。○

全忠請上遷都東京

全忠進爵梁王

即因希度遣親吏蔣玄暉如京師與崔胤謀之、崔胤奏以宦官典兵預政傾危國家不翦其根禍終不已請悉罷內諸司使其事務盡歸之省寺諸道監軍俱召還闕下上從之全忠遂以兵驅第五可範以下數百人盡殺之寃號之聲徹於內外其出使外方者詔所在誅之

全忠恐胤立異、容表胤等專權乱國、請并其黨鄭元規等誅之詔皆貶之全忠容令朱友諒殺胤及元規等數人、

司馬温公曰、夫寺人之官自三王之世載於詩禮、所以謹閨闥之禁、通內外之言、安可無也、顧人主不當與之謀議使有威福耳、東漢之衰、宦者最名驕横末有如唐世也、非它、漢不握兵、唐握兵也、太宗監前世之弊深抑宦官、明皇始墮舊章、使高力士省決章奏進退將相自此熾矣、及中原板蕩肅宗收兵靈武李輔國以東宮舊隸參謀不復能制代宗踐祚仍遵覆轍遺弃勛庸更為叛乱德宗初立宦官稍絀而返忌諸將以竇文場霍仙鳴為中尉典宿衛自是太阿之柄落其掌握矣其後文武宣懿僖昭六帝皆為宦官所立、勢益驕横根深蒂固疾成膏肓不可救藥矣然則宦官之禍始於明皇盛於肅代成於德宗極於昭宗易曰履霜堅氷至為國家者防微杜漸可不慎其始哉

全忠由東平王進爵梁王還汴○全忠威震天下有篡奪之志胤懼為之備全忠表請除胤容使其黨殺之遂請上遷都東京促百官東行驅從士民上謂侍臣曰鄙語云紇干山頭凍殺雀何不飛去生處樂朕今漂泊不知竟落何所泣下沾巾上至洛陽李茂貞等移檄以興復為辭全忠將西討以上有英氣恐生變遣人入洛弑之〔為之〕之為去聲〔復〕音伏下同〔將〕音漿遣人李振○上自即位非不夢想

賢豪。卒不用之。嘗有朝士鄭綮。好恢諧。多爲歇後詩。嘲時事。上意其有所蘊。手注班簿。以爲相。堂吏走告。不信。已而賀客至。綮搔首曰。歇後鄭五作宰相。時事可知矣。（綮音啓）（歇後詩）作詩爲歇後語。意在言外。（鄭五）綮行。○上在位十七年。改元者七。曰龍紀。大順。景福。乾寧。光化。天復。天祐。子立。是爲哀皇帝。（龍紀）即位二年改元。（哀皇帝）廟号景宗。○（哀皇帝）初名祚。昭宗有廢太子裕。已壯。全忠惡之。祚以幼得立。更名柷。全忠殺裕等九人。皆昭宗子。全忠爲相國。加九錫。帝在位仍稱天祐。不四年。禪于梁。尋被弑。唐自高祖至是二十世。凡二百九十年。（更）音庚（九人）名字未詳。○司馬温公曰。高祖承隋之弊。掃除乱略。遂降李密。係建德。禽世充。芟武周。翦黒闥。夷蕭銑。六年之中。海内咸服。何成功之速也。蓋以太宗之爲子也。太宗文武之才。高出前古。拯民水火之中。措之衽席之上。使突厥之渠。繫頸闕庭。北海之濵。悉爲州縣。三代以還。未之有也。高宗沈溺宴安。仁而不武。使天后斷喪唐室。屠害宗支。中宗久罹憂患。倫嘗險阻。一旦得志。荒淫不悛。糞土之墻。安可朽也。睿宗監前世之禍。

紇干山、即紇真山、在山西大同府城東北、紇真胡語猶言千里、其山冬夏積雪故云

全忠爲相國加九錫

全忠乃遣判官李振至洛陽、與蔣玄暉及朱友恭氏叔琮等圖之、玄暉遣牙官史太等百人、夜叩宮門殺宮人裴貞一、帝在椒殿、方醉遽起單衣繞柱走、太追殺之、全忠聞之陽驚、與殺友恭叔琮、友恭臨刑大呼曰、賣我以塞天下之謗、如鬼神何、

通鑑全忠使將玄暉邀昭宗諸子德王裕棣王祤虔王禊沂王禋遂王禕景王祕祁王祺雅王禛瓊王祥置酒九曲池酒酣悉縊殺之

○胡致堂曰唐有天下歷二十君為子所逼奪者三焉為婦所乘者三焉為賊所逐者五焉為妻所弒者一焉為宦官所立者九焉為所弒者三焉為所廢者一焉為方士所敗者七焉為強臣所弒者一焉不為小人所惑者僅得二三而無全德者矣

立嗣以功可與權矣明皇再清內難四夷賓服浸淫乎貞觀之風矣及天寶以降自以治定無有後艱志欲既滿侈心乃生一旦變生所忽兵起邊隅乘輿播遷干戈不息夫肅宗以國元子收兵靈武反旆而東不失舊物代宗翦除凶醜使河南北復為唐臣其功皆不細矣然此兩君武不足以決疑明不足以燭理不思經遠之謀專為姑息之政盜賊擾州郡者因為之牧守士卒殺主帥者因授之旌鉞使強暴縱橫下陵上替唐之紀綱不可復振肅宗之為也德宗南面之初赫然有撥亂之志而識度淺闇親信多非其人舉措不由其道故關外之兵未平而京城之盜先起困辱奉天播遷山南尚賴陸贄渾瑊盡心輸力故能誅夷元惡還奉宗社逮其晚節偷懦之政甚矣順宗不幸嬰疾委政家嗣賢矣憲宗聰明果決選任忠良於是天下之盜納質效地稽顙入朝百年之憂一日廓然也惜其怠於防微變生肘腋穆宗援任非林為謀不臧自貽顛覆文宗受制家臣雖有好賢之心文雅之美不足稱也武宗英敏特達享國日淺功業未究惜哉宣宗盡心民事精勤治道求諸漢世其孝宣之流歟懿宗驕奢賊虐民怨神怒李氏之亡於茲決矣唐自至德以來近習用權藩臣跋扈譬如羸病之人糜粥養之猶恐不濟又況飲之毒酒其能存哉及僖昭嗣位天祿已去民心已離漂泊幽辱寄命諸侯雖赦之其將能乎

點註十八史略卷之五

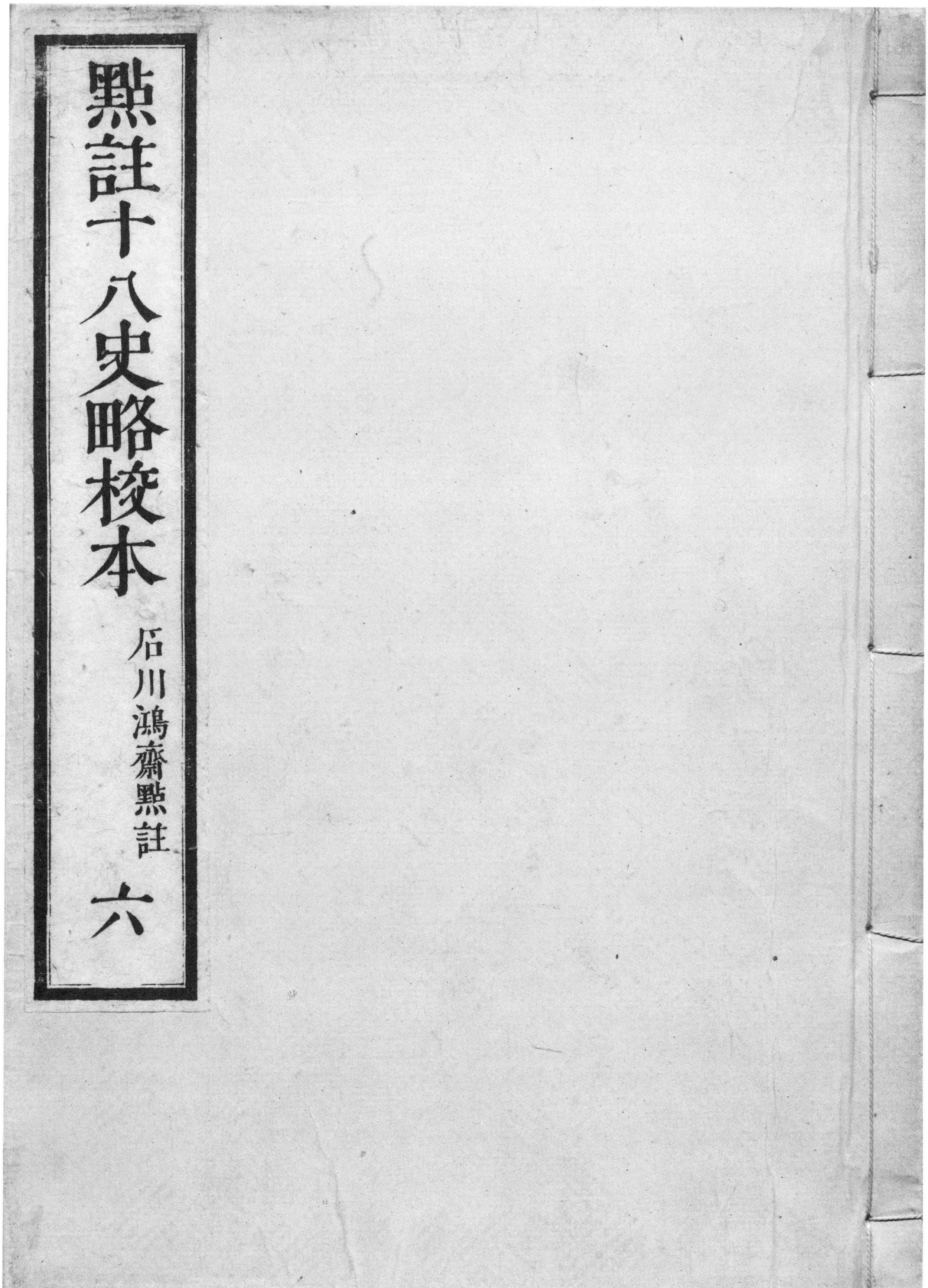
點註十八史略校本
石川鴻齋點註
六

石川鴻齋校訂標記

帝下詔禪位於梁，遣宰相張文蔚楊涉及薛貽矩蘇循張策趙光逢等奉玉冊傳國寶帥百官備法駕詣大梁。楊涉子直史館凝式言於涉曰，大人為唐宰相，而國家至此，不可謂之無過。況手持天子璽綬與人，雖保富貴，奈千載何。盍辭之。涉大駭曰，汝滅吾

點註十八史略卷之六

前進士廬陵　曾先之　編次

日本　三河　石川鴻齋　補訂

五代

梁世号後梁後唐，晋漢周皆倣此。

梁太祖皇帝初名溫，姓朱氏，碭山人。朱五經之子也。少無賴，從黄巢為盜。降唐，賜名全忠。初鎮汴，攻併徐州兖州鄆州，攻河北河東諸郡，屢與李克用交兵。尋取河中晉絳，用兵華岐，東降青州，南取荊襄，橫行諸鎮間。劫遷唐都於洛，遂篡唐。更名晃，封其兄全昱為王。嘗罵之曰，朱三，汝作天子耶。汝從黄

族神色為之不寧者數日。茂貞治軍寛簡無紀律。兵羸地蹙。不敢稱帝。但開岐王府。置百官。宮殿號令。皆擬帝者。

蜀王建與楊渥移檄諸道。云欲與岐王晉王會兵興復唐室。卒無應者。建乃謀稱帝。

○丁南湖曰。克用堅志為唐純臣。先儒称為唐末第一流。良有故矣。

晉主病篤。命其弟克寧監軍張業大將李存璋呉珙掌書記盧質。立其子存勗為嗣。曰。此子志氣遠大。必能成吾事。爾曹善教導

巢作賊。天子用汝為四鎮節度使。何負於汝。奈何滅唐家三百年社稷。自為帝王。行當族滅矣。〔碭山〕邑属宋州。〔朱五經〕名。誠以五經教授。故云。〔鎮汴〕即宣武節度。〔晉〕州属山西。即平陽郡。〔華〕去聲。〔降〕青之降。音項。平聲。〔襄〕州属河南。即襄陽府。〔更〕音庚。〔朱三〕太祖行四。〔四鎮節度使〕先唐以全忠為宣武宣義太平護國節度使。是時李克用王晉。李茂貞王岐。楊行密為呉王。王淮南。行密已卒。子渥代之。王建王蜀。錢鏐王兩浙。王潮據閩。已卒。弟審知代之。馬殷據湖南。劉隠據廣。皆自唐末以来。割據諸州。〔王晉〕之王去聲。下王岐王淮之類皆倣此。〔李茂貞〕本姓宋。名文通。為傳野軍戍卒。黄巣犯京西。茂貞以功補邑蹕都頭。僖宗賜姓名。拜鳳翔隴右節度使。昭宗時。封為岐王。〔楊行密〕以唐僖宗景福元年為淮南節度。招撫流散。輕徭薄賦。公私富庶。遂據有淮南之地。〔王建〕許州舞陽人。唐僖宗初。陳欽瑄節制西川。田令孜為監軍。召建。欲致麾下。欽瑄疑止之。建怒。以兵攻成都。殺欽瑄令孜。昭宗授以西川節度使。遂拠有其地。〔兩浙〕浙東浙西。〔閩〕州属福建。今福州。〔王審知〕光州固始人。唐末黄巣冦乱。因有闕嶺五州之地。昭宗就封閩王。〔馬殷〕許州鄢陵人。唐乾寧中。拜武安軍節度使。鎮潭州。遂有湖南之地。〔劉隠〕隠祖安仁上蔡人也。後従閩中商賈南海。因家焉。梁封為南海王。卒。其後

以馬殷為楚王
蜀王建稱帝
晉王李克用卒
梁兵侵晉

之、又謂克寧等曰、以亞子累汝、亞子、存勗小名也、言終而卒、存勗襲位、○胡致堂曰、喪不二事、故春秋於背喪而即戎者、皆深譏之、惟其門庭之寇、存亡繫焉、然後從權制而無避、此費誓所以得列於典謨命誥之後也、李存勗夾塞之戰、君子深有取者、與之類、綱目曰、於潞州城下、更築長城、内以防奔突、外以拒援兵、謂之夾塞、塹而守之、晉王歸晉陽、休兵行賞、命州縣舉賢才、黜貪殘、寬租稅

襲位、盡有嶺表之地、僭号於廣州。○梁主以馬殷爲楚王。○蜀主王建稱帝。

○晋王李克用卒。初克用有養子曰存孝、最驍勇有功。養子存信疾而譖之。存孝懼禍而叛。克用討獲、因歸惜其才、意臨刑必有爲之請者。諸將疾其能、竟無一人言。遂死。又有薛阿檀亦勇、密與存孝通、恐事泄自殺。自是克用兵勢寢弱。唐末數爲汴人所攻、失數州、汴兵直抵晋陽城下。克用登城備禦、不遑寢食。後汴兵再圍晋陽、以疫還。克用幾欲走會。汴兵去而止。克用不能與汴人爭者累年、悒悒以至于卒。子存勗立。時梁兵侵晋、圍潞州。晋李嗣昭閉城固守、踰年。梁築夾寨守之。存勗與諸將謀曰、朱溫所憚者先王耳。聞吾新立、以爲童子、必有驕怠之心。若簡精兵倍道趨之、出其不意、取威定霸在此一舉、不可失也。帥兵發晋陽、伏三垂岡下、旦乘大霧直

梁兵大潰

淮南徐温殺立

以王審知為閩王

以劉守光為燕王

守光稱帝

撫孤窮，伸寃濫，禁姦盜，境內大治。

王審知儉約，常躡麻履，府舍卑陋，未嘗營葺，寬刑薄賦，公私富實，境內以安。

晋王聞劉守光稱帝，大笑曰，俟彼十年，吾當問其鼎矣。張承業請遣使致賀以驕之。晋王遣大原少尹李承勳往，用鄰藩通使之禮。燕典客欲使稱臣，庭見，承勳曰，吾受命於唐朝，為太原少尹，燕王豈得而臣之乎。守光怒，囚之數日，竟不能屈。

抵夾寨，填塹鼓譟而入。梁兵大潰，遂解潞圍。〔為之〕之為，去聲，下並同。〔阿〕讀作遏。〔數〕為之數，音朔。〔疫〕音役，說文，疾也。〔幾〕音機。〔累〕上聲。〔悒〕音邑，憂也。〔寨〕音豺，去聲，豎柵曰寨。〔先王〕謂克用，後倣此。〔帥〕音率。〔三垂岡〕在潞州黎城縣。○淮南將張顥、徐温弑楊渥。温復殺顥，將吏推立楊隆演。徐温自領昇州，而以養子徐知誥往治之。〔推〕音退，平聲。〔隆演〕渥之弟。〔昇州〕屬江東，即建康。〔徐知誥〕本姓李，徐州人。楊行密掠得之，養為子，渥憎之不能容，行密以賜温，名曰知誥。〔治〕平聲。○梁以王審知為閩王。○梁以劉守光為燕王。守光者盧龍節度使仁恭之子也。先是囚其父而自領軍府。○梁夏州亂，殺節度李彜昌，以其族父仁福代之。夏州李氏本姓拓跋，上世自唐賜姓，領鎮久矣。〔族父〕族之父不黨。○廣州劉隱卒，弟巖代之。○劉守光稱燕帝。○鎮州王鎔、定州王處直推晋王為盟主。梁攻鎮州，襲取諸郡。晋王伐其兵於柏鄉，大破之。晋帥二鎮伐燕。梁主救之，大敗走歸。〔鎮州〕屬河北，即常山郡。〔處〕音杵。〔柏鄉〕縣屬趙州。〔帥〕音率。〔二鎮〕鎮州、定州。

均王
執劉守光斬之
賜高季昌爵爲王

梁主疾甚。命友文婦王氏召友文。欲付以後事。友珪婦張氏知之。密告友珪。珪與統軍韓勍合謀。以牙兵夜斬關入。至寢殿。梁主驚起曰。我固疑此賊。恨不早殺之。汝悖逆如此。天地豈容汝乎。友珪曰。老賊萬段。友珪僕夫馮廷諤剌梁王腹。刃出於背。以敗氈裹之。瘞於寢殿。

阿保機自称皇帝。以妻述律氏爲皇后。置百官。改元神冊。晉王方經營河北。欲結契丹爲援。常以叔父事阿保機。以叔母事述律

先是梁主已有疾。至是憤憤曰。我經營天下三十年。不意太原遺孽更昌熾如此。吾觀其志不小。我死諸兒非彼敵也。吾無葬地矣。疾愈劇。且加躁怒。愛假子友文之妻。將立友文爲嗣。遂爲其子友珪所弒。在位六年。改元者二。曰開平乾化。初以汴州爲東都開封府。洛陽爲西都。遷都洛陽者凡四年。友珪自立。尋伏誅。均王立。大原、晉王所都。遺孽、遺留孽子。無葬地矣、謂己必皆為晉有。妻王氏將音獎。為其之為去聲。開封府、屬上十字為一句。

均王名友貞。初爲東都指揮使。友珪簒弒。起兵誅之。而即位於汴。更名瑱。友貞、太祖第三子、封均王、鎮大梁。更音庚。瑱音天去聲。○晉王入幽州。執燕劉仁恭及守光。歸斬之。右燕劉守光、自梁太祖乾化元年僭号、至是三年而亡。○梁賜荊南節度使高季昌爵爲王。○契丹阿保機稱帝。古東胡種也。其國先在横山南。本鮮卑舊地。元魏時自號契丹。初本

契丹阿保機称帝

劉巖称帝國号漢

蜀主宗衍立

吳溥普立

以錢鏐為吳越國王

后、

斡烏活切、腕入聲

知誥事吳王盡恭、接士大夫以謙、御衆以寬、約身以儉、繦逋稅、求賢才、納規諫、除姦猾、杜請託、於是士民歸心、宿將悅服、以宋齊丘為謀主、由是江淮間曠土盡闢、桑柘滿野、國以富強、蜀主・吳王屢以書勸晉王稱帝、晉王以示僚佐曰、昔王太師亦嘗遺先王書、勸以自帝一方、先王語余云、昔天子幸石門、吾發兵誅賊臣、當是之時、威振天下、吾若挾天子據關中自作

賀氏有八子。號八部。太人。推一人為主。三歲一代。唐開元中。有邵固者。統衆詔許襲王。至是諸部以耶律斡里少子阿保機為主。并奚・渤海諸國。始建元。不復受代。國人謂之天皇王。【檀】上聲【横】山縣屬復州太賀氏其君名【八子】名号未詳【推】音退平聲一代三年而更一人為主襲王承襲而不代【耶】通鑑作邪音徐遮切【耶律斡里】覆姓覆名【奚】見前唐玄宗紀【渤海】在遼陽建元立年号○廣州劉巖称越王。巳而称帝。改國號曰漢。后又更名龑。【后】與後通【更】音庚○吳徐溫徙治昇州。以徐知誥入輔吳政。【治】平聲○蜀主王建殂。子宗衍立。○吳主楊隆演卒。弟溥普立。○梁以錢鏐為吳越國王。○晉與梁連歲交兵。梁魏州降于晉。晉王入魏。拔德州・澶州。梁劉鄩襲晉陽。不克而還。攻鎮定營。晉師敗之。鄩攻魏州。晉王又敗之。梁又遣兵襲晉陽。晉人擊卻之。晉克衛・磁・洺・相・邢・滄貝州。掠濮・鄆。梁人決河以限晉。晉王攻拔其四寨。巳而大舉。

晉王大舉伐梁

晉王即帝位國號唐

九錫禪文。誰能禁我。顧吾家世忠孝。立功帝室。誓死不為耳。他日當務以復唐社稷為心。慎勿效此曹所為。言猶在耳。此議非所敢聞也。因泣。既而將佐及藩鎮勸進不已。

魏州僧得傳國寶。以為常玉。將鬻之。或識之曰。傳國寶也。乃詣行臺獻之。

梁兵潰。追擊破之。彥章走。將軍李紹奇追之。彥章重傷馬躓。遂擒之。唐主惜彥章之材。欲用之。彥章曰。余本匹夫。蒙梁恩。位至上將。與皇帝交戰十

伐梁。戰于胡柳。晉周德威敗死。晉王收兵復戰。大破梁軍。晉築德勝南北兩城。梁攻之不克。梁招討王瓚爲晉所敗。梁河中降晉。鎮州將弑趙王王鎔。晉王討平之。先是吳蜀屢書勸晉王稱帝。晉王自謂先王有遺言。當務復唐社稷。既而得傳國寶於魏州。將佐皆賀勸進不已。遂即帝位於魏。國號唐。遣李嗣源襲取梁鄆州。梁以王彥章爲招討。唐主戒德勝守者曰。王鐵槍勇決。謹之。彥章果拔南城。進拔諸寨。至楊劉。力攻不克而退。梁遣彥章攻鄆。唐主救之。梁敗。彥章死。唐以嗣源爲前鋒。五日入大梁。梁主猶慮諸兄弟乘危謀亂。盡殺之。尋命其下殺己。在位十一年。改元者二。曰貞明龍德。梁自太祖稱帝。至是二世。一十七年而亡。魏州屬河東。即魏郡。德州屬山東。即平原郡。澶音禪。屬河東。即頓丘。鄩音尋。鎮定營鎮州王鎔營。定州王處直營。貝音拜。下並同。衛屬河東。今衛軍府。相去聲。胡柳未詳所在。兩城

五年、令兵敗力窮、死自其分。縱皇帝憐而生我、我何面目見天下之人乎。豈朝為梁將、暮為唐臣。此我所不為也。終斬之。五代史。勗年十一、從克用破王行瑜、遣獻捷于京師。昭宗異其狀貌、撫其背曰、兒有奇表、後當富貴。無忘予家。及長善騎射、習春秋、通大義。尤善音律歌舞俳優之戲。

梁主聞彥章就擒、唐軍且至、日夜涕泣、不知所為。置傳國寶於臥內、忽失之。已為左右竊之、迎唐軍矣。梁主謂皇甫麟曰、吾不能

所在亦未詳。瓚音棧、上聲。為晉之為去聲。復唐之復音伏。傳國寶初僧傳眞得之、以為常玉、將竊之、或識之曰、傳國寶也。至是乃詣行臺而獻之。王鐵槍時号彥章為鐵槍。南城即南德勝城。楊劉城名、未詳所在。其下皇甫麟。己音紀。○司馬温公曰、太祖始以黃巢降將秉旄宣武、逞其詐力、奪食諸夏、地廣兵強、威權日熾、至欲無厭、遂迁唐祚、淫虐不悛、禍自內興、不得其死宜矣。均王膺梁之子、材不過人、以與莊宗為敵、能無亡乎。

唐

唐莊宗皇帝、名存勗、沙陀人也。本姓朱邪。先世立功、賜姓李。父克用有勇略。一目微眇。號獨眼龍。為唐平黃巢、立大功、王于晉。與朱氏為仇。暮年頗為所蹙、憂形於色。存勗幼進言曰、朱氏窮凶極暴、人怨神怒。極將斃矣。吾家世襲忠貞、大人當遵養時晦、以待其衰。奈何輕為沮喪、使群下失望乎。克用說。臨終立為嗣。謂其下曰、此子志氣遠大、必能成吾事。年十七、嗣晉王位。即舉兵破梁、解潞圍。自是連勝。梁祖歎曰、生子當

故唐官者張承業卒
郭崇韜佐帝成業

高季興入朝以為南平王

自裁卿可斷吾首鱗遂弑梁主因自殺梁主為人温恭儉約無荒淫之失但寵信趙張使擅威福疏弃敬李敬翔李振舊臣不用其言以至於亡

蜀主遣兵部侍郎歐陽彬奉降書以迎継岌崇韜継岌至成都李嚴引蜀主出降大軍入成都崇韜禁侵掠市不改肆自出師至是凡七十日高季興聞蜀亡方食失匕箸曰是老夫之過也梁震曰不足憂也唐主得蜀益驕亡無日矣安知其不為吾福

如李亞子吾兒豚犬耳○〔朱邪〕五代史云夷狄無姓朱邪部族之号後因為姓〔賜姓〕唐懿宗時帝祖朱邪赤心為招討使康兼訓前鋒擊滅龐勛賜姓李名國昌〔克用〕國昌子〔為唐〕為所之為並去聲下同〔王〕平聲〔將〕音擧〔説〕音悦〔其下〕王弟克寧監軍張承業大將李存璋吳珙〔李亞子〕存勗小名存勗東并幽州北卻契丹南與梁夾河百戰先是晉陽監軍故唐官者張承業為晉王捃拾財賦召補兵馬攻戰連年接應不乏皆承業力承業意在復唐宗社聞王將稱帝力諫知不可止慟哭曰諸侯血戰本為唐家今王自取之誤老奴矣悒悒成疾而卒王即位改晉為唐奉唐祀入汴滅梁都大梁已而還雒陽侍中郭崇韜有謀略佐唐主成業至是權兼内外謀猷規益竭忠無隱薦引人物他相受成而已〔為晉〕之為去聲下同〔捃〕音君去聲攈也〔復〕音伏〔宗社〕宗廟社稷〔將〕音擧〔雒〕洛同○荊南高季興入朝季興者李昌之改名也唐以為南平王○蜀主王衍盤遊淫湎國乱盜起唐遣皇子継岌與郭

以孟知祥為西川節度使

伶人侮弄搢紳
踈忌宿将

郭崇韜素疾宦者、宦官皆切齒。時蜀中盗賊群起。崇韜恐大軍既去更為後患。命任圜張筠分道招討。是以淹留未還。唐主遣宦者向延嗣促之。崇韜不出迎。延嗣怒於是譖崇韜

趙在禮帥諸校迎拜嗣源泣謝曰、将士輩負令公。敢不惟命是聽。嗣源詭説在禮曰、凡舉大事須藉兵力。今外兵流散無所歸。我為公出收之。在禮乃聽。嗣源紹真俱出城。宿魏縣。散兵稍有至者

崇韜伐之。遂滅蜀。衍降唐。赤其族。繼岌信讒殺崇韜而還。[岌]音吟入聲。[赤族]盡滅其族。○右前蜀王建、自梁太祖開平二年僭号。至是二世、凡十六年。[殺崇韜]案、崇韜素惡宦者。宦者銜之。至是成都雖下、而盗未息。崇韜恐去後為患。命分道招討。淹留未還。宦官譖其專權。帝遣往觀。皇后遂密令繼岌殺之。

○唐以孟知祥為西川節度使。○唐帝自克梁後、寢驕。首以伶人為刺史。帝幼習音律。或時自傳粉墨、與優人共戯。優名謂之李天下。嘗自呼曰、李天下李天下。優人敬新磨、還前批其頬。帝失色。新磨徐曰、理天下只一人。尚誰呼耶。帝悦。諸伶出入宮掖、侮弄搢紳。群臣憤疾、莫敢出氣。亦有反相附託、納貨展轉、以干恩澤、蠹政害人。恣為讒慝。帝踈忌宿将、不恤軍士。數出遊獵、蹂践民田。上下咨怨。魏博将戍瓦橋代歸。復遣留屯貝州。遂作乱。奉趙在禮入據鄴都。唐遣将李嗣源討之。至城下、軍士大譟曰、将士従主上十年、百戰以得天下。今貝

嗣源據大梁

州戍卒思歸。幸上不赦，從馬直數卒喧競，遽欲盡誅其族。我輩初無叛心，但畏死。今欲與城中合勢，拔白刃擁嗣源入城。城中不受。外兵逆擊之。皆潰。嗣源詭辭得出，將召兵攻亂者。安重誨曰，公為元帥。不幸為凶人所劫，不若星行詣闕見天子，庶可自明。嗣源乃南趨相州。譖者奏嗣源已叛。嗣源上章自理，遏不得通。始疑懼。石敬瑭曰，安有上將與叛卒入城而他日得保無恙者乎。大梁天下都會。願先往取之，始可自全。康義誠曰，主上無道，軍民怨望。公從衆則生，守節必死。嗣源乃以敬瑭為前鋒，李從珂為殿，引兵入大梁。唐主如關東，聞嗣源已據大梁，諸軍離叛，神色沮喪，歎曰，吾不濟矣。即命旋師。從馬直郭從謙帥兵攻帝。於汜水，唐主中流矢而殂。称帝僅三歲而遇弒。改元者一，曰同光。伶人斂樂器覆屍而焚之。

○尹遂昌曰，歐陽公脩作五代史，於莊宗本紀，書李嗣源反。自以為得春秋之法。今綱目於嗣源之事，待之甚恕云々。

從馬直指揮使郭從謙〔伶人〕帥所部兵攻興教門。唐主方食，聞變，帥衛兵擊之，亂兵焚興教門，緣城而入。近臣宿將皆釋甲潛遁。俄而唐主為流矢所中，須臾遂殂。左右皆散。是日李嗣源至罌子谷，聞之慟哭，謂諸將曰，主上素得士心，正為群小蔽惑致此。今吾將安歸乎。乃入洛陽，止於私第，禁

百官請嗣源監國

焚掠拾莊宗骨於灰燼之中而殯之李琪曰若改國號則先帝遂為路人梓宮安所託乎不惟殿下不忘三世舊君吾曹為人臣者能自安乎前代以旁支入繼多矣宜用嗣子柩前即位之禮衆從之監國服斬衰於柩前即位百官縞素既而御袞冕受冊百官吉服稱賀○胡氏曰李琪之言是也然國亡君弑子不得立而他人是保人臣心不自安尚有大於此者乎綱目謬自少在軍中未嘗寢倦極則就圓木小枕

嗣源聞之痛哭。乃入洛陽。百官上牋勸進。不許。又三請。嗣源監國。乃許之。繼岌自蜀歸。途聞內難。至長安自殺。監國立。是為明宗皇帝。（伶人為刺史 伶人樂工。初胡柳之役、伶人周匝為梁所獲。帝每思之。及入汴、匝見泣曰、臣所以得生者、皆梁教坊使陳俊、內園栽接使儲德源力也。願乞二州以報之。遂以俊為景州刺史、德源為憲州刺史。○優名 唐帝雜優小名。呼 去聲、下同。敬新磨 敬姓、新磨名。批 匹迷切、擊也。尚誰呼 調其重呼李天下也。搢紳 公卿大臣。相附 之相、如字。宿將 故舊大臣。數出 之數、音朔。魏博將 姓名未詳。瓦橋關 在雄州。從馬直 從、去聲。直、當直也。如直殿、直宿之直。案嗣源在鄴之夜、從馬直軍士張破賊作亂。將召 之將、音漿。為凶 之為、去聲。星行 星、見星也。謂早行。譖者 李紹榮。上章 之上、上聲。塘 音唐。珂 音軻。殿 音顛、去聲。軍後曰殿。帥兵 之帥、音率。汜 音凡、筝蹄云、汜水出成皐、下流未詳。覆 音否、去聲。上牋 之上、上聲。勸進 勸即帝位。）

明宗皇帝本胡人。邈佶烈也。為晉王克用養子。名嗣源。莊宗滅梁。嗣源功最高。為中書令、蕃漢馬步總管。受命討鄴。為叛卒所推。自鄴趨汴入洛。遂即位。更名亶。（佶 音佶、入聲。蕃漢馬步 蕃兵、漢兵、馬兵、步

契丹德光立　閩王延鈞称帝　吳楊溥称帝　高從誨立　楚王希範立　呉越錢元瓘立　孟知祥為蜀王

或枕大鈴寐熟輒欹而悟名曰警枕
卒年八十一
秦王從榮喜為詩聚浮華之士高輦等於幕府與相唱和頗自矜伐唐主語之曰吾雖不知書然喜聞儒士講經義開益人智思吾見莊宗好為詩将家子文非素習徒取人竊笑汝勿效也
○胡致堂曰明宗兼善頗多過舉亦不至甚求漢唐之間蓋亦賢主也其尤足称者內無聲色外無遊畋不任宦官廢內藏庫賞廉吏嚴治贓蠹若輔相得賢則其過舉當又損矣其

兵（総管属上十字為句　為叛之為去聲更音庚）○契丹阿保機卒子德光立○閩王王審知卒子延翰立驕淫殘暴其下弑之而立其弟延鈞後称帝更名璘（其下審知養子　延禀更音庚）○吳王楊溥称帝○南平王高季興卒子從誨立○楚王馬殷卒子希聲立後希聲卒希範立○呉越王錢鏐卒子元瓘立○夏州李仁福卒子彝超嗣○西川孟知祥併東川以知祥為蜀王（東川郡属四川今潼川府　蜀王世称後蜀）○唐秦王從榮驕狠自知時論不與常懼不得為嗣唐主寢疾遽率牙兵千人至端門下将入禁衛討之從榮兵潰走歸府皇城使斬之唐主悲駭疾劇遂殂唐主性不猜忌與物無競登極之年已踰六十每夕於宮中焚香祝天曰某胡人因乱為衆所推願天早生聖人為生民主在位八年改元者二曰天成長興內無聲色外無遊畋不任宦官廢內藏庫賞廉

蜀孟知祥称帝

焚香祝天之言発誠心天既厭乱遂生聖人用是觀之天文交感之理不可誣也

○尹遂昌曰書唐主出奔而不言其所往則是逃竄奔逸非無所之也石敬塘國之懿親據大鎮擁強兵聞難入朝幸而相遇正當協力扶持庶幾或有可濟之理既不能然乃反殺其從珂是猶奪餓者之食而引縄以縊絶之耳直書於冊然則非特從珂反敬塘亦反矣悖乱一至於此可勝歎哉可勝誅哉

吏治贓蠹雖不知書所行暗合於道年穀屢豊兵革罕用校於五代粗爲小康子宋王立是爲閔帝從榮明宗長子論去聲將音漿禁衛禁中宿衛之兵皇城使安從益其称其名爲衆之爲去聲藏音状治平聲粗音措上聲略也

閔帝名從厚明宗次子也即位有志爲治然不知其要寬柔少斷斷音端去聲○蜀孟知祥称帝○唐潞王反於鳳翔擧兵長驅至洛陽閔帝出奔在位改元應順數月而已潞王立

潞王名從珂本姓王氏明宗之養子也少從明宗征伐有功名得衆心用事者忌之從珂鎮鳳翔閔帝命移鎮河東将佐以爲離鎮必無全理乃移檄鄰道起兵入清帝側從珂至陜諸軍皆迎降至洛宰相馮道等百官班迎遂即位遣人鴆殺閔帝於衛州用事者朱弘昭馮贇等移檄鄰道其檄略曰朱弘昭等乘元帝疾亟殺長立幼專制朝權別疎骨肉動揺藩垣今将入清君側之悪其力不能獨辨願乞隣藩以濟之降音項平聲遣人衛州刺史王弘贇子巒○

蜀孟昶立

石敬瑭叛為自全之計

契丹立敬瑭為晉王

衛州刺史王弘贄遷閔帝於廨唐王從珂遣弘贄之子巒往之閔帝不飲巒縊殺之磁州刺史宋令詢慟哭半日自經死

○鴻齋曰五代之時乱極矣歐陽子以嗚呼起筆終篇以嗚呼止焉蓋史中最可慨歎之書也至明宗之時祖為小康然有焚香祝天之語所以知乱未可極可謂有先見之智矣後過三十餘年趙匡胤即位興宋室以統一天下推算之藝祖之生在明宗即位二年呂中論在亦不可誣也

蜀主孟知祥殂子昶立〔昶丑兩切〕○夏州李彝超卒兄彝殷代之○閩人殺其王璘而立其子繼鵬更名昶〔更音庚〕○唐主初與河東節度使石敬瑭素不相悅唐主立敬瑭不得已入朝尋歸鎮叛為自全之計唐主移之遂反求援於契丹契丹敗唐兵立敬瑭為晉帝引兵向洛陽唐主自焚死在位不三年改元者一曰清泰唐自莊宗至是四主凡一十四年〔移之〕通鑑制以敬瑭爲天平節度使〔敗〕音拜○司馬温公曰武皇以沙陀微種奮有河東黄巣之乱有功於唐上元之変訟不能直遂與朱氏相攻紛糾不解至於晩節鋒鋭亦衰荘宗以弱齢襲位麾下諸将皆武皇並轡之人乃能以恩信結其心英果折其氣莫不竭力致命頤指如意遂策馬渡河而朱氏失國惜其志小氣延驕心易生纔及三年隕身亡族明宗無取國之志而為衆所附資性寛厚克終天禄清泰於危難之中坐神器之重負扆未安家為煨燼十年之中易姓者四禍福相尋何其速哉

晉

唐主議復向河陽將校皆已飛狀迎晉王。唐主與曹太后劉皇后雍王重美及審虔等携傳國寶登玄武樓自焚。是日晩晉王入洛陽。

契丹主謂石敬塘曰。吾三千里來赴難。必有成功。觀汝器貌識量。眞中原之主也。吾欲立汝爲天子。敬塘辭讓數四。將吏復勸進。乃許之。契丹作策書。命敬塘爲大晉皇帝。築壇卽位。割十六州以與契丹。仍許歲輸帛三十萬匹。

割十六州與契丹

晉高祖皇帝姓石氏。名敬塘。沙陀人。唐明宗之壻也。初與從珂皆勇力善鬪。事明宗。皆有功。內相忌。從珂稱帝。敬塘自河東來朝。將佐皆勸留之。時久病骨立。唐主不以爲虞。遂得歸鎭。公主在洛陽。辭歸。唐主醉曰。何不且留。遽歸欲與石郎反邪。敬塘聞之益懼。尋命移鎭鄆州。敬塘拒命。唐主發兵討之。桑維翰爲敬塘草表。稱臣於契丹。事以父禮。約事捷割地。劉知遠以爲太過。厚賂金帛足致其兵。不必許以土田。恐異日大爲中國之患。敬塘不聽。表至。契丹主大喜。將騎五萬而來。與唐兵戰於晉陽。大敗之。契丹主立敬塘爲帝。國號晉。割幽薊瀛莫涿檀順新嬀儒武雲應寰朔蔚十六州與之。契丹以晉主南下。又破唐兵至潞州。契丹北還。晉主引而南。唐將校皆飛狀以迎。唐主殂。晉主入都洛。已而還汴。

〔骨立〕病後躰瘠。〔虞〕防也。〔爲〕敬之。

吳徐知誥受吳禪國號南唐

契丹改國號大遼

閩王曦弑祖自立

南漢劉玢立

時晉新得天下、藩鎮多未服從、或雖服從、反仄不安、兵火之餘、府庫殫竭、民間困窮、而契丹徵求無厭、維翰勸晉王、推誠弃怨、以撫藩鎮、卑辭厚禮、以奉契丹、訓卒繕兵、以脩武備、務農桑以實倉廩、通商賈以豐貨財、數年之間、中國稍安、○胡致堂曰、敬塘之罪、在不助閔王、苟以閔王失國、則當尊奉許王、不爲衛州之事、而歸奪國殺君之惡於從珂、兵以義舉、名實皆正、則其德美矣、乃急於近利、稱臣契丹、以父事之、其

爲去聲〔敗〕音拜〔涿〕即涿郡〔新〕今奉聖州〔朔〕即馬邑〔蔚〕音鬱○案全書、幽薊涿檀順新雲蔚屬今北平、瀛莫屬河東、武應朔屬山西、嬀儒寰無考、姑闕之。

○吳徐知誥稱帝、奉吳主溥爲讓皇。初徐溫命知誥治昇州、致繁富。城市府舍甚盛。溫自徙居之。知誥入廣陵輔吳政。溫卒、知誥以中書令鎮昇、而留其子輔吳政。廣金陵城。吳加知誥大元帥、封齊王、備殊禮。至是遂受吳禪。知誥本徐州李氏子也。自謂唐後、國號唐、尋復姓李、更名昪。是爲南唐。〔讓皇〕世紀、吳、楊行密、自溥、大祖開平元年僭號、至是四主、凡三十七年、南唐篡之。〔治〕平聲〔金陵城〕即昇州、楚威王以其地有王氣、埋金鎮之、故曰金陵。〔復〕音伏〔更〕音庚〔昪〕音弁○契丹改國號大遼。○閩王曦弑其主昶而自立。曦、昶叔也。○吳越王錢元瓘卒、子弘佐嗣。○南漢主劉龑卒。又更名龑、尋殂。子玢立。〔更〕音庚〔龑〕音儼○案作龑、丁篋切、龍鬐也〔玢〕音彬○晉主在位不七歲殂。改元者一。曰天福。齊王立。是爲出帝。又曰少帝。

南唐李璟立　閩王延政称殷帝　南漢弑立　殷改國号閩

利不能以再世其害乃及無窮故以功利謀國而不本於禮義未有不施中其禍者唐主餌方士丹寖成躁急群臣奏事往々暴怒然有論辯中理者亦斂容謝之唐主疽発背疾亟大醫呉廷裕遣親信乃齊王璟入侍疾唐主謂曰吾餌金石始欲益壽乃更傷生汝宜戒之此夕殂

桑維翰以國家危在旦夕求見言事晋主方在北中謂鷹辞不見又詰執政言之執政不以為然退謂所親曰晋氏不血食矣

出帝名重貴高祖兄子也高祖臨終命幼子重睿拜宰相馮道欲其輔立景延廣議以國家多難宜立長君遂立重貴延廣用事〔兄〕敬儒 ○南唐主李昪殂子璟立○閩主之弟王延政據建州称殷帝○南漢主劉玢之弟弘熙弑玢而自立更名晟〔更〕音庚 ○閩朱文進弑其主王曦而自立殷主延政遣兵討之閩人殺文進傳首於殷殷改國號曰閩唐人攻拔建州延政出降閩亡唐攻福州不克後呉越遣兵取之〔傳〕音專去聲 閩亡世紀閩王審知自梁太祖乾化三年建号至是六世凡三十二年而亡〔福州〕属福建即閩州 ○初晋高祖事契丹甚謹至少主即位景延廣主議告哀不復称臣契丹大怒延廣又囚其回圖使已而遣歸大言曰帰語而主先帝為北朝所立故称臣奉表今上乃中國所立為隣称孫足矣翁怒則來戰孫有十萬横磨劍相待桑維翰屢請遜辞以謝契丹

契丹入舉入寇　胡騎四出　括民銭帛

晋營軍中食盡杜威與李守貞宋彦筠謀降契丹威潛遣腹心詣契丹牙帳邀求重賞契丹主紿之曰趙延壽威望素淺恐不能帝中國汝果降者當以汝為之威喜遂定降計威命軍士釋甲軍士皆哭慟聲振野契丹主引兵南杜威将降兵以從遣張彦澤将二千騎先取大梁張彦澤倍道疾驅夜渡白馬津晋王召李崧馮玉李彦韜入禁中計事欲詔劉知遠發兵入援明日自封丘門斬関而入城中大擾晋主召范質

每為延廣所沮。於是契丹入寇、渡河。晋主自将及遣李守貞等分道擊之。契丹敗走。契丹再至相州、引還。晋主又自将追之。契丹旋兵南下。晋人擊之。契丹又敗走。晋主既再勝、意契丹不足畏。契丹主大舉入寇。晋将杜威降。契丹遣兵入汴、執晋主、以歸其國。在位五年。改元者一、曰開運。晋自高祖至是再世、一十二年而亡。契丹主入大梁。胡騎四出、剽掠、謂之打草穀。丁壯斃鋒刃、老弱委溝壑。自東西兩畿及鄭滑曹濮、數百里間、財帛殆盡。契丹主謂判三司劉昫曰、契丹兵應有優賜。遂括都城士民銭帛、遣使者數千人、括於諸州、皆迫以嚴誅。人不聊生。括至、初無頒給、皆欲輦歸。中外怨憤、皆思逐之。所在盜起。契丹主曰、我不知中國難治如此。居汴三月而還。

晋劉知遠先一月、即位於晋陽。告哀計也。（回圖使）初、梁太祖、從馬殷所奏、於汴荊襄廣鄆

事晋功多

草降表自称孫男臣重貴禍至神惑運盡天亡今與太后及妻馮氏舉族面縛待罪彥澤遷晋主於開封府頃刻不得留見者流涕彥澤殺桑維翰以帶加頸曰契丹主云其自經契丹主命厚撫其家遣兵趣河陽捕景延廣延廣伏地請死乃鎖之封晋王重貴為負義侯徙之黄龍府○胡致堂曰五代之取國惟威后與漢為此善於彼蓋梁篡唐而後唐代之晋為契丹所滅而漢興焉非若李源之之逼荘宗石敬塘之奪潞王郭

復州、置回圖務、運茶於河南北、以易繒纊戰馬、後契丹以喬榮為回圖使、置邸太梁、及是被囚。〔語〕去聲、為北之為、去聲、下並同。〔長〕音張、上聲。〔丁〕壯、老弱、丁中、壯健者、死於鋒刃、老耄衰弱者、弃於溝壑。〔滑〕州、屬河東。〔判〕三司、官掌判决塩鉄度支戸部、三司政事。〔昫〕音吁、去聲。〔應〕平聲。〔先〕音霰。○司馬温公曰、高祖以地尊勢重、迫於猜嫌、親執臣子之禮、以事戎狄、賂之土地、藉其兵力、以取天下、羽翼未成、不可以高飛、國家未治、不可以應敵。齊王恃桑維翰之深謀、信景延廣之狂策、內政不脩、而外挑強隣、能無亡乎。

漢

漢高祖皇帝、姓劉氏。初名知遠。沙陀人也。事晋祖敬塘於兵間、功最多。晋祖在河東、唐潞王移之鎮鄆。知遠曰、明公久將兵、得士卒心。今擁形勝之地、士馬精強。若称兵傳檄、帝業可成。奈何以一紙制書、自投虎口。遂拒命。唐遣將攻之不克。晋祖舉兵滅唐、入洛陽。知遠時為侍衛馬軍都指揮使。〔分〕漢兵入營館。契丹兵於寺、城中肅然。後晋祖以知遠鎮河東。晋祖

契丹主耶律兀欲立
楚王馬希廣立

郭威執政

威之逐漢隱帝也晉受唐擊知遠不救固為罪矣然是時朝權則付之李崧馮玉而顧命大臣知桑維翰不得與兵柄則付之杜威李守貞而勲舊重將如知遠不得聞故維翰可以當國責李崧而後世不當以幸禍責知遠

漢以郭威為西面招慰安撫使諸軍皆受節度威問策於馮道道曰守貞自謂舊將為士卒所附願公勿愛官物以賜士卒則奪其所恃矣威從之由是衆心始附於威

殂遺命以知遠入輔政晉人匿之知遠由是怨朝廷契丹連入寇晉雖以知遠為行營都統知遠不行契丹滅晉入大梁知遠稱帝於晉陽契丹去乃發太原入洛遂入汴國號漢後更名暠（傳音專去聲遣將張歛逹入營還 本營寺天宮寺在洛陽更音庚）○契丹主耶律德光歸至殺胡林而死剖腹實塩載去人謂之帝羓子兀欲立○吳越王錢（殺胡林未詳所在 羓音巴乾肉曰羓）○楚王馬希範卒子希廣立○吳越王錢弘佐卒弘倧立其下廢之而立弘俶（倧音宗其下南牙統軍使胡進思）○漢主殂在位一年改元乾祐子周王立是為隱帝

隱帝名承祐年十八即位○先是漢祖以弟崇尹太原為留守河東節度使崇與郭威有隙至是威為樞密使侍中執政崇為自全之計選募勇士招納亡命繕甲兵實府庫罷上供財賦朝廷詔令多不禀承（尹太原為太原府尹後尹開封做此節度使屬上十八字為句）○

以郭威爲鄴都留守
楚王馬希萼立

漢宮中有怪、大風發屋拔木、吹揚門扉一千餘歩而落。漢主召司天監趙延義、問以祈禳之術、對曰、王者欲弭災異、莫如脩德。漢主曰、何謂脩德、對曰、請讀貞觀政要而法之。

五代史弘肇傳、弘肇務殺戮、是時太白晝現、民有仰觀者、輒腰斬于市。

威至封丘、人情恟懼。漢主遣慕容彦超等將兵禦之、至七里店、漢主自出勞軍。既陳、慕容彦超引軽騎直前奮擊。郭威與李榮帥騎兵拒之、彦超引

荊南高從誨卒、子寶融知軍府。通鑑作知留後。○河中李守貞反、郭威督諸軍討克之。守貞自殺。○漢以郭威爲鄴都留守。○楚王馬希廣之兄希萼殺希廣而自立。○漢主自即位以來、同平章事楊邠總機政、樞密使郭威主征伐、侍衛指揮使史弘肇典宿衛、三司使王章掌財賦。邠頗公忠、弘肇察京師、道不拾遺、章捃拾遺利、供饋不乏、國家相安。弘肇嘗謂、天下須用長槍大劍、安用毛錐子。章曰、若無毛錐、財賦何由取辨。章輕文人、嘗曰、此輩握算不知縱横、何益於用。漢主左右嬖倖寖用事、親戚干政、邠等每裁抑之。漢主益壯、厭爲大臣所制。楊邠嘗議事於前曰、陛下但禁聲、有臣等在。漢主積不能平。左右因譖之。乾祐三年、殺邠弘肇章、遣密詔欲殺郭威於鄴。將佐勸威入朝自訴。威引大軍至。漢主遣兵拒之。或降或不戰

郭威代漢

郭雀兒

兵退走麾下死者百餘人於是諸軍氣稍々降於北軍彦超遂與十餘騎奔還漢王獨與從官數十人宿於七里寨旦日回轡至趙村追兵已至漢主下馬入民家為乱兵所弑

○胡致堂曰書生記誦而不知理文誠非治道所貴以士浮華而無實用不足貴乃併經史大訓而廢之一槩下視斉士大夫輕則東之高閣重則陥之黨錮甚則投之黄河為此説者未有能免其身而不累其國者也邠以廩實兵強為賢於禮樂弘肇以長

而還漢主為乱兵所弑威白太后迎武寧節度贇未至聞契丹入寇遣威将兵撃之威至澶州将士大譟裂黄旗以被威躰共扶抱之呼萬歳震地擁威南行遂代漢漢二世四年而亡。

毛錐子筆也縦音蹤縦直也算法縦一横五為大之為去聲下同 隠帝在位二年仍号乾祐武寧徐州号為武寧節度贇隠帝弟崇之子也○司馬温公曰高祖擁精鋭之兵居形便之地属胡騎北旋中州之主故雍容南面而天下帰之豈其材徳之首出哉會其時之可為也隠帝雖有南面之号而政非己出軽信群小之言欲除跋扈之臣禍不旋踵自然之勢也

周

周太祖皇帝姓郭氏名威太原人也唐荘宗有宮人柴氏帰其家擇姻一日窺于門見有疾走而過者柴氏大驚問何人告者曰従馬軍使郭雀兒也柴氏欲嫁之父母不肯曰汝帝左右人當嫁節度使奈何嫁此人柴氏堅不嫁他人竟帰威

鎗大劍為可定國家。納賂專權愚蘇。恣橫未幾。死於嬖倖之手。曾不及知其綱。又豈書生文士之所為乎

威至澶州。將發。將士數千人忽大譟曰。天子須侍中自為之。將士已與劉氏為仇。不可立也。或裂黃旗以被威體。共扶抱之。呼萬歲。震地。因擁威南行

○袁了凡曰。初魏人柴翁女備莊宗掖庭。明宗入洛。遣出宮女。取裝具分其半。以予父母。令歸魏。曰。兒見溝旁郵舍隊長頂黷黑為雀形者。極貴人

北漢伐周不克

契丹弑立

漢祖鎮河東。威爲孔目官。契丹在汴。威勸漢祖擧兵。遂成帝業。漢隱帝時。威專主征伐。隱帝欲殺之。不克。威擁兵入汴。已而出禦契丹。軍士擁還汴。時已迎贇於徐州。乃以漢太后令廢贇爲湘陰公。威爲監國。尋即位。自謂周。虢叔之後。國號周。贇。崇子也。崇初聞隱帝遇害。欲起兵南向。及聞迎立贇。則曰。吾兒爲帝。吾復何求。贇廢死。崇乃稱帝於晉陽。所有并汾忻代嵐憲隆蔚沁遼麟石十二州之地。謂其臣曰。顧我是何天子。汝等是何節度使。邪是爲北漢。遣子承鈞伐周。不克。遣使乞師於契丹。契丹策命北漢主。更名旻。【擇姻】歸父母家。別求姻對。【從】去聲。【郭雀兒】威微時。刺其項爲雀兒。故有此名。【孔目官】掌六曹案牘。【虢叔之後】世次未詳。【并】府盈切。【汾】即西河郡。【嵐】音覽。平聲。即樓煩。已下皆屬山西。【憲】今未詳。【隆】今隆德州。屬山西。【蔚】見前。【沁】【遼】屬山西。沁音侵。去聲。【麟】今未詳。疑當屬鄜。鄜與石接境也。【石】屬山西。【更】音庚。【旻】音民。○契丹述軋弑兀欲而自立。述律討殺述軋而代

南唐迁馬氏于金陵

之。述軌兀欲子、述律述軌弟、○楚自希廣希蕚以来相攻奪無寧歳。其下
又廢希蕚而立希崇。南唐遣邊鎬擊楚。希崇降。南唐遷馬氏
之族于金陵。楚亡。右楚馬殷、自梁太祖開平六年受命為王。至是六王、凡四十四年。○故楚
将劉言自朗州攻潭。逐邊鎬走。言取湖南。請命于周。周以言鎮
朗。王逵鎮潭。逵襲殺言。於朗以周行逢守朗。逵還潭。後又以
行逢鎮潭。逵自居朗。朗州属湖廣、即武陵。○周主在位三年殂。改元者
一。曰廣順。晋王立。是為世宗皇帝。
世宗皇帝名榮。本姓紫氏。周祖妻兄紫守禮之子也。周祖無
子。故養之。周初領節鎮。已而尹開封。封晋王。周主臨終。命晋
王聽政。尋即位。北漢主聞周主殂。大喜。請兵於契丹。契丹遣
将楊衮将萬騎。北漢主自将三萬人来。周主欲自将禦之。群
臣皆諫。主曰。崇幸大喪。輕朕年少新立。此必自来。朕不可不

也。願事之。乃郭威也。他日語威曰。君貴不可言。妾有緡錢五百萬資君。時不可失。威因其貲得為軍司。榮翁好獨寢。人傳其能司冥間事。一日晨起大笑不已。妻問之不對。翁好飲。其妻勸飲極醉。因漏言曰。花項漢作天子矣。其妻頗露之。周主謁孔子祠。将拜。左右曰。孔子陪臣也。不當以天子拜之。周主曰。孔子百世帝王之師。敢不敬乎。遂拜孔子墓。禁樵採。初。唐明宗之世。令國子監較正九經。刻版印賣。至是版成。獻之。由是雖乱

周漢合戰

北漢兵敗

世九經傳布甚廣是時蜀毋昭裔亦出私財百萬營學館且請刻版印九經

時南風甚盛周兵爭奮北漢兵大敗是夕世宗野宿得步兵之降敵者皆殺之

通鑑 初宿衛之士累朝姑息恐傷人情由是羸老者衆每遇大敵不走即降其所以失國亦多由是

唐主以劉彥貞爲部署將兵二萬趣壽州皇甫暉姚鳳將兵三萬屯定遠召鎮南節度使宋齊丘還金陵謀國難周李穀等爲浮梁自正陽濟淮王

往以吾兵力之强破崇如山壓卵耳馮道力爭惟王溥勸行北漢主軍于高平周前鋒擊之北漢兵卻主慮其遁去趣諸軍亟進後軍未至衆心危懼而主志氣益鋭合戰未幾周右軍將樊愛能何徽先遁右軍潰步軍千餘解甲降主見軍勢危自引親兵犯矢石督戰宿衛將趙匡胤曰主危如此吾屬何得不致死又謂禁兵將張永德曰賊氣驕可破也公引兵乘高西出爲左翼我爲右翼以擊之國家安危在此一舉永德從之各將二千人進戰匡胤身先士卒馳犯其鋒士卒死戰無不一當百北漢兵大敗楊衮不敢救北漢主晝夜北走僅得入晉陽周主收樊愛能何徽及所部軍使以上七十餘人責之曰汝輩非不能戰正欲以朕爲奇貨賣與劉崇耳悉斬之自是驕將惰卒始知所懼不行姑息之政矣張永德盛

大簡諸軍

士卒精強

北漢劉鈞立

周伐南唐

彦超敗唐兵二千餘人於壽州城下唐齊王景達將兵濟江距六合二十餘里設柵不進諸將欲擊之匡胤曰吾衆不滿二千若往擊之彼必見吾衆寡矣不如俟其來而擊之破之必矣居數日唐出兵趣六合匡胤奮擊大破之殺獲近五千人溺死甚衆於是唐精卒盡矣

世宗以縣官久不鑄錢而民間多鑄錢爲器皿及佛像錢益少敕立監采銅鑄錢民間銅器佛像五十日內輸

称趙匡胤智勇權殿前都虞候周主謂侍臣曰兵務精不務多農夫百未能養戰士一奈何浚民之膏血養此無用之物乎乃命大簡諸軍又詔諸道募天下壯士咸遣詣闕命匡胤選其尤者爲殿前諸班其騎步諸軍各命將帥選之由是士卒精強所向克捷節鎮爲鎮寧節度使 郡屬山西即潭州 袞平聲 趣音促 爭諍同 幾如字 嵩平 當去聲 上上聲 古司寇也 都虞候官掌邦刑 尤者最精者○周攻北漢汾遼憲嵐石沁忻州皆入于周周主攻晉陽不克引軍還○北漢主劉旻殂子鈞立○周伐蜀取秦階成鳳州秦階成三州屬鞏昌階即武階郡 鳳州屬陝西○周伐南唐唐遣兵拒於壽州而敗周主自將大敗唐兵於正陽唐將皇甫暉姚鳳保清流關主命趙匡胤倍道襲之擒暉鳳克滁州周師取揚泰光舒蘄州唐兵拒周師復取泰州攻揚州周主命匡胤屯六合唐兵来攻奮擊大破之將士有不致力

唐主去帝号奉周正朔

官受宜。曰佛以善道化人。苟志於善。斯奉佛矣。彼銅像豈所謂佛邪。且吾聞佛志在利人。雖頭目猶捨以布施。若朕身可以濟民。亦非所惜也。○司馬温公曰。若世宗可謂仁矣。不愛其身而愛民。若世宗可謂明矣。不以無益廢有益。周召華山隱士陳摶。圖南。問以飛昇黄白之術。對曰。陛下為天子。當以治天下為務。安用此為。乃遣還山。詔州縣長吏常存問之。

者。匡胤陽為督戰。以劍斫其皮笠。明日遍閲其笠。有劍跡者數十人。皆斬之。由是部兵莫敢不盡死。周主還大梁。留兵圍壽州。唐兵復江北諸州。周守將皆弃去。幷兵攻壽州。周主復自將如壽。唐人以城降。周主還大梁。已而復自將攻濠泗。皆降。進攻楚州。遣兵取揚泰。周主克楚州。還至揚州。唐主遣使盡獻江北地。周主乃還。唐主更名景。去帝號。奉周正朔。壽州屬淮西。即壽陽郡。敗音拜。正陽地在霍丘。清流關在除州清流縣。西南。滁州屬淮東。泰屬淮東。即海陵郡。光屬河南。蘄州屬淮西。復取之復。音伏。下同。六合縣屬真州。濠泗二州皆屬淮西。楚州屬淮東。今淮安府。更音庚。去上聲。○朗州王逵為潘叔嗣所殺。將吏迎潭州周行逢入朗。行逢併潭朗有之。為去聲。○南漢主劉晟殂。子鋹立。鋹音敞。○周主自將伐契丹。取瀛莫易州。離京四十二日。而關南悉平。議趨幽州。會不豫而止。以瓦橋關為雄州。益津關為霸州。置戍而還。徃還六十

趙匡胤為殿前都点検

世宗留心農事、嘗刻木為農夫蠶婦、置之殿庭、欲均定天下租税、先以元積均田圖賜諸道、至是詔散騎常侍艾頴等三十四人、分行諸州、均定田租、

即位之明年、廢天下佛寺三千三百三十六、嘗曰、吾聞佛説以身世為妄、而以利人為急、使其真身尚在、苟利於世、猶欲割截、況此佛像、豈其所惜哉、由是群臣皆不敢言、

匡胤及長、容貌雄偉、器度豁如、識者知其非常人

曰。関南〔三関在大興雄州、属北平、霸州属北平〕○趙匡胤先是為殿前都指揮使、從攻淮南、又從征契丹、至是為殿前都點檢。從〔去聲、下同〕○周主在位六年殂、改元者一。曰顯徳。周主在藩韜晦、及即位、首破高平之寇、人始服其英武、號令嚴明、人莫敢犯、攻城對敵、矢石落左右、略不動容、應機決策、出人意表、又勤於政事、發姦摘伏、聰察如神、閒暇則召儒者讀史、商確大義、性不好絲竹珍玩之物、常言、朕必不因喜賞人、因怒刑人、文武參用、各盡其能、人畏其明而懷其惠、故能破敵廣地、所向無前、登遐之日、遠近哀慕、子梁王立、是為恭帝。在藩〔為鎮寧節度時〕發姦〔發明姦邪〕摘伏〔摘音剔、挑摘隱伏〕闇〔音閑〕確〔音角〕

恭帝名宗訓、七歲即位。○以趙匡胤為歸徳節度使。明年春、鎮定言、契丹入寇、遣匡胤將兵禦之、至陳橋驛、軍士擁還策

周禅于宋

赤光滿室

攬轡曰、汝等貪富貴、能從我命則可、不然、我不能爲若主矣。皆下馬曰、願受命。匡胤曰、太后主上、我北面事者、不得驚犯。公卿皆我比肩、不得侵陵。朝市府庫、不得侵掠。用命者有重賞、違不汝貸也。應曰、諾。遂肅隊而行。

○周靜軒曰、匡胤爲周點檢、受周厚恩。當主少國危之時、正宜盡心輔佐、以勤王室。雖有陳橋之變、必斷以大義、誅鉏叛卒、退居藩服、當如禹避舜之子於陽城、而謳歌訟獄之來歸、然

立周主在位半年。遂禪于宋。周自太祖至是三世、實二姓、十年而亡。陳橋驛在汴城外半年仍稱顯德。○司馬温公曰、太祖負震主之威、挾不賞之功、措身無所、乘危而發。世宗以異姓之親、入承大統、知近世之弊、起於威令不行、下陵上替。故高平之役、首誅樊何、以振軍法。遂能變弱爲强、因敗爲功。於是南割江淮、西克秦鳳、北開關南、攻無堅城、戰無彊陳。又以抱鼓之隙、治律曆、興禮樂、審法令、修政事、收賢才、養百姓。可謂知治安之本矣。大功未成、中道而殞、蓋太平之業、天將啓聖人而授之、非人謀之所及也。

宋

宋太祖皇帝姓趙氏、名匡胤。其先涿人也。相傳爲漢京兆尹廣漢之後。父弘殷爲洛陽禁衞將校。生匡胤於甲馬營。赤光滿室、營中異香、一月人謂之香孩兒營。少從辛文悦學。文悦嘗夢邀駕。乃匡胤也。周世宗時、掌軍政凡六年。士卒服其恩威。數從征伐、立大功。世宗一日於文書篋中得一木書曰、點檢作天子。時張永德爲點檢。世宗乃遷之、而易以匡胤。世宗

後踐位、庶幾名言順而無叛逆之罪。夫何受命而出、因變而返、殊無辭避之意、送居九五之尊、殆與朱全忠石敬塘等耳。

華山隱士陳摶聞宋主代周、曰、天下自此定矣。宋遣使加錫中書令、使者至潞州、筠欲拒之、賓佐切諫、乃延使者置酒。既而取周太祖畫像懸於壁、涕泣不已。賓佐惶駭。北漢主鈞聞之、乃以蠟書結約、同擧兵。筠長子守節泣諫、不聽、遂起兵。宋自將圍澤州、筠赴火死。獲衛融、融請死。宋主怒、以鐵

殂。恭帝即位之明年、命領宿衞禦契丹。時主少國危、中外始有推戴之議。大軍既出、軍校苗訓見日下復有一日、黒光相盪。指曰、此天命也。夕次陳橋驛。軍士聚議、先立點檢爲天子、然後北征。環列待旦。點檢醉臥不知也。黎明軍士擐甲執兵、直叩寢門曰、諸將無主、願策太尉爲天子。點檢驚起披衣、則相與扶出、被以黃袍、羅拜呼萬歲、擁上馬南行。拒之不可。乃攬轡誓諸將、整軍自仁和門入、秋毫無所犯。恭帝遂禪位。以所領節鎭爲宋州歸德軍、故國號曰宋。

宋廣漢之後、世次未詳。數音朔、下同。推音退、平聲。盪音湯、去聲。黎明、天欲明。擐音患、貫也。上馬之上、上聲。仁和門、汴州城門。○呂中曰、韻瀆謂孟子不嗜殺人之言、至是又驗矣。唐明宗有天生聖人之祝、而太祖實生於是年。則天命所歸、不待日光相盪而後知也。自其掌軍政之時、士卒服其恩威、中外同於推戴。則人心所屬、不待次陳橋而後見也。矧如号令之間、秋毫無犯、除生靈塗炭之苦、葉叔季兵戈之禍、非聰明神武而不殺者、孰能與於此哉。

即位之初、欲隱察群情、頗爲微行、或

澤路平

留從効称藩

南唐迁都南昌

檛撃其首、流血被面、融呼曰、臣得死所矣、宋主曰、忠臣也、釋之

后疾、宋主侍藥餌、不離左右、疾革、召趙普入受遺命、且問宋主、汝知所以得天下乎、云々

石守信王審琦等、皆宋主故人有功、典禁衛兵、普數以為言、宋主曰、彼等必不吾叛、卿何憂之深邪、普曰、臣亦不憂其叛也、然熟觀數人者、皆非統御之才、恐不能制伏其下

諫毋輕出。上曰。帝王之興。自有天命。周世宗見諸將方面大耳者皆殺之。我終日侍側。不能害也。微行愈數。曰有天命者。任自爲之。不汝禁也。中外讋服。讋與慴通 ○昭義節度使李筠故周宿將。反於澤州。上命石守信討之。尋親征。筠自焚死。澤潞平。筠爲彬切 ○淮南節度使李重進。周祖之甥也。亦反。上命石守信討之。尋親征。重進自焚死。淮南平。○荊南高寶融卒。弟寶勗代之。○南唐泉州留從効。稱藩。泉州屬福建。留從効。留姓。從効名。藩音翻。称藩臣。

○建隆二年。南唐主李景。遷都于南昌。以其子從嘉守建康。景殂。從嘉立。更名煜。南昌府。屬江西。煜。即淇州。更音庚。○上既誅筠・重進。召樞密直學士趙普問曰。吾欲息天下兵。爲國家長久計。其道何如。普言。唐季以來。帝王數易。由節鎮太重。君弱臣強而已。今莫若稍奪其權。制其錢穀。收其精兵。則天下自安。又言。殿前

石守信等称疾請罷

初周行逢病亟召将校属其子保權曰吾部内兇狠者誅之略盡惟張文表在耳我若死文表必乱諸君善佐吾兒無失土宇必不得已當挙族歸朝無令陥於虎口及保權嗣位文表聞之怒曰我與行逢俱起微賤立功名今日安能北面事小兒乎會保權遣兵代永州戍道出衡陽文表遂驅之以襲潭州

帥石守信等皆非統御才宜授他職上悟召守信等宴酣屏左右謂曰我非爾曹之力不至此然終夕未嘗安枕也居此位者誰不欲爲之守信等頓首曰陛下何爲出此言天命已定誰敢有異心上曰汝曹雖無異心如麾下之人欲富貴何一旦以黄袍加汝之身雖不欲爲其可得乎皆頓首泣曰臣等愚不及此惟陛下哀矜指示可生之途上曰人生如白駒過隙所爲好富貴者不過欲多積金錢厚自娯樂使子孫無貧乏耳汝曹何不釋去兵權出守大藩擇便好田宅爲子孫計多置歌童舞女日飲酒相安不亦善乎皆拜謝曰陛下念臣等至此所謂生死而肉骨也明日皆称疾請罷【季】末也【數】音朔【易】音亦【節鎮】節度藩鎮【非統御才】言難制御【屏】音丙【何為】之為去聲【好】去聲【去】去聲【生】死肉骨言如使死者復生而白骨生肉

○趙普薊人遇上於滁州用爲節度掌書記上即位後專與

女真貢馬　回鶻于闐来貢　高麗来貢　荊南平　湖南平

范質卒質遺命其子勿請謚立碑宋主弟元義嘗称之曰宰輔中能循規矩慎名器持廉節無出質右者但欠世宗一死為可惜爾

初宋主欲謀伐蜀以張暉為鳳州團練使暉盡得蜀虚實險易以聞宋主大悦已而蜀山南節度判官張廷偉説知樞密院事王昭遠曰公素無勲業一旦位至樞近不自建大功何以塞時論莫若通好并州令発兵南下我自黄花子午谷出兵應之使中原表裏受敵則関

謀議倚信之。〔書記〕箋奏云節度之掌書記者。○女真貢馬。〔女真〕國在東夷古粛慎之遺種。○回鶻于闐来貢。○建隆三年。泉州留従効卒。衙将陳洪進推張漢思領軍務。〔衙将〕官掌禁軍唐制有南北衙。〔推〕音退平聲。○定難節度使周西平王李彛興貢馬。〔節度使〕西夏号定難節度西平王後周所封。〔彛興〕即彛殷避太祖父宣祖弘殷諱。○武平武安鎮帥周行逢卒。子保権領軍府。衡州太守張文表作乱起兵據潭州。保権表請救于宋。〔武平〕朗州為武平節度。〔武安〕潭州為武安節度。○荊南高寶朂卒。兄子継冲代之。○高麗来貢。○乾徳元年。命慕容延釗等會周保権討張文表。師出江陵。高継冲出降。荊南平。〔右南平〕高季興自梁太祖開平元年受命為王。至是五主凡五十七年而亡。延釗至湖南。文表先已敗死。保権聞宋師下荊南。懼而拒守。師進討之。獲保権。湖南平。○二年。宰相范質王溥魏仁浦乞罷。質等周朝舊相也。自唐以来。宰相帷面奏大政事。餘踈令刑賞除拜

蜀主孟昶降

宰相須用讀書人

五星聚奎

右之地，可撫而有，昭遠然其言，勸蜀主遣趙彥韜等，以蠟丸間行，約北漢濟河同擧兵至汴。彥韜潛取其書以献宋主。宋主得書笑曰：西討有名矣。

及蜀平，蜀宮人入內，宋主見其鏡背云々

宋羅王彥超等節度使

○新安胡氏曰：太祖深思天下，唐末以来，生民塗炭，知所以處藩鎮收兵權之道，既以從容杯酒之間，解石守信等兵權，復以後苑之宴，罷王彥超

但入熟狀。質等自以前朝大臣，稍存形跡，每事具劄子進呈。退批所得聖旨，同列皆書字以志之。奏御之多，始此。質等既罷，以趙普同平章事。〔除拜〕除官拜爵。〔熟狀〕直述其事，具狀奏聞。〔形跡〕執守禮躰。〔劄子〕書疏如式。○命王全斌伐蜀。乾德三年，蜀相李昊勸蜀主孟昶出降，蜀亡。前蜀王氏之亡也，降表亦昊所草。蜀人夜書其門曰：世修降表李家。右後蜀孟知祥，自唐明宗長興二年，受命為王，至是二世，凡三十三年而亡。○初，上命宰相，擇前代未有年號以改今元。及是得蜀鑑，乃有乾德四年鑄字。怪之，召問學士竇儀。曰：昔偽蜀王衍有此號。上歎曰：宰相須用讀書人也。〔鑑〕鏡。○五年，五星聚奎。先是周顯德中，竇儼楊徽之盧多遜同為諫官。儼善推步，嘗曰：丁卯歲五星聚奎，自此天下太平，二拾遺見之，儼不預也。至是果然。〔聚奎〕經星真魯分徐州白羊之域。〔推步〕占算星暦。〔二拾遺〕諫官。○夏州李彝興卒，名，二拾遺指徽之與多遜。〔預〕通鑑作與。

等節鎮。於是宿衛藩鎮、不可除之痼疾、一朝而解矣。

王昭素、爲國子博士。昭素、酸棗人、有学行、宋主召見便殿、年七十餘、問以治世養身之術、對曰、治世莫若愛民、養身莫若寡欲、宋主愛其言、書於屛几。

劉鋹至汴、宋主遣呂餘慶、問鋹反覆之罪、鋹歸罪龔澄樞・李托。明日宋主命太理卿高繼冲、引澄樞・托、斬於千秋門內、釋鋹罪、封恩赦侯、鋹體質豊碩、眉目俱竦、有口

北漢弑立

微行幸功臣家

子光叡領軍務。[叡]睿同 ○開寶元年、北漢王劉鈞殂。養子繼恩立。郭無爲弑之、而立其同母弟繼元。皆異姓子也。初漢世祖、女適薛氏、生繼恩、再適何氏、生繼元、俱幼孤、世祖以鈞無子、使養之、皆冒劉姓。○雷德驤判大理寺。官屬與堂吏附會宰相、擅增減刑名。德驤憤惋、直詣講武殿奏之。并言趙普強市人第宅、聚斂財賄。上怒叱曰、鼎鐺尚有耳。汝不聞趙普吾之社稷臣乎。引柱斧擊折其二齒、命曳出黜之。[驤]音湘[大理寺]天子有九寺、此其一也、掌折獄詳刑。[惋]音腕、去聲、怨也。[市]買也。[鐺]音鎗、平聲、鼎屬。[折]音舌 ○二年、命曹彬等伐北漢、尋親征、攻太原城、久不下。頓兵百草池中、暑雨、軍中疾疫。詔班師。[中]去聲 ○上自即位、或微行幸功臣之家。不可測。趙普每退朝、不敢脫衣冠。一夕大雪、普意上不復出矣。久之、聞叩門聲異甚。亟出、則上立雪中。普惶恐迎拜。卽普堂設重裀地坐、熾炭燒肉。普妻行酒。上以嫂呼之。普從容問

契丹弒立
南漢亾

辯性絶巧。一日從宋主幸講武池，從官未集，鋹先至，賜以巵酒，鋹疑有毒，泣曰，臣兼祖父基業，違拒朝廷，勞王師致討，罪固當誅，陛下既待臣以不死，願為大梁布衣，觀太平之盛，未敢飲此酒。宋主笑曰，朕推赤心於人腹中，安有此事，命取鋹酒自飲，而別酌鋹，鋹大慙謝。

宋主嘗幸普第，會呉越遣使致書于普，及海物十瓶，置于廡下，未及發，而帝至，帝顧問何物，普以實對，帝曰，海物必佳，即命啓之，皆瓜子金也，普惶

曰，夜久寒甚，陛下何以出。上曰，吾睡不能著。一榻之外，皆他人家也。故来見卿。普曰，陛下少天下耶。南征北伐，此其時也。願聞成筭所向。上曰，吾欲取太原。普默然良久曰，非臣所知也。太原當西北二邊。使一舉而下，邊患我獨當之。何不姑留以俟削平諸國。彼彈丸黒子之地，将何所逃。上笑曰，吾意正爾。姑試卿耳。於是用師荊湖，繼取西川。〔重祻〕當作畫禱也。〔著〕音長入聲。〔成算〕籌畫也。〔太原〕北漢所都。〔彈丸黒子〕喩其地小。〔将〕音漿。〔荊湖〕荊南、湖北。嘗因北漢諜者，語北漢主鈞曰，君家與周氏世仇，宜不屈。今我與爾無所間，何為困此一方之人。鈞遣諜者復命曰，河東土地兵甲，不足當中國之什一。區區守此，蓋懼漢氏之不血食也。上哀其言，終鈞之世，不以大軍北伐。及繼元立，始用兵。〔諜〕音牒、反間曰諜。〔語〕去聲。〔間〕音澗。〔為〕去聲。〔復〕音伏。○是歳，契丹弒其主述律璟，穆宗。迎立其伯父兀欲之子明記。

恐謝曰、臣未發書。實不知。帝曰、第受之。彼謂國家事、皆由汝書生爾。時官禁私販秦隴大木。普遣親吏詣市屋材、聯巨筏至汴治第。吏因之竊貨大木、冒稱普市貨鬻都下。趙玭以聞。帝大怒、卽欲逐普。

交趾表求内附

趙普罷相

訐音結

宋主欲伐江南、而無名。遣知制誥李穆諭江南主入朝。江南主欲從之。其門下侍郎陳喬、内史舍人張洎、皆勸其主無入朝。江南主遂稱疾固辭、而遣使求封冊。宋主不許。命梁迥復使之入朝。江南主不答。迥還。宋主乃命

更名賢。○三年、命潘美伐南漢。四年、克廣州。劉鋹降。南漢亡。

右南漢劉隱、自梁太祖開平元年僭号、至是五世、凡五十三年而亡。

○六年、交趾丁璉上表求内附。詔以爲靜海節度使安南都護。璉音連上聲 安南國在交趾北。唐懿宗置靜海節度於安南。至此以璉爲靜海節度使、而摠安南。○趙普罷相、領河陽三城節度。普沉毅果斷、以天下爲己任。嘗欲除某人爲某官。上不用。明日又奏之。上怒裂其奏。普徐拾以歸、補綴以進。上悟、乃可之。又有立功當遷官者。上素嫌其人不與。普力請下曰、朕固不與、奈何。普曰、刑賞天下之刑賞。安得以私喜怒專之。上不聽起。普隨之。上入宮。普立宮門不去。上卒可之。普常設大甕於閤後。表疏意不可者、投其中焚之。其多得謗以此。雷德驤之子又訐之。上始疑普。先是雖置參知政事、以副普、不宣制。不押班。不知印。不升政事堂。至是始詔、二參政升政事堂同議

命曹彬伐江南

曹彬爲西南路行營都部署。潘美爲都監。曹翰爲先鋒。將兵十萬以伐之。初陳喬張洎約同死社稷。洎實無死志。至是喬徑入白江南主曰。今日國亡。願加顯戮以謝國人。江南主曰。此乃歷數。卿死無益也。喬曰。縱不殺臣。臣何面目以見士人乎。遂自縊死。勤政殿學士鍾倩朝服坐於家。兵及門。亦擧族死之。江南主率臣僚詣軍門請罪。

政。更知印押班與普齊。未幾普遂罷。薛居正呂餘慶等其後繼爲相。〔河陽〕孟州爲河陽節度〔踹〕音湍去聲〔已〕音紀〔閤〕音甘入聲下同〔更〕音庚〔幾〕如字 ○七年命曹彬伐江南。初上屢遣使喩江南國主李煜入朝。不至。乃以彬及潘美等討之。戒以切勿暴略生民。務廣威信使自歸順。不須急擊。取匣劍授彬曰。副將而下不用命者。斬之。美以下皆失色。自王全斌平蜀多殺人。上每恨之。彬性仁厚。故專任焉。先是江南樊若水舉進士不第。上書言事不報。乃釣魚采石江上。以繩度江廣狹。詣闕陳策。上用其言。令荊南造大艦爲浮梁以濟師。至是用之。不差尺寸。〔略〕與掠通〔不第〕不及第〔上〕書之上上聲〔度〕音堂入聲〔令〕去聲〔浮梁〕橋也。○八年。曹彬圍金陵。急。李煜遣徐鉉入貢。求緩兵。鉉言。煜以小事大。如子事父。其說累數百。上曰。爾謂父子爲兩家可乎。鉉不能對。還。尋復至。奏言。江南無罪。辭氣益厲。上

上如西京

吳越來朝

南唐亾

曹彬俘江南王李煜還汴。帝御明徳門、令煜君臣至樓下待罪。詔並釋之、封煜違命侯。

江南州郡皆降、獨江州指揮使胡則殺刺史謝彥實、嬰固守。曹翰圍之四月餘、則力屈被執。翰殺之、因縱兵悉取貨財而屠人民。

帝性孝友節儉、質任自然、不事矯飾。宮中葦簾縁用青布、常服之衣、澣濯至再。用康公主常衣貼繡鋪翠襦。帝曰、汝服此、衆必相倣、禁之。主一日勸

怒按劍曰。不須多言。江南亦有何罪。但天下一家。臥榻之側豈容他人鼾睡乎。鉉惶恐而退。金陵受圍。自春徂冬。勢愈窮蹙。彬終欲降之。累遣人告煜曰。某日城必破。宜早爲之所。一日彬忽稱疾。諸將來問。彬曰。彬之疾非藥能愈。諸公若共爲信誓破城。不妄殺一人。則彬病愈矣。諸將皆許諾。焚香約誓。翌日城陷。煜出降。南唐亡。捷書至。上泣曰。宇縣分割。民受其禍。攻城之際。必有横罹鋒鏑者。可哀也。彬還舟中惟圖籍衣衾。閤門通其榜子曰。奉勅江南幹事回。其不伐如此。（鉉音玄。累上聲、下同。鼾音汗。翌日明日也。南唐亾南唐李昪、自晉高祖天福元年僭号、至是三世、凡三十一年。横去聲。閤門大鴻臚寺曰閤門。）○九年。吳越王錢俶來朝。辭歸。上賜以黄袱。封緘甚固曰。途中宜密觀。及啓之。皆群臣乞留俶章疏。俶感懼。（袱音伏、巾也。疏去聲。）○上如西京。謁宣祖安陵。（西京宋以洛陽爲西京、汴梁爲東京。安陵太祖父弘殷廟号宣

帝以黃金飾肩輿帝曰我以四海之富宮殿飾以金銀力亦可辨但念我為天下守財耳豈可妄用初頗好獵一日逐兎馬蹶墜地因引佩刀刺馬殺之既而悔曰吾為天下主輕事田獵又何罪馬哉自是不復獵尤注意刑辟嘗讀二典歎曰堯舜之罪四凶止從投竄何近代法網之密耶故定為折杖法以遞減流徒杖笞之刑自開寶以来犯大辟非情理深害者多得貸死惟贓吏弃市則未嘗貰

祖葬安陵○夏四月郊都民垂白者相謂曰我輩少經離乱不圖今日復覩太平天子儀衛有泣下者（垂白老人、少去聲）○上欲留都洛陽群臣咸諫上曰吾且都長安晋王叩頭曰在德不在險上曰吾将西遷者欲據山河之勝而去冗兵晋王之言固善今姑從之不出百年天下民力殫矣乃還大梁（将音漿、去上聲）○上崩在位十七年改元者三曰建隆乾徳開寶壽五十上仁孝豁達有大度陳橋之變迫於衆心洎入京師市不易肆嘗一日罷朝坐便殿不樂者久之左右請其故上曰爾謂為天子容易耶適乘快指揮一事而誤故不樂耳嘗宴近臣紫雲樓下因論及民事謂宰相曰愚下之民雖不分菽麥藩侯不為撫養務行苛虐朕斷不容之（洎音忌、及也。市不易肆、肆鋪面、謂不驚擾也。菽音叔、豆也。藩侯、藩鎮諸侯。不為之為、去聲。斷音端、去聲）開寶初修京城及大内營繕畢上

○雲間張氏曰、臣嘗以宋太祖傳弟之事、失有三人焉。一失於杜后之不公、二失於太祖之不明、三失於太宗之不義云々

○賴山陽曰、所以得天下、所以失天下也。天下之患、每基於創業之世、當其盛時、習而不察、及其偏重固滯、而乘以衰弛之會、則潰裂而不可救。自古英雄君、與其謀臣策士日夜計議、求所以制服當時、而擁護子孫、必有最大焉者。用能籠

坐寢殿、令洞開諸門、皆端直軒豁、無有壅蔽。因謂左右曰、此如我心、少有邪曲、人皆見之矣。〔大內〕宮禁。〔繕〕音善、補也。〔令〕去聲。平蜀之後、嘗擇其兵百餘、爲川班殿直、郊禮行賞、以御馬直扈從、特增給錢。川班擊登聞鼓、援例陳乞。上怒曰、朕之所與、卽爲恩澤、豈有例邪。斬其妄訴者四十餘人、餘悉配隸諸軍、遂廢其直。〔川班殿直〕以蜀士卒精者直殿、故曰川班殿直。稟給與御馬直等。〔增給〕以其扈從車駕之勞、特命增給錢人五千。〔登聞鼓〕隋制、凡奏聞訟訴者、聽撾鼓、有司錄狀奏之。〔援〕音爰。〔陳乞〕援御馬直之例、陳乞增給。〔配隸〕以川班分屬諸軍。內臣有逮事後唐者。上問莊宗英武定天下、享國不久、何也。其人言其故。上撫髀歎曰、二十年夾河戰爭、取得天下、不能用軍法約束、誠爲兒戲。朕今撫養士卒、不吝爵賞、苟犯吾法、惟有劍耳。五代以來、藩鎮強盛。上以漸削之、罷諸節鎮、專用儒臣分理郡國、以革節鎮之橫。又置諸州通判、以分刺史之權。自是諸

侯勢輕、禍難不作、專務愛養民力、罷卻貢獻、禁進羨餘、常衣澣濯之衣、寢殿青布緣葦簾、晩節好讀書、嘗歎曰、堯舜之世、四凶之罪、止於投竄、何近代法網之密邪。【内臣】宦官【撫】拊通。拍也【横】去聲【羨】如字【常衣】之衣去聲【緣】去聲【葦簾】蘆葦爲簾 削平諸國、必招之、不至而後用兵、及其既降、皆不加戮、禮而存之、終其世。嘗幸武成王廟、觀從祀有白起、指曰、起殺已降不武、命去之。周恭帝封鄭王、後遷于房州。上以辛文悅長者、俾爲房州守。恭帝先上二年始卒。上發哀輟朝十日、還葬如禮。上初入京時、周韓通死節、追贈優厚。王彥昇弃命專殺、終身不授節鉞。受禪之際、倉卒未有恭帝禪制。學士陶穀出諸懷中、上薄之。穀久在翰林、頗怨望。上曰、吾聞學士草制、依樣畫葫蘆耳、何勞之有。卒不登之政府。內外官有時望者、籍記姓名、以待不次選用。稱職者多久任、不

絡天下歸之一家、而後世之禍、每由是出。漢之大計在抑將相之權。而漢之禍起於大臣力微。唐之大計在倚重鎭壓服四外。而唐之亂由於將師勢強。論者以爲禍患生於所忽。而不知其生於所不忽也。故興一代之利者此計也。貽一代之害者亦此計也。譬若人用藥防病。病黴者用鉛粉。病飲者用蛎殼。非此莫以得快利。而此人之死、終由鉛粉蛎殼之非、鉛粉蛎殼之死人也。人用之偏耳。宋藝祖之取周也、以爲當時之可患在藩鎭難制。於

是謀所以弱之散之兵卒收之錢穀使之日朘月削而天下大權皆歸朝廷弱末以強本據重而馭輕所以能享二百年之安焉而聚天下之財舍此無以爲務而將帥士卒弱不任用又令邊兵與禁衛往来更番其労且費也如歳出數十百萬之軍資公私物力爲之耗屈紛々制度支吾不給故以天下之大常爲最爾外夷所窺伺敢爲不遜歳徴粟帛受其侵犯莫之或拒是故宋之禍非起徽欽高孝之世皆出藝祖樹計之日也然則藝

遷定銓選法嚴舉主連坐法嚴贓吏法有實極刑者懲五代藩鎮苛征重斂之弊寬商征寬麴塩酒禁倉吏多入民租者或弃市五代多以武人爲牧守率意用刑上懲之故入者必抵罪定大辟詳覆法定折杖法頒新刑統定差役法作版籍户帖户鈔長吏有度民田不實者或杖流之諸州旱蝗賑饑蠲租惟恐不及舉徳行孝悌親策制科舉人放進士榜嚴覆試法御殿親試進士試書判拔萃數幸國子監詔天下求遺書初用和峴所定雅樂初行劉温叟所上開寶通禮二百巻命宰執日記時政送史館撰日暦制度典章彬彬有條理太弟晉王立是爲太宗皇帝〔武成王〕唐肅宗追贈太公望爲武成王従祀配享〔殺降〕秦将白起嘗坑趙降卒四十万〔去〕上聲〔竄〕音竄〔入京時〕自陳橋擁還時〔死節〕周朝在京巡檢韓通帥衆衛禦都指揮使王彦昇殺之〔優厚〕追贈通爲中書令〔節鉞〕節旄斧鉞凡爲節度使者必授之〔薄之〕薄穀不忠〔葫蘆〕瓜属状如瓠實可食〔政府〕宰相政事之

祖之計、非乎、曰微藝祖之計、宋何以得天下、邪唯宋知其所以得、不見所以失也、苟見所以失、則救之全盛之日、豈為無術欤、夫祖宗之至計、子孫守之不變可矣、然何不思為此計者将以防此患、患去而計存、計有不勝其弊者、及時救之稍為變通、要不失祖宗之意、乃可以全此計也、嗚呼宋已不及救之、後之為宋者、已為宋而得勿為宋而失哉

齊賢献十策内四說称旨

府〔銓選法〕銓七絹切、銓衡也、又量也、次也、度也、從陶穀所上、初、京官七品以下猶屬銓、自後京官以上無選、中書門下特除、而使府不許辟召、幕職悉由銓授〔連坐法〕乾德三年、詔陶穀等、各於幕職京官中、舉堪為郡守副監者一人、除官之日、仍書舉主姓名、謬舉者並坐罪〔寘〕置同〔極刑〕建隆二年、李瑤坐贓杖殺、自後贓吏有寘極刑者〔商征〕商賈征税〔寬〕麯塩酒〔禁〕漢法、犯私麯者、棄市、周祖始令至五斤者死、至是詔犯私麯十五斤、以私酒入城至三斗者始処極刑、其餘論罪有差、又以前朝塩法太峻、定以官塩闌入禁地貿易至十斤、私煮至三斤者坐死、以鈔塩入城三十斤以上者、奏裁、乾德四年詔寬之、罪至死者奏裁〔抵罪〕故入人於罪者、就以其罪罪之〔大辟〕死罪、辟音闢〔詳覆法〕懲五代藩鎮專殺之弊、令諸州奏大辟案、委刑部詳覆〔折杖法〕折如字、徒流笞杖各有數、杖刑五、曰杖一百為杖二十、九十為十八、八十為十七、七十為十五、六十為十二、官杖厚薄長短、如周顯德中制〔新刑統〕竇儀等所定〔差役法〕詔令佐揀案差役有不平、許民自相糾舉、京百司補吏、須不疑役、乃聽〔版籍〕民間戸口、田粮數目、在官版籍〔戸帖〕民間供振戸口事產、在官家給戸帖為照〔戸鈔〕如今朱鈔之類〔度〕音堂、入聲〔賑〕音震、贍也〔蠲〕音消、免也〔制科〕周設賢良經學吏理三科、至是上親策賢良科〔覆試法〕王祐知舉、陶穀子邴登第上、曰穀不能訓子、安得登第、遽命中丞覆試、因詔、自今舉人凡關食祿之家、皆令覆試〔拔萃〕唐取士必驗身言書判、拔萃拔其俊異者而取之、孟子曰、拔乎其萃〔數〕音朔〔峴〕音賢、上聲〔雅樂〕登歌文德武功、二舞所上之上、上聲

戢士卒戒標掠

龍行虎歩

○雲間張氏曰、杜后有曰國有長君社稷之福也斯言也杜氏闕周之亡於幼主故也使其不賢其如長何信斯言也則古人委裘遺腹之事謬矣至若太祖承母之訓似矣獨不思夫自傳賢之後必以傳子為正間有不傳於子而傳於弟者未聞其有不亂也況婦人無專夫死從子乃其職也太祖何獨昧於此哉

開寶通禮　改鄉貢開元禮為開寶通禮　史館　國史院　日曆　記每日事

太宗皇帝初名匡乂太祖長弟也太祖入京城匡乂首請禁令諸將戢士卒仍自於馬前戒標掠太祖受禪乃改名光義尹開封同平章事封晉王建隆二年昭憲杜太后臨崩謂太祖曰汝知所以得天下者乎太祖曰皆祖考與太后之餘慶太后笑曰不然正由柴氏使幼兒主天下耳汝萬歲後當傳位晉王晉王傳秦王秦王以傳德昭國有長君社稷之福也太祖曰謹受教太后呼趙普曰趙書記共記吾言不可違因命普於榻前為誓書普署紙尾曰臣普記藏之金匱太祖友愛篤至晉王嘗寢疾灼艾太祖亦自灸以分其痛嘗曰晉王龍行虎歩且生時有異他日必作太平天子福德非吾所能及也太祖幸蜀有布衣張齊賢獻十策召問賜食且啗且對

潘美等屢敗漢兵築長連城圍太原矢石交下如雨漢外援不至餉道又絶城中大懼帝至督戰益急城無完堞帝慮城陷殺傷者衆詔諭繼元降繼元率官屬縞衣紗帽待罪臺下帝釋之封彭城郡公

戳一音側角反𪗋一又作戳音濁築地也〔易知録注〕又戳刺也〔擘要注〕

太祖善其某策齊賢固称餘策皆善太祖怒斥便出既還語晋王曰吾幸西都得一張齊賢吾不欲用之他日留與汝作宰相蓋傳位之定久矣太祖不豫后遣王繼恩召皇子德芳繼恩徑召晋王王至宮中散遣左右所言皆不可得聞但遥見燭影下王有離席之状既而上引柱斧戳地太聲曰好為之遂崩后見晋王愕然曰吾母子之命皆託官家王曰共保富貴無憂也王即位更名炅秦王廷美尹開封改封齊王德昭封武功郡王〔又〕音刈〔戳〕音簪入聲約束也〔柴〕氏周世宗〔秦〕〔王〕太祖次弟〔德昭〕太祖長子〔長〕音張上聲呼去聲〔艾〕五蓋切草似蒿葉可灸〔灸〕音赦〔幸蜀〕一本作在西京者是蓋齊賢洛陽人也〔布衣〕未蒙爵祿曰布衣〔十策〕下并汾富民封建崇學舉賢大學藉田選良吏懲姦恤刑〔便〕如字〔語〕去聲〔后〕宋氏〔王繼恩〕宦官〔德芳〕太祖次子〔戳〕敕角切〔無〕與毋通〔更〕音庚〔炅〕音烱〔武功〕邑在乾州

○遣使分行州縣廉察官吏第其優劣罷軟不勝任惰慢不親事免官也〔罷〕音皮倦〔勝〕音升○贓吏配者遇赦不

德昭自刎
岐王德芳卒

○周靜軒曰、德昭從征幽州、帝聞有謀立之事、心滋不悅、而嫌疑之意迄今未釋。及德昭請太原之賞、而太宗以非語詰之、抑鬱弗伸、指生自刎、以誅心之法論之、太宗可謂上負其母、下負其兄者耳。

叙。受賍之吏、從配遠方。雖遇赦、亦不叙用。○大理評事陳舜封奏事口捷、擧止類倡優。問誰氏子。對以父爲伶官。上曰、汝眞雜類、豈得任清望官。改授殿直。大理評事官、掌折杖詳刑。陳姓、舜封名。伶官、樂工。清望、清要聲望。○陳洪進來朝、獻漳泉二州。陳洪進、初爲泉州衙將。二州屬福建。○吳越王錢俶來朝。遂獻其地。右吳越錢鏐、自梁太祖開平元年、據其地、凡有兩浙、至是七世、凡七十四年。○命潘美伐北漢。尋親征、圍太原。劉繼元出降。北漢亡。右北漢、劉崇、自周廣順元年僭号、至是四世、凡二十九年而亡。○詔征契丹。易州・涿州來降。上攻幽州、踰旬不下。遂班師。郡王德昭從征幽州。軍中嘗夜驚、不知上所在。有謀立德昭者。上聞不悅。及歸、以北征不利、不行平北漢之賞。德昭言之。上大怒曰、待汝自爲之、賞未晚也。德昭退而自刎。後二年、岐王德芳卒。自太祖二子相繼死、齊王廷美不自安。他日上嘗以傳國意訪趙普。普曰、太祖已誤。陛下豈容再

廷美降涪陵縣公

陳摶賜号希夷先生

契丹主賢圍瓦橋關耶律休哥帥精騎渡水而戰宋軍大敗帝自將禦之帝欲遂取幽州張齊賢上疏曰聖人舉事動在萬全百戰百勝不若不戰而勝臣又聞家六合者以天下爲心豈止爭尺寸之土角戎狄之勢而已是故聖人先本而後末安內以養外堯舜王道無他廣推恩於天下之民爾民既安利則戎狄斂袵而至矣

誤耶於是普復入相廷美遂得罪降涪陵縣公普復使知開封府李符告其怨望南還房州尋殺之普恐李符漏言因弭德超譖曹彬故以符薦德超貶符春州卒〔從〕去聲〔涪陵〕縣屬涪州涪音浮〔弭〕案唐蕑當作彌姓也〔春〕州屬廣東今南恩州○种放隱于終南山結草爲廬以講習爲務後進多從之學上聞召之辭以母老上高其節厚賜錢帛旌之〔种〕音蟲姓也〔放〕音倣〔終南〕山在武功縣○呂蒙正爲參政有朝士指之曰此子亦參政邪蒙正佯不聞同列欲詰其姓名蒙正止之曰若一知名姓則終身不忘不如無知也○召華山陳摶賜號希夷先生〔華〕去聲〔摶〕音團○開寶寺塔成前後八年所費億萬田錫奏曰衆以爲金碧熒煌臣以爲塗膏釁血上不怒〔開寶寺〕在汴京〔釁血〕聚斂民財如以民之膏血塗釁○先是西夏李光叡卒子繼筠嗣又卒弟繼捧嗣繼捧來朝獻四州地其弟繼遷叛去數入寇邊〔四州〕夏銀

契丹王隆緒立

賜李繼捧姓名趙保忠

黎桓爲交趾郡王

陳摶入朝、帝遣人問玄默修養之道。摶曰、摶山野之人、於時無用、亦不知神仙黄白之事、吐納養生之理、非有方術可傳。假令白日沖天、亦何益乎世。正君臣協心同德、興化致治之秋、勤行修煉、無出于此。還華山、尋卒。言行錄、摶隱居華山、多閉門獨臥、至百餘日不起。周世宗召至闕下、令於禁中扃戶以試之。月餘始開、摶熟寐如故。女眞之先、古肅愼地、元魏時號勿吉、至隋末號靺鞨、唐初有黒水粟末兩

契丹主明記殂。號景宗。子隆緒立。年十二。母蕭氏專其國政。○上命曹彬等分道伐契丹。彬兵大敗於岐溝關。詔班師。契丹自是連年入寇。後女眞以契丹隔其朝貢之路、請擊之。不許。女眞遂臣於契丹。〔岐溝關〕在涿州西南四十里。○上賜李繼捧姓名趙保忠。授節度使。命管夏銀綏宥靜五州。使圖繼遷。繼遷降。賜姓名趙保吉。保吉復寇邊。命李繼隆討之。保忠言已與保吉解仇。乞罷兵。上怒。命繼隆先移兵討之。繼隆入夏州。檻送保忠於闕下。保吉尋亦請降。而復叛。命繼隆討之。〔五州〕綏州、即雕陰郡、屬陝西。餘四州、屬甘肅。綏、宥〔數〕音翔。○蜀自既平之後。府庫之物。悉載歸內府。土狹民稠。有司不無賦外之科。王小破起爲盜。小波死。李順繼之。攻陷成都。僭號蜀王。上命王繼恩討。擒之。蜀平。〔賦外之科〕租賦之外、別有科征。〔李順〕小波妻弟。○交趾丁連卒。大校黎桓因其宗族而專

霖潦過度

部後粟末強盛號渤海國黒水因役屬之勃海既滅黒水部民在南者繫籍於契丹號熟女眞在北者不籍於契丹號生女眞

作開寶寺塔藏佛舍利也高三百六十尺費億萬計踰八年始成知制誥田錫嘗上疏曰衆謂金碧熒煌臣以爲塗膏釁血帝亦不怒

言行録太宗時一歳大旱天子以爲憂嘗輦過館中沉以問衆皆曰水旱天數也堯湯所毋奈何準獨曰朝廷刑罰偏頗凡天旱爲是發耳

其國上初命討之無功已而桓奉貢竟以桓爲交趾郡王〔黎桓〕大將校黎姓桓名 ○時霖潦過度上曰朕於刑獄盡心安得積陰之譴〔寇準〕越班對言某州局吏侵官錢若干於法爲小過陛下殺之王淮參政王沔之弟盜錢數百萬於法爲大憝陛下以沔故務相容蔽如此而曰刑獄盡心如之何無積陰之譴上即日誅淮罷沔俄而雨止〔霖潦〕久雨曰霖無源水曰潦潦音老〔大憝〕憝音隊惡也書元惡大憝

○上崩在位二十二年改元者五曰太平興國曰雍熙端拱淳化至道壽五十九。薛居正沈倫趙普宋琪李昉呂蒙正張齊賢呂端等相繼爲相普凡再入再罷尋薨普初以吏道聞寡學術太祖嘗勸以讀書普遂手不釋卷每朝有大議輒闔户自啓一篋取一書閲之及卒家人視其篋則論語也嘗謂上曰臣有論語一部以半部佐太祖定天下以半部佐陛下初準為樞密直學士，嘗奏事殿中，語不合，帝怒起。準引帝衣請復坐，事決乃退。帝嘉之。

普卒年七十一。帝聞之震悼，謂近臣曰，普能斷大事，盡忠國家，真社稷臣也。

○周靜軒曰，普卒不具官，削之也。曷為削之。陳橋之事，普實預謀，其罪一也。為政而有患得患失之心，其罪二也。秦王、盧多遜之獄，普實尸之，其罪三也。此所以特削其官以示貶。

致太平。蒙正晚出，嘗與普並相，普甚推之。蒙正嘗置冊子來袋中，疏四方人才姓名，以待選用。初太祖嘗以張齊賢屬上。至齊賢舉進士，上欲置之上第，而有司第其名在下，乃詔一榜特與通判。卒至大用。呂端為相，人謂呂相作事糊塗。上知之曰，端小事糊塗，大事不糊塗。自上即位以來，以小人為相者，盧多遜一人而已。太子立，是為真宗皇帝。太平興國四字年号。昉音倣。再罷案。普以太祖乾德二年入相，至開寶六年罷。太宗太平興國六年復入相，至八年又罷。端拱元年再入，至淳化元年罷。前後歷事二朝，凡三十餘年。推音退，平聲。疏去聲。屬音燭。糊音鶻。塗音突。太子，太宗第三子。

真宗皇帝，初名元侃，封襄王。有舉人楊礪，嘗夢至一大殿，有坐殿上者，語之曰，我非汝主，來和天尊汝主也。指示令謁之。礪後進士第一，入為襄王府記室。既謁，如夢中所見。太宗嘗遣相者詣襄王，及門而返曰，王門廝役皆將相也，王可知矣。

契丹入寇

李繼迁死　子德明降　復賜姓趙

契丹大挙入寇

○史臣曰、太宗沉謀英斷、儉勤自厲、閔農事、考治功、慎刑獄、納諫争、遇災知懼、有過知悔、故能削平海内、功業炳然、若夫太祖之崩、不踰年而改元、涪陵武功之不得其死、宋后之不成喪、後世不能無議焉、侃口旱切

○鴻齋曰、来和天尊、道家之寓言、楊礪託夢欺人、皆不足信也、曾先之務摭奇事、蓋茲書本民間野史、是等之事、讀者宜看破焉

立為太子。至是即位、更名恒。語去聲。記室官掌校表奏啓。廝音斯、析薪曰廝。更音庚。○咸平二年、契丹入寇。上親征、至大名府而還。大名府屬河東、即魏州。○三年、益州卒王均反、僭號大蜀。以雷有終知益州、討擒之。平。○范廷召撃契丹、求援於高陽關。都部署康保裔亟赴之、廷召潜遁。保裔為所圍、力戰死之。高陽関在安州。都部署官掌兵事。為去聲。○李繼遷先朝奪所賜姓名、寇邉不已、攻陷靈州西涼六谷酋長潘羅支乞會王師討之。繼遷攻陷西涼府。潘羅支要而撃之。繼遷中流矢、死於靈州之境。其子德明請降、復賜姓趙、後封為西平王。賜姓名、繼迁當太宗朝叛而降、賜姓名趙保吉、既而復叛、故曰奪所賜姓名。西涼府屬甘粛、即涼州。要音腰。中去聲。○楊嗣・楊延朗智勇善戰、加團練使、虜憚之、目曰楊六郎。○景德元年、契丹主與其母蕭氏大擧入寇、中外震駭。參政陳堯叟蜀人、請幸蜀。王欽若江南人、請幸江南。上以問

寇準定親征之議

契丹請和

契丹陷德清軍逼冀州遂抵澶州邊書告急一夕五至寇準不發飲笑自如帝聞之大駭以問準對曰陛下欲了此不過五日耳因請帝幸澶州同列懼欲退準止之令候駕起帝難之欲還內準曰陛下入則臣不得見大事去矣請無還畢士安力勸帝如準所請帝乃議親征準曰陛下神武將臣協和若大駕親征敵當自遁不然出奇以撓其謀堅守以老其師勞佚之勢我得勝算矣奈何棄廟社欲幸

宰相寇準準問誰畫此策上曰卿姑斷其可否勿問也準曰臣欲得獻策之臣斬以釁鼓然後北伐耳遂定親征之議上駐蹕韋城尋至衛南契丹擁兵抵澶州圍合三面李繼隆等出禦之契丹撻覽中弩死大挫退却不敢動寇準力勸上渡河殿前帥高瓊亦力贊猶豫間瓊麾衛士進輦曰陛下若不過河百姓如喪考妣梁適呵之瓊怒曰君輩此時尚責人失禮何不賦一詩退虜耶遂擁上以渡既至澶州登北城張黃旗幟諸軍皆呼萬歲聲聞數十里契丹氣奪【斷】音端去聲【駐蹕】車駕暫止曰駐蹕【韋城】縣屬開州【撻覽】統軍順國王【挫】音佐【力贊】贊成渡河之策【猶豫】不決也【喪】平聲【梁適】宋鑑作馮拯【聞】去聲先是王繼忠者陷虜嘗言和好之利故雖大舉亦遣使以繼忠書來上命曹利用報之至是利用與契丹使者韓杞偕來請世宗所取關南故地上曰地必不可得寧與金帛以和準意

楚蜀、所在人心崩潰、敵乘勝深入、天下可復保耶、帝意乃決、帝還行宮、留準居北城上、徐使人視準何為、準方與知制誥楊億飲博歌謔歡呼、帝喜曰、準如是吾復何憂、

○陳瓘曰、當時若無寇準、天下分為南北矣、向使其言盡用、不惟無慶曆之悔、亦無靖康之禍矣、

○雲間張氏曰、謝安以弈棊而敗苻堅投鞭断流之衆、寇準以飲博而喪契丹傾國入寇之師、同一矯情鎮物、

亦不欲與且畫策以進曰、如此則可保百年無事、不然數十歲後戎復生心、準蓋欲擊之使隻輪不返、上曰、數十歲後當有能禦之者、吾不忍生靈重困、姑聽其和、遂再遣利用往、利用請歲賂金帛之數、上曰、必不得已、雖百萬亦可、準召語之曰、雖有勅旨、不得過三十萬、如過此數勿來見準、準斬汝矣、利用卒以絹二十萬銀十萬定和議、南朝爲兄北朝爲弟、交誓約各解兵歸、準初發京師、命朝士出知諸州、皆於殿廊受勅、戒之曰、百姓皆兵、府庫皆財、不責汝浪戰、但失一城一壁、當以軍法從事、恐欽若沮親征之議、以其有智且有福、出欽若知天雄軍、契丹至城下、欽若閉門束手無策、修齋誦經而已、上還自澶淵、待準極厚、欽若歸深恨準、嘗退朝、上目送準、欽若進曰、陛下敬準、爲其有社稷功耶、城下之盟、春秋小國

王旦同平章事

趙保明上表乞糧

所恥也。上愀然。欽若每曰、澶淵之役、準以陛下爲孤注。上待準遂寖薄。尋罷相。〔好〕去聲〔故地〕初晉主石敬塘請契丹共滅唐、割幽薊十六州與之。後周世宗伐契丹、取瓦橋關・益津關之南瀛・莫・易州之地。〔重〕平聲〔百萬〕絹百萬匹、銀百萬兩。〔語〕去聲〔過〕音戈、下同。〔天雄軍〕河北魏博節度、唐代宗寵其軍曰天雄。〔澶淵〕澶州、古名澶淵。〔為其〕之為去聲。〔孤注〕如賭博、只有一注錢物、以決勝負。以王旦同平章事。旦王祐之子也。太祖嘗遣祐按事、謂祐還與王溥官職。祐不徇太祖意。竟不大用。祐曰、祐不做、兒子二郎必做。植三槐于庭曰、吾後世必有爲三公者。至是旦果爲相。深沈有德望。能斷大事。上心深屬之。趙德明嘗以民饑上表乞糧。群臣皆請責之。旦曰、臣欲詔德明云、寨上儲糧不可與。已於京師積百萬。可自遣衆來取。德明再拜受詔曰、朝廷有人。〔按事〕時魏博節度使符彥卿有飛語聞於上。乃遣祐往問。擬〔不大用〕祐至魏博、但決配彥卿家僮二人挾勢之罪、還。又力保彥卿無罪、且極言當以五代殺無辜爲戒。帝怒、安置華州。〔二郎〕旦行也。〔屬〕音燭。〔上表〕之上、上聲。上既入欽若之

也。厥功偉矣。夫何晉宋之君、一以偷安江左爲念、一以畏憚戎狄爲心、不能長慮却顧、而狃於目前之見。所謂見小利則大事不成、是也。使能乘勝於風聲鶴唳之餘、決戰於士卒歡呼之頃、立定厥功、以克永世、豈致蔓竊哉。嗚呼、晉之武帝、相仍而子孫被得、宋之真宗、其失一也。

左傳、楚伐絞、大敗之、爲城下之盟而還。注、城下盟、諸侯所深恥。欽若曰、陛下知博乎。博者輸錢欲盡、乃罄所在出之、謂之孤注。陛下寇準之孤注也。

王欽若請封禪

九天司命天尊降作玉清昭應宮

斯亦危矣
初張詠在成都，聞準入相，謂僚屬曰，寇公奇材，惜學術不足耳。及準知陝，適詠自成都還，準送之郊，問曰，何以教準。詠徐曰，霍光傳不可不讀也。準莫諭其意，歸取其傳讀之，至不學無術，笑曰，此張公謂我也。
○袁氏曰，槐樹之言，公一時自詡其幽潛也，而卒驗於其子，是有數存焉。
帝過曲阜謁孔子，加謚至聖文宣王。

言數問欽若何以刷恥。欽若知上厭用兵，謬曰，取幽薊乃可。上令思其次，乃請封禪以鎮服四海，誇示夷狄。又言封禪當得天瑞，前代有以人力為之，河圖洛書果有此邪，聖人以神道設教耳。於是自大中祥符以來，數有天書降，東封泰山，西祀后土於汾陰，又有趙氏祖九天司命天尊降天下，立天慶觀，置聖祖殿，諱聖祖名玄朗，京師作玉清昭應宮，且不能止其事。入欽若之言，納其譖，準之言。數音朔，下同。刷所劣切，拭也。令去聲。河圖說見太昊。洛書禹治水時，神龜負文，有數至九，而出於洛。禹遂別文以為洪範九疇。邪音耶。太中祥符四字，年号。天書降偽作書，云自天降。○案，太中祥符元年正月，天書降左承天門南。四月，降大內。六月，王欽若奏，天書降泰山。天禧三年，降乾祐山。汾陰水南曰陰。天尊降宋鑒，太中祥符五年，聖祖降，曰，吾人皇中九人之一，是趙之始祖，再降乃軒轅黃帝。後唐時，七月一日，復降生趙氏族。謂上曰，善撫育蒼生，毋忘前志。尋尊号聖祖曰九天司命保生天尊聖祖，母曰元天大聖后。○上在位二十六年，自元年呂端罷後，張齊賢、李沆、呂蒙正、向敏中、畢士安、寇準賜杭州隱士林逋粟帛。廣義逋嘗有詩曰、茂陵他日求遺藁、猶喜曾無封禪書。意是詩也。逋豈自高其行哉。且使天下後世、皆知封禪之爲非也。

初準數短旦於帝而旦專稱準。帝謂旦曰、卿雖稱其美、彼專談卿惡。旦曰、理固當然。臣在相位久、政事缺失必多。準對陛下無隱、益見其忠直。此臣所以重準也。帝由是益賢旦。

張詠臨卒上疏曰、不當造宮觀竭天下之財、傷生民之命。此皆賊臣丁謂

王旦相繼爲相。惟旦居位十一年。當李沆爲相時、旦甫參政。沆喜讀論語。嘗曰、爲宰相、如論語中節用而愛人使民以時兩句、尚不能行。聖人之言、終身誦之可也。沆日取四方水旱盜賊奏之。旦謂細事不足煩上聽。沆曰、人主少年。當使知人間疾苦。不然血氣方剛、不留意聲色犬馬、則土木甲兵禱祠之事作矣。吾老不及見此。參政他日之憂也。及大中祥符封禪祠祀土木並興、旦乃歎曰、李文靖眞聖人也。每有大禮、旦輒以首相奉天書以行。常悒悒不樂。欲去則上遇之厚。及薨于位。遺令削髮披緇以斂。議者謂旦得君而不能以正自終。或比之馮道云。

〔沆〕音阮、上聲。〔向〕音餉。〔文靖〕李沆、謚文靖。公〔遺〕令、令去聲。削髮披緇、如僧禮。〔馮〕道後唐相、無所可否。

張詠嘗言、吾榜中得人最多。謹重有德望、無如李文靖。深沈才德鎮服天下、無如王公。面折廷爭、素有風采、無如寇

誑惑陛下、乞斬謂頭置國門、以謝天下、然後斬詠頭置丁氏之門、以謝謂、帝歎其忠、謚忠定

○周靜軒曰、且碩德重望、爲帝所厚任、首相會天下無事、愼守祖法、無所更易、誠賢相也、白璧微瑕、其美珠之賜乎、東封西祀、獨無一言、秋早冬雷亦隨表賀、此其所短耳

準貶道州、既至、晨具朝服、如常時、對賓客言笑自若、初無廊廟之貴者、自罷相三絀、皆非帝意、歲餘帝問左右曰、吾目中何久不見寇準

公當方面之寄、則詠不敢辭、當且之世、王欽若已相、欽若罷、寇準再入相、參政丁謂事準甚謹、嘗會食、羹汚準鬚、謂起拂之、準笑曰、參政國大臣、乃爲官長拂鬚耶、謂甚愧恨、準罷、李迪、丁謂爲相、準遠貶、迪罷、謂獨相、時上已有疾、昏眩、如準罷貶、皆謂白中宮、行之、上不知矣、尋崩、年五十五、在位改元者五、曰咸平、景德、曰大中祥符、曰天禧、乾興、太子立、是爲仁宗皇帝

王公、且、爭、靜同、寇公、準、方面之寄、鎭一方、自當一面、爲官之爲、去聲、迪、音狄、遠貶、初貶雷州司戶、移道州司馬、中宮、劉后、太子、眞宗第六子、

仁宗皇帝、名禎、母李氏、章獻明肅劉皇后子之、眞宗得皇子已晚、始生晝夜啼不止、有道人言、能止兒啼、召入、則曰、莫叫莫叫、何似當初莫笑、啼即止、蓋謂眞宗嘗籲上帝祈嗣、問群仙誰當往者、皆不應、獨赤脚大仙一笑、遂命降爲眞宗子、在

劉太后同聽政

○呂氏曰。至是李文靖之言驗矣。當君子用事之時。則常有不盡絶小人之心。至小人得志之時。則去其君子。必盡其力而後止。此準之所以重得貶也。

仁宗初名受益。更名禎。眞宗第六子。

顢呼也。

仁宗紀。初太宗得通天犀。命工爲二帶。一以賜準。及是準遣人取自洛。既至數日。沐浴具朝服東帶。北面再拜。就榻而没。後追贈中書令。復萊國公。謚曰忠愍。公外奢內儉。無聲色之娛。

宮中好赤脚。其驗也。自昇王爲太子。年十三即位。劉太后垂簾同聽政。【李氏】帝所生母。【劉皇后】眞宗正后。【子】之養爲子。【顢】音喻和也。【好】去聲。丁謂用事。寇準爲雷州司戶。參政王曾密奏。謂包藏禍心。眞宗山陵擅移皇堂於絶地。遂罷謂。貶至崖州司戶。謂初命學士草準責詞。令用春秋無將漢法不道爲證。事及謂竄。學士乃用其語。人快之。【雷州】屬海南。【山陵】眞宗葬所。【擅移】皇堂墳穴也。時丁謂爲山陵使。因山陵都尉雷允恭從邪中和言。移山陵向上。既而上穴有水石。故王曾奏之。【令】平聲。【無將】將音漿。春秋傳云。大臣無將。將而必誅。公子牙今將爾。將者言將弒君。【不道】如大逆不道。誣上不道之類。【用其語】草詞曰。無將之戒。舊典甚明。不道之辜。常刑罔赦。方逐準時。京師語曰。欲得天下寧。當拔眼中丁。欲得天下好。莫如召寇老。然準竟不及北還而卒。王曾爲相。王欽若再相。欽若卒。張知白相。知白卒。張士遜相。士遜罷。呂夷簡相。惟王曾自天聖初居相位。至是七年而罷。曾初舉進士。青州發解。禮部廷試皆第寢處一吉幃。二十餘年，時々有破壞，益命補葺。帝謂輔臣，欽若久在政府，觀其所為，真姦邪也。王曾對曰，欽若與丁謂、林特、陳彭年、劉珪同惡，時人目為五鬼。姦邪險偽，誠如聖諭。太后臨朝，參知政事魯宗道屢有獻替。后嘗問唐武后何如主。對曰，唐之罪人也，幾危社稷。后默然。有小臣方仲弓請立劉氏七廟。后問諸輔臣，衆不敢對。宗道獨進曰，若立劉氏七廟，如嗣君何。乃止。李氏杭州人，實生

太后崩

一人曰，狀元三場，喫著不盡。曾曰，曾平生之志，不在溫飽。真宗末，正色立朝，朝廷賴以為重。作相日，所進退士，莫有知者。或問其故。曾曰，恩欲歸己，怨使誰當。解音介。發解鄉擧。禮部會試。廷試殿試。已音紀。

○交趾黎桓，景德中卒。子龍廷殺其兄龍鉞而自立，來貢，賜名至忠。大中祥符閒，至忠卒。子幼，弟爭立，大校李公蘊遂殺之而自立。至是公蘊卒，子德政立，來告喪，封交趾郡王。景德真宗年号。弟名字未詳。告音谷。○契丹主隆緒殂，號聖宗。子宗真立。○西夏趙德明卒。子元昊立。○劉太后以上為己子，而上毋李氏默默處先朝嬪御中，未嘗自異，人亦畏后，不敢言。疾革，乃進位宸妃，而薨。宰相呂夷簡奏，太后宜備禮以葬。曰，他日莫道夷簡不曾說來。宸妃卒，踰一年，太后崩，稱制十一年。已音紀。嬪御周禮有九嬪九御。李氏處真宗嬪御之中。革音棘，急也。備禮宋鑑，李氏薨，太后抑未治喪。夷簡入奏，不許。曰，他日不欲全劉氏乎。遂發

上始親政

廢皇后

蔡襄四賢一不肖詩

帝太后既取帝為已子與楊太妃保護之以是帝雖春秋長不自知為李氏出也

○呂氏曰景德以前之相呂端張齊賢李沆呂蒙正畢士安寇準王旦皆君子而沆之賢為最祥符以後王欽若陳堯叟馮拯丁謂曹利用皆小人而欽若之姦邪為最以為相道之關於君德者如此

時尚美人楊美人俱得幸數與皇后忿爭一日尚氏於帝前有侵后語后不勝忿批其頰帝自起救之誤批帝

哀成服葬之時詔欲鑿宮城垣以出喪夷簡處言鑿垣非禮宜從西華門出且曰宸妃誕育聖躬而喪不成禮後必有受其罪者乃許之上始親政先是呂夷簡張士遜並相夷簡罷李迪相而士遜為首相無所發明而罷夷簡復相迪罷王曾復相而權在夷簡夷簡之初罷也以郭皇后之言及復入而后有尚美人爭寵之隙遂廢郭后夷簡有力焉臺諫孔道輔范仲淹爭不得而出仲淹還朝為待制知開封府言事愈急數議時政夷簡訴其越職罷知饒州館閣余靖尹洙爭之皆坐貶歐陽脩責諫官高若訥不諫謂不知人間有羞恥事若訥奏其書亦貶蔡襄作四賢一不肖詩四賢指仲淹洙靖脩不肖指若訥也王曾因對斥夷簡納賂示恩夷簡曾並罷王隨陳堯佐代之以無所建明而罷張士遜章得象代之郭皇后之言宋鑑上與夷簡謀以張耆等皆太后所任悉罷之退告郭后后曰夷簡獨不附太后耶由是并罷夷簡詳見仁宗明道二年尚美人尚八

姓也、九嬪之下有美人。〔爭〕諍同。〔出〕道輔出知泰州、仲淹出知睦州。〔知開封府〕景祐元年、召仲淹為刑部員外郎天章閣待制。執政恐之、命知開封府。〔數〕音朔。〔饒州〕罷仲淹前職而知饒州。〔館閣〕余靖・尹洙在館閣之職。〔坐貶〕靖監筠州酒稅、洙監郢州酒稅。〔羞恥事〕如廢郭后之事。〔亦貶〕貶脩夷陵令。

○趙元昊據有夏銀綏宥靈塩會勝甘涼瓜沙肅州之地、居興州、阻賀蘭山為固、僭號大夏皇帝、入寇西邉、騷然。范雍經略西夏、聞元昊將攻延州、懼甚、閉門不救。劉平戰中、官黄德和誣奏平降賊、以兵圍其家、議收其族。富弼言、平自環慶來援、姦臣不救、故敗、罵賊而死。德和誣人、冀免坐、腰斬。范雍罷。時軍興多事、張士遜無所補、諫官韓琦上疏曰、政事府豈養病坊耶。於是士遜致仕。呂夷簡復相、用韓琦・范仲淹為邉帥。仲淹嘗兼知延州。夏人相戒曰、毋以延州為意。小范老子胷中自有數萬甲兵、不比大范老子可欺也。邉人為之語曰、軍中有一韓、西賊聞之心膽寒。軍中

趙元昊僭號大夏皇帝

頸、帝大怒、内侍閻文應因與帝謀廢后、且勸以爪痕示執政、帝以示呂夷簡、告之故、夷簡有憾於后、遂主廢黜之議。

○周靜軒曰、易曰、夫夫婦婦、而家道正、正家而天下定矣。天聖二年、書立皇后郭氏、至是已越十年、未聞其有失德、何為遽廢之耶。仁宗偏愛妾媵、疎斥正妻、又惑夷簡之語、而廢之、則於夫婦之道、乖焉。

延州諸砦多失守、仲淹請自行、詔兼知延州、仲淹大閱州兵、得萬八千人、

契丹乘取關南地

分六將領之、日夜訓練、量敵衆寡、使更出禦敵。又脩承平永平等砦、稍招還流亡、定堡障、通斥堠、城十二砦。於是羌漢之民相踵歸業。元昊之寇三川也、韓琦使任福等傾兵七千聲言巡邊、部分諸將、夜趨七十里、至白豹城、平明克之、破四十族、焚其積聚而還。

○周靜軒曰、韓琦料敵之心、至是可見矣。元昊之寇三川、官軍不為捍禦、乃使任福夜攻白豹、破其族属、焚其積聚。此所謂攻其所必救、形格禁勢之道也。師貞丈人

有一范西賊聞之驚破膽。昊之不得大逞、蓋藉琦仲淹之宣力居多。〔夏録〕巳下十四州、綏属陝西、會属鞏昌、餘並属甘肅。〔將〕音漿 〔延州〕属陝西、即延安郡 〔降〕音項、平聲 〔環慶〕二州、皆属鞏昌 〔叛臣〕范雍 〔冀免〕案、元昊寇延時、徳和引兵先走、至是遂誣奏平、布以自免 〔腰斬〕竟斬徳和 〔無補〕無所補益 〔朝廷〕〔琦〕音奇 〔上〕上聲 〔小范老子〕仲淹、戎人謂知州曰老子、大范老子范雍 〔藉〕慈夜切

契丹乘朝廷有西夏之撓、遣泛使求石晉所割、周世宗所取關南地。知制誥富弼接伴。時夷簡任事、人莫敢抗。弼數侵之。夷簡欲因事罪弼、以弼報使。弼至往返論難、力拒其割地。使還、再遣。而國書故爲異同。夷簡欲以陷弼。弼疑而啓觀、乃復甲奏。而責夷簡易書而往。增歳賂銀絹各十萬、定和議而還。〔泛使〕泛海之使 〔關南地〕説見上 〔接伴〕陪奉泛使 〔數〕音朔 〔報使〕報書奉使契丹 〔論難〕皆去聲 〔復〕音伏 〔易〕音亦 ○案、弼使契丹、既歸復命、再往聘。草詔及誓書、弼請增三事、毋廣開塘池、增屯兵、騎容受叛亡。置行中、使持誓書。至武彊、授之弼。弼私念三事前與虜約、萬一書詞與口異、則事敗矣。發視之、果不同。乃馳還易書行。○論曰、通兩國之情、結無窮之好者、莫重奉使之職。古者兵交、則有往来覘敵之使、事

增諫官

慶曆聖德詩

歐陽修朋黨論

吉無咎、韓琦有焉。時塞門諸砦既陷、鄜州判官种世衡城青澗、夏人屢來爭、世衡且戰且城。然處險無泉、議不可守。鑿地百五十尺、至石不及泉。工辭不可穿。世衡命屑石一畚酬百錢。卒得泉以濟。城成、賜名青澗。以世衡知城事。世衡開營田、募商賈通貨利、城遂富實。

○茅鹿門評明黨論曰、忠言讜論、破千古人君之疑。大率類劉尚諫昌陵疏。

已、則有玉帛結好之使、非有儀・秦之辯、賁・育之勇、良・平之智則不遺也。方契丹擁兵壓境、使者悖慢、上命報聘、無敢行者。獨富公毅然而往、入虜庭、詰其君臣、往返辨論不啻數十百語。至令契丹君臣曉然知通好用兵利害之所在、皆公之力也。○呂夷簡求罷。上遂欲更天下弊事、增諫官員、命王素・歐陽脩・余靖・蔡襄供諫院職。以韓琦・范仲淹為樞密副使。召夏竦為樞密使。諫官論罷竦、以杜衍代之。國子直講石介喜曰、此盛德事也。乃作慶曆聖德詩、有曰、衆賢之進、如茅斯拔。大姦之去、如距斯脫。太姦指竦也。〔更〕音庚。〔茅拔〕易曰、拔茅連茹。言善類相引。〔距脫〕雞之勇也、以距距脫則不能為他雞之害也。仲淹・琦適自陝西來道中、得詩、仲淹拊股謂琦曰、為此怪鬼輩壞事。竦因與其黨造論、目衍等為黨人。歐陽脩乃作朋黨論上之。略曰、小人無朋、惟君子有之。小人同利之時、暫為朋者偽也。及其見利而爭先、或利盡而情疏、反相賊害。君子修身則同道而相益、事國則同心而共濟、終

范仲淹奏十事

杜衍務裁僥倖

○顧廻瀾評、歐盧陵朋黨論、法至嚴、而語至易、至嚴所以別君子小人、至易所以見忠誠剛正、歐公之文、前儒所未有也、

發明仁宗以歐陽修王素蔡襄知諫院、以余靖爲右正言、則言路開而正人得失、觀修之所進朋黨論、豈不切中時之膏肓哉、修上書曰杜衍范仲淹韓琦富弼、天下皆知其有可用之賢、而不聞其有可罷之罪、正士在朝、群邪所忌、謀臣不用、敵國之福也、

始如一。此君子之朋也。爲君者但當退小人之僞朋、進君子之真朋、則天下治矣。【拊】舊本作撫、非。【爲此】之爲、去聲。【目】称也。【上】上聲。○仲淹遷參政、富弼爲樞副。上既擢仲淹等、每進見必以太平責之。開天章閣召對、賜坐給筆札。仲淹等皆惶恐退、列奏十事。一曰明黜陟、二曰抑僥倖、三曰精貢擧、四曰擇官長、五曰均公田、六曰厚農桑、七曰修武備、八曰減徭役、九曰覃恩信、十曰重命令。上方信向、悉用其說。惟武備欲復府兵、一說宰相以爲不可。時章得象・晏殊並同平章事。未幾仲淹宣撫陜西河東、富弼宣撫河北。諫等造謗、故仲淹等不安於朝。歐陽脩亦出使河北。晏殊罷。杜衍同平章事。衍務裁僥倖。每內降率寢格不行。積詔旨十數、輒納上前。上嘗語諫官曰、外人知衍封還內降邪。朕在宮中、每以不可告而止者、多於所封還也。會衍婿蘇

夏諒祚立
張堯佐一日除四使

琦以杜衍范仲淹富弼罷去乃上疏曰近日臣僚多務攻擊忠良取快私忿非是國家之福惟陛下察之疏入不報

○雲間張氏曰噫若仁宗者可謂自壞其萬里長城者也其不智孰甚焉

萬姓統譜曰范仲淹字希文吳縣人刻苦讀書大通六經之旨大中祥符間第進士慨然有志於當世嘗曰士當先天下之憂而憂後天下之樂而樂卒謚文正追封楚國公事略曰初

舜欽監進奏院用鬻故紙公錢祀神會客御史中丞王拱辰素不便衍等所爲因攻其事置獄得罪者數人拱辰喜曰吾一網打去盡矣衍相七十日而罷賈昌朝平章事兼樞密使韓琦罷樞副知揚州事章得象罷陳執中平章事昌朝罷夏竦代爲樞密使見音現札側八切紙札覃延也復音伏府兵見唐太宗紀幾如字内降詔旨格音各數上聲語去聲會客會進奏院祠神舜欽用鬻故紙公錢召妓會客王洙呂溱王益柔等與焉得罪舜欽除名洙等皆遂去○貝州卒王則反文彥博宣撫河北討平之彥博入爲平章事○趙元昊慶曆初嘗因范仲淹請和反覆數歲竟納款復稱臣策命爲夏國王名曩霄歲賜銀絹茶綵二十五萬五千遂不復寇邊卒子諒祚立曩音囊上聲○陳執中以無所建明罷○夏竦罷宋庠代之尋同平章事未幾罷幾如字○張貴妃兄堯佐一日除四使監察御史裏行唐介論之不聽遂劾奏文

契丹主洪基立
交趾李日遵立

居長白山僧舍習讀日煮粟米二升作一器分畫爲四塊早晚以斷虀數莖啖之其清苦如此

○呂中曰先儒論本朝人物以仲淹爲第一仁宗晚年欲大用之而仲淹已卽世豈天未欲平治天下歟

狄青夜度崑崙關執白旗麾蕃落騎兵從左右翼擊之縱横闔合部伍不亂賊不知所爲大敗走追奔五十里斬首數千級擒賊五百餘死者萬計

彥博與弼同召至郊詔百官迎之士

彥博向守蜀以燈籠錦獻貴妃得執政故黨堯佐上怒遠貶介彥博亦求罷龐籍平章事（兄當作諸父案宋鑑貴妃乃堯佐姪也　四使使去聲宣徽節度景靈群牧　裏行唐朝有御史裏行至景祐中始置以處御史之官卑者　燈籠錦名閒金奇錦貴妃以爲服　遠貶貶唐介爲春州別駕王舉正救之改英州）○廣源州儂智高寇廣州連歲陷諸州自邕至廣西皆被其害命樞副狄青討平之還爲樞密使（源州筌蹄云源州号爲邕管卽邕州　儂音農）○龐籍罷○陳執中梁適平章事適罷劉沆代之執中罷文彥博富弼並同平章事士大夫相慶得人上曰人情如此豈不賢於夢卜哉上嘗問王素孰可爲相素曰惟宦官宮妾不知姓名者可充其選上慨然曰如此則富弼耳（夢卜說商高宗夢得傅說西伯卜得太公）○契丹主宗眞殂子洪基立○交趾李德政卒子日遵立○劉沆罷文彥博罷韓琦平章事富弼罷○王安石知制誥安石每遷官遜避不已至知制

蘇洵著辨姦論　司馬光進三劄五規

太夫相慶於朝。帝遣小黄門覘知之。語翰林学士歐陽修曰。古之命相。或得諸夢卜。今朕用二相。人情如是云云

安石臨川人。好讀書。善属文。曾鞏攜其所撰以示歐陽修。修爲之延譽。擢進士上第。授淮南判官

先是。館閣之命屢下。安石輙辭不起。士太夫謂其無意於世。恨不識其面。朝廷每欲畀以美官。惟患其不就也。及赴是職。聞者莫不喜悦。

○周静軒曰。宋自用安石。變更法制

誥。則不復辭官矣。安石嘗侍賞花釣魚宴。誤食鉤餌。已悟而食之既。上以其不情而遂非惡之。安石有重名。士争向之。惟蘇洵不見。著辨姦論。亦以爲不近人情。必大姦慝。○已覺誤食鉤餌而盡食之【遂非】不近人情而不改過【洵】音旬　○司馬光知諫院。進三劄。一論君德。有三。曰仁。曰明。曰武。二論御臣。曰任官。曰信賞。曰必罰。三論揀軍。又進五規。曰保業。曰惜時。曰遠謀。曰謹微。曰務實。【揀】音簡選擇　○策制科人。得蘇軾蘇轍。○曾公亮平章事。○上在位四十二年。改元者九。天聖明道。則垂簾之政也。景祐以来。政由己出。寶元康定。間西鄙多事。慶曆更化。君子滿朝。至皇祐至和嘉祐。天下承平無事。恭儉之德。愛人恤物之心。自即位至升遐。終始如一日。遺制下。雖深山窮谷。莫不奔走悲號。而不能止。壽五十四。皇子立。是爲英宗皇帝。【垂簾】劉太后聽政【已】音紀【更】音庚【遺制】外遐詔

議崇奉濮王典禮

毒流四海、其禍至於宣靖而未已、然觀其所上之書、則其矯世變俗之志、昭然可見、雖得遂志於熙豐、其進實基於嘉祐、綱目因其召用而特書於冊者、以明小人肇禍之始、此正始之初六、羸豕蹢躅之戒耳、其謹微之意、益深切哉、

宗實遂受命、將入宮、戒其舍人曰、謹守吾舍、上有適嗣、吾歸矣、因肩輿赴召、良賤不滿三十人、行李蕭然、唯書數廚而已、中外相賀

制、

英宗皇帝初名宗實。濮安懿王允讓之子。太宗之曾孫也。仁宗立爲皇子。賜名曙。仁宗崩。固避數四。而後卽位。以憂疑致疾。慈聖光獻曹太后權同聽政。上擧措或改常度。遇宦官尤少恩。左右多不悅。乃共爲讒間。兩宮遂成隙。賴宰相韓琦叅政歐陽脩等調護。上旣康復親政。太后撤簾。琦一日出空頭勅。脩已僉。趙槩未僉。脩曰。第書之。韓公必有說。琦坐政事堂召內侍任守忠。立庭下。曰。汝罪當死。責蘄州安置。蓋交鬪兩宮之人也。數上聲 曹太后仁宗后 閒音澗 兩宮太后英宗 康復病安也 復音伏 撤簾后還政 空頭勅勅出未書姓名 空音控 第書之脩僉勅 槩次第僉署 任音壬 ○議崇奉濮王典禮。執政欲稱皇考。又以太后詔令上稱親。司馬光范鎭呂誨范純仁呂大防呂公著交論。以爲不可。鎭罷翰林。誨純仁大防解言職。公著罷

以司馬光為翰林學士。光力辭。帝曰、古之君子、或學而不文、或文而不学。惟董仲舒揚雄兼之。卿有文学、何辞焉。光對曰、臣不能為四六。帝曰、如兩漢制誥可也。且卿能進士取高第、而云不能四六、邪。光乃就職。

時帝久疾。韓琦入問起居。因進言曰、陛下久不視朝、願早建儲以安社稷。帝頷之。琦請帝親筆指麾。帝乃書曰、立大王為皇太子。

召安石為翰林学士。罷司空侍中韓琦。

侍講議竟不決。令平聲濮議司馬光曰、為人後者為之子、不敢復顧私親。濮王宜稱皇伯而不名。罷翰林後范鎮罷翰林之任。解言職呂誨范純仁呂大防解諫諍之職。罷侍講呂公著亦罷侍講之官。○按儀禮喪服記、為人後者、為其父母服齊衰期、謂之降服。以明服可降、父母之名不可改也。夫為人後者、既以所後為父矣。聖人又存其所生父母者、非曲為之意也。蓋自有天地以来、未有無父而生之子也。既有父而生、則不可廢其所生矣。司馬等之論、其未當於理也明矣。○契丹改號大遼。○上崩。在位四年。改元者一、曰治平。年三十八。皇太子立。是為神宗皇帝。

神宗皇帝名頊。母曰宣仁聖烈皇后高氏。曹太后之甥也。幼與英宗同鞠后所。后所曹太后所。後為英宗配。生頊。自潁王為太子。尋即位。○自有濮議以来、言者攻歐陽脩不已。遂罷韓琦亦罷。○王安石為翰林學士入對。首以擇術為言。言必稱堯舜。○富弼同平章事。王安石參政。安石既執政、士大夫素重其名。以為太平可立致。呂誨時為御史中丞、將對、學士侍讀司

王安石議行新法

廣義用安石罷魏公此秦之終否之初也可不慎哉

○雲間張氏曰王安石之奸李師中知之韓魏公知之呂誨知之呉奎知之而唐介孫固亦知之獨韓維呂公著兄弟不知之也使其知而薦之則韓呂不惟爲諸公之罪人而且爲萬世之罪人也

琦執政三朝或言其專琦求去益力帝不得已以琦爲鎭安武勝軍節度使司徒兼侍中判相州帝泣曰卿去誰可屬國者王安

馬光亦將詣經筵相遇並行光密問今日所言何事誨曰袖中彈文乃新參也光愕然曰衆喜得人奈何論之誨曰君實亦爲此言邪安石執偏見喜人佞己天下必受其弊光退而思之不得其說搢紳間有傳其疏者往往疑其太過誨言大姦似忠大詐似信安石外示朴野中藏巧詐驕蹇慢上陰賊害物疏其十事上雨降手詔喩誨誨論之不已遂罷誨安石建議創制置三司條例司議行新法言周置泉府之官變通天下之財後世惟桑弘羊劉晏粗合此意今當修泉府之法以收利權安石多與呂惠卿謀人號安石爲孔子惠卿爲顏子

【將對】誨將入對將音漿下同【司馬光】時爲學士而兼經筵侍讀【乃新云云】彈新參政王安石【君實】司馬光字【已】音紀【十事】大略言在仁宗朝舉駁不當而不肯謝恩丁憂服滿而累詔不起終英宗之世而不臣在神宗之初而託疾及除知江寧府乃從命一也除小官則遜避承重任則不辭二也侍講侍讀本爲進說乃請坐自尊三也居政府多乞御批以沮異

拘一作徇

石何如、琦對曰安石爲翰林學士則有餘、處輔弼之地則不可、帝不答、

○齊藤拙堂曰、宋室之禍始於王安石、人々所知也、然安石妄人、不足責、余獨不能無恨於韓魏公也、何以言之、安石之進用、以公之去朝也、公三朝元老、宿德重望、敬群賢倚頼、公在朝則安石不敢惑神宗、公爭之則神宗決不相安石、公一擧足而安石遂得行志、然則公之去留、宋室禍福之機也、公不能豫察安石之妄則已、苟

議、四也、自糾察司擧駁與法官爭論、每挾情壞法、拘私報怨、五也、入翰林則惟欲其第貴顯、在政府則無非賣弄威權、六也、貶黜異己、專威害政、七也、當繡座奏對、不知畏敬、與唐介爭論、遂致喧譁、八也、上方親睦九族、乃黨張辟光、離間岐王之罪、九也、邦國經費在於三司、乃欲額外增員、十也、泉府之官周禮地官下、掌以市之征布斂市之不售貨之滯於民用者、以其價賣之、桑弘羊見漢武帝紀、劉晏見唐德宗紀、粗音措、上聲、先是治平中、邵雍與客散步天津橋上、聞杜鵑聲、愀然不樂、客問其故、雍曰、洛陽舊無杜鵑、今始至、天下將治、地氣自北而南、將亂自南而北、今南方地氣至矣、禽鳥飛類、得氣之先者也、不二年、上用南士作相、多引南人、專務更變、天下自此多事矣、至是雍言果驗云、治平英宗年号、散音傘、天津橋在洛陽、杜鵑成都記、杜宇亦曰杜主、自天而降、稱望帝、好稼穡、時荊人鼈令死、其尸泝江而上、至汶山下、復生、見望帝、望帝因以爲相、號開明、會巫山江壅、人遭洪水、開明爲鑿通、流有大功、望帝因以其位禪之、望帝死、其魂化爲鳥、名曰杜鵑、亦曰子規、將音槳、下同、更音庚、安石欲行青苗法、以爲周官國服爲息法也。青苗法以常平糴本作青苗、法散與人戶、令出息二分、春散秋斂、國服云、有司貸民之物

察農田水利

罷義倉

行均輸法

行青苗法

察其妄爲、可不爲之防哉。又曰、公三朝元老、處周公之地、行周公之事、宿德重望、周公之流亞也。獨憂國之心不若周公、爲可恨也。時帝以災變避殿減膳撤樂。王安石言、災變皆天數、非關人事得失所致。弼在道聞之、歎曰、人君所畏者天耳。若不畏天、何事不可爲者。此必姦人欲進邪說、以搖上心、使輔弼諫諍之臣無所施其力。是治乱之機、不可以不速救。卽上書數千言力論之。又入對、又曰、君子小人之進退、繫王道之

定其賈以與之、各以其所服國事貢物爲息、若農以粟米、工以器械、以其所有也。藉斂。曰、以錢貸民。民吏緣爲姦、錢入民手、雖良民不免妄用、及其納錢、雖富民不免違限、鞭箠必用、州縣不勝煩矣。參政唐介爭論新法、不勝、疽發背卒。時人有生老病死苦之喩。謂安石爲生、曾公亮爲老、介死、富弼議論不合、稱病、參政趙抃無如安石何、惟稱苦苦而已。安石折抃曰、君輩坐不讀書耳。抃曰、皐夔稷契何書可讀。安石亦不能對。箠音追、上聲、策也。勝煩之勝、音升。不勝、如字。何書、三代以前文籍不備。○遣使察農田水利。古制廢、無不修。○罷義倉。舊制、置於郷社、以賑凶荒。至是罷之。○行均輸法。命發運使領之。凡上供之物、皆得徙貴就賤、用近易遠、預知在京倉庫所當辧者、便宜蓄買以待之。○臺諫劉琦錢顗、以議新法貶。琦監處州塩酒稅、顗監衢州塩稅。○諫院范純仁、檢詳文字蘓轍、以議新法罷。檢詳文字、官、掌佐條例。許罷。純仁出知河中府、轍河南府推官。○行青苗法、置常平官。制貸物、俟昂時使常得其平。○富弼罷。陳升之同

消長、願深加辨察、勿以同異為喜怒、喜怒為用捨、例恐倒誤、

○鴻齋曰、安石之言善矣、惜哉所學偏頗、青苗一事、遂貽禍於後世、富弼之論陋矣、然君子小人之進退、繫王道之消長、一語可以為萬世矩矱、

○丘文莊曰、青苗之法、謂苗青在田則貸民以錢、使之立息也、貸與一百文、使出息二十文、蓋假周禮泉府國服為息之說、雖曰不使富民取民倍息、其實欲專其利也、昔人謂其所以為民害者、三、曰徵

平章事升之初附安石、既相頗為異同。○行預買法、令諸路預給錢和買紬絹。（預買法、見均輸法注。令、去聲。紬絹、繒大絲曰紬、小絲曰絹。）○趙抃罷。抃日所為事、夜必焚香告於天。（告、谷音。）○親試舉人、初用策。葉祖洽以附會新法擢為第一。（用策廷試之、策自此始。）○右正言孫覺・御史裏行程顥以議新法罷。（右正言官、掌諫諍。）○中丞呂公著・裏行張戩以議新法罷。（戩、翦音。）○李定為裏行。知制誥宋敏求・蘇頌・李大臨以繳定詞頭罷。（詞頭、誥命也。李定為秀州判官、阿附安石、遂以定為監察御史裏行。宋敏求繳還詞頭、以定驟自幕賓而升位執法、非故事。復下蘇頌・李大臨、皆繳還。）○謝景溫為御史知雜。（知雜官、掌知御史雜事。）○直史館蘇軾、以嘗上萬言書及擬對廷試策議新法、忤安石、為景溫所劾去。（上萬之上、上聲。下同。為、去聲。）○鄧綰上書言、陛下得伊呂之佐、百姓歌舞青苗免役等法。又與安石書及頌、置中書檢正。以綰為之。鄉人皆笑罵綰。綰曰、笑罵從他笑罵、好官

立保甲法

更科擧法

錢也、取息也、抑配也、條例司初請之時、曰隨祖納斗斛、如以價貴願納錢者聽、則是未嘗徵錢、曰凡以爲民公家無利其入、則是未嘗取息、曰願給者聽、則是樂取未嘗抑配、及其施行之際、實則不然者、請建之初、姑爲此美言以惑公聽而厭衆論耳、夫奄有四海之大、億兆之衆、所以富國之術、義無不可而取擧貸取息之利、則是萬乘而爲匹夫之事也、假令不徵錢不抑配、有利而無害、尚且不可、況無利而有害哉、

我須爲之。（伊呂）伊尹・呂望。（免役）據家貲高下、各令出錢雇人充役、謂之助役錢。（檢正）熙寧三年、置官掌中書庶務。○曾公亮罷。○策制科人呂陶・張繪・孔文仲、力詆新法、皆報罷。○范鎮以數議新法及嘗薦蘇軾・孔文仲罷。乞致仕。（數）音朔、下同。陳升之罷。○韓絳・王安石同平章事。安石當國、斥其不附己者、一時排斥新法諸賢、不使之外任、則貶之海隅、而用韓絳並相、則同悪相濟矣。○立保甲法。十家爲保、五十家爲大保、十大保爲都保、選衆所服者二人爲都保正副、凡保丁聽自置弓箭習武藝。○曾布爲中書檢正。○更科擧法、罷詩賦・明經諸科、以經義・論・策試進士。（更）音庚。（論）去聲。○司馬光先自學士除樞副、力辭不拜、數言新法之害。上諭安石曰、聞三不足之說否。曰、不聞。上曰、外人云、朝廷以爲天變不足畏、人言不足恤、祖宗法不足守。昨學士院進館職策問、專指此三事。策問光所爲也。光數請外、得永興、移許州。上言、臣之不才、最出群臣之下。先見不如呂誨、公直不如

罷差役行募役法　立大学三舍法　行市易法　行保馬法　頒方田均税法

王安石用事、雅不與弼合、度不能爭、多称疾求退、章數十上、帝曰、卿即去、誰可代卿者、弼薦文彦博、帝默然、良久曰、王安石何如、弼亦默然。

○鴻齋曰、弼之去、與韓琦之去同、不欲去耶、而欲去、身當國家大難之衝、置之度外、退知遠州、謂之忠臣可乎。

初上篤意經學、深憫貢舉之弊、且以西北人材多不在選、遂議更法、王安石言於帝曰、進士科試詩賦、亦多得人、然士少壯時正

范純仁程顥敢言、不如蘇軾孔文仲、勇決不如范鎮、屢請判西京留司御史臺、至是得請、後四任提舉嵩山崇福宮。〔請外〕光與安石不合、故屢請出補外官、〔永興〕宋名陝西安西府曰永興軍京兆郡、〔移許〕光初出知永興、本路青苗助役得免、後移知許州、不赴、〔上言〕之上上聲、〔屬請〕不從判西京之請、〔得請〕請得判西京、居洛十五年。○歐陽脩先知青州、以擅止給散青苗錢、徙知蔡州、至是乞致仕。○富弼先知亳州、坐格青苗法、徙知汝州、〔先知〕之知、宋鑑作判、下同、〔格〕音各。○中丞楊繪、裏行劉摯、以議新法罷。○罷差役、行募役法、〔差役〕不驗田粮、差人充役、〔募役法〕令人戸等第輸免役錢、募人充役。○立大學三舍法、初入學為外舍、不限員、外舍升内舍、二百員、内舍升上舍、百員。○行市易法、於京師置市易務、先支官錢、收貨在閒、遇有客商物貨出賣不行、願賣入官、許至務投賣、如願折換官物者、亦聽之。○行保馬法、宋史、凡五路義保、願養馬者、凡一匹、官給馬、或與直、歲閲肥瘠、死病者補償。○宋鑑、熙寧五年、詔開封府界諸縣保甲、願養馬者聽。○頒方田均税法、東西南北各千歩、當四十一頃六十六畝一百六十歩、為一方、歲以九月、令使分地計量、驗地肥瘠、分為五等、均定税數。○

王韶上平戎策

章惇察訪湖北

當講求天下正理。乃閉門學作詩賦。及其入官。世事皆所未習。此科法敗壞人材。致不如古。既而中書門下言。今欲追復古制。則患於無漸。宜先除去聲律偶對之文。使學者得專意經術。以俟朝廷興建學校。然後講求三代所以教育選擧之法。施之天下。則庶幾可以復古矣。於是改法。罷詩賦。士各占治易詩書周禮禮記一經。兼論語孟子。○雲間張氏曰。安石定科之法。最為得之。觀其言曰云々。其識見高於人遠矣。但曰士各占

置洮河路。以王韶為經略安撫等使。先是韶上平戎策。謂欲平西夏。當復河湟。今古渭之西。洮河蘭鄯。皆漢隴西等郡。吐蕃唃廝囉一族。國其間。宜幷有之。以絶夏人右臂。安石以為奇謀。始開洮河之役。韶克河洮岷疊宕等州。又擄青唐咽喉之地。邊堠益斥。役兵之死亡甚多。洮河路屬鞏昌。即臨洮府。上上聲。復音伏。河湟水出蘭州大小榆谷。東入于河。古渭皇祐中。以渭州地置古渭寨。即隴西郡。蘭州屬鞏昌。即金城郡。鄯音善。州屬鞏昌。唃廝囉唃音恪。色羅。蕃族首領名。以絶云云。言若得洮河等處。如絶西夏人右臂。河洮即洮河路。岷音泯。平聲。屬鞏昌。今西和州。宕音唐。去聲。屬順元。今渠州。青唐鄯州。又名青唐。咽喉之地要害之地。如咽喉。堠音后。封土表界曰堠。十里一置。五里一堠。

○中書檢正章惇。察訪湖北。始議經制南北江。蠻辰州南北江。乃古錦州之地。接施黔牂柯。命章惇措置。惇言招諭梅山蠻猺。令作省戸。皆歡迎。其實殺戮浮屍蔽江。惇音敦。察訪云云。惇為中書檢正。而承命察訪湖北。經制江蠻。方始建議經略制御南北江之蠻夷。辰州屬湖廣。施州屬州南。牂柯郡屬川南。今珍州。猺音

置三經義局

流民入京城

求直言

行手實法

治一經而春秋獨不與者、此所以為千古叛經之罪人也。

會歲饑征歛苛急、東北流民每風沙霾曀、扶攜塞道、羸瘵愁苦、身無完衣、或茹木實艸根、至身被鎖械而負瓦揭木、賣以償官、累々不絶、乃繪所見為圖奏、帝反覆觀圖、長吁數四、以袖入內、是夕不能寢、翌日罷十有八事、民間讙呼相賀、是日大雨、遠近沾洽、輔臣入賀、兩帝示以俠所進圖狀、安石上章求去、外間始知所行之由、群姦切齒、遂以俠付

遥、南夷別種、曰傜。省户、歸附之民、減省户口。○置詩書周禮三經義局。安石提擧。呂惠卿及安石子雱等為檢討。雱音滂 ○熙寧七年、天久不雨。河東北陝西流民、皆流入京城。而京城外饑民尤多。監安上門鄭俠、畫為圖上書曰、陛下南征北伐、皆以勝捷之勢作圖來上。無一人以天下憂苦、妻子不相保、遷移困頓、遑遑不給之狀、為圖而獻者。臣安上門逐日所見、百不及一。亦可流涕。況千萬里外哉。時以旱故求直言。言者皆咎新法。上疑欲罷之。安石不悦求去。除知江寧府。安石薦韓絳代已為相。呂惠卿為參政。時號絳為傳法沙門、惠卿為護法善神。惠卿建議、免役出錢不均、出於簿書之不善。行手實法。惠卿既得執、恐安石復入、遂逆閉其途。出安石私書、有勿令上知之語。凡可以害安石者、無所不用其智。又數與絳忤。絳乘間白上、復相安

命韓縝如河東割地

行戶馬法韓琦薨

御史呂惠卿鄧綰言於帝曰、陛下數年忘寢與食、成此美政、天下方被其賜、一旦用狂夫之言、罷廢殆盡、豈不惜哉、相與環泣於帝前、於是新法一切如故、

○齊藤拙堂曰、神宗慨然以天下為憂、不可謂非有為之主也、公若導之以義方、引當時賢者、置其左右、又安知其不為中興良主也、及安石代相、悍然自信、言無忌憚、神宗慣聞其說、上不畏天變、下不恤人言、祖宗之法、變乱至盡、其輕躁

石安石罷、不一年再入、聞命不辭、自金陵七日至闕下、後數月、絳與惠卿相繼罷、監安上門、汴州城門、上書之上、上聲、下同、百不及二、百中無一、江寧府屬江東、即金陵、巳音紀、手實法、令人戶具丁口田宅之實、如有隱落、許三以其三之一付告獲者充賞、逆未至而迎之曰逆、間如字、○行戶馬法、見前保馬法也、○判相州韓琦薨、琦天資忠厚、能斷大事、治平間為首相、政事問集賢、典故問東廳、文學問西廳、大事則自決之矣、出判相州、初言青苗不便、朝廷不從、即命散給、曰、藩臣之體、當如是、在鄉郡八年而終、御製碑曰、兩朝顧命定策元勳之碑、集賢次相曾公亮、東廳參政趙槩、西廳參政歐陽脩、鄉郡琦本相州人、而判相州、故曰鄉郡、兩朝云云、承仁宗英宗遺命、而有策立天子之元勳、○命韓縝如河東割地、先是遼使屢至、言河東沿邊增修戍壘、起鋪舍、侵入彼國蔚應朔州界、乞行毀撤、別立界至、蓋遼人見朝廷招高麗、建熙河、西山植榆柳、創保甲、築河北城池、創都作院、降弓刀新樣、置界北、

好大之心、乎是不可復救、非安石敢之、豈其至於此、而致使安石致之、則何人哉、

俠上疏、論呂惠卿朋姦壅蔽、仍取唐魏徵姚崇宋璟李林甫盧杞傳、爲兩軸、題曰、正直君子邪曲小人事業圖、迹在位之臣、與之暗合者、各以其類、復書獻之、

○周靜軒曰、嘗觀安石存心詭譎、爲學偏僻、其自幼有矯世變俗之志、而設施罔非矯世變俗之爲、前行新法而害民、此上新義誤上、蓋可見矣、夫

三十七將、疑有復燕之意、故以爭地界爲名、覲朝廷所以應
安石斷之曰、將欲取之、必姑與之、東西失地七百里、〔縝〕音軫、〔割地〕割地與遼、〔西山〕在鞏昌襄武縣、〔都作院〕修兵器所、〔三十七將〕名号未詳、〔復〕音伏、〔斷〕音端去聲、〔將欲〕之將音漿、○安石
再相二年、屢謝病、子雱死、求去尤力、上益厭其所爲、出判江
寧府、遂不復用、自安石用事、口談先王、而專行管商之政、知
上有富強之志、思所以濟其欲、謂立法當用小人、而後以君
子守之、不悟其無是理也、天下騷然、而國未嘗富、邊鄙生事
徒多喪敗、而國未嘗強、西鄙自治平末、种諤取綏州、夏人即
欲興兵報復、夏主諒祚卒、子秉常立、大入寇、安石雖用王韶
取熙河之策、徒搆怨西蕃、致鬼章等屢爲寇患、初不能以此
制西夏、所用沈起劉彝、又生釁南方、交趾李日遵卒、子乾德
立、起彝相繼知桂州、集土丁爲保甲、於海濱集舟師、教水戰

蘇軾安置黃州

以安石所釋詩書周禮三經上進、先儒傳註一切廢棄、而以春秋為斷爛不列於学宮、新義既頒天下傳習、主司以之取士、学者以之進身、其惑世誣民充塞正道、何異洪水禽獸之害乎、又作字說穿鑿附會、流於佛老、是乃援儒入墨、非特當世之罪人、實萬世之罪人也、

軾論積欠狀曰、孔子曰、苛政猛於虎、昔不信其言、以今觀之殆有甚者、水旱殺人百倍於虎、而人畏催欠乃甚於水旱、臣竊度之、

禁止州縣與交人貿易。交人大舉入寇、圍邕州、陷欽廉、聲言中國作青苗助役法以困民、出兵相救。安石怒、遣趙卨等討之。官軍死者十六。兵禍訖安石之去而未已。吳充王珪繼安石為相。充先在政府、數言政事非便。既代安石、蔡確鄧潤甫等共攻之、不能去。【管商】管仲、商鞅。【報復】之復音伏。【鬼章】西番大酋。【交人】交趾人。【邕欽廉】三州屬海南。【卨】音薛。【十六】十中死六。【數】音朔。【確】苦角切。○元豐元年、知湖州蘇軾安置黃州。先是中丞李定言、軾自濫竽以來、怨謗君父。舒亶亦言、軾議時事、陛下發錢本以業貧民、則曰、贏得兒童語音好、一年強半在城中。明法以課試群吏、則曰、讀書萬卷不讀律、致君堯舜終無術。興水利、則曰、東海若知明主意、應教斥鹵變桑田。謹鹽禁、則曰、豈是聞韶解忘味、邇來三月食無鹽。其他觸物即事、無不以譏謗為主。乃追軾繫御史獄。詔定與張璪推治。王

珪言。軾有不臣意。舉軾檜詩。根到九泉無曲處。世間惟有蟄
龍知。陛下飛龍在天。而軾彼求之地下之蟄龍。非不臣而何。
上曰。彼自詠檜。何預朕事。上本無意罪軾。呉充王安禮皆勸
上容之。獄成而有是命。弟轍亦坐救軾而貶。坐軾詩案黜罰
者。張方平司馬光以下二十二人。上實憐軾。尋移汝州。且復
用矣。爲蔡確張璪等所沮。湖州屬江浙、即呉興、黄州屬淮西、業賑卹之也、強半太半也、明法唐
制有明法、律法律之書、鹵音魯、鹹地也、東方曰斥、西方曰鹵、璪音早、推音吹、治平聲、檜木名、柏葉松身、有是命、蘇軾獄詞
已成、始有寛容之命、三十二人姓名未詳、爲蔡之爲去聲、○呉充罷。踰月而卒。○元豐元
年。大正官名。元豐五年。官制成。改平章事爲左右僕射。以王
珪蔡確爲之。參知政事爲門下中書侍郎。章惇張璪爲之。置
尚書左右丞。蒲宗孟王安禮爲之。以三省統領百職。中書最
旨門下覆奏。尚書施行。珪爲相。人謂之三旨宰相。凡事惟曰

每州催欠吏卒不下五百人。以天下言之。是常有二十餘萬虎狼散在民間。百姓何由安生。朝廷仁政何由得成乎。

○鴻齋曰。使河豚無毒。其味復勝大牢者。而觸其毒忽戕害人命。安石河豚也。於其学問識見頗超軼衆人。若使安石無姦邪。則韓富有所不及。而以青苗新法。流毒天下。遂至使蒼生靡爛。嗚呼神宗嗜味而不知毒者。悲夫。

遺表略曰。陛下即位之初。邪臣納說。

上誤聽明浸成禍患。去年永樂之役兵民死亡者數十萬。今久戍未解。百姓窮困。豈諱過恥敗。不思救禍之時乎。

初光約戰國至秦二世。如左氏體。爲通志以進。英宗悦之。命續其事。就崇文殿開局。許自選官屬。得借龍圖天章三館祕閣書籍。給御府筆墨繒帛及御前錢以供果餌。以内臣爲承受。光遂與劉攽劉恕范祖禹及子康編集。帝即位。名資治通鑑。合三百五十四卷。歷十九年而成。

取聖旨。得聖旨則曰領聖旨。退書之。則曰奏聖旨而已。上厭之。確謂珪曰。上久欲取靈武。公能任責。則相位可保也。珪喜。如其言。命内侍李憲等分道伐夏國。攻靈州不克。士卒死及凍餒者十五六。憲上再擧之議。徐禧又議築永樂新城。夏人大擧攻城。城陷。禧等蕃漢官及諸軍死者萬二千。上聞奏慟哭。〔門下中書侍郎〕門下省參政爲門下侍郎。中書省參政爲中書侍郎。〔三省〕中書門下尚書。〔十五六〕十損五六。〔憲上〕之上上聲。〔樂〕音洛。〔新城〕在銀州東南二十五里。○富弼上遺表言。忠諫杜絶。諂諛日進。興利之臣爲國斂怨。又言西事大可憂。望留聖念。弼早有公輔之望。名聞夷狄。遼使每至。必問其出處安否。忠義之性。老而彌篤。家居一紀。斯須不忘朝廷。至是薨。〔上〕上聲。〔爲〕去聲。下同。〔公輔之望〕守輔聲望。〔處〕音杵。〔一紀〕十二年曰紀。○宰相同對。上有無人才之歎。蒲宗孟曰。人才半爲司馬光邪説所壞。上不語。視宗孟久之曰。蒲宗孟

司馬光資治通鑑成

○何維祺曰、人主負高世之資者、恒患於喜功、人臣售遇主之術者、多失於自用。茲二者常相因、爲害可勝道哉。宋自開國、百餘年、寓內久安。神宗乃以不克復幽燕爲病、夙夜励精、欲雪數世之恥。爲前人所不能爲。於是在廷忠鯁之臣、斥逐殆盡。惟任一合意之王安石、援引邪佞、悉更祖宗成法、經營所謂富強者。既而民怨日叢、外患日熾。帝至中夜不寢、遶榻而行。悔何及矣。

○史臣曰、神宗孝友謙抑、敬畏輔相、不事遊幸、励精圖

乃不取司馬光邪。宗孟尋罷。司馬光資治通鑑成。上即位之初、已嘗御製序。至元豊七年書始上。初官制將行。上欲取新舊人兩用之曰、御史大夫非司馬光不可。蔡確曰、國是方定。願少遲之。既而上有疾。又曰、來春建儲、當以司馬光呂公著爲師保。公著、夷簡子也。上在位十八年。改元者二。曰熙寧、元豊。厲精求治、日昃不暇食。平生不御畋游、不治宮室、惟勤惟儉。將以大有爲也。奈何熙寧以來、誤於安石、元豊以後、用事者、終始皆安石之黨。竟爲天下患。憤北狄倔強、慨然有恢復幽燕之志。欲先取靈夏、滅西羌、乃圖北伐。及安南失律、喟然歎赤子無罪而死。永樂之敗、益知用兵之難。始息念征伐。卒無一事如意。崩年三十八。皇太子立。是爲哲宗皇帝。

〔乃不〕之乃汝也、〔邪〕音耶〔始上〕之上、上聲〔將〕音漿、下同〔國是〕國家公論〔不治〕之治平聲〔復〕音伏〔失律〕沈起劉彝激變交人〔皇太子〕神宗第六

治将大有為、未幾王安石入相、以偏見曲學起、云々、自是邪佞日進、人心日離、禍乱日起、惜哉、

子、

點註十八史略卷之六

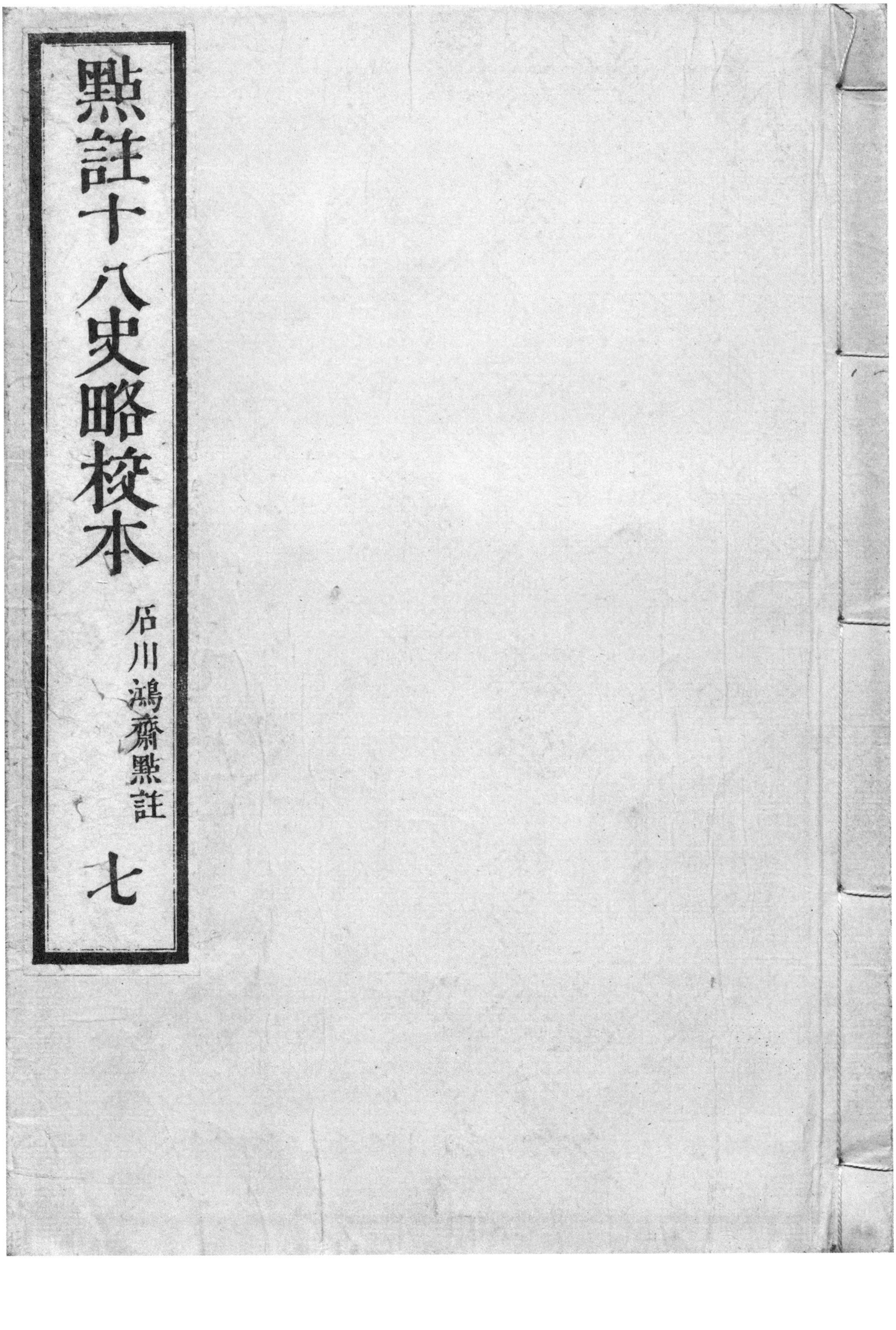
點註十八史略校本
石川鴻齋點註
七

石川鴻齋校訂標記

延安郡王傭爲皇太子、賜名煦。太子即位、生十年矣。是時天下之民、引領拭目、以觀新政。而識者猶謂三年無改於父之道云云。

○羅從彥曰、孔子曰、三年無改於父之道。此孝子居喪、志存父在之道、不必王事而言也。況當易危爲安、易亂爲治之時、速則濟、緩則不及。改之乃所以爲孝也。天下之孝、在於保天下。

點註十八史略卷之七

鄱陽　松塢　王逢　點校

日本　三河　石川鴻齋　補訂

宋

哲宗皇帝名煦。初爲延安郡王。神宗大漸、立爲太子。先是蔡確遣舍人邢恕、邀高公繪、欲使白太后、言延安沖幼、岐嘉皆賢王也。公繪懼曰、公欲禍吾家。亟去。恕包藏禍心、反謂太后與王珪表裏、欲捨延安而立子顥。賴已及章惇・蔡確、得無變。且播其說於士大夫間矣。神宗崩、太子即位。甫十歲。太皇太后同聽政。熙寧中、太后已嘗流涕爲神宗言安石變法不便。既垂簾、知天下厭苦日久。首罷東京戶馬、罷京東西路保馬。罷京東西物貨場、罷諸州鎮寨市易・抵當、罷汴河堤岸司地

罷提舉保甲等官

兒童走卒者知司馬君實

光不即理言之乃曰以母改子非子改父以此遏衆議則失之矣
○雲間張氏曰抑觀高后聽政之初起司馬光呂公著程顥貶嘉問邢恕罷保甲團教方田市易養馬諸法皆所以合天心而協人意者也孰謂女后當國而無足稱者哉
珪以文章見推流輩然自執政至宰相凡十六年無所建明
顥自十五六與弟頤聞汝南周惇頤論道遂厭科舉之業慨然有求道之志未知其要泛求於諸家出入於老

課、放市易、常平免役息錢。罷在京免行錢、罷提舉保甲錢粮巡教等官。罷方田等。皆從中出、大臣不與。〔䀏〕音吁、去聲〔舍人〕唐百官志、起居舍人、分侍左右、掌献納四方之書。〔太后〕神宗母高氏、神宗崩、尊為太皇太后。〔岐嘉〕哲宗二兄〔顥〕亦哲宗兄〔頵〕巳之巳音紀〔為〕神之為去聲〔罷抵當〕神宗時、聽人賒貸縣官財貨、以田宅或金帛為抵當、出息十分之二、過期不輸、息外每月更加罰錢百分之二。令罷之〔罷汴〕罷汴河堤岸司、每歲所收地課、及所放市易常平免役科息錢〔免行錢〕先是京師百物有行、官司所須、俱以責辦、類有倍折、神宗時、呂嘉問奏、衆行願出免行錢、詔從之、至是罷〔從中出〕自太后出〔不與〕之與音豫

○王珪卒。蔡確・韓縝為左右僕射。章惇知樞密院。司馬光門下侍郎。光居洛十五年。兒童走卒皆知司馬君實。神宗外遐赴闕入臨。衛士望見、以手加額曰、司馬相公也。爭擁馬首呼曰、公毋歸洛。留相天子、活百姓。所在數千人聚觀之。光懼歸洛。已而召爲執政也。〔臨〕去聲、弔哭〔呼〕去聲

○河南程顥、以是歲卒。顥字伯淳。弟頤字正叔。兄弟皆從濂溪周惇頤受學。惇頤字茂叔。博

周惇頤以名節自厲

釋者幾十年返求諸六經而後得之資性過人充養有道純粹之氣盎於面背同人交友從之歲久未嘗見其忿厲之容遇事優爲雖當倉卒不動聲色深有意經下方名用遷卒士大夫識與不識莫不哀傷焉

程頤顥弟擢崇政殿說書文彦博稱爲真侍講

綱鑑頤於書無所不讀其學本於誠嘗言今農夫祁寒暑雨深耕易耨播種五穀吾得而食之百工伎藝作爲器物吾得而用之介冑之士披堅執銳以守土宇吾得

學力行聞道早遇事剛果有古人風爲政嚴恕務盡理以名節自礪雅有高趣牕前草不除曰與自家意思一般黄庭堅稱其人品甚高胸中灑落如光風霽月有太極圖通書行于世顥頤初從之首令尋仲尼顏子所樂何事學成各以斯文爲己任顥嘗言一命以上苟存心於愛物於人必有所濟熈寧中以新法不合去國神宗嘗使推擇人才所薦數十人以表叔張載弟頤爲首其死也文彦博采衆論表其墓曰明道先生而弟頤爲之序曰周公没聖人之道不行孟子死聖人之學不傳道不行百世無善治學不傳千載無真儒無善治士猶得明夫善治之道以淑諸人以傳諸後無真儒天下貿貿焉莫知所之人欲肆而天理滅矣先生生于千四百年之後得不傳之學於遺經辨異端息邪說使聖人之道復明於

邵雍精於物數

而安之無功澤及人而浪度歲月晏然為天地間一蠹唯綴緝聖人遺書庶幾有補爾

東都事略張載字子厚長安人少時好談兵年十八以書謁范仲淹仲淹責之曰儒者自有名教可學何事於兵因勸學中庸載感其言益窮六經至釋老書無不讀舉進士為祁州司法參軍以疾求去遂築室南山下敝衣蔬食專精治學著正蒙書行于世

唐文三變至韓文公方能掃八代之衰追配六經之作嗚呼亦難哉文公

世。蓋自孟子之後、一人而已。頤嘗語人、欲知吾之道者、觀此序可矣。是歲元豐八年。頤音怡。濂溪號周惇頤、周姓惇頤名。太極圖形容無極太極陰陽五行之妙。通書四十篇。一命周禮九命、士一命、今第九品也。上上聲。推音吹。表叔外親曰表。夫音扶。貿貿焉無見皃。千四百年之後明道先生去孟子之世、凡千四百年。語去聲。張載字子厚。初無所不學。後聞二程之言、乃盡棄其學而講焉。有東銘・西銘・正蒙・理窟等書、行于世。人謂之橫渠先生。無所不學孫吳佛老之類。二程明道・伊川。共城邵雍字堯夫、居河南、與二程友。雍之學、玩心高明、觀天地變化・陰陽消長、以達萬物之變。精於物數、推無不中。顥嘗在考試院、以其數推之、出謂雍曰、堯夫數只是加一倍法。雍歎其聰明。雍欲以數學傳二程。二程不受。邢恕欲受。雍不許曰、徒長姦雄。雍有皇極經世書十二卷・擊壤集歌、傳于世。人謂之康節先生。富弼・司馬光等、皆深敬重之。共城縣屬衛州。共音恭。數如字、下並同。推音吹、下同。中去聲。加一倍法如太極生兩

司馬光爲左僕射

沒未幾俳語之習已復如舊云〔鶴林玉露〕江西文章如歐陽永叔王介甫曾子固做得如此好亦知其竊々不可尚已

○丁奉曰史稱王安石聞變法衷然不以為意者此安石之矯情或史氏之誤筆也夫安石之躁迫彊戾豈有衷然者乎及聞罷免役而愕然失聲此則真情矣

儀。兩儀生四象。四象生八卦之類推之無窮〔長〕音張上聲〔皇極云云〕取大中至正應變無窮之義觀物篇一卷觀物外篇二卷

宋自歐陽脩以古文倡天下。文章雖大變。而儒者義理之學。至周程出然後大明。雍惇頤載皆歿於神宗之世。至是顥又歿。惟頤在。學者宗之爲伊川先生。〔倡〕音唱導引先也

○元祐元年。蔡確罷。確與章惇邢恕相交結。恕往來傳送語言。自謂有定策功。言官王覿極言惇確及韓縝張璪朋邪。劉摯朱光庭蘇轍累數十疏論劾。確先黜。以司馬光爲左僕射。時王安石已病。其弟以邸吏狀示之。安石曰。司馬十二作相矣。悵然久之。議者或謂三年無改父道。新法姑稍損其甚者足矣。光慨然爭之曰。先帝之法善者雖百世不可變。若安石惠卿等所建爲天下害。非先帝本意者。當如救焚拯溺。猶恐不及。況太皇太后以母改子。非子改父。衆議乃定。或謂光曰。章惇呂惠卿

王安石卒

温公薨

安石卒年六十八贈太傅紹聖中謚文少好讀書一過目終身不忘其屬文動筆如飛初若不經意既成見者皆服其精妙

宋史光字君實陝州夏縣人也為兒童時凜然如成人七歲聞講左氏春秋太愛之退為家人講云々薨年六十八謚曰文正御篆其碑曰清心粹德

公嘗問康節曰光何如人曰君實脚踏實地人也公深以為知言蘇内翰作公神道碑曰公如麟鳳不摯不搏

山谷跋司馬温公與文潞公書云司

輩他日有以父子之議聞於上則朋黨之禍作矣光起立拱手厲聲曰天若祚宋必無此事安石每聞朝廷變其法夷然不以爲意及聞罷助役復差役愕然失聲曰亦罷至此乎良久曰此法終不可罷安石與先帝議之二年乃行無不曲盡言官卽諫官累上聲先黜知陳州其弟安國十二光行爭知字極音蒸上聲亦丞也父子之議言新法乃先帝所立而子改之復音伏○章惇韓縝罷○王安石卒安石在金陵常獨語福建子恨惠卿也惠卿叛安石惟章惇終始不叛安石又常曰新法之行始終以爲可行者曾子宣也始終以爲不可者司馬君實也語如字福建子筌蹄云惠卿福建人○呂公著右僕射以呂公著爲右僕射下皆倣此文彥博軍國重事程頤崇政殿說書蘇軾翰林學士竄貶呂惠卿鄧綰等○司馬光爲相八閱月而薨太皇太后哭之慟上亦感涕不已贈太師溫國公謚文正光在位遼人夏人

諸賢分黨

蘇軾程頤成隙

馬公天下士也嘗觀温公資治通鑑艸雖数百巻顛倒塗抹訖無一字作艸其行已之度益如此

○史臣曰熙寧新法病民者將二十年一旦光起而爲政毅然以天下自任開言路進賢才凡新法之害民觀次第取而更張之海内之民歡忻鼓舞甚於更生一變而爲嘉祐治平之治君子稱其旋乾轉坤之功而光已老且病不克終治惜哉

使來必問光起居而遼人勅其邊吏曰中國相司馬矣切毋生事開邊隙及卒京師民罷市畫其像印鬻之畫工有致富者及葬四方來會者哭之如哭其親戚光嘗語晁無咎曰吾無過人但平生所爲未嘗不可對人言者耳劉安世問光一言可以終身行之者光曰其誠乎安世問其所從入曰自不妄語入（使去聲　語去聲）○蘇軾程頤同在經筵軾喜諧謔而頤以禮法自持軾每嘲侮之光之薨也百官方有慶禮事畢欲往吊頤不可曰子於是日哭則不歌或曰不言歌則不哭軾曰此枉死市叔孫通制此禮也頤怒二人遂成隙門人朱光庭賈易爲言官力攻軾傳堯俞王巖叟呂陶等相繼論列堯俞巖叟右光庭陶右軾是時元豐大臣退於散地皆銜怨入骨陰伺間隙諸賢不悟方自分黨相攻有洛黨川黨朔黨洛黨以

呂大防調停

呂公著卒

軾自登州召還。十月之間三遷清要。尋兼侍讀。每經筵進讀。未嘗不反覆開導。覬有所啓悟。嘗鎖宿禁中。召見便殿。太后問曰。卿何以遽至此。對曰。遭遇太皇太后皇帝陛下。曰。非也。對曰。豈大臣論薦乎。曰。亦非也。軾驚曰。臣雖無狀。不敢自他途進。曰。此先帝意也。先帝每誦卿文章。必歎曰。奇才奇才。但未及進用卿耳。軾不覺哭失聲。太后與帝亦泣。左右感涕。已而命坐賜茶。徹御前金蓮燭送歸院。綱鑑嬌作矯為是。又倚作俯。亦作優。

頤爲領袖。光庭易爲羽翼。川黨以軾爲領袖。陶等爲羽翼。朔黨以劉摯・王巖叟・劉安世爲領袖。而羽翼尤衆。未幾頤罷。不復召。久之軾亦罷。後再入。三入皆不久而出。（曰不之不音否。枉死市戲言通。當枉死於市。門人受業生曰門人。易音異。論去聲。右與佑通。元豐神宗年号。散音傘。間散間如字。幾如字。）○呂公著爲司空同平章軍國事。呂大防范純仁左右僕射。純仁仲淹子也。公著尋薨。○知漢陽軍吳處厚言蔡確謫安州日。作夏中登車蓋亭詩。譏訕。臺諫論確不已。安置新州。呂大防劉摯・范純仁・王存等以爲不宜令過嶺置死地。純仁曰。此路荊棘八十年矣。奈何開之。吾曹政恐不免耳。爭之不得。臺諫交章攻純仁黨確。純仁遂罷。劉摯爲右僕射。大防摯欲引用元豐黨人。以平舊怨。謂之調停。蘇轍等力陳其不可。摯罷。蘇頌爲右僕射。頌罷。純仁又代之。（漢陽軍屬湖廣。安州屬湖北。今德安府。車蓋亭安州郡治。譏訕）

其詩云嬌嬌名臣郝甑山忠言直節上元間釣臺無没知何處歎息思君倚碧灣蓋唐高宗上元中以疾欲遜位武后甑山公郝處俊諫止之今思之乃譏臺諫之不能諫新州屬廣東過嶺入廣途經五嶺荊棘久無遠貶過嶺爭諍同交章交上章疏黨人神宗末年安石之黨調停和解兩全

荊楚記于社日以猪羊肉調和飯謂之社飯

太后既薨中外洶洶人懷顧望在位者畏懼莫敢發言翰林學士范祖禹慮小人乘間害政上疏曰陛下方攬庶政延見群臣此國家隆替之本社稷安危之機生民休戚之端君子小人進退消長之際天命人心去就離合之時也可不畏哉云々時蘇軾方具疏将諫及見祖禹奏曰經世之文也遂附名同進

○元祐八年九月宣仁聖烈太皇太后崩臨崩對上謂太防純仁等曰老身没後必多有調戲官家者宜勿聽之公等亦宜早退令官家别用一番人呼左右問曾賜出社飯否因曰公等各去喫一匙社飯明年社飯時思量老身也后聽政九年天下稱爲女中堯舜不比外家以擁佑嗣君之故二子一女皆疎以至公御天下當世賢者畢集于朝君子之盛後世以慶曆元祐並稱焉承神宗厭兵之後與民休息西蕃鬼章爲邊将擒獻釋不誅以招其部屬夏國自其主秉常卒乾順立政亂主幼屢寇邉失蕃臣禮皆強臣爲之以其君民非有罪不忍興師討伐詔諸路嚴兵自

上始親政侍郎楊畏乞召璀惇

章惇盡復熙豐之法

復章惇呂惠卿官、貶樞密都承旨劉安世、知成德軍。(發)(明)自是而後小人盡用新法盡復不至於天怒人怨四海分崩而不止也。○丘瓊山曰、嗚呼宣仁后崩帝始親政、祖禹之疏不報、楊畏之言即入、宋朝治乱興亡之幾於此乎判。初章惇怨范祖禹劉安世尤深、必欲置諸死地。至是諷蔡京併陷二人以罪、詔徙祖禹于化州、安世于梅州。安世至貶所、章惇將必置之死、擢土豪為轉運判官使殺

脩而已。(呼)去声(曾)音層(不比)私-昵ヲ曰レ比(嗣)君哲-宗(二子)徐-王魏-王(一女)封-邑未詳(慶曆)仁-宗年号(元祐)太-皇-太-后聽政年号(爲)(邊)之爲去聲 ○上始親政。侍郎楊畏首叛呂大防、自謂迹雖元祐、心在熙豐。入對乞召章惇。明年改元紹聖。大防罷。惇爲右僕射。純仁罷。惇之來也、道遇陳瓘。惇素聞其名、獨請共載、訪以世務。瓘曰、請以所乘舟爲喻。偏重其可行乎。或左或右、其偏一也。惇默然良久曰、司馬光姦邪、所當先辨。瓘曰、相公誤矣。此猶欲平舟勢而移左以置右也。果然將失天下之望。惇既至、以漸盡復熙豐之法、治元祐人之罪、無虛日。司馬光、呂公著、王巖叟、趙瞻、韓維、孫固、范百祿、胡宗愈、司馬康等已死者、皆追貶奪贈。呂大防、劉摯、蘇轍、梁燾、范純仁、劉奉世、韓維、王覿、韓川、孫升、呂陶、范純禮、趙君錫、馬默、顧臨、范純粹、孔武仲、王欽臣、呂希哲、呂希純、呂希績、姚勔、吳安詩、王份、張耒

之判官承意疾馳未至梅三十里嘔血而死、安世獲免、元符元年得秦璽于咸陽、詔蔡京等辨驗、京以為秦璽、遂命曰天授傳國受命寶、○雲間張氏曰、傳國璽者秦之前、以金銀為方寸璽、秦得和氏璧、乃以玉為之、在六璽之外、李斯篆其文曰受命于天既壽永昌云々、唐王從珂攜傳國寶登玄武樓自焚死、嗚呼璽至此益已矣、綱目大書元符元年春正月得秦璽于咸陽者何哉、所以深著蔡京愚惑哲宗之罪也、

鼂補之、黄庭堅、賈易、程頤、秦觀、朱光庭、孫覺、趙卨、李之純、杜純、李周、蘇軾、范祖禹、劉安世、鄭俠等、皆連貶竄、文彦博久致仕、降為太子太保、罷節鉞、尋薨、皇后孟氏、太皇太后所選聘也、在中宮五年、而廢、章惇蔡卞請追廢太皇太后、賴太后向氏太妃朱氏泣諫、上悟、惇卞堅請施行、上怒曰、卿等不欲朕入英宗廟庭乎、抵其奏於地、〔首叛〕呂畏與大防相反〔灃豐〕灃寧元豐安石之政〔將〕音漿〔復〕音伏〔治〕平聲〔奪贈〕追論前罪貶其官爵奪其封贈〔融〕音兌〔份〕音彬〔耒〕音雷去聲〔罷節鉞〕追回節旄斧鉞不得為節度使〔孟氏發〕事見宋鑑紹聖三年〔向氏〕神宗后哲宗母向音餉〔朱氏〕神宗妃〔上悟〕宋鑑云取惇奏就燭焚之 ○立賢妃劉氏為后、右正言鄒浩乞追停冊禮、別選名族、詔浩除名勒停、羈管新州、浩道過其友田晝、臨別出涕、晝正色曰、使君隱默、官京師、遇寒疾不汗五日死矣、豈獨嶺海之外能死人哉、願無自沮、士所當為者、未止此也、〔冊禮〕冊立皇后之禮〔勒停〕罷官職〔過〕音戈〔使〕如字

太后還政

范純仁並叙收

太后同處分軍國事

浩上疏曰、賢妃與孟后爭寵、而孟后廢、今乃立之、殊累聖德、乞追停冊禮、帝曰、此祖宗故事、豈獨朕耶、蓋指眞宗立劉德妃也、浩對曰、祖宗大德可法者多矣、陛下不之取、而效其小疵耶、

韓忠彦入對、陳四事、曰廣仁恩、開言路、去疑似、戒用兵、太后納之、自是忠直敢言、知名之士稍見收用、

崔鶠上書曰、毀譽者朝廷之公議、故責授朱厓軍司戶司馬光、左右以爲姦、而天下皆曰忠、今宰相章惇、左右以爲忠、而天下皆

○元符三年。上崩。在位十五年。改元者三。壽三十五。皇弟立。是爲徽宗皇帝。〔改元者三〕元祐 紹聖 元符

徽宗皇帝 名佶。神宗第十一子也。初封端王。哲宗崩。欽聖憲肅皇太后向氏。召宰執議立嗣。后欲立端王。章惇曰。端王浪子耳。曾布身長。望見端王已在簾下。叱曰。章惇聽太后處分。王出簾。惇惶恐失措。王即位。請太后權同處分軍國事。范純仁等二十餘人。並叙收。龔夬陳瓘鄒浩爲臺諫。〔處〕音杵、下同〔分〕音墳、去聲、下同〔二十餘人〕皆章惇得志時貶黜者〔夬〕音怪 ○韓忠彦爲右僕射。忠彦琦子也。○文彦博司馬光等三十三人。追復官。〔三十三人〕文彦博 王珪 呂太防 劉摯 韓維 梁燾 司馬光 呂公著 孫固 傅堯兪 趙瞻 鄭雍 王巖叟 范祖禹 趙彦 君 錢勰 顧臨 趙君錫 李之純 呂大忠 鮮于洗 孔武仲 姚勔 盛陶 趙卨 孫覺 杜純 孔文仲 朱光庭 李周 張茂則 高英、孫外亦皆章惇得志時追貶奪贈者、〔復〕音伏、 ○太后垂簾半年而還政。○章惇罷。尋竄。○韓忠彦曾布左右僕射。○

上欲紹述熙豐之政

正人不容於朝

日姦此何理也賞繆罰濫倖人徜徉如此而國不亂未之有也小人譬之蝮蝎其凶忍害人根乎天性隨遇必發天下無事不過賊陥忠良破碎善類至緩急危疑之際必反覆賣國跋扈不臣之志云云

貶邢恕○貶蔡京蔡卞安石婿也先是臺諫龔夬陳瓘任伯雨等攻卞罷其執政京爲翰林承旨瓘見其視日不瞬謂此人必大貴然以其區區精神敢抗太陽他日得志必爲天下患瓘語人曰射人先射馬擒賊先擒王連疏攻之甚力京罷尋又以御史陳次升等言與卞俱貶任音壬翰林承旨官名位在諸學士上居東第一閣大誥令大廢置丞相密畫内外容奏皆專受專對瞬音舜目動曰瞬語去聲射人先云云杜甫前出塞詩詞引以喩去惡黨去其魁○上意專欲紹述熙豐之政而曾布微有兩存熙豐元祐之意故建中靖國初嘗畧變章惇蔡卞所爲既而布迎上旨正人任伯雨江公望陳瓘等不容於朝小人雖各有黨更迭出入意向則同祖安石而已建中靖國四字年号更音庚○李氏曰言紹述熙豐之政者蓋欲逐元祐之正人爾正人如任伯雨等時相曾布憚之各各斥去正人既去而邪人得以肆行其志紹聖倖人邢恕章惇復得進用由王安石曲學偏見倖人邪黨布滿朝廷而釀成靖康之禍者良有以也○遼主弘

便蒙金史勃海本靺鞨也靺鞨有粟

延禧立号天祚　女真阿骨打立　籍元祐黨人

末黑水三部。唐睿宗先天二年。遣使拜粟末靺鞨酋長祚榮為渤海郡王。自此始去靺鞨號。專稱渤海國。五代時契丹滅渤海。

布與蔡京素有隙。議事多不合。會擬壻父陳佑甫為戶部侍郎。京言布私其所親。布忿然爭辯。久之聲色俱厲。溫益叱之曰。曾布上前安失禮。帝不悅。殿中侍御史錢遹言。布援元祐之姦黨。擠紹聖之忠賢。於是布請罷出知潤州。

蔡京自書姦黨為大碑。頒于郡縣。令監司長吏廳皆刻石。有長安石工安

基殂。號道宗。孫延禧立。號天祚。○女真阿骨打立。女真本名朱里真。肅慎之遺種。而渤海之別族也。或曰本姓拏。辰韓之後。三國志所謂挹婁。元魏所謂勿吉。唐所謂黑水靺鞨者。其地也。有七十二部落。本不相統。自太中祥符以後。絕不與中國通。有生女真者。其類猶繁。其酋曰巖版。有孫曰楊哥太師。遂雄諸部。或曰。楊割之先。新羅人。完顏氏女真妻之以女。生子二人。長曰胡來。傳三人而至楊割。阿骨打其子也。為人沉毅有大志。阿音遏。拏奴加切。辰韓東夷有馬韓辰韓辨韓。元魏元氏北魏。靺音末。鞨音曷。生女真大金志。居混同江之南者曰熟女真。以其服屬契丹也。居江之北者曰生女真。亦臣於契丹。新羅國在東夷。妻音砌。三人當作世。○建中靖國。一年而改崇寧。韓忠彥罷。再追奪司馬光等官。籍元祐黨人。籍記姓名。文彥博等凡一百一十九人。尋詔其子孫有官無官。並不許列闕。又詔宗室不得與其子孫及有服親為婚姻。○曾布罷。蔡京為相。蔡卞執政。再貶竄元祐人。立

立姦黨碑　京父子權勢相軋　窮極土木之功　作萬歲山

民當鐫字、辭曰、民愚人、固不知立碑之意、但如司馬相公者、海内稱其正直、今謂之姦邪、民不忍刻也、府官怒欲加之罪、民泣曰、被役不敢辭、乞免鐫安民二字於石末、恐得罪後世、聞者愧之
圖、澠寧元豊功臣于顯謨閣、
政和六年、會道士于上清寶籙宮、初帝以未得嗣子為念、道士劉混康以法籙符水出入禁中、建言京城西北隅地協堪輿、倘形勢加以少高、當有多男之祥、始命為數仞之岡阜、已而後宮生子漸多、帝

姦黨碑、京自崇寧為僕射、歷大觀政和、重和為大師、嘗暫罷、輒復入、雖罷之日、實執國命、其間趙挺之張商英作相、嘗與京異、然在位、各不過數月、或一年而罷、如何執中鄭居中劉正夫、余深、雖在相位、或久或淺、居中亦與京異、常相排、正夫亦小異、然於京之權寵無損也、京子攸之婦、出入宮禁、攸遂大用、至父子權勢自相軋、上寵攸而尊京、子弟親戚、滿朝皆其父子之黨、京倡邪說、以為當豊亨豫大之運、專以奢侈勸上、窮極土木之功、廣京城、修大内、盛築内苑、鑄九鼎、鼎成、以九州水土納鼎中、及奉安北方寶鼎、忽水漏于外、作大晟樂、作玉清神霄宮、崇信道士林靈素、策上為教主道君皇帝、作延福宮、作保和殿、作萬歲山、以朱勔領花石綱、奇花異木怪石珍禽奇獸、無遠不致、民間一花一木之妙、輒令上供、有一

喜益信道教。於是蔡攸倡為異聞、以逢迎之、遂竭國家之力、以經營土木之功。及聞林靈素之言、復於景龍門作上清寶籙宮、密連禁署宮中。山包平地、環以佳木清流、列諸館舍臺閣、上下亭宇不可勝計。皇城上作複道、通寶籙宮、以便齋醮之事。靈素講經、帝為設幄其側。靈素據高坐、使人於下再拜請問。然所言無殊絶者、時々雜以滑稽媟語、上下為大閧笑、莫有君臣之禮。

內侍用事

星孛屢見

花費數千緡、一石費數萬緡者。二十年間、山林高深、巖㦬成群。改名艮嶽。又爲村居野店、酒肆青帘於其間。每歳冬至後、即放燈、縱令飲博。謂之先賞元宵。〔觀〕音貫〔重〕平聲〔過〕音戈〔排〕擯也〔軋〕輾也〔倡〕音唱〔鑄〕九鼎〔宋鑒〕魏漢律議制鼎、各以奠八方、曰蒼東方、曰彤南方、曰晶西方、曰寶北方、曰魁東南、曰阜西南、曰壯西北、曰風東北、凡八、而中曰帝鼎。皆以九州水土納之。〔忽〕水漏此、啓其後北方致亂之兆。〔大晟樂〕學校祭先聖樂。〔神霄宮〕初名玉清和陽宮、即福寧殿、誕聖之所。後改名神霄宮。〔道君皇帝〕策立徽宗爲道家教主、號道君皇帝。〔花石綱〕舟舡相繼、一一運爲一綱。〔令〕去聲、下同。〔麋鹿〕鹿大曰麋、小曰鹿。〔艮嶽〕改萬歳山爲艮嶽。〔帘〕音廉、酒旗。〔飲博〕飲宴博奕。○時星孛屢見、地震。河決。怪異迭出。率以爲常。京等誣奏甘露降、祥雲現、飛鶴蔽空。竹生紫花、芝草產于艮嶽、及諸州連理木、雙花芙蕖芍藥、牡丹、至指臘月雷、三月雪、皆稱瑞表賀。〔見〕音現〔連理木〕異本連幹〔雙花〕〔芙蕖〕芙蕖蓮也、異首連帯曰雙花。○內侍童貫、梁師成用事。師成專務應奉、以蠱上心。勢焰熏灼。竊威福於中。童貫專務開邊、生事於外。

女真阿骨打稱帝　女真建大金號　高麗求醫

阿骨打既屢勝遼。其弟吳乞買率將佐勸其稱帝。阿骨打遂於正月朔即皇帝位。且曰。遼以賓鐵為號。取其堅也。賓鐵雖堅。終亦變壞。惟金不變不壞。金之色白。完顏色尚白。況所居按出虎水之上。綱目其語謂金為按出虎。於是國號大金。改元收國。

皆與蔡京父子相表裏。○女真阿骨打以重和元年戊戌稱帝。初遼主天祚刑賞僭濫。荒於禽色。歲索名鷹海東青於女真。女真與其隣東北五國戰鬪。乃能獲此禽以獻。不勝其擾。阿骨打遂叛。攻陷混同江東之寧江州。遼遣將討之。而敗。又起中京上京長春西遼四路兵並進。獨淶流河一路深入。大敗。三路皆退。女真悉虜遼東界熟女真。鐵騎益衆。天祚親征。復大敗。女真乘勝并渤海遼陽五十四州。又度遼西降五州。阿骨打遂建號。改名旻。國號大金。明年破遼上京。〔禽色〕禽獸女色。海東青。五國之東接大海。出名鷹。來自海東者。謂之海東青。〔五國〕與女真相去千里。五其國名也。〔混同江〕水出咸平府長白山。下流未詳。〔寧江州〕在契丹東北隅。〔將〕海州刺史高仙壽。〔中京〕在遼陽。令二寧江州。〔上京〕〔長春〕〔西遼〕未詳。〔淶流河〕源流未詳。淶音來。〔降〕音項平聲。○高麗來求醫。上遣二醫往。還奏實非求醫。乃彼知中國將與女真圖契丹。謂苟存契丹。猶足為中國捍邊。女

童貫任責措置邊事

帝自政和以來多微行、始民間猶未知。及蔡京謝表、輕車小輦七賜臨幸、自是邸報傳之四方。而臣僚阿順、莫敢言。曹輔上疏諫曰、陛下厭居法宮、時乘山車、出入鄽陌郊坰、極遊樂而後返。臣不意陛下當宗社付託之重、玩安忽危、一至於此。夫君之與民、本以人合。合則爲腹心、離則爲楚越。畔服之際、在於斯須。甚可畏也。萬一當乘輿不戒之初、一夫不逞、包藏禍心、雖神靈垂護、然亦損威傷重矣。又況臣子不忍言者、可不戒哉。

眞狼虎、不可交、宜早爲之備。上聞之不樂。將音漿。爲去○上嘗微行都市酒肆妓館。正字曹輔上言。編管郴州。上上聲。編管羈管。編籍○童貫自崇寧間與王韶之子、領兵復湟州。任責措置邊事。已而復鄯州廓州。貫遂建節爲宣撫。既得志於西邊、遂謂北邊亦可圖。政和初、乃自請奉使覘遼國。有燕人馬植者陳滅燕之策。貫挾以歸、更姓名趙良嗣。復燕之議、遂起。政和末、有漢人泛海來、具言女眞攻遼事。重和春、乃用蔡京童貫議、遣馬政由海道至阿骨打所居阿芝川淶流河、與議共攻遼。阿骨打遂遣使來。宣和初、至京。詔京貫諭以夾攻取燕之意。差軍校呼慶、送其使由海道歸國。是歲王黼爲相、力贊攻遼之策。及呼慶復與金使來、時阿骨打在上京。遂遣良嗣往約金國取遼中京、本朝取燕京、歲幣如與遼之數。良嗣曰、燕

遼主奔雲中入夾山

睦州清溪民方臘世居縣揭村託左道以惑衆時呉中困於朱勔花石之擾比屋致怨大學生鄧肅進詩諷諫帝不聽放肅歸田里勔益横臘因民不忍陰聚貧乏游手之徒以誅勔為名起作乱自號聖公

淮南盗宋江以三十六人横行河朔轉掠淮南東京諸郡官軍莫敢嬰其鋒知亳州侯蒙上書曰江才必有過人者不若赦之使討方臘以自贖帝命蒙知東平府未赴而卒又命張叔夜知海州江将至海州叔夜使間者

京一帯則併西京是也金主亦許之以札付良嗣期以女真兵自平地松林趨古北口南兵自白溝夾攻良嗣歸馬政復與子擴持國書往訂彼此兵不得過關未幾金使復來又以國書就付其使歸國時淮南京西河北江南相繼盗起山東宋江方就招安睦寇方臘連陷浙郡中都為震童貫甫平方臘而北事作矣金人悉師度遼趨中京攻陥之中京者故奚國也遂引兵至松亭關以與宋有各不過關之約止引兵由其西而過遼主先已引避或言金前鋒将至遼主震驚亟奔雲中入夾山時燕王淳守燕蕭幹立淳為主宋童貫蔡攸帥師東路至白溝西路至范村蕭幹迎戦甚力宋師敗退耶律淳死宋師再擧遼涿州将郭藥師領常勝軍來降宋兵五十萬進駐盧溝河蕭幹拒之藥師間道襲燕幹還救死闘藥師屢

論遼亡中國之憂

覘所向。江遲邀海濱。刦鉅舟十餘載鹵獲。叔夜募死士得千人。設伏近城。而出輕兵距海誘之戰。先匿壯卒海旁。伺兵合。舉火焚其舟。賊聞之皆無鬭志。伏兵乘之。禽其副賊。江乃降。○周靜軒曰。嗚呼宋室自此乱矣。方臘作乱。自往年萌孽。至是始書於策。臘雖破滅。而宋江金虜滑夏之謀接黨。以徽欽昏濁相踵而起。宋遂不支。繼爲亡宋之主。則方臘之乱。實起於重和初年。是時徽宗失德既形。禍已若此。然則逆氣所鍾。妖孽乘之。尚復

敗。僅以身免遁還。盧溝之師遂潰。貫攸懼無功獲罪。時金主在奉聖州。乃遣客禱金主。圖之金主分三道進兵。遂入居庸關。燕降於金。金使來言燕京以金兵攻下。其地與宋租稅當以輸金。宋使趙良嗣往議之。許歲幣如契丹舊數外。更以百萬代租稅。而併求雲中之地。金人僅以燕京涿易檀順景薊六州來歸。貫攸入燕。燕之金帛子女職官民戸。金人席卷而東。所得空城而已。貫攸歸。以王安中知燕山府。詹度郭藥師同知。

〔王黼之子〕淳〔復〕音伏。下同〔湟州〕屬甘肅〔廓州〕屬甘肅〔更姓〕之更音庚〔復燕議〕李氏曰。啓燕雲之役者。初則童貫得志於西邊。遂謂北邊亦可圖。繼而趙良嗣來歸。獻取燕之策。徽宗如之何不喜。夫豈知天下久安。士不習戰。白溝之敗。爲金人所笑。遼亡而中國之憂始大矣〔漢人〕高藥師〔阿芝〕之阿烏何切〔遣使〕李善慶〔京貫〕蔡京童貫〔呼慶〕呼慶姓。慶名〔燕京〕即幽州〔西京〕即大同府〔古北〕關在順州北〔白溝〕在涿州南。去安肅十五里。亦名巨馬河。宋與遼人分界處。源流未詳〔擴〕音廓〔幾〕如字〔睦州〕屬江浙。今建德府〔爲震〕之爲去聲〔松亭關〕在景州北〔將至〕之將音漿〔雲中〕郡名。即西京〔燕王淳〕遼親王

有星如月　修神保觀　京師河東陝西地震　兩京河淅災異

何說之有哉童貫譚稹前鋒水陸並進臘乃宵遁還清溪幫源洞衆尚二十萬力戰而敗深據巖屋為三窟諸將莫知所入王淵裨將韓世忠潛行溪谷問野夫徑即挺身伏戈直前擣其穴格殺數十人擒臘以出辛興宗傾兵截洞口掠為已功併取臘妻子及偽相方肥等五十二人殺賊七萬餘人其黨皆潰臘凡破六州五十二縣戕平民二百萬所掠婦女自賊洞逃出裸而縊於林中者相望百餘里禁元祐學術又詔

師音率常勝軍涿州又号曰常勝軍盧溝河在北平其源出於代名小黃河自奉聖州入宛平境至北平東流入海奉聖州屬北平即新州遣客王瓌進兵粘罕斡南暗口撻懶駙馬趨北斗口阿骨打趨居庸關居庸關在北平府昌平縣西景府屬河東燕山即燕京

○有星如月。徐徐南行而落。光照人物。與月無異。○修神保觀。其神都人素畏之。傾城男女負土以獻。名曰獻土。又有飾作鬼使催納土者。上亦微服觀之。後數日旨禁。

其神俗謂曰二郎神使去聲旨禁有旨禁納

○京師河東陝西地震。宮中殿門搖動。且有聲。蘭州草木沒入。山下麥苗乃在山上。○金國無城郭宮室。用契丹舊禮。如結綵山。作倡樂。鬭雞擊鞠之戲。與中國同。但於衆樂後。飾舞女數人。兩手持鏡類電母。其國茫然。皆茇舍以居。至是方營大屋數千間。盡倣中國所為。

結綵山結綵為山倡樂倡優之樂鬭雞鬭雞養雞省其鬭擊鞠以革為之內實以物擊打以為戲令通謂之毬子鞠窮入聲茇音跋草也

○兩京河淅路災異疊見。都城有賣青菓男子孕而誕子。又

金主吳乞買立

蘇軾黃庭堅等。獲罪宗廟。義不戴天。片文隻語。並令焚毀。

○雲間張氏曰。抑觀元祐學術。通天地。質鬼神。關奸邪。扶正直。為上為德。為下為民。萬世仰如山斗。所謂無間然者也。諸賢何負於徽宗。前既禁其學術矣。又禁以元祐學術政事授業者。今又再禁其學術。嗚呼徽宗之世。所謂通天地而閉塞焉者也。

○丘文莊曰。宋徽宗用蔡京王黼。言任宦者童貫。開邊。遂至九廟丘墟。社稷淪亡。人君之舉事用人。切不可不

有豐樂樓酒保朱氏。其妻年四十。忽生髭鬚。長六七寸。宛一男子。詔度為女道士。兩京京東京西見音現髭音貲鬚在口上曰髭○河北山東盜起。連歲凶荒。民食榆皮野菜不給。至相食。饑民並起為盜。有張仙者。衆十萬。張迪衆五萬。高托山衆三十萬。自餘二三萬者。不可勝計。○金主稱帝六年而殂。號太祖太聖武元皇帝。弟吳乞買立。改名晟。燕山之地。易州西北。乃金坡關。昌平之西。乃居庸關。順州之北。乃古北關。景州之北。乃松亭關。平州之東。乃榆關。榆關之東。乃金人來路。凡此數關。天限蕃漢。得之則燕境可保。然關內之地。平灤營三州。自後唐為契丹阿保機所陷。以營灤隸平。為平州路。得燕而不得平州。則關內之地。蕃漢雜處。而燕為難保矣。遼張瑴守平州。金已遣人招瑴。瑴曰。契丹凡八路。今特平州存耳。敢有異志。既而乃以平

金人擒天祚

斡離不陷燕山粘罕圍太原

深長思慮。毋徒快
一時之欲。猶一人
之私。以啓九族之
禍。戕億兆之命。貽
千古之羞。
前寶文閣待制劉
安世卒。安世爲章
惇蔡卞蔡京所忌。
連貶竄極遠地。無
不歷之。至是卒。
帝以金師日迫。爲
憂。蔡攸探知帝意。
欲內禪。引給事中
吳敏入對宰執。皆
在敏前奏事。且曰。
金人渝盟。舉兵犯
順。陛下何以待之。
帝蹙然曰。奈何。時
東行計已定。命李
梲先出守金陵。敏
退詣都堂言曰。朝
廷便爲棄京師計。
何理也。此命果行。
須死。不奉詔。宰執

州南附。宋遽納之。趙良嗣力爭以爲必招金兵。金人諜知即
襲平州陷之。得宋詔札。自是歸曲累檄取𣪍。不得已命王安
中縊之。而函送其首。未幾金太子斡離不由平州路將入
燕矣。宋方且遣人密誘天祚來降。以童貫宣撫兩河燕山路。
將迎天祚。金人方退。天祚入陰夾山。不可得。至是領衆南出。
遂爲金人所敗。就擒。契丹自阿保機至天祚。九世而亡。時宣
和七年乙巳歲也。是冬金斡離不粘罕分道而南。斡離不陷
燕山。郭藥師降之。金兵長驅而進。郭藥師爲前驅。童貫自太
原逃歸。粘罕圍太原。太原帥張孝純歎曰。平時童太師作多
少威重。乃畏怯如此。身爲大臣。不能死難。何面目見天下士。
孝純以冀景守關。知朔寧府孫翊來救。兵不滿二千。與金人
戰于城下。張孝純曰。賊已在近。不敢開門。觀察可盡忠報國。

白時中建出奔之策

陳東上書乞誅六賊

以爲言、梲遂罷。行而以太子爲開封牧。李綱刺血上書曰、皇太子監國、禮之常也。今大敵入攻、安危存亡在呼吸間。猶守常禮可乎。名分不正而當大權、何以號召天下。若假皇太子以位號、使爲陛下守宗社、收將士心以死捍敵、天下可保。帝意決。明日宰臣奏事、帝留李邦彥語敏綱所言、遂拜敏門下侍郎、草詔傳位。○雲間張氏曰、嗚呼陳東之言、賈太傅所謂痛哭者是也。欽宗即位之初

翊曰、但恨兵少耳。乃復引戰。金人大沮。再益兵。力不能敵。翊死焉。無一騎肯降。時王黼先一年已罷。而白時中李邦彥並相。皆鄙夫也。金兵來時、中但建出奔之策而已。上內禪。在位二十六年。改元者六。曰建中靖國、曰崇寧、大觀、政和、重和、宣和。太子立。是爲欽宗皇帝。

〔昌平〕縣屬北平。〔隃〕音俞。〔濼〕音欒。屬河東。爲契爲金爲前之爲、並去聲。〔處〕音杵。〔鼓〕音角。〔八路〕名号未詳。〔爭〕諍同。〔詔〕扎得求朝所賜手詔。〔歸曲〕責宋理曲。〔累〕上聲。〔幾〕如字。〔離不〕之不音孛。〔將入〕之將音漿。下並同。〔兩河〕河東河北。〔敗〕音拜。〔就擒〕案金削封天祚爲王。送長白山築城居之。〔九世〕遼阿保機自梁均王貞明二年始建元。至是凡二百一十年。〔死難〕之難去聲。〔朔寧府〕屬山西。即朔州。〔觀察〕唐乾元初改採訪使曰觀察處置使。即今提刑按察使也。孫翊時兼此職。〔先〕音霰。〔內禪〕傳位太子。〔建中〕即位二年改元。

〔欽宗皇帝〕名桓。在東宮無失德。蔡京童貫輩咸憚之。欲動搖不可。至是即位。太學生陳東等伏闕上書。乞誅蔡京童貫王黼梁師成李彥朱勔六賊。以謝天下。彥以根括民田破蕩百

上皇奔應天府　李綱定城守策　除元祐黨籍　斡離不抵京師　金人需犒師金銀表段

一得陳東之書正當奮乾剛之斷即以六姦肆諸市朝詔告天下將見天下之懷忠秉義者莫不曰有君如此我可不出而事之且大姦既距黨勢益孤不能為害也必矣況金人一聞新君如此有為氣亦沮汴宋基圖孰能搖之今於陳東之言既嘉納之又不果行足見其不能有為也

姓結怨於河北京東西三路者也勔以花石綱所在騷動結怨於東南者也靖康元年首竄黼勔彥壽皆殺之[上]上聲 [括田]宋鑑政和六年案民契券而以樂尺打量其贏則拘入官而創立租課謂之公田錢○有狐升御榻而坐者詔毀狐王廟狐王出處未詳此下節案宋鑑事在徽宗宣和七年秋讀者詳之○上皇奔應天府屬河東即宋州○以李綱為行營使定城守策○除元祐黨籍追贈范仲淹司馬光等官○白時中罷李邦彥張邦昌為相○春正月斡離不抵京師先是朝廷遣李鄴求和斡離不攜鄴以攻京城不克乃遣王汭與鄴偕來邦彥等皆主和惟綱欲戰上是邦彥之計遣鄭望之出使未至而遇王汭與俱入見又遣李梲出使梲又與金使偕來金人需犒師金五百萬兩銀五千萬兩牛馬萬頭表段百萬匹割中山河間太原三鎮地二十餘郡且欲宰相親王為質遣張邦昌副康王如其

种師道奏宜割寨守拒

李邦彥專主和議

金人得割地詔而退

宰執議請帝出幸襄鄧、以避敵鋒、李綱曰、道君皇帝挈宗社以授陛下、委而去之可乎、帝默然、白時中謂都城不可守、綱曰、天下城地、豈有如都城者、且宗廟社稷百官萬民所在、捨此何之、今日之計、當整飾軍馬、固結人心、相與堅守、以待勤王之師、帝問誰可將者、綱曰、白時中李邦彥等其職也、

誓書已成稱伯大金國皇帝姪大宋皇帝金幣割地遣

營。金國太子與康王同射。連發三矢。皆中筈。金人謂是將家子。非親王。遣歸。更請肅王爲質。种師道等諸路勤王兵至。師道奏。京城周四十里。城高數十丈。粟支數年。宜與城內劄寨拒守。俟困擊之。綱亦奏。金以孤軍深入。如虎投檻。不可與角一旦之力。縱歸擊之。必勝之計。上然之。而李邦彥吳敏等專主和議。論不一。致虜有待汝議論定時我已渡河之譏。未幾。統制官姚平仲。宵攻金營。不克。上大驚懼。廢行營。罷李綱。以謝金人。太學生陳東及都人數萬。伏闕乞復用綱。得旨復右丞。充守禦使。衆乃散。金使復來。乃以割三鎭詔書。遣使持往。時括在京金。僅得二十餘萬兩。銀四百餘萬兩。藏蓄已空。金人圍京城。凡三十三日。得割地詔。不俟金幣數足而退。种師道請臨河要擊之。綱亦以爲。彼兵不滿十萬。而我勤王之師二十

金兵復至

上皇歸京師

質、更盟、一依其言、遣沈晦、以誓書先往、并持三鎮地圖示之、

楊時上言、蔡京用事二十年、蠹國害民、幾危宗社、人所切齒、而論其罪者、莫知其所本也、蓋京以繼述神宗為名、實挾王安石、以圖身利、故推尊安石以啓之云云、○周靜軒曰、自安石變法、結怨四海、群姦肆虐、蹈矩循

十餘萬、縱其半渡而擊之、必勝、邦彥等不從、惟詔三鎮仍堅守不割、使去聲、下並同、見音現、梲音拙、表段、凡衣有表有裏、段幣帛也、中山之中音仲、間音澗、質音致、康王皇弟構、中箸之中去聲、箸音栝、箭受弦處曰筈、中筈謂後矢破前矢也、更音庚、肅王亦皇弟、徽宗第五子、种師道等、師道與同鎮陝西路、姚平仲鄜延、張俊韓射中、環慶洋洋、馬迁熙河、姚古秦鳳、种師中及折彥質、折可求等、勤王兵、勤於王事之兵、俟困、俟其糧乏兵困、檻、攏也、圈也、縱歸給以誓言、詐復三鎮、縱其歸國、幾如字、統制官掌宣撫軍政、復用、復右之復、音伏、三鎮、中山河間太原、括金、王孝廸議、括取在京軍民官吏金銀、要音腰、○京師受圍時、梁師成已誅、至是竄蔡京於儋州、至潭而死、年八十、蔡攸竄萬安軍、尋有詔、即所在斬之、童貫亦遠竄、追斬於南雄、儋音擔、在南海、令南寧府、萬安軍在南海、南雄府屬廣東、○李邦彥罷、張邦昌、吳敏並相、邦昌罷、徐處仁相、處仁、敏罷、唐恪相、恪罷、何㮚相、㮚音栗、○上皇歸京師、數月、金兵復至、斡離不由東路陷真定、長驅先抵京師、粘罕由西路陷隆德、太原府、汾澤州、平定軍、平陽府、河南府、河陽府、

鄭州懷州抵京師張叔夜等統兵赴闕唐恪耿南仲專主和議曰今百姓困匱養數十萬於城下何以給之乃止各道兵毋得動京師自十一月受圍凡四十日有卒郭京者言能用六甲法生擒粘罕斡離不盡令守禦人下城獨坐城樓上以親兵數百自衛俄頃金人鼓譟而進京紿衆曰須自下城作法因引餘兵南遁虜兵登城者纔四人衆皆披靡大潰上聞城陷慟哭曰朕不用种師道言以至於此時師道前一月卒矣護駕人猶有萬餘馬亦數千張叔夜連戰四日斬其貴將十人欲護駕突圍而出上惑於和議不定士卒號哭而散虜使劉晏請上出城都民爭臠而食之何㮚欲率都民巷戰聞者爭奮金人由是歛兵不下惟以割地責金幣和議爲辭以誤戰守之計侍郎耿南仲力主議和上以爲然遂墮其計

規嗣是歷哲徽二君或紹聖或崇寧日積月累其弊彌長創立新法以塗炭天下之民僞作三經以簧惑天下之士令四海内濁乱罔非醞釀而成實萬世之罪人也夫豈可以配享孔子乎

史臣曰金人自陷太原以來以講和割地爲言李邦彥吳敏耿南仲唐恪皆墮其計獨何㮚孫傅以爲地不可割朝廷任之然初無奇策可以濟難城破乃反傾意講和夫不信于造謀之始而信於破城之後幸天下之望致君播遷由惑於

范瓊逼上皇出宮

金立張邦昌為帝求北帰

李若水死義

和議而戰守不固也帝至自金營士庶及大學生迎謁帝掩面大哭曰宰相誤我父子觀者無不流涕為割地以界金又分遣歐陽珣等二十人持詔而往珣嘗上書極言祖宗之地尺寸不可以與人復抗論當與力戰而失地他日取之直不戰而割地他日取之曲時宰怒欲殺珣乃以珣為將作監丞奉使割深州珣至深州城下慟哭謂城上人曰朝廷為奸臣為誤至此吾已辦死來矣汝等宜勉為忠義報國金人怒執

二元帥請與上皇相見上曰上皇驚憂已病朕當自往遂如青城見之二宿而返明年春復請上出郊續逼出上皇張叔夜諫曰今上一出不歸陛下不可再往臣當率勵精兵護駕以出縱鐵騎追至臣決死戰或可僥倖若天不祚死於封疆不猶生陷於夷狄乎上皇欲飲藥為范瓊所奪逼上皇出宮皇后太子親王帝姬皇族前後三千餘人悉赴軍前城中子女金帛寶玩車服器用圖書百物括索公私上下俱空然後宣金主詔書選立異姓遂冊前太宰張邦昌為楚帝以宋二帝北歸金人在汴凡七閱月而去始至張叔夜嘗力戰餘皆主和以至吳幵莫儔王時雍徐秉哲范瓊等往來逼逐上皇以下出郊議舉異姓方上在青城逼易御服時惟李若水抱持大呼奮罵金人刀裂其頤斷其舌而後梟之相謂曰太遼

何㮚張叔夜不食而死

論靖康之禍皆小人之誤

送燕焚死之。陳過庭至兩河。民堅守不奉詔。至是復詔兩河民開門出降。民猶不肯。金人執叔夜及孫傳。置軍中。粘没喝召叔夜紿之曰。孫傳不立異姓。已殺之。公年老大家。豈可與傳同死。叔夜曰。世受國恩。義當與之存亡。今日之事。有死而已。金人皆義之。○呂中曰。李若水嘗主車駕出城者也。使其不死。亦在誤國之數。惟其一死明白昭晰。故設國之罪釋。而言忠義者稱焉。六甲法。募兵無問伎藝能否。但擇年

破死義者十數。今南朝惟李侍郎一人。然一時憤死者甚衆。金人不知也。吳革結衆欲刼還二帝。爲范瓊誘殺。何㮚孫傳張叔夜秦檜司馬朴。皆爭論乞存立趙氏。金人驅之從上北行。叔夜不食粟。惟飲湯。過界河死。㮚至燕亦不食死。當京城危急時。四方勤王之師至者。皆詔止不進。恐妨和議。訖金人之退。未嘗交兵。上在位不二年。國破。改元曰靖康。弟康王立于南京。是爲高宗皇帝。

眞定府屬河北。即鎮州。定軍屬山西。河陽府屬山西。懷州屬河東。即河內郡。六甲法。如甲子甲寅甲辰甲午甲申甲戌。遁甲之法。种師道言。先是金人之去。師道請要擊之。不從。曰。異日必為後患。至是果然。二元師。斡離不粘罕。青城。虜營。爲范之爲去聲。下同。帝姬。徽宗政和三年。改公主為帝姬。幵音堅。往来云云。筌蹄云。往來議事。以至譖舉異姓者。吳幵莫儔也。逼遂上皇以下出郊者。王時雍徐秉哲也。脅懼都人者。范瓊也。呼去聲。頤。頤頰口傍也。斷音端。上聲。十數之數。上聲。論去聲。界河出霸州。東入于海。南京。即應天府。○呂中曰。靖康之禍。視石晉無以異。然契丹三入中國。而三敗。契丹竭力攻之。而晉亦竭力以禦之。晉力雖疲。而契丹亦弊矣。觀澶州之戰。虜乘風縱火以

揭榜召兵

命合六甲者用七千七百七十七人所得皆市井游惰無為用者康王即帝位于南京〔發明〕漢高已平天下猶未正尊位必待諸侯力請而後從之高宗未能削平海内遽正尊位何哉創業之與中興固自不同當是時二帝既已北狩四方盜賊竊發者非一中外皇皇莫知所向高宗苟不早正位號以繫人心則天下之望孤矣故書康王即皇帝位大赦改元者深幸之也烏可以漢高為比而擬議之哉

迫之而晉軍饑渴之餘乃大呼而求戰向使如靖康時則望風而走矣若非杜威之降晉不亡也契丹之敗晉以百戰而靖康之取兩河再渡河迫京師未嘗有一戰之勞皆小人之夷狄終始誤之也其始也開釁以召禍後也又欲連和以免禍靖康之賈國降虜即靖康主和之人也靖康之主和即宣和開釁之人也宣和開釁即熙寧紹聖用兵之遺孽也履霜堅氷其來有漸矣

南宋

高宗皇帝名構徽宗第九子也母韋氏徽宗妻吳越武肅錢王入室已而生構封康王靖康初嘗出使斡離不軍是冬斡離不再來奉詔再出使耿南仲偕行至相州民遮道請無往至磁州守臣宗澤止之相州守以蠟書言金人方遣騎物色康王所在乃回相州與南仲揭榜召兵勤王有詔以康王為大元帥汪伯彥宗澤為副領兵入衛王從伯彥議出北門渡河至大名聞京師陷澤請進兵向京城伯彥請王移兵東平

改元建炎

呂好問謂邦昌曰、相公真欲立耶、抑姑塞敵意而徐爲之圖也、邦昌曰、是何言也、好問曰、相公知中國人情所向乎、特畏女真兵威爾、女真既去、能保如今日乎、大元帥在外、元祐皇后在內、此殆天意、盍亟還政、可曰禍爲福、且省中非人臣所居、宜寓直廬、毋令衛士夾陛、敵所遺袍帶、非戎人在勿服、車駕未還、下文書不當稱聖旨、爲今計者、當迎元祐皇后、請康王早正大位、庶獲保全、監軍御史馬紳具

措身安地。南仲亦以爲然。遂東去。知河間府黃潛善。亦領兵至。進屯濟州。探報二帝北行。張邦昌爲金所立。國號楚。是日風霾日有薄暈。百官慘怛。邦昌亦有憂色。惟王時雍范瓊等。欣然若有所得。吳越國武肅謚錢王錢姓王爵名鏐相州守汪伯彥蠟書藏書蠟中揭音竭東平府屬山東即鄆州濟州屬山東齊上聲探音貪爲金之爲去聲霾音埋風而雨土曰霾暈音韻怛音丹入聲邦昌在位三十三日。御史馬紳貽書邦昌。請速行改正易服歸省。遂迎元祐孟太后聽政。太后迎立康王。詔告中外。有曰。漢家之厄十世。宜光武之中興。獻公之子九人。惟重耳之尚在。遣使奉表。及以孟后詔來。邦昌繼至。伏地慟哭請死。使臣自河北竄來。進道君手札。曰便可即真。來救父母。王慟哭拜受。遂趨應天府。即位。改元建炎。以主和誤國。罷竄耿南仲。召李綱爲相。以宗澤知開封爲留守。綱至。邊防軍政略有緒。而潛善伯彥

車駕至揚州金人分道南北

金人至汴宗澤表請還汴

書請邦昌速奉迎康王極陳順逆利害邦昌讀其書氣沮乃尊元祐皇后爲宋太后迎居延福宮而遣人至濟州訪康王、以邦昌爲太保封同安郡王五日一赴都堂參决大事、瑯邪代醉編云粘罕兀术皆以小字行粘罕名宗維兀术名宗弼、○雲間張氏曰欽宗時李綱爲群小所沮抑即棄而不用故汴宋終底於滅亡高宗即位召用李綱而群小不能惑高宗明故能致其興復然則賢人君子之益於人國也如此爲人君

復主和亟遣祈請使矣綱相數十日而罷潛善伯彦爲相首誅上書人陳東歐陽澈决策幸東南無復經制兩河之意是冬車駕遂至揚州金人分三道南來二年春金人至汴爲宗澤所敗澤招撫群盜募四方義士合百餘萬糧支半歳表疏連數十請上還汴潛善忌其成功從中沮之憂憤疽發背而没臨終無一語及家事但連呼過河者三都人爲之號慟聞者皆相弔出涕易音亦孟太后哲宗后時六宮有位者皆從二帝惟孟氏以廢得存獻公晉侯使臣曹勛道君徽宗即真諭令即位上書之上上聲上書人陳歐綱罷相二人上言力詆潛善伯彦不可任李綱不可去及詆用事者潛善伯彦奏誅之兩河河南河北南來粘罕自雲中下太行將渡河攻河南斡離不兀术自燕山內渡河攻山東婁宿撒喝自同州渡河攻陝西爲宗之爲去聲下同敗音拜呼去聲○中興人事記曰自古未有內外不相應而成功者有張仲孝友主於內而後吉甫得以專征於外孔明欲出師於外則必任禕允於內建炎之初綱在內澤在外此正天擬二人以開中興之治也使二人得盡行其志必能復君父之讐雪宗廟之耻伸神人之憤惜夫綱相則澤之志行綱去則澤之

金人至揚州

上如杭州

苗傅劉正彥作乱

上如建康

者奚可不謹於任用哉、

苗傅自負世將、以王淵驟遷顯職、心不平之、而劉正彥亦以招降劇盜功、大賞薄、怨上、二人相結、斬淵、擁兵至行宮、執康履等斬之、

韓世忠獲苗傅劉彥正、送行在誅之、帝手書忠勇二字、揭旗以賜世忠、

張浚字德遠、唐相九齡弟九子皐之後、

張俊字伯英、鳳翔成紀人、

計沮、蓋汪黄既用事於中、則澤安能措手於外、既主幸東南之議、則還京之請、雖二十疏而何益、縦使渡河而北、指日成功、亦安能免後患哉、

三年春、金人將至揚州。上得報亟出。二相方會食堂。吏呼曰、駕行矣。乃戎服南走。回望揚州、烟焰已漲天矣。呂頤浩・張浚追及上於瓜洲、得小舟以渡。至鎮江、遂如杭州。罷潛善・伯彥、以朱勝非為相。御營將苗傅・劉正彥作亂、請上禪位於皇子旉。未三歳。孟太后聽政。呂頤浩・張浚師師勤王。韓世忠為前軍、張俊翼之、劉光世游擊為殿。勝非說二兇亟反正、尊孟后為隆祐皇太后。勝非罷。呂頤浩為相。二兇走。世忠追之、皆伏誅。上如建康、以浚為川陝宣撫處置使。隆祐太后如南昌。聞兀朮請於粘罕、將犯江浙故也。將至之將、將犯之將、並音漿。二相、黄潛善・汪伯彥。呼、去聲。瓜洲、渡在揚州。鎮江、府屬江浙、即京口。旉、音孚。未三歳、旉年未周三歳。帥、音率。翼之、助也。殿、音顛、去聲。說、音税。二兇、苗傅・劉正彥。亟反正云云、宋鑑、勝非又上疏、太后乞高宗還位、嗣君立為皇太子、詔皆從之。勝非罷以

上如杭。如浙東。金人分道渡江

揚邦入刺血書裾

已次台州章安鎮

不能止。二兇之亂。（川陝 四川陝西）杜充為右僕射。守建康。上如杭州。升杭為臨安府。自臨安如浙東。金人分兩道。一軍自蘄黃渡江。劉光世在江州。以為蘄黃小盜。遣王德拒之於興國軍。始知為金人。金人自大冶趨洪撫建昌臨江吉州。追隆祐太后不及。遂陷袁潭荊南澧州。乃自石首北渡而去。一軍自滁和向江東。馬家渡。濟江陷建康。杜充及守臣皆降於兀朮。通判楊邦乂不從。刺血書裾曰。寧為趙氏鬼。不作他邦臣。衆擁見兀朮。誘諭累日。輒叱罵。卒大罵見殺。兀朮長驅陷杭州。上去已七日。兀朮進陷越州。四年春。陷明州。時上已次台州章安鎮。金人以舩犯昌國縣。欲追襲上舟。提領海舟張公裕。引大舩擊散之。乃退。回兵陷秀平江常州。至鎮江。韓世忠邀之。以海舟與戰數十合。多俘獲。伏卒金山龍王廟。幾獲兀朮。相持於黃天蕩。

及兀朮與李成合兵攻烏江。杜充閉門不出。統制岳飛泣諫。請視師。充不從。兀朮遂乘。充無備。進兵取和州。無為軍王善迎降。遂由馬家渡渡江。陷太平州。充渡江保真州。兀朮遣人說之曰。若降當封以中原。如張邦昌故事。充率官屬迓金師拜。

四年正月朔。西風大作。金師乘之復

金人北遁

金人調兀朮赴陝西

攻明州、張俊劉洪道坐城樓遣兵掩擊殺傷大半金人奔北死於江者無數夜拔砦退屯餘姚、世忠先以八千人屯焦山寺遣蘇德將百人伏廟中百人伏廟下有五騎趨廟廟兵先鼓而出獲兩將其三騎則振策以馳馳者一人紅袍玉帶既墜復跳而免詰諸獲者則兀朮也既而接戰凡數十合世忠妻梁氏親執桴鼓敵終不得濟俘獲甚衆虜兀朮之壻龍虎大王兀朮懼請盡歸所掠以假道世忠不許岳飛以騎三百步

兀朮求假道甚恭不許欲自建康北歸不得去或教於冶城西南隅蘆場地鑿大渠一夕成次早出舟趨建康世忠大驚尾擊之一日値無風海舟不能動兀朮乃引其舟出江北去疾如飛以火箭射海舟世忠軍亂奔還兀朮乃得北遁統制岳飛邀擊敗之於六合[興國軍屬湖廣大冶縣屬興國軍洪撫即臨川郡、興國以下皆屬江西袁州屬江西荆南或云即朗州澧音禮、皆屬湖廣石首縣屬汻陵滁和州屬淮西即歴陽郡馬家渡在太平降音項平聲又音刈剃音次、鉗剃擁見之見音現累上聲卒大之卒音遵入聲明州屬折東令慶元府台州屬浙東昌國縣屬慶元秀令嘉興府常州皆屬江浙金山在江中去鎭江城七里幾音機統制岳飛統制官、岳姓飛名敗音拜]初張浚西行上命浚三年而後用師及是撻辣兀朮皆在淮東浚聞兀朮躊躇必再犯東南議出師攻取以分其勢士大夫及諸將皆以爲不可浚決策移撽粘罕問罪遣吳玠入長安金人遂調兀朮自京西星馳赴陝西與婁室合浚合六路兵至富平

兵三千邀擊新城大破之太一引兵來援兀朮乃復引還欲北渡世忠與之相持於黃天蕩世忠以海艦進泊金山下豫以鐵綆貫大鈎授健者明旦敵舟譟而前世忠分海舟為兩道出其背每縋一綆則曳一舟沉之兀朮窮蹙世忠引弓欲射之兀朮亟馳去兀朮以小舟出江世忠絕流擊之海舟無風不能動兀朮令善射者乘輕舟以火箭射之烟燄蔽天師遂大潰焚溺死者不可勝數世忠僅以身免奔還鎮江兀朮遂

上自越州

秦檜南歸

劉豫稱帝

婁室擁兵驟至鐵騎直擊環慶路趙哲軍佗路不援哲離所部諸軍退金遂乘勝而前浚斬趙哲諸路兵皆散去陝西大震浚駐軍興州遣劉子羽訪諸將所在各引所部來會人心粗安吳玠走保大散關東和尚原辣音闌入聲調去聲婁室金將六路同州鄜延環慶熙河秦鳳涇原富平縣屬耀州援音院粗音措上聲散音傘○上自海道回駐越州呂頤浩罷范宗尹為相秦檜南歸赴行在檜在北依撻辣為所任用撻辣南侵檜參謀其軍嘗為草檄下山東州郡挈全家泛小舟抵連水軍自言逃歸朝士多疑之檜言如欲天下無事須是南自南北自北乞上致書撻辣以求好其言皆撻辣意也為所之為去聲下並同連水軍屬淮南令安東州好去聲○是歲劉豫稱帝豫景州人於建炎戊申以濟南守降金為之用得知東平府兼節制河南粘罕白金主循邦昌故事立豫國號大齊後遷都于汴粘

命張浚討李成

張浚盡失陝西之地

濟江屯於六合縣世忠以八千人拒兀朮十萬之衆凡四十八日而敗然金人自是亦不敢復渡江矣

張浚殺左武大夫曲端浚自富平敗後乃思端言召之還稍復其官徒閬州將復用之王庶從間之吳玠憾端因書曲端謀反四字于手示浚庶又言端嘗作詩題柱曰不向關中興事業却來江上泛漁舟謂其指斥乘輿浚乃送端于恭州獄有武臣康隨者嘗以事忤端端鞭其背隨深憾之會浚以隨提點夔州刑獄端聞之曰吾

罕既得關中地悉割以與豫。濟上聲 降金。豫爲濟南太守而降於金 ○紹興元年命張浚討江淮盜李成。成據江淮六七州連兵數萬有席卷東南之意尋陷江筠臨江。俊擊其軍復三郡成遁降齊。江筠今瑞州筠州臨江皆屬江西 復音伏下同 ○張浚盡失陝西之地惟餘階成岷鳳洮五郡及鳳翔府之和尚原隴州之方山原而已。浚退保閬州統制曲端有威名浚先用譖罷其兵柄安置萬州西人倚端爲重及貶軍情不悅至是又送恭州獄殺之士大夫軍民皆悵恨西人益以是非浚。五郡階成岷洮屬鞏昌鳳屬陝西 閬音浪州屬順江大保寧府 曲端曲姓端名 萬州屬川南 西人陝西人民 恭州屬川南今重慶府 非浚以殺曲端事而非議張浚 金人分兩道向蜀吳玠與弟璘大敗之於和尚原又選將敗之於箭筈關。兩道皆不能入。璘音隣 敗音拜下同 箭筈關所在未詳 ○范宗尹罷秦檜昌言曰我有二策可以聳動天下遂爲右相呂頤浩爲左相

上還臨安

金人陷興元

其死矣隨至命獄吏擊維端以紙糊其口脅之以火端乾渴求飲與之酒九竅流血死陝西士大夫以端累立大功死非其罪莫不痛惜之軍士悵恨有叛去者

潭毒山形斗拔其上寬平有水乃築壁壘方成而金人已至距營十數里子羽據胡牀坐壘口諸將泣告曰此非待制坐處子羽曰子羽今日死於此敵尋亦引去

岳飛兼黄復州漢陽軍德安府制置使飛渡江中流顧幕屬曰飛不擒賊不涉此江矣

張咢勸帝親征帝

○兀朮會諸道及女眞兵造浮梁於寶雞縣渡渭攻和尚原玠璘三日三十餘戰大破之兀朮中流矢僅以身免始自河東歸燕山（寶雞縣屬鳳翔中去聲）○紹興二年上自越州還臨安言者劾秦檜專主和議沮止恢復遠圖檜罷朱勝非爲右相（言者黄龜年）○紹興三年春金撒離曷自鳳翔長安聲言東去實由商於出漢陰直趍金商吳玠急引兵扼之饒風嶺金人間道遶出其後玠遽還仙人關金人遂進陷興元知府劉子羽退保三泉縣潭毒山撒離曷食盡乃引還吳璘以無糧拔寨棄和尚原金人得之玠度其必深入乃嚴兵以待兀朮果與撒離曷來犯仙人關玠璘與戰七日金人不能支宵遁玠設伏扼其歸路又敗之是擧也金人決意入蜀卒不得志是歲浚又失洮岷關外惟存階成秦鳳浚召還尋與劉子羽皆貶竄浚

齊以金兵南侵

張浚視師江上

從之。㮣謂禹曰，六龍臨江，兵氣百倍。然公自度此擧果出萬全乎，或姑試一擲也。禹曰，中國累年退避不振，敵情益驕，義不可更屈，故贊上行耳。若事之濟否，則非禹所可知也。

捷聞，群臣入賀。帝曰，世忠忠勇，朕知其必能成功。沈與求曰，自建炎以來，将士未嘗與金人迎敵一戰，今世忠

是行本欲由關陝取中原，乃盡喪關陝而歸，賴得玠璘保蜀而已。漢陰縣屬金州。金商二州皆屬陝西。饒風嶺在金州。仙人關在鳳州。三泉縣屬大安。度音堂，入聲。敗音拜，下並同。貶竄浚福州居住，子羽安置白州。關陝，關中陝西。○齊遣李成攻陷鄧襄隨郢唐州信陽軍等。岳飛復隨郢，成棄襄陽而遁。郢音令，安陸府。信陽軍即中州。已上六州，隨郢屬湖北，餘皆屬河南。復音伏。○呂頤浩朱勝非相繼罷，趙鼎為右相。○齊以金兵分道南侵。上詔親征，出如平江，以張浚知樞密院。先是浚極言北方既無西顧憂，必併力窺東南。上思其言，遂召之。浚至，請遣岳飛渡江入淮西，以牽制北兵之在淮東者。從之。上命浚視師江上，將士見浚來，勇氣皆倍。時韓世忠駐揚州。先已大敗金兵於大儀鎮，擒其將撻也。解元成閔與戰于承州，十三捷。仇悆孫暉敗之於壽春，安豊王德敗之於滁州。岳飛遣牛皐等攻之於廬州。撻辣兀朮知為世忠所扼江，不

楊么又作楊太

連捷厥功不細論者以此舉為中興武功第一岳飛大破楊太于洞庭飛袖小圖示浚浚欲俟來年議之飛曰已有定畫都督能少留八日可破賊浚許之果八日而捷書至潭浚歎曰岳侯神算也云々初太特其險官軍自陸襲則入湖水攻之則登岸因曰欲犯我者除是飛來至是人以其言為讖云鶴林玉露云岳飛討楊么時么據洞庭出沒不可測偶獲一諜者問其巢穴對曰險阻安可入惟飛乃能入耳飛大笑曰天遣汝

可渡引還。齊劉麟劉猊棄輜重遁去。皆倍增一倍也大儀鎮所在未詳解音蟹姓也承州屬淮東今高郵府仇念宋將仇姓念名念音豫壽春府屬淮西即壽州安豐壽春屬縣廬州屬淮西爲世之為去聲麟豫子猊音倪豫侄

○紹興五年。上自平江還臨安。趙鼎張浚為左右相。浚兼都督諸路軍馬。尋復命浚視師江上。浚至鎮江。召韓世忠。使舉兵移屯楚州。浚至建康。撫張俊軍。至太平州。撫劉光世軍。無不踊躍思奮。以岳飛為河北京西招討使。太平州屬江東即姑孰

○先是建炎庚戌中。有武陵人鍾相起於鼎州。僭號楚。鼎澧潭辰岳之境。皆盜區。相敗。就擒。其徒有楊么者。據洞庭。遂為劇寇。官軍陸襲之則入湖。水攻之則登岸。曰有能害我除是飛來。浚謂上流不先去。么為腹心害。將無以立國。請自行。浚至湖南。會岳飛兵至。急攻其水寨。么窮蹙赴水死。遂平。浚自湖南轉由兩淮。會諸將議防秋。乃入見。武陵縣屬常德相去聲鼎州屬

蒙國叛金

齊人分道入寇

為此言吾必破其巢穴三軍大喜近平之

○雲間張氏曰武穆為將主之以信義輔之以籌略加之以勇敢又況忠孝素根于心故所向無前成功取捷動輒可必雖古名將不能過焉君子論南渡中興之將當以武穆為首稱

世忠至楚披草萊立軍府與士卒同力役夫人梁氏親織箔為屋將士有怯戰者世忠遺以巾幗設樂大宴俾婦人妝以恥之故人人奮勵

後令呂祉馳往光世軍諭之曰有一人渡江即斬以徇

湖廣今常德府澧音禮岳州屬湖廣即巴陵郡么音腰去去聲將無之將音撥兩淮淮東淮西防秋秋高馬肥必防外夷侵境見音現

○金主晟殂。諡文烈。初旻與晟約兄終弟立而後復歸旻之子。故晟捨己子宗盤而立旻長孫亶。亶諳版孛極烈儲副位也。曷囉馬名亶。至是遂即位。宗盤與旻之別子粘罕皆爭立而不得。粘罕時已失兵柄與悟室並相。粘罕絶食縦飲而死。蒙國叛金。蒙在女真之北在唐為蒙兀部亦號蒙骨斯。復音伏已音紀曷囉馬金志作曷剌馬旻子宗峻之子儲副位宋史云孛極烈猶中國之總管案金志旻末年除諳版孛極烈為都元帥又云金國自來以諳版孛極烈為儲副故晟以亶任諳版孛極烈之職以為儲副蒙國元朝之興始此

○紹興六年。張浚復出視師。上自臨安如平江。齊人分道入寇。初劉豫因粘罕得立。知奉粘罕而已。蔑視他帥。及是請兵於金。宗盤沮之。聽豫自行而遣兀朮提兵黎陽以觀釁。劉光世時駐廬州。以為難守。張俊駐泗州。亦請益兵衆

上皇訃問至

進至藕塘。沂中復遇之。猊據山列陣。矢下如雨。沂中急擊之。使統制吳錫率勁卒五千。突入其軍。猊衆潰亂。沂中縱大軍乘之。而自以精騎衝其脇。大呼曰。賊破矣。賊衆錯愕駭視。張宗顏自泗來。乘背擊之。張浚大軍復與

情洶懼。張浚以書戒俊及光世。有進擊無退保。趙鼎等請上親書付浚。欲退師還南保江。浚力爭以為可保必勝。一退則大事去矣。光世已舍廬州而退。浚即星馳至采石。遣人喻其衆。若有一人渡江。即斬以徇。仍督光世復還廬州。光世不得已。乃駐兵。遣王德酈瓊三敗齊兵於霍丘正陽及前羊市。時劉猊至淮東。阻韓世忠兵不敢進。乃從淮西渡。浚遣張俊統制官楊沂中至濠州。與俊合兵。沂中敗猊前鋒。猊引兵欲會劉麟于合肥而後進。沂中與遇於藕塘。合戰。猊大敗。麟聞猊敗。望風潰去。光世乘勝追襲亦捷。北方大恐。上曰。克敵之功。皆出右相。趙鼎遂罷。（保江以江為限自保。爭如字。舍音捨。復還之復音伏。敗音拜。下同。霍丘縣屬安豐。前羊市皆霍丘地。合肥縣屬廬州。）○上皇以五年四月殂。至七年春。訃問始至。壽五十四。二帝自建炎初。由燕山如中京。古奚國霫郡也。

秦檜主和議

在燕山北千里。次年又自中京移韓州。在中京東北千五百里。後二年又自韓州移五國城。在金國所都東北千里。上皇終焉。○岳飛爲湖北京西宣撫使。時淮東宣撫使韓世忠、江東宣撫使張俊。皆久已立功。而飛以列將拔起。世忠俊不平飛屈己下之。二人皆不答。及飛破楊么。俊益忌之。於是構隙曰、深上自知。平江如建康。飛因扈駕以行。入見。疏論恢復。秦檜時爲樞密副使。主和議。忌飛成功沮之。飛以內艱去。上力起之。劉光世以言者論其退師幾誤事。罷兵柄。張浚以王德統其軍。德與酈瓊等夷。不相下。大譟詣督府。訴德。浚乃召德還。爲督府都統制。而以呂祉爲督府參謀。領其軍。祉簡倨不通將士之情。聞瓊等反側。密乞罷之。瓊叛。執祉以所部數萬降齊。張浚遂以言罷。浚之用德與祉。岳飛嘗言其不可

戰於李家灣。賊衆大敗。橫屍滿野。倪以首抵謀主李愕曰。適見騎將軍不可當

○鴻齋曰。唐宋之書畫有捺宣和御府之章者。皆是徽宗玩弄之物。至若自嗜繪事。細巧緻密。頗入妙品。嗚呼居帝王之尊。而與百工爭能者。安得治縱橫萬里之國哉。强虜輕侮於外。奸臣跋扈於內。遂至釀靖康之亂。喪志之誡。其可不愼哉

胡銓字邦衡。廬陵人。仕爲編修官。自號澹菴。謚忠簡。上疏曰。謹按。王倫本狎邪小人。市井無

劉豫廢

胡銓封事

賴頃緣宰相無識。遂舉以使虜。惟務詐誕。欺罔天聽。驟得美官。天下之人。切齒唾罵。今者無故誘致虜使。以詔諭江南爲名。是欲臣妾我也。是欲劉豫我也云云。

○朱晦庵評胡澹菴此書。可與日月爭光。中興之奏議。此爲第一。

○謝疊山評。肝膽忠義。心術明白。思慮深長。讀其文。想見其人。眞三代以上人物。

○林鶴梁曰。南宋名臣。精忠大義。貫天地者。其唯胡邦衡乎。當時士大夫。氣息奄奄。不敢吐一辭。畏縮逡巡。唯

浚不聽。故敗。趙鼎復相。伏（已音紀　見音現　疏去聲　恢復之復　艱丁憂　幾音機　等夷下等之人　祉音恥）○金人以劉豫不能立國。廢之。齊立八歲而亡。○紹興八年。上自建康還臨安。秦檜復相。趙鼎罷。詔議講和。自建炎以來。無歲不遣使。直願去尊號。奉其正朔。比於藩臣。金人不從。使者往多拘囚。後數南侵。不利。知江南不可圖。然後遣檜爲間。至豫廢。和議乃决。金使張通古來。編脩官胡銓上疏。以爲陛下一屈膝。則祖宗廟社之靈。盡汚夷狄。祖宗之赤子。盡爲左衽。朝廷宰執。皆爲陪臣。異時豺狼無厭。安知不加我以無禮。如劉豫夫。三尺童子無知。指犬豕而使拜。則怫然怒。堂堂天朝。相率而拜犬豕。曾無童稚之羞邪。奉使王倫。誘致北使。以招諭江南爲名。欲臣妾我。執政孫近。附會秦檜。臣義不與檜等共戴天。乞斬倫檜近三人頭。竿之藁街。然後羈其使責

金以陝西河南歸宋

李世輔來歸賜名顯忠

臣是媚以圖苟安恬然置天下國家于度外嗚呼何其不忠不義之甚也邦衡奮然上封事君子以為鳳鳴朝陽其所論駁忠憤激烈擿盡時弊刮腸抉髓攻擊無遺足以誅奸臣之心而奮義士之志苟從其言則宋之天下可以再興矣而高宗赫怒連貶竄之何其不明之甚也宜哉和成國悴終不自曉也初秦檜主和議命韓世忠移屯鎮江世忠言金人詭詐恐以計緩我師乞留此軍蔽遮江淮因力論和議之非且請單騎詣闕面

無禮。興問罪之師。三軍之士不戰而氣自倍。不然臣有蹈東海而死耳。寧能處小朝廷求活邪。書上。連貶竄。（去上聲。數音朔。間音澗上。跣之上上聲。左袵，袵音任，上聲，衣襟也。左袵，夷狄之俗。陪臣，諸侯之臣。猒音淹。如劉豫，劉豫既立為帝而又廢之。夫音扶。佛音佛。曾音層。妾音踥。貶竄，初部州，次新州，後海南。）

○紹興九年。金人先以陝西河南地歸宋。朝廷遣官謁陵寢。交地界。除汴京留守。（陵寢，歴朝墳陵寢廟。留守，復除官留守汴京。）

○青澗城李世輔來歸。世輔之先。累世為蕃族都巡檢使。父子雖嘗仕齊。每相泣恨不得歸宋。齊用世輔知同州。嘗得間生擒撒離曷。欲歸朝。金兵來追。縱之而奔西夏。其父母及二子一孫皆被戮。至是乞兵於夏以復。既出則知陝西已還宋。乃部夏兵而來。上慰勞加賜賚。賜名顯忠。（青澗城在陝西今綏德州。累上聲。間音澗。二子一孫名皆未詳。復音伏。勞去聲。）

○金國有謀反者。事連宗盤等。皆坐誅。左副元帥撻辣實楊割長子。金主亶之大父行也。

金兵分四道南侵

兀朮陷廬州

罷宣撫司

秦帝不許。及張通古來。以詔諭爲名。世忠四上疏言不可從。願擧兵決戰。兵勢最重處。臣請當之。

初錡赴東京。至渦口。方食。忽暴風拔坐帳。錡曰。此賊兆也。主暴兵。下令兼程而進。金兵圍城。錡募壯士夜斫其營。此夕天欲雨。電光四起。見辮髮者輒殲之。敵衆大亂。終夜自戰。積屍盈野。退兵老婆灣。錡爲五浮橋於潁河上。且毒潁上流及草中。時大暑。敵遠來疲弊。人馬飢渴。食水草者輒病。乃出接戰。敵大敗。兀朮拔營去。

自粘罕死。宗戚大臣皆懼撻辣與悟室。尋亦以謀叛先後誅。金與宋和。實撻辣主之。撻辣既死。於是右副元師兀朮爲左相。乃密奏於其主。以宋未議歲貢正朔誓表冊命。而撻辣擅許割地。遂渝盟。〔大父行〕大父。祖也。行。輩也。○紹興十年。金兵分四道南侵。劉錡大破兀朮於順昌府。檜急啓上召錡還。岳飛敗之於郾城。幾擒兀朮。飛至朱仙鎮。檜急啓上召飛還。韓世忠敗金人於淮陽之泇口。兀朮還汴。撿兩河軍與蕃部。以謀再擧。〔南侵〕聶黎守童出山東。撒離曷冦陝右。李成冦河南。孔彥舟等抵東京。〔敗〕音拜。下並同。〔郾城〕縣屬許州。〔幾〕音機。〔朱仙鎮〕在汴京西南四十五里。〔泇〕音加。○十一年。兀朮陷廬州。侵和州。劉錡楊沂中敗之於槖皐。檜又啓上。亟班師。沂中自瓜州渡。返行在。張俊自宣化歸建康。劉錡自采石歸太平州。罷宣撫司。以其兵隷御前。遇出師時。臨時取旨。以韓世忠張俊爲樞密使。岳飛副使。飛

蒙兀自号大蒙稱帝

凡訟飛冤者、或黜或死。傳成其獄者進秩。飛事親孝。立志慷慨。以必取中原滅讐虜爲念。或問天下何時太平。飛曰、文臣不愛錢。武臣不惜死。天下太平矣。飛御士卒嚴而有恩。凡有須犒均給軍吏。秋毫不私。善以少擊衆。欲有所擧、盡召諸統制與謀。謀定而後戰。故有勝無敗。猝遇敵不動。故敵爲之語曰、撼山易撼岳飛軍難。張浚嘗問用兵之術。飛曰、仁信智勇嚴闕一不可。飛好賢禮士、覽經史、雅歌投壺、恂々如書生。○雲間張氏曰、武

世忠尋罷。兀朮以書抵檜曰、爾朝夕以和請、而岳飛方爲河北圖。必殺飛乃可。張俊又構成飛罪、逮赴獄、檜奏誅飛及張憲岳雲。和議遂諧。歸韋太后及徽宗梓宮於宋。金人不惟盡悔所許陝西河南地、仍割唐鄧等州入金。盡淮中流爲界。西割商秦之半、棄和尚原。山原時宣撫使呉玠卒四年矣。胡世將代之、力以和尚原等地爲不可棄。兀朮必欲之。遂以大散關爲界。于時金國屢有内叛。宗戚大臣相繼誅夷。且北有蒙兀。自號大蒙、稱帝改元。連歳用兵。卒不能討。而與之和。南侵又不得逞。而宋之猛將精兵方日盛。恢復實不難。沮於秦檜有志之士、扼腕歎息。兀朮且死。曰、南朝軍勢強甚。宜益加和好。俟十數年南軍衰老。然後圖之。張浚趙鼎皆遠竄。鼎卒於海外。當時異議之人、貶竄殆盡。無復敢言兵者。（槀皐地在巣縣　宣化地在）

金主亮立、徙居燕京

秦檜卒

論高宗不能中興者、檜之罪

穆之死、人徒知秦檜殺之、而不知高宗、張浚殺之也。君子讞武穆之獄、當首高宗、張浚、而從秦檜、則庶乎得其當矣。

○史臣曰、西漢而下、若韓、彭、絳、灌之為將、代不乏人、求其文武全器、仁智並絕、如岳飛者、一代豈多見哉。而卒死於秦檜之手。蓋飛與秦檜勢不兩立。使飛得志、則金讐可復、宋恥可雪。檜得志、則飛有死而已。昔檀道濟曰、自壞汝萬里長城。高宗忍自棄其中原、故忍殺飛。嗚呼哀哉。

檜唱和誤國、忘讐

康、西構成飛罪。初虜之入寇、高宗命飛援淮西、就道、俊貽書以前途乏糧、飛不為止。及俊歸朝、又言飛逗留不進、以粮乏為辭、沮喪士氣。令万俟卨交章劾飛。岳雲、飛子。梓宮、人死于棺曰梓宮。世將之將音漿。大蒙即蒙國、又曰蒙古、又曰韃靼。是為元朝。恢復之復音伏。遠竄浚連州、禹興化軍、移漳州、潮州。○紹興十九年、金主亶為其下所弑、共立丞相岐王亮。亮、旻之孫也。為去聲。孫也、亶從弟。○紹興二十年、金主亮以上京僻在一隅、城燕京、徙居之、改燕京析津府為大興府、號中都。以中京會寧府為北京、汴京開封府為南京、而舊遼陽府為東京、大同府為西京如故、分蕃漢地為十四路、置總管府。○二十五年、秦檜卒。檜秉政十八年、臨終猶起大獄、欲殺異己者張浚、李光、胡寅等五十三人。幸檜病已不能書、得免。已音紀。○劉氏曰、靖康末、檜任中司、以抗議請存趙氏、為虜執去。天下高之。及歸為相、力引一時仁賢、如胡安國之徒、布在臺省、士大夫丞稱之。既而諸執政盡逐、而檜獨留。韓世忠、張俊、岳飛方擅兵、擁檜與張俊密約議和、而以岳歸俊。飛既誅、世忠亦罷。由是中外大懼、盡歸于檜。非檜親黨則不得任、忠正之士多避山林、罷兵講和、而

南宋　高宗　二十五

點註十八史略校本卷七

欽宗凶問至

金使居汴

數倫包藏禍心、劫制君父、專國事。惟申省無至上前者。同列論事上前、未嘗力辨、但以一二語傾擠之。俾帝自怒。一時忠臣良將、誅鋤略盡。其頑鈍無恥者、率爲檜用、爭以誣陷善類爲功。晚年殘忍尤甚、

金主亮、俾寫臨安湖山以歸、爲屏、而圖己之像策馬於吳山絕頂、題詩其上云、萬里車書合混同、江南那有別提封。移兵百萬西湖上、立馬吳山第一峰。

徒單后聞亮欲南侵、數以言諫之。亮不悅、尋弑之。遂分諸道兵、爲三十二

使高宗不能成中興之業者、檜之罪可勝誅哉。沉該・万俟卨・湯思退・陳康伯・朱倬相繼爲相。〔万俟音墨其、複姓也。倬音卓。〕○三十一年。欽宗凶問至、以去年冬殂於五國城、年六十。○金主亮修汴京、蓋經營南侵幾年矣。嘗因使來、密藏畫工、圖繪臨安山水城市宮室以歸。題詩其上、有立馬吳山第一峰之句。是秋徙居汴。遂渝盟舉兵。其母諫、殺之以威衆。兵號百萬、陷淮西諸郡。江淮浙西制置使劉錡遣王權迎敵。權逗留、已而退還、奔采石。報至、中外大震。有浮海避狄之議。陳康伯不可。命葉義問視師。中書舍人虞允文參謀軍事。金人陷楊州、趨瓜州。劉錡遣將敗之於皁角林。有詔令錡還軍專防江上。金主欲由采石渡。朝廷以李顯忠代權。而未至。金人舟來。虞允文亟督水軍海鰍船、迎擊死鬪。金人不能濟。時亮聞有內變、又聞舟師由海道來者、已爲李

金人弑亮立葛王褒

上内禪

軍九月亮戎服乘馬具裝啓行妃嬪皆從衆六十萬號百萬氈帳相望鉦鼓不絶
海鰍戰艦也形長者壯觸聚族其背岸十許丈鰍鰌同
敵半死半戰日暮未退會有潰卒自光州至允文授以旗鼓從山後轉出敵疑援兵至始遁允文又命勁弩尾擊追射大敗之金兵還和州會報曹國公已即位於東京改元大定亮拊髀歎曰朕本欲平江南改元大定此非天乎遂召諸將帥謀北還卒其軍趨揚州
○雲間張氏曰或

寶所焚而荆鄂諸軍方自上流而下忿甚乃回揚州召諸將約三日必濟過期盡殺諸將遂弑亮方亮之引而南也渤海一軍叛去已擁立葛王褒于遼陽聞亮死遂入燕京追諡亶爲閔宗廢亮爲海陵王諡曰煬褒晟之孫也後改名雍先是數年張浚嘗言金必渝盟時相湯思退等大駭以爲狂至是浚起判建康上自臨安如建康浚迎謁衛士見其復用以手加額（逗音豆　敗音拜　皁角林在揚州　令平聲　内變擁立葛王爲李之爲去聲　褎音右）○三十二年上還臨安金使來遣使報之復尋和議夏六月上内禪退居德壽宮在位三十六年改元者二曰建炎紹興皇太子立是爲孝宗皇帝

孝宗皇帝 初名伯琮宗室追封秀王謚安僖子偁之子太祖七世孫也母張氏夢崔府君擁一羊來曰以此爲識高宗爲

張浚北伐

曰虞允文之敗金人也何其成功若是之速哉曰允文識時達權岳武穆之所不及也蓋亮已知雍為國人所立自知舉國之人皆不戴己也然其兵已出矣何可已乎譬猶人之外雖無病其臟腑已受疾矣是以貌雖欲勝而心實孤焉況亮以貪暴殘虐御下允文以公忠信義勉人又加以決策臨陣之機此其所以成功之速也

金孛撒復自汴率步騎十萬來攻宿州顯忠謂宏淵併力夾擊宏淵按兵不動顯忠獨以所

康王出使至磁州。磁人夢崔府君出迎。張氏以是歲丁未生伯琮於秀州。有嘉禾之瑞。小名羊。高宗喪太子旉。命選太祖之後。得伯琮鞠宮中。賜名瑗。適與崔府君名同。封普安郡王。秦檜疾其英明。而不能害也。竟立為皇子。賜名瑋。封建王。紹興末賜名昚。立為皇太子。尋詔即位。尊奉上皇帝為光堯壽聖皇帝。皇后吳氏為壽聖太上皇后。（偁音稱。時孝宗父已死。追封為秀王。謚曰安僖。名子偁。崔府君神名。識音志。瑗音院。昚音慎。）○以史浩為右相。張浚樞密使督師江淮。遂北伐。浩不與其議。力丐罷。李顯忠出濠州。趨靈璧。敗金兵。邵宏淵出泗州。圍虹縣。降金將。進克宿州。金副元帥紇石烈志寧率兵至。顯忠與戰連日。未決。諜報金人大興河南兵將至。會宏淵與顯忠不相能。而顯忠又不犒士。士憤怨。遂潰而歸。金人亦解去。上銳意恢復。是役不利。乃復議和。陳康

張浚終身不主和議

部力戰。宏淵顧衆曰。當此盛夏。搖扇於清涼。且猶不堪。況烈日被甲苦戰乎。人心遂搖。無復歸志。諸將以顯忠宏淵不協。各遁去。宏淵又言金添生兵二十萬來。儻我兵不返。恐不測生變。顯忠知宏淵無固志。勢不可孤立。歎曰。天未欲平中原邪。何沮撓如遂。夜引還。至符離師大潰。是擧所喪軍資器械殆盡。幸而金不復南。○呂中曰。浚有社稷大功者五。建復辟之勲。發儲嗣之議。誅范瓊以立國基。用吳玠保全蜀。屏劉麟以定江左。

伯罷。湯思退張浚爲左右相。浚仍以都督視師。數月而罷。未幾卒。浚許國之心。白首不渝。終身不主和議。遺命付其二子。以不能復中原雪國恥。不得祔葬先人之墓。不與之與音豫。丐音蓋乞也。靈壁縣屬宿州。敗音拜。虹音降。虹縣屬泗州。降音項平聲。宿州屬河南。列志寧金帥名。將至之將音漿。恢復之復。復中之復。並音伏。幾如字。二子一名付。又其一未詳。○劉氏曰。魏公之志貫日月。既有議之者。然早歲晚節。有不可辨者二。力攻李綱而寧與汪黃同朝。一不可曉也。力引秦檜使至得政。而寧與趙鼎語不相下。二不可曉也。○呂中曰。嘗觀國家自有中原之禍以來。終始主戰者浚也。終始主和者檜也。以浚主戰而不免有富平之敗。酈瓊之叛。符離之潰。以檜主和而江左小康二十年。是以當時主議者。寧爲檜而不爲浚。游談者寧慕檜而不慕浚。無他。檜之所爲。與人之私心合也。然千載而下。言及檜則人皆思食其肉以快天地神人之憤。言及浚則人莫不以手加額。效林宗而慕李膺者矣。以此見忠義者人心之所同。浚之所爲。又與人之公心合也。彼富貴利達飄風過耳。而端人正士英風常存。是浚雖死而浚之心未嘗不行於後世也。○湯思退。密有召虜議和之迹。言者論罷竄之道死。康伯復相。和議成。先是國書。大宋去大字。皇帝去皇字。書用君世但以富平符離之役議之。然曹彬岐溝之敗。其喪師蹙國亦不下富平符離。豈可以一眚而掩其大德乎。甯過也。

胡銓曰。虜如可和。臣恐再拜不已必至稱臣。稱臣不已必至請降。請降不已必至納土。納土不已必至輿櫬。輿櫬不已必至如晉帝青衣行酒而後爲快。今日擧朝之士皆婦人也。不聽

淳熙三年召朱熹爲秘書郎。不至。先是陳俊卿劉珙薦熹爲樞密院使編修官。累召不至。史浩復薦熹知南康

臣之禮。有再拜等語。金使至。則起立問金主起居。降坐受書。奉使者自同陪臣。館伴之屬皆拜其來使。至是始稱上爲宋皇帝。止爲叔姪之國。易歲貢爲歲幣。歲幣減十萬之數。地界如紹興之時。而餘禮往往竟不能盡改。上終身憤之。其後屢請還河南陵寢地。改受書禮。金人卒不從。蓋上雖有志復讐。而無能輔其志者。自陳康伯卒後。共迭葉顒魏杞蔣芾陳俊卿虞允文梁克家曾懷葉衡史浩趙雄王淮周必大留正相繼爲相。惟俊卿允文並相時。有經營北方之議。而俊卿持重卒與允文不合。允文所爲人亦議其虛誕。竟不效。如浩尤不主用兵。必大從容廟堂。善類多所引進。朱熹以淳熙十五年被召。必大作相時也。初程頤卒於徽宗之世。其徒楊時在欽宗光堯時。皆被擢。趙鼎雖不及識頤。而主張其學。惡之者以

朱熹進封事

張栻名言

軍再辭不許至南康値歳不雨講求荒政多所全活熹上疏其略曰天下之務莫大於恤民而恤民之本在人君正心術以立綱紀蓋綱紀不能以自立必人主之心術公平正大無偏黨反側之私然後有所繫而立君心不能以自正必親賢臣遠小人講明義理閉塞私邪然後可得而正今宰相臺省師傅賓友諫諍之臣皆失其職而陛下所與親密謀議者不過一二近習之臣上以蠱惑陛下之心志下則招集天下士大夫之嗜利無

楊時爲還魂鼎爲尊魂胡安國爲強魂其後又有尹焞見召入經筵焞蓋頤晩年高弟也士大夫名程氏之學曰道學時好所尚或冒此名以進時好不同亦多以此名見擠於世延平李侗受學於楊時之門人羅從彦而熹又受學於侗胡銓嘗薦熹於光堯熹不至乾道以來屢召不起特旨改秩奉祠召入館不就後爲南康守淅東荒除熹提舉往救之過闕嘗一入奏事至是召對除兵部郎與侍郎林栗不合即奉祠去數月復召熹辭惟進封事言天下之大本與今日之急務大本在陛下之心急務則輔翼太子選任大臣振擧綱維變化風俗愛養民力修明軍政六者是也熹之同志有廣漢張栻者魏忠獻公浚之子其學得之胡宏宏安國子也栻之言曰有所爲而爲者利也無所爲而爲者義也學者誦爲名言稱栻

金主璟立

恥者盜陛下之權、竊陛下之柄、使陛下之號令黜陟、不復出於朝廷、而出於一二人之門、名為陛下獨斷、而實此一二人者陰執其柄、臣恐莫大之禍、必至之憂、近在朝夕、而陛下獨未知之。帝讀之大怒。八年、以朱熹提舉浙東常平茶鹽。冬、下熹社倉法于諸路。浙東大飢、熹始拜命、即移書他郡、募米商、蠲其征。及至、則米已輳集。熹日鈎訪民隱、按行境內、單車屏徒從、所至人不及知、郡縣官吏憚其風采、至自引去、所部肅然。

為南軒先生。有呂祖謙者。公著之五世、希哲之四世孫也。亦祖程氏之學。學者稱為東萊先生。皆先是數年卒矣。惟熹學問老而彌篤。學者共師宗之。稱為晦菴先生。四方仰其人、如泰山北斗。南使至北、金人必問朱先生安在。同時有臨川陸九淵、世號象山先生者。與熹爭論太極圖說、且謂學有悟入。譏熹從事訓解、意見頗立異云。竄之云云。謫永州、行至信州而死。去上聲。下同。陪臣宋使自同諸侯陪臣。復讐之復。音伏。适音括。茀音弗。留正留姓正名。焞音淳。延平郡屬福建。今南劍府。奏事上書言事。封事實封上書。栻音敕。魏忠獻公魏國忠獻謚。公爵。所為之為、去聲。下如字。後倣此。○上久有與子之意。會光堯皇帝壽八十一而崩。乃詔內禪。上奉德壽二十六年、孝養備至。既升遐、哀慕危切、以不得日奉几筵、欲退終喪制。移居重華宮。在位二十八年。金世宗雍、以是歲殂。其嗣允恭先卒。孫璟立。雍賢明仁恕、號為北方小堯舜。故金之太定三十李道聞湖北道士皇甫坦善相。久乃出諸女拜之。坦見后驚。不敢受拜。曰。此女當母天下。坦言於高宗。遂聘爲恭王妃。

帝浣手宮中。靚宮人手白。悦之。他日后遣人送食合於帝。啓之則宮人兩手也。后又以黄貴妃有寵。因帝祭太廟宿齋宮。后殺貴妃。以暴卒聞。

帝制於后。久不朝重華宮。會九月重陽節。群臣連章。陳傅良上疏。帝感悟。

年。與宋之隆興乾道淳熙相終始。南北皆得休息。彼此無可乘之釁。上之齎志不克大有爲者。以此。太子立。是爲光宗皇帝。（德壽光堯宮名。養音漾。重平聲。二十八年改元者三。曰隆興乾道淳熙。璟音景。大定金淳宗年号。齎音齊持也）

光宗皇帝名惇。年四十四。自東宮受禪。尊太上皇帝爲至尊壽皇聖帝。周必大罷。留正葛邲爲左右相。改元曰紹熙。皇后李氏。大將李道女也。悍而妬。欲亟立太子嘉王爲儲嗣。因内宴請於壽皇。不許。后不遜。壽皇有怒語。后銜之。乃造誣罔。謂壽皇有廢立意。致上驚恐。得疑疾。及聞後宮有暴死者。上震懼疾愈甚。不復過重華宮。近兩載。始一至。壽皇彌不懌。上亦不能視疾。壽皇居重華。踰五載。壽六十八而崩。上不能執喪。一日忽仆於地。中外危懼。太皇太后立嘉王。是爲寧宗皇帝。光宗在位五年。（邲音弼。載上聲）○

韓侂冑負功

朱熹被召

趣命駕往朝百官班位以俟帝出至御屏后挽留帝入傳良趣進引帝裾請毋入因至屏後后叱之傳良痛哭於庭后益怒遂傳旨罷還内

韓侂冑欲推定策功趙汝愚曰吾宗臣汝外戚也何可以言功但遷侂冑防禦侂冑大失望然以傳導詔旨寖見親幸時乘間竊弄威福臨安府徐誼告汝愚曰侂冑異時必為國患宜飽其欲而遠之不聽韓侂冑謀於京鏜鏜曰彼宗姓也云云以秘書監李沐嘗有怨於汝愚引為右正言使奏

寧宗皇帝名擴。初封嘉王。孝宗崩。光宗疾病。知樞密院事趙汝愚。密建翼戴之議。知憲聖慈烈吳太皇太后以宗社爲憂。將白事而難其人。有知閤門事韓侂冑者。琦之曾孫。而太皇女弟之子也。乃因以入白太皇。垂簾引嘉王入。即位代執孝宗之喪。中外危疑者乃定。光宗居壽康宮。後六年而崩。壽五十四。上之爲嘉王也。黃裳爲翊善。講說開導。光宗嘗宣喩曰。嘉王進學。皆卿之功。裳曰。若欲進德修業。追蹤古先哲王。須尋天下第一人。乃可。問爲誰。以朱熹對。彭龜年繼爲宮僚。因講每及熹說。上傾心已久。熹在光宗時。守漳州。後守潭州。爲湖南安撫。至上登極。首被召除待制兼侍講。熹未至。已聞近習用事。御筆指揮。皆有漸。深憂之。留正罷。汝愚爲相。韓侂冑自負有定策功。希不次之賞。汝愚不肯驟除。遂怨汝愚爲政。

侂冑搏擊善類

籍記黨人

汝愚以同姓居相位將不利於社稷乞罷其政以奠安天位杜塞姦源是日汝愚出浙江亭待罪

國子祭酒李祥言去歲國遭大慼中外洶々留正棄宰相而去官僚幾欲解散軍民皆將為亂兩宮隔絕國喪無主汝愚以樞臣獨不避殞身滅族之禍奉太皇太后命翊陛下以登九五勲勞著於社稷精忠貫於天地乃卒受黷黜而去天下後世其謂何

方務引進善類裁抑僥倖小人滋不悅相與共排之朱熹既至上疏忤侂冑在朝甫四十六日而罷言者以爲熹有宮祠之命遠近相弔天下大老去之誰不欲去若正人盡去何以爲國汝愚袖還内批且諫且拜不聽侂冑欲併逐汝愚而難其名或教之曰彼宗姓誣以謀危社稷則一網盡矣侂冑然之汝愚在相位數月罷連貶竄服藥以死侂冑用李沐何澹劉德秀胡紘沈繼相等爲鷹犬搏擊善類無遺彭龜年劉光祖章頴葉適徐誼沈有開吳獵黄由黄度鄧馹陳傅良樓鑰鄭湜李祥楊簡呂祖儉曾三聘游仲鴻項安世孫元德袁燮陳武汪逵范仲黼黄灝詹體仁等貶逐不可勝紀籍記黨人姓名目曰僞學以朱熹爲首在籍者數十人蔡元定坐熹累道州編管太學生楊宏中等六人亦坐上書救黨人編管留

呂氏當作呉氏

楊宏中周端朝張衜林仲麟蔣傅徐範天下號爲六君子上書曰近者諫官李沐論罷趙汝愚陛下獨不念去歲之事乎人情驚疑變在朝夕是時假非汝愚出死力定大義雖百李沐罔知攸濟云々上詔宏中等罔乱上書扇揺國是悉送五百里外編管

宏中等上書非救黨人之時論罷汝愚也

○周静軒曰是時以僞學斥君子而所用者皆蠅營狗逐之徒如以余端

正以嘗引用黨人亦黜竄。俞端禮。京鏜。謝深甫。相繼爲相。【太皇】太后紹熙初光宗上高宗后呂氏尊号曰憲聖慈烈太皇太后【將】音漿【難】如字下同【閤】音甘入聲【侂】音託【太皇】呉后【女弟】妹曰女弟【代】執云云【云】代光宗爲孝宗承重【翊善】官掌輔賛善道【宮僚】王宮僚屬【傾心】向慕也【有漸】御筆指揮漸暱近習【上】疏之上【上書】之上並上聲下同【言者】游仲鴻【宮】祠之命奉祠祀于外之命【内批】上所批罷朱子之勅【宗姓】宗室同姓【澹】音淡【紘】音横【搏】音博【馹】音日【湜】音植【灝】音浩【勝】音外【累】去聲【六人】姓名未詳○呂中曰父有天下傳歸於子此古人之常也後世以人臣往往貪天之功以爲已有非小人之尤者乎嘗聞哲廟之立本宣仁保佑之賜與諸大臣建請之功群憸矯誣乃以定策歸功蔡確而上誣宣仁下累王珪遂爲元祐大臣不可解之禍其往轍可鑒矣我寧考纂承大統蓋慈福宮定計於内趙忠定諸臣效賛於外侂冑何人寅緣戚里嘗蔽朝廷既攘奪其功掩爲已有猶且附會言章竄之於必死之地亦獨何心哉然則確與侂冑其罪俱不可勝誅矣【鏜】音湯○朱熹以慶元庚申卒。時僞學黨禁雖嚴。會葬者亦數千人。呂祖泰上書。論雪僞學。乞誅侂冑及其黨蘇師旦周筠。罷逐陳自強之徒。召用周必大。不然事將不測。書出中外大駭。杖一百。不刺面。配欽州。必大亦禮京鏜爲丞相，謝深甫之爲參政，鄭僑之同知樞密，何澹之知院事，葉翥之知貢擧，此皆侂冑之爪牙，其同惡相濟爲如何哉。天下不治，從可知矣。熹家貧，故諸生自遠至者，豆飯藜羹，率與之共，往往稱貸於人以給用，非其道義，一介不取也。時攻僞學日急，士之繩趨步尺，稍以儒自名者，無所容其身。從遊之士，特立不顧者，屛伏丘壑，依阿巽懦者，更名他師，過門不入，甚至變易衣冠，狎遊市肆，以自別其非黨，而熹自與諸生講學不休。或

坐謫降。熹沒踰年，黨禁稍解，諸人或復官自便，然消沮變化之餘，風俗已大壞矣。（將音撥　復音伏）○謝深甫罷，陳自強爲相。侂冑以太師平原郡王平章軍國事，權傾人主，威制上下，服御擬於乘輿，土木侈於禁苑。諛者至稱爲恩王聖相，或作詩九章，每章用一錫字，侂冑亦不辭。稔積罪惡，至於生事開邊而極。先是有蒙古部，興於北方，在金世宗時，已强盛稱帝。至璟立，蒙古兵來，輒長驅，金始多事。侂冑聞金有此釁，謂中原可圖。有吳曦者，前蜀帥吳挺之子，璘之孫也。吳氏世職西陲，威行西蜀，留其子孫於京，蓋累朝遠慮。曦有異志，久欲歸蜀而不許。侂冑遣歸數年，蓋欲使西蜀出兵。（乘輿天子車駕，乘去聲　蒙古部元國舊號，後改號元　西蜀舊本作四蜀，非　累上聲）○開禧二年丙寅（是歲元太祖始稱元年），以伐金詔告四方，諸路進師。曦首以關外四州獻金，求封爲蜀主。詔

元太祖即位

金人連陷諸郡

勸其謝遣生徒者笑而不答疾且革正坐整衣冠就枕而卒年七十一○周靜軒曰子朱子發聖人未發之精蘊集諸儒未集之大成正心修身安貧樂道樂則行之憂則違之誠當代之大賢也然卒忌讒邪弗果大用非朱子之不幸乃宋室之不幸也萬世而下仰其餘澤以先知覺後知以先覺覺後覺顧不偉哉是以朱子之屈於一時正所以伸於後世豈若凡卉之流春榮而秋瘁耶

自兵興以來公私之力大屈而侂冑

稱帝賴李好義楊巨源與安丙密謀殲僭號踰月而誅（四州階成秦鳳）○是歲元太祖即位於斡難河之源太祖姓奇渥溫氏諱鐵木眞蒙古部人也其先世爲蒙古部長至太祖之父曰也速該始併吞諸部落愈強大後追謚曰烈祖神元皇帝初神元征塔塔兒部獲其部長鐵木眞宣懿后月倫適生太祖手握凝血如赤石神元異之因以所獲鐵木眞名之志武功也元年大會諸王群臣建九游白旗即位群臣共上尊號曰成吉思皇帝時金章宗泰和六年也（長上聲）○丁卯開禧三年（元太祖二年）時北伐諸軍所向無不潰敗而退金人大發兵連陷蜀漢荆襄兩淮諸郡東南大震亟遣使通謝於金而侂冑弄兵之意猶未已中外患之遂有誅兇之議皇后楊氏知書史通古今當時侍郎史彌遠建密策而旨從中出者皆后實爲之

金章宗殂

以金人欲罪首謀乃復銳意出師。中外憂懼。然皆畏侂胄莫敢言者。彌遠入對。因力陳危迫之勢。請誅侂胄以安邦。皇后楊氏素怨侂胄。亦使皇子榮王㬌疏言侂胄再啓兵端。將不利社稷。帝不許。后從旁力贊之。帝始允可。乃命后兄楊次山與彌遠共圖之。侂胄專政十四年。宰執侍從臺諫藩閫。皆其門廡之人。天子孤立於上。威行宮省。權震宇內。金主以國蹙兵弱。財用匱乏。不能守中都。乃遷都於汴。蒙古主聞之怒曰。既和而遷。是有疑

一日侂胄入朝。彌遠使殿帥夏震以兵邀之塗。擁出玉津園。椎殺之。○先是。元太祖征西夏。拔力吉里塞而還。至是秋。再征之。○戊辰。嘉定元年。元太祖三年 陳自強竄死。蘇師旦處斬。周筠決配。侂胄函首謝金。和議復成。錢象祖爲相。史彌遠累遷。與象祖並相。象祖罷。彌遠獨相。目。處音杵。決配。杖決從配。○宋才鑑義曰。庶人之讐。釋記禮者。猶可盡五世。矧有天下者乎。齊襄復九世之讐。春秋大之。我宋之於金。不共戴天之讐也。侂胄無謀浪戦。固可罪矣。然乃至於函首乞和。何也。當時太學諸生詩曰。鼂錯既誅終叛漢。於期已入竟亡燕。此但以利害言耳。未嘗以名義言也。○呂中曰。和戎國家之不得已也。然必有以折其氣。而後可以要其成。眞宗鑾輿親征。達覽授首。是以有紹興之和。嘉定之和。彼欲得權韓之首則與之。彼欲增歲幣之數則與之。屈已而料犬羊巧詐。寧無易我之心乎。累上聲。○金章宗璟在位二十年而殂。無子。立世宗之別子允濟。於璟爲叔。○己巳。嘉定二年。元太祖四年 春。元太祖入河西。屢破西夏兵。夏主李安全納女請和。○庚午。嘉定三年。元太祖五年 金謀討元。築烏

心、而不釋憾、特以和解為欺我之計耳、復圖南侵、遣兵圍燕京、時金人屢遣使來督歲幣、真德秀上疏請絕之、曰、女真以韃靼侵陵、徙巢於汴、此吾國之至憂也、蓋韃靼之圖滅女真、猶獵師之志在得鹿、鹿之所走、獵必從之、既越三關之阻、以伐燕、豈不能絕黃河一帶之水、以趨汴、使韃靼遂能如劉聰石勒之盜有中原、則疆埸相望、為鄰國固非我利也、云云、今當乘虜之將亡、亟圖自立之策、不可幸虜之未亡、姑為自安之計也、

沙堡。太祖遣將襲殺其衆。遂略地而東。初太祖貢歲幣于金。金主使衛王允濟受貢于靜州。太祖見允濟不為禮。允濟怒。歸欲請兵攻之。會金主璟殂。允濟嗣位。有詔至國。傳言當拜。太祖問金使曰。新君為誰。曰衛王也。太祖遽南唾曰。我謂中原皇帝是天上人做。此等亦為之耶。何以拜為。即策馬去。金使還言。允濟益怒。欲俟太祖再入貢而害之。太祖知之。遂與金絕。金使之使去聲○辛未嘉定四年春。元太祖六年。元太祖南侵敗金兵。襲群牧監。驅其馬而還。自是連歲攻取金州郡。○癸酉嘉定六年。元太祖八年。金主衛紹王允濟在位五年。無歲不受兵。幾不能支。且失將士心。為大將所弒。追廢為東海郡侯。立豐王珣。璟之兄也。是為宣宗。太祖分兵三道。並進取燕南山東河北五十餘郡。珣音荀○甲戌嘉定七年。元太祖九年。元太祖駐蹕燕

宋以黃榜募忠義人

宋鑑。以知楚州應純之節制京東忠義軍。純之見李全軍屢捷。密聞于朝。謂中原可復。史彌遠鑒韓侂冑之事。不明招納。密敕江淮制置使李珏及純之撫接之。号忠義軍。就聽純之節制。

黃榜即敕榜也。宋因唐制。用黃紙。故謂之黃榜。

北金主以岐國公主及童男女五百。馬三千。幷金帛。以獻乞和。雖見許。度不能自立於燕。五月遷于汴。留丞相完顏福興輔太子守忠居燕。太祖遣兵圍之。守忠走汴。後一年。而燕京陷。元兵自河東渡河而南。距汴二十里而去。金人自是地勢益蹙。山東叛之。東阻河。西阻潼關而已。欲窺宋川蜀淮漢。以自廣。遂敗盟來侵宋。以黃榜募忠義人。進討京東路忠義李全以歲戊寅。率衆來歸。全本漣水縣弓手。在開禧乙丑間。已嘗應募焚其縣矣。（漣水縣屬安東州）○丁丑。嘉定十年。（元太祖十二年）元以木華黎爲太師。封國王。率諸軍南征。克大名府。定益都淄萊等州。（木華黎乱剌兒氏。居阿難水東。爲人勇毅多智畧。猿臂善射。挽弓二石強。與博爾术博爾忽赤老溫事太祖。俱以忠勇稱。號掇里班曲律。猶華言四傑也。其征戰功多。封魯國王。謚忠義。子孛魯嗣。）○戊寅。嘉定十一年。（元太祖十三年）元木華黎。自西京入河東。克太原平陽。及忻代澤

初置達魯花赤監治郡縣

○拖音佗
廣義、角端之獸、考之經典、質之子史、雖無其實、然則楚材以是而諫蒙古者、亦可謂因事納忠也。
楚材、遼東丹王突欲八世孫、金尚書右丞履之子、貞祐三年、爲中都行省員外郎、中都陷、遂降於蒙古。
○雲間張氏曰、楚材八世祖、遼之宗室也、後人不能復

潞等州。是歲伐西夏、圍其王城。夏主李遵頊走西京。○高麗王瞰降于元、請歲貢方物。○己卯。嘉定十二年。元太祖十四年 西域殺元使者。太祖親征。○庚辰。嘉定十三年。元太祖十五年 元木華黎徇地至眞定。又徇河北諸郡。○壬午。嘉定十五年。元太祖十七年 元太子拖雷克西域諸城。遂與太祖會。秋、金主復遣使請和。太祖時在回鶻國。謂之曰、我向令汝主授我河朔地、令汝主爲河南王。彼此罷兵。汝主不從。今木華黎已盡取之、乃始來請耶。遂不許。使去聲 ○癸未。嘉定十六年。元太祖十八年 春三月、元太師魯國王木華黎卒。○五月、元初置達魯花赤監治郡縣。○金章宗珣在位十二年而殂。子守緒立。是爲哀宗。○甲申。嘉定十七年。元太祖十九年 元太祖至東印度。駐鐵門關。有一獸、鹿形馬尾、綠色而一角。能作人言。謂侍衛者曰、汝主宜早還。太祖以

讐而降金豈直二其心哉忘君父之讐者也其既降於金矣則楚材乃金之臣也又不忠於金而降蒙古則是自祖及孫舉懷二心而忘君德以事讐者也何無愧心慙德而以懷二心之訑告蒙古哉

竑好鼓琴史彌遠買美人善鼓琴者納諸竑而厚撫其家使瞯竑動息美人知書慧黠竑嬖之時楊皇后專國

問耶律楚材。曰。此獸名角端。能言四方語。好生而惡殺。此天降符。以告陛下。願承天心。宥此數國人命。太祖即日班師。〔惡去聲〕

○自歲丁丑以後。宋與金戰。雖迭有勝敗。然三邊無歲不被其擾。上在位三十年。改元者四。謙恭仁儉。終始如一。然慶元嘉泰開禧凡十三年。則侂冑之政。嘉定十七年。則彌遠之政。壽五十七而崩。彌遠定策立嗣。是爲理宗皇帝。〔三邊東北西〕

理宗皇帝 初名與莒。宗室追封榮王諡文恭希壚之子。太宗十世孫也。寧宗子多而不育。鞠宗室子。名詢。立爲太子。薨。初皇從弟沂靖惠王柄無子。嘗以宗室子。賜名貴和。爲之後。及失太子詢。遂立貴和爲皇子。賜名竑。封濟國公。竑慧而輕。嘗疾史彌遠專權。謂異日不可容。彌遠聞而惡之。故陰爲之計。與莒幼不好弄。群兒聚嬉。輒獨登高坐。不動。長上見者。指以政。彌遠用事久。宰執侍從臺諫藩閫皆所引薦。莫敢誰何。權勢熏灼。竑心不能平。嘗書楊后及彌遠之事於几上曰。彌遠當決配八千里。又指宮壁輿地圖瓊崖曰。吾他日得志。置彌遠於此。又嘗呼彌遠爲新恩。以他日非新州則恩州也。彌遠聞之大懼。閏月帝崩。彌遠遣皇后兄子谷石以廢立事白后。后不可曰。皇子竑先帝所立。豈敢擅變。谷等一夜七往反。后終不許。谷等乃拜泣曰。内外軍民皆已歸心。苟不立之。禍變必生。楊氏無

語群兒曰。汝曹不效此人。恰一大王相似。群兒每羅拜其下。遂有趙大王之號。彌遠物色得之。嘗取應得擧矣。特旨補官。竑既爲寧宗子。遂以與莒爲沂王後。賜名貴誠。除邵州防禦使。寧宗大漸。乃白中宮。以貴誠爲皇子。改名昀。宣遺詔即位。進竑濟陽郡王。出判寧國府。恭聖仁烈楊后同聽政。事定。然後撤簾。宗室。是時理宗父已死。追封爲榮王。謚曰文恭。生名希瓐。從去聲。柄音丙。沂國靖惠謚。柄名。爲之後。繼立也。竑音横。濟上聲。好去聲。長音張。上聲。語去聲。邵州屬湖南。今寶慶府。中宮。楊后。昀音匀。寧國府即宣州。楊后。寧宗后。

○乙酉。寶慶元年。元太祖二十年　時外議籍籍。有謀作亂立竑者。事不克。皆死。李全在楚州。與制置許國相失。殺國。亦以問罪爲辭。擧兵南向圍揚州。幾陷。籍籍。多也。制置。制置使。許國。姓名。幾音機。○丙戌。寶慶二年。元太祖二十一年　元太祖伐西夏。取甘肅等州。遂踰沙陀。至黄河九渡。○丁亥。寶慶三年。元太祖二十二年　元滅夏。以夏主李睍歸

元太祖殂　元太祖用兵如神　元太宗立

唯類矣。后默然。昀入宮見后。拊其背曰。汝今爲吾子矣。彌遠引昀至柩前舉哀。畢然後召竑。竑至則昀已卽位矣。

竑有疾。令余天錫召醫入湖州視之。天錫至。諭指逼竑縊於州治。以疾薨聞。

胡氏曰。宋一代家法最正。諸后最賢。傳授最明。自理宗之立。濟王之死。而後所謂家法之正。后德之賢。傳授之明。遂掃地矣。然理宗之立。實出楊后彌遠之計。非若隋之楊廣。必欲廢兄而奪其位也。故猶相傳五十年。而後

○七月。元太祖殂于六盤山。臨殂謂左右曰。金精兵在潼關。南據連山。北限大河。難以遽破。莫若假道于宋。宋金世讎。必能許我。則下兵唐鄧。直擣汴京。汴急必徵兵潼關。然以數萬之衆。千里赴援。人馬疲弊。雖至弗能戰。破之必矣。言訖而殂。在位二十二年。壽六十六。葬起輦谷。至元二年。冬。追謚曰聖武皇帝。廟號太祖。太祖深沉有大略。用兵如神。故能滅國四十。其勛績甚衆。史之紀載不備。惜哉。○太祖既殂。時皇子窩闊台留霍博之地。國事無所屬。皇子拖雷監國。以俟皇太子至而立之。越二年。皇太子始立。是爲太宗。（屬音祝）　○己丑。紹定二年。（元太宗元年）　元太宗名窩闊台。太祖第三子。母曰光獻皇后弘吉剌氏。是歲夏。奔喪至忽魯班雪不只之地。皇弟拖雷來見。大會諸王百官。以太祖遺詔。卽位。始立朝儀。皇族尊屬。皆

元始立中書省

亡。噫天之爲德其明矣乎。
紹定元年戊子春三月、金將完顏陳和尚大敗蒙古兵于大昌原。陳和尚爲完顏合達前鋒、以四百騎大敗蒙古八千之衆。士氣皆倍蓰。自有蒙古之難二十年間、始有此捷。奏功第一。
贈朱熹太師信國公。詔曰、朕觀朱熹集註大學論語孟子中庸、發揮聖賢蘊奧、有補治道云云。紹定中改封徽國公。
紹定五年、金完顏合達移剌蒲阿引軍援汴、及蒙古拖雷戰于三峰、大敗

就班以拜。現(見)音 ○元始置倉廩、立驛傳命。○庚寅。紹定三年。元太宗二年 元遣兵取京兆。七月。太宗自將伐金。皇弟拖雷姪蒙哥帥師從。○辛卯。紹定四年。元太宗三年 春。趙范趙葵大敗李全于揚州城下。時屬上元張燈。全置酒高會于平山堂。城中諜知、夜遣兵出其不意劫之。全走陷于濠、爲亂槍所斃。其餘奔走北去。○二月。元太宗克鳳翔、攻洛陽河中諸城下之。五月。元遣使來假道。宋殺之。使(去聲) ○八月。元始立中書省、改從官名、以耶律楚材爲中書令。耶律楚材、字晉卿。遼東丹王突欲八世孫。金尚書右丞履之子也。太祖有一天下之志、嘗訪遼宗室、召楚材謂之曰、遼金世讎。吾爲汝報之矣。楚材對曰、臣祖父以來、嘗北面事之。既爲臣子、豈敢復懷二心、讎君父乎。太祖重其言、命處左右、以備訪問。楚材博究群書、天文地理律歴術數釋老醫卜、無不知者。夏人常八斤者、以善造弓見知於太祖。因曰、國家方用武、耶律儒者何用。楚材曰、治弓尚須用弓匠、爲天下者豈可不用治天下匠邪。太祖聞之甚喜、曰見親用。嘗與西域人占月蝕。西域人曰、某夜月當蝕。楚材曰、不蝕。至其夜果不蝕。楚材嘗言

十四年之三字恐贅

元太弟卒

合達乃與陳和尚等走入鈞州蒙古兵攻之城破合達死陳和尚趨避隱處殺畧稍定乃出自言姓名且曰我死亂軍中人將謂我負國家今日明白死蒙古兵欲其降不肯乃斫足脛折之劃口吻至耳噀血而呼至死不屈

金使完顏阿虎帶來乞糧將行金主諭之曰宋人負朕深矣朕自即位以來戒飭邊將無犯南界邊臣有請征討者未嘗不切責之令乘我疲弊來攻彼爲謀亦淺矣蒙古滅國四十以及西夏夏亡及於

其夜月當蝕西域人曰不蝕至其夜果然食太祖以楚材語太宗曰此人天賜我家爾後軍國庶政當悉委之粘合重山爲左丞相粘合重山金源貴族也太宗以爲左丞相凡建官立法多出耶律楚材而粘合重山佐成之議以不殺見稱封魏國公謚忠武鎭海爲右丞相○十二月元太宗取河中太弟拖雷發騎六萬分兵自西和州入興元由金房道襄陽至唐鄧與金人鏖戰於陽翟潼藍之戍亦潰西兵畢至合圍於汴鏖烏高反翟音狄○壬辰紹定五年元太宗四年元太宗由白坡渡河次鄭州攻鈞州克之遂取商虢嵩汝等十四年使速不臺圍金汴京金主遣其弟訛可入質太宗還留速不臺守河南八月金兵救汴諸軍與戰敗之九月太弟拖雷卒于師金主守緒突圍出走歸德府○元再使王檝來議夾攻伐金京湖制置使史嵩之以聞朝臣皆以爲可遂復讎之舉獨趙范不喜曰宣和海上之盟厥初甚堅迄以取禍不可不鑑帝不從

金崔立以汴降元

詔。嵩之報使許之。嵩之乃遣鄒伸之報謝。且議夾攻汴京。元人許俟成功以河南地歸宋。(臓音接)○癸巳。紹定六年。(元太宗五年。)金主奔歸德。粮絕。乃趨蔡州。其將崔立以汴京降元。四月。元速不臺進至青城。崔立以金太后王氏皇后徒單氏荊王從恪等至軍。速不臺遣送北還。○元以孔子五十世孫元措襲封衍聖公。整修孔子廟及渾天儀。○宋丞相史彌遠卒。鄭清之為相。史嵩之爲京湖制師。在襄陽。南北有夾攻蔡州之約。嵩之遣孟珙以兵四萬人先至。圍其東南。元兵圍其西北。(相去聲)○甲午。端平元年。(元太宗六年。)○正月。金主守緒傳位於宗室子承麟。宋孟珙入蔡州。元師從之。守緒自經死。函其首送宋。獲承麟殺之。金自完顏旻稱帝。至是九世。一百十七年而亡。○夏四月。獻金俘于太廟。會淮帥趙范趙葵。乗金人之

我我亡必及於宋。脣亡齒寒自然之理。若與我連和。所以為我者亦為彼也。卿其以此意曉之。阿虎帶至朝廷。不許。

彌遠為相凡二十六年。用事專且久。權傾内外。初欲反韓侂胄所為。故收召賢才老成布於朝廷。及濟王不得其死。論者紛起。遂任憸壬小人也。以居臺諫。一時君子貶斥殆盡。帝德其立己。惟言是從。故恩寵終其身。

史嵩之遣使以孟珙所獲金俘囚張天綱完顏好海等献於臨安。薛瓊問天綱曰。有何面目

趙范趙葵興師開釁

到此天綱曰國之興亡何代無之我金之亡比汝二帝何如瓊叱之帝召天綱曰汝眞不畏死耶天綱對曰大丈夫患死之不中節耳何畏之有因祈死不已

喬行簡上疏曰臣不憂師出之無功而憂事力之不可繼有功而至於不可繼則其憂始深矣夫規恢進取必須選將豐財足食而今將乏卒寡財匱食竭臣恐北方未可圖而南方已先騷動矣

○周靜軒曰三京淪於夷狄固為臣子之耻恢復故疆乃其分也然必度

亡為恢復計朝臣多以為未可獨鄭清之力主其說帝乃命范移司黄州刻日進兵范參議官丘岳曰方興之敵新盟而退氣盛鋒鋭寧肯捐所得以與人耶我師若往彼必突至非惟進退失據開釁致兵必自此始且千里長驅以爭空城得之當勤饋餉後必悔之范不聽史嵩之亦言荆襄方爾饑饉未可興師杜杲復陳出師之害范葵故荆湖制帥趙方之子習於兵銳意攻取募山東忠義皆響應仲之未由而宋師出矣仲之等幾被羈留於燕詭辭得與檝俱來檝曰何為而敗盟也自是淮漢之間無寧日矣不數日汴人以城附宋宋師入汴即趍洛元兵戍洛者無幾姑避去宋師入洛不數日粮絶聞元生兵且大至潰而歸咎嵩之主和不肯運粮致誤事

○乙未端平二年 元太宗七年 春元城和林作萬安宮遣諸王

詔講通鑑綱目

元始定賦稅

元立編修所

其事勢。吾之兵甲精歟。倉廩盈歟。人才足歟。府庫充歟。然後舉事。猶慮不及。況蒙古以方張不制之虜。新與訂盟。豈宜遽叛。則是中國先失信於夷狄。而曲在宋矣。又安能不致蒙古之雲擾哉。他日下詔罪已。方悔前愆。嗚呼晚矣。

哨與絲同。吹簫以示警也。

蒙古使王檝來言曰。何為而敗盟也。自是河淮之間。無寧日矣。

拔都太子貴由姪蒙哥征西域。太子闊端侵蜀漢。太子曲出及胡士虎侵宋唐吉。征高麗。○丙申。端平三年。元太宗八年。元印造交鈔行之。六月。耶律楚材請。於燕京立編脩所。於平陽立經籍所。編集經史。召儒生梁陟充長官。以王萬慶趙著副之。秋闊端取宋關外數州。十月。入成都。取秦鞏等四十餘州。○時和議既不復諧。蜀遂破陷。荆襄淮甸無歲不受攻哨。○元以耶律楚材言。始定天下賦稅。上田每畝稅三升。中田二升半。下田二升。水田一畝五升。商稅三十分之一。五戶出絲一斤。以給諸王功臣湯沐之賜。塩每銀一兩四十斤。永為定額。朝臣皆謂太輕。耶律楚材曰。將來必有以利進者。則已為重矣。○丁酉。嘉熙元年。詔經筵進講朱熹通鑑綱目。○八月。元試諸路儒士。中選者。除本貫議事官。得四千三十人。元兵略

杜杲却元人

元建太極書院于燕

河朔始知道學

詔孟珙屯黄州帝問恢復珙對曰願陛下寛民力蓄人材以俟機會帝問和議珙對曰臣介冑之士當言戰不當言和賜賚甚厚蒙古察罕師兵號八十萬圍廬州期破廬後造舟巢湖以窺江左於壕外築土城周圍六十里穿兩壕攻具皆數倍于攻安豐時築壩高於城樓杲以油灌草即壩下煉之皆為煨燼又於串樓内立雁翅七層俄砲中壩上衆驚杲乘勝出戰蒙古敗走杲追躡數十里又練舟師扼淮河遣其子庶監呂文德聶斌伏

地至黄州宋孟珙敗之（中）去聲○戊戌嘉熙二年元太宗十年先是杜杲却元人安豐之兵復破察罕八十萬兵於廬州後解儀真之圍以功權刑部尚書復進敷文閣學士○呂文德總統兩淮出戰軍馬進淮西招撫使文德安豐人魁梧勇悍微時鬻薪城中趙帥葵道傍見遺屨長尺有咫驚訝訪求得之留之麾下後以邊功至顯官（使）去聲（鬻）音育賣也（咫）音止八寸也○元塔思軍至北峽關宋將汪統制降先是曲出率張柔等攻郢州拔之至是宋孟珙復取襄陽○元領中書行省楊惟中建太極書院于燕京延趙復為師時濂溪周子之學未至於河朔惟中用師于蜀湖京漢得名士數十人始知其道之粹乃收集伊洛諸書載送燕京及師還遂建太極書院及周子祠以二程張楊游朱六子配食由是河朔始知道學（楊惟中）弘州人年二十奉太宗命使西域

精鋭於要害。蒙古不能進。遂引師北歸。珙既復襄陽、奏曰、取襄不難、而守爲難。非將士不勇也。非車馬器械不精也。實在乎事力之不給爾。襄樊爲朝廷根本。今百戰而得之。當加經理、加護元氣。非甲兵十萬、不足分守。與其抽兵於敵來之後、孰若保此全勝、練兵集謀。此不爭之爭也。乃以蔡息降人置忠衞軍、襄郢降人置先鋒軍。

三十餘國。宣國威、布政條、俾皆籍戸口屬吏、乃歸。惟中爲憲宗世。世祖爲太弟、鎭金蓮川、立河南道經略司於汴梁。奏惟中等爲使、俾屯田唐鄧亳潁諸州。金初滅、以劉福爲河南道總管。福貪鄙殘酷、虐害遺民二十餘年。惟中至、召之聽約束。福不至。復使語之曰、汝不至、吾以軍法從事。福不得已、盛從衞以見。惟中握大梃、擊仆之。數日福死。河南大治。遷川陝宣撫使。有郭千戸者、殺人之夫而取其妻。惟中戮之以徇。關中肅然。趙復字仁甫、德安人。太宗時、太子曲出侵宋、俘德安之民。姚樞奉詔、即軍中求儒士。復在俘中。樞與語、大奇之。復以親族俱殘、不欲北行。因與樞訣。樞恐其自死、留與共宿。夜忽失復。樞遽馳尋、呼之。見復將投水。樞挽而挾之北歸。復乃録其所記程朱之書、以教學者。乃北士能通周程張朱之學、皆因復而得。然復竟不仕。學者稱之曰江漢先生。○庚子。嘉熙四年。元太宗十二年。春、元太子貴由克西域未下諸部。元敕州郡失盗不獲、以官物償之。國初多盗。下令凡失盗去處、令本路民戸代償。民苦之、多亡命。至是罷徵。又官民貸回鶻金銀、償之者歲加倍。謂之羊羔利。往往破家、至以妻子爲質、終不能償。耶律楚材請悉以官物代還。凡七萬六千錠。仍令凡假貸歲久、惟子本相侔而止。

詔曰朕惟孔子之道自孟軻後不得其傳至我朝周敦頤張載程顥頤眞見實踐深探聖域千載絕學始有指歸中興以來得朱熹精思明辨表裏渾融使中庸大學語孟之書本末洞徹孔子道益以大明於世朕每觀五臣論著啓沃良多令視學有日其令學官列諸從祀以示崇奬之意尋以王安石爲萬世罪人豈宜從祀孔子其黜之越二日遂加封爵

大學生黃愷伯等百四十六人上書曰嵩之心術回邪蹤跡詭秘羅天下

著爲令（貸）音代從人求物也又音特義同　○辛丑淳祐元年。元太宗十三年 宋詔追封周敦頤汝南伯。張載郿伯。程顥河南伯。程頤伊陽伯。朱熹徽國公。並從祀孔子廟庭。黜王安石從祀。帝謁孔子。遂臨太學。○十一月元太宗出獵。殂于鈋鐵鎋胡蘭。年五十六。葬起輦谷。後追謚曰英文皇帝。廟號太宗。太宗有寛弘之量。仁恕之心。量時度物。擧無過事。華夏殷富。庶民樂業。行旅不齎糧。時稱治平。元自太宗殂後。皇后乃馬眞氏臨朝稱制。凡五年。不立君。（鈋鐵鎋胡蘭）北方地名也鎋音孤（度）音鐸（樂）音洛　○甲辰淳祐四年。先是鄭清之罷相。喬行簡李宗勉等。繼爲政。無所決斷。上思史嵩之之言。自督府入爲相。雖欲議和。輙爲衆論所沮。嵩之丁父彌遠憂。聞訃數日乃行。詔起復爲相。言者目爲權姦。力攻之。遂不復相。范鍾。游侶。鄭清之。謝方叔。吳潛。董槐。程元鳳。丁大全

耶律楚材卒

之小人爲私黨、奪天下利權、歸私室、在朝廷一日、則貽一日之禍、一歲則爲一歲之憂、萬口一辭、惟恐其去之不速、而陛下起復之、何邪、況大臣佐天子以孝治天下者也、孝不行于大臣、是率天下而爲無父之國矣云云、武學生、宗學生、及徐元杰等上疏切諫、不勝枚舉、

等相繼爲相。每歲以防秋爲常事。沮上聲止也 ○元中書令耶律楚材卒。后嘗以儲嗣事問楚材。對曰、此非外臣所敢知。自有太宗遺詔、在守而行之。社稷之幸也。后嘗以御寶空紙付幸臣奧都剌合蠻。令自書塡行之。楚材奏曰、天下者先帝之天下。朝廷自有憲章。今欲紊之。臣不敢奉詔。事遂止。復有旨。凡奧都剌合蠻所奏准。令史不爲之書者。斷其手。楚材曰、軍國之事。先帝悉委老臣。令史何與焉。事若合理。自當奉行。如不可行。死且不避。況斷手乎。后以其先朝勳舊。曲加敬憚焉。楚材天資英邁。出入表雖案牘滿前。酬荅不失其宜。正色立朝。不爲勢屈。欲以身徇天下。每陳國家利病。生民休戚。辭色懇切。太宗嘗曰、汝又欲爲百姓哭耶。楚材每言、興一利不若除一害。生一事不若減一事。平居不妄言笑。及接士人。溫恭

興一事不如除一害

元定宗立

之容溢于外莫不感其德焉耶律楚材於太宗即位之初為定儀制位親王察合台曰王雖兄位則臣也禮當拜王拜則莫敢不拜矣即位之日王率皇族及臣僚拜帳下元朝尊屬有拜禮自是始楚材條便宜十八事言郡宜置長吏牧民萬戶統軍使勢均力敵以遏驕攬凡政令便於民者甚衆太宗悉從之惟罷献一事不允曰彼自願餽献者宜聽之楚材曰蠹害之端必由於此太宗曰凡卿所奏無不從者卿不能從朕一事耶汴梁將下大將言金人抗拒久師多死傷城下請屠之楚材馳入奏曰得地無民將焉用之太宗猶豫未決楚材又曰奇巧之工厚藏之民皆萃於此若盡殺將無所獲太宗然之遂詔罪止完顏氏餘勿問時太宗議裂地賜親王功臣楚材曰裂土分民易生嫌隙不如多與以金帛太宗曰已許奈何楚材曰若朝廷置吏收其貢賦歲終頒之使無擅科徵可也從之及卒十年後有譖之者言其在相位久天下貢賦半入其家皇后命近臣覆之唯琴阮十餘及古今書畫金石遺文數千卷後封廣寧王謚文正二子鉉錢（紊音問亂之也）（與音預）（邁音賣）（敻虛正反遠也）○元便宜總帥汪世顯卒世顯善兵能將重儒愛民勤儉自持有古名將之風○丙午淳祐六年 元定宗元年 元定宗即位于速茂禿都定宗名貴由太宗長子也母曰六皇后乃馬眞氏初太宗有旨以皇孫失烈門

○宋子貞曰元衆大亂之後天綱人理幾乎泯絶加以南北之政每每相戾出入用事之臣又皆諸蕃降附言語不通趨向不同楚材以一書生孤立其間欲行其所學可謂難矣然見於設施者十不一二向使無楚材人類不知其何如耳○丘文莊曰世史蒙古之臣皆書死而楚材書以卒何楚材仕於蒙古法制未正之初宋子貞謂當時無楚材不知人類何如耳是其有功於華人甚大蓋非木華黎輩專以拓地開疆

者比也。蒙古之人言。漢人無益。欲空其人以爲牧地。賴楚材之言而止。蒙古攻汴梁久不下。欲城下之日屠之。亦以楚材之言而止。嗚呼仕夷之人。皆以救民爲心。如楚材又何責焉。○袁氏曰。楚材失節之臣。既不能善其始。竟以憂卒。又不能善其終。擬之他人僅彼善於此耳。史嵩之既去。元老舊德次第收召。杜範既入相。復延元杰議政。多所裨益。六月朔。元杰當侍立。先一日謁范鍾歸。是夕熱大作。夜四鼓指爪忽裂以

元憲宗立

余玠敗元人

爲嗣。及殂。后臨朝。稱制者五年。乃議立定宗。○戊申。淳祐八年。元定宗三年 元定宗尸位三年而殂。壽四十三。葬起輦谷。追謚簡平皇帝。○元自馬真氏臨朝以來。法制不一。內外離心。定宗既殂。皇后海迷失抱子失烈門垂簾聽政。諸王大臣不服。共議立太弟蒙哥。後二年。是爲憲宗。即位。○辛亥。淳祐十一年。元憲宗元年 元憲宗名蒙哥。太祖第四子拖雷之長子。先是諸大臣欲奉屈出之子失烈門。久而不決。至是元良哈台以太祖諸孫惟憲宗謙慎。宜立。遂大會于闊帖亢阿蘭之地。而即位焉。失烈門不服憲宗。因察諸王有異同者。並羈縻之。取主謀者誅夷之。由是始定。長上聲 ○余玠大敗元人于興元。○元憲宗命太弟忽必烈總治蒙古漢地民戶事。開府于金蓮川。先是姚樞隱居蘇門。以道自任。太弟召之。樞至見太弟聰明。

才不世出。虚己受言、將大有爲。乃盡其平日所學、爲書數千言、上之。首以二帝三王爲學之本、爲治之序、與治國平天下之大經、彙爲八目。曰脩身、力學、尊賢、親親、畏天、愛民、好善、遠佞。次及時政之弊、爲條三十。本末兼該、細大不遺。太弟太奇其才。動必見詢。（遠）去聲（姚樞）字公茂、柳城人。後遷洛陽。自少力學。及得程朱之書、益知自勵。世祖爲藩王、召置之王府。數陳時務、必以帝王之道爲言。世祖征大理、樞從行。因中途夜宴、樞言宋太祖命曹彬取南唐、不殺一人、市不易肆。明日世祖據鞍呼曰、汝昨言曹彬不殺一人。吾能爲之。樞馬上賀曰、聖人之心、仁明若此、生民之幸、有國之福也。至大理城、命樞裂帛爲旗、書止殺之令。民賴以安。樞之力也。○元以史天澤・趙璧、爲河南經略使。（使）去聲 史天澤、真定人。身長八尺、音如洪鐘。勇力善騎射。兄天倪爲真定帥而死。天澤繼其職。太宗以天澤爲真定・河間・大名・東平・濟南五路萬戶、攻汴梁・歸德・蔡州。多戰功。世祖即位、名問治道、具疏以對。言立省部以正紀綱、設監司以督諸郡、濡恩澤以安反側、退貪殘以任賢能、頒俸祿以養廉、禁賄賂以防奸。二年、拜中書右丞相。所言皆次第行之。三年、李壇叛、據濟南、遣親王哈必赤討之、繼命天澤往。聞壇入濟南、笑曰、豕突入苙、無能爲也。言於王曰、兵不宜力角、

死。三學諸生上書、昔小人傾君子者、不過使之死於蠻烟瘴雨之鄉。今蠻烟瘴雨、不在嶺海而在朝廷。云云。劉漢弼以腫疾暴死。太學生蔡德潤等百七十有三人、復叩閽上書。時杜範入相八十日卒。謂諸公皆中毒。堂食無敢下筋者。嵩之從子璟卿諫嵩之。無何璟卿暴卒。相傳亦嵩之致毒云。台、元良姓、哈歹名。歹多改及歹一作寧武節度使孟珙卒。珙忠君體國之念、可貫金石。在軍中參佐部曲論事、言人殊。珙徐以片言折衷、衆士皆

余玠卒

慨、退則歸拙於昏、隱凡危坐若蕭然、事外、遠貨色、絕滋味、尤邃易學、累贈太師、謚忠襄、

余玠聞名不自安、一夕暴卒、或謂仰藥死、蜀人莫不悲之、帷忠以余晦鎭蜀、心輕之、呼其小字

當以歲月斃之、乃深溝高壘、絕其奔軼、歷四月、城中食盡、潰降、生擒壇斬之、或謂壇之變、由諸侯權重、天澤遂奏請、自臣家始、於是史氏子弟、解兵符者十七人、至元十一年、詔天澤與伯顏總大軍侵宋、天澤至郢、以疾還襄陽、帝勅尚醫能視、天澤附奏曰、臣大限有終、死不足惜、願天兵渡江、愼勿殺掠、語不及他、以十二年二月卒、年七十四、謚忠武、後贈太師、封鎭陽王、天澤平居未嘗自矜其能、及臨大節論大事、毅然以天下之事自任、年至四十、始折節讀書、尤熟資治通鑑、立論出人意表、拜相之日、門庭悄然、或勸以權自張、天澤誦唐韋澳之語曰、願相公無權、爵祿刑賞、天子之柄、何以權爲、言者慙服、出入將相五十餘年、上不疑而下無怨、人以方郭子儀曹彬云、子曰格、樟、棣、杠、杞、榫、楷、彬、皆顯。

○壬子。淳祐十二年。元憲宗二年 元定宗后及失烈門母。以厭禳事覺、並賜死、謫失烈門及其黨於沒脫赤之地。○六月。元憲宗以中州漢地、封同姓。太弟於汴京關中、自擇其一、姚樞曰、南京河徙無常、土薄水淺、潟鹵生之、不若關中厥田上上、古名天府陸海。太弟遂請關中、由是太弟有關中河南之地。潟鹵音昔、鹹也 ○

癸丑。寶祐元年。元憲宗三年 四川制置使余玠卒、以余晦爲四川、

曰。余再五來也。晦怒。

宣諭使。○元太弟忽必烈平大理國。○甲寅寶祐二年。元憲宗四年
時余晦宣撫四川。以私恨誣奏利路安撫王惟忠潛通北
境。大理陳太方承旨鍛成之。惟忠將斬於市。色不變。謂太方
曰。吾死訴於天。既斬。血逆流而上。未幾太方入朝。恍惚與惟
忠還。遂卒。先是朝廷用彭大雅理蜀。甚有威名。重築重慶城。
余玠遷蜀郡平曠之地。分治險要。如合州治釣魚山之類。在
蜀二十年。民籍以安。至余晦貪繆。罔功敗失要地。以和州守
劉雄飛爲四川制置。【利路】利路。乃今順元州之廣元府。【鍛成】太理卿陳太方承順余晦旨意。鍛鍊以
成其獄。【將】音漿。【上】上聲。【幾】如字。【重】平聲。下同。【重慶】府屬川南。即恭州。【治】平聲。下同。【合州】屬川南。【籍】慈夜切。【繆】眉幼切。胡
頴每見淫祠即毀之。人謂之胡打鬼。經略廣東。廣有僧寺。佛
像中有巨蛇。時出享人祭祀。僧托之題疏。得數千緡。頴至毀
佛擊蛇。其怪遂息。【淫祠】不載祀典。曰淫祠。【經畧】爲廣東經畧使。
南宋理宗寶祐元年 ○丙辰寶祐四年。

○鴻齋曰。民之祭淫祠。多於正祠。古曰。淫祠無福。況祭老孤巨蛇。欲以求福。嗚呼。亦何其惑也。孔子曰。非其鬼而祭之。諂也。袁了凡曰。非其鬼不但

元人入蜀

元建都開平

其祖宗如適子爲諸侯次子爲大夫大夫所祭當正稱若借祭乎上皆所謂非其鬼非其鬼又是侫淫祠耳况於狐蛇乎

丁大全方諂事内豎竊弄威權帝不覺悟大全嘗遣客私於槐槐曰吾聞人臣無私交吾惟事上不敢私結約幸爲謝丁君大全度槐終不容己乃日夜刺求槐短槐入對極言大全邪佞不可近大全益怨之乃上章劾槐章未下大全夜半以臺檄調隅兵百餘人露刃圍槐第驅迫之出而罷相之制始下物論殊

高麗王細嵯甫。雲南酋長摩合羅嵯。及素州諸國朝于元。（元憲宗六年）○元憲宗。欲建城市爲都會之所。太弟忽必烈言劉秉忠精於天文地理之術。乃命相宅秉忠以桓州東灤水北之龍岡爲吉。乃命秉忠營之。名曰開平府。三年而畢功。（相去聲　灤音欒）○丁巳寶祐五年（元憲宗七年）元回鶻獻水精盆珍珠傘可直銀三萬餘錠。憲宗曰。方今百姓疲弊。所急者錢耳。朕獨有此何用。却之。○十月元兀良哈歹伐安南。屠其城。○戊午寶祐六年（元憲宗八年）二月安南王傳國於長子光昺。遣使以方物獻于元（昺音丙　使去聲）。○元討回回哈里發平之。九月憲宗親帥大軍入蜀攻苦竹隘。宋守將楊立張實死之。是時元人勢欲順流東下。一軍自大理國斡服南來。歷邕桂之境以至潭州。一軍渡江圍鄂州。○罷丁大全。以吳潛爲左相。即軍中拜賈似道爲

元憲宗殂于釣魚山

賈似道請和詐言戰勝

右相趙葵樞密策應使杜庶兩淮制置夏貴總領舟師呂文德等乘風戰勝潛以向士璧守灃適南來二哥元帥遇宋候騎而死潭圍先解高達等守鄂似道駐漢陽為鄂援○己未

開慶元年。元憲宗九年 元憲宗圍合州遣使招諭守將王堅堅殺使者固守拒之○七月元憲宗殂於釣魚山在位九年壽五十二後追謚曰桓肅皇帝憲宗剛明雄毅沈斷寡言不樂宴飲不好侈靡雖后妃亦不過制太宗末年群臣擅權政出多門至憲宗凡詔旨必親起草更易數四然後行之御群臣甚嚴嘗諭曰汝輩若得朕獎諭即志氣驕逸災禍未有不隨至者汝輩其戒之時太弟進攻鄂州宋守將張堅守不下遂死之（樂音洛 好去聲 更音庚改也）○似道自漢陽至鄂督師而太弟忽必烈攻城益急城中死傷者至萬三千人似道大懼密遣宋京詣

駮三學生屢上書乃詔槐以觀文殿大學士提舉洞霄宮大全既逐槐益恣擅用事道路以目大學生六人上書攻之大全怒削其籍管遠州

王賢固宗蒙古主督諸軍攻之屢戰不克前鋒将汪德臣選兵夜登外城堅率兵逆戰遲明德臣單騎大呼曰王堅我來活汝一城軍民宜早降語未訖幾為飛石所中因得疾死曾天大雨攻城梯折後軍不克進俱退蒙主亦卒於合子城下合州圍解捷聞詔加堅寧遠軍節度使

元世祖即位

賈似道涉之子。少落魄爲遊博、不事操行。帝以貴妃故累擢。云々。日縱遊諸妓家、至夜即燕遊湖上不返。帝嘗夜憑高望西湖中燈火異常時、語左右曰、此必似道也。明日詢之、果然。使京尹史巖之戒之。巖之對曰、似道雖有少年氣習、然其才可大用也。貫義理宗知似道之無賴、有素矣。知而用之則是理宗甘心於用小人也。南宋之亡、豈無日哉。○雲間張氏曰、嗚呼不能爲國禦敵而能爲國招敵者賈賊也。抑觀賈賊自鄂鎭以來、蒙敵

元營請稱臣納幣。太弟不許。會合州守王堅遣人走鄂、以憲宗訃聞于似道。似道再遣宋京往元營。太弟亦聞阿里不哥欲襲尊號、郝經曰、若彼果稱遺詔便正位號、下詔中原、行赦江上、欲歸得乎。願大王以社稷爲念、班師議和、置輜重、率輕騎而歸、直造天都、遣一軍逆大行靈轝、收皇帝璽、遣使召旭烈・阿里不哥諸王會喪和林、差官諸路安輯、命王長子眞金鎭守燕都、示以形勢、則大寶有歸、而社稷安矣。太弟然之、乃許似道和、且約歲幣之數、遂拔寨而去、留張傑・閻旺以偏師候湖南兀良哈歹之兵。造上聲歹音余使去聲○庚申景定元年。元世祖皇帝中統元年元世祖名忽必烈、憲宗同母弟也。憲宗既殂、阿藍荅兒・渾都海等謀立世祖弟阿里不哥、憲宗后聞之、遣使馳至鄂、請速還。春三月、至開平、諸王大臣同辭勸進、三讓乃即位。○

賈似道匿議和稱臣納幣之事

元遣郝經求尋盟

朝廷屢以退賊邀功為言其計不亦奸乎夫何朝廷皆闇卒是其言而賞之也觀其於蒙古之兵畏之如虎一聞其至則心戰股栗恨無地以容喙適會蒙古自有他故而班師則潛竊其遠去或殺其殿兵或殘其俘卒掠為已功以聞於朝而其稱臣納幣之恥則匿而不聞焉是以蒙古之心以為向既納幣稱臣以求和今又投俘我軍士是何詭譎而轉展無信邪故蒙古加兵之心愈堅而宋人之國愈不可為也已故曰不能為國禦敵而

元兀良哈歹會張傑于鄂州帥師北還宋賈似道命夏貴敗其後軍于新生磯遂匿其議和稱臣納幣之事上表言鄂圍始解江南肅清宗社危而復安實萬世無疆之休帝以似道有再造功下詔褒美賞賚甚厚（磯音基）○元阿里不哥僭號于和林城曲○五月十九日元建元中統○進中統交鈔○元世祖自將討阿里不哥○元廉希憲大敗西軍于姑臧斬阿藍答兒及渾都海○元以梵僧八合思八為國師○元遣郝經來尋盟且徵前日請和之議賈似道既還朝使其客廖瑩中撰福華編稱頌鄂功朝廷不知其求和也（朝音潮）○元世祖既立廉希憲請遣使以息兵講好命軍北歸俾恩威並著世祖善之而未得其人王文統素忌郝經才德乃遣經行或謂經曰盍以疾辭經曰自南北構難江淮遺黎弱者被俘略壯

賈似道拘留經于眞州忠勇軍營

能爲國招敵者賈
賊也。
帝手詔白虎闈國
子監齒冑。王制凡
入學以齒。冑子
也、太子事也。此禮
廢久矣。如釋奠釋
菜之事、我朝俱未
嘗廢。然享師敬道、
又不可拘舊制。可
令太子謁拜。太子
既還、上奏曰、先聖
之道、至我朝而後
有以續孟子之傳。
然諸說並駕、未知
統一。迨朱熹・張栻・
呂祖謙志同道合、
切思講磨、擇精語
詳、開牖後學、人心
一正、聖道大明。今
熹已秩從祀、而栻・
祖謙尚未奉明詔。
臣竊望焉。帝從之、
遂封栻華陽伯、祖

者死原野、兵連禍結、斯亦久矣。聖上一視同仁、務通兩國之
好。雖以微軀蹈不測之淵、尚能弭兵靖亂、活百萬生靈於鋒
鏑之下。吾學爲有用矣。遂行。王文統陰諷李壇侵宋、以沮撓
之。欲假手以害經。經踰淮。賈似道懼姦謀呈露、遂以李壇爲
辭、拘留經于眞州之忠勇軍營。驛吏防守嚴於獄犴。介佐或
不能堪。經語之曰、將命至此、死生進退、聽其在彼。守節不屈、
盡其在我。豈能不忠不義、以辱中州士大夫乎。但公等不幸、
須忍死以待。揆之天時人事、宋祚殆不遠矣。衆感其言、皆自
振厲。〔鏑〕音的。〔沮〕上聲。〔撓〕音鬧、平聲。〔犴〕音岸。〔語〕去聲。〔郝經〕字仲
常、其先潞州人、後徙順天。世祖即位、以經爲翰林侍讀
學士、使宋。告即位、賈似道以爲有卻敵功、諱言納歲幣、恐謀
泄、乃館經于眞州。經上書于宋帝、及其大臣、且請入見、皆不
報。驛吏棘垣鑰戶、從人怒而鬬死者數人。居七年、從經別館、
與從者六人。又居九年、伯顔南侵、宋懼、以禮送經歸。似道之
謀泄、亦竄死。經歸、世祖錫宴大庭、自副使劉仁傑以下、賞賚
有差。秋七月卒、年五十三。爲人尚氣節、爲學思致用、及被留、

賈似道忌害臣閫

謙開封伯並列從祀

謝枋得字君直號疊山弋陽人輯文章軌範

二卯棄于城子思說衛公語千金從木商鞅徙木立信并見首卷

潼州安撫副使劉整以瀘州叛降蒙古蒙古以整為夔路行省兼按撫使整驍將也蒙古既得之由是盡得國事虛實而似道不以為虞

詔賑郵貧民時馬光祖知榮王與芮府有積粟三往見之王以他辭光祖乃卧于客次王不得已見焉光祖厲聲曰天下誰不知

撰續漢書易春秋外傳文集數百卷其文豊蔚豪宕善議論詩多奇崛拘宋十六年從者亦皆通於學書佐苟宗道後官至國子祭酒經子来麟官至廉訪使

帝聞有北使謂宰執曰北朝使來事躰當議似道奏和出彼謀豈容一切輕徇倘以交鄰國之道來當令入見賈似道忌害閫臣兵退行打筭費用法欲以此汚之向士璧趙葵史岩之杜庶等皆坐侵盗掩匿罷官徵償而士璧所償尤多竟安置而死復拘其妻妾而徵之猶不能足信州謝枋得以趙葵檄給錢粟募民兵守禦枋得曰不可以累趙宣撫也自償萬緡餘不能辦乃上書似道有云千金而募徙木將取信於市人二卯而棄于城豈可聞於鄰國遂得免徵餘者（使去聲見音現）○呂文德制置荊湖知鄂州○辛酉景定二年（元世祖中統二年）瀘州守劉整叛降于元先是止遷蹕之議者呉潛盡守城之力者向士璧奏斷橋之功者曹世雄劉整既而

儲君爲大王子。令民飢欲死、不以此時收人心乎。王以廩虛辭。光祖探懷中出月紙曰、某莊某倉若干。王語塞、遂許以三十萬。光祖遣吏分給活飢民甚衆。

璮自忽必烈即位、便有南歸之志。至是名其子彦簡於開平、備築濟南益都等城壁、遂以漣海三城來歸、獻京東郡縣、請贖父過。詔授璮保信寧武軍節度使、督視京東河北路軍馬、封齊郡王、改漣水爲安東州。蒙古王文統使其子蕘通好於璮、事覺被誅。蒙古史天澤圍李

似道妬功、譖士壁世雄、皆貶死。整已懼禍、而蜀帥鄭興復以宿憾遣吏至瀘打筭軍前錢粮。適北軍壓境。遂叛去（瀘州屬川南。正遷止其逃避北兵）。○元命軍中所俘儒士聽贖爲民。七月。元初立翰林國史院。○立諸路提舉學校官。○元諸將敗西軍阿里不哥北追。○元封皇子真金爲燕王、領中書省事。○壬戌景定三年（元世祖中統三年）。召文德復瀘州。○元江淮大都督李璮以京東漣海來歸。詔封璮爲齊郡王、復其父全官爵。○元宰臣王文統坐與璮通謀伏誅。○元史天澤圍李璮于濟南。璮復降于元。元人誅之。○元以董文炳爲山東路經略使（使聲去）。○元立十路宣慰司、立諸路轉運司。○癸亥景定四年（元世祖中統四年）。二月。元以王德素爲使、劉公諒爲副、致書來詰其稽留郝經之故。○三月。元初建太廟。五月。初立樞密院、以太子燕王真金

姚樞言策

元人置権場于襄城

擅于濟南、遣提刑青陽夢炎將兵救之。夢炎至山東、不敢進而還。賈似道以國計困於造楮、富民困於和糴、思有以變法、而未得其說。吳勢卿獻買公田之策、帝從之。

○周靜軒曰、自置権場於樊城、然後蒙古取襄樊之計成、而宋人失襄樊之機決矣。蒙古以利誘呂文德、請置権城。文德許之。然則誤國之罪可勝誅哉。綱目特書、所以志其失襄陽漸

守中書令、兼判樞密院事。以開平府為上都。元以姚樞為中書左丞。樞曰、陛下於基業為守成、於治道為創始。正宜睦親族以固本、建儲副以重祚、定大臣以當國、開經筵以格心、修邊備以防虞、蓄糧餉以待歉、立學校以育才、勸農桑以厚生。世祖納之。○呂文德復瀘州。文德號黑灰團。劉整獻言於元曰、南人惟恃黑灰團。然可以利誘。乃遣使獻玉帶於文德、求置権場於襄城外。文德許之。使曰、南人無信。願築土城以護貨物。文德不許。使者復至。文德請於朝、許之。開権場於樊城外、築土墻於鹿門山、外通互市、內築堡。文德弟呂文煥知被欺、兩申制置、為吏所匿。元人又於白鶴城築第二堡。文煥再申方達。文德大驚曰、誤朝廷者我也。即請自赴援、會病卒。

瀘復之復音伏　権場交易之所。権音角　襄城外襄陽城外　互市往來交易　築堡堡障小城　制置文德時為荊湖制置使　為去聲

彗星現

元定都于燕京

○甲子。景定五年。元世祖至元元年 七月。彗星長十數丈。芒角燭天。自四更從東見。日高方斂。月餘乃不見。楊棟因指言蚩尤旗。因此遭論去國。彗祥歲切。彗妖星。東見之見音現。不見之見如字。蚩尤旗言彗星乃蚩尤旗也 ○八月。元以燕京為中都大興府。劉秉忠請定都于燕。世祖從之。○元改元至元。時阿里不哥兵屢敗。至是與諸王玉龍荅失、罕速帶、音里吉合及其謀臣不魯花、脫忽思等來歸。詔諸王皆太祖之裔。並釋不問。其謀臣不魯花伏誅。○元立諸路行中書省。○冬十月。上崩。在位四十一年。改元者八。寶慶、紹定、則彌遠十年之政。端平初元。善類滿朝。有真德秀、魏了翁等。為執政侍從。人以比慶曆元祐。自嘉禧以後至于淳祐。則有嵩之數年之政。嵩之既去。自淳祐至寶祐。正人指邪為邪。邪人指正為邪。互為消長。而狼狽莫如開慶丁大全之政。景定

云彗星出。士庶皆上書。以為公田不便。民間愁怨所致。於是似道上書力辯。乞避位。帝曰。言事易。任事難。自古然也。公田之說。公私兼濟。所以決意行之。今業已成矣。若遷因人言罷之。雖可快一時之異議。如國計何。卿既任事。亦當任怨。禮義不愆。何恤人言。由是公論頓沮。賈似道以物貴由於楮賤。楮賤由於楮多。乃更造銀關。自製其印。如賈字狀。行之。物益貴。楮益賤。

○史臣曰。理宗享國與仁宗同。然仁

崇儒學

賈似道專政

宗之世賢相相繼理宗四十年間若崔與之吳潛皆弗究於用而史彌遠丁大全賈似道竊弄威福相為終始治效之不逮仁宗宜也蔡州之役可以雪先世之恥顧乃貪地棄盟事釁隨起兵連禍結境土日蹙良由中年嗜欲既多急於政事權移姦臣以致於此嘉定以來正邪貿乱國是靡定自帝繼統首黜王安石而尊濂洛表章朱氏丕変士習後世有以理學復古帝王之治者考論其功自帝始焉廟號曰理其殆庶乎○兵滲曰理宗在

改元大全與吳潛雖人品不同各以竄死似道獨相遂執國政末年寢有君臣相猜之跡未及更變而崩壽六十一上臨御以來終始崇奬周程張氏及朱張呂氏諸儒義理之學故廟號理宗太子立是為度宗皇帝（初元）初年也（従）去聲（慶曆）仁宗年号、元祐哲宗年号

（周）濂溪先生（程）明道伊川（張）橫渠先生（朱）晦庵先生（張）南軒先生（呂）東萊先生

度宗皇帝初名孟啓福王與芮之子理宗之猶子也理宗子多而不育鞠孟啓於宮中改名孜又改名禥立為皇子封忠王已而建儲改名𥘋歲甲子即位時則蒙古部國號大元紀元至元之初也賈似道專政進平章軍國重事魏國公立相以自副（啓）音啓（猶子）姪曰猶子（禥）音基（𥘋）音旋

○臨安府士人葉李蕭規等上書詆似道專權害民誤國似道怒以他事罪竄遠州（上書）之上上聲

○詔馬廷鸞留夢炎兼侍讀李伯玉陳宗禮范東叟兼侍講

元以安童爲右丞相

伯顔入相

以劉秉忠爲太保

位方以崇尚道學爲事。務虛名而蔑實政。當是時、爲監司守令者、豈無學道學之流乎。要之皆趣時好名之士、非真有心於居敬窮理、以濟人利物者也。

帝似道有定策功、每朝必荅拜、稱之曰師臣而不名。朝臣皆稱爲周公。理宗山陵事竣、徑棄官還越。而密令呂文德詐報蒙古兵攻下沱急。朝中大駭。帝與太后手詔起之。似道乃至。似道以去要君。帝至拜留之。江萬里以身捩帝云、自古無此君臣禮。陛下不可拜。似道不可

何基徐幾。兼崇政殿說書。何基金華人、號北山、謚文定。徐幾字子與、號進齋、建陽人。○元以王盤爲翰林學士承旨。○乙丑咸淳元年。元以安童爲右丞相。伯顔爲左丞相。以劉秉忠爲太保。參中書省事。安童木華黎四世孫、年方十三、位在百僚上。阿里不哥之黨千餘人、欲置之法。安童侍側曰、人各爲其主。陛下甫定大難、而以私憾殺之、何以懷服未降。世祖驚曰、卿年少、何從得老成語。由是深重之。至元二年、爲右相。是年冬、召許衡至、令入省議事。衡以疾辭。安童即親候之於其館、與語良久。世祖嘗諭衡曰、安童尚幼、未更事。善導之。衡對曰、安童聰敏、且有執守。告以古人所言、悉能領解。臣不敢不盡心也。難去聲。伯顔蒙古八隣部人。初從宗王旭烈兀開西域、遣入奏事。世祖奇之曰、非諸侯王臣也。其留事朕。謀事出廷臣右。乃以安童女弟妻之、拜左丞、改右丞。劉秉忠字仲晦。少從釋氏、家於邢州。世祖爲王時、從寺主海雲入觀。應對稱旨、遂留侍左右。秉忠書無不讀、尤深於易及邵氏經世書。天文地理律暦、以至衆技、多通之。嘗上書數千言、皆開國要務。世祖即位、多施行之。凡征伐以從行。秉忠在世祖左右、不改舊服。翰林承旨王鶚奏言、秉忠參帷幄密謀、定社稷大計。聖明御極、萬物惟新。而秉忠猶仍其服。宜正其衣冠、崇以顯秩。世祖即日拜光祿大夫、位太保。仍詔以學士竇默女妻之。○丙寅咸淳二年。元世祖至元三年。呂文煥守襄陽。元人

撒音薩揮散也

似道貪風大肆

復言去。似道不知所為。下殿因舉笏謝萬里曰。微公。似道幾為千古罪人。然以此益忌之。諜逐萬里。萬里亦四上疏求退。元史。至元三年八月。命兵部侍郎黒的給虎符。充國信使。禮部侍郎殷弘給金符。充國副信使。持國書使日本。書曰。大蒙古國皇帝奉書日本國王。朕惟自古小國之君。境土相接。尚務講信修睦。況我祖宗。受天明命。奄有區夏。遐方異域畏威懷德者。不可悉數。朕即位之初。以高麗無辜之民久瘁鋒鏑。即令罷兵

自開互市以來。築城置堡。江心起萬人臺。撒星橋。以遏南兵之援。時出師哨掠襄樊城外。兵威漸振。（哨 所交反。又所教反。）○似道建第西湖葛嶺。自娛。五日一乘湖船入朝。不赴堂治事。吏抱文書就第。呈署。他相書紙尾而已。內外諸司。彈劾薦辟。舉削。非關白不敢行。一時正人端士。斥罷殆盡。吏爭納賂。以求美職。圖為帥閫監司郡守者。貢獻至不可勝計。趙溍輩爭獻寶玉。貪風大肆。兵喪于外。匿不以聞。民怨于下。誅責無藝。莫敢言者。（西湖在杭州西。溍 平聲。彈劾 彈劾有罪也。薦辟 辟除薦舉為官。舉削 舉用及削除名籍。喪 去聲。）○元立制國用使司。以阿合馬為使。封世子南木合為北平王。○賜日本國王書。○初給官吏俸及職田。○元封太子忽哥赤為雲南王。○丁卯。咸淳三年。（元世祖至元四年。）元以史天澤為左丞相。忽都答兒耶律鑄降為平章政事。伯顏降右丞。廉希憲降左丞。

襄陽受圍 三學上書 元立按察司 似道權傾人主

還其疆域、及其旄倪高麗君臣感戴來朝義雖君臣歡若父子、計王之君臣亦已知之高麗朕之東藩也、日本密通高麗開國以來亦時通中國至於朕躬而無一乘之使以通和好尚恐王國知之未審故特遣使持書布告朕志冀自今以往通問結好以相親睦且聖人以四海爲家不相通好豈一家之理哉以至用兵夫孰所好王其圖之七年十二月詔諭高麗王禃送國信使趙良弼通好日本期必達帝釋菜于孔子以

○戊辰。咸淳四年。元世祖至元五年。襄陽受圍。文煥告急。遣高達范文虎赴援。道不通。二將亦不用命。○三學士人上書乞調諸道兵併力救襄。不報。三學 文學、武學、宗學。上 上聲。調 去聲。○弓量推排田畝。○葉夢鼎辭位。不允。徑去。○江萬里馬廷鸞爲相。○元立御史臺。及諸道提刑按察司。行新製蒙古字。更號僧八合思馬爲帝師。築堡鹿門山。立諸路蒙古字學。○庚午。咸淳六年。元世祖至元七年。江萬里請援兵救襄。議不合。罷去。○上一日問似道曰。襄陽受圍三年。奈何。對曰。北兵已退。陛下得何人之言。上曰。適有女嬪言之。詰問。誣以佗事賜死。自是無敢以邊事言者。○似道權傾人主。諫者動以周公輔成王擬之。親王外戚官官近習。皆箝制不敢恣。當世望士。亦引用登朝爲儀羽。而服心不在焉。在外監司郡守。亦參用廉介非其人而得進者。各

似道粉飾太平

顏回曾參孔伋孟軻配列邵雍司馬光于從祀
劉整言於蒙古曰襄陽吾故物由棄不戍使宋得竊築為强藩若復襄陽浮漢入江則宋可平也蒙古從之詔徵諸路兵命阿朮與整經畧襄陽阿朮駐馬虎頭山顧漢東白河口曰若築壘於此以斷宋餉道襄陽可圖也遂城其地
劉整與阿朮計曰我精兵突騎所當者破惟水戰不如宋耳奪彼所長造戰艦習水軍則事濟矣
蒙古括諸路兵以益襄陽之師遣史

有蹊徑最以吝賞誅貨失將帥心劉整降北獻策取東南謂緩取則經營自蜀而下急則由襄淮直進時諸將北降知國虛實者相繼似道方以粉飾太平爲事畧不爲意【諛】音余【箝】音檢平聲【望士】有名望者【儀羽】儀表羽翼【監司】提刑安撫轉運提擧宋四監司【吝賞誅貨】如打算費用之類吝鄙嗇也謂應賞其功而慳吝不賞誅貨謂誅求財貨【粉飾太平】言天下大亂而文飾以為太平如女子本無顔色而强以脂粉飾之也

○元平章政事廉希憲罷世祖嘗令受帝師戒希憲對曰臣已受孔子戒世祖曰汝孔子亦有戒耶對曰爲臣當忠爲子當孝是也有方士請鍊大丹敕中書給其所需希憲奏曰前世人主多爲方士誑惑堯舜得壽不假靈丹也世祖善之以許衡爲中書左丞時阿合馬專權無上蠹國害民嘗欲以其子典兵柄衡曰國家事權兵民財三者而已父位尚書省典民典財而子又典兵太重世祖曰卿慮阿合馬反耶衡對

天澤往經畫之天澤至築長圍起萬山包百丈山令南北不相通又築峴山虎頭山為一字城

時襄陽圍急似道日坐葛嶺起樓閣亭榭作半閒堂延羽流塑已像其中取宮人葉氏及唱尼有美色者為妾日肆淫樂嘗與群妾踞地鬭蟋蟀所狎客戲之曰此軍國重事邪酷嗜寶玩建多寶閣一日一登玩自是或累月不朝有言邊事者輒加貶斥一日帝問曰襄陽之圍已三年矣奈何似道對曰北兵已退陛下何從得此言

許衡為學士

建國號大元

曰此反道也古者姦邪未有不由此者世祖以衡語語阿合馬阿合馬由是怨衡〔盧〕音茹〔語阿〕之語去聲○辛未咸淳七年。元世祖至元八年○元劉秉忠許衡進所定朝儀○立司農司以張文謙為司農卿○敎水軍七萬造戰艦五千築環城以逼襄陽○以許衡為集賢大學士國子祭酒○十月建國號大元詔曰誕膺景命奄四海以宅尊必有美名紹百王而紀統肇從隆古匪獨我家且唐之為言蕩也堯以之而著稱虞之為言樂也舜因之而作號馴致禹興而湯造互名夏大以殷中世降以還事殊非古雖乘時而有國不以義而制稱為秦為漢者蓋從初起之地名曰隋曰唐者又即始封之爵邑是皆徇百姓見聞之狃習要一時經制之權宜槩以至公得無少貶我太祖聖武皇帝握乾符而起朔土以神武而膺帝圖四振大聲

夢鼎再相

襄陽陷

帝曰適有女嬪言之以道詰其人誣以他事賜死由是邊事雖日急無敢言者

樊城既陷阿木益兵攻襄文換力不能支會元三降詔諭文換曰爾等拒

大懷土宇興圖之廣歷古所無頃者耆宿詣廷奏章伸請謂既成於大業宜早定於鴻名在古制以當然於朕心乎何有可建國號曰大元蓋取易經乾元之義茲大治流形於庶品孰名資始之功予一人底寧爲萬邦尤切躰仁之要事從因革道協天人於戲稱義而名固匪爲之溢美孚休惟永尚不負於投艱嘉與敷天共隆太號咨爾有衆體予至懷從太保劉秉忠之議也（扭女九反於戲於音烏戲音乎稱義之稱去聲）○壬申咸淳八年（元世祖至元九年）葉夢鼎再相以與似道意不合去○襄陽陷先是理宗初年襄陽以制臣失撫御致王旻作亂而陷謝方叔作相喻李曾伯遣將取之北方亦不苦爭及劉整策行重兵圍襄陽呂文換守城六年扞禦備至而似道不肯調援雖粮食未乏衣裝薪芻無所措辦至撤廬舍爲薪緝闢楮爲衣援兵

平地産白毛

文天祥致仕

守孤城于今五年宣力爾主其宜也然勢窮援絶其如數萬生靈何文煥乃降

樊城破天順仰天歎曰生爲宋臣死爲宋鬼即所守處縊死牛富率死士百人巷戰元兵死傷者不可計渇飲血水轉戰而進遇民居燒絶街道富身被重傷以頭觸柱赴火死裨將王

不至。遂以城降。爲元人之用。制匡如制置使之類 調援調遣 援兵 關楮關會之紙也如今之鈔楮 楮音櫨上聲木名皮可爲紙 降音項平聲下並同 爲元之爲去聲 〇賈似道累章出督而陰諷朝廷留之。卒不行。累上聲 出督章疏請出督軍 〇元併尚書省封皇子忙哥剌爲安西王〇直學士院文天祥致仕初賈似道稱疾乞致仕以爲要君似道諷張立志劾罷之天祥遂引錢若水例乞致仕時年三十七矣 要平聲 〇癸酉咸淳九年 元世祖至元十年 平地産白毛如銀線菜臨安尤多元侵樊城守將張漢英及都統制范天順牛富死之〇元國子祭酒許衡乞罷許之衡居家勤儉強於自治公愛兼盡不嚴而整閨門之内若朝廷然夫婦相待如賓凡喪葬一遵古制不用佛老懐孟之間化之旁舍有僧德公者年百餘歳嘗謂其徒曰老僧昔行百年亦不能作佛徒爲不孝之人羞見祖宗于地下但願小僧

劉秉忠卒

福見畱死歎曰。將軍死國事。吾豈宜獨生。亦赴火死。給事中陳宜中言。襄樊之失。皆由范文虎怯懦逃遁。乞斬之。賈似道不許。止降一官。

賈似道母死。詔以鹵簿葬之。鹵簿。天子儀衛。

帝崩。一作五十三。

㬎古顯字。

阿朮自襄樊既下。奉命略淮東而還。與阿里海涯同請南侵。且曰。臣久在行間。備見宋兵之弱。矣。今不取。時不再來。劉整亦言襄陽破則臨安搖矣。若以水軍乘勝長驅。則大江必非宋有。元主可其奏。史

輩。還俗以壽汝祖宗之嗣。自是不復度弟子。蓋化之也。○甲戌咸淳十年。元世祖至元十一年 賈似道丁母憂。隨起復。復音伏 ○陳宜中僉書樞密院。○七月上崩。在位十年。改元咸淳。壽三十五。似道立皇子㬎。年四歲。是爲孝恭懿聖皇帝。㬎音顯

孝恭懿聖皇帝 名㬎。皇后全氏出也。太皇太后謝氏臨朝稱詔。改元德祐。○封兄建國公昰爲吉王。弟永國公昺爲信王。昰音是 昺音丙 ○元太保劉秉忠卒。秉忠以天下爲己任。知無不言。言無不聽。其薦人才各稱器使。城開平。城燕都。皆秉忠相其地。至是無疾端坐而卒。世祖聞驚悼。謂群臣曰。秉忠事朕三十餘年。小心愼密。其陰陽術數之精。唯朕知之。至是八年秋八月劉秉忠贈太傅。封趙國公。謚文貞。秉忠自幼好學。至老不衰。位極人臣。而齋居蔬食。無異平昔。自號藏春散人。有詩文十卷。無子。以弟秉恕子蘭璋爲後。 ○元命中書平章史天澤。中書左丞相伯顏。帥

元史天命伯顔侵南

史天澤卒

伯顔大會兵于襄樊

天澤姚樞復上言、如求大將非安童、不可元主遂下詔數宋賈似道背盟約拘執信使之罪、命天澤伯顔總諸道兵與阿朮阿里海涯呂文煥行中書省於荊湖博羅懽阿荅海劉整塔出董文炳行樞密院於淮西兵凡二十萬天澤至郢病篤召還諸軍並聽伯顔節制、

范文虎遣人以酒饌如江州迎元軍伯顔使阿朮以舟師先造文虎以城降通州夏貴仰藥死伯顔繼至兼制授文虎兩淅大都督似道畏劉整不敢

諸軍南侵、陛辭。世祖諭之曰、古之善取江南者、唯曹彬一人。汝能不殺、是吾曹彬也。天澤有疾而還。尋卒。先是世祖遣醫馳視。天澤附奏曰、臣大限有終、死不足惜。第願天兵渡江、以殺掠爲戒。言訖而卒。天澤忠亮有大節、出入將相近五十年。柱石四朝、師表百辟、可謂社稷之臣。其視富貴權勢、歛迹退避。若將浼之者。故能善始令終、爲開國元臣。天澤平居未嘗自矜其能、及臨大節論大事、毅然以天下之重自任、年至四十、始折節讀書、尤熟資治通鑑、其立論出人意表、出入將相五十餘年、上不疑而下無怨言、人以方郭子儀曹彬云

○元伯顔丞相大會兵于襄樊。九月、以降人劉整領騎兵出淮泗、呂文煥領舟師出襄陽、爭先向導、水陸並進。攻沙市新城。都統邊居誼師所部三千人力戰死之。策應使夏貴力戰。元兵出其不意、兵敗、沿西南岸縱火歸。廬州宣撫朱禩孫提重兵不戰、歸江陵。沙市新城沙市鎭、在江陵城外十里。師音

天目山崩

詔天下勤王

劉整憤死

似道督軍遷延不出

文天祥募兵勤王

發及聞其死、喜曰、吾得天助也。乃上表出師、抽諸路精兵十三萬人以行、金帛輜重之舟、舳艫相銜百有餘里。命宰執小事專決、大事則關白於督府、不得擅行。又以所親信韓震為殿帥、總禁兵進次於蕪湖、遣入通呂師夔以議和。未幾夏貴引兵來會。袖中出一編書、示似道曰、宋曆三百二十年。似道俯首而已。〔廣義〕似道遣人通呂師夔以議和、嗚呼天下皆為元有、而賈賊猶以議和為望、其愚益可知矣。初勤王詔至贛、天

率〔禩〕音杞 ○鄂州降。○天目山崩。臨安主山 ○詔天下勤王。○乙亥、德祐元年。元世祖至元十二年 元伯顏留阿里海牙以兵四萬守鄂、而與阿朮率大軍渡江、順流東下。時沿江諸將多呂氏部曲、望風降附。○江州降。運使錢真孫自縊。○劉整自愧出淮無功、憤死。無為軍城下。〔無為軍〕屬淮西。○似道都督軍馬、遷延不出、聞兵已下建康、始率諸軍發行、在道而行。數日始達蕪湖、將趨安慶府、牽制下流之師。未至三日、安慶帥范文虎乃呂氏婿、已降、將士無復固志。似道許竭轉官資、諸軍詬曰、要官資做甚、巳未庚申官資何在。似道不能答。鳴鑼一聲、退兵于珠金砂。十三萬衆一時潰散。似道奔入揚州。〔蕪湖〕縣屬太平。〔將趨〕將音漿、安慶府屬淮西、即舒州。〔未至三日〕似道未至三日之前。〔官資〕陞轉官品。〔巳未庚申〕蒙哥侵伐之時、亦許官資、竟無其實。○江西提刑文天祥募兵勤王。天祥吉州廬陵人也。丙辰魁進士第。○

祥捧之涕泣乃發郡中豪傑并結溪洞山蠻有衆萬人遂入衛其友止之曰今敵兵三道鼓行破郊畿薄内地君以烏合萬餘赴之何異驅群羊而搏猛虎天祥曰國家養育臣庶三百餘年一旦有急徵天下兵無一人一騎赴者吾深恨之故不自量欲以身狥國天下忠臣義士將有聞風而起者義勝者謀立人衆者力濟如此則社稷猶可保也○周靜軒曰是時臨安危急遠近無入援之師内外無勤王之將獨張世傑將兵入衛文天

趙昂發爲忠臣　朝臣宵遁　似道貶鄭虎臣殺之　張世傑入衛　文天祥入衛

殿帥韓震謀切遷都陳宜中以計誅之○池州破通守趙昂發將死與其妻訣妻曰卿能爲忠臣妾顧不能爲忠臣妻耶昂發喜具衣冠與俱縊明日伯顏入城見而憐之具衣棺葬焉（池州属江東將音槳）○建康破趙淮死之（趙淮葵之子）○京師戒嚴朝臣接踵宵遁（戒嚴戒防嚴肅）○王爚陳宜中等劾似道不忠不孝之罪宜中本受賈恩至是亟劾賈以自解（爚音藥）○似道赴貶鄭虎臣以父仇監押至漳州即廁上拉其胸殺之（父仇似道與虎臣之父有仇）○張世傑以兵入衛元兵在境陳宜中等惟攻擊賈黨略無備禦之策司馬夢求監江陵沙市鎮力戰死徵諸帥入衛夏貴朱萬壽黄萬石等不至（夢求溫公五世孫胥音簪上聲）○六月庚申朔日蝕晦冥鷄棲于塒咫尺不辨人物自巳至午明始復（蝕音食日月虧曰蝕塒音時鷄宿所）（復音伏）○留夢炎相○文天祥將民兵峒丁二萬餘人入

詔天祥等罷兵

祥起兵勤王李芾遣兵入援三人者異名而同志可謂能忠其君者爾雖皆未克成功然其心顧不善哉綱目詳書於策所以示中國復讐之義為臣子徇國之勤也其垂訓大矣

似道舟次南劍州黯淡灘虎臣曰水清甚何不死於此似道曰太后許我以不死候有詔則死十月至漳州木綿菴虎臣曰吾為天下殺似道雖死何憾遂拘其子與妾於別館即廁上拉其胸殺之

衛與夢炎意不相樂以尚書除江浙制置守吳門（峒音洞溪峒　樂音洛）（吳門郡名即平江府以尚書之官而除為江浙之制置掌守吳門）○州郡連降元兵距臨安百里獨松關告急時張世傑軍五萬諸路勤王兵四十餘萬天祥與世傑議兩軍堅守閫廣全城王師血戰萬一得捷猶可為也世傑大喜議出師宜中以王師務持重降詔沮之遣使乞和（獨松關在吳江縣）○詔天祥等罷兵○潭州陷時一軍自湖南圍潭州守臣李芾戰守屢捷經八九月城將陷闔門死之（將音漿季芾號肯堂守潭竭力備禦凡八九月出戰屢捷而元生兵日增芾不能支正月城破芾命積薪樓下攜家人登樓大宴積金銀於兩畔酒半酣令劊子將金銀去却令取刀來芾令從頭殺人到尾殺我間門皆死劊子遂四面放火自刎其腹而死劊子名沈惠亦可謂烈丈夫者矣）○丙子德祐二年（元世祖至元十三年）正月秀王與羣奉皇兄益王昰皇弟廣王昺等航海（航海浮海避難）○世傑去朝○元兵駐高亭山去都城三十里○宜中夜遁○文天

天祥出使不屈

元兵入臨安

三宮北遷

宋帝至上都降封瀛國公

端宗即位

楊應奎還言伯顏欲執政面議大后乃以天祥為右丞相兼樞密使與吳堅偕往天祥辭不拜遂行因說伯顏云々天祥見伯顏乞退軍嘉興以俟講解爭辨不屈伯顏大怒群起呵斥天祥益自奮伯顏遂拘留之遣鎮撫唆都從常丞信世昌館伴夜則以軍圍所寓舍唆都從容說天祥曰大元將興學校立科舉丞相大宋為狀元宰相今為大元宰相無疑丞相常稱國亡與亡此男子心今天下一統為大元宰相豈易事國亡

祥右丞相。辭不拜。除天祥為右相而辭不就 ○賈餘慶吳堅相。○天祥出使軍前。辭氣慷慨。議論不屈。伯顏留之。○元兵入臨安。賈餘慶等奉三宮以降。手詔諭諸路內附。三宮理宗后謝氏度宗后全氏與少帝。○伯顏遣宰執先赴大都。天祥亦登舟北行。至鎮江。得間逸去。大都至元九年改中都曰大都 逸去得間隙而逃逸 ○三宮北遷。宮室駙馬宮人內侍太學等數千人皆在遣中。過眞州。守苗再成奪駕幾遂不克。駙馬天子壻曰駙馬 苗再成守臣苗姓再成名 幾音機。○五月。宋帝至上都。降封瀛國公。帝在位二年。改元者一。曰德祐。上都在燕京北八百里即開平府中統五年加號曰上都 ○益王廣王由海道至溫州。蘇劉義陸秀夫來會陳宜中張世傑海舟亦至。福州宣謝大后手詔。以二王為天下都副元帥。召諸路忠義。五月朔。陳宜中陸秀夫張世傑等。共立益王昰為帝。即位于福州。是為端宗皇帝。溫州屬浙東 元帥廣王都元帥益王副元

帥

天祥開督南劍，次于汀州

與亡四字，願公勿言。天祥哭而拒之。北兵既逼，陳宜中、張世傑備海舟，奉帝及衛王、楊太妃等登舟。時軍十七萬，民兵三十萬人，淮兵萬人，與北舟相遇。值天霧晦冥，不辨舟，得以進。帝至泉州，招撫使蒲壽庚作乱，帝走潮州。

王剛中既降，遣使至興化軍，文龍斬之，而發民固守。使部將林華伺元兵于境上。華反，道元兵至城下，通判曹澄孫開門降，執文龍，欲降之。文龍指其腹曰：此皆節義文章也，可相逼邪。卒不屈，乃械送杭。

端宗皇帝名昰，孝恭懿聖皇帝兄也。即位，改元景炎。遥上帝尊號，爲孝恭懿聖皇帝，太皇太后爲壽和聖福至仁太皇太后，皇太后爲仁安皇太后，尊度宗淑妃楊氏爲皇太后，同聽政。昰古文是字。○封廣王昺爲衛王，陳宜中左丞相，張世傑少保。○文天祥至，除右丞相，以與宜中世傑異意，不肯拜。○九月，天祥開督南劍州，募兵得數千，遂復邵武軍。冬十月，天祥帥師次于汀州，興化軍通判張日中等來會。時贛寇猖獗，血江閩廣之路，日中等聞天祥開督勤王，遂各起兵來應。天祥遣趙時賞、張日中、趙孟濴，將一軍趨贛，以取寧都，遣吳浚將一軍取雩都，劉洙、蕭明哲、陳子敬皆自江西起兵來會。張日中建昌軍南城人，横渠先生十三世孫。雩音于。○鄒㵯與元人戰于寧都，敗績。武岡教授

宜中世傑奉帝航海

廉希憲卒

天祥敗元人于雩都

州文龍不食死、張世傑會師討蒲壽庚于泉州。時汀漳諸路劇盗陳予眼及許夫人所統諸峒余軍皆會、兵勢稍振。壽庚閉城自守。張世傑遂傳檄諸路。陳瓚起家丁民義五百人應世傑。

羅開禮起兵復永豐縣。亦死。天祥爲製服哭焉。○十一月。元阿剌罕董文炳入建寧府。遂侵福州。宜中世傑奉帝及衛王楊太后等航海由潮州至廣州。趙冨陽遷謝女峽。○丁丑景炎二年（元世宗至元十四年）阿剌罕入汀州。文天祥奔漳州。謀入衛道阻不通。往來江廣間。戰有勝負。○呉浚降于元。因趙漳說天祥降。天祥責以大義誅之。○三月。文天祥復梅州。○四月。天祥復興國縣。○五月。張世傑復潮州。○天祥自梅州出江西。遂復會昌縣。與趙時賞張日中之兵皆會之。○元中書政事廉希憲卒。希憲在江陵。遠近向化。及有疾召還。民皆垂涕擁送。建祠繪像以祠之。卒。世祖歎曰。無復有决大事如廉希憲者矣。伯顔亦曰。廉公宰相中眞宰相。男子中眞男子。世以為名言。○六月。天祥敗元人于雩都。遂次于興國縣。秋七月。使

李恒襲天祥

天家屬送于燕

恒猝至遣兵戰鍾步不利時鄒渢聚兵數萬於永豐云云鞏信以短兵接戰恒駭其以寡敵衆疑有伏兵不進信坐巨石餘卒侍左右箭雨集此不動恒從間道就視之創被體而死不仆衆以為天祥禽之虜人識認曰此趙督參時賞也天祥與杜滸鄒鳳來騎逸去時賞至隆興奮罵不屈有縶累至者輙麾去云小小僉廳官耳執之何為賊者甚衆

張日中趙時賞等帥師復吉贛諸縣遂圍贛州○張世傑回師由潮州圍泉州不克○帝舟遷于潮州之淺灣○元李恒遣兵援贛而自將襲天祥于興國天祥不意恒猝至乃引兵走即鄒渢于永豐渢兵先潰恒窮追天祥天祥至方石嶺恒及之鞏信拒戰箭被躰而死天祥至空阬恒又及之張日中奮力戰元兵少却恒麾鐵騎橫擊之日中身被十餘創猶手刄十餘騎而死兵盡潰天祥妻歐陽氏男佛生環生及二女皆見執趙時賞坐肩輿後元人問爲誰時賞曰我姓文衆以爲天祥禽之天祥由是得挺身與其長子道生及杜滸鄒渢來騎逸去遂奔循州散兵頗集乃屯于南嶺幕僚客將皆被執時賞至隆興奮罵不屈臨刑劉沐頗自辯時賞叱曰死耳何必然於是將佐幕屬被執者皆死而天祥妻子家屬送于

帝崩

陸秀夫立帝昺

唆都至興化、瓚閉城拒守、唆都臨城諭之、矢石雨下。乃造雲梯砲石攻破其城、巷戰終日、獲瓚車裂之、屠其民、血流有聲。

帝崩、年十一、衛王立

○雲間張氏曰、或曰、秀夫當顛沛流離之中、日書大學章句以勸講、何其迂耶。曰、不然。道也者、不可須臾離也。故聖人曰、朝聞道、夕死可矣。忠臣愛

燕二子死于道。○廣州陷。○十一月、元劉深以舟師襲淺灣。張世傑戰不利、奉帝舟走秀山、陳宜中之占城求兵、遂不復還。十二月、帝再遷于井澳、颶風作、帝有疾。元劉深復以舟師來襲井澳、執俞如珪。帝舟遷于謝女峽。（占音瞻　澳音郁）○戊寅、景炎三年（元世祖至元十五年）。張世傑遣師討雷山、不克。○三月、文天祥會兵次于麗江浦。○元以張弘範爲都元帥、李恒副之、帥師入閩廣。○帝舟遷于硇州。夏四月、帝崩于硇州。陸秀夫立衛王爲帝。是爲帝昺。（硇音罔）

帝昺　端宗皇帝弟也。名昺、即位、改元祥興、皇太后楊氏同聽政。先是、群臣多欲散去。陸秀夫曰、度宗皇帝一子尚在、將焉置之。古人有以一旅一成中興者。今百官有司皆具、士卒數萬。天若未欲絶宋、此豈不可爲國耶。乃與衆共立帝、年八歲。

陸秀夫書大學章句

大星南流墜海

君惟求一箇是而已、且興亡何世無之、秀夫豈以是而遂失其道哉、

六月帝遷于厓山時六軍所泊居雷化犬牙處、而厓山在新會縣南八十里、竝海中、與奇石相對立、如兩扉、潮汐之所出入也、故有鎭戍、張世傑以為天險、可扼以自固、乃奉帝移駐、遣人入山伐木、造行宮及軍屋千餘間、時官民兵尚二十餘萬、多居於舟、資糧取辦於廣右諸郡、復刷人匠造舟楫製器仗、民不能堪、始有離叛之志、

附子一名腦子

元西僧楊璉眞加

矣。適有黃龍見海中。遂改祥興。而升碙州爲翔龍縣。以陸秀夫爲左丞相。兼樞密使。時播越海濱。庶事疏略。每時節朝會。獨秀夫儼然正笏立。如治朝。或在行中。悽然泣下。以朝衣拭淚。衣盡濕。左右無不悲慟者。及拜首相。與張世傑共秉政。外籌軍旅。内調工役。凡出其手。雖怱遽流離中。猶日書大學章句。以勸講。見音現遽音巨○六月。帝舟遷于新會之厓山。○有大星。南流墜海中。小星千餘隨之。聲如雷。數刻乃止。○天祥聞帝。即位上表自劾敗于江西之罪。乞入朝。不許。而加少保。封信國公。會軍中大疫。士卒多死。天祥子道生復亡。家屬俱盡。○元以許衡爲集賢大學士。兼領太史院事。○文天祥屯潮陽。鄒渢劉子俊皆集師會之。遂討盜陳懿劉興于潮。興死。懿遁。道張弘範。兵濟潮陽。天祥力不支。帥其麾下走海豐。張弘正

元八　招世傑不從

利宋攅宮金玉發諸陵在紹興者及大臣塚墓凡一百一所又欲裒諸陵骨雜牛馬枯骼為鎮南浮屠會贄人唐珏獨痛憤乃貨家具行貨得百金為酒食陰名諸惡少泣曰爾輩皆宋人吾不忍陵骨之暴露以他骨易之已造石函六刻紀年一字為號自思陵以下隨號收殯衆如珏言夜往取遺體葬蘭亭山後又移宋故宮冬青樹植其上以識聞者悲之

宏範由潮陽港乘舟入海至甲子門獲斥候將知帝所在乃至厓山或謂

追之。天祥方飯五坡嶺。弘正兵突至。衆不及戰。皆頓首伏草莽。天祥被執。呑腦子不死。鄒𣶏自剄。劉子俊自詭為天祥。冀可免。天祥及執天祥至。各爭真偽。遂烹子俊。而執天祥見弘範。左右命之拜。天祥不屈。弘範釋其縛。以客禮見之。天祥固請死。弘範不許。或謂弘範曰。敵人之相。不可測也。不宜近之。弘範曰。彼忠義也。保無他。求族屬被俘者。悉還之。處舟中。以自從。處上聲。○葬端宗于厓山。○元阿里海牙。自海南還師。上都。○己卯。祥興二年。元世祖至元十六年。正月。元張弘範兵至厓山。張世傑力戰禦之。弘範無如之何。時世傑有甥韓在元師中。弘範三使韓至宋師。招世傑。世傑不從曰。吾知降生且富貴。但義不可移耳。因歷數古忠臣以答之。弘範乃命文天祥為書招世傑。天祥曰。吾不能扞父母。乃教人叛父母。可乎。固命之。

世傑修禦

天祥以詩示元將

世傑曰北兵以舟師塞海口則我不能進退盍先據之幸而勝國之福也不勝猶可西走世傑恐久在海中士卒離心動則必散乃曰頻年航海何時已乎今須與決勝負遂焚行朝草市以草敝舍也結大船千餘作一字陣碇海中中艫外舳貫以大索四周起樓棚如城堞奉帝居其間爲死計人皆危之厓山北淺舟膠不可進宏範由山東轉而南入大洋與世傑之師相遇薄之且出騎兵斷官軍汲路世傑舟堅不能動宏範以舟載茅茨

天祥遂書所過零丁洋詩與之。其末有云「人生自古誰無死留取丹心照汗青。」弘範笑而置之。弘範復遣人語厓山士民曰。汝陳丞相已去。文丞相已執。汝欲何爲。士民亦無叛者。弘範又以舟師據海口。宋師樵汲道絶。兵士茹乾糧十餘日。而大渴。乃下掬海水飲之。水鹹飲即嘔泄。兵士大困。世傑師蘇劉義方興等。旦夕大戰。元李恒自廣州以師會攻。弘範命恒守厓山北面。數上聲零丁洋詩上句云辛苦遭逢起一經干戈落落四周星山河破碎水漂絮身世浮沈風打雨萍皇恐灘邊説皇恐零丁洋裏歎零丁語去聲○二月戊寅朔。世傑將陳寶叛降于元。己卯。都統張達夜襲元師。敗還。元人進薄世傑之舟。甲申。弘範四分其軍。自將一軍。相去里許。令諸將曰。宋舟西艤厓山。潮至必東遁。急攻之。勿令得去。聞吾樂作乃戰。違令者斬。先麾北面一軍。乘早潮而戰。世傑敗之。李恒等順潮退師。

宋師旗仆

陸秀夫抱帝溺海崩

楊皇后溺海崩

沃以膏脂乘風縱火焚之世傑戰艦皆塗泥縛長木以把火舟不爇宏範無如之何云々○史臣曰宋雖起於用武功成治定之後以仁傳家然仁之弊失於弱中世有欲自強以革其弊用乖其方馴致棼擾建炎而後土宇分裂猶能六主百五十年而後亡豈非禮義足以維持君子之志恩惠足以固結黎庶之心歟既而宋之遺臣區々奉二王爲海上之謀雖無救於亡然人臣忠於所事而至於斯其亦可悲也夫天祥至燕丞相博

午潮上元師樂作宋師以爲且懈不設備弘範以舟師犯其前南師繼之宋師南北受敵兵士皆疲不能復戰俄有一舟檣旗仆諸舟之檣旗皆仆世傑知事去乃抽精兵入中軍諸軍大潰元師薄宋中軍會日暮風雨昏霧四塞咫尺不辨世傑乃與蘇劉義斷維以十六舟奪港而去陸秀夫走帝舟帝舟大且諸舟環結度不得出走乃先驅其妻子入海即負帝同溺焉帝崩後宮諸臣從死者甚衆越七日屍浮海上者十餘萬人因得帝屍及詔書之寶已而世傑復還厓山収兵遇楊太后欲奉以求趙氏後而復立之楊太后始聞帝崩撫膺大慟曰我忍死艱關至此者正爲趙氏一塊肉耳今無望矣遂赴海死世傑葬之海濱世傑將趨安南至平章山下遇颶風大作舟人欲艤岸世傑曰無以爲也焚香仰天呼曰我爲

天祥不屈八日不食猶生

羅等召見於樞密院欲使拜天祥長揖不屈博羅曰棄德祐嗣君而立二王忠乎天祥曰當此之時社稷為重君為輕吾別立君為宗廟社稷計也從懷愍而北者非忠從元帝為忠從徽欽而北者非忠從高宗為忠博羅語塞云云天祥臨刑殊從容謂吏卒曰吾事畢矣南向再拜死年四十七其衣帶中有贊曰孔曰成仁孟曰取義惟其義盡所以仁至讀聖賢書所學何事而今後庶幾無愧
○許有王曰宋養士三百年得人之

趙氏亦已至矣一君亡復立一君今又亡我未死者庶幾敵兵退別立趙氏以存祀耳今若此豈天意耶若天不欲我復存趙祀則大風覆吾舟舟遂覆世傑溺焉宋亡（為趙之為並去聲）○厓山既破元張弘範等置酒大會謂文天祥曰國亡丞相忠孝盡矣能改心以事宋者事今不失為宰相也天祥泫然出涕曰國亡不能救為人臣者死有餘罪況敢逃其死而貳其心乎弘範義之遣送于燕京道經吉州痛恨不食八日猶生乃復食十月天祥至燕不屈繫獄勵操愈堅○宋之故臣亦有由嶺海走安南者安南自其國王李乾德卒於紹興子陽煥立陽煥卒子天祚立天祚卒於淳熙子龍翰立龍翰卒於嘉定子昊旵立世奉宋正朔當龍翰時有閩人陳京入其國得政為國壻京子承再世執其國柄及昊旵時承奪其國傳子

盛軼漢唐而過之及天命已去文天祥萬變不渝一旦就義光明俊偉俯視一世顧廥敏祿將之士不知為何物也宋之亡守節不屈者有之未有有為若天祥者事固不可以成敗論也

威晃理宗受其貢而封之威晃傳子日照宋亡乃改名日烜奉貢于元初邵雍與客語及國祚取晉出帝紀示之靖康驗矣至德祐益驗陳摶亦嘗有一汴二杭三閩四廣之說宋果至閩廣而盡自太祖建隆至欽宗靖康一百六十七年自高宗建炎至祥興又一百五十三年（走音奏紹興高宗年號淳熙孝宗年號翰舊本作朝非嘉定寧宗年號昺丑感切邵雍康節先生出帝五代晉出帝為契丹所執靖康徽宗被執之年德祐少帝被執之年陳摶布衣先生自太祖云云自太祖至欽宗凡九世自高宗至帝昺凡九世）

右宋自太祖建隆元年庚申至帝昺祥興己卯凡三百二十年而亡

點註十八史略卷之七畢

明治十六年五月三日版權免許
同年六月出版
點註人　愛智縣平民
石川鴻齋
芝區片門前二丁目十四番地寄留
出版人　東京府平民
山中市兵衛
芝區三島町十番地住